吉林人民出版社

简体字本二十六史

旧唐书

卷五一——卷一〇四

（三）

［后晋］ 刘 昫 等 撰

廉湘民等 标点

旧唐书卷五一
列传第一

后妃上

高祖太穆皇后窦氏

太宗文德皇后长孙氏　　贤妃徐氏

高宗废后王氏　　良娣萧氏

中宗和思皇后赵氏　　中宗韦庶人

上官昭容　　睿宗肃明皇后刘氏

睿宗昭成皇后窦氏　　玄宗废后王氏

玄宗贞顺皇后武氏　　玄宗杨贵妃

　　三代宫禁之职,《周官》最详。自周已降,彤史沿革,各载本书,此不备述。唐因隋制,皇后之下,有贵妃、淑妃、德妃、贤妃各一人,为夫人,正一品;昭仪、昭容、昭媛、修仪、修容、修媛、充仪、充容、充媛各一人,为九嫔,正二品;婕妤九人,正三品;美人九人,正四品;才人九人,正五品;宝林二十七人,正六品;御女二十七人,正七品;采女二十七人,正八品;其余六尚诸司,分典乘舆服御。龙朔二年,官名改易,内职皆更旧号。咸亨二年复旧。开元中,玄宗以皇后之下立四妃,法帝喾也,而后妃四星,一为正后;今既立正后,复有四妃,非典法也。乃于皇后之下立惠妃、丽妃、华妃等三位,以代三夫人,为正一品;又置芳仪六人,为正二品;美人四人,为正三品;才人七人,为正四品;尚宫、尚仪、尚服各二人,为正五品;自六品至九品,即诸司诸典职员品第而序之,后亦参用前号。

　　然而三代之政,莫不以贤妃开国,嬖宠倾邦。秦、汉已还,其流浸盛,大至移国,小则临朝,焕车服以王宗枝,裂土壤而侯肺腑,洎末涂沦败,赤族夷宗。高祖龙飞,宫无正寝,而妇言是用,岬起维城。大帝、孝和,仁而不武,但恣池台之赏,宁顾衽席之嫌,武室、韦宗,几危运祚。东京帝后,殁从夫谥。光烈、和熹之类是也。高宗自号天皇,武氏自称天后,而韦庶人生有翌圣之名,肃宗欲后张氏,此不经之甚,皆以凶终。玄宗以惠妃之爱,摈斥椒宫,续以太真,几丧天下。历观前古邦家丧败之由,多基于子弟召祸;子弟之乱,必始于宫闱不正。故息隐阋墙,秦王谋归东洛;马嵬涂地,太子不敢西行。若中有圣善之慈,胡能若是?《易》曰“家道正而天下定”,不其然欤!自后累朝,长秋虚位,或以旁宗入继,母属皆微,徒有册拜之文,谅乏“关雎”之德。今录其存于史册者。为《后妃传》云。

　　高祖太穆皇后窦氏,京兆始平人,隋定州总管、神武公毅之女也。后母,周武帝姊襄阳长公主。后生而发垂过颈,三岁与身齐。周武帝特爱重之,养于宫中。时武帝纳突厥女为后,无宠,后尚幼,窃言于帝曰:“四边未静,突厥尚强,愿舅抑情抚慰,以苍生为念。但须突厥之助,则江南、关东不能为患矣。”武帝深纳之。毅闻之,谓长公主曰:“此女才貌如此,不可妄以许人,当为求贤夫。”乃于门屏画二孔雀,诸公子有求婚者,辄与两箭射之,潜约中目者许之。前后数十辈莫能中,高祖后至,两发各中一目。毅大悦,遂归于我帝。及周武帝崩,后追思如丧所生。隋文帝受禅,后闻而流涕,自投于床曰:“恨我不为男,以救舅氏之难。”毅与长公主遽掩口曰:“汝勿妄言,灭吾族矣!”

　　后事元贞太后以孝闻。太后素有羸疾,时或危笃。诸姒以太后性严惧谴,皆称疾而退,惟后昼夜扶侍,不脱衣履者动淹旬月焉。善书,学类高祖之书,人不能辨。工篇章,而好存规戒。大业中,高祖为扶风太守,有骏马数匹。常言于高祖曰:"上好鹰爱马,公之所知,此堪进御,不可久留,人或言者,必为身累,愿熟思之。"高祖未决,竟以此获谴。未几,后崩于涿郡,时年四十五。高祖追思后言,方为自安之计,数求鹰犬以进之,俄而擢拜将军,因流涕谓诸子曰:"我早从汝母之言,居此官久矣。"初葬寿安陵,后祔葬献陵。上元元年八月,改上尊号曰太穆顺圣皇后。

太宗文德顺圣皇后长孙氏,长安人,隋右骁卫将军晟之女也。晟妻,隋扬州刺史高敬德女,生后。少好读书,造次必循礼则。年十三,嫔于太宗。隋大业中,常归宁于永兴里,后舅高士廉媵张氏,于后所宿舍外见大马,高二丈,鞍勒皆具,以告士廉。命筮之,遇《坤》之《泰》,筮者曰:"至哉坤元,万物资生,乃顺承天。坤厚载物,德合无疆。牝马地类,行地无疆。变而之《泰》,内阳而外阴,内健而外顺,是天地交而万物通也。《象》曰:"'后以辅相天地之宜而左右人也'。龙,《乾》之象也。马,《坤》之象也。变而为《泰》,天地交也。繇协于《归妹》,妇人之兆也。女处尊位,履中居顺也。此女贵不可言。"

武德元年,册为秦王妃。时太宗功业既高,隐太子猜忌滋甚。后孝事高祖,恭顺妃嫔,尽力弥缝,以存内助。及难作,太宗在玄武门,方引将士入宫授甲,后亲慰勉之,左右莫不感激。九年,册拜皇太子妃。

太宗即位,立为皇后,赠后父晟司空、齐献公。后性尤俭约,凡所服御,取给而已。太宗弥加礼待,常与后论及赏罚之事,对曰:"'牝鸡之晨,惟家之索。'妾以妇人,岂敢豫闻政事?"太宗固与之言,竟不之答。时后兄无忌凤与太宗为布衣之交,又以佐命元勋,委以腹心,出入卧内,将任之朝政。后固言不可,每乘间奏曰:"妾既托身紫宫,尊贵已极,实不愿兄弟子侄布列朝廷。汉之吕、霍,可为切骨之戒,特愿圣朝勿以妾兄为宰执。"太宗不听,竟用无忌为左武候大将军、吏部尚书、右仆射。后又密遣无忌苦求逊职,太宗不获已而许焉,改授开府仪同三司,后意乃怿。有异母兄安业,好酒无赖。献公之薨也,后及无忌并幼,安业斥还舅氏,后殊不以介意,每请太宗厚加恩礼,位至监门将军。及预刘德裕逆谋,太宗将杀之,后叩头流涕为请命曰:"安业之罪,万死无赦。然不慈于妾,天下知之,今置以极刑,人必谓妾恃宠以复其兄,无乃为圣朝累乎!"遂得减死。

　　后所生长乐公主,太宗特所钟爱,及将出降,敕所司资送倍于长公主。魏征谏曰:"昔汉明帝时,将封皇子,帝曰:'朕子安得同于先帝子乎!'然谓长主者,良以尊于公主也,情虽有差,义无等别。若令公主之礼有过长主,理恐不可,愿陛下思之。"太宗以其言退而告后,后叹曰:"尝闻陛下重魏征,殊未知其故。今闻其谏,实乃能以义制主之情,可谓正直社稷之臣矣。妾与陛下结发为夫妇,曲蒙礼待,情义深重,每言必候颜色,尚不敢轻犯威严,况在臣下,情疏礼隔,故韩非为之说难,东方称其不易,良有以也。忠言逆于耳而利于行,有国有家者急务,纳之则俗宁,杜之则政乱,诚愿陛下详之,则天下幸甚。"后因请遣中使赍帛五百匹,诣征宅以赐之。太子承乾乳母遂安夫人常白后曰:"东宫器用阙少,欲有奏请。"后不听,曰:"为太子,所患德不立而名不扬,何忧少于器物也。"

　　八年,从幸九成宫,染疾危惙,太子承乾入侍,密启后曰:"医药备尽,尊体不瘳,请奏赦囚徒,并度人入道,冀蒙福助。"后曰:"死生有命,非人力所加。若修福可延,吾素非为恶;若行善无效,何福可求。赦者国之大事,佛道者示存异方之教耳,非惟政体靡弊,又是上所不为,岂以吾一妇人而乱天下法?"承乾不敢奏,以告左仆射房玄龄,玄龄以闻,太宗及侍臣莫不歔欷。朝臣咸请肆赦,太宗从之,后闻之固争,乃止。将大渐,与太宗辞诀。时玄龄以谴归第,后固言:"玄龄事陛下最久,小心谨慎,奇谋秘计,皆所预闻,竟无一言漏泄,非有大故,愿勿弃之。又妾之本宗,幸缘姻戚,既非德举,易履危机,其保全永久,慎勿处之权要,但以外戚奉朝请,则为幸矣。妾生既无益于时,今死不可厚费。且葬者藏也,欲人之不见。自古圣贤,皆崇俭薄,惟无道之世,大起山陵,劳费天下,为有识者笑。但请因山而葬,不须起坟,无用棺椁,所须器服,皆以木瓦,俭薄送终,则是不忘妾也。"十年六月己卯,崩于立政殿,时年三十六。其年十一月庚寅,葬于昭陵。

后尝撰古妇人善事,勒成十卷,名曰《女则》,自为之序。又著论驳汉明德马皇后,以为不能抑退外戚,令其当朝贵盛,乃戒其龙马水车,此乃开其祸源而防其末事耳。且诫主守者曰:"此吾以自防闲耳。妇人著述无条贯,不欲至尊见之,慎勿言。"崩后,宫司以闻,太宗览而增恸,以示近臣曰:"皇后此书,足可垂于后代。我岂不达天命而不能割情乎!以其每能规谏,补朕之阙,今不复闻善言,是内失一良佐,以此令人哀耳!"

上元元年八月,改上尊号曰文德顺圣皇后。

太宗贤妃徐氏,名惠,右散骑常侍坚之姑也。生五月而能言,四岁诵《论语》、《毛诗》,八岁好属文。其父孝德试拟《楚辞》,云"山中不可以久留"词甚典美。自此遍涉经史,手不释卷。太宗闻之,纳为才人。其所属文,挥翰立成,词华绮赡。俄拜婕妤,再迁充容。时军旅屡动,宫室互兴,百姓颇倦劳役,上疏谏曰:

自贞观已来,二十有二载,风调雨顺,年登岁稔,人无水旱之弊,国无饥馑之灾。昔汉武守文之常主,犹登刻玉之符;齐桓小国之庸君,尚图泥金之事。望陛下推功损己,让德不居。亿兆倾心,犹阙告成之礼;云、亭伫谒,未展升中之仪。此之功德,足以咀嚼百王,网罗千代者矣。古人有云:"虽休勿休",良有以也。守初保末,圣哲罕兼。是知业大者易骄,愿陛下难之;善始者难终,愿陛下易之。

窃见顷年已来,力役兼总,东有辽海之军,西有昆丘之役,士马疲于甲胄,舟车倦于转输。且召募役戍,去留怀死生之痛;因风阻浪,人米有漂溺之危。一夫力耕,卒无数十之获;一船致损,则倾数百之粮。是犹运有尽之农功,填无穷之巨浪,图未犹之他众,丧已成之我军。虽除凶伐暴,有国常规;然黩武玩兵,先哲所戒。昔秦皇并吞六国,反速危亡之基;晋武奄有三方,翻成覆败之业。岂非矜功恃大,弃德而轻邦;图利忘害,肆情而纵欲。遂使悠悠六合,虽广不救其亡;嗷嗷黎庶,因弊以成其祸。是知地广非常安之术,人劳乃易乱之源。愿陛下布泽流人,矜弊恤乏,减行役之烦,增湛露之惠。

妾又闻为政之本,贵在无为。窃见土木之功,不可兼遂。北阙初建,南营翠微,曾未逾时,玉华创制。虽复因山藉水,非无架筑之劳;损之又损,颇有工力之费。终以茅茨示约,犹兴木石之疲;假使和雇取人,不无烦扰之弊。是以卑宫菲食,圣主之所安;金屋瑶台,骄主之为丽。故有道之君,以逸逸人;无道之君,以乐乐身。愿陛下使之以时,则力无竭矣;用而息之,则人斯悦矣。

夫珍玩伎巧,乃丧国之斧斤。珠玉锦绣,实迷心之鸩毒。窃见服玩纤靡,如变化于自然;织贡珍奇,若神仙之所制。虽驰华于季俗,实败素于淳风。是知漆器非延叛之方,桀造之而人叛;玉杯岂招亡之术,纣用之而国亡。方验侈丽之源,不可不遏。作法于俭,犹恐其奢;作法于奢,何以制后?伏惟陛下明鉴未形,智周无际,穷奥秘于麟阁,尽探赜于儒林。千王治乱之踪,百代安危之迹,兴衰祸福之数,得失成败之机,故亦苞吞心府之中,循环目围之内,乃宸衷之久察,无假一二言焉。惟恐知之非难,之不易,志骄于业泰,体逸于时安。伏愿抑志裁心,慎终如始,削轻过以添重德,循今是以替前非,则令名与日月无穷,盛业与乾坤永大。

太宗善其言,优赐甚厚。

及太宗崩,追思顾遇之恩,哀慕愈甚,发疾不自医。病甚,谓所亲曰:“吾荷顾实深,志在早殁,魂其有灵,得侍园寝,吾之志也。”因为七言诗及连珠以见其志。永徽元年卒,时年二十四,诏赠贤妃,陪葬于昭陵之石室。

高宗废后王氏,并州祁人也。父仁祐,贞观中罗山令。同安长公主即后之从祖母也。公主以后有美色,言于太宗,遂纳为晋王妃。高宗登储,册为皇太子妃,以父仁祐为陈州刺史。永徽初,立为皇后,以仁祐为特进、魏国公,母柳氏为魏国夫人。仁祐寻卒,赠司空。

初,武皇后贞观末随太宗嫔御居于感业寺,后及左右数为之言,高宗由是复召入宫,立为昭仪。俄而渐承恩宠,遂与后及良娣萧氏递相潜毁。帝终不纳后言,而昭仪宠遇日厚。后惧不自安,密与母柳氏求巫祝厌胜。事发,帝大怒,断柳氏不许入宫中,后舅中书令柳奭罢知政事,并将废后,长孙无忌、褚遂良等固谏,乃止。俄又纳李义府之策,永徽六年十月,废后及萧良娣皆为庶人,囚之别院。武昭仪令人皆缢杀之。后母柳氏、兄尚衣奉御全信及萧氏兄弟,并配流岭外。遂立昭仪为皇后。寻又追改后姓为蟒氏,萧良娣为枭氏。

庶人良娣初囚,大骂曰:"愿阿武为老鼠,吾作猫儿,生生扼其喉!"武后怒,自是宫中不畜猫。初囚,高宗念之,闲行至其所,见其室封闭极密,惟开一窍通食器出入。高宗恻然,呼曰:"皇后、淑妃安在?"庶人泣而对曰:"妾等得罪,废弃为宫婢,何得更有尊称,名为皇后?"言讫悲咽,又曰:"今至尊思及畴昔,使妾等再见日月,出入院中,望改此院名为'回心院',妾等再生之幸。"高宗曰:"朕即有处置。"武后知之,令人杖庶人及萧氏各一百,截去手足,投于酒瓮中,曰:"令此二妪骨醉!"数日而卒。后则天频见王、萧二庶人披发沥血,如死时状。武后恶之,祷以巫祝,又移居蓬莱宫,复见,故多在东都。中宗即位,复后姓为王氏,枭氏还为萧氏。

中宗和思皇后赵氏,京兆长安人。祖绰,武德中以战功至右领军卫将军。父瑰,尚高祖女常乐公主,历迁左千牛将军。中宗为英王时,纳后为妃。既而妃母公主得罪,妃亦坐废,幽死于内侍省。则天临朝,瑰为寿州刺史,坐与越王贞连谋被诛,公主亦坐死。神龙元年,赠后谥为恭皇后,赠瑰左卫大将军。及中宗崩,将葬于定陵,议者以韦后得罪,不宜祔葬,于是追谥后为和思,莫知瘗所,行招魂祔葬之礼。太常博士彭景直上言:"古无招魂葬之礼,不可备棺椁,置辒辌。宜据《汉书·郊祀志》葬黄帝衣冠于桥山故事,以皇后袆衣于陵所寝宫招魂,置衣于魂舆,以太牢告祭,迁衣于寝宫,舒于御榻之右,覆以夷衾而祔葬焉。"从之。

中宗韦庶人,京兆万年人也。祖弘表,贞观中为曹王府典军。中宗为太子时,纳后为妃,仍擢后父普州参军玄贞为豫州刺史。嗣圣元年,立为皇后。其年,中宗见废,后随从房州。时中宗惧不自安,每闻制使至,惶恐欲自杀。后劝王曰:"祸福倚伏,何常之有,岂失一死,何遽如是也!"累年同艰危,情义甚笃。所生懿德太子、永徽、永寿、长宁、安乐四公主,安乐最幼,生于房州,帝自脱衣裹之,遂名曰裹儿,特宠异焉。及中宗复立为太子,又立后为妃。时昭容上官氏常劝后行则天故事,乃上表请天下士庶为出母服丧三年;又请百姓以年二十三为丁,五十九免役,改易制度,以收时望。制皆许之。

帝在房州时,常谓后曰:"一朝见天日,誓不相禁忌。"及得志,受上官昭容邪说,引武三思入宫中,升御床,与后双陆,帝为点筹,以为欢笑,丑声日闻于外。乃大出宫女,虽左右内职,而许时出禁中。上官氏及宫人贵幸者,皆立外宅,出入不节,朝官邪佞者候之,恣为狎游,祈其赏秩,以至要官。时侍中敬晖谋去诸武,武三思患之,乃结上官氏以为援,因得幸于后,潜入宫中谋议,及讽百官上帝尊号为应天皇帝,后为顺天皇后。帝与后亲谒太庙,告谢受尊号之意。于是三思骄横用事,敬晖、王同皎相次夷灭,天下咸归咎于后。

后方优宠亲属,内外封拜,遍列清要。又欲宠树安乐公主,乃制公主开府,置官属。太平公主仪比亲王。长宁、安乐二府不置长史而已。宜城公主等以非后所生,各减太平之半。安乐恃宠骄恣,卖官鬻狱,势倾朝廷,常自草制敕,掩其文而请帝书焉,帝笑而从之,竟不省视。又请自立为皇太女,帝虽不从,亦不加谴。所署府僚,皆猥滥非才。又广营第宅,侈靡过甚。长宁及诸公主迭相仿效,天下咸嗟怨之。

神龙三年,节愍太子死后,宗楚客率百僚上表,加后号为顺天翊圣皇后。景龙二年春,宫中希旨,妄称后衣箱中有五色云出,帝使画工图之,出示于朝,乃大赦天下,百僚母妻各加邑号。右骁卫将军、知太史事迦叶志忠上表曰:"昔高祖未受命时,天下歌《桃李子》;太宗未受命时,天下歌《秦王破阵乐》;高宗未受命时,天下歌《侧堂堂》;天后未受命时,天下歌《武媚娘》。伏惟应天皇帝未受命时,天下歌《英王石州》;顺天皇后未受命时,天下歌《桑条韦》也、《女时》。六合之内,齐首踊足,应四时八节之会,歌舞同欢。岂与夫《箫韶》九成、百兽率舞同年而语哉!伏惟皇后降帝女之精,合为国母,主蚕桑以安天下,后妃之德,于斯为盛。谨进《桑条歌》十二篇,伏请宣布中外,进入乐府,皇后先蚕之时,以享宗庙。"帝悦而许之,特赐志忠庄一区、杂彩七百段。太常少卿郑愔又引而申之,播于舞咏,亦受厚赏。兵部尚书宗楚客又讽补阙赵延禧表陈符命,解《桑条》以为十八代之符,请颁示天下,编诸史册。帝大悦,擢延禧为谏议大夫。时上官昭容与其母郑氏及尚宫柴氏、贺娄氏树用亲党,广纳货赂,别降墨敕斜封授官,或出臧获屠贩之类,累居荣秩。又引女巫赵氏出入禁中,封为陇西夫人,势与上官氏为比。

三年冬,帝将亲祠南郊,国子祭酒祝钦明、司业郭山恽建议云:"皇后亦合助祭。"太常博士唐绍、蒋钦绪上疏争之。尚书右仆射韦巨源详定仪注,遂希旨协同钦明之议。帝纳其言,以后为亚献,仍以宰相女为斋娘,以执笾豆。钦明又欲请安乐公主为终献,迫于时议而止。

四年正月望夜,帝与后微行市里,以观烧灯。又放宫女数千,夜游纵观,因与外人阴通,逃逸不还。时国子祭酒叶静能善符禁小术,散骑常侍马秦客颇闲医药,光禄少卿杨均以调膳侍奉,皆出入宫掖。均与秦客皆得幸于后,相次丁母忧,旬日悉起复旧职。时安乐公主与驸马武延秀、侍中纪处讷、中书令宗楚客、司农卿赵履温互相猜贰,迭为朋党。

六月,帝遇毒暴崩。时马秦客侍疾,议者归罪于秦客及安乐公主。后惧，秘不发丧，引所亲入禁中，谋自安之策。以刑部尚书裴谈、工部尚书张锡知政事，留守东都；又命左金吾大将军赵承恩及宦者、左监门卫大将军薛崇简帅兵五百人往均州，以备谯王重福。后与兄太子少保温定策，立温王重茂为皇太子，召诸府兵五万人屯京城，分为左右营，然后发丧。少帝即位，尊后为皇太后，临朝摄政。韦温总知内外兵马，守援宫掖；驸马韦捷、韦濯分掌左右屯营；武延秀及温从子播、族弟璇、外甥高崇共典左右羽林军及飞骑、万骑。播、璇欲先树威严，拜官日先鞭万骑数人，众皆怨，不为之用。

时京城恐惧，相传将有革命之事，往往偶语，人情不安。临淄王率薛崇简、钟绍京、刘幽求领万骑及总监丁夫入自玄武门，至左羽林军，斩将军韦璇、韦播及中郎将高崇于寝帐。遂斩关而入，至太极殿。后惶骇遁入殿前飞骑营，及武延秀、安乐公主皆为乱兵所杀。分遣万骑诛其党与韦温、温从子捷及族弟婴，宗楚客、弟晋卿、纪处讷、马秦客、叶静能、杨均、赵履温、卫尉卿王哲、太常卿李瑼、将作少匠李守质及韦氏武氏宗族，无少长皆斩之。枭后及安乐公主首于东市。翌日，敕收后尸，葬以一品之礼，追贬为庶人；安乐公主葬以三品之礼，追贬为悖逆庶人。

中宗上官昭容名婉儿，西台侍郎仪之孙也。父庭芝，与仪同被诛，婉儿时在襁褓，随母配入掖庭。及长，有文词，明习吏事。则天时，婉儿忤旨当诛，则天惜其才不杀，但黥其面而已。自圣历已后，百司表奏，多令参决。中宗即位，又令专掌制命，深被信任。寻拜为昭容，封其母郑氏为沛国夫人。婉儿既与武三思淫乱，每下制敕，多因事推尊武氏而排抑皇家。节愍太子深恶之，及举兵，至肃章门，扣阁索婉儿。婉儿大言曰："观其此意，即当次索皇后以及大家。"帝与后遂激怒，并将婉儿登玄武门楼以避兵锋，俄而事定。

婉儿常劝广置昭文学士，盛引当朝词学之臣，数赐游宴，赋诗唱和。婉儿每代帝及后、长宁、安乐二公主，数首并作，辞甚绮丽，时人咸讽诵之。婉儿又通于吏部侍郎崔湜，引知政事。湜尝充使开商山新路,功未半而中宗崩,婉儿草遗制,曲叙其功而加褒赏。及韦庶人败,婉儿亦斩于旗下。玄宗令收其诗笔,撰成文集二十卷,令张说为之序。初,婉儿在孕时,其母梦人遗己大秤,占者曰:"当生贵子,而秉国权衡。"既生女,闻者哂其无效,及婉儿专秉内政,果如占者之言。

睿宗肃明顺圣皇后刘氏,刑部尚书德威之孙也。父延景,陕州刺史,景云元年,追赠尚书右仆射、沛国公。仪凤中,睿宗居藩,纳后为孺人,寻立为妃,生宁王宪,寿昌、代国二公主。文明元年,睿宗即位,册为皇后;及降为皇嗣,后从降为妃。长寿中,与昭成皇后同被谴,为则天所杀。景云元年,追谥肃明皇后,招魂葬于东都城南,陵曰惠陵。睿宗崩,迁祔桥陵。以昭成太后故,不得入太庙配飨,常别祀于仪坤庙。开元二十年,始祔太庙。

睿宗昭成顺圣皇后窦氏,将作大匠抗曾孙也。祖诞,大理卿、莘国公;父孝谌,润州刺史,景云元年,追赠太尉、邠国公。后姿容婉顺,动循礼则,睿宗为相王时为孺人,甚见礼异。光宅元年立为德妃。生玄宗及金仙、玉真二公主。长寿二年,为户婢团儿诬谮与肃明皇后厌蛊咒诅。正月二日,朝则天皇后于嘉豫殿,既退而同时遇害。梓宫秘密,莫知所在。睿宗即位,谥曰昭成皇后,招魂葬于都城之南,陵曰靖陵。又立庙于京师,号为仪坤庙。睿宗崩,后以帝母之重,追尊为皇太后,谥仍旧,祔葬桥陵,迁神主于太庙。

玄宗废后王氏,同州下邽人,梁冀州刺史神念之后。上为临淄王时,纳后为妃。上将起事,颇预密谋,赞成大业。先天元年,为皇后,以父仁皎为太仆卿,累加开府仪同三司、邠国公。后兄守一以后无子,常惧有废立,导以符厌之事。有左道僧明悟为祭南北斗,刻霹雳木书天地字及上讳,合而佩之,且祝曰:"佩此有子,当与则天皇后为比。"事发,上亲究之,皆验。开元十二年秋七月己卯,下制曰:

"皇后王氏,天命不佑,华而不实。造起狱讼,朋扇朝廷,见无将之
心,有可讳之恶。焉得敬承宗庙,母仪天下,可废为庶人,别院安置。
刑于家室,有愧昔王,为国大计,盖非获已。"守一赐死。其年十月,
庶人卒,以一品礼葬于无相寺。宝应元年,雪免,复尊为皇后。

　　玄宗贞顺皇后武氏,则天从父兄子恒安王攸止女也。攸止卒
后,后尚幼,随例入宫。上即位,渐承恩宠。及王庶人废后,特赐号
为惠妃,宫中礼秩,一同皇后。所生母杨氏,封为郑国夫人。同母弟
忠,累迁国子祭酒;信,秘书监。惠妃开元初产夏悼王及怀哀王、上
仙公主,并襁褓不育,上特垂伤悼。及生寿王瑁,不敢养于宫中,命
宁王宪于外养之。又生盛王琦,咸宜、太华二公主。惠妃以开元二
十五年十二月薨,年四十余。下制曰:"存有懿范,没有宠章,岂独被
于朝班,故乃施于亚政,可以垂裕,斯为通典。故惠妃武氏少而婉
顺,长而贤明,行合礼经,言应图史。承戚里之华胄,升后庭之峻秩,
贵而不恃,谦而益光;以道饬躬,以和逮下,四德粲其兼备,六宫咨
而是则。法度在己,靡资珩佩;躬俭化人,率先绦纮。凤有奇表,将
加正位,前后固让,辞而不受,奄至沦殁,载深感悼。遂使玉衣之庆,
不及于生前;象服之荣,徒增于身后。可赠贞顺皇后,宜令所司择日
册命。"葬于敬陵。时庆王琮等请制齐衰之服,有司请以忌日废务,
上皆不许之。立庙于京中昊天观南,乾元之后,祠享亦绝。

　　玄宗杨贵妃,高祖令本,金州刺史。父玄琰,蜀州司户。妃早孤,
养于叔父河南府士曹玄璬。开元初,武惠妃特承宠遇,故王皇后废
黜。二十四年惠妃薨,帝悼惜久之,后庭数千,无可意者。或奏玄琰
女姿色冠代,宜蒙召见。时妃衣道士服,号曰太真。既进见,玄宗大
悦。不暮岁,礼遇如惠妃。太真姿质丰艳,善歌舞,通音律,智算过
人。每倩盼承迎,动移上意。宫中呼为"娘子",礼数实同皇后。有
姊三人,皆有才貌,玄宗并封国夫人之号:长曰大姨,封韩国;三姨,
封虢国;八姨,封秦国。并承恩泽,出入宫掖,势倾天下,妃父玄琰,

累赠太尉、齐国公；母封凉国夫人；叔玄珪，光禄卿。再从兄铦，鸿胪卿；锜，侍御史，尚武惠妃女太华公主，以母爱，礼遇过于诸公主，赐甲第，连于宫禁。韩、虢、秦夫人与铦、锜等五家，每有请托，府县承迎，峻如诏敕，四方赂遗，其门如市。

五载七月，贵妃以微谴送归杨铦宅，比至亭午，上思之不食。高力士探知上旨，请送贵妃院供帐、器玩、廪饩等办具百余车，上又分御馔以送之。帝动不称旨，暴怒笞挞左右。力士伏奏请迎贵妃归院。是夜，开安兴里门入内，妃伏地谢罪，上欢然慰抚。翌日，韩、虢进食，上作乐终日，左右暴有赐与。自是宠遇愈隆。韩、虢、秦三夫人岁给钱千贯，为脂粉之资。铦授三品、上柱国，私第立戟。姊妹昆仲五家，甲第洞开，僭拟宫掖，车马仆御，照耀京邑，递相夸尚。每构一堂，费逾千万计，见制度宏壮于己者，即撤而复造，土木之工，不舍昼夜。玄宗颁赐及四方献遗，五家如一，中使不绝。开元已来，豪贵雄盛，无如杨氏之比也。玄宗凡有游幸，贵妃无不随侍，乘马则高力士执辔授鞭。宫中供贵妃院织锦刺绣之工，凡七百人，其雕刻熔造，又数百人。扬、益、岭表刺史，必求良工造作奇器异服，以奉贵妃献贺，因致擢居显位。玄宗每年十月幸华清宫，国忠姊妹五家扈从，每家为一队，著一色衣，五家合队，照映如百花之焕发，而遗钿坠舄，瑟瑟珠翠，璨烂芳馥于路。而国忠私于虢国而不避雄狐之刺，每入朝或联镳方驾，不施帷幔。每三朝庆贺，五鼓待漏，艳妆盈巷，蜡炬如昼。而十宅诸王百孙院婚嫁，皆因韩、虢为绍介，仍先纳赂千贯，而奏请罔不称旨。

天宝九载，贵妃复忤旨，送归外第。时吉温与中贵人善，温入奏曰："妇人智识不远，有忤圣情，然贵妃久承恩顾，何惜宫中一席之地，使其就戮，安忍取辱于外哉！"上即令中使张韬光赐御馔，妃附韬光泣奏曰："妾忤圣颜，罪当万死。衣服之外，皆圣恩所赐，无可遗留，然发肤是父母所有。"乃引刀剪发一缭附献。玄宗见之惊惋，即使力士召还。国忠既居宰执，兼领剑南节度，势渐恣横。十载正月望夜，杨家五宅夜游，与广平公主骑从争西市门。杨氏奴挥鞭及公主衣,公主堕马,驸马程昌裔扶公主,因及数挝。公主泣奏之,上令杀杨氏奴,昌裔亦停官。国忠二男昢、暄,妃弟鉴皆尚公主,杨氏一门尚二公主、二郡主。贵妃父祖立私庙,玄宗御制家庙碑文并书。玄珪累迁至兵部尚书。

天宝中,范阳节度使安禄山大立边功,上深宠之。禄山来朝,帝令贵妃姊妹与禄山结为兄弟。禄山母事贵妃,每宴赐,锡赉稠沓。及禄山叛,露檄数国忠之罪。河北盗起,玄宗以皇太子为天下兵马元帅,监抚军国事。国忠大惧,诸杨聚哭,贵妃衔土陈请,帝遂不行内禅。及潼关失守,从幸至马嵬,禁军大将陈玄礼密启太子,诛国忠父子。既而四军不散,玄宗遣力士宣问,对曰"贼本尚在",盖指贵妃也。力士复奏,帝不获已,与妃诏,遂缢死于佛室。时年三十八,瘗于驿西道侧。

上皇自蜀还,令中使祭奠,诏令改葬。礼部侍郎李揆曰:"龙武将士诛国忠,以其负国兆乱。今改葬故妃,恐将士疑惧,葬礼未可行。"乃止。上皇密令中使改葬于他所。初瘗时以紫褥裹之,肌肤已坏,而香囊仍在。内官以献,上皇视之凄惋,乃令图其形于别殿,朝夕视之。

马嵬之诛国忠也,虢国夫人闻难作,奔马至陈仓。县令薛景仙率人吏追之,走入竹林。先杀其男裴徽及一女。国忠妻裴柔曰:"娘子为我尽命。"即刺杀之。已而自刭,不死,县吏载之,闭于狱中。犹谓吏曰:"国家乎?贼乎?"吏曰:"互有之。"血凝至喉而卒,遂瘗于郭外。韩国夫人婿秘书少监崔峋,女为代宗妃。虢国男裴徽尚代宗女延安公主,女嫁让帝男。秦国夫人婿柳澄先死,男钧尚长清县主,澄弟潭尚肃宗女和政公主。

旧唐书卷五二
列传第二

后妃下

穆宗贞献皇后萧氏
穆宗宣懿皇后韦氏
武宗王贤妃
宣宗元昭皇后晁氏
懿宗惠安皇后王氏
昭宗积善皇后何氏

　　玄宗元献皇后杨氏，弘农华阴人。曾祖士达，隋纳言，天授中，以则天母族，追封士达为郑王，赠太尉。父知庆，左千牛将军，赠太尉、郑国公。

　　后景云元年八月选入太子宫。时太平公主用事，尤忌东宫。宫中左右持两端，而潜附太平者，必阴伺察，事虽纤芥，皆闻于上，太子心不自安。后时方娠，太子密谓张说曰："用事者不欲吾多息胤，恐祸及此妇人，其如之何？"密令说怀去胎药而入。太子于曲室躬自煮药，醺然似寐，梦神人覆鼎。既寤如梦，如是者三。太子异之，告说。说曰："天命也，无宜他虑。"既而太平诛，后果生肃宗。太子妃王氏无子，后班在下，后不敢母肃宗。王妃抚鞠，慈甚所生。开元中，肃宗为忠王，后为妃，又生宁亲公主。张说以旧恩特承宠异，说亦奇忠王仪表，必知运历所钟，故宁亲公主降说子埱。

　　开元十七年后薨，葬细柳原，玄宗命说为志文，其铭云："石兽涩兮绿苔黏，宿草残兮白露沾。园寝闭兮脂粉腻，不知何年开镜奁。"二十四年，忠王立为皇太子。至德元年，肃宗即位于灵武。二载五月，玄宗在蜀，诰曰："圣人垂范，是推顾复之恩；王者建极，抑有追尊之礼。盖母以子贵，德以谥尊。故妃弘农杨氏特禀坤灵，久厘阴教。往以续涂山之庆，降华渚之祥。诞发异图，载光帝业。而册命犹阙，幽灵尚闷。夏王继统，方轸阳域之恩；汉后褒荣，庶协昭灵之称。宜于彼追册为元献太后。"宝应二年正月，祔葬泰陵。

肃宗张皇后，本南阳西鄂人，后徙家昭应。祖母窦氏，玄宗母昭成皇太后之妹也。昭成为天后所杀，玄宗幼失所恃，为窦姨鞠养。景云中，封邓国夫人，恩渥甚隆。其子去惑、去疑、去奢、去逸，皇姨弟也，皆至大官。去盈尚玄宗女常芬公主。去逸生后，天宝中，选入太子宫为良娣。后弟清又尚大宁郡主。

后辩惠丰硕，巧中上旨。禄山之乱，玄宗幸蜀，太子与良娣俱从，车驾渡渭，百姓遮道请留太子收复长安。肃宗性仁孝，以上皇播越，不欲违离左右。宦者李靖忠启太子请留，良娣赞成之，白于玄宗。太子如灵武，时贼已陷京师，从官单寡，道路多虞。每太子次舍宿止，良娣必居其前。太子曰："捍御非妇人之事，何以居前？"良娣曰："今大家跋履险难，兵卫非多，恐有仓卒，妾自当之，大家可由后而出，庶几无患。"及至灵武，产子，三日起缝战士衣。太子劳之曰："产忌作劳，安可容易？"后曰："此非妾自养之时，须办大家事。"

肃宗即位，册为淑妃。赠父太仆卿去逸左仆射，母窦氏封义章县主，姊李昙妻封清河郡夫人，妹师师封郕国夫人。乾元元年四月，册为皇后。弟驸马都尉清加特进、太常卿同正，封范阳郡公。皇后宠遇专房，与中官李辅国持权禁中，干预政事，请谒过当，帝颇不悦，无如之何。后于光顺门受外命妇朝，亲蚕苑中，内外命妇相见，仪注甚盛。先在灵武时，太子弟建宁王倓为后诬谮而死。自是太子忧惧，常恐后之构祸，乃以恭逊取容，后以建宁之隙，常欲危之。张后生二子：兴王佋、定王侗。兴王早薨，侗又孩幼，故储位获安。

宝应元年四月，肃宗大渐，后与内官朱辉光、马英俊、啖廷瑶、陈仙甫等谋立越王系，矫诏召太子入侍疾。中官程元振、李辅国知其谋，及太子入，二人以难告，请太子在飞龙厩。元振率禁军收越王，捕朱辉光等。俄而肃宗崩，太子监国，遂移后于别殿，幽崩。诛马英俊，女道士许灵素配流，山人申大芝赐死，驸马都尉清贬峡州司马，弟延和郡主婿鸿胪卿潜贬郴州司马，舅鸿胪卿窦履信贬道州刺史。

　　肃宗韦妃，父元珪，兖州都督。肃宗为忠王时，纳为孺人，及升储位，为太子妃，生兖王僴、绛王佺、永和公主、永穆公主。天宝中，宰相李林甫不利于太子，妃兄坚为刑部尚书，林甫罗织，起柳勣之狱，坚连坐得罪，兄弟并赐死。太子惧，上表自理，言与妃情义不睦，请离婚，玄宗慰抚之，听离。妃遂削发被尼服，居禁中佛舍。西京失守，妃亦陷贼。至德二年薨于京城。

　　肃宗章敬皇后吴氏，坐父事没入掖庭。开元二十三年，玄宗幸忠王邸，见王服御萧然，傍无媵侍，命将军高力士选掖庭宫人以赐之。而吴后在籍中，容止端丽，性多谦抑，宠遇益隆。明年，生代宗皇帝。二十八年薨，葬于春明门外。

　　代宗即位之年十二月，群臣以肃宗山陵有期，准礼以先太后祔陵庙。宰臣郭子仪等上表曰：

　　　　俪宸极者，允归于淑德；谥徽号者，必副于鸿名。当履运而承天，则因心而追往，此先王之明训，圣人之茂典也。伏惟先太后圆精挺质，方祇禀秀。祯符协于四星，典礼敦于万国，得元和之正气，韫霄汉之清英。顾史求箴，道先于壸则；挥谦率礼，教备于中闱。太阴无吴朓之征，丙殿有祝延之庆。尊敬师傅，佩服礼经，勤于萍藻之荐，罔贵珩璜之饰。徽音允穆，嘉庆聿彰，宪度辅佐之劳，缉熙玄默之化，足以光昭宗祀，作配紫微。岂《驺虞》之风行，于江、汉之域；葛覃之咏，起自岐阳之下。爰膺历数，作启圣明，大拯艰难，永清夷夏。虽复文母成周王之业，庆都诞帝尧之圣，异代同符，彼多惭德。昊苍不吊，圣善长违。当圆魄之成，玉英早落；有坤仪之美，象服未加。悲怀于先远之辰，感恸于易名之日。伏以山陵贞兆，良吉有期，虞祔之仪，式资配享。率由故实，敬奉嘉名。谨按谥法："敬慎高明曰章，法度明大曰章,夙兴夜寐曰敬,齐庄中正曰敬。"敢遵先典,仰图懿德,谨上尊谥曰章敬皇后。

二年三月,祔葬建陵。启春明门外旧垄,后容状如生,粉黛如故,而衣皆赭黄色,见者骇异,以为圣子符兆之先。

后父令珪,宝应初赠太尉;母李氏,赠秦国夫人。叔令瑶,拜太子家令,封冯翊郡公;令瑜,太子右谕德,封济阴郡公。后兄溆,鸿胪少卿,封鄄城县公;澄,太子宾客,濮阳县公;凑,太子詹事,临濮县公。并加开府仪同三司。溆位终金吾大将军,凑位终京兆尹,见《外戚传》。

代宗睿真皇后沈氏,吴兴人,世为冠族。父易直,秘书监。开元末,以良家子选入东宫,赐太子男广平王。天宝元年,生德宗皇帝。禄山之乱,玄宗幸蜀,诸王、妃、主从幸不及者,多陷于贼,后被拘于东都掖庭。及代宗破贼,收东都,见之,留于宫中,方经略北征,未暇迎归长安。俄而史思明再陷河洛。及朝义败,复收东都,失后所在,莫测存亡。代宗遣使求访,十余年寂无所闻。德宗即位,下诏曰:"王者事父孝,故事天明;事母孝,故事地察。则事天莫先于严父,事地莫盛于尊亲。朕恭承天命以主社稷,执珪璧以事上帝,祖宗克配,园寝永终。而内朝虚位,阙问安之礼,衔悲内恻,忧恋终岁。思欲历舟车之路,以听求音问,而主兹重器,莫匪深哀。是用仰稽旧仪,敬崇大号,举兹礼命,式遵前典。宜令公卿大夫稽度前训,上皇太后尊号。"

建中元年十一月,遥尊圣母沈氏为皇太后,陈礼于含元殿庭,如正至之仪。上衮冕出自东序门,立于东方,朝臣班于位,册曰:"嗣皇帝臣名言:恩莫重于顾复,礼莫贵于徽号,上以展爱敬之道,下以正《春秋》之义,则祖宗之所禀命,臣子之所尽心,尊尊亲亲,此焉而在。两汉而下,帝王嗣位,崇奉尊称,厥有旧章。永惟丕烈,敢坠前典,臣名谨上尊号曰皇太后。"帝再拜,歔欷不自胜,左右皆泣下。仍以睦王述为奉迎皇太后使,工部尚书乔琳副之,候太后问至,升平公主宜备起居。于是分命使臣,周行天下。明年二月,吉问至,群臣称贺,既而诈妄。自是诈称太后者数四,皆不之罪,终贞元之世无闻焉。

德宗敦崇外族,赠太后父易直太师,易直子库部员外郎介福赠太傅,介福子德州刺史士衡赠太保,易直第二子秘书少监震赠太尉;时沈氏封赠拜爵者百余人。贞元七年,诏外曾祖隋陕令沈琳赠司徒,追封徐国公,与外祖赠太师易直等立五庙,以琳为始,缘祠庙所须,官给。后无近属,惟族子房为近,德宗用为金吾将军,主沈氏之祀。宪宗即位之年九月,礼仪使奏:"太后沈氏厌代登真,于今二十七载,大行皇帝至孝惟深,哀思罔极。建中之初,已发明诏,舟车所至,靡不周遍,岁月滋深,迎访理绝。按晋庾蔚之议,寻求三年之后,又俟中寿而服之。今参详礼例,伏请以大行皇帝启攒宫日,百官举哀于肃章门内之正殿,先令有司造祎衣一副,发哀日令内官以祎衣置于幄。自后宫人朝夕上食,先启告元陵,次告天地宗庙、昭德皇后庙。太皇太后谥册,造神主,择日祔于代宗庙。其祎衣备法驾奉迎于元陵祠,复置于代宗皇帝衮衣之右。便以发哀日为国忌。"诏如奏。其年十一月,册谥曰睿真皇后,奉神主祔于代宗之室。

代宗崔妃,博陵安平人。父峋,秘书少监;母杨氏,韩国夫人。天宝中,杨贵妃宠幸,即妃之姨母也。时韩国、虢国之宠,冠于戚里。时代宗为广平王,故玄宗选韩国之女,嫔于广平邸,礼仪甚盛。生召王偲。初,妃挟母氏之势,性颇妒悍,及西京陷贼,母党皆诛,妃从王至灵武,恩顾渐薄,达京而薨。

代宗贞懿皇后独孤氏,父颖,左威卫录事参军,以后贵,赠工部尚书。后以美丽入宫,嬖幸专房,故长秋虚位,诸姬罕所进御。后始册为贵妃,生韩王迥、华阳公主。华阳聪悟过人,能候上颜色,发言必随喜愠。上之所赏,则因而美之,上之所恶,则曲以全之,由是钟爱特异。大历九年,公主薨,上嗟悼过深,数日不视朝。宰臣等因中使吴承倩附奏，言修短常理，以社稷之重，宜节哀视事。初，公主疾，上令宗师道教，名曰琼华真人。及疾亟，上亲自临视，属纩之际，啮伤上指，其爱念如此。上既未听朝，宰臣等谏曰："公主夙成神晤，仁眷特钟，尝祷必亲，已承减膳，幽明遽间，倍轸慈衷。臣等微诚，无由感达。伏惟陛下守累圣之公器，御群生之重畜，夷百战之艰患，抚四海之伤残。虏候为虞，戎师近警，一言万务，裁成圣心，得失谬于毫厘，安危存于晷刻。伏虑顾怀犹切，神志未和，众情以之不宁，臣子以之兢悸。伏愿抑周丧之私痛，均品物于至公，下慰黔黎，上安宗社。"上始听朝。

大历十年五月贵妃薨，追谥曰贞懿皇后，殡于内殿，累年不忍出宫。十三年十月方葬，命宰臣常衮为哀册曰：

维大历十年，岁在辛卯，十月辛酉朔。六日丙寅，贵妃独孤氏薨。粤明日，追谥曰贞懿皇后，殡于内殿之西阶。十三年十月癸酉，乃命门下侍郎、同平章事常衮持节册命，以其月二十五日丁酉，迁座于庄陵，礼也。素纱列位，黼帝周庭，辂升玉缀，轩軼珠棂。皇帝悼鸾掖以追怀，感麟迹而增恸，备百礼以殷遣，命六宫而哀送。宗祝荐告，司仪降收，爰诏侍臣，纪垂鸿休。其辞曰：

祚祉悠久，宠灵诞受，元魏戚藩，周、隋帝后。五侯迭兴，七贵居右，肇启皇运，光膺文母。缵女是因，以纲大伦，生知阴教，育我蒸人。瑞云呈彩，瑶星降神，聪明睿智，婉丽贞仁。惟昔天监，搜求才淑，龙德在田，葛覃于谷。周姜胥宇，汉后推毂，王业惟艰，嫔风已穆。继文传圣，嗣徽克令，不曜其光，乃终有庆。祗奉园寝，肃恭灵命，越在哀茕，聿追孝敬。文织丝组，朱绿玄黄，上供祭服，以祀明堂。法度有节，不待珩璜，篇训之制，自盈缃缃。叙我邦族，风于天下，始于忧勤，协成王化。慈厚诸女，宠临下嫁，登进贤才，劳谦日夜。服缯示俭，脱簪申诫，访问后言，燕游夙退。内加群娣，动有矜诲，外睦诸亲，泣辞封拜。阙翟有日，亲蚕俟时，忽归清汉，言复方祇。万乘悼怀，群臣慕思，玉衣追庆，金钿同仪。呜呼哀哉！

　　去昭阳兮窅然，乘云驾兮何在？人代宛兮如旧，炎凉倏兮已改。翠葆森以成列，素旗俨而相待，言从玉兆之贞，永闷瑶华之彩。别长秋之西苑，过望春兮南登，招帝子于北渚，从母后于东陵。下土清兮动金翠，外无像兮中有冯，合箫挽以攒咽，结云雨之凄凝。吾君感于幽期，俯层亭而望思，惨嫔媛以延伫，极容卫以尽时。摇巾袂兮远诀，隔轩槛兮群悲，不复见兮回御辇，伤如何兮轸睿慈。下兰皋兮背芬阳，旌悠悠兮野苍苍，带白花兮掩泪，衣玄衮兮断肠。当盛明兮共乐，忽幽处兮独伤，去故廷兮曰远，即新宫兮夜长。襚无文绣之饰，器无珠贝之藏，盖自我之立制，刑有国之大方。呜呼哀哉！

　　见送往之空归，欢终焉之如此，方士神兮是与非，甘泉画兮疑复似。遗音在于玉瑱，陈迹留于金卮，献万寿兮无期，存《二南》之余美。

帝追思不已，每事欲极哀情。常衮当代才臣，诏为哀词，文旨凄悼，览之者恻然。华阳公主先葬于城东，地卑湿，至是徙葬，祔于庄陵之园，故哀词云：“招帝子于北渚，从母后于东陵。”乃诏常参官为挽歌，上自选其伤切者，令挽士歌之。大历初，后宠遇无双，以恩泽官其宗属，叔太常少卿卓为少府监，后兄良佐太子中允。

　　德宗昭德皇后王氏，父遇，官至秘书监。德宗为鲁王时，纳后为嫔。上元二年，生顺宗皇帝，特承宠异。德宗即位，册为淑妃。贞元二年，妃病。十一月甲午，册为皇后，是日崩于两仪殿。临毕，素服视事。既大殓成服，百僚服三日而释，用晋文明后崩天下发哀三日止之义，上服凡七日而释。谥曰昭德。初，令兵部侍郎李纾撰谥册文，既进，帝以纾文谓皇后曰“大行皇后”非礼，留中不出。诏翰林学士吴通玄为之，通玄又云“咨后王氏”，议者亦以为非，知礼者以贞观中岑文本撰文德皇后谥册曰“皇后长孙氏”，斯得之矣。五月，葬于靖陵。后母郕国夫人郑氏请设祭，诏曰：“祭筵不可用假花果，欲祭者从之。"自是宗室诸亲及李晟、浑瑊，神策六军大将皆设祭。自启攒后，日数祭，至发引方止。宰臣韩滉为哀册。又命宰相张延赏、柳浑撰《昭德皇后庙乐章》，既进，上以词句非工，留中不下，令学士吴通玄别撰进。初，后为淑妃，德宗赠后父遇扬州大都督，遇子果眉州司马，甥侄拜官者二十余人。永贞元年十一月，徙靖陵，祔葬于崇陵。

德宗韦贤妃，不知氏族所出。初为良娣，贞元二年，册为贤妃。性敏惠，言无苟容，动必由礼，德宗深重之，六宫师其德行。及德宗崩，请于崇陵终丧纪，因侍于寝园。元和四年薨。

顺宗庄宪皇后王氏，琅玡人。曾祖思敬，试太子宾客；祖难得，赠潞州都督，封琅邪郡公；父颜，金紫光禄大夫、卫尉卿。后幼以良家子选入宫为才人，顺宗在藩时，代宗以才人赐之，时年十三。大历十三年，生宪宗皇帝，立为宣王孺人。顺宗升储，册为良娣。后言容恭谨，宫中称其德行。顺宗即位，疾恙未平，后供侍医药，不离左右。属帝不能言，册礼将行复止。及永贞内禅，册为太上皇后。元和元年正月，顺宗晏驾，五月，尊太上皇后为皇太后，册礼毕，宪宗御紫宸殿宣赦。太后居兴庆宫。后性仁和恭逊，深抑外戚，无丝毫假贷，训厉内职，有母仪之风焉。

元和十一年三月，崩于南内之咸宁殿，谥曰庄宪皇后。初，太常少卿韦缮进谥议，公卿署定，欲告天地宗庙。礼院奏议曰："谨按《曾子问》：'贱不诔贵，幼不诔长，礼也。'古者天子称天以诔之，皇后之谥，则读于庙。《江都集礼》引《白虎通》曰：'皇后何所谥之，以为于庙。'又曰：'皇后无外事，无为于郊。'《传》曰：'故虽天子，不必有尊也。'准礼，贱不得诔贵，子得爵母。所以必谥于庙者，谥宜受成于祖宗，故天子谥成于郊，后妃谥成于庙。今请准礼，集百官连署谥状讫，读于太庙，然后上谥于两仪殿。既符故事，允合礼经。"从之。初称谥并云庄宪皇太后，礼仪使郑细奏议："秦、汉已来，天子之后称皇后，母称皇太后，祖母称太皇太后，崩亦如之。加'太'字者，所以别尊称也。国朝典礼，皆依旧制。开元六年正月，太常奏昭成皇太后谥号，以牒礼部，礼部非之。太常报曰：'入庙称后，义系于夫；在朝称太后，义系于子。'此载于史册，垂之不刊。今百司移牒及奏状，参详典故，恐不合除'太'字；如谥册入陵，神主入庙，即当去之。"其年八月，祔葬于丰陵。后生福王绾，汉阳、云安、遂安三公主。后之祖、父、母、弟见《外戚传》。

宪宗懿安皇后郭氏，尚父子仪之孙，赠左仆射、驸马都尉暧之女。母代宗长女升平公主。宪宗为广陵王时，纳后为妃。以母贵，父、祖有大勋于王室，顺宗深宠异之。贞元十一年，生穆宗皇帝。元和元年八月，册为贵妃。八年十二月，百僚拜表请立贵妃为皇后，凡三上章，上以岁暮，来年有子午之忌，且止。帝后庭多私爱，以后门族华盛，虑正位之后，不容嬖幸，以是册拜后时。元和十五年正月，穆宗嗣位，闰正月，册为皇太后，陈仪宣政殿庭，册曰：

嗣皇帝臣名再拜言：伏以正坤元，母天下，符至德以升大号，因景运而饰鸿徽，焕乎前闻，焯彼古训，以极尊尊亲亲之义，明因天事地之经，有自来矣。伏惟大行皇帝贵妃，大虹毓庆，霁月披祥，导灵派于昭回，揖殊仁于气母，范围百行，表饬六宫，粤在中闱，流ցą阴教，辅佐先圣，勤劳庶工。顾以冲眇，遭罹闵凶，荷成命于守器之时，奉宝图于铸鼎之日，哀缠易月，痛钜终天。而四海无虞，万邦有截，仰惟顾复之德，敢扬圣善之风，谨上尊号曰皇太后。

是日，百僚称庆，外命妇奉贺光顺门。诏皇太后曾祖赠太保，追封岐国公敬之赠太傅，太后父驸马都尉暧赠太尉，母豳国大长公主赠齐国大长公主，后兄司农卿钊为刑部尚书、踪为金吾大将军。

太后居兴庆宫，帝每月朔望参拜，三朝庆贺，帝自率百官诣门上寿。或遇良辰美景，六宫命妇，戚里亲属，车骑骈阗于南内，銮佩之音，锵如九奏。穆宗意颇奢纵，朝夕供御，尤为华侈。太后尝幸骊山，登石瓮寺，上命景王率禁军侍从，帝自于昭应奉迎，游豫行乐，数日方还。敬宗即位，尊为太皇太后。

及宝历季年，凶徒窃发，昭愍暴殒，内外震骇。宦官迎绛王监国，寻又加害。太皇太后下令曰："大行皇帝睿哲多能，对越天命，宜荷九庙之重，永享亿年之祚。岂谓奸妖窃发，矫专神器，蛊惑中外，扇诱群情，骇动神人，衅深枭獍。咨尔江王，聪哲精粹，清明在躬，智算机闲，玄谋雷发，躬率义勇，大清丑类，允膺当璧之符，爰揽枕戈之愤，既歼巨逆，当享丰福。是命尔陟于元后，宜令司空、平章事、晋国公度奉册即皇帝位。"

文宗孝而谦谨，奉祖母有礼，膳羞珍果，蛮夷奇贡，献郊庙之后，及三宫而后进御。武宗即位，以后祖母之尊，门地素贵，奉之益隆。既而宣宗继统，即后之诸子也，恩礼愈异于前朝。大中年崩于兴庆宫，谥曰懿安皇太后，祔葬于景陵。后历位七朝，五居太母之尊，人君行子孙之礼，福寿隆贵，四十余年，虽汉之马、邓，无以加焉。识者以为汾阳社稷之功未泯，复钟庆于懿安焉。

宪宗孝明皇后郑氏，宣宗之母也。盖内职御女之列，旧史残缺，未见族姓所出、入宫之由。宣宗为光王时，后为王太妃；既即位，尊为皇太后。会昌六年，后弟光梦车中载日月，光芒烛六合，占者曰："必暴贵。"月余，武宗崩，宣宗即位，光以元舅之尊，检校户部尚书、诸卫将军，出为平卢节度使。后大中末崩，谥曰孝明。

女学士、尚宫宋氏者，名若昭，贝州清阳人。父庭芬，世为儒学，至庭芬有词藻。生五女，皆聪惠，庭芬始教以经艺，既而课为诗赋，年未及笄，皆能属文。长曰若华，次曰若昭、若伦、若宪、若荀。若华、若昭文尤淡丽，性复贞素闲雅，不尚方华之饰。尝白父母，誓不从人，愿以艺学扬名显亲。若莘教诲四妹，有如严师。著《女论语》十篇，其言模仿《论语》，以韦逞母宣文君宋氏代仲尼，以曹大家等代颜、闵，其间问答，悉以妇道所尚。若昭注解，皆有理致。贞元四年，

昭义节度使李抱真表荐以闻。德宗俱召入宫,试以诗赋,兼问经史
中大义,深加赏叹。德宗能诗,与侍臣唱和相属,亦令若莘姊妹应
制。每进御,无不称善。嘉其节概不群,不以宫妾遇之,呼为学士先
生。庭芬起家受饶州司马,习艺馆内,敕赐第一区,给俸料。

　　元和末,若莘卒,赠河内郡君。自贞元七年已后,宫中记注簿
籍,若华掌其事。穆宗复令若昭代司其职,拜尚宫。姊妹中,若昭尤
通晓人事,自宪、穆、敬三帝,皆呼为先生,六宫嫔媛、诸王、公主、驸
马皆师之,为之致敬。进封梁国夫人。宝历初卒,将葬,诏所司供卤
簿。敬宗复令若宪代司宫籍。文宗好文,以若宪善属文,能论议奏
对,尤重之。

　　大和中,神策中尉王守澄用事,委信翼城医人郑注、贼臣李训,
干窃时权。训、注恶宰相李宗闵、李德裕,构宗闵恺邪,为吏部侍郎
时,令驸马都尉沈𫲣通赂于若宪,求为宰相。文宗怒,贬宗闵为潮州
司户,𫲣柳州司马,幽若宪于外第,赐死。若宪弟侄女婿等连坐者十
三人,皆流岭表。李训败,文宗悟其诬构,深惜其才。若伦、若荀早
卒。

　　穆宗恭僖皇后王氏,越人。父绍卿,婺州金华令。后少入太子
宫,元和四年生敬宗。穆宗皇帝立为妃。长庆四年二月尊为皇太后。
昭愍崇重母族,赠绍卿司空,后母张氏赠赵国夫人。文宗即位之初,
号宝历太后。大和八年诏:“伏以皇太后与宝历太后,每有司行遣,
称号未分,礼式非便。稽诸前代,诏令所施,不斥言太后,以宫名为
称。今宝历太后居义安殿,宜准故事称义安太后。”

　　敬宗郭贵妃,父义,右威卫将军。长庆末,以姿貌选入太子宫。
敬宗即位,为才人,生晋王普。帝以少年有子,复以才人容德冠绝,
特宠异之。赠其父礼部尚书,又以兄环为少府少监,赐第一区。俄
册为贵妃。及昭愍遇盗,宫闱变起,文宗即位,尤怜晋王,有若己子,
故贵妃礼遇不衰。大和二年晋王薨,帝深嗟惜,赠曰悼怀太子。

穆宗贞献皇后萧氏，福建人。初，入十六宅为建安王侍者，元和四年十月，生文宗皇帝。宝历三年正月，敬宗遇弑，中尉王守澄率兵讨贼，迎江王即位。文宗践祚之日，奉册曰："嗣皇帝臣名言：古先哲王之有天下也，必以孝敬奉于上，慈惠浃于下，极诚意以厚人伦，思由近以及远，故自家而刑国。以臣奉严慈之训，承教抚之仁，而长乐尚郁其鸿名，内朝未崇于正位，则率土臣子，勤勤恳恳，延颈企踵，曷以塞其心乎！是用特举彝章，式遵旧典，稽首再拜，谨上穆宗睿文惠孝皇帝妃尊号曰皇太后。伏惟与天合德，义申锡庆，允厘阴教，祗修内则。广六宫之教，参十乱之功，颐神保和，弘覆万有。"

后因乱去乡里，自入王邸，不通家问，别时父母已丧，有母弟一人。文宗以母族鲜亲，惟舅独存，诏闽、越连率于故里求访。有户部茶纲役人萧洪，自言有姊流落。估人赵缜引洪见后姊徐国夫人女婿吕璋，夫人亦不能省认，俱见太后，鸣咽不自胜。上以为复得元舅，遂拜金吾将军、检校户部尚书、河阳怀节度使，迁检校左仆射、鄜坊节度使。

先是，有自神策两军出为方镇者，军中多资其行装，至镇三倍偿之。时有自左军出为鄜坊者，资钱未偿而卒于镇，乃徼钱于洪。宰相李训雅知洪诈称国舅，洪惧，请训兄仲京为鄜坊从事以弥缝之。洪悖与训交，不与所偿；又征于卒者之子，洪俾其子接诉于宰相，李训判绝之。左军中尉仇士良深衔之。时有闽人萧本者，复称太后弟，士良以本上闻，发洪诈假，自鄜坊追洪下狱，御史台按鞠，具服其伪，诏长流驩州，赐死于路，赵缜、吕璋亦从坐。

洪以伪败，谓本为真，乃拜赞善大夫，赐绯龟，仍追封其曾祖俊为太保，祖聪为太傅，父俊为太师，赐与钜万计。本，福建人，太后有真母弟，孱弱不能自达，本就之，得其家代及内外族属名讳，复士良保任之，上亦不疑诈妄。本历卫尉少卿、左金吾将军。开成二年，福建观察使唐扶奏，得泉州晋江县人萧弘状，自称是皇太后亲弟，送赴阙庭，诏送御史台按问，事皆伪妄，诏逐还本贯。

　　开成四年，昭义节度使刘从谏上章，论萧本伪称太后弟，云：
"今自上及下，异口同音，皆言萧弘是真，萧本是伪。请追萧弘赴阙，
与本证明。若含垢于一时，终取笑于千古。"遂诏御史中丞高元裕、
刑部侍郎孙简、大理卿崔郇三司按弘、本之狱，具，并伪。诏曰：

　　　　恭以皇太后族望，承齐、梁之后，侨寓流滞，久在闽中。庆
　　灵钟集，早归椒掖，终鲜兄弟，常所咨嗟。朕自临御已来，便遣
　　寻访，冀得诸舅，以慰慈颜。而奸滥之徒，探我情抱，因缘州里
　　之近，附会祖先之名，觊幸我国恩，假托我外族。萧洪之恶迹未
　　远，萧本之覆辙相寻，弘之本末，尤更乖戾。三司推鞫，曾无似
　　是之踪；宰臣参验，见其难容之状。文款继入，留中久之。朕于
　　视膳之时，频有咨禀，恭闻处分，惟在真实。丐沐堕桑，既无可
　　验；凿空作伪，岂得更容。据其罪状，合当极法，尚为含忍，投之
　　荒裔。萧本除名，长流爱州；萧弘配流儋州。
初，萧洪诈称国舅十数年，两授旄钺，宠贵崇于天下。萧本因士良乡
导，发洪之诈，联历显荣。及从谏奏论，伪迹难掩，而太后终不获真
弟。

　　文宗孝义天然，大和中，太皇太后居兴庆宫，宝历太后居义安
殿，皇太后居大内，时号"三宫太后"。上五日参拜，四节献贺，皆由
复道幸南内，朝臣命妇诣宫门起居，上尤执礼，造次不失。有司尝献
新瓜、樱桃，命献陵寝宗庙之后，中使分送三宫、十宅。初，有司送三
宫物，一例称赐。帝曰："物上三宫，安得名赐？"遽取笔涂籍，改
"赐"为"奉"。开成中正月望夜，帝于咸泰殿陈灯烛，奏《仙韶乐》，三
宫太后俱集，奉觞献寿，如家人礼，诸亲王、公主、驸马、戚属皆侍
宴。上性恭俭，延安公主衣裾宽大，即时遣还，罚驸马窦浣两月赐
钱。武宗即位，供养弥谨。萧太后徙居积庆殿，号积庆太后。会昌
中崩，谥曰贞献。

　　穆宗宣懿皇后韦氏，武宗昭肃皇帝之母也。事阙

武宗王贤妃。事阙

宣宗元昭皇后晁氏，懿宗皇帝之母也。事阙

懿宗惠安皇后王氏，僖宗皇帝之母也。事阙

昭宗积善皇后何氏，东蜀人。入侍寿王邸，婉丽多智，特承恩顾，生德王、辉王。昭宗即位，立为淑妃。乾宁中，车驾在华州，册为皇后。国家自乾符已后，盗满天下，妖生九重，宫庙榛芜，奔播不暇。景福之际，奸臣内侮，后于蒙尘薄狩之中，尝膳御侮，不离左右。左关、右辅之幸，时事危迫，后消息抚御，终获保全。自岐下还京，崔胤尽诛黄门宦官，每宣谕宰臣，但令宫嫔来往。是时国命夺于朱氏，左右前后，皆是汴人，宫中动息，虽纤芥必闻于朱全忠。宫人常怀惴栗，帝后垂泣相视。

天佑初，全忠逼迁舆驾，东幸洛阳。其年八月，昭宗遇弑。翌日，宰相柳璨、独孤损等诈宣皇后令云："帝为宫人害，辉王祚宜升帝位。"仍尊后为皇太后。遭罹变故，迫以凶威，宫中哭泣，不敢声闻于外。明年十二月，全忠将僭位，先行九锡，然后受禅。全忠牙将蒋玄晖在洛阳宫知枢密，与太常卿张廷范私议云："山西、河北未平，禅代无利，请俟荡定。"欲有咨谏。宣徽副使赵殷衡素与张、蒋不协，且欲代知枢密事，因使于梁，诬告云："玄晖私于何太后，相与盟诅，誓复唐室，不欲王受九锡。"全忠大怒，即日遣使至洛阳，诛玄晖、廷范、柳璨等，太后亦被害于积善宫，又杀宫人阿秋、阿虔，仍废太后为庶人。

赞曰：坤德既轨，彤管有炜。韦、武丧邦，毒侔蛇虺。阴教斯僻，嫔风浸毁。贤哉长孙，母仪何伟。

旧唐书卷五三
列传第三

李　密

　　李密字玄邃,本辽东襄平人。魏司徒弼曾孙,后周赐弼姓徒何氏。祖曜,周太保、魏国公;父宽,隋上柱国、蒲山公。皆知名当代。徙为京兆长安人。密以父荫为左亲侍,尝在仗下,炀帝顾见之,退谓许公宇文述曰:"向者左仗下黑色小儿为谁?"许公对曰:"故蒲山公李宽子密也。"帝曰:"个小儿视瞻异常,勿令宿卫。"他日,述谓密曰:"弟聪令如此,当以才学取官,三卫丛脞,非养贤之所。"密大喜,因谢病,专以读书为事,时人希见其面。尝欲寻包恺,乘一黄牛,被以蒲鞯,仍将《汉书》一帙于角上,一手捉牛鞦,一手翻卷书读之。尚书令、越国公杨素见于道,从后按辔蹑之,既及,问曰:"何处书生,耽学若此?"密识越公,乃下牛再拜,自言姓名。又问所读书,答曰:《项羽传》。越公奇之,与语大悦,谓其子玄感等曰:"吾观李密识度,汝等不及。"于是玄感倾心结托。

　　大业九年,炀帝伐高丽,使玄感于黎阳监运。时天下骚动,玄感将谋举兵,潜遣人入关迎密,以为谋主。密至,谓玄感曰:"今天子出征,远在辽外,地去幽州,悬隔千里,南有巨海之限,北有胡戎之患,中间一道,理极艰危。今公拥兵出其不意,长驱入蓟,直扼其喉。前有高丽,退无归路,不过旬朔,赍粮必尽。举麾一召,其众自降,不战而擒,此计之上也。关中四塞,天府之国,有卫文升,不足为意。若经城勿攻,西入长安,掩其无备,天子虽还,失其襟带。据险临之,固当必克，万全之势，此计之中也。若随近逐便，先向东都，顿坚城之下，胜负殊未可知，此计之下也。”玄感曰：“公之下计，乃上策也。今百官家口，并在东都，若不取之，安能动物？且经城不拔，何以示威？”密计遂不行。

玄感既至东都，频战皆捷，自谓天下响应，功在朝夕。及获内史舍人韦福嗣，又委以腹心，是以军旅之事，不专归密。福嗣既非同谋，因战被执，每设筹画，皆持两端。玄感后使作檄文，福嗣固辞不肯，密揣其情，因谓玄感曰：“福嗣既非同盟，实怀观望。明公初起大事，而奸人在侧，必为所误，请斩之以谢众，方可安辑。”玄感曰：“何至于此！”密知言之不用，退谓所亲曰：“楚公好反而不图胜，如何？吾属今为虏矣！”后玄感将西入，福嗣竟亡归东都。

隋左武卫大将军李子雄坐事被收，系送行在所，于路杀使者，亡投玄感，乃劝玄感速称尊号。玄感问于密，密曰：“昔陈胜自欲称王，张耳谏而被外；魏武将求九锡，荀彧止而见疏。今者密若正言，还恐追踪二子；阿谀顺意，又非密之本图。何者？兵起已来，虽复频捷，至于郡县，未有从者。东都守御尚强，天下救兵益至。公当身先士众，早定关中，乃欲急自尊崇，何示人不广也！”玄感笑而止。

及隋将宇文述、来护儿等率军且至，玄感谓曰：“计将安出？”密曰：“元弘嗣统强兵于陇右，今可阳言其反，遣使迎公，因此入关，可得给众。”因引军西入。至陕县，欲围弘农宫，密谏之曰：“公今诈众西入，事宜在速，况乃追兵将至，安可稽留！若前不得据关，退无所守，大众一散，何以自全？”玄感不从，遂围之，三日不拔，方引而西。至于阌乡，追兵遂及，玄感败。密乃间行入关，为捕者所获。

时炀帝在高阳，密与其党俱送帝所，谓其徒曰：“吾等之命，同于朝露，若至高阳，必为俎醢。今在道中，犹可为计，安得行就鼎镬，不规逃避也！”众然之。其多有金者，密令出示使者曰：“吾等死日，幸用相瘗，其余即皆报德。”使者利其金，许之。及出关外，防禁渐弛，密请市酒食，每夜宴饮，喧哗竟夕，使者不以为意。行至邯郸，密等七人穿墙而遁。抵平原贼帅郝孝德，孝德不甚礼之，密又舍去。诣淮阳,隐姓名,自称刘智远,聚徒教授。经数月,郁郁不得志,为五言诗曰:"金风荡初节,玉露凋晚林。此夕穷涂士,郁陶伤寸心。野平葭苇合,村荒藜藿深。眺听良多感,徙倚独沾襟。沾襟何所为,怅然怀古意。秦俗犹未平,汉道将何冀?樊哙市井徒,萧何刀笔吏。一朝时运会,千古传名谥。寄言世上雄,虚生真可愧。"诗成而泣下数行。时人有怪之者,以告太守赵他,下县捕之,密又亡去。

会东郡贼帅翟让聚党万余人,密往归之。或有知密是玄感亡将,潜劝让害之,让囚密于营外。密因王伯当以策干让曰:"当今主昏于上,人怨于下,锐兵尽于辽东,和亲绝于突厥,方乃巡游扬、越,委弃京都,此亦刘、项奋起之会。以足下之雄才大略,士马精勇,席卷二京,诛灭暴虐,则隋氏之不足亡也。"让深加敬慕,遽释之。遣说诸小贼,所至皆降。密又说让曰:"今兵众既多,粮无所出,若旷日持久,则人马困弊,大敌一临,死亡无日矣!未若直取荥阳,休兵馆谷,待士勇马肥,然后与人争利。"让以为然。自是破金堤关,掠荥阳诸县城堡,多下之。

荥阳太守杨庆及通守张须陀以兵讨让,让曾为须陀所败,闻其来,大惧,将远避之。密曰:"须陀勇而无谋,兵又骤胜,既骄且狠,可一战而擒。公但列阵以待,为公破之。"让不得已,勒兵将战,密分兵千余人于木林间设伏。让与战不利,稍却,密发伏自后掩之,须陀众溃,与让合击,大破之,遂斩须陀于阵。让于是令密别统所部。密军阵整肃,凡号令兵士,虽盛夏皆若背负霜雪。躬服俭素,所得金宝皆颁赐麾下,由是人为之用。寻复说让曰:"昏主蒙尘,播荡吴、越,群兵竞起,海内饥荒。明公以英杰之才,而统骁雄之旅,宜当廓清天下,诛剪群凶,岂可求食草间,常为小盗而已。今东都士庶,中外离心,留守诸官,政令不一。明公亲率大众,直掩兴洛仓,发粟以赈穷乏,远近孰不归附?百万之众,一朝可集,先发制人,此机不可失也!"让曰:"仆起陇亩之间,望不至此,必如所图,请君先发,仆领诸军便为后殿。得仓之日,当别议之。"

大业十三年春,密与让领精兵千人出阳城北,逾方山,自罗口袭兴洛仓，破之。开仓恣人所取，老弱襁负，道路不绝，众至数十万。隋越王侗遣虎贲郎将刘长恭率步骑二万五千讨密，密一战破之，长恭仅以身免。让于是推密为主，号为魏公。二月，于巩南设坛场，即位，称元年，其文书行下称行军元帅魏公府。以房彦藻为左长史，邴元真为右长史，杨得方为左司马，郑德韬为右司马。拜翟让为司徒，封东郡公。单雄信为左武候大将军，徐世勣为右武候大将军，祖君彦为记室，其余封拜各有差。于是城洛口周回四十里以居之。

长白山贼孟让率所部归密，巩县长柴孝和、侍御史郑颐以巩县降密。隋虎贲郎将裴仁基率其子行俨以武牢归密，拜为上柱国，封河东郡公。因遣仁基与孟让率兵三万余人袭回洛仓，破之，入东都，俘掠居人，烧天津，东都出兵乘之，仁基等大败，仅以身免。密复亲率兵三万逼东都，将军段达、虎贲郎将高毗、刘长林等出兵七万拒之，战于故都城，隋军败走。密复下回洛仓而据之，大修营堑，以逼东都，仍作书以移郡县曰：

自元气肇辟，厥初生人，树之帝王，以为司牧。是以羲、农、轩、顼之后，尧、舜、禹、汤之君，靡不祗畏上玄，爱育黔首，乾乾终日，翼翼小心，驭朽索而同危，履春冰而是惧。故一物失所，若纳隍而愧之；一夫有罪，遂下车而泣之。谦德轸于责躬，忧劳切于罪己。普天之下，率土之滨，蟠木距于流沙，瀚海穷于丹穴，莫不鼓腹击壤，凿井耕田，治致升平，驱之仁寿。是以爱之如父母，敬之若神明，用能享国多年，祚延长世。未有暴虐临人，克终天位者也。

隋氏往因周末，预奉缀衣，狐媚而图圣宝，胠箧以取神器。及缵承负扆，狼虎其心，始曀明两之晖，终于少阳之位。先皇大渐，侍疾禁中，遂为枭獍，便行鸩毒。祸深于莒仆，衅酷于商臣，天地难容，人神嗟愤。州吁安忍，阋伯日寻，剑阁所以怀凶，晋阳所以兴乱，甸人为馨，淫刑斯逞。夫九族既睦，唐帝阐其钦明；百世本枝，文王表其光大。况复隳壤盘石，剿绝维城，唇亡齿寒，宁止虞、虢，欲其长久，其可得乎！其罪一也。

禽兽之行，在于聚麀，人伦之体，别于内外。而兰陵公主逼
幸告终，谁谓败首之贤，翻见齐襄之耻。逮于先皇嫔御，并进银
镮；诸王子女，咸贮金屋。牝鸡鸣于诘旦，雄雉恣其群飞，袒衣
戏陈侯之朝，穹庐同冒顿之寝。爵赏之出，女谒遂成，公卿宣
淫，无复纲纪。其罪二也。

平章百姓，一日万机，未晓求衣，仄晷不食。大禹不贵于尺
璧，光武不隔于支体，以是忧勤，深虑幽枉。而荒湎于酒，俾昼
作夜，式号且呼，甘嗜声伎，常居窟室，每藉糟丘。朝谒罕见其
身，群臣希睹其面，断决自此不行，敷奏于是停拥。中山千日之
饮，酩酊无名；襄阳三雅之杯，留连讵比。又广召良家，充选宫
掖，潜为九市，亲驾四驴，自比商人，见要逆旅。殷辛之谴为小，
汉灵之罪更轻，内外惊心，遐迩失望。其罪三也。

上栋下宇，著在《易》爻，茅茨采椽，陈诸史籍。圣人本意，
惟避风雨，讵待朱玉之华，宁须绨锦之丽。故璇室崇构，商辛以
之灭亡；阿房崛起，二世是以倾覆。而不遵古典，不念前章，广
立池台，多营宫观，金铺玉户，青琐丹墀，蔽亏日月，隔阂寒暑。
穷生人之筋力，罄天下之资财，使鬼尚难为之，劳人固其不可。
其罪四也。

公田所彻，不过十亩；人力所供，才止三日。是以轻徭薄
赋，不夺农时，宁积于人，无藏于府。而科税繁猥，不知纪极；猛
火屡烧，漏卮难满。头会箕敛，逆折十年之租；杼轴其空，日损
千金之费。父母不保其赤子，夫妻相弃于匡床，万户则城郭空
虚，千里则烟火断灭。西蜀王孙之室，翻同原宪之贫；东海糜竺
之家，俄成邓通之鬼。其罪五也。

古先哲王，卜征巡狩，唐、虞五载，周则一纪。本欲亲问疾
苦，观省风谣；乃复广积薪刍，多备饔饩。年年历览，处处登临，
从臣疲弊，供顿辛苦。飘风冻雨，聊窃比于先驱，车辙马迹，遂
周行于天下。秦皇之心未已，周穆之意难穷，宴西母而歌云，浮
东海而观日。家苦纳秸之勤，人阻来苏之望。且夫天子有道，

守在海外,夷不乱华,在德非险。长城之役,战国所为,乃是狙诈之风,非关稽古之法。而追踪秦代,板筑更兴,袭其基墟,延袤万里,尸骸蔽野,血流成河,积怨满于山川,号哭动于天地。其罪六也。

辽水之东,朝鲜之地,《禹贡》以为荒服,周王弃而不臣,示以羁縻,达其声教,苟欲爱人,非求拓土。又强弩末矢,理无穿于鲁缟;冲风余力,讵能动于鸿毛。石田得而无堪,鸡肋啖而何用。而恃众怙力,强兵黩武,惟在并吞,不思长策。夫兵犹火也,不戢将自焚,遂令亿兆夷人,只轮莫返。夫差丧国,实为黄池之盟;苻坚灭身,良由寿春之役。欲捕鸣蝉于前,不知挟弹在后。复矢相顾,髦而成行,义夫切齿,壮士扼腕。其罪七也。

直言启沃,王臣匪躬,惟木从绳,若金须砺。唐尧建鼓,思闻献替之言;夏禹悬鞀,时听箴规之美。而愎谏违卜,妒贤嫉能,直士正人,皆由屠害。左仆射、齐国公高颎,上柱国、宋国公贺若弼,或文昌上相,或细柳功臣,蹔吐良药之言,翻加属镂之赐。龙逢无罪,便遭夏癸之诛;王子何辜,滥被商辛之戮。遂令君子结舌,贤人缄口。指白日而比盛,射苍天而敢欺,不悟国之将亡,不知死之将至。其罪八也。

设官分职,贵在铨衡,察狱问刑,无闻贩鬻。而钱神起论,铜臭为公,梁冀受黄金之蛇,孟佗荐蒲萄之酒。遂使彝伦攸斁,政以贿成,君子在野,小人在位。积薪居上,同汲黯之言;囊钱不如,伤赵壹之赋。其罪九也。

宣尼有言,无信不立,用命赏祖,义岂食言。自昏主嗣位,每岁行幸,南北巡狩,东西征伐。至如浩亹陪跸,东都守固,阌乡野战,雁门解围。自外征夫,不可胜纪,既立功勋,须酬官爵。而志怀翻覆,言行浮诡,危急则勋赏悬授,克定则丝纶不行,异商鞅之颁金,同项王之刓印。芳饵之下,必有悬鱼,惜其重赏,求人死力,走丸逆坂,匹此非难。凡百骁雄,谁不仇怨。至于匹夫蕞尔,宿诺不亏,既在乘舆,二三其德。其罪十也。

有一于此，未或不亡。况四维不张，三灵总瘁，无小无大，愚夫愚妇，共识殷亡，咸知夏灭。罄南山之竹，书罪未穷；决东海之波，流恶难尽。是以穷奇灾于上国，獥狁暴于中原，三河纵封豕之贪，四海被长蛇之毒，百姓歼亡，殆无遗类，十分为计，才一而已。苍生凛凛，咸忧杞国之崩；赤子嗷嗷，但愁历阳之陷。且国祚将改，必有常期，六百殷亡之年，三十姬终之世。故谶篆云："隋氏三十六年而灭。"此则厌德之象已彰，代终之兆先见。皇天无亲，惟德是辅。况乃欃枪竟天，申繻谓之除旧；岁星入井，甘公以为义兴。兼朱雀门烧，正阳日蚀，狐鸣鬼哭，川竭山崩。并是宗庙为墟之妖，荆棘旅庭之事。夏氏则灾衅非多，殷人则咎征更少。牵牛入汉，方知大乱之期；王良策马，始验兵车之会。

今者顺人将革，先天不违，大誓孟津，陈命景亳，三千列国，八百诸侯，不谋而同辞，不召而自至。轰轰隐隐，如霆如雷，彪虎啸而谷风生，应龙骧而景云起。我魏公聪明神武，齐圣广渊，总七德而在躬，包九功而挺出。周太保、魏公之孙，上柱国、蒲山公之子。家传盛德，武王承季历之基；地启元勋，世祖嗣元皇之业。笃生白水，日角之相便彰；载诞丹陵，大宝之文斯著。加以姓符图纬，名协歌谣，六合所以归心，三灵所以改卜。文王厄于羑里，赤雀方来；高祖隐于砀山，彤云自起。兵诛不道，《赤伏》至自长安；锋锐难当，黄星出于梁、宋。九五龙飞之始，天人豹变之初，历试诸难，大敌弥勇。上柱国、司徒、东郡公翟让功宣缔构，翼亮经纶，伊尹之佐成汤，萧何之辅高帝。上柱国总管、齐国公孟让，柱国、历城公孟畅，柱国、绛郡公裴行俨，大将军、左长史邴元真等，并运筹千里，勇冠三军，击剑则截蛟断鳌，弯弧则吟猿落雁。韩、彭、绛、灌，成沛公之基；寇、贾、吴、冯，奉萧王之业。复有蒙轮挟辀之士，拔距投石之夫，骥马追风，吴戈照日。

魏公属当期运，伏兹亿兆，躬擐甲胄，跋涉山川，栉风沐雨，岂辞劳倦。遂起西伯之师，将问南巢之罪，百万成旅，四七为名，呼吸则河、渭绝流，叱咤则嵩、华自拔。以此攻城，何城不陷；以此击阵，何阵不摧。譬犹泻沧海而灌残荧，举昆仑而压小卵。鼓行而进，百道俱前，以今月二十一日届于东都。而昏朝文武、留守段达等，昆吾恶稔，飞廉奸佞，久迷天数，敢拒义兵，驱率丑徒，众有十万，回洛仓北，遂来举斧。于是熊罴角逐，貔虎争先，因其倒戈之心，乘我破竹之势，曾未旋踵，瓦解冰销，坑卒则长平未多，积甲则熊耳为小。达等助桀，为虐婴城自固，梯冲乱舞，徒设九拒之谋；鼓角将鸣，空凭百楼之险。燕巢卫幕，鱼游宋池，殄灭之期，匪朝伊暮。

然兴洛、虎牢国家储积，我已先据，为日久矣。既得回洛，又取黎阳，天下之仓，尽非隋有。四方起义，足食足兵，无前无敌。裴光禄仁基，雄才上将，受脤专征，遐迩攸凭，安危是托，乃识机知变，迁殷事夏。袁谦擒自蓝水，张须陀获在荥阳，窦庆战没于淮南，郭询授首于河北，隋之亡候，聊可知也。清河公房彦藻，近秉戎律，略地东南，师之所临，风行电击。安陆、汝南，随机荡定；淮安、济阳，俄然送款。徐圆朗已平鲁郡，孟海公又破济阳，海内英雄，咸来响应。封民赡取平原之境，郝孝德据黎阳之仓，李士雄虎视于长平，王德仁鹰扬于上党，滑公李景、考功郎中房山基发自临渝，刘兴祖起于白朔，崔白驹在颍川起，方献伯以谯郡来，各拥数万之兵，俱期牧野之会。沧溟之右，函谷以东，牛酒献于军前，壶浆盈于道路。诸军等并衣冠世胄，杞梓良才，神鼎灵绎之秋，裂地封侯之始，豹变鹊起，今也其时，鼍鸣鳖应，见机而作，宜各鸠率子弟，共建功名。耿弇之赴光武，萧何之奉高帝，岂止金章紫绶，华盖朱轮，富贵以重当年，忠贞以传奕叶，岂不盛哉！

若隋代官人，同吠尧之犬，尚荷王莽之恩，仍怀蒯聩之禄。审配死于袁氏，不如张洽归曹，范增困于项王，未若陈平从汉。魏公推以赤心，当加好爵，择木而处，令不自疑。脱猛虎犹豫，舟中敌国，夙沙之人共缚其主，彭宠之仆自杀其君，高官上赏，即以相授。如暗于成事，守迷不反，昆山纵火，玉石俱焚，尔等噬脐，悔将何及！黄河带地，明余旦旦之言；皎日丽天，知我勤勤之意。布告海内，咸使闻知。

祖君颜之辞也。

俄而德韬、德方俱死，复以郑颋为左司马，郑虔象为右司马。柴孝和说密曰：“秦地阻山带河，西楚背之而亡，汉高都之而霸。如愚意者，令仁基守回洛，翟让守洛口，明公亲简精锐，西袭长安，百姓孰不郊迎，必当有征无战。既克京邑，业固兵强，方更长驱崤函，扫荡东洛，传檄指挥，天下可定。但今英雄竞起，实恐他人我先，一朝失之，噬脐何及！”密曰：“君之所图，仆亦思之久矣，诚乃上策。但昏主尚存，从兵犹众，我之所部，并是山东人，既见未下洛阳，何肯相随西入？诸将出于群盗，留之各竞雄雌。若然者，殆将败矣！”

密将兵锋甚锐，每入苑与隋军连战。会密为流矢所中，卧于营内，东都复出兵乘之，密众大溃，弃回洛仓，归于洛口。炀帝遣王世充率劲卒五万击之，密与战不利，孝和溺死于洛水，密哭之甚恸。世充营于洛西，与密相拒百余日，大小六十余战。武阳郡丞元宝藏、黎阳贼帅李文相、洹水贼帅张升、清河贼帅赵君德、平原贼帅郝孝德，并归于密，共袭破黎阳仓，据之。永安大族周法明举江、黄之地以附密，齐郡贼帅徐圆朗、任城大侠徐师仁、淮阳太守赵他皆归之。

翟让部将王儒信劝让为大冢宰，总统众务，以夺密之权。让兄宽复谓让曰：“天子止可自作，安得与人！汝若不能作，我当为之。”密闻其言，阴有图让之计。会世充列阵而至，让出拒之，为世充所击，让军少失利，密与单雄信等率精锐赴之，世充败走。明日，让径至密所，欲为宴乐，密具馔以待之，其所将左右各分令就食。密引让入坐，以良弓示让，让方引满，密遣壮士自后斩之，并杀其兄宽及王儒信。让部将徐世勣为乱兵所斫，中重疮，密遽止之，得免，单雄信等顿首求哀，密并释而慰谕之。于是诣让连营，谕其将士，无敢动者。乃命徐世勣、单雄信、王伯当分统其众。

　　未几,世充袭仓城,密复破之。世充复移营洛北,造浮桥,悉众以击密,密与千余骑拒之,不利而退。世充因薄其城下,密简锐卒数百人以邀之,世充大溃,争趣浮桥,溺死者数万。虎贲郎将杨威、王辩、霍举、刘长恭、梁德、董智皆没于阵,世充仅而获免。其夜,大雨雪,士卒冻死者殆尽。密乘胜陷偃师,于是修金墉城居之,有众三十余万。留守韦津又与密战于上春门,津大败,执于阵。将作大匠宇文恺叛东都,降于密。东至海、岱,南至江、淮,郡县莫不遣使归密。窦建德、朱粲、杨士林、孟海公、徐圆朗、卢祖尚、周法明等并随使通表于密劝进,于是密下官属咸劝密即尊号,密曰:“东都未平,不可议此。”

　　及义旗建,密负其强盛,欲自为盟主,乃致书呼高祖为兄,请合从以灭隋,大略云欲与高祖为盟津之会,殪商辛于牧野,执子婴于咸阳,其旨以弑后主执代王为意。高祖览书笑曰:“李密陆梁放肆,不可以折简致之。吾方安辑京师,未遑东讨,即相阻绝,便是更生一秦。密今适所以为吾拒东都之兵,守成皋之扼,更求韩、彭,莫如用密。宜卑辞推奖,以骄其志,使其不虞于我。我得入关,据蒲津而屯永丰,阻崤函而临伊、洛,吾大事济矣。”令记室温大雅作书报密曰:

　　顷者,昆山火烈,海水群飞,赤县丘墟,黔黎涂炭。布衣戎卒,锄耰棘矜,争霸图王,狐鸣蜂起。翼翼京洛,强弩围城,肮肮周原,僵尸满路。主上南巡,泛胶舟而忘返,匈奴北炽,将被发于伊川。辇上无虞,群下结舌,大盗移国,莫之敢指。忽焉至此,自贻伊戚,七百之基,穷于二世。周、齐以往,书契以还,邦国沦胥,未有如斯之酷者也。天生蒸民,必有司牧,当今为牧,非子而谁?老夫年余知命,愿不及此,欣戴大弟,攀鳞附翼。惟冀早应图箓,以宁兆庶。宗盟之长,属籍见容;复封于唐,斯荣足矣!殪商辛于牧野,所不忍言;执子婴于咸阳,非敢闻命。汾、晋左右,尚须安辑,盟津之会,未暇卜期。今日銮舆南幸,恐同永嘉之势。顾此中原,鞠为茂草,兴言感叹,实疚于怀。脱知动静,数迟贻报,未面灵襟,用增劳轸。名利之地,锋镝纵横,深慎垂堂,勉兹鸿业。

密得书甚悦,示其部下曰:"唐公见推,天下不足定也!"于是不虞义师而专意于世充。

俄而宇文化及率众自江都北指黎阳,兵十余万,密乃自将步骑二万拒之。隋越王侗称尊号,遣使授密太尉、尚书令、东南道大行台行军元帅、魏国公,令先平化及,然后入朝辅政。密将与化及相抗,恐前后受敌,因卑辞以报谢焉。化及至黎阳,与密相遇,密知其军少食,利在急战,故不与交锋,又遏其归路。密遣徐世勣守仓城,化及攻之不能下。密知化及粮且尽,因伪与和,以弊其众。化及弗之悟,大喜,恣其兵食,冀密馈之。后知其计,化及怒,与密大战于卫州之童山下,密为流矢所中,顿于汲县。化及力竭粮尽,众多叛之,掠汲县,北趣魏县。其将陈智略、张童仁等率所部兵归于密者前后相继。初,化及留辎重于东都,遣其所署刑部尚书王轨守之,至是轨举郡降密。

密引兵而西,遣使朝于东都,执弑炀帝人于弘达献越王侗。侗召密入朝,至温县,闻世充作难而止,乃归金墉城。时密兵少衣,世充兵乏食,乃请交易,密初难之,邴元真好求私利,屡劝密,密遂许焉。初,东都绝粮,兵士归密者日有数百,至此得食,而降人益少,密方悔而止。密虽据仓而无府库,兵数战皆不获赏,又厚抚初附之兵,由是众心渐怨。

武德元年九月,世充以其众五千来决战,密留王伯当守金墉,自引精兵就偃师,北阻邙山以待之。世充军至,密遂败绩,裴仁基、祖君彦并为世充所虏,密与万余人驰向洛口。世充围偃师,守将郑颋之下兵士劫叛,以城降世充。密将入洛口仓城,邴元真已遣人潜引世充,密阴知之,不发其事,欲待世充兵半渡洛水然后击之。及世充军至,密候骑不时觉,比将出战,世充军已济矣。密自度不能支,引骑而遁,径赴武牢,元真竟以城降于世充。

密将如黎阳,或谓密曰:"杀翟让之际,徐世勣几至于死,今向其所,安可保乎?"时王伯当弃金墉,保河阳,密以轻骑自武牢归之,谓伯当曰："兵败矣,久苦诸君!我今自刭,请以谢众。"伯当抱密,号叫恸绝,众皆泣,莫能仰视。密复曰："诸军幸不相弃,当共归关中,密身虽愧无功,诸君必保富贵。"其府掾柳燮对曰："昔盆子归汉,尚食均输。明公与唐公同族,兼有畴昔之遇,虽不陪从起义,然而阻东都断隋归路,使唐公不战而据京师,此亦公之功也。"众咸曰："然。"密又谓王伯当曰："将军室家重大,岂复与孤俱行哉!"伯当曰："昔汉高诛项,萧何率子弟以从,伯当恨不昆季尽从,以此为愧耳。岂以公今日失利,遂轻去就。纵身分原野,亦所甘心。"左右莫不感激,于是从入关者尚二万人。高祖遣使迎劳,相望于道,密大喜,谓其徒曰："我有众百万,一朝至此,命也。今事败归国,幸蒙殊遇,当思竭忠,以事所奉耳!且山东连城数百,知吾至此,遣使招之,尽当归国。比于窦融,勋亦不细,岂不以一台司见处乎?"及至京师,礼数益薄,执政者又来求贿,意甚不平。寻拜光禄卿,封邢国公。

　　未几,闻其所部将帅皆不附世充,高祖使密领本兵往黎阳,招集故时将士,经略世充。时王伯当为左武卫将军,亦令为副。密行至桃林,高祖复征之,密大惧,谋将叛。伯当颇止之,密不从,因谓密曰："义士之立志也,不以存亡易心。伯当荷公恩礼,期以性命相报。公必不听,今只可同去,死生以之,然终恐无益也。"乃简骁勇数千人,著妇人衣,戴羃䍦,藏刀裙下,诈为妻妾,自率之入桃林县舍。须臾,变服突出,因据县城,驱掠畜产,直趣南山,乘险而东,遣人驰告张善相,令以兵应接。

　　时右翊卫将军史万宝留镇熊州,遣副将盛彦师率步骑数千追蹑,至陆浑县南七十里,与密相及。彦师伏兵山谷,密军半度,横出击,败之,遂斩密,时年三十七。王伯当亦死之,与密俱传首京师。时李勣为黎阳总管,高祖以勣旧经事密,遣使报其反状。勣表请收葬,诏许之。高祖归其尸,勣发丧行服,备君臣之礼。大具威仪,三军皆缟素,葬于黎阳山南五里。故人哭之,多有呕血者。邴元真之降世充也,以为行台仆射,镇滑州。密故将杜才干恨元真背密,诈与之会,伏甲斩之,以其首祭于密冢。

　　单雄信者，曹州人也。翟让与之友善。少骁健，尤能马上用枪，密军号为“飞将”。密偃师失利，遂降于王世充，署为大将军。太宗围逼东都，雄信出军拒战，援枪而至，几及太宗，徐世勣呵止之，曰：“此秦王也。”雄信惶惧，遂退，太宗由是获免。东都平，斩于洛阳。

　　史臣曰：当隋政板荡，炀帝荒淫，摇动中原，远征辽海，内无贤臣以匡国，外乏良吏以理民，两京空虚，兆庶疲弊。李密因民不忍，首为乱阶，心断机谋，身临阵敌，据巩、洛之口，号百万之师，窦建德辈皆效乐推，唐公给以欣戴，不亦伟哉！及偃师失律，犹存麾下数万众，苟去猜忌，疾趣黎阳，任世勣为将臣，信魏征为谋主，成败之势，或未可知。至于天命有归，大事已去，比陈涉有余矣。始则称首举义兵，终乃甘心为降虏，其为计也，不亦危乎！又不能委质为臣，竭诚事上，竟为叛者，终是狂夫，不取伯当之言，遂及桃林之祸。或以项羽拟之，文武器度即有余，壮勇断果则不及。杨素既知密之才干，合为王之爪牙，委之痴儿，卒为谋主，覆族之祸，其宜也哉！

　　赞曰：乌阳既升，爝火不息。狂哉李密，始乱终逆。

旧唐书卷五四
列传第四

王世充　窦建德

　　王世充字行满，本姓支，西域胡人也。寓居新丰。祖支颓耨早死。父收随母嫁霸城王氏，因冒姓焉，仕至汴州长史。世充颇涉经史，尤好兵法及龟策、推步之术。开皇中，以军功拜仪同，累转兵部员外郎。善敷奏，明习法律，然舞弄文法，高下其心。或有驳难之者，世充利口饰非，辞议锋起，众虽知其不可而莫能屈。

　　大业中，累迁江都丞，兼领江都宫监。时炀帝数幸江都，世充善候人主颜色，阿谀顺旨，每入言事，帝必称善。乃雕饰池台，阴奏远方珍物，以媚于帝，由是益昵之。世充知隋政将乱，阴结豪俊，多收群心，有系狱抵罪，皆枉法出之，以树私恩。及杨玄感作乱，吴人朱燮、晋陵人管崇起兵江南以应之，自称将军，拥众十余万。隋遣将军吐万绪、鱼俱罗等讨之，不克。世充为其偏将，募江都万余人，频击破之。每有克捷，必归功于下，所获军实，皆推与士卒，由此人争为用，功最居多。

　　十年，齐郡贼帅孟让自长白山寇掠诸郡，至盱眙，有众十余万。世充以兵拒之，保都梁山，为五栅，相持不战，乃唱言兵走，羸师自弱。让笑曰："王世充文法小吏，安能领兵？吾令生缚取之，鼓行而入江都。"

　　时百姓皆入壁，野无所掠，贼众渐馁，又苦栅当其道，不得南侵，即分兵围五栅。世充每日击之，阳不利，走还入栅。如是数日，让益轻之,乃稍分人于南方抄掠,留兵才足以围栅。世充知其懈,乃于营中夷灶撤幕,设方阵,四面外向,毁栅而出,奋击,大破之,让以数十骑遁去,斩首万余级,俘虏十余万人。炀帝以世充有将帅才略,复遣领兵讨诸小盗,所向尽平。

十一年,突厥围炀帝于雁门。世充尽发江都人将往赴难,在军中蓬首垢面,悲泣无度,晓夜不解甲,藉草而卧。炀帝闻之,以为忠,益信任之。十二年,迁江都通守。时厌次人格谦为盗数年,兵十余万在豆子航中,为太仆卿杨义臣所杀,世充帅师击其余众,破之。又击卢明月于南阳,虏获数万。后还江都,炀帝大悦,自执杯酒以赐之。及李密攻陷洛口仓,进逼东都,炀帝特诏世充大发兵,于洛口拒密,前后百余战,未有胜负。又遣就军拜世充为将军,趣令破贼。世充引军渡洛水与李密战,世充军败绩,溺死者万余人,乃率余众归河阳。时天寒大雪,兵士在道冻死者又数万人,比至河阳,才以千数。世充自系狱请罪,越王侗遣使赦之,征还洛阳,置营于含嘉仓城,收合亡散,复得万余人。

俄而宇文化及作难,太府卿元文都、武卫将军皇甫无逸、右司郎中卢楚奉越王侗嗣位于东都,拜世充为吏部尚书,封郑国公。文都谓楚等曰:"今化及弑逆,仇耻未报,吾虽志在枕戈,而力所不及。为国计者,莫如以尊官宠李密,以库物权陷之,使击化及,令两贼自斗,化及既破,而密之兵固亦疲矣。又其士卒得我之赏,居我之官,内外相亲,易为反间,我师养力以乘其弊,则密亦可图也。"楚等以为然。即日遣使拜密为太尉、尚书令,令讨化及。

密遂称臣奉制,以兵拒化及于黎阳,每战胜则遣使告捷,众皆悦。世充独谓其麾下诸将曰:"文都之辈,刀笔吏耳,吾观其势,必为李密所擒。且吾军人每与密战,杀其父兄子弟,前后已多,一旦为之下,吾属无类矣!"出言以激怒其众。文都知而大惧,与楚等谋,因世充入内,伏甲而杀之,期有日矣。纳言段达庸懦,恐事不果,遣其女婿张志以楚等谋告世充。其夜,勒兵围宫城,将军费曜、田阇等拒战于东太阳门外,曜军败,世充遂攻门而入,无逸以单骑遁走,获楚杀之。时宫门闭，世充遣人扣门言于侗曰："元文都等欲执皇帝降于李密，段达知而告臣，臣非敢反，诛反者耳。"初，文都闻变，入奉侗于乾阳殿，陈兵卫之，令将帅乘城以拒难。段达矫侗命，执文都送于世充，至则乱击而死。达又矫侗命，开门以纳世充，世充悉遣人代宿卫者，然后入谒陈谢，曰："文都等无状，谋相屠害，事急为此，不敢背国。"侗与之盟。其日，进拜尚书左仆射，总督内外诸军事。世充去含嘉城，移居尚书省，专宰朝政。以其兄世恽为内史令，入居禁中，子弟咸拥兵马，镇诸城邑。

未几，李密破化及还，其劲兵良马多战死，士卒疲倦。世充欲乘其弊而击之，恐人心不一，乃假托鬼神，言梦见周公。乃立祠于洛水，遣巫宣言周公欲令仆射急讨李密，当有大功，不则兵皆疫死。世充兵多楚人，俗信妖言，众毕请战。世充简练精勇，得二万余人，马二千余匹，军于洛水南。密军偃师北山上。时密新破化及，有轻世充之心，不设壁垒。世充夜遣三百余骑潜入北山，伏溪谷中，令军人秣马蓐食，迟明而薄密。密出兵应之，阵未成列而两军合战。其伏兵发，乘高而下，驰压密营，又纵火焚其庐舍，密军溃，降其将张童仁、陈智略，进下偃师，密走保洛口。初，世充兄世伟及子玄应随化及至东郡，密得而囚之于城中，至是尽获之。又执密长史邴元真妻子、司马郑虔象之母及诸将子弟，皆抚慰之，各令潜呼其父兄。世充进兵，次洛口，邴元真、郑虔象等举仓城以应之，密以数十骑走河阳，率余众入朝。世充尽收其众，振旅而还。

侗进拜世充太尉，以尚书省为其府，备置官属。世充立三榜于府门之外：一求文才学识堪济世务者，一求武艺绝人摧锋陷阵者，一求能理冤枉拥抑不申者。于是上书陈事，日有数百，世充皆躬自省览，殷勤慰劳。好行小惠，下至军营骑士，皆饰辞以诱之。当时有识者见其心口相违，颇以怀贰。世充尝于侗前赐食，还家大呕吐，疑遇毒所致，自是不复朝请，与侗绝矣。遣云定兴、段达入奏于侗，请加九锡之礼。

二年三月，遂策授相国，总百揆，封郑王，加九锡备物。有道士桓法嗣者，自言解图识，乃上《孔子闭房记》，画作丈夫持一竿以驱羊，释云："隋，杨姓也。干一者，王字也。王居羊后，明相国代隋为帝也。"又取《庄子·人间世》、《德充符》二篇上之，法嗣释曰："上篇言'世'，下篇言'充'，此即相国名矣，明当德被人间，而应符命为天子也。"世充大悦曰："此天命也。"再拜受之，即以法嗣为谏议大夫。世充又罗取杂鸟，书帛系其颈，自言符命而散放之。有弹射得鸟来而献者，亦拜官爵。段达、云定兴等入见于侗曰："天命不常，郑王功德甚盛，愿陛下揖让告禅，遵唐、虞之迹。"侗怒曰："天下者高祖之天下，若隋德未衰，此言不可而发，必天命有改，亦何论于禅让？公等皆是先朝旧臣，忽有斯言，朕复当何所望！"段达等莫不流涕。世充又使人谓曰："今海内未定，须得长君，待四方乂安，复子明辟。必若前盟，义不违负。"

四月，假为侗诏策禅位，遣兄世恽废侗于含凉殿，世充僭即皇帝位，建元曰开明，国号郑。先封同姓王隆为淮阳王，整为东郡王，楷为冯翊王，素为乐安王。次封叔琼为陈王；兄世衡为秦王，世伟为楚王，世恽为齐王；又封琼子辩为杞王，衡子虔寿为蔡王，伟子弘烈为魏王，行本为荆王，琬为代王，恽子仁则为唐王，道诚为卫王，道询为赵王，道稜为燕王；兄世师子太为宋王，君度为越王。立子玄应为皇太子，封子玄恕为汉王。世充每听朝，必殷勤诲谕，言辞重复，千端万绪，百司奉事，疲于听受。或轻骑游历街衢，亦不清道，百姓但避路而已，按辔徐行，谓百姓曰："昔时天子深坐九重，在下事情，无由闻彻。世充非贪宝位，本欲救时，今当如一州刺史，每事亲览，当与士庶共评朝政。恐门禁有限，虑致壅塞，今止顺天门外置座听朝。"又令西朝堂受抑屈，东朝堂受直谏。于是献书上事，日有数百，条疏既烦，省览难遍，数日后不复更出。

五月，世充礼部尚书裴仁基及其子左辅大将军行俨、尚书左丞宇文儒童等数十人谋诛世充，复尊立侗。事泄，皆见害，夷其三族。六月，世恽因劝世充害侗，以绝众望。世充遣其侄行本鸩杀侗，谥曰恭皇帝。其将军罗士信率其众千余人来降。十月，世充率众东徇地，至于滑州,仍以兵临黎阳。十一月,窦建德入世充之殷州,杀掠居人,焚烧积聚,以报黎阳之役。

三年二月,世充殿中监豆卢达来降。世充见众心日离,乃严刑峻制,家一人逃者,无少长皆坐为戮,父子、兄弟、夫妻许其相告而免之。又令五家相保,有全家叛去而邻人不觉者,诛及四邻。杀人相续,其逃亡益甚。至于樵采之人,出入皆有限数,公私窘急,皆不聊生。又以宫城为大狱,意有所忌,即收系其人及家属于宫中。又每使诸将出外,亦收其亲属质于宫内。囚者相次,不减万口,即艰食,馁死者日数十人。世充屯兵不散,仓粟日尽,城中人相食。或握土置瓮中,用水淘汰,沙石沉下,取其上浮泥,投以米屑,作饼饵而食之,人皆体肿而脚弱,枕倚于道路。其尚书郎卢君业、郭子高等皆死于沟壑。

七月,秦王率兵攻之,师至新安,世充镇堡相次来降。八月,秦王陈兵于青城宫,世充悉兵来拒,隔涧而言曰:“隋末丧乱,天下分崩,长安、洛阳,各有分地,世充唯愿自守,不敢西侵。计熊、谷二州,相去非远,若欲取之,岂非度内? 既敦邻好,所以不然。王乃盛相侵轶,远入吾地,三崤之道,千里馈粮,以此出师,未见其可。”太宗谓曰:“四海之内,皆承正朔,唯公执迷,独阻声教。东都士庶,亟请王师,关中义勇,感恩致力。至尊重违众愿,有斯吊伐。若转祸来降,则富贵可保,如欲相抗,无假多言。”世充无以报。太宗分遣诸将攻其城镇,所至辄下。九月,王君廓攻拔世充之轩辕县,东徇地至管城而还,于是河南州县相次降附。窦建德自侵殷州之后,与世充遂结深隙,信使断绝。十一月,窦建德又遣人结好,并陈救援之意。世充乃遣其兄子琬及内史令长孙安世报聘,且乞师。

四年二月,世充率兵出方诸门,与王师相抗,世充军败,因乘胜追之,屯其城门,世充步卒不得入,惊散南走,追斩数千级,虏五千余人。世充从此不复敢出,但婴城自守,以待建德之援。三月,秦王擒建德并王琬、长孙安世等于武牢,回至东都城下以示之,且遣安世入城,使言败状。世充惶惑,不知所为,将溃围而出,南走襄阳,谋于诸将,皆不答,乃率其将吏诣军门请降。于是收其府库,颁赐将士。世充黄门侍郎薛德音以文檄不逊,先诛之。次收世充党与段达、杨注、单雄信、阳公卿、郭士衡、郭什柱、董浚、张童仁、朱粲等十余人,皆戮于洛渚之上。

秦王以世充至长安,高祖数其罪,世充对曰:"计臣之罪,诚不容诛,但陛下爱子秦王许臣不死。"高祖乃释之。与兄芮、妻、子同徙于蜀,将行,为仇人定州刺史独孤修所杀。子玄应及兄世伟等在路谋叛,伏诛。世充自篡位,凡三年而灭。

窦建德,贝州漳南人也。少时,颇以然诺为事。尝有乡人丧亲,家贫无以葬,时建德耕于田中,闻而叹息,遽辍耕牛,往给丧事,由是大为乡党所称。初,为里长,犯法亡去,会赦得归。父卒,送葬者千余人,凡有所赠,皆让而不受。

大业七年,募人讨高丽,本郡选勇敢尤异者以充小帅,遂补建德为二百人长。时山东大水,人多流散,同县有孙安祖,家为水所漂,妻子馁死。县以安祖骁勇,亦选在行中。安祖辞贫,白言漳南令,令怒笞之。安祖刺杀令,亡投建德,建德舍之。是岁,山东大饥,建德谓安祖曰:"文皇帝时,天下殷盛,发百万之众以伐辽东,尚为高丽所败。今水潦为灾,黎庶穷困,而主上不恤,亲驾临辽,加以往岁西征,疮痍未复,百姓疲弊,累年之役,行者不归,今重发兵,易可摇动。丈夫不死,当立大功,岂可为逃亡之虏也。我知高鸡泊中广大数百里,莞蒲阻深,可以逃难,承间而出虏掠,足以自资。既得聚人,且观时变,必有大功于天下矣。"安祖然其计。建德招诱逃兵及无产业者,得数百人,令安祖率之,入泊中为群盗,安祖自称将军。鄃人张金称亦结聚得百人,在河阻中。蓨人高士达又起兵得千余人,在清河界中。时诸盗往来漳南者,所过皆杀掠居人,焚烧舍宅,独不入建德之间。由是郡县意建德与贼徒交结,收系家属,无少长皆杀之。建德闻其家被屠灭,率麾下二百人亡归士达。自称东海公,以建德为司兵。后安祖为张金称所杀,其兵数千人又尽归于建德。自此渐盛,兵至万余人,犹往来高鸡泊中。每倾身接物,与士卒均执勤苦,由是能致人之死力。

十二年,涿郡通守郭绚率兵万余人来讨士达。士达自以智略不及建德,乃进为军司马,咸以兵授焉。建德既初董众,欲立奇功以威群贼,请士达守辎重,自简精兵七千人以拒绚,诈为与士达有隙而叛之。士达又宣言建德背亡,而取虏获妇人给为建德妻子,于军中杀之。建德伪遣人遗绚书请降,愿为前驱,破士达以自效。绚信之,即引兵从建德至长河界,期与为盟,共图士达。绚兵益懈而不备,建德袭之,大破绚军,杀略数千人,获马千余匹,绚以数十骑遁走,遣将追及于平原,斩其首以献士达。由是建德之势益振。

隋遣太仆卿阳义臣率兵万余人讨张金称,破之于清河,所获贼众皆屠灭,余散在草泽间者复相聚而投建德。义臣乘胜至平原,欲入高鸡泊中,建德谓士达曰:“历观隋将,善用兵者唯义臣耳。新破金称,远来袭我,其锋不可当。请引兵避之,令其欲战不得,空延岁月,将士疲倦,乘便袭击,可有大功。今与争锋,恐公不能敌也。”士达不从其言,因留建德守壁,自率精兵逆击义臣,战小胜,而纵酒高宴,有轻义臣之心。建德闻之曰:“东海公未能破贼而自矜大,此祸至不久矣。隋兵乘胜,必长驱至此,人心惊骇,吾恐不全。”遂留人守壁,自率精锐百余据险,以防士达之败。后五日,义臣果大破士达,于阵斩之,乘势追奔,将围建德。守兵既少,闻士达败,众皆溃散。建德率百余骑亡去,行至饶阳,观其无守备,攻陷之,抚循士众,人多愿从,又得三千余兵。

初,义臣既杀士达,以为建德不足忧。建德复还平原,收士达败兵之死者,悉收葬焉。为士达发丧,三军皆缟素。招集亡卒,得数千人,军复大振,始自称将军。初,群盗得隋官及山东士子皆杀之,唯建德每获士人,必加恩遇。初得饶阳县长宋正本,引为上客,与参谋议。此后隋郡长吏稍以城降之,军容益盛,胜兵十余万人。

十三年正月,筑坛场于河间乐寿界中,自称长乐王,年号丁丑,署置官属。七月,隋遣右翊卫将军薛世雄率兵三万来讨之,至河间城南,营于七里井。建德闻世雄至,选精兵数千人伏河间南界泽中,悉拔诸城伪遁,云亡入豆子航中。世雄以为建德畏己,乃不设备。建德觇知之,自率敢死士一千人袭击世雄。会云雾昼晦,两军不辨,隋军大溃,自相踏藉,死者万余,世雄以数百骑而遁,余军悉陷。于是建德进攻河间,频战不下。其后城中食尽,又闻炀帝被杀,郡丞王琮率士吏发丧,建德遣使吊之,琮因使者请降,建德退舍具馔以待焉。琮率官属素服面缚诣军门,建德亲解其缚,与言隋亡之事,琮俯伏悲哀,建德亦为之泣。诸贼帅或进言曰:"琮拒我久,杀伤甚众,计穷方出,今请烹之。"建德曰:"此义士也。方加擢用,以励事君者,安可杀之。往在泊中共为小盗,容可恣意杀人,今欲安百姓以定天下,何得害忠良乎?"因令军中曰:"先与王琮有隙者,今敢动摇,罪三族。"即日授琮瀛州刺史。始都乐寿,号曰金城宫,自是郡县多下之。

武德元年冬至日,于金城宫设会,有五大鸟降于乐寿,群鸟数万从之,经日而去,因改年为五凤。有宗城人献玄珪一枚,景城丞孔德绍曰:"昔夏禹膺箓,天锡玄珪。今瑞与禹同,宜称夏国。"建德从之。先是,有上谷贼帅王须拔自号漫天,拥众数万,入掠幽州,中流矢而死。其亚将魏刀儿代领其众,自号历山飞,入据深泽,有徒十万。建德与之和,刀儿因弛守备,建德袭破之,又尽并其地。

二年,宇文化及僭号于魏县,建德谓其纳言宋正本、内史侍郎孔德绍曰:"吾为隋之百姓数十年矣,隋为吾君二代矣。今化及杀之,大逆无道,此吾仇矣,请与诸公讨之,何如?"德绍曰:"今海内无主,英雄竞逐,大王以布衣而起漳浦,隋郡县官人莫不争归附者,以大王仗顺而动,义安天下也。宇文化及与国连姻,父子兄弟受恩隋代,身居不疑之地,而行弑逆之祸,篡隋自代,乃天下之贼也。此而不诛,安用盟主!"建德称善。即日引兵讨化及,连战大破之。化及保聊城,建德纵撞车抛石,机巧绝妙,四面攻城,陷之。建德入城,先谒隋萧皇后,与语称臣。悉收弑炀帝元谋者宇文智及、杨士览、元武达、许弘仁、孟景,集隋文武官对而斩之,枭首辕门之外。化及并其二子同载以槛车,至大陆县斩之。

　　建德每平城破阵，所得资财，并散赏诸将，一无所取。又不啖肉，常食唯有菜蔬、脱粟之饭。其妻曹氏不衣纨绮，所使婢妾才十数人。至此，得宫人以千数，并有容色，应时放散。得隋文武官及骁果尚且一万，亦放散，听其所去。又以隋黄门侍郎裴矩为尚书左仆射，兵部侍郎崔君肃为侍中，少府令何稠为工部尚书，自余随才拜授，委以政事。其有欲往关中及东都者亦恣听之，乃给其衣粮，以兵援之，送出其境。攻陷洺州，虏刺史袁子干。迁都于洺州，号万春宫。遣使往观津，祠窦青之墓，置守冢二十家。又与王世充结好，遣使朝隋越王侗于洛阳。后世充废侗自立，乃绝之，始自尊大，建天子旌旗，出警入跸，下书言诏。追谥隋炀帝为闵帝，封齐王暕子政道为郧公。然犹依倚突厥。隋义城公主先嫁突厥，及是遣使迎萧皇后，建德勒兵千余骑送之入蕃，又传化及首以献公主。既于突厥相连，兵锋益盛。

　　九月，南侵相州，河北大使淮安王神通不能拒，退奔黎阳。相州陷，杀刺史吕珉。又进攻卫州，陷黎阳，左武卫大将军李世勣、皇妹同安长公主及神通并为所虏。滑州刺史王轨为奴所杀，携其首以奔建德，曰："奴杀主为大逆，我何可纳之。"命立斩奴，而返轨首于滑州。吏人感之，即日而降。齐、济二州及兖州贼帅徐圆朗皆闻风而下。建德释李世勣，使其领兵以镇黎州。

　　三年正月，世勣舍其父而逃归，执法者请诛之，建德曰："勣本唐臣，为我所虏，不忘其主，逃还本朝，此忠臣也，其父何罪！"竟不诛。舍同安长公主及神通于别馆，待以客礼。高祖遣使与之连和，建德即遣公主与使俱归。尝破赵州，执刺史张昂、邢州刺史陈君宾、大使张道源等，以侵轶其境，建德将戮之。其国子祭酒凌敬进曰："夫犬各吠非其主，今邻人坚守，力屈就擒，此乃忠确士也。若加酷害，何以劝大王之臣乎？"建德盛怒曰："我至城下，犹迷不降，劳我师旅，罪何可赦？"敬又曰："今大王使大将军高士兴于易水抗御罗艺，兵才至，士兴即降，大王之意复为可不？"建德乃悟，即命释之。其宽厚从谏，多此类也。

又遣士兴进围幽州，攻之不克，退军旅笼火城，为艺所袭，士兴大溃。先是，其大将王伏宝多勇略，功冠等伦，群帅嫉之。或言其反，建德将杀之，伏宝曰："我无罪也，大王何听谗言，自斩左右手乎？"既杀之，后用兵多不利。

九月，建德自帅师围幽州，艺出兵与战，大破之，斩首千二百级。艺兵频胜而骄，进袭其营，建德列阵于营中，填堑而出，击艺败之。建德薄其城，不克，遂归洺州。其纳言宋正本好直谏，建德又听谗言杀之。是后人以为诚，无复进言者，由此政教益衰。

先，曹州济阴人孟海公拥精兵三万，据周桥城以掠河南之地。其年十一月，建德自率兵渡河以击之。时秦王攻王世充于洛阳，建德中书舍人刘斌说建德曰："今唐有关内，郑有河南，夏居河北，此鼎足相持之势也。闻唐兵悉众攻郑，首尾二年，郑势日蹙而唐兵不解。唐强郑弱，其势必破郑，郑破则夏有齿寒之忧。为大王计者，莫若救郑，郑拒其内，夏攻其外，破之必矣！若却唐全郑，此常保三分之势也。若唐军破后而郑可图，则因而灭之，总二国之众，乘唐军之败，长驱西入，京师可得而有，此太平之基也。"建德大悦曰："此良策矣。"适会世充遣使乞师于建德，即遣其职方侍郎魏处绘入朝，请解世充之围。

四年二月，建德克周桥，虏海公，留其将范愿守曹州，悉发海公及徐圆朗之众来救世充。军至滑州，世充行台仆射韩洪开城纳之，遂进逼元州、梁州、管州，皆陷之，屯于荥阳。三月，秦王入武牢，进薄其营，多所伤杀，并擒其将殷秋、石瓒。时世充弟世辩为徐州行台，遣其将郭士衡领兵数千人从之，合众十余万，号为三十万，军次成皋，筑宫于板渚，以示必战。又遣间使约世充共为表里。经二月，迫于武牢，不得进。秦王遣将军王君廓领轻骑千余抄其粮运，获其大将张青特，虏获甚众。

建德数不利，人情危骇，将帅已下破孟海公，皆有所获，思归洺州。凌敬进说曰："宜悉兵济河，攻取怀州河阳，使重将居守。更率众鸣鼓建旗，逾太行，入上党，先声后实，传檄而定。渐趋壶口，稍骇蒲津，收河东之地，此策之上也。行此必有三利：一则入无人之境，师有万全；二则拓土得兵；三则郑围自解。”建德将从之，而世充之使长孙安世阴赍金玉啖其诸将，以乱其谋。众咸进谏曰：“凌敬书生耳，岂可与言战乎？”建德从之，退而谢敬曰：“今众心甚锐，此天赞我矣。因此决战，必将大捷。已依众议，不得从公言也。”敬固争，建德怒，扶出焉。其妻曹氏又言于建德曰：“祭酒之言可从，大王何不纳也？请自滏口之道，乘唐国之虚，连营渐进，以取山北，又因突厥西抄关中，唐必还师以自救，此则郑围解矣。今顿兵武牢之下，日月淹久，徒为自苦，事恐无功。”建德曰：“此非女子所知也。且郑国悬命朝暮，以待吾来，既许救之，岂可见难而退，示天下以不信也？”于是悉众进逼武牢，官军按甲挫其锐。

　　及建德结阵于汜水，秦王遣骑挑之，建德进军而战，窦抗当之。建德少却，秦王驰骑深入，反覆四五合，然后大破之。建德中枪，窜于牛口渚，车骑将军白士让、杨武威生获之。先是，军中有童谣曰：“豆入牛口，势不得久。”建德行至牛口渚，甚恶之，果败于此地。

　　建德所领兵众，一时奔溃，妻曹氏及其左仆射齐善行将数百骑遁于洺州。余党欲立建德养子为主，善行曰：“夏王平定河朔，士马精强，一朝被擒如此，岂非天命有所归也？不如委心请命，无为涂炭生人。”遂以府库财物悉分士卒，各令散去。善行乃与建德右仆射裴矩、行台曹旦及建德妻率伪官属举山东之地，奉传国等八玺来降。七月，秦王俘建德至京师，斩于长安市，年四十九。自起军至灭，凡六岁，河北悉平。其年，刘黑闼复盗据山东。

　　史臣曰：世充奸人，遭逢昏主，上则谀佞诡俗以取荣名，下则强辩饰非以制群论。终行篡逆，自恣陆梁，安忍杀人，矫情驭众，凡所委任，多是叛亡。出降秦王，不致显戮，其为幸也多矣。建德义伏乡闾，盗据河朔，抚驭士卒，招集贤良。中绝世充，终斩化及，不杀徐盖，生还神通，沉机英断，靡有不初。及宋正本、王伏宝被谗见害，凌敬、曹氏陈谋不行，遂至亡灭，鲜克有终矣。然天命有归，人谋不及。

　　赞曰：世充篡逆，建德愎谏，二凶即诛，中原弭乱。

旧唐书卷五五
列传第五

薛举 子仁杲 李轨 刘武周
苑君璋附 高开道 刘黑闼
徐圆朗

薛举,河东汾阴人也。其父汪,徙居金城。举容貌环伟,凶悍善射,骁武绝伦,家产钜万,交结豪猾,雄于边朔。初,为金城府校尉。大业末,陇西群盗蜂起,百姓饥馁,金城令郝瑗募得数千人,使举讨捕。授甲于郡中,吏人咸集,置酒以飨士。举与其子仁杲及同谋者十三人,于座中劫瑗,矫称收捕反者,因发兵囚郡县官,开仓以赈贫乏。自称西秦霸王,建元为秦兴,封仁杲为齐公,少子仁越为晋公。有宗罗睺者,先聚党为群盗,至是帅众会之,封为义兴公,余皆以次封拜。掠官收马,招集群盗,兵锋甚锐,所至皆下。

隋将皇甫绾屯兵一万在枹罕,举选精锐二千人袭之,与绾军遇于赤岸,陈兵未战,俄而风雨暴至。初风逆举阵,而绾不击之;忽返风,正逆绾阵,气色昏昧,军中扰乱。举策马先登,众军从之,隋军大溃,遂陷枹罕。时羌首钟利俗拥兵二万在岷山界,尽以众降举,兵遂大振。进仁杲为齐王,授东道行军元帅;仁越为晋王,兼河州刺史;罗睺为义兴王,以副仁杲。总兵略地又克鄯、廓二州,数日间,尽有陇西之地,众至十三万。

十三年秋七月,举僭号于兰州,以妻鞠氏为皇后,母为皇太后,起坟茔,置陵邑,立庙于城南。其月,举陈兵数万,出拜墓,礼毕大会。仁杲进兵围秦州。仁越兵趋剑口，至河地郡，太守萧枹拒退之。举命其将常仲兴渡河击李轨，与轨将李赟大战于昌松，仲兴败绩，全军陷于轨。及仁杲克秦州，举自兰州迁都之。遣仁杲引军寇扶风郡，汧源贼帅唐弼率众拒之，兵不得进。初，弼起扶风，立陇西李弘芝为天子，有徒十万。举遣使招弼，弼杀弘芝，引军从举。仁杲因弼弛备，袭破之，并有其众，弼以数百骑遁免。举势益张，军号三十万，将图京师。

会义兵定关中，遂留攻扶风。太宗帅师讨败之，斩首数千级，追奔至陇坻而还。举又惧太宗逾陇追之，乃问其众曰："古来天子有降事否？"伪黄门侍郎褚亮曰："昔越帝赵他卒归汉祖，蜀主刘禅亦仕晋朝，近代萧琮，至今犹贵。转祸为福，自古有之。"其卫尉卿郝瑗趋而进曰："皇帝失问。褚亮之言，又何悖也！昔汉祖屡经败绩，蜀先主亟亡妻子，战之利害，何代无之，安得一战不捷，而为亡国之计也！"举亦悔之，答曰："聊发此问，试君等耳。"乃厚赏瑗，引为谋主。瑗又劝举连结梁师都，共为声势，厚赂突厥，饵其戎马，合从并力，进逼京师。举从其言，与突厥莫贺咄设谋取京师。莫贺咄设许以兵随之，期有日矣。会都水监宇文歆使于突厥，歆说莫贺咄设止其出兵，故举谋不行。

武德元年，丰州总管张长逊进击宗罗睺，举悉众来援，军屯高墌，纵兵房掠，至于豳、岐之地。太宗又率众击之，军次高墌城，度其粮少，意在速战，乃命深沟坚壁，以老其师。未及与战，会太宗不豫，行军长史刘文静、殷开山请观兵于高墌西南，恃众不设备，为举兵掩乘其后。太宗闻之，知其必败，遽与书责之。未至，两军合战，竟为举所败，死者十五六，大将慕容罗睺、李安远、刘弘基皆陷于阵。太宗归于京师，举军取高墌，又遣仁杲进围宁州。郝瑗言于举曰："今唐兵新破，将帅并擒，京师骚动，可乘胜直取长安。"举然之。临发而举疾，召巫视之，巫言唐兵为祟，举恶之，未几而死。举每破阵，所获士卒皆杀之，杀人多断舌、割鼻，或碓捣之。其妻性又酷暴，好鞭挞其下，见人不胜痛而宛转于地，则埋其足，才露腹背而捶之。由是人心不附。仁杲代董其众,伪谥举为武皇帝,未葬而仁杲灭。

仁杲,举长子也,多力善骑射,军中号为万人敌。然所至多杀人,纳其妻妾。获庾信子立,怒其不降,礫于猛火之上,渐割以啖军士。初,拔秦州,悉召富人倒悬之,以醋灌鼻,或杙其下窍,以求金宝。举每诫之曰:"汝智略纵横,足办我家事,而伤于苛虐,与物无恩,终当覆我宗社。"举死,仁杲立于折墌城,与诸将帅素多有隙,及嗣位,众咸猜惧。郝瑗哭举悲思,因病不起,自此兵势日衰。

自刘文静为举所败后,高祖命太宗率诸军以击仁杲,师次高墌,而坚壁不动。诸将咸请战,太宗曰:"我士卒新败,锐气犹少。贼以胜自骄,必轻敌好斗,故且闭壁以折之。待其气衰而后奋击,可一战而破,此万全计也。"乃令军中曰:"敢言战者斩。"相持者久之。仁杲勇而无谋,兼粮馈不属,将士稍离,其内史令翟长孙以其众来降,仁杲妹夫伪左仆射钟俱仇以河州归国。太宗知其可击,遣将军庞玉击贼将宗罗睺于浅水原。两军酣战,太宗以劲兵出贼不意,奋击大破之。乘胜进薄其折墌城,仁杲穷蹙,率伪百官开门降,太宗纳之。王师振旅,以仁杲归于京师,及其首帅数千人皆斩之。举父子相续伪位至灭,凡五年,陇西平。

李轨字处则,武威姑臧人也。有机辩,颇窥书籍,家富于财,赈穷济乏,人亦称之。大业末,为鹰扬府司马。时薛举作乱于金城,轨与同郡曹珍、关谨、梁硕、李赟、安修仁等谋曰:"薛举残暴,必来侵扰,郡官庸怯,无以御之。今宜同心戮力,保据河右,以观天下之事,岂可束手于人,妻子分散!"乃谋共举兵,皆相让,莫肯为主。曹珍曰:"常闻图谶云'李氏当王'。今轨在谋中,岂非天命也。"遂拜贺之,推以为主。轨令修仁夜率诸胡入内苑城,建旗大呼,轨于郭下聚众应之,执缚隋虎贲郎将谢统师、郡丞韦士政。轨自称河西大凉王,建元安乐,署置官属,并拟开皇故事。初,突厥曷娑那可汗率众内属,遣弟阙达度阙设领部落在会宁川中,有二千余骑,至是自称可汗,来降于轨。

武德元年冬,轨僭称尊号,以其子伯玉为皇太子,长史曹珍为左仆射。谨等议欲尽杀隋官,分其家产,轨曰:"诸人见逼为主,便须禀吾处分。义兵之起,意在救焚,今杀人取物,是为狂贼。立计如此,何以求济乎!"乃署统师太仆卿,士政太府卿。薛举遣兵侵轨,轨遣其将李赟击败于昌松,斩首二千级,尽虏其众,复议放还之。赟言于轨曰:"今竭力战胜,俘虏贼兵,又纵放之,还使资敌,不如尽坑之。"轨曰:"不然。若有天命,自擒其主,此辈士卒,终为我有。若事不成,留此何益?"遂遣之。未几,攻陷张掖、敦煌、西平、枹罕,尽有河西五郡之地。

其年,轨杀其吏部尚书梁硕。初,轨之起也,硕为谋主,甚有智略,众咸惮之。硕见诸胡种落繁盛,乃阴劝轨宜加防察,与其户部尚书安修仁由是有隙。又轨子仲琰怀恨,形于辞色,修仁因之构成硕罪,更谮毁之,云其欲反,轨令赍鸩就宅杀焉。是后,故人多疑惧之,心膂从此稍离。

时高祖方图薛举,遣使潜往凉州与之相结,下玺书谓之为从弟。轨大悦,遣其弟懋入朝,献方物。高祖授懋大将军,遣还凉州。又令鸿胪少卿张俟德持节册拜为凉州总管,封凉王,给羽葆鼓吹一部。轨召群僚廷议曰:"今吾从兄膺受图箓,据有京邑,天命可知,一姓不宜竞立,今去帝号受册可乎?"曹珍进曰:"隋失天下,英雄竞逐,称王号帝,鼎峙瓜分。唐国自据关中,大凉自处河右,已为天子,奈何受人官爵?若欲以小事大,宜依萧察故事,自称梁帝而称臣于周。"轨从之。

二年,遣其尚书左丞邓晓随使者入朝,表称皇从弟大凉皇帝臣轨而不受官。时有胡巫惑之曰:"上帝当遣玉女从天而降。"遂征兵筑台以候玉女,多所糜费,百姓患之。又属年饥,人相食,轨倾家赈之,私家罄尽,不能周遍。又欲开仓给粟,召众议之。珍等对曰:"国以人为本,本既不立,国将倾危,安可惜此仓粟而坐观百姓之死乎?"其故人皆云,给粟为便。谢统师等隋旧官人,为轨所获,虽被任使，情犹不附。每与群胡相结，引进朋党，排轨旧人，因其大馁，欲离其众。乃诟珍曰："百姓饿者自是弱人，勇壮之士终不肯困，国家仓粟须备不虞，岂可散之以供小弱？仆射苟悦人情，殊非国计。"轨以为然，由是士庶怨愤，多欲叛之。

初，安修仁之兄兴贵先在长安，表请诣凉州招慰轨。高祖谓曰："李轨据河西之地，连好吐谷浑，结援于突厥，兴兵讨击，尚以为难，岂单使所能致也？"兴贵对曰："李轨凶强，诚如圣旨。今若谕之以逆顺，晓之以祸福，彼则凭固负远，必不见从。何则？臣于凉州，奕代豪望，凡厥士庶，靡不依附。臣之弟为轨所信任，职典枢密者数十人，以此候隙图之，易于反掌，无不济矣。"高祖从之。

兴贵至凉州，轨授以左右卫大将军，又问以自安之术，兴贵谕之曰："凉州僻远，人物凋残，胜兵虽余十万，开地不过千里，既无险固，又接蕃戎，戎狄豺狼，非我族类，此而可久，实用为疑。今大唐据有京邑，略定中原，攻必取，战必胜，是天所启，非人力焉。今若举河西之地委质事之，即汉家窦融，未足为比。"轨默然不答，久之，谓兴贵曰："昔吴濞以江左之兵，犹称己为'东帝'；我今以河右之众，岂得不为'西帝'。彼虽强大，其如予何？君与唐为计，诱引于我，酬彼恩遇耳。"兴贵惧，乃伪谢曰："窃闻富贵不在故乡，有如衣锦夜行。今合家子弟并蒙信任，荣庆实在一门，岂敢兴心，更怀他志。"

兴贵知轨不可动，乃与修仁等潜谋引诸胡众起兵图轨，将围其城，轨率步骑千余出城拒战。先时，有薛举柱国奚道宜率羌兵三百人亡奔于轨，既许其刺史而不授之，礼遇又薄，深怀愤怨。道宜率所部共修仁击轨，轨败入城，引兵登陴，冀有外救。兴贵宣言曰："大唐使我来杀李轨，不从者诛及三族！"于是诸城老幼皆出诣修仁。轨叹曰："人心去矣，天亡我乎！"携妻子上玉女台，置酒为别，修仁执之以闻。时邓晓尚在长安，闻轨败，舞蹈称庆。高祖数之曰："汝委质于人，为使来此，闻轨沦陷，曾无蹙容，苟悦朕情，妄为庆跃。既不能留心于李轨，何能尽节于朕乎？"竟废而不齿。轨寻伏诛，自起至灭三载，河西悉平。诏授兴贵右武侯大将军、上柱国，封凉国公，食实

封六百户,赐帛万段;修仁左武侯大将军,封申国公,并给田宅,食
实封六百户。

刘武周,河间景城人。父匡,徙家马邑。匡尝与妻赵氏夜坐庭
中,忽见一物,状如雄鸡,流光烛地,飞入赵氏怀,振衣无所见,因而
有娠,遂生武周。骁勇善射,交通豪侠。其兄山伯每诚之曰:"汝不
择交游,终当灭吾族也。"数詈辱之。武周因去家入洛,为太仆杨义
臣帐内,募征辽东,以军功授建节校尉。

还家,为鹰扬府校尉。太守王仁恭以其州里之雄,甚见亲遇,每
令率虞候屯于阁下。因与仁恭侍儿私通,恐事泄,又见天下已乱,阴
怀异计,乃宣言于郡中曰:"今百姓饥饿,死人相枕于野,王府尹闭
仓不恤,岂忧百姓之意乎!"以此激怒众人,皆发愤怨。武周知众心
摇动,因称疾不起,乡闾豪杰多来候问,遂椎牛纵酒大言曰:"盗贼
若此,壮士守志,并死沟壑。今仓内积粟皆烂,谁能与我取之?"诸豪
杰皆许诺。与同郡张万岁等十余人候仁恭视事,武周上谒,万岁自
后而入,斩仁恭于郡厅,持其首出徇郡中,无敢动者。于是开廪以赈
穷乏,驰檄境内,其属城皆归之,得兵万余人。

武周自称太守,遣使附于突厥。隋雁门郡丞陈孝意、虎贲将王
智辩合兵讨之,围其桑乾镇。会突厥大至,与武周共击智辩,隋师败
绩。孝意奔还雁门,部人杀之,以城降于武周。于是袭破楼烦郡,进
取汾阳宫,获隋宫人以赂突厥,始毕可汗以马报之,兵威益振。乃攻
陷定襄,复归于马邑。突厥立武周为定杨可汗,遗以狼头纛。因僭
称皇帝,以妻沮氏为皇后,建元为天兴。以卫士杨伏念为左仆射,妹
婿同县人苑君璋为内史令。

先是,上谷人宋金刚有众万余人,在易州界为群盗,定州贼帅
魏刀儿与相表里。后刀儿为窦建德所灭,金刚救之,战败,率余众四
千人奔于武周。素闻金刚善用兵,得之甚喜,号为宋王,委以军事,
中分家产遗之。金刚亦深自结纳,遂出其妻,请聘武周之妹。又说
武周入图晋阳,南向以争天下。武周授金刚西南道大行台,令率兵

二万人侵并州，军黄蛇镇。又引突厥之众，兵锋甚盛，袭破榆次县，进陷介州。高祖遣太常少卿李仲文率众讨之，为贼所执，一军全没。仲文后得逃还。复遣右仆射裴寂拒之，战又败绩。武周进逼，总管齐王元吉委城遁走，武周遂据太原。遣金刚进攻晋州，六日城陷，右骁卫大将军刘弘基没于贼。进取浍州，属县悉下。

夏县人吕崇茂杀县令，自号魏王，以应贼。河东贼帅王行本又密与金刚连和，关中大骇。高祖命太宗益兵进讨，屯于柏壁，相持者久之。又命永安王孝基、陕州总管于筠、工部尚书独孤怀恩、内史侍郎唐俭进取夏县，不能克，军于城南。崇茂与贼将尉迟敬德袭破孝基营，诸军并陷，四将俱没。敬德还浍州，太宗邀击于美良川，大破之。敬德与贼将寻相又援王行本于蒲州，太宗复破之于蒲州。高祖亲幸蒲津关，太宗自柏壁轻骑谒高祖于行在所。宋金刚遂围绛州。及太宗还，金刚惧而引退。武周复攻李仲文于浩州，频战皆败，又馈运不属，贼众大馁，于是金刚遂遁。太宗复追及金刚于雀鼠谷，一日八战，皆破之，俘斩数万人，获辎重千余两。金刚走入介州，王师逼之。金刚尚有众二万，出其西门，背城而阵，太宗与诸将力战破之，金刚轻骑遁走。其骁将尉迟敬德、寻相、张万岁收其精兵，举介州及永安来降。武周大惧，率五百骑弃并州北走，自乾烛谷亡奔突厥。金刚复收其亡散以拒官军，人莫之从，与百余骑复奔突厥。太宗进平并州，悉复故地。未几，金刚背突厥而亡，将还上谷，为追骑所获，腰斩之。武周又欲谋归马邑，事泄，为突厥所杀。武周自初起至死，凡六载。

初，武周引兵南侵，苑君璋说曰："唐主举一州之兵，定三辅之地，郡县影附，所向风靡，此固天命，岂曰人谋。且并州已南，地形险阻，若悬军深入，恐后无所继，不如连和突厥，结援唐朝，南面称孤，足为上策。"武周不听，遣君璋守朔州，遂侵汾、晋。及败，泣谓君璋曰："恨不用君言，乃至于此！"

武周既死，突厥又以君璋为大行台，统其余众，仍令郁射设督兵助镇。高祖遣谕之，君璋部将高满政谓君璋曰："夷狄无礼，本非人类,岂可北面事之,不如尽杀突厥以归唐朝。"君璋不从,满政因人心夜逼君璋,君璋亡奔突厥。满政遂以城来降,拜朔州总管,封荣国公。

明年,君璋复引突厥来攻马邑,满政死之,君璋尽杀其党而去,退保恒安。君璋所部稍稍离散,势蹙请降,高祖许之,遣使赐以金券。会突厥颉利可汗复遣召之,君璋犹豫未决。其子孝政曰:"刘武周足为殷鉴。今既降唐,又归颉利,取灭之道也。粮储已尽,人情悉离,如更迟留,变生肘腋。"恒安人郭子威说君璋曰:"恒安之地,王者旧都,山川形胜,足为险固。突厥方强,为我唇齿。据此坚城,足观天下之变,何乃欲降于人也。"君璋然其计,乃执我行人送于突厥,与突厥合军寇太原之北境。君璋复见颉利政乱,竟率所部来降,拜安州都督,封芮国公,赐实封五百户。

高开道,沧州阳信人也。少以煮盐自给,有勇力,走及奔马。隋大业末,河间人格谦拥兵于豆子航,开道往从之,署为将军。后谦为隋师所灭,开道与其党百余人亡匿海曲。复出掠沧州,招集得数百人,北掠城镇,临渝至于怀远皆破之,悉有其众。

武德元年,隋将李景守北平郡,开道引兵围之,连年不能克。景自度不能支,拔城而去。开道又取其地,进陷渔阳郡,有马数千匹,众且万人,自立为燕王,都于渔阳。先是,有怀戎沙门高昙晟者,因县令设斋,士女大集,昙晟与其僧徒五十人拥斋众而反,杀县令及镇将,自称大乘皇帝,立尼静宣为耶输皇后,建元为法轮。至夜,遣人招诱开道,结为兄弟,改封齐王。开道以众五千人归之,居数月,袭杀昙晟,悉并其众。

三年,复称燕王,建元,署置百官。罗艺在幽州,为窦建德所围,告急于开道,乃率二千骑援之。建德惧其骁锐,于是引去。开道因艺遣使来降,诏封北平郡王,赐姓李氏,授蔚州总管。时幽州大饥,开道许给之粟,艺遣老弱就食,开道皆厚遇之。艺甚悦,不以为虞,乃发兵三千人、车数百乘、驴马千余匹,请粟于开道。悉留之,北连突厥，告绝于艺，复称燕国。

是岁，刘黑闼入寇山东，开道与之连和，引兵攻易州，不克而退。又遣其将谢稜诈降于艺，请兵援接，艺出兵应之，将至怀戎，稜袭破艺兵。开道又引突厥频来为寇，恒、定、幽、易等州皆罹其患。突厥颉利可汗攻马邑，以开道兵善为攻具，引之陷马邑而去。时天下大定，开道欲降，自以数翻复，终恐致罪，又北恃突厥之众。其将士多山东人，思还本土，人心颇离。

先是，刘黑闼亡将张君立奔于开道，因与其将张金树潜相结连。时开道亲兵数百人，皆勇敢士也，号为"义儿"，常在阁内。金树每督兵于阁下。金树将围开道，潜令数人入其阁内，与诸义儿阳为游戏，至日将夕，阴断其弓弦，又藏其刀仗，聚其槊于床下。追暝，金树以其徒大呼来攻阁下，向所遣人抱义儿槊一时而出，诸义儿遽将出战，而弓弦皆绝，刀仗已失。君立于外城举火相应，表里惊扰。义儿穷蹙，争归金树。开道知不免，于是擐甲持兵坐堂上，与其妻妾乐酣宴。金树之党惮其勇，不敢逼。天将晓，开道先缢其妻妾及诸子而后自杀。金树陈兵，执其义儿皆斩之。又杀张君立，死者五百余人，遂归国。开道自初起至灭，凡八岁。以其地为妫州。

刘黑闼，贝州漳南人。无赖，嗜酒，好博弈，不治产业，父兄患之。与窦建德少相友善，家贫无以自给，建德每资之。隋末亡命，从郝孝德为群盗，后归李密为裨将。密败，为王世充所虏。世充素闻其勇，以为骑将。见世充所为而窃笑之，乃亡归，质其父，盖而使世勣典兵攻新乡，诈以取信，遂虏黑闼献于建德，建德署为将军，封汉东郡公，令将奇兵东西掩袭。黑闼既遍游诸贼，善观时变，素骁勇，多奸诈。建德有所经略，必令专知斥候，常间入敌中觇视虚实，或出其不意，乘机奋击，多所克获，军中号为神勇。及建德败，黑闼自匿于漳南，杜门不出。

会高祖征建德故将范愿、董康买、曹湛、高雅贤等将赴长安，愿等相与谋曰:"王世充以洛阳降,其下骁将杨公卿、单雄信之徒皆被夷灭,我辈若至长安,必无保全之理。且夏王往日擒获淮安王,全其性命,遣送还之。唐家今得夏王,即加杀害,我辈残命,若不起兵报仇,实亦耻见天下人物。"于是相率复谋反叛。卜以刘氏为主吉,共往漳南,见建德故将刘雅告之。且请雅曰:"天下已平,乐在丘园为农夫耳。起兵之事,非所愿也。"众怒,杀雅而去。范愿曰:"汉东公刘黑闼果敢多奇略,宽仁容众,恩结于士卒。吾久常闻刘氏当有王者,今举大事,欲收夏王之众,非其人莫可。"遂往诣黑闼,以告其意。黑闼大悦,杀牛会众,举兵得百余人,袭破漳南县。贝州刺史戴元详、魏州刺史权威合兵击之,并为黑闼所败,元详及威皆没于阵。黑闼尽收其器械及余众千余人,于是范愿、高雅贤等宿旧左右渐来归附,众至二千人。

武德四年七月,设坛于漳南,祭建德,告以举兵之意,自称大将军。淮安王神通、将军秦武通、王行敏前后讨之,皆为所败。于是移书赵、魏,其建德将士往往杀官吏以应。黑闼北连怀戎贼帅高开道,兵锋甚锐,进至宗城,有众数万。黎州总管李世勣不能拒,弃城走保洺州。黑闼追击破之,步卒五千人,皆殁于阵,世勣与武通仅以身免。黑闼又征王琮为中书令,刘斌为中书侍郎,以掌文翰。遣使北连突厥,颉利可汗遣俟斤宋耶率胡骑从之。黑闼军大振,进陷相州,半岁悉复建德故地。兖州贼帅徐圆朗举齐、兖之地以附于黑闼,其势益张。

五年正月,黑闼至相州,僭称汉东王,建元为天造。以范愿为左仆射,董康买为兵部尚书,高雅贤为右领军,又引建德时文武悉复本位,都于洺州。其设法行政,皆师建德,而攻战勇决过之。于是太宗又自请统兵讨之,师次卫州,黑闼数以兵挑战,辄为官军所挫。黑闼惧,委相州,而退保于列人营。时洺水县人请为内应,太宗遣总管士信入城据守,黑闼又攻陷其城,士信死之,遂据洺州。三月,太宗阻洺水列营以逼之,分遣奇兵,断其粮道。黑闼又数挑战,太宗坚壁不应,以挫其锋。黑闼城中粮尽,太宗度其必来决战,预拥洺水上流,谓守堤吏曰:"我击贼之日,候贼半度而决堰。"黑闼果率步骑二万渡洺水而阵,与官军大战,贼众大溃,水又大至,黑闼众不得渡,斩首万余级,溺死者数千人。黑闼与范愿等以千余人奔于突厥,山东悉定。太宗遂引军于河南以讨徐圆朗。

六月,黑闼复借兵于突厥,来寇山东。七月,至定州,其旧将曹湛、董康买先亡在鲜虞,复聚兵以应黑闼。高祖遣淮阳王道玄、原国公史万宝讨之,战于下博,王师败绩,道玄死于阵,万宝轻骑逃还。由是河北诸州尽叛,又降于黑闼,旬日间悉复故城,复都洺州。十一月,高祖遣齐王元吉击之,迟留不进。又令隐太子建成督兵进讨,频战大捷。六年二月,又大破之于馆陶,黑闼引军北走。建成与元吉合千余骑屯于永济渠,纵骑击之,黑闼败走,命骑将刘弘基追之。黑闼为王师所蹙,不得休息,道远兵疲,比至饶阳,从者才百余人,众皆馁,入城求食。黑闼所署饶州刺史诸葛德威出门迎拜,延之入城。黑闼初不许,德威谬为诚敬,涕泣固请。黑闼乃进至城傍,德威勒兵执之,送于建成,斩于洺州,山东复定。

徐圆朗者,兖州人也。隋末,亡命为群盗,据本郡,纵兵略地,自琅邪已西,北至东平,尽有之,胜兵二万余人。仍附于李密,密败,归王世充。及洛阳平,归国,拜兖州总管,封鲁郡公。高祖令葛国公盛彦师安辑河南,行至任城。会刘黑闼作乱,潜结于圆朗,因执彦师举兵应黑闼,自称鲁王。黑闼以圆朗为大行台元帅,兖、郓、陈、杞、伊、洛、曹、戴等八州豪猾皆杀其长吏以应之。太宗平黑闼,进师曹州,遣淮安王神通及李世勣攻之。圆朗数出战,不利,城内百姓争逾城降。圆朗穷蹙,与数骑弃城夜遁,为野人所杀,其地悉平。

史臣曰:薛举父子勇悍绝伦,性皆好杀,仁呆尤甚,无恩众叛,虽猛何为。李轨窃据鹰扬,僭号河西,安隋朝官属,不夺其财,破李赟甲兵,放还其众,是其兴也。及杀害谋主,崇信妖巫,众叛亲离,其亡也宜哉。武周始为鼠窃,偶恣鸱张,不用君璋之谋,竟为突厥所杀。苑君璋及总余众，别生异图，见颉利归朝，亦是见机者也。黑闼、开道，勇而无谋，顾其行师，只是狂贼，皆为麾下所杀，驭众之道谬哉。

赞曰：国无纪纲，盗兴草泽。不有隋乱，焉知唐德。

旧唐书卷五六
列传第六

萧铣　杜伏威　辅公祏　阚稜

王雄诞　沈法兴　李子通　朱粲

林士弘　张善安　罗艺　梁师都

刘季贞　李子和

　　萧铣，后梁宣帝曾孙也。祖岩，隋开皇初叛隋降于陈，陈亡，为文帝所诛。铣少孤贫，佣书自给，事母以孝闻。炀帝时，以外戚擢授罗川令。

　　大业十三年，岳州校尉董景珍、雷世猛，旅帅郑文秀、许玄彻、万瓒、徐德基、郭华，沔州人张绣等同谋叛隋。郡县官属众欲推景珍为主，景珍曰："吾素寒贱，虽假名号，众必不从。今若推主，当从众望。罗川令萧铣，梁氏之后，宽仁大度，有武皇之风。吾又闻帝王膺箓，必有符命，而隋氏冠带，尽号'起梁'，斯乃萧家中兴之兆。今请以为主，不亦应天顺人乎？"众乃遣人谕意，铣大悦，报景珍书曰："我之本国，昔在有隋，以小事大，朝贡无阙。乃贪我土宇，灭我宗祊，我是以痛心疾首，无忘雪耻。今天启公等，协我心事，若合符，岂非上玄之意也。吾当纠率士庶，敬从来请。"即日集得数千人，扬言讨贼而实欲相应。遇颍川贼帅沈柳生来寇罗川县，铣击之，不利，因谓其众曰："岳州豪杰首谋起义，请我为主。今隋政不行，天下皆叛，吾虽欲独守，力不自全。且吾先人昔都此地，若从其请，必复梁祚，遣召柳生,亦当从我。"众皆大悦,即日自称梁公,改隋服色,建梁旗帜。柳生以众归之,拜为车骑大将军,率众往巴陵。自起军五日,远近投附者数万人。

景珍遣徐德基、郭华率州中首领数百人诣军迎谒,未及见铣,而前造柳生。谓曰:"我先奉梁公,勋居第一。今岳州兵众,位多于我,我若入城,便出其下。不如杀德基,质其首领,独挟梁公进取州城。"遂与左右杀德基,方诣中军白铣。铣大惊曰:"今欲拨乱,忽自相杀,我不能为汝主矣。"乃步出军门。柳生大惧,伏地请罪,铣责而赦之,令复旧位,铣陈兵入城,景珍进言于铣曰:"徐德基丹诚奉主,柳生凶悖擅杀之,若不加诛,何以为政?且其为贼,凶顽已久,今虽从义,不革此心,同处一城,必将为变。若不预图,后悔无及。"铣又从之。景珍遂斩柳生于城内,其下将帅皆溃散。

铣于是筑坛于城南,燔燎告天,自称梁王。以有异鸟之瑞,建先为凤鸣。义宁二年,僭称皇帝,署置百官,一准梁故事。伪谥其从父琮为孝靖帝,祖岩为河间忠烈王,父璇为文宪王;封董景珍为晋王,雷世猛为秦王,郑文秀为楚王,许玄彻为燕王,万瓒为鲁王,张绣为齐王,杨道生为宋王。隋将张镇州、王仁寿击之,不能克。及闻隋灭,镇州因与宁长真等率岭表诸州尽降于铣。九江鄱阳初有林士弘僭号,俄自相诛灭,士统逃于安成之山洞,其郡亦降于铣。遣其将杨道生攻陷南郡,张绣略定岭表,东至三硖,南尽交址,北拒汉川,皆附之,胜兵四十余万。

武德元年,迁都江陵,修复园庙。引岑文本为中书侍郎,令掌机密。铣又遣杨道生攻硖州,刺史许绍出兵击破之,赴水死者大半。高祖诏夔州总管赵郡王孝恭率兵讨之,拔其通、开二州,斩伪东平郡王萧阇提。时诸将横恣,多专杀戮,铣因令罢兵,阳言营农,实夺将帅之权也。其大司马董景珍之弟为伪将军,怨铣放其兵,遂谋为乱,事泄,为铣所诛。时景珍出镇长沙,铣下书赦之,召还江陵,景珍惧,遣间使诣孝恭送款。铣遣其齐王张绣攻之,景珍谓绣曰:"前年醢彭越,往年杀韩信',卿岂不见之乎?奈何今日相攻!"绣不答,进兵围之。景珍溃围而走,为其麾下所杀。铣以绣为尚书令,绣恃勋骄慢,专恣弄权,铣又恶而杀之。既大臣相次诛戮,故人边将皆疑惧,多有叛者,铣不能复制,以故兵势益弱。

四年,高祖命赵郡王孝恭及李靖率巴蜀兵发自夔州,沿流而下;庐江王瑗从襄州道,黔州刺史田世康趣辰州道,黄州总管周法明趣夏口道以图铣。及大军将至,铣江州总管盖彦举以五州降。又遣其将文士弘等率兵拒战,孝恭与李靖皆击破之,进逼其都。初,铣之放兵散也,自留宿卫兵士数千人,忽闻孝恭至而仓卒追兵,并江、岭之南,道里辽远,未能相及。孝恭纵兵入郭,布长围以守之。数日,克其水城,获其舟船数千艘。其交州总管丘和、长史高士廉、司马杜之松等先来谒铣,闻兵败,便诣李靖来降。铣自度救兵不至,谓其群下曰:“天不祚梁,数归于灭。若待力屈,必害黎元,岂以我一人致伤百姓?及城未拔,宜先出降,冀免乱兵,幸全众庶。诸人失我,何患无君。”乃巡城号令,守陴者皆恸哭。铣以太牢告于其庙,率官属缌缞布帻而诣军门,曰:“当死者唯铣,百姓非有罪也,请无杀掠。”孝恭囚之,送于京师。铣降后数日,江南救兵十余万一时大至,知铣降,皆送款于孝恭。

铣至,高祖数其罪,铣对曰:“隋失其鹿,英雄竞逐,铣无天命,故至于此。亦犹田横南面,非负汉朝。若以为罪,甘从鼎镬。”竟斩于都市,年三十九。铣自初起,五年而灭。

杜伏威,齐州章丘人也。少落拓,不治产业,家贫无以自给,每穿窬为盗,与辅公祏为刎颈之交。公祏姑家以牧羊为业。公祏数攘羊以馈之,姑有憾焉,因发其盗事。郡县捕之急,伏威与公祏遂俱亡命,聚众为群盗,时年十六。常营护诸盗,出则居前,入则殿后,故其党咸服之,共推为主。

大业九年,率众入长白山,投贼帅左君行,不被礼,因舍去,转掠淮南,自称将军。时下邳有苗海潮,亦聚众为盗,伏威使公祏谓曰:“今同苦隋政,各兴大义力,分势弱,常恐见擒,何不合以为强,则不患隋军相制。若公能为主,吾当敬从,自揆不堪,可来听命,不则一战,以决雄雌。"海潮惧,即以其众归于伏威。江都留守遣校尉宋颢率兵讨之,伏威与战,阳为奔北,引入葭芦中,而从上风纵火,迫其步骑陷于大泽,火至皆烧死。有海陵贼帅赵破阵,闻伏威兵少而轻之,遣使召伏威,请与并力。伏威令公祏严兵居外以待变,亲将十人持牛酒入谒。破阵大悦,引伏威入幕,尽集其酋帅纵酒高会。伏威于坐斩破阵而并其众。由此兵威稍盛,复屠安宜。

炀帝遣右御卫将军陈棱以精兵八千讨之,棱不敢战,伏威遗棱妇人之服以激怒之,并致书号为"陈姥",棱大怒,悉兵而至。伏威逆拒,自出阵前挑战,棱部将射中其额,伏威怒指之曰:"不杀汝,我终不拔箭。"遂驰之。棱部将走奔其阵,伏威因入棱阵,大呼冲击,所向披靡,获所射者,使其拔箭,然后斩之,携其首复入棱军奋击,杀数十人。棱阵大溃,仅以身免。乘胜破高邮县,引兵据历阳,自称总管,分遣诸将略属县,所至辄下,江淮间小盗争来附之。伏威尝选敢死之士五千人,号为"上募",宠之甚厚,与同甘苦。有攻战辄令上募击之,及战罢阅视,有中在背便杀之,以其退而被击也。所获赀财,皆以赏军士,有战死者,以其妻妾殉葬,故人自为战,所向无敌。

宇文化及之反也,署为历阳太守,伏威不受。双移居丹阳,进用人士,大修器械,薄赋敛,除殉葬法,其犯奸盗及官人贪浊者,无轻重皆杀之。仍上表于越王侗,侗拜伏威为东道大总管,封楚王。太宗之围王世充,遣使招之,伏威请降。高祖遣使就拜东南道行台尚书令、江淮以南安抚大使、上柱国,封吴王,赐姓李氏,预宗正属籍,封其子德俊为山阳公,赐帛五千段、马三百匹。伏威遣其将军陈正通、徐绍宗率兵来会。

武德四年,遣其将军王雄诞讨李子通于杭州,擒之以献。又破法华于歙州,尽有江东、淮南之地,南接于岭,东至于海。寻闻太宗平刘黑闼,进攻徐圆朗,伏威惧而来朝,拜为太子太保,仍兼行台尚书令。留于京师,礼之甚厚,位在齐王元吉之上,以宠异之。初,辅公祏之反也,诈称伏威之令以绐其众,高祖遣赵郡王孝恭讨之。时伏威在长安暴卒。及公祏平，孝恭收得公祏反辞，不晓其诈，遽以奏联，乃除伏威名，籍没其妻子。贞观元年，太宗知其冤，赦之，复其官爵，葬以公礼。

辅公祏，齐州临济人。隋末，从杜伏威为群盗。初，伏威自称总管，以公祏为长史。李子通之败沈法兴也，伏威使公祏以精卒数千渡江讨之。子通率众数万以拒公祏，兵锋甚锐。公祏简甲士千人，皆使执长刀，仍令千余人隋后，令之曰："有却者斩。"公祏自领余众，复居其后。俄而子通方阵而前，公祏所遣千人皆殊死决战，公祏乃纵左右翼攻之，子通大溃，降其众数千人。公祏寻与伏威遣使归国，拜为淮南道行台尚书左仆射，封舒国公。

初，伏威与公祏少相爱狎，公祏年长，伏威每兄事之，军中咸呼为伯，畏敬与伏威等。伏威潜忌之，为署其养子阚稜为左将军，王雄诞为右将军，推公祏为仆射，外示尊崇，而阴夺其兵权。公祏知其意，怏怏不平，乃与故人左游仙伪学道辟谷以远其事。武德五年，伏威将入朝，留公祏居守，复令雄诞典兵以副公祏，阴谓曰："吾入京，若不失职，无令公祏为变。"其后左游仙乃说公祏令反。会雄诞属疾于家，公祏夺其兵，诈言伏威不得还江南，贻书令其起兵。因僭即伪位，自称宋国，于陈故都筑宫以居焉。署置百官，以左游仙为兵部尚书、东南道大使、越州总管。大修兵甲，转漕粮馈，时吴兴贼帅沈法兴据毗陵，公祏击破之。又遣其将冯惠亮屯于博望山，陈正通、徐绍宗屯于青林山以拒官军。高祖命赵郡王孝恭率诸将奋击，大破之。绍宗、正通以五骑奔于丹阳。公祏惧而遁走，欲就左游仙于会稽，至武康，为野人所执，送于丹阳，孝恭斩之，传首京师。公祏与伏威同起，至灭凡十三载，江东悉平。

初，伏威养壮士三十余人为假子，分领兵马，唯阚稜、王雄诞知名。

阚稜，齐州临济人。善用大刀，长一丈，施两刃，名为拍刃，每一举,辄毙数人,前无当者。及伏威据有江淮之地,棱数有战功,署为左将军。伏威步兵皆出自群贼,类多放纵,有相侵夺者,棱必杀之,虽亲故无所舍,令行禁止,路不拾遗。后从伏威入朝,拜左领军将军,迁越州都督。

及公祏僭号,棱从军讨之,与陈正通相遇。阵方接,棱脱兜鍪谓贼众曰:"汝不识我邪?何敢来战!"其众多棱旧之所部,由是各无斗志,或有还拜者。公祏之破,棱功居多,颇有自矜之色。及擒公祏,诬棱与己通谋。又杜伏威、王雄诞及棱家产在贼中者,合从原放,孝恭乃皆籍没。棱诉理之,有忤于孝恭,孝恭怒,遂以谋反诛之。

王雄诞者,曹州济阴人。初,伏威之起也,用其计,屡有克获,署为骠骑将军。伏威后率众渡淮,与海陵贼李子通合。后子通恶伏威雄武,使骑袭之,伏威被重创堕马,雄诞负之,逃于葭芦中。伏威复招集余党,攻劫郡县,隋将来整又击破之,亡失余众。其部将西门君仪妻王氏勇决多力,负伏威而走,雄诞率麾下壮士十余人卫护。隋军追至,雄诞辄还御之,身被数枪,勇气弥厉,竟脱伏威。时阚棱年长于雄诞,故军中号棱为大将军,雄诞为小将军。

后伏威令辅公祏击李子通于江都,使雄诞棱棱为副,战于溧水,子通大败。公祏乘胜追之,却为子通所破,军士皆坚壁不敢出。雄诞谓公祏曰:"子通军无营垒,且狃于初胜而不设备,若击之,必克。"公祏不从。雄诞以其私属数百人衔枚夜击之,因顺风纵火,子通大败,走渡太湖。复破沈法兴,居其地。高祖闻伏威据有吴、楚,遣使谕之。雄诞率众讨之,子通以精兵守独松岭,雄诞遣其部将陈当率千余人,出其不意,乘高据险,多张旗帜,夜则缚炬火于树上,布满山泽间。子通大惧,烧营而走,保于杭州。雄诞追击败之,擒子通于阵,送于京师。

歙州首领汪华,隋末据本郡称王十余年,雄诞回军击之。华出新安洞口以拒雄诞,甲兵甚锐。雄诞伏精兵于山谷间,率羸弱数千人当之,战才合,伪退归本营。华攻之不能克,会日暮欲还,雄诞伏兵已据其洞口,华不得入,窘急面缚而降。苏州贼帅闻人遂安据昆山县而无所属,伏威又命雄诞攻之。雄诞以昆山险隘,难以力胜,遂单骑诣其城下,陈国威灵,示以祸福,遂安感悦,率诸将出降。以前后功授歙州总管,封宜春郡公。

伏威之入朝也,留辅公祏镇江南,而兵马属于雄诞。公祏将为逆,夺其兵,拘之别室,遣西门君仪谕以反计,雄诞曰:"当今方太平,吴王又在京辇,国家威灵,无远不被,公何得为族灭事耶! 雄诞有死而已,不敢闻命。"公祏知不可屈,遂缢杀之。雄诞善抚恤将士,皆得其死力,每破城镇,约勒部下,丝毫无犯,故死之日,江南士庶莫不为之流涕。高祖嘉其节,命其子果袭封宜春郡公。太宗即位,追赠左卫大将军、越州都督,谥曰忠。

果,垂拱初官至广州都督、安西大都护。

沈法兴,湖州武康人也。父恪,陈特进、广州刺史。法兴,隋大业末为吴兴郡守。东郡贼帅楼世干举兵围郡城,炀帝令法兴与太仆丞元祐讨之。俄而宇文化及弑炀帝于江都,法兴自以代居南土,宗族数千家,为远近所服,乃与祐部将孙士汉、陈果仁执祐于坐,号令远近,以诛化及为名。发自东阳,行收兵,将趋江都,下余杭郡,比至乌程,精卒六万。

毗陵郡通守路道德率兵拒之,法兴请与连和,因会盟袭杀道德,进据其城。时齐郡贼帅乐伯通据丹阳,为化及城守,法兴使果仁攻陷之,于是据有江表十余郡,自署南道总管。复闻越王侗立,乃上表于侗,自称大司马、录尚书事、天门公。承制置百官,以陈果仁为司徒,孙士汉为司空,蒋元超为尚书左仆射,殷芊为尚书左丞,徐令言为尚书右丞,刘子翼为选部侍郎,李百药为府掾。

法兴自克毗陵后,谓江淮已南可指挥而定,专立威刑,将士有小过,便即诛戮,而言笑自若,由是将士解体。称梁王,建元曰延康,改易隋官,颇依陈氏故事。是时,杜伏威据历阳,陈稜据江都,李子通据海陵,并握强兵,俱有窥觎江表之志。法兴三面受敌,军数挫衄。陈稜寻被李子通围于江都,稜窘急,送质求救,法兴使其子纶领兵数万救之。子通率众攻纶,大败,乘胜渡江,陷其京口。法兴使蒋元超拒之于废亭,元超战死。法兴左右数百人投吴郡贼帅闻人遂安,遣其将叶孝辩迎之。法兴至中路而悔,欲杀孝辩,更向会稽。孝辩觉之,法兴惧,乃赴江死。初,法兴以义宁二年起兵,至武德三年而灭。

李子通,东海丞人也。少贫贱,以鱼猎为事。居乡里,见班白提挈者,必代之。性好施惠,家无蓄积,睚眦之怨必报。隋大业末,有贼帅左才相,自号博山公,据齐郡之长白山,子通归之,以武力为才相所重。有乡人陷于贼者,必全护之。时诸贼皆残忍,唯子通独行仁恕,由是人多归之,未半岁,兵至万人。才相稍忌之,子通自引去,因渡淮,与杜伏威合。寻为隋将来整所败,子通拥其余众奔海陵,得众二万,自称将军。

初,宇文化及以隋将军陈稜为江都太守,子通率师击之,稜南求救于沈法兴,西乞师于杜伏威,二人各以兵至,伏威屯清流,法兴保杨子,相去数十里间。子通纳言毛文深进计,募江南人诈为法兴之兵,夜袭伏威。不悟,恨法兴之侵己,又遣兵袭法兴。二人相疑,莫敢先动。子通遂得尽锐攻陷江都,陈稜奔于伏威。子通入据江都,尽虏其众,因僭即皇帝位,国称吴,建元为明政。

丹阳贼帅乐伯通率众万余来降,子通拜尚书左仆射。更进击法兴于废亭,斩其仆射蒋元超,法兴弃城宵遁,遂有晋陵之地。获法兴府掾李百药,引为内史侍郎,使典文翰;以法兴尚书左丞殷芊为太常卿,使掌礼乐。由是隋郡县及江南人士多归之。后伏威遣辅公祏攻陷丹阳,进屯溧水,子通击之,反为公祏所败。又属粮尽,子通弃江都,保于京口,江西之地尽归伏威。子通又东走太湖,鸠集亡散,得二万人,袭沈法兴于吴郡,破之,率其官属都于余杭。东至会稽,南至于岭,西拒宣城,北至太湖,尽有其地。

未几,杜伏威遣其将王雄诞攻之,大战于苏州,子通败绩,退保余杭。雄诞进逼之,战于城下,军复败,子通穷蹙请降。伏威执之,并其左仆射乐伯通送于京师,尽收其地。高祖不之罪,赐宅一区、公田五顷,礼赐甚厚。及伏威来朝,子通谓伯通曰:"伏威既来,东方未静,我所部兵,多在江外,往彼收之,可有大功于天下矣。"遂相与亡,至蓝田关,为吏所获,与伯通俱伏诛。时又有朱粲、林士弘、张善安,皆僭号于江淮之间。

朱粲者,亳州城父人也。初为县佐史。大业末,从军讨长白山贼,遂聚结为群盗,号"可达寒贼",自称迦楼罗王,众至十余万。引军渡淮,屠竟陵、沔阳,后转掠山南,郡县不能守,所至杀戮,噍类无遗。义宁中,招慰使司马元规击破之。俄而收辑余众,兵又大盛,僭称楚帝于冠军,建元为昌达,攻陷邓州,有众二十万。

粲所克州县,皆发其藏粟以充食,迁徙无常,去辄焚余赀,毁城郭,又不务稼穑,以劫掠为业。于是百姓大馁,死者如积,人多相食。军中罄竭,无所虏掠,乃取婴儿蒸而啖之,因令军士曰:"食之美者,宁过于人肉乎!但令他国有人,我何所虑。"即勒所部,有略得妇人小儿皆烹之,分给军士,乃税诸城堡,取小弱男女以益兵粮。隋著作佐郎陆从典、通事舍人颜愍楚因遣左迁,并在南阳,粲悉引之为宾客,后遭饥馁,合家为贼所啖。又诸城惧税,皆相携逃散。

显州首领杨士林、田瓒率兵以背粲,诸州响应,相聚而攻之,大战于淮源,粲败,以数千兵奔于菊潭县,遣使请降。高祖令假散骑常侍段确迎劳之,确因醉侮粲曰:"闻卿啖人,作何滋味?"粲曰:"若啖嗜酒之人,正似糟藏猪肉。"确怒,慢骂曰:"狂贼,入朝后一头奴耳,更得啖人乎!"粲惧,于坐收确及从者数十人,奔于王世充,拜为龙骧大将军。东都平,获之,斩于洛水之上。士庶嫉其残忍,竞投瓦砾以击其尸,须臾封之若冢。

林士弘者,饶州鄱阳人也。大业十二年,与其乡人操师乞起为群盗。师乞自号元兴王,攻陷豫章郡而据之,以士弘为大将军。隋

遣持书侍御史刘子翊率师讨之,师乞中矢而死。士弘代董其众,复
与子翊大战于彭蠡湖,隋师败绩,子翊死之。士弘大振,兵至十余
万。

　　大业十三年,徙据虔州,自称皇帝,国号楚,建元太平,以其党
王戎为司空。攻陷临川、庐陵、南康、宜春等诸郡,北至九江,南洎番
禺,悉有其地。其党张善安保南康郡,怀贰于士弘,以舟师循江而
下,击破豫章。士弘尚有南昌、虔、循、潮数州之地。及萧铣破后,散
兵稍往归之,士弘复振。荆州总管赵王孝恭遣使招慰之,其循、潮二
州并来降。

　　武德五年,士弘遣其弟鄱阳王药师率兵二万攻围循州,刺史杨
略与战,大破之。士弘惧而遁走,潜保于安城之山洞。王戎亦以南
昌来降,拜为南昌州刺史。戎于是召士弘藏之于宅,招诱旧兵,更谋
作乱。其年,洪州总管张善安密知其事,发兵讨之,会士弘死,部兵
溃散,戎为善安所虏。

　　张善安者,兖州方与人也。年十七,便为劫盗,转掠淮南,有众
百余人。会孟让为王世充所破,其散卒稍归之,得八百人。袭破庐
江郡,因渡江,附林士弘于豫章。士弘不信之,营于南塘上。善安憾
之,袭击士弘,焚其郛郭。而士弘后去豫章,善安复来据之,仍以其
地归国,授洪州总管。

　　辅公祏之反也,善安亦举兵相应,公祏以为西南道大行台。安
抚使李大亮以兵击之,两军隔水而阵,大亮谕以祸福。答曰:"善安
无背逆之心,但为将士所误。今欲归降,又恐不免于死。"大亮谓曰:
"张总管既有降心,吾亦不相疑阻。"因独身逾洞就之,入其阵,与善
安握手交言,示无猜意。善安大喜,因许降,将数十骑至大亮营,大
亮引之而入,因令武士执之,从者遁走。既而送善安于长安,称不与
公祏交通,高祖初善遇之,及公祏败,搜得其书,与相往复,遂诛之。

　　罗艺字子延,本襄阳人也,寓居京兆之云阳。父荣,隋监门将

军。艺性桀黠，刚愎不仁，勇于攻战，善射，能弄槊。大业时，屡以军功官至虎贲郎将，炀帝令受右武卫大将军李景节度，督军于北平。艺少习戎旅，分部严肃，然任气纵暴，每凌侮于景，频为景所辱，艺深衔之。

　　后遇天下大乱，涿郡物殷阜，加有伐辽器仗，仓粟盈积。又临朔宫中多珍产，屯兵数万，而诸贼竞来侵掠。留守官虎贲郎将赵什住、贺兰谊、晋文衍等皆不能拒，唯艺独出战，前后破贼不可胜计，威势日重。什住等颇忌艺，艺阴知之，将图为乱，乃宣言于众曰："吾辈讨贼，甚有功效，城中仓库山积，制在留守之官，而无心济贫，此岂存恤之意也！"以此言激怒其众，众人皆怨。既面旋师，郡丞出城候艺，艺因执之，陈兵，而什住等惧，皆来听命。于是发库物以赐战士，开仓以赈穷乏，境内咸悦。杀渤海太守唐祎等不同己者数人，威振边朔，柳城、怀远并归附之。艺黜柳城太守杨林甫，改郡为营州，以襄平太守邓暠为总管，艺自称幽州总管。

　　宇文化及至山东，遣使召艺，艺曰："我隋室旧臣，感恩累叶，大行颠覆，实所痛心。"乃斩化及使者，而为炀帝发丧，大临三日。窦建德、高开道亦遣使于艺，艺谓官属曰："建德、开道皆剧贼耳，化及弑逆，并不可从。今唐公起兵，皆符人望，入据关右，事无不成。吾率众归之，意已决矣，有沮众异议者必戮之。"会我使人张道源绥辑山东，遣人谕意，艺大悦。武德三年，奉表归国，诏封燕王，赐姓李氏，预宗正属籍。

　　太宗之击刘黑闼也，艺领本兵数万，破黑闼弟什善于徐河，俘斩八千人。明年，黑闼引突厥俱入寇，艺复将兵与隐太子建成会于洺州，因请入朝，高祖遇之甚厚，俄拜左翊卫大将军。艺自以功高位重，无所降下，太宗左右尝至其营，艺无故殴击之。高祖怒，以其属吏，久而乃释，待之如初。时突厥屡为寇患，以艺素有威名，为北夷所惮，令以本官领天节军将镇泾州。

　　太宗即位，拜开府仪同三司，而艺惧不自安，遂于泾州诈言阅武，因追兵，矫称奉密诏勒兵入朝，率众军至于幽州。治中赵慈皓不知艺反，驰出谒之，艺遂入据幽州。太宗命吏部尚书长孙无忌、右武侯大将军尉迟敬德率众讨艺。王师未至，慈皓与统军杨岌潜谋击之，事泄，艺执慈皓系狱。岌时在城外，觉变，遽勒兵攻之，艺大溃，弃妻子，与数百骑奔于突厥。至宁州界，过乌氏驿，从者渐散，其左右斩艺，传首京师，枭之于市。复其本姓罗氏。艺弟寿，时为利州都督，缘坐伏诛。

先是，曹州女子李氏为五戒，自言通于鬼物，有病癫者，就疗多愈，流闻四方，病人自远而至，门多车骑。高祖闻之，诏赴京师。因往来艺家，谓艺妻孟氏曰："妃骨相贵不可言，必当母仪天下。"孟笃信之，命密观艺，又曰："妃之贵者，由于王；王贵色发矣，十日间当升大位。"孟氏由是遽劝反，孟及李皆坐斩。

梁师都，夏州朔方人也。代为本郡豪族，仕隋鹰扬郎将。大业末，罢归。属盗贼群起，师都阴结徒党数十人，杀郡丞唐宗，据郡反。自称大丞相，北连突厥。隋将张世隆击之，反为所败。师都因遣兵掠定雕阴、弘化、延安等郡，于是僭即皇帝位，称梁国，建元为永隆。突厥始毕可汗遗以狼头纛，号为大度毗伽可汗。师都乃引突厥居河南之地，攻破盐川郡。

武德二年，高祖遣延州总管段德操督兵讨之。师都与突厥之众数千骑来寇延安，营于野猪岭。德操以众寡不敌，按甲以挫其锐。后伺师都稍息，遣副总管梁礼率众击之，德操以轻骑出其不意。师都与礼酣战久之，德操多张旗帜，奄至其后，师都大溃，逐北二百余里，虏男女二百余口。经数月，师都又以步骑五千来寇，德操击之，俘斩略尽。

及刘武周之败，师都大将张举、刘旻相次来降，师都大惧，遣其尚书陆季览说处罗可汗曰："比者中原丧乱，分为数国，势均力弱，所以北附突厥。今武周既灭，唐国益大，师都甘从亡破，亦恐次及可汗。愿可汗行魏孝文之事，遣兵南侵，师都请为向导。"处罗从之。谋令莫贺咄设入自原州，泥步设与师都入自延州，处罗入自并州，突利可汗与奚、霫、契丹、靺鞨入自幽州，合于窦建德。经滏口道来会于晋、绛。兵临发，遇处罗死，乃止。

高祖又令德操悉发边兵进击师都，拔其东城。师都退据西城，又求救于突厥颉利可汗，颉利以劲兵万骑救援之。时稽胡大帅仙成率众降师都，师都信谗杀之，于是群情疑惧，多叛师都来降。师都势蹙，乃往朝颉利，为陈入寇之计。自此频致突厥之寇，边州略无宁岁。颉利可汗之寇渭桥，亦师都计也。

颉利政乱，太宗知师都势危援孤，以书谕之，不从。遣夏州长史刘旻、司马刘兰经略之。有得其生口者，辄纵遣令为反间，离其君臣之计。频选轻骑践其禾稼，城中渐虚，归命者相继，皆善遇之，由是益相猜阻。有李正宝、辛獠儿者，皆其名将，谋执师都，事泄不果，正宝竟来降。贞观二年，太宗遣右卫大将军柴绍、殿中少监薛万均讨之，又使刘旻、刘兰率劲卒直据朔方东城以逼之。颉利可汗遣兵来援师都，绍逆击破之，进屯城下，师都兵势日蹙，其从父弟洛仁斩师都，诣绍降，拜洛仁为右骁卫将军，封朔方郡公。师都自起至灭，凡十二岁。以其地为夏州。时又有刘季真、李子和，屯据北边，与刘武周、梁师都递为表里。

刘季真者，离石胡人也。父龙儿，隋末拥兵数万，自号刘王，以季真为太子。龙儿为虎贲郎将梁德所斩，其众渐散。及义师起，季真与弟六儿复举兵为盗，引刘武周之众攻陷石州。季真北连突厥，自称突利可汗，以小儿为拓定王，甚为边患。时西河公张纶、真乡公李仲文俱以兵临之，季真惧而来降，授石州总管，赐姓李氏，封彭城郡王。季真见宋金刚与官军相持于浍州，久而未决，遂复亲武周，与之合势。及金刚败，季真亡奔高满政，寻为所杀。

李子和者，同州蒲城人也。本姓郭氏。大业末，为左翊卫，犯罪徙榆林，见郡内大饥，遂潜引敢死士，得十八人，攻郡门，执郡丞王才，数以不恤百姓，斩之，开仓以赈穷乏。自称永乐王，建元为正平，尊其父为太公,以弟子政为尚书令,子端、子升为左、右仆射。有众二千余骑,南连梁师都,北附突厥始毕可汗,并送子为质以自固。始毕先署刘武周为定杨天子,梁师都为解事天子,又以子和为平杨天子,子和固辞不敢当,始毕乃更署子和为屋利设。

武德元年,遣使归款,授榆林郡守。寻就拜云州总管,封金河郡公。二年,进封郕国公。时师都强暴,子和虑为所攻,寻勒兵袭师都宁朔城,克之。子和既绝师都,又伺突厥间衅,遣使以闻,为处罗可汗候骑所获,处罗大怒,囚其弟子升。子和自以孤危,甚惧。四年,拔户口南徙,诏以延州故城居之。五年,从太宗平刘黑闼,陷阵有功。高祖嘉其诚节,赐姓李氏,拜右武卫将军。贞观元年,赐实封三百户。十一年,除婺州刺史,改封夷国公。显庆元年,累转黔州都督。以年老乞骸骨,许之,加金紫光禄大夫。麟德九年卒。

史臣曰:萧铣聚乌合之众,当鹿走之时,放兵以夺将权,杀旧以求位定,洎大军奄至,束手来降,宜哉!杜伏威恃勇聚徒,见机归国,或致疑于高祖,竟见雪于太宗。辅公祏窃兵为叛,王雄诞守节不回,训子孙以忠贞,感士庶之流涕。子通修仁驭众,终怀贰以伏诛;罗艺归国立功,信妖言而为叛。善始令终者鲜矣。沈法兴狂贼,梁师都凶人,皆至覆亡,殊无改悔。自隋朝维绝,宇县瓜分,小则鼠窃狗偷,大则鲸吞虎据。大唐举义,兆庶归仁,高祖运应瑶图,太宗天资神武,群凶席卷,寰海镜清,祚享永年,功宣后代,谥曰神尧、文武,岂不韪哉!

赞曰:失政资盗,图王僭号。真主勃兴,风驱电扫。

旧唐书卷五七
列传第七

裴寂 子律师　律师子承先　　刘文静
弟文起　文静子树义　树艺　李孟尝　刘世龙　赵文恪
张平高　李思行　李高迁　许世绪　刘师立　钱九陇
樊兴　公孙武达　庞卿恽　张长逊　李安远

　　裴寂字玄真，蒲州桑泉人也。祖融，司木大夫。父瑜，绛州刺史。寂少孤，为诸兄之所鞠养。年十四，补州主簿。及长，疏眉目，伟姿容。隋开皇中，为左亲卫。家贫无以自业，每徒步诣京师，经华岳庙，祭而祝曰："穷困至此，敢修诚谒，神之有灵，鉴其运命。若富贵可期，当降吉梦。"再拜而去。夜梦白头翁谓寂曰："卿年三十已后方可得志，终当位极人臣耳。"后为齐州司户。

　　大业中，历侍御史、驾部承务郎、晋阳宫副监。高祖留守太原，与寂有旧，时加亲礼，每延之宴语，间以博奕，至于通宵连日，情忘厌倦。时太宗将举义师而不敢发言，见寂为记祖所厚，乃出私钱数百万，阴结龙山令高斌廉与寂博戏，渐以输之。寂得钱既多，大喜，每日从。太宗游见其欢甚，遂以情告之，寂即许诺。寂又以晋阳宫人私侍高祖，高祖从寂饮，酒酣，寂白状曰："二郎密缵兵马，欲举义旗，正为寂以宫人奉公，恐事发及诛，急为此耳。今天下大乱，城门之外，皆是盗贼。若守小节，旦夕死亡，若举义兵，必得天位。众情已协，公意如何？"高祖曰："我儿诚有此计，既已定矣，可从之。"

　　及义兵起，寂进宫女五百人，并上米九万斛、杂彩五万段、甲四十万领，以供军用。大将军府建，以寂为长史，赐爵闻喜县公。从至河东，屈突通拒守，攻之不下，三辅豪杰归义者日有千数。高祖将先定京师，议者恐通为后患，犹豫未决。寂进说曰："今通据蒲关，若不先平，前有京城之守，后有屈突之援，此乃腹背受敌，败之道也。未若攻蒲州，下之而后入关。京师绝援，可不攻而定矣。"太宗曰："不然。兵法尚权，权在于速。宜乘机早渡，以骇其心。我若迟留，彼则生计。且关中群盗，所在屯结，未有定主，易以招怀，贼附兵强，何城不克？屈突通自守贼耳，不足为虞。若失入关之机，则事未可知矣。"高祖两从之，留兵围河东，而引军入关。及京师平，赐良田千顷、甲第一区、物四万段，转大丞相府长史，进封魏国公，食邑三千户。

及隋恭帝逊位，高祖固让不受，寂劝进，又不答。寂请见曰："桀、纣之亡，亦各有子，未闻汤、武臣辅之，可为龟镜，无所疑也。寂之茅土、大位，皆受之于唐，陛下不为唐帝，臣当去官耳。"又陈符命十余事，高祖乃从之。寂出，命太常具礼仪，择吉日。高祖既受禅，谓寂曰："使我至此，公之力也。"拜尚书右仆射，赐以服玩，不可胜纪，仍诏尚食奉御，每日赐寂御膳。高祖视朝，必引与同坐，入阁则延之卧内，言无不从，呼为裴监而不名。当朝贵戚，亲礼莫与为比。

武德二年，刘武周将黄子英、宋金刚频寇太原，行军总管姜宝谊、李仲文相次陷没，高祖患之。寂自请行，因为晋州道行军总管，得以便宜从事。师次介休，而金刚据城以抗寂。寂保于度索原，营中乏水，贼断其涧路，由是危迫。欲移营就水，贼因犯之，师遂大溃，死散略尽。寂一日一夜驰至晋州，以东城镇俱没。金刚进逼绛州。寂抗表陈谢，高祖慰谕之，复令镇抚河东之地。寂性怯，无捍御之才，唯发使络绎，催督虞、秦二州居人，勒入城堡，焚其积聚。百姓惶骇，复思为乱。夏县人吕崇茂遂杀县令举兵反，引金刚为援，寂击之，复为崇茂所败。被征入朝，高祖数之曰："义举之始，公有翼佐之勋，官爵亦极矣。前拒武周，兵势足以破敌，致此丧败，不独愧于朕乎？"以之属吏，寻释之，顾待弥重。

高祖有所巡幸，必令居守。麟州刺史韦云起告寂谋反，讯之无端。高祖谓寂曰："朕之有天下者,本公所推,今岂有贰心? 皂白须分,所以推究耳。"因令贵妃三人赍珍馔、宝器就寂第,宴乐极欢,经宿而去。又尝从容谓寂曰："我李氏昔在陇西,富有龟玉,降及祖祢,姻娅帝室。及举义兵,四海云集,才涉数月,升为天子。至如前代皇王,多起微贱,勋劳行阵,下不聊生。公复世胄名家,历职清显,岂若萧何、曹参起自刀笔吏也! 唯我与公,千载之后,无愧前修矣。"其年,改铸钱,特赐寂令自铸造。又为赵王元景聘寂女为妃。

六年,迁尚书左仆射,赐宴于含章殿,高祖极欢,寂顿首而言曰："臣初发太原,以有慈旨,清平之后,许以退耕。今四海久安,伏愿赐臣骸骨。"高祖泣下沾襟曰："今犹未也,要相偕老耳。公为台司,我为太上,逍遥一代,岂不快哉!"俄册司空,赐实封五百户,遣尚书员外郎一人每日更直寂第,其见崇贵如此。

贞观元年,加实封并前一千五百户。二年,太宗祠南郊,命寂与长孙无忌同升金辂,寂辞让,太宗曰："以公有佐命之勋,无忌亦宣力于朕,同载参乘,非公而谁?"遂同乘而归。

三年,有沙门法雅,初以恩幸出入两宫,至是禁绝之,法雅怨望,出妖言,伏法。兵部尚书杜如晦鞫其狱,法雅乃称寂知其言,寂对曰："法雅惟云时候方行疾疫,初不闻妖言。"法雅证之,坐是免官,削食邑之半,放归本邑。寂请住京师,太宗数之曰："计公勋庸,不至于此,徒以恩泽,特居第一。武德之时,政刑纰缪,官方弛紊,职公之由。但以旧情,不能极法,归扫坟墓,何得复辞?"寂遂归蒲州。

未几,有狂人自称信行,寓居汾阴,言多妖妄,常谓寂家僮曰:"裴公有天分。"于时信行已死,寂监奴恭命以其言白寂,寂惶惧不敢闻奏,阴呼恭命杀所言者。恭命纵令亡匿,寂不知之。寂遣恭命收纳封邑,得钱百余万,因而用尽,寂怒,将遣人捕之,恭命惧而上变。太宗大怒,谓侍臣曰:"寂有死罪者四:位为三公而与妖人法雅亲密,罪一也;事发之后,乃负气愤怒,称国家有天下,是我所谋,罪二也;妖人言其有天分,匿而不奏,罪三也;阴行杀戮以灭口,罪四也。我杀之非无辞矣。议者多言流配,朕其从众乎。"于是徙交州,竟流静州。俄逢山羌为乱，或言反獠劫寂为主，太宗闻之曰："我国家于寂有性命之恩，必不然矣。"未几，果称寂率家僮破贼。太宗思寂佐命之功，征入朝，会卒，时年六十。赠相州刺史、工部尚书、河东郡公。

子律师嗣，尚太宗妹临海长公主，官至汴州刺史。

律师子承先，则天时为殿中监，为酷吏所杀。

刘文静字肇仁，自云彭城人，代居京兆之武功。祖懿，周石州刺史。父韶，隋时战没，赠上仪同三司。少以其父身死王事，袭父仪同三司。伟姿仪，有器干，倜傥多权略。隋末，为晋阳令，遇裴寂为晋阳宫监，因而结友。夜与同宿，寂见城上烽火，仰天欢曰："卑贱之极，家道屡空，又属乱离，当何取济？"文静笑曰："世途若此，时事可知。吾二人相得，何患于卑贱。"

及高祖镇太原，文静察高祖有四方之志，深自结托。又窃观太宗，谓寂曰："非常人也。大度类于汉高，神武同于魏祖，其年虽少，乃天纵矣。"寂初未然之。后文静坐与李密连婚，炀帝令系于郡狱。太宗以文静可与谋议，入禁所视之。文静大喜曰："天下大乱，非有汤、武、高、光之才，不能定也。"太宗曰："卿安知无，但恐常人不能别耳。今入禁所相看，非儿女之情相忧而已。时事如此，故来与君图举大计，请善筹其事。"文静曰："今李密长围洛邑，主上流播淮南，大贼连州郡、小盗阻山泽者万数矣，但须真主驱驾取之。诚能应天顺人，举旗大呼，则四海不足定也。今太原百姓避盗贼者，皆入此城。文静为令数年，知其豪杰，一朝啸集，可得十万人，尊公所领之兵复且数万，君言出口，谁敢不从？乘虚入关，号令天下，不盈半岁，帝业可成。"太宗笑曰："君言正合人意。"于是部署宾客，潜图起义，候机当发，恐高祖不从，沉吟者久之。文静见高祖厚于裴寂，欲因寂开说，于是引寂交于太宗，得通谋议。

及高君雅为突厥所败，高祖被拘，太宗又遣文静共寂进说曰："《易》称'知几其神乎'，今大乱已作，公处嫌疑之地，当不赏之功，何以图全？其裨将败衄，以罪见归。事诚迫矣，当须为计。晋阳之地，士马精强，宫监之中，府库盈积，以兹举事，可立大功。关中天府，代王冲幼，权豪并起，未有适从。愿公兴兵西入，以图大事。何乃受单使之囚乎？"高祖然之。时太宗潜结死士，与文静等协议，克日举兵，会高祖得释而止。乃命文静诈为炀帝敕，发太原、西河、雁门、马邑人年二十已上五十已下悉为兵，期以岁暮集涿郡，将伐辽东。由是人情大扰，思乱者益众。文静因谓裴寂曰："公岂不闻'先发制人，后发制于人'乎！唐公名应图谶，闻于天下，何乃推延，自贻祸衅。宜早劝唐公以时举义。"又胁寂曰："且公为宫监，而以宫人侍客，公死可尔，何误唐公也？"寂甚惧，乃屡促高祖起兵。会马邑人刘武周杀太守王仁恭，自称天子，引突厥之众，将侵太原。太宗遣文静及长孙顺德等分部募兵，以讨武周为辞；又令文静与裴寂伪作符敕，出宫监库物以供留守资用，因募兵集众。

及义兵将起，副留守王威、高君雅独怀猜贰。后数日，将大会于晋祠，威及君雅潜谋害高祖，晋阳乡长刘世龙以白太宗。太宗既知迫急，欲先事诛之，遣文静与鹰扬府司马刘政会投急变之书，诣留守告威等二人谋反。是日，高祖与威、君雅同坐视事，文静引政会至庭中，云有密状，知人欲反。高祖指威等取状看之，政会不肯与，曰："所告是副留守事，唯唐公得看之耳。"高祖阳惊曰："岂有是乎！"览状讫，谓威等曰："此人告公事，如何？"君雅大诟曰："此是反人欲杀我也！"文静叱左右执之，囚于别室。既拘威等，竟得举兵。

高祖开大将军府，以文静为军司马。文静劝改旗帜以彰义举，又请连突厥以益兵威，高祖并从之。因遣文静使于始毕可汗，始毕曰："唐公起事，今欲何为？"文静曰："皇帝废冢嫡，传位后主，致斯祸乱。唐公国之懿戚，不忍坐观成败，故起义军，欲黜不当立者。愿与可汗兵马同入京师，人众土地入唐公，财帛金宝入突厥。"始毕大喜，即遣将康鞘利领骑二千随文静而至，又献马千匹。高祖大悦，谓文静曰："非公善辞，何以致此。"

寻率兵御隋将屈突通于潼关，通遣武牙郎将桑显和率劲兵来击,文静苦战者半日,死者数千人。文静度显和军稍怠,潜遣奇兵掩其后,显和大败,悉虏其众。通尚拥兵数万,将遁归东都,文静遣诸将追而执之,略定新安以西之地。转大丞相府司马,进授光禄大夫,封鲁国公。

高祖践祚,拜纳言。时高祖每引重臣共食,文静奏曰:"陛下君临亿兆,率土莫非臣,而当朝挥抑,言尚称名;又宸极位尊,帝座严重,乃使太阳俯同万物,臣下震恐,无以措身。"帝不纳。时制度草创,命文静与当朝通识之士更刊《隋开皇律令》而损益之,以为通法。高祖谓曰:"本设法令,使人共解,而往代相承,多为隐语,执法之官,缘此舞弄。宜更刊定,务使易知。"

会薛举寇泾州,命太宗讨之,以文静为元帅府长史。遇太宗不豫,委于文静及司马殷开山,诫之曰:"举粮少兵疲,悬军深入,意在决战,不利持久,即欲挑战,慎无与决。待吾差,当为君等取之。"文静用开山计,出军争利,王师败绩。文静奔还京师,坐除名。俄又从太宗讨举,平之,以功复其爵邑,拜民部尚书,领陕东道行台左仆射。武德二年,从太宗镇长春宫。

文静自以才能干用在裴寂之右,又屡有军功,而位居其下,意甚不平。每廷议多相违戾,寂有所是,文静必非之,由是与寂有隙。文静尝与其弟通直散骑常侍文起酣宴,出言怨望,拔刀击柱曰:"必当斩裴寂耳!"家中妖怪数见,文起忧之,遂召巫者于星下被发衔刀,为厌胜之法。时文静有爱妾失宠,以状告其兄,妾兄上变。高祖以之属吏,遣裴寂、萧瑀问状。文静曰:"起义之初,忝为司马,计与长史位望略同;今寂为仆射,据甲第,臣官赏不异众人,东西征讨,家口无托,实有觖望之心。因醉或有怨言,不能自保。"高祖谓群臣曰:"文静此言,反明白矣。"李纲、萧瑀皆明其非反。太宗以文静义旗初起,先定非常之策,始告寂知,及平京城,任遇悬隔,止以文静为觖望,非敢谋反,极佑助之。而高祖素疏忌之,裴寂又言曰:"文静才略,实冠时人,性复粗险,忿不思难,丑言悖逆,其状已彰。当今天下未定,外有强敌,今若赦之,必贻后患。"高祖竟听其言,遂杀文静、文起，仍籍没其家。文静临刑，抚膺叹曰："高鸟逝，良弓藏，故不虚也。"时年五十二。

贞观三年，追复官爵，以子树义袭封鲁国公，许尚公主。后与其兄树艺怨其父被戮，又谋反，伏诛。

文静初为纳言时，有诏以太原元谋立功，尚书令、秦王某，尚书左仆射裴寂及文静，特恕二死。左骁卫大将军长孙顺德、右骁卫大将军刘弘、右屯卫大将军柴绍、内史侍郎唐俭、吏部侍郎殷开山、鸿胪卿刘世龙、卫尉少卿刘政会、都水监赵文恪、库部郎中武士彠、骠骑将军张平高、李思行、李高迁，左屯卫府长史许世绪等十四人，约免一死。

武德九年十月，太宗始定功臣实封差第，文静已死，于是裴寂加食九百户，通前为一千五百户；长孙无忌、王君廓、尉迟敬德、房玄龄、杜如晦等五人，食邑一千三百户；长孙顺德、柴绍、罗艺、赵郡王孝恭等四人，食邑一千二百户；侯君集、张公谨、刘师立等三人，食邑一千户；李勣、刘弘二人，食邑九百户；高士廉、宇文士及、秦叔宝、程知节四人，食七百户；安兴贵、安修仁、唐俭、窦轨、屈突通、萧瑀、封德彝、刘义节八人，各食六百户；钱九陇、樊兴、公孙武达、李孟尝、段志玄、庞卿恽、张亮、李药师、杜淹、元仲文十人，各食四百户；张长逊、张平高、李安远、李子和、秦行师、马三宝六人，各食三百户。其王君廓事在《庐江王瑗传》，安兴贵、安修仁事在《李轨传》，李子和事在《梁师都传》，马三宝事在《柴绍传》。

李孟尝，赵州平棘人，官至右威卫大将军，汉东郡公。元仲文，洛州人。至右监门将军，河南县公。秦行师，并州太原人。至左监门将军，清水郡公。并事微不录。自余无传者，尽附于此。

刘世龙者，并州晋阳人。大业末，为晋阳乡长。高祖镇太原，裴寂数荐之，由是甚见接待，亦出入王威、高君雅家，然独归心于高祖。义兵将起,威与君雅内怀疑惑,世龙辄探得其情,以白高祖。及诛威等,授银青光禄大夫。从平京城,累转鸿胪卿,仍改名义节。

时草创之始,倾竭府藏以赐勋人,而国用不足,义节进计曰:"今义师数万,并在京师,樵薪贵而布帛贱。若采街衢及苑中树为樵以易布帛,岁收数十万匹立可致也。又藏内缯绢,匹匹轴之使申,截取剩物,以供杂费,动盈十余万段矣。"高祖并从之,大收其利。再迁太府卿,封葛国公。贞观初,转少府监,以罪配流岭南,寻授钦州别驾,卒。

义节从子思礼,万岁通天二年,为箕州刺史。思礼少尝学相术于许州张憬藏,相己必历刺史,位至太师。及授箕州,益自喜,以为太师之职,位极人臣,非佐命无以致之。与洛州录事参军綦连耀结构谋反,谓耀曰:"公体有龙气。"耀亦谓思礼曰:"公是金刀,合为我辅。"因相解释图谶,即定君臣之契。又令思礼自炫相术,每所见人,皆谓之"合得三品",使务进之士,闻之满望,然始谓云:"綦连耀有天分,公因之以得富贵。"事发系狱,乃多证引朝士,冀以自免。所诬陷者三十余家,耀、思礼并伏诛。凤阁侍郎李元素、夏官侍郎孙元亨、知天官侍郎事石抱忠、凤阁舍人王勮、勮兄前泾州刺史勔、太子司议郎路敬淳等坐与耀及思礼交结,皆死。

初,则天命河内王武懿宗按思礼之狱。懿宗宽思礼于外,令广引逆徒。而思礼以为得计,从容自若,尝与相忤者,必引令枉诛。临刑犹在外,尚不之觉,及众人就戮,乃收诛之。

赵文恪者,并州太原人也。隋末,为鹰扬府司马。义师之举,授右三统军。武德二年,拜都水监,封新兴郡公。时大乱之后,中州少马,遇突厥蕃,市牛马以资国用。俄而刘武周将宋金刚来寇太原,属城皆没。真乡公李仲文退守浩州,城孤兵弱,元吉遣文恪率步骑千余助为声援。及太原为贼所陷,文恪遂弃城遁去,坐是赐死狱中。

　　张平高，绥州肤施人也。隋末，为鹰扬府校尉，戍太原，为高祖所识，因参谋议。义旗建，以为军头。从平京城，累授左领军将军，封萧国公。贞观初，出为丹州刺史，坐事免，令以右光禄大夫还第，卒。后改封罗国公。永徽中，追赠潭州都督。

　　李思行，赵州人也。尝避仇太原。高祖将举义兵，令赴京城观觇动静，及还，具论机变，深称旨，授左三统军。从破宋老生，平京城，累授嘉州刺史，封乐安郡公。永徽初卒，赠洪州都督，谥曰襄。

　　李高迁，岐州岐山人也。隋末，客游太原，高祖常引之左右。及擒高君雅、王威等，高迁有功焉，授右三统军。从平霍邑，围京城，力战功最，累迁左武卫大将军，封江夏郡公，检校西麟州刺史。武德初，突厥寇马邑，朔州总管高满政请救，高祖令高迁督兵助镇。俄而贼兵甚盛，高迁乃斩关宵遁，其将士皆没，竟坐除名徙边。后以佐命功，拜陵州刺史。永徽五年卒，赠梁州都督。

　　许世绪者，并州人也。大业末，为鹰扬府司马。见隋祚将亡，言于高祖曰："天道辅德，人事与能，蹈机不发，必贻后悔。今隋政不纲，天下鼎沸，公姓当图箓，名应歌谣，握五都之兵，当四战之地。若遂无他计，当败不旋踵。未若首建义旗，为天下唱，此帝王业也。"高祖甚奇之，亲顾日厚。义兵起，授右一府司马。武德中，累除蔡州刺史，封真定郡公，卒。

　　弟洛仁，亦以元从功臣，官至冠军大将军、行左监门将军。永徽初卒，赠代州都督，谥曰勇，陪葬昭陵。

　　刘师立者，宋州虞城人也。初为王世充将军，亲遇甚密。洛阳平，当诛，太宗惜其才，特免之，为左亲卫。太宗之谋建成、元吉也，尝引师立密筹其事，或自宵达曙。其后师立与尉迟敬德、庞卿恽、李孟尝等九人同诛建成有功，超拜左卫率。寻迁左骁卫将军，封襄武郡公，赐绢五千匹。后人告师立自云"眼有赤光，体有非常之相，姓氏又应符谶"。太宗谓之曰："人言卿欲反，如何？"师立大惧，俯而对曰："臣任隋朝，不过六品，身材驽下，不敢辄希富贵。过蒙非常之遇，常以性命许国。而陛下功成事立，臣复致位将军，顾己循躬，实逾涯分，臣是何人，辄敢言反。"太宗笑曰："知卿不然，此妄言耳。"赐帛六十匹，延入卧内慰谕之。

罗艺之反也，长安人情骚动，以师立检校右武侯大将军以备非常。及艺平，宪司穷究党与，师立坐与交通，遂除名。又以藩邸之旧，寻检校岐州都督。师立上书请讨吐谷浑，书奏未报，便遣使间其部落，谕以利害，多有降附，列其地为开、桥二州。又有党项首领拓拔赤辞，先附吐谷浑，负险自固，师立亦遣人为陈利害，赤辞遂率其种落内属。太宗甚嘉之，拜赤辞为西戎都督。后师立以母忧当去职，父老上表请留，诏不许赴哀，复令居任。时河西党项破刃氏常为边患，又阻新附，师立总兵击之。军未至，破刃氏大惧，遁于山谷，师立追之，至恤于真山而还。又战吐谷浑于小莫门川，击破之，多所虏获。寻转始州刺史。十四年卒，谥曰肃。

钱九陇，本晋陵人也，父在陈为境上所获，没为皇家隶人。九陇善骑射，高祖信爱之，常置左右。义兵起，以军功授金紫光禄大夫。及克京城，拜左监门郎将。从平薛仁杲、刘武周，以前后战功累授右武卫将军。其后从太宗擒获窦建德，平王世充；从隐太子讨刘黑闼于魏州，力战破贼，策勋为最。累封郇国公，仍以本官为苑游将军。贞观初，出为眉州刺史，再迁右监门大将军。十二年，改封郇国公，加食庐州实封六百户。寻卒，赠左武卫大将军、潭州都督，谥曰勇，陪葬献陵。

樊兴者，本安陆人也，父犯罪配没为皇家隶人。兴从平京城，累除右监门将军。又从太宗破薛举，平王世充、窦建德，积战功，累封营国公，赐物二千段、黄金三十铤。寻坐事削爵。贞观六年，陵州獠反,兴率兵讨之,拜左骁卫将军。又从特进李靖击吐谷浑,为赤水道行军总管,坐迟留不赴军期,又士卒多死,失亡甲仗,以勋减死。久之,累拜左监门大将军,封襄城郡公。太宗之征辽东,以兴忠谨,令副司空房玄龄留守京师。俄又检校右武侯将军。永徽初卒,赠左武侯大将军、洪州都督,陪葬献陵。

公孙武达者,雍州栎阳人也。少有膂力,称为豪侠。在隋为骁果。武德初,至长春宫请谒太宗,从讨刘武周,力战,功居最。又从平王世充、窦建德累迁秦王府右三军骠骑,封清水县公。贞观初,检校右监门将军,寻除肃州刺史。岁余,突厥数千骑、辎重万余入侵肃州,欲南入吐谷浑。武达领二千人与其精锐相遇,力战,虏稍却,急攻之,遂大溃,挤之于张掖河。又命军士于上流以筏渡兵,击其余众,贼半济,两岸夹攻之,斩溺略尽。玺书慰勉之,拜左监门将军。后又受诏击盐州叛突厥,武达引兵趋灵州,追及之。贼方渡河,见武达至,据河南岸。武达引兵击之,斩其渠帅可逻拔扈,余党几尽。进封东莱郡公。永徽中,累授右武卫大将军。及卒,高宗废朝举哀,赠荆州督,给东园秘器,陪葬昭陵,谥曰壮。

庞卿恽者,并州太原人。从太宗讨隐太子有功,累拜右骁卫将军,封郇国公。寻卒,追封濮国公。

子同善,官至右金吾大将军。同善子承宗,开元初,为太子宾客。

张长逊,雍州栎阳人也。隋代为里长,平陈有功,累至五原郡通守。及天下乱,遂附于突厥,号长逊为割利特勤。及义旗建,长逊以郡降,授五原太守,寻除丰州总管。是时梁师都、薛举请兵于突厥,欲令渡河。长逊知之,伪为诏书与莫贺咄设,示知其谋,突厥乃拒师都等使,高祖嘉之。武德元年,敕右武侯骠骑将军高静致币于始毕可汗,路经丰州,会可汗死,敕于所到处纳库。突厥闻而大怒,欲南渡。长逊乃遣高静出塞，申国家赙赠之礼，突厥乃引还。

及征薛举，长逊不待命而至，以功授丰州总管，进封巴国公，赐以锦袍金甲。是时言事者以长逊久居丰州，与突厥连结；长逊惧，请入朝，拜右武侯将军，徙封息国公，赐以宫人、彩物千余段。会有疾，车驾亲幸其第。及窦轨率巴蜀兵击王世充，以长逊检校益州行台左仆射，历遂、婺二州总管，所在皆有惠政。贞观十一年卒。

李安远者，夏州朔方人也。隋云州刺史彻子也。家富于财，少从博徒不逞，晚始折节读书，敬慕士友。袭父爵城阳公。与王珪友善。大业初，珪坐叔颇当配流，安远为之营护，免。后为正平令。及义兵攻绛郡，安远与通守陈叔达婴城自守。城陷，高祖与安远有旧，驰至其宅抚慰之，引与同食。拜右翊卫统军，封正平县公。武德元年，授右武卫大将军。从太宗征伐，特蒙恩泽，累战功，改封广德郡公。又使于吐谷浑，与敦和好，于是吐谷浑主伏允请与中国互市，安远之功也。后隐太子建成潜引以为党援，安远固拒之，由是太宗益加亲信。贞观初，历潞州都督、怀州刺史。历任颇有声绩，然伤于严急，时论少之。七年卒，追赠凉州都督，谥曰密。十三年，追封为遂安郡公。

史臣曰：裴寂历任仕隋，官至为宫监，总子女玉帛之务，据仓廪兵甲之饶，喜博戏之利苟多，启举义之谋为首。谒岳神以徼福，始彰不逞之心；留贵妃以经宿，终昧为臣之道。居第一之位，乏在三之规。恃高祖之旧恩，致文静之极法。终归四罪，尚保再生，幸也。文静奋纵横之略，立缔构之功，罔思宠辱之机，过为轻躁之行，未及封而祸也，惜哉！凡关佐命，爰第实封，小大不遗，贤愚自劝，太宗之行赏也明矣！

赞曰：风云初合，共竭智力。势利既分，遽变仇敌。

旧唐书卷五八
列传第八

唐俭 子观 观子从心 从心子睃
长孙顺德 刘弘基 子仁实
殷峤 刘政会 柴绍 平阳公主
马三宝附 ## 武士彟 长兄士棱 次兄士逸

唐俭字茂约,并州晋阳人,北齐尚书左仆射邕之孙也。父鉴,隋戎州刺史。俭落拓不拘规检,然事亲颇以孝闻。初,鉴与高祖有旧,同领禁卫。高祖在太原留守,俭与太宗周密,俭从容说太宗以隋室昏乱,天下可图。太宗白高祖,乃召入,密访时事,俭曰:"明公日角龙庭,李氏又在图牒,天下属望,非在今朝。若开府库,南啸豪杰,北招戎狄,东收燕、赵,长驱济河,据有秦、雍,海内之权,指麾可取。愿弘达节,以顺群望,则汤、武之业不远。"高祖曰:"汤、武之事,非所庶几。今天下已乱,言私则图存,语公则拯溺。卿宜自爱,吾将思之。"及开大将军府,授俭记室参军。太宗为渭北道行军元帅,以俭为司马。平京城,加光禄大夫、相国府记室,封晋昌郡公。武德元年,除内史舍人,寻迁中书侍郎,特加授散骑常侍。

王行本守蒲州城不降,敕工部尚书独孤怀恩率兵屯于其东以经略之。寻又夏县人吕崇茂以城叛,降于刘武周,高祖遣永安王孝基、工部尚书独孤怀恩、陕州总管于筠等率兵讨之。时俭使至军所,属武周遣兵援崇茂，俭与孝基、筹等并为所获。初，怀恩屯兵蒲州，与其属元君实谋反，时君实亦陷于贼中，与俭同被拘执，乃谓俭曰："古人有言：'当断不断，反受其乱。'独孤尚书近者欲举兵图事，迟疑之间，遂至今日，岂不由不断耶？"俄而怀恩脱身得还，仍令依前屯守，君实又谓俭曰："独孤尚书今遂拔难得还，复在蒲州屯守，可谓王者不死。"俭闻之，惧怀恩为逆，乃密令亲信刘世让以怀恩之谋奏闻。适遇王行本以蒲州归降，高祖将入其城，浮舟至中流，世让谒见，高祖读奏，大惊曰："岂非天命也！"回舟而归，分捕反者按验之，怀恩自缢，余党伏诛。俄而太宗击破武周部将宋金刚，追至太原，武周惧而北走，俭乃封其府库，收兵甲，以待太宗。高祖嘉俭身没虏庭，心存朝阙，复旧官，仍为并州道安抚大使，以便宜从事，并赐独孤怀恩田宅赀财等。使还，拜礼部尚书，授天策府长史，兼检校黄门侍郎，封莒国公，与功臣等元勋恕一死，仍除遂州都督，食绵州实封六百户，图形凌烟阁。

贞观初，使于突厥，说诱之，因以隋萧后及杨正道以归。太宗谓俭曰："卿观颉利可图否？"对曰："衔国威恩，亦可望获。"遂令俭驰传至虏庭，示之威信。颉利部落欢然定归款之计，因而兵众弛懈。李靖率轻骑掩袭破之，颉利北走，俭脱身而还。岁余，授民部尚书。

后从幸洛阳苑射猛兽，群豕突出林中，太宗引弓四发，殪四豕，有雄彘突及马镫，俭投马搏之，太宗拔剑断豕，顾笑曰："天策长史不见上将击贼耶！何惧之甚？"对曰："汉祖以马上得之，不以马上治之；陛下以神武定四方，岂复逞雄心于一兽。"太宗纳之，因为罢猎。寻加光禄大夫，又特令其子善识尚豫章公主。

俭在官每盛修肴馔，与亲宾纵酒为乐，未尝以职务留意。又尝托盐州刺史张臣合收其私羊，为御史所劾，以旧恩免罪，贬授光禄大夫。永徽初，致仕于家，加特进。显庆元年卒，年七十八，高宗为之举哀，罢朝三日，赠开府仪同三司、并州都督，赙布帛一千段、粟一千石，赐东园秘器，陪葬昭陵，谥曰襄，官为立碑。

俭少子观，最知名，官至河西令，有文集三卷。

俭孙从心,神龙中,以子晙娶太平公主女,官至殿中监。

晙,先天中为太常少卿,坐与太平连谋伏诛。

长孙顺德,文德顺圣皇后之族叔也。祖澄,周秦州刺史。父恺,隋开府。顺德仕隋右勋卫,避辽东之役,逃匿于太原,深为高祖、太宗所亲委。时群盗并起,郡县各募兵为备。太宗外以讨贼为名,因令顺德与刘弘基等召募,旬月之间,众至万余人,结营于郭下,遂诛王威、高君雅等。义兵起,拜统军。从平霍邑,破临汾,下绛郡,俱有战功。寻与刘文静击屈突通于潼关,每战摧锋。及通将奔洛阳,顺德追及于桃林,执通归京师,仍略定陕县。高祖即位,拜左骁卫大将军,封薛国公。

武德九年,与秦叔宝等讨建成余党于玄武门。太宗践祚,真食千二百户,特赐以宫女,每宿内省。后顺德监奴受人馈绢事发,太宗谓近臣曰:"顺德地居外戚,功即元勋,位高爵厚,足称富贵。若能勤览古今,以自鉴诫,弘益我国家者,朕当与之同有府库耳。何乃不遵名节,而贪冒发闻乎!"然惜其功,不忍加罪,遂于殿庭赐绢数十匹,以愧其心。大理少卿胡演进曰:"顺德枉法受财,罪不可恕,奈何又赐之绢?"太宗曰:"人生性灵,得绢甚于刑戮;如不知愧,一禽兽耳,杀之何益!"寻坐与李孝常交通除名。岁余,太宗阅功臣图,见顺德之像,闵然怜之,遣宇文士及视其所为,见顺德颓然而醉,论者以为达命。召拜泽州刺史,复其爵邑。

顺德素多放纵,不遵法度,及此折节为政,号为明肃。先是,长吏多受百姓馈饷,顺德纠摘,一无所容,称为良牧。前刺史张长贵、赵士达并占境内膏腴之田数十顷,顺德并劾而追夺,分给贫户。寻又坐事免。发疾,太宗闻而鄙之,谓房玄龄曰:"顺德无慷慨之节,多儿女之情,今有此疾,何足问也!"未几而卒,太宗为之罢朝,遣使吊祭,赠荆州都督,谥曰襄。贞观十三年,追改封为邳国公。永徽五年,重赠开府仪同三司。

刘弘基，雍州池阳人也。父升，隋河州刺史。弘基少落拓，交通轻侠，不事家产，以父荫为右勋侍。大业末，尝从炀帝征辽东，家贫不能自致，行至汾阴，度已后期当斩，计无所出，遂与同旅屠牛，潜讽吏捕之，系于县狱，岁余，竟以赎论。

事解亡命，盗马以供衣食，因至太原。会高祖镇太原，遂自结托，又察太宗有非常之度，尤委心焉。由是大蒙亲礼，出则连骑，入同卧起。义兵将举，弘基召募得二千人。王威、高君雅欲为变，高祖伏弘基及长孙顺德于厅事之后，弘基因麾左右执威等。又从太宗攻下西河。义军次贾胡堡，与隋将宋老生战，破之，进攻霍邑。老生率众阵于城外，弘基从太宗击之，老生败走，弃马投堑，弘基下斩其首，拜右光禄大夫。师至河东，弘基以兵千人先济河，进下冯翊，为渭北道大使，得便宜从事，以殷开山为副。西略地扶风，有众六万。南渡渭水，屯于长安故城，威声大振，耀军金光门。卫文升遣兵来战，弘基逆击走之，擒甲士千余人、马数百匹。时诸军未至，弘基先至，一战而捷，高祖大悦，赐马二十匹。及破京城，功为第一。

从太宗击薛举于扶风，破之，追奔至陇山而返。累拜右领都督，封河间郡公。又从太宗经略东都，战于璎珞门外，破之。师旋，弘基为殿。隋将段达、张志阵于三王陵，弘基击败之。武德元年，拜右骁卫大将军，以元谋之勋恕其一死，领行军左一总管。又从太宗讨薛举。时太宗以疾顿于高墌城，弘基、刘文静等与举接战于浅水原，王师不利，八总管咸败；唯弘基一军尽力苦斗，矢尽，为举所获。高祖嘉其临难不屈，赐其家粟帛甚厚。仁杲平，得归，复其官爵。会宋金刚陷太原，遣弘基屯晋州。裴寂为宋金刚所败，人情崩骇，莫有固志。金刚以兵造城下，弘基不能守，复陷于贼。俄得逃归，高祖慰谕之，授左一总管。从太宗屯于柏壁，率兵二千自隰州趋西河，断贼归路。时贼锋甚劲，弘基坚壁，不能进。及金刚遁，弘基率骑邀之，至于介休，与太宗会，追击大破之。累封任国公。寻从击刘黑闼于洺州，师旋，授秉钺将军。会突厥入寇，弘基率步骑一万，自幽州北界东拒子午岭，西接临泾，修营障塞，副淮安王神通备胡寇于北鄙。九年,以佐命功,真食九百户。

太宗即位,顾待益隆。李孝常、长孙安业之谋逆也,坐与交游除名。岁余,起为易州刺史,复其封爵,征拜卫尉卿。九年,改封夔国公,世袭朗州刺史,例停不行。后以年老乞骸骨,授辅国大将军,朝朔望,禄赐同于职事。太宗征辽东,以弘基为前军大总管。从击高延寿于驻跸山,力战有功,太宗屡加劳勉。

永徽元年,加实封通前一千一百户。其年卒,年六十九,高宗为之举哀,废朝三日,赠开府仪同三司、并州都督,陪葬昭陵,仍为立碑,谥曰襄。弘基遗令给诸子奴婢各十五人、良田五顷,谓所亲曰:"若贤,固不藉多财;不贤,守此可以免饥冻。"余财悉以散施。

子仁实袭,官至左典戎卫郎将。

从子仁景,神龙初官至司农卿。

殷峤字开山,雍州鄠县人,陈司农卿不害孙也。其先本居陈郡,陈亡,徙关中。父僧首,隋秘书丞,有名于世。峤少以学行见称,尤工尺牍。仕隋太谷长,有治名。义兵起,召补大将军府掾,参预谋略,授心腹之寄,累以军功拜光禄大夫。从隐太子攻克西河。太宗为渭北道元帅,引为长史。时关中群盗往往聚结,众无适从,令峤招慰之,所至皆下。又与统军刘弘基率兵六万屯长安故城,隋将卫孝节自金光门出战,峤与弘基击破之。京城平,赐爵陈郡公,迁丞相府掾。寻授吏部侍郎。

从击薛举,为元帅府司马。时太宗有疾,委军于刘文静,诫之曰:"贼众远来,利在急战,难与争锋。且宜持久,待粮尽,然后可图。"峤退谓文静曰:"王体不安,虑公不济,故发此言。宜因机破贼,何乃以勍敌遗王邪!"久之,言于文静曰:"王不豫,恐贼轻我,请耀武以威之。"遂陈兵于折墌,为举所乘,军乃大败,峤坐减死除名。后从平薛仁杲,复其爵位。

武德二年,兼陕东道大行台兵部尚书,迁吏部尚书。从太宗讨平王世充,以功进爵郧国公。复从征刘黑闼,道病卒。太宗亲临丧,哭之甚恸,赠陕东道大行台右仆射,谥曰节。贞观十四年,诏与赠司空、淮安王神通,赠司空、河间王孝恭,赠民部尚书刘政会,俱以佐命功配飨高祖庙庭。十七年,又与长孙无忌、唐俭、长孙顺德、刘弘基、刘政会、柴绍等十七人,俱图其形于凌烟阁。永徽五年,追赠司空。

峤从祖弟闻礼,有文学,武德中,为太子中舍人,修梁史,未就而卒。

闻礼子仲容,亦知名,则天深爱其才,官至申州刺史。

刘政会,滑州胙城人也。祖环隽,北齐中书侍郎。政会,隋大业中为太原鹰扬府司马。高祖为太原留守,政会率兵隶于麾下。太宗与刘文静谋起义兵,副留守王威、高君雅独怀猜贰。后数日,将大会于晋祠,威与君雅谋危高祖,有人以白,太宗既知迫急,欲先事诛之,因遣政会为急变之书,诣留守告威等二人谋反。是日,高祖与威、君雅同坐视事,文静引政会入至庭中,云有密状,知人欲反。高祖指威等令视之,政会不肯,曰:"所告是副留守事,唯唐公得省之耳。"君雅攘袂大呼曰:"此是反人欲杀我也!"时太宗已列兵马布于街巷,文静因令左右引威等囚于别室。既拘威等,竟得举兵,政会之功也。

大将军府建,引为户曹参军。从平长安,除丞相府掾。武德初,授卫尉少卿,留守太原。政会内辑军士,外和戎狄,远近莫不悦服。寻而刘武周进逼并州,晋阳豪右薛深等以城应贼,政会为贼所擒,于贼中密表论武周形势。贼平,复其官爵。历刑部尚书、光禄卿,封邢国公。贞观初,累转洪州都督,赐实封三百户。九年卒,太宗手敕曰:"举义之日,实有殊功,所葬并宜优厚。"赠民部尚书,谥曰襄。后与殷开山同配飨高祖庙庭。

子玄意袭爵,改封渝国公,尚南平公主,授驸马都尉。高宗时为汝州刺史。

次子奇,长寿中为天官侍郎,为酷吏所陷也。

柴绍字嗣昌,晋州临汾人也。祖烈,周骠骑大将军,历遂、梁二州刺史,封冠军县公。父慎,隋太子右内率,封钜鹿郡公。绍幼矫捷有勇力,任侠闻于关中。少补隋元德太子千牛备身。高祖微时,妻之以女,即平阳公主也。

义旗建,绍自京间路趣太原。时建成、元吉自河东往,会于道,建成谋于绍曰:"追书甚急,恐已起事。隋郡县连城千有余里,中间偷路,势必不全,今欲且投小贼,权以自济。"绍曰:"不可。追既急,宜速去,虽稍辛苦,终当获全。若投小贼,知君唐公之子,执以为功,徒然死耳。"建成从之,遂共走太原。入雀鼠谷,知已起义,于是相贺,以绍之计为得。授右领军大都督府长史。大军发晋阳,兼领马军总管。将至霍邑,绍先至城下察宋老生形势,白曰:"老生有匹夫之勇,我师若到,必来出战,战则成擒矣。"及义师至,老生果出,绍力战有功。下临汾,平绛郡,并先登陷阵,授右光禄大夫。隋将桑显和来击,孙华率精锐渡河以援之,绍引军直掩其背,与史大奈合势击之,显和大败,因与诸将进下京城。

武德元年,累迁左翊卫大将军。寻从太宗平薛举,破宋金刚,攻平王世充于洛阳,擒窦建德于武牢,封霍国公,赐实封千二百户,转右骁卫大将军。吐谷浑与党项俱来寇边,命绍讨之。虏据高临下,射绍军中,矢下如雨。绍乃遣人弹胡琵琶,二女子对舞,虏异之,驻弓矢而相与聚观。绍见虏阵不整,密使精骑自后击之,虏大溃,斩首五百余级。贞观元年,拜右卫大将军。二年,击梁师都于夏州,平之,转左卫大将军,出为华州刺史。七年,加镇军大将军,行右骁卫大将军,改封谯国公。十二年,寝疾,太宗亲自临问。寻卒,赠荆州都督,谥曰襄。

平阳公主,高祖第三女也,太穆皇后所生。义兵将起,公主与绍并在长安,遣使密召之。绍谓公主曰:"尊公将扫清多难,绍欲迎接义旗,同去则不可,独行恐罹后患,为计若何?"公主曰:"君宜速去,我一妇人，临时易可藏隐，当别自为计矣。"绍即间行赴太原。公主乃归鄠县庄所，遂散家资，招引山中亡命，得数百人，起兵以应高祖。时有胡贼何潘仁聚众于司竹园，自称总管，未有所属。公主遣家僮马三宝说以利害，潘仁攻鄠县，陷之。三宝又说群盗李仲文、向善志、丘师利等，各率众数千人来会。时京师留守频遣军讨公主，三宝、潘仁屡挫其锋。

公主掠地至盩厔、武功、始平，皆下之。每申明法令，禁兵士无得侵掠，故远近奔赴者甚众，得兵七万人。公主令间使以闻，高祖大悦。及义军渡河，遣绍将数百骑趋华阴，傍南山以迎公主。时公主引精兵万余与太宗军会于渭北，与绍各置幕府，俱围京城，营中号曰"娘子军"。京城平，封为平阳公主，以独有军功，每赏赐异于他主。

六年，薨。及将葬，诏加前后部羽葆鼓吹、大辂、麾幢、班剑四十人、虎贲甲卒。太常奏议，以礼，妇人无鼓吹。高祖曰："鼓吹，军乐也。往者公主于司竹举兵以应义旗，亲执金鼓，有克定之勋。周之文母，列于十乱，公主功参佐命，非常妇人之所匹也。何得无鼓吹！"遂特加之，以旌殊绩；仍令所司按谥法"明德有功曰昭"，谥公主为昭。

子哲威，历右屯营将军，袭爵谯国公。坐弟令武谋反，徙岭南。起为交州都督，卒官。

令武尚巴陵公主，累除太仆少卿、卫州刺史，封襄阳郡公。永徽中，坐与公主及房遗爱谋反，遣使收之。行至华阴，自杀，仍戮其尸。公主赐死。

马三宝，初以平京城功拜太子监门率。别击叛胡刘拔真于北山，破之。又从平薛仁杲，迁左骁卫将军。复从柴绍击吐谷浑于岷州，先锋陷阵，斩其名王，前后虏男女数千口，累封新兴县公。尝从幸司竹，高祖顾谓三宝曰："是汝建英雄之处，卫青大不恶！"累除左骁卫大将军。贞观三年卒，太宗为之废朝，谥曰忠。

武士彟，并州文水人也。家富于财，颇好交结。高祖初行军于汾、晋，休止其家，因蒙顾接，及为太原留守，引为行军司铠。时盗贼蜂起，士彟尝阴劝高祖举兵，自进兵书及符瑞，高祖谓曰："幸勿多言。兵书禁物，尚能将来，深识雅意，当同富贵耳。"

及义兵将起，高祖募人，遣刘弘基、长孙顺德等分统之。王威、高君雅阴谓士彟曰："弘基等皆背征三卫，所犯当死，安得领兵？吾欲禁身推核。"士彟曰："此并唐公之客也，若尔，便大纷纭。"威等由是疑而不发。留守司兵田德平又欲劝王威等鞫问募人之状。士彟谓德平曰："讨捕之兵，总隶唐公；王威、高君雅等并寄坐耳，彼何能为！"德平遂止。义旗起，以士彟为大将军府铠曹。从平京城，功拜光禄大夫，封太原郡公。初，义师将起，士彟不预知，及平京师，乃自说云："尝梦高祖入西京，升为天子。"高祖晒之曰："汝王威之党也。以汝能谏止弘基等，微心可录，故加酬效；今见事成，乃说迂诞而取媚也？"

武德中，累迁工部尚书，进封应国公，又历利州、荆州都督。贞观九年卒官，赠礼部尚书，谥曰定。显庆元年，以后父累赠司徒，改封周国公。咸亨中，又赠太尉、太原王，特诏配享高祖庙庭，列在功臣之上。孙承嗣，事在《外戚传》。

士彟长兄士稜，性恭顺，勤于稼穑。从起义，官至司农少卿，封宣城县公。常居苑中，委以农圃之事。贞观中卒，赠潭州都督。

次兄士逸，亦有战功，武德初，为齐王府户曹，赐爵安陆县公。从齐王镇并州，为刘武周所获，于贼中密令人诣京师陈武周可图之计。及武周平，甚见慰勉，累授益州行台左丞。数陈时政得失，高祖每嘉纳之。贞观初，为韶州刺史，卒。

史臣曰：唐俭委质义旗之下，立功草昧之初；被拘虏庭，脱高祖蒲州之急；侍猎苑囿，谏太宗马上之言，可谓纯臣矣。顺德佐命立功,理郡著明肃之政;弘基临难不屈,陷阵多克捷之勋。殷峤、刘政会、柴嗣昌并在太原,首预举义,从微至著,善始令终。马三宝出厮养之徒,处将军之位,亦马之善走者也。武士彟首参起义,例封功臣,无戡难之劳,有因人之迹,载窥他传,过为褒词。虑当武后之朝,佞出敬宗之笔,凡涉虚美,削而不书。

　　赞曰:茂约忠纯,顺德功勋。弘基六士,义合风云。

旧唐书卷五九
列传第九

屈突通 子寿　少子诠　诠子仲翔　　任瑰
丘和 子行恭　行恭子神勣　　许绍
嫡孙力士　力士子钦明　绍次子智仁　少子围师
李袭志 弟袭誉　子怀俨　　姜谟 子行本
行本子简　简子晞　简弟柔远　柔远子皎　晦
皎男庆初

屈突通，雍州长安人。父长卿，周邛州刺史。通性刚毅，志尚忠悫，检身清正，好武略，善骑射。开皇中，为亲卫大都督，文帝遣通往陇西检覆群牧，得隐藏马二万余匹。文帝盛怒，将斩太仆卿慕容悉达及诸监官千五百人，通谏曰：“人命至重，死不再生，陛下至仁至圣，子育群下，岂容以畜产之故，而戮千有余人。愚臣狂狷，辄以死请。”文帝瞋目叱之，通又顿首曰：“臣一身如死，望免千余人命。”帝寤曰：“朕之不明，以至于是。感卿此意，良用恻然。今从所请，以旌谏诤。”悉达等竟以减死论。由是渐见委信，擢为右武侯车骑将军。奉公正直，虽亲戚犯法，无所纵舍。时通弟盖为长安令，亦以严整知名。时人为之语曰：“宁食三斗艾，不见屈突盖；宁服三斗葱，不逢屈突通。”为人所忌惮如此。

及文帝崩，炀帝遣通以诏征汉王谅。先是，文帝与谅有密约曰：

"若玺书召汝,于敕字之傍别加一点,又与玉麟符合者,当就征。"及发书无验,谅觉变,诘通,通占对无所屈,竟得归长安。大业中,累转左骁卫大将军。时秦、陇盗贼蜂起,以通为关内讨捕大使。有安定人刘迦论举兵反,据雕阴郡,僭号建元,署置百官,有众十余万。稽胡首领刘鹞子聚众与迦论相影响。通发关中兵击之,师临安定,初不与战,军中以通为怯,通乃扬声旋师而潜入上郡。迦论不之觉,遂进兵南寇,去通七十里而舍,分兵掠诸城邑。通候其无备,简精甲夜袭之,贼众大溃,斩迦论并首级万余,于上郡南山筑为京观,虏男女数万口而还。

炀帝幸江都,令通镇长安。义兵起,代王遣通进屯河东。既而义师济河,大破通将桑显和于饮马泉,永丰仓又为义师所克。通大惧,留鹰扬郎将尧君素守河东,将自武关趋蓝田以赴长安。军至潼关,为刘文静所遏,不得进,相持月余。通又令显和夜袭文静,诘朝大战,义军不利。显和纵兵破二栅,惟文静一栅独存,显和兵复入栅而战者往复数焉。文静为流矢所中,义军气夺,垂至于败。显和以兵疲,传餐而食,文静因得分兵以实二栅。又有游军数百骑自南山来击其背,三栅之兵复大呼而出,表里齐奋,显和军溃,仅以身免,悉虏其众,通势弥蹙。或说通归降,通泣曰:"吾蒙国重恩,历事两主,受人厚禄,安可逃难,有死而已!"每自摩其颈曰:"要当为国家受人一刀耳!"劳勉将士,未尝不流涕,人亦以此怀之。高祖遣其家僮召之,通遽命斩之。

通闻京师平,家属尽没,乃留显和镇潼关,率兵东下,将趋洛阳。通适进路,而显和降于刘文静。遣副将窦琮、段志玄等率精骑与显和追之,及于稠桑。通结阵以自固,窦琮纵通子寿令往谕之,通大呼曰:"昔与汝为父子,今与汝为仇雠。"命左右射之。显和呼其众曰:"京师陷矣,汝并关西人,欲何所去?"众皆释仗。通知不免,乃下马东南向再拜号哭,曰:"臣力屈兵败,不负陛下,天地神祇,实所鉴察。"遂擒通送于长安。高祖谓曰:"何相见晚耶?"通泣对曰:"通不能尽人臣之节,力屈而至,为本朝之辱,以愧相王。"高祖曰:"隋室忠臣也。"命释之，授兵部尚书，封蒋国公，仍为太宗行军元帅长史。

　　从平薛举，时珍物山积，诸将皆争取之，通独无所犯。高祖闻而谓曰："公清正奉国，著自终始，名下定不虚也。"特赐金银六百两、彩物一千段。寻以本官判陕东道行台仆射，复从太宗讨王世充。时通有二子并在洛阳，高祖谓通曰："东征之事，今以相属，其如两子何？"通对曰："臣以老朽，诚不足以当重任。但自惟畴昔，执就军门，至尊释其缧囚，加之恩礼，既不能死，实荷再生。当此之时，心口相誓，暗以身命奉许国家久矣。今此行也，臣愿先驱，两儿若死，自是其命，终不以私害义。"高祖叹息曰："徇义之夫，一至于此！"及大兵围洛阳，窦建德且至，太宗中分麾下以属通，令与齐王元吉围守洛阳。世充平，通功为第一，寻拜陕东大行台右仆射，镇于洛阳。

　　数岁，征拜刑部尚书，通自以不习文法，固辞之，转工部尚书。隐太子之诛也，通复检校行台仆射，驰镇洛阳。贞观元年，行台废，授洛州都督，赐实封六百户，加左光禄大夫。明年卒，年七十二。太宗痛惜久之，赠尚书右仆射，谥曰忠。子寿袭爵。太宗幸洛阳宫，思通忠节，拜其少子诠果毅都尉，赐束帛以恤其家焉。十七年，诏图形于凌烟阁。二十三年，与房玄龄配飨太宗庙庭。永徽五年，重赠司空。

　　诠官至瀛州刺史。诠子仲翔，神龙中亦为瀛州刺史。

　　任瑰字玮，庐州合肥人，陈镇东大将军蛮奴弟之子也。父七宝，仕陈定远太守。瑰早孤，蛮奴爱之，情逾己子，每称曰："吾子侄虽多，并佣保耳，门户所寄，惟在于瑰。"年十九，试守灵溪令。俄迁衡州司马，都督王勇甚敬异之，委以州府之务。属隋师灭陈，瑰劝勇据岭南，求陈氏子孙立以为帝，勇瑰能用，以岭外降隋，瑰乃弃官而去。仁寿中，为韩城尉，俄又罢职。

　　及高祖讨捕于汾、晋，瑰谒高祖于辕门，承制为河东县户曹。高祖将之晋阳，留隐太子建成以托于瑰。义师起，瑰至龙门谒见，高祖谓之曰："隋氏失驭，天下沸腾。吾忝以外戚，属当重寄，不可坐观时变。晋阳是用武之地，士马精强，今率骁雄，以匡国难。卿将家子，深有智谋，观吾此举，将为济否？”瑰曰：“后主残酷无道，征役不息，天下汹汹，思闻拯乱。公天纵神武，亲举义师，所下城邑，秋毫无犯，军令严明，将士用命。关中所在蜂起，惟待义兵，仗大顺，从众欲，何忧不济。瑰在冯翊积年，人情谙练，愿为一介之使，衔命入关，同州已东，必当款伏。于梁山船济，直指韩城，进逼郃阳，分取朝邑。且萧造文史，本无武略，仰惧威灵，理当自下；孙华诸贼，未有适从，必当相率而至。然后鼓行整众，入据永丰，虽未得京城，关中固已定矣。”高祖曰：“是吾心也。”乃授银青光禄大夫，遣陈演寿、史大奈领步骑六千趋梁山渡河，使瑰及薛献为招慰大使。高祖谓演寿曰：“阃外之事，宜与任瑰筹之。”孙华、白玄度等闻兵且至，果竞来降，并具舟于河，师遂利涉。瑰说下韩城县，与诸将进击饮马泉，破之，拜左光禄大夫，留守永丰仓。

　　高祖即位，改授谷州刺史。王世充数率众攻新安，瑰拒战破之，以功累封管国公。太宗率师讨世充，瑰从至邙山，使检校水运以供饷馈。关东初定，持节为河南道安抚大使。世充弟辩为徐州行台尚书令，率所部诣瑰降。瑰至宋州，属徐圆朗据兖州反，曹、戴诸州咸应之。副使柳浚劝瑰退保汴州，瑰笑曰：“柳公何怯也！老将居边甚久，自当有计，非公所知。”圆朗俄又攻陷楚丘，引兵将围虞城，瑰遣崔枢、张公谨自鄢陵领诸州豪右质子百余人守虞城以拒贼。浚又谏曰：“枢与公谨并世充之将，又诸州质子父兄皆反，此必为变。”瑰不答。枢至，则分配质子，并与土人合队居守。贼既稍近，质子有叛者，枢因斩其队帅。城中人惧曰：“质子父兄悉来为贼，贼之子弟安可守城？”枢因纵诸队各杀质子，枭首于门外，遣使报瑰。瑰阳怒曰：“遣将去者，欲招慰耳，何罪而杀之？”退谓浚曰：“固知崔枢办之。既遣县人杀贼质子，冤隙已大，吾何患焉。”枢果拒却圆朗。事平，迁徐州总管，仍为大使。

　　瑰选补官吏，颇私亲故，或依倚其势，多所求纳，瑰知而不禁；又妻刘氏妒悍无礼，为世所讥。及辅公祏平，拜邢州都督。隐太子之诛也，瑰弟璨时为典膳监，瑰坐左迁通州都督。贞观三年卒。

丘和，河南洛阳人也。父寿，魏镇东将军。和少便弓马，重气任侠。及长，始折节，与物无忤，无贵贱皆爱之。周为开府仪同三司。入隋，累迁右武卫将军，封平城郡公。汉王谅之反也，以和为蒲州刺史，谅使兵士服妇人服，戴羃䍦，奄至城中，和脱身而免，由是除名。时宇文述方被任遇，和倾心附之，又以发武陵公元胄罪，拜代州刺史。属炀帝北巡过代州，和献食甚精，及至朔州，刺史杨廓独无所献，帝不悦，而宇文述又盛称之，乃以和为博陵太守，仍令杨廓至博陵，观和为式。及驾至博陵，和上食又丰，帝益称之。由是所幸处献食者竞为华侈。和在郡善抚吏士，甚得欢心，寻迁天水郡守。

大业末，以海南僻远，吏多侵渔，百姓咸怨，数为乱逆，于是选淳良太守以抚之。黄门侍郎裴矩奏言："丘和历居二郡，皆以惠政著闻，宽而不扰。"炀帝从之，遣和为交趾太守。既至，抚诸豪杰，甚得蛮夷之心。

会炀帝为化及所弑，鸿胪卿宁长真以郁林、始安之地附于萧铣，冯盎以苍梧、高凉、珠崖、番禺之地附于林士弘，各遣人召之，和初未知隋亡，皆不就。林邑之西诸国，并遗和明珠、文犀、金宝之物，富埒王者。铣利之，遣长真率百越之众渡海侵和，和遣高士廉率交、爱首领击之，长真退走，境内获全，郡中树碑颂德。会旧骁果从江都还者，审知隋灭，遂以州从铣。

及铣平，和以海南之地归国。诏使李道裕即授上柱国、谭国公、交州总管。和遣司马高士廉奉表请入朝，诏许之。高祖遣其子师利迎之。及谒见，高祖为之兴，引入卧内，语及平生，甚欢，奏《九部乐》以飨之，拜左武侯大将军。和时年已衰老，乃拜稷州刺史，以是本乡，令自怡养。九年，除特进。贞观十一年卒，年八十六，赠荆州总管，谥曰襄，赐东园秘器，陪葬献陵。有子十五人，多至大官，惟行恭知名。

　　行恭善骑射，勇敢绝伦。大业末，与兄师利聚兵于岐、雍间，有众一万，保故郿城，百姓多附之，群盗不敢入境。初，原州奴贼数万人围扶风郡，太守窦琎坚守，经数月，贼中食尽，野无所掠，众多离散，投行恭者千余骑。行恭遣其酋渠说诸奴贼共迎义军。行恭又率五百人，皆负米麦，持牛酒，自诣贼营，奴帅长揖，行恭手斩之，谓其众曰："汝等并是好人，何因事奴为主，使天下号为奴贼。"众皆俯伏曰："愿改事公。"行恭率其众与师利共谒太宗于渭北，拜光禄大夫。从平京城，讨薛举、刘武周、王世充、窦建德，皆立殊勋，授左一府骠骑，赏赐甚厚。隐太子之诛也，行恭以功迁左卫将军。贞观中，坐与嫡兄争葬所生母，为法司所劾，除名。因从侯君集平高昌，封天水郡公，累除右武侯将军。高宗嗣位，历迁右武侯大将军，冀、陕二州刺史，寻请致仕，拜光禄大夫。麟德二年卒，年八十，赠荆州都督，谥曰襄，赐温明秘器，陪葬昭陵。

　　行恭性严酷，所在僚列皆慑惮之，数坐事解免。太宗每思其功，不逾时月复其官。初，从讨王世充，会战于邙山之上，太宗欲知其虚实强弱，乃与数十骑冲之，直出其后，众皆披靡，莫敢当其锋，所杀伤甚众。既而限以长堤，与诸骑相失，惟行恭独从。寻有劲骑数人追及太宗，矢中御马，行恭乃回骑射之，发无不中，余贼不敢复前，然后下马拔箭，以其所乘马进太宗。行恭于御马前步执长刀，巨跃大呼，斩数人，突阵而出，得入大军。贞观中，有诏刻石为人马以象行恭拔箭之状，立于昭陵阙前。

　　子神勣，嗣圣元年，为左金吾将军，则天使于巴州害章怀太子，既而归罪于神勣。左迁叠州刺史。寻复入为左金吾卫大将军，深见亲委。尝受诏鞫狱，与周兴、来俊臣等俱号为酷吏。寻以罪伏诛。神龙初，禁锢其子孙。

　　和少子行掩，高宗时为少府监。

　　许绍字嗣宗，本高阳人也，梁末徙于周，因家于安陆。祖弘，父法光，俱为楚州刺史。元皇帝为安州总管，故绍儿童时得与高祖同学,特相友爱。大业末,为夷陵郡通守。是时盗贼竞起,绍保全郡境,流户自归者数十万口,开仓赈给,甚得人心。及江都弑逆,绍率郡人大临三日,仍以郡遥属越王侗。

王世充篡位,乃率黔安、武陵、沣阳等诸郡遣使归国,授陕州刺史,封安陆郡公。高祖降敕书曰:"昔在子衿,同游庠序,博士吴琰,其妻姓仇,追想此时,宛然心目,荏苒岁月,遂成累纪。且在安州之日,公家乃莅岳州;渡辽之时,伯裔又同戎旅。安危契阔,累叶同之,其间游处,触事可想。虽卢绾与刘邦同里,吴质共曹丕接席,以今方古,何足称焉。而公追砚席之旧欢,存通家之曩好,明鉴去就之理,洞识成败之机。爰自荆门,驰心绛阙,绥怀士庶,纠合宾僚,逾越江山,远申诚款。览此忠至,弥以慰怀。"

及萧铣将董景珍以长沙来降,命绍率兵应之。以破铣功,拜其子智仁为温州刺史,委以招慰。时萧铣遣其将杨道生围硖州,绍纵兵击破之。铣又遣其将陈普环乘大舰溯江入硖,与开州贼萧阇提规取巴蜀。绍遣智仁及录事参军李弘节、子婿张玄静追至西陵硖,大破之,生擒普环,收其船舰。江南岸有安蜀城,与硖州相对,次东有荆门城,皆险峻,铣并以兵镇守。绍遣智仁及李弘节攻荆门镇,破之。高祖大悦,下制褒美,许以便宜从事。

绍与王世充、萧铣疆界连接,绍之士卒为贼所虏者,辄见杀害。绍执敌人,皆资给而遣之,贼感其义,不复侵掠,阖境获安。赵郡王孝恭之击萧铣也,复令绍督兵以图荆州,会卒于军,高祖闻而流涕。贞观中,赠荆州都督。

嫡孙力士袭爵,官至洛州长史,卒。

子钦寂嗣,万岁登封年为夔州都督府长史。时契丹入寇,以钦寂兼陇山军讨击副使,军次崇州,战败被擒。其后,贼将围安东,令钦寂说属城之未下者。安东都督裴玄珪时在城下,钦寂谓之曰:"狂贼天殃,灭在朝夕,公但谨守励兵,以全忠节。"贼大怒,遂害之。则天下制褒美,赠蕲州刺史,谥曰忠。又授其子辅乾左监门卫中侯,仍为海东慰劳使，令迎其丧柩，以礼改葬。辅乾，开元中官至光禄卿。

钦寂弟钦明，少以军功历左玉钤卫将军、安西大都护，封盐山郡公。万岁通天元年，授金紫光禄大夫、凉州都督。钦明尝出按部，突厥默啜率众数万奄至城下，钦明拒战久之，力屈被执。贼将钦明至灵州城下，令说城中早降，钦明大呼曰："贼中都无饮食，城内有美酱乞二升，梁米乞二斗，墨乞一梃。"是时，贼营处四面阻泥河，惟有一路得入，钦明乞此物以喻城中，冀其简兵陈将，候夜掩袭，城中无悟其旨者，寻遇害。兄弟同年皆死王事，论者称之。

绍次子智仁，初，以父勋授温州刺史，封孝昌县公。寻继其父为硖州刺史，后历太仆少卿、凉州都督。贞观中卒。

绍少子圉师，有器干，博涉艺文，举进士。显庆二年，累迁黄门侍郎、同中书门下三品，兼修国史。三年，以修实录功封平恩县男，赐物三百段。四迁，龙朔中为左相。俄以子自然因猎射杀人，隐而不奏，又为李义府所挤，左迁虔州刺史。寻转相州刺史，政存宽惠，人吏刊石以颂之。尝有官吏犯赃事露，圉师不令推究，但赐清白诗以激之，犯者愧惧，遂改节为廉士，其宽厚如此。上元中，再迁户部尚书。仪凤四年卒，赠幽州都督，陪葬恭陵，谥曰简。

李袭志字重光，本陇西狄道人也；五叶祖景避地安康，复称金州安康人也。周信州总管安康郡公迁哲孙也。父敬猷，隋台州刺史、安康郡公。袭志，初仕隋，历始安郡丞。大业末，江外盗贼尤甚，袭志散家产，招募得三千人以守郡城。时萧铣、林士弘、曹武彻等争来攻击，袭志固守久之。后闻宇文化及弑逆，乃集士庶举哀三日。有郡人劝袭志曰："公累叶冠族，久临郡，蛮夷畏威，士女悦服，虽曰隋臣，实我之君长。今江都篡逆，四海鼎沸，王号者非止一人，公宜因此时据有岭表，则百越之人皆拱手向化，追踪尉他，亦千载一遇也。"

袭志厉声曰:"吾世树忠贞,见危授命,今虽江都陷没,而宗社犹存,当与诸君戮力中原,共雪仇耻,岂可怙乱称兵,以图不义!吾宁蹈忠而死,不为逆节而求生。尉他愚鄙无识,何足景慕?"于是欲斩劝者,从众议而止。袭志固守,经二年而无援,卒为萧铣所陷,铣署为工部尚书、检校桂州总管。

武德初,高祖遣其子玄嗣赍书召之,袭志乃密说岭南首领隋永平郡守李光度与之归国。高祖又令间使赍书谕袭志曰:"卿昔久在桂州,仍属隋室运终,四方圮绝,率众保境,未知所统。朕抚临天下,志在绥育,眷彼幽遐,思沾声教。况卿朕之宗姓,情异于常,一家弟侄,并立诚效公,又分遣首领,申谕诸州,情深奉国,甚副所望。卿之子弟,并据州县,俱展诚绩,每所嘉叹,不能已已。令并入属籍,著于宗正。"及萧铣平,江南道大使、赵郡王孝恭拟袭志桂州总管。武德五年入朝,授柱国,封始安郡公,拜江州都督。及辅公祏反,又以袭志为水军总管讨平之,转桂州都督。袭志前后凡任桂州二十八载,政尚清简,岭外安之。后表请入朝,拜右光禄大夫、行汾州刺史致仕,卒于家。袭志弟袭誉。

袭誉字茂实,少通敏有识度。隋末为冠军府司兵。时阴世师辅代王为京师留守,所在盗贼蜂起,袭誉说世师遣兵据永丰仓,发粟以赈穷乏,出库物赏战士,移檄郡县,同心讨贼。世师不能用,乃求外出募山南士马,世师许之。既至汉中,会高祖定长安,召授太府少卿,封安康郡公,仍令与兄袭志附籍于宗正。太宗讨王世充,以袭誉为潞州总管。时突厥与国和亲,又通使于世充,袭誉掩击,悉斩之。因委令转运以馈大军。

后历光禄卿、蒲州刺史,转扬州大都督府长史,为江南道巡察大使,多所黜陟。江都俗好商贾,不事农桑,袭誉乃引雷陂水,又筑勾城塘,溉田八百余顷,百姓获其利。召拜太府卿。袭誉性严整,所在以威肃闻。凡获俸禄,必散之宗亲,其余资多写书而已。及从扬州罢职,经史遂盈数车。尝谓子孙曰:"吾近京城有赐田十顷,耕之可以充食;河内有赐桑千树,蚕之可以充衣;江东所写之书,读之可以求官。吾没之后,尔曹但能勤此、三事,亦何羡于人。"寻转凉州都督,加金紫光禄大夫,行同州刺史。坐在凉州阴憾番禾县丞刘武,杖而杀之,至是有司议当死,制除名,流于泉州,无几而卒。撰《五经妙言》四十卷、《江东记》三十卷、《忠孝图》二十卷。

兄子怀俨,颇以文才著名。历兰台侍郎,受制检校写四部书进内,以书有汗,左授郢州刺史。后卒于礼部侍郎。

姜谟,秦州上邽人。祖真,后魏南秦州刺史。父景,周梁州总管、建平郡公。谟,大业末为晋阳长,会高祖留守太原,见谟深器之。谟退谓所亲曰:"隋祚将亡,必有命世大才,以应图箓,唐公有霸王之度,以吾观之,必为拨乱之主。"由是深自结纳。及大将军府建,引为司功参军。从平霍邑,拔绛郡,监督大军济河。时兵士争渡,谟部勒诸军,自昏至晓,六军毕济,高祖称叹之。平京城,除相国兵曹参军,封长道县公。

时薛举寇秦、陇,以谟西州之望,诏于陇右安抚,承制以便宜从事。谟将行,奏曰:"天人之望,诚有所归,愿早膺图箓,以宁兆庶。老夫犬马暮齿,恐先朝露,得一睹升紫殿,死无所恨。"高祖大悦。谟与窦轨出散关,下河池、汉阳二郡。军次长道,与薛举相遇,轨轻敌,为举所败。征谟还京,拜员外散骑常侍。及平薛仁杲,拜谟秦州刺史,高祖谓曰:"衣锦还乡,古人所尚;今以本州相授,用答元功,凉州之路,近为荒梗,宜弘方略,有以静之。"谟至州,抚以恩信,州人相谓曰:"吾辈复见太平官府矣。"盗贼悉来归首,士庶安之。寻转陇州刺史。七年,以老疾去职。贞观元年卒,赠岷州都督,谥曰安。

子行本,贞观中为将作大匠。太宗修九成、洛阳二宫,行本总领之,以勤济称旨,赏赐甚厚。有所游幸,未尝不从。又转左屯卫将军。时太宗选矫捷之士,衣五色袍,乘六闲马,直屯营以充仗内宿卫,名为"飞骑",每游幸,即骑以从,分隶于行本。

及高昌之役,以行本为行军副总管,率众先出伊州,未至柳谷百余里,依山造攻具。其处有班超纪功碑,行本磨去其文,更刻颂陈国威德而去。遂与侯君集进平高昌,玺书劳之曰:"攻战之重,器械为先,将士属心,待以制敌。卿星言就路,躬事修营,干戈才动,梯冲暂临,三军勇士,因斯树绩,万里逋寇,用是克平。方之前古,岂足相况。"及还,进封金城郡公,赐物一百五十段、奴婢七十人。十七年,太宗将征高丽,行本谏以为师未可动,太宗不从。行本从至盖牟城,中流矢卒,太宗赋诗以悼之,赠左卫大将军、郕国公,谥曰襄,陪葬昭陵。

子简嗣,永徽中,官至安北都护,卒。

子晞嗣,开元初左散骑常侍。

简弟柔远,美姿容,善于敷奏。则天时,至左鹰扬卫将军、通事舍人、内供奉。

柔远子皎,长安中,累迁尚衣奉御。时玄宗在藩,见而悦之。皎察玄宗有非常之度,尤委心焉。寻出为润州长史。玄宗即位,召拜殿中少监。数召入卧内,命之舍敬,曲侍宴私,与后妃连榻,间以击球斗鸡,常呼之为姜七而不名也。兼赐以宫女、名马及诸珍物不可胜数。玄宗又尝与皎在殿庭玩一嘉树,皎称其美,玄宗遽令徙植于其家,其宠遇如此。及窦怀贞等潜谋逆乱,玄宗将讨之,皎协赞谋议,以功拜殿中监,封楚国公,实封四百户。玄宗以皎在藩之旧,皎又有先见之明,欲宣布其事,乃下敕曰:

朕闻士之生代,始于事亲,中于事君,终于立身,此其本也。若乃移孝成忠,策名委质。命有太山之重,义徇则为轻;草有疾风之力,节全则知劲。况君臣之相遇,而故旧之不遗乎!银青光禄大夫、殿中监、楚国公姜皎,簪绂联华,圭璋特秀。宽厚为量,体静而安仁;精微用心,理和而专直。往居藩邸,潜款风云,亦由彭祖之同书,子陵之共学,朕常游幸于外,至长杨、鄠杜之间,皎于此时与之累宿,私谓朕曰:"太上皇即登九五,王必为储副。"凡如此者数四,朕叱而后止。宁知非仆,虽玩于邓晨;可收护军,遂诃于朱佑。皎复言朕兄弟及诸驸马等,因闻彻太上皇,太上皇遽奏于中宗孝和皇帝。寻遣嗣号王邕等鞫问,皎保护无怠,辞意转坚。李通之谶记不言,田叔之髡钳罔惮。仍为宗楚客、纪处讷等密奏,请投皎炎荒。中宗特陈恩私,左迁润州长史。谗邪每构,忠恳逾深,戴于朕躬,忧存王室。以为天且有命,预睹成龙之征;人而无礼,常怀逐鸟之志。游辞枉陷,旋罹贬斥;严宪将及,殆见诛夷。履危本于初心,遭险期于不贰,虽祸福之际昭然可图,而艰难之中是所繁赖。

　　洎朕祗膺宝位,又共翦奸臣,拜以光宠,不忘挥挹,敬爱之极,神明所知。造膝则曾莫诡随,匪躬则动多规谏,补朕之阙,斯人孔臧。而悠悠之谈,嗷嗷妄作,丑正恶直,窃生于谤,考言询事,益亮其诚。昔汉昭帝之保霍光,魏太祖之明程昱,朕之不德,庶几于此。矧夫否当其悔,则灭宗毁族,朕负之必深;泰至其亨,则如山如河,朕酬之未补。岂流言之足听,而厚德之遂忘,谋始有之,图终可也。宜告示中外,咸令知悉。

　　寻迁太常卿,监修国史。弟晦,又历御史中丞、吏部侍郎,兄弟当朝用事。侍中宋璟以其权宠太盛,恐非久安之道,屡奏请稍抑损之。开元五年下敕曰:"西汉诸将,多以权贵不全;南阳故人,并以优闲自保。观夫先后之迹,吉凶之数,较然可知,良有以也。太常卿、上柱国、楚国公、监修国史姜皎,衣缨奕代,忠谠立诚,精识比于桥玄,密私方于朱佑。朕昔在藩邸,早申款洽,当谓我以不遗,亦起予以自爱。及膺大位,屡锡崇班,茅土列爵,山河传誓,备蒙光宠,时冠等夷。朕每欲戒盈,用克终吉。未若避荣公府,守靖私第,自弘高尚之风,不涉嚣尘之境,沐我恩贷,庇尔子孙。宜放归田园,以恣娱乐。"又迁晦为宗正卿,以去其权。久之,皎复起为秘书监。

　　十年,坐漏泄禁中语,为嗣濮王峤所奏,敕中书门下究其状。峤即王守一之妹夫,中书令张嘉贞希守一意,构成其罪,仍奏请先决杖配流岭外。下制曰:"秘书监姜皎,往属艰难,颇效诚信,功则可录,宠是以加。既忘满盈之诚,又亏静慎之道,假说休咎,妄谈宫掖。据其作孽,合处极刑,念兹旧勋,免此殊死。宜决一顿,配流钦州。皎既决杖,行至汝州而卒,年五十余。皎之所亲都水使者刘承祖,配流雷州,自余流死者数人。时朝廷颇以皎为冤,而咎嘉贞焉,源乾曜时为侍中,不能有所持正,论者亦深讥之。玄宗复思皎旧勋,令递其枢还,以礼葬之,仍遣中使存问其家。十五年,追赠泽州刺史。晦坐皎左迁春州司马,俄迁海州刺史,卒。

天宝六载,授皎男庆初等官。七载,赠皎吏部尚书,仍赠实封二百户以充享祀。庆初袭封楚国公。庆初生未晬,玄宗许尚公主,后沦落二十余年。李林甫为相,当轴用事,林甫即皎之甥,从容奏之,故骤加恩命。天宝十载,诏庆初尚新平公主,授驸马都尉。永泰元年,拜太常卿。

史臣曰:或问屈突通尽忠于隋而功立于唐,事两国而名愈彰者,何也?答云,若立纯诚,遇明主,一心可事百君,宁限于两国尔!被稠桑之擒,临难无苟免;破仁杲之众,临财无苟得,君子哉!任瑰、丘和、许绍、李袭志咸遇真主,得为故人,或叙旧立功,或率众归国,寻其履迹,皆有可称。袭志为政,袭誉训子,庶几弘远矣。姜谟恩信,有能官之誉;行本勤济,多克敌之功。皎虽故旧,恩幸不伦,虽嘉贞致冤,亦冒宠自掇,岂非无德而禄,福过灾生之验欤!任瑰纵妒妻无礼,任亲戚求财,丘和进食邀幸,皆无取焉。

赞曰:屈突守节,求仁得仁。诸君遇主,不足拟伦。

旧唐书卷六○
列传第一○

宗室 太祖诸子　代祖诸子

永安王孝基　淮安王神通
子道彦　孝察　孝同　孝慈　孝友　孝节　孝义
襄邑王神符　长平王叔良
襄武王琛　河间王孝恭 子晦
孝恭弟瑊瑰　**汉阳王瑰** 附河间王
庐江王瑗 王君廓附　淮阳王道玄
江夏王道宗　陇西王博义

永安王孝基,高祖从父弟也。父璋,周梁州刺史,与赵王祐谋杀隋文帝,事泄被诛,高祖即位,追封毕王。孝基,武德元年封永安王,历陕州总管、鸿胪卿,以罪免。二年,刘武周将宋金刚来寇汾、浍。夏县人吕崇茂杀县令,举兵反,自称魏王,请援于武周。复以孝基为行军总管讨之,工部尚书独孤怀恩、内史侍郎唐俭、陕州总管于筠悉隶焉。武周遣其将尉迟敬德潜援崇茂,大战于夏县,王师败绩,孝基与唐俭等皆没于贼。后谋归国,为武周所害,高祖为之发哀,废朝三日,赐其家帛千匹。贼平,购其尸不得,招魂而葬之,赠左卫大将军,谥曰壮。

无子,以从兄韶子道立为嗣,封高平郡王。九年,降为县公。永徽初,卒于陈州刺史。

淮安王神通,高祖从父弟也。父亮,隋海州刺史,武德初追封郑王。神通,隋末在京师。义师起,隋人捕之,神通潜入鄠县山南,与京师大侠史万宝、河东裴勔柳崇礼等举兵以应义师,遣使与司竹贼帅何潘仁连结。潘仁奉平阳公主而至,神通与之合势,进下鄠县,众逾一万。自称关中道行军总管,以史万宝为副,裴勔为长史,柳崇礼为司马,令狐德棻为记室。高祖闻之大悦,授光禄大夫。从平京师,拜宗正卿。

武德元年,拜右翊卫大将军,封永康王,寻改封淮安王,为山东道安抚大使。击宇文化及于魏县,化及不能抗,东走聊城。神通进兵蹑之,至聊城。会化及粮尽请降,神通不受。其副使黄门侍郎崔干劝纳之,神通曰:“兵士暴露已久,贼计穷粮尽,克在旦暮,正当攻取,以示国威,散其玉帛,以为军赏。若受降者,吾何以藉手乎?”干曰:“今建德方至,化及未平,两贼之间,事必危迫。不攻而下之,此勋甚大。今贪其玉帛,败无日矣!”神通怒,囚干于军中。既而士及自济北馈之,化及军稍振,遂拒战。神通督兵薄而击之,贝州刺史赵君德攀堞而上,神通心害其功,因止军不战,君德大诟而下,城又坚守。神通乃分兵数千人往魏州取攻具,中路复为莘人所败,窦建德军且至,遂引军而退。后二日,化及为建德所虏,贼势益张,山东城邑多归建德。神通兵渐散,退保黎阳,依徐勣,俄为建德所陷。及建德败,复授河北道行台尚书左仆射。从太宗平刘黑闼,迁左武卫大将军。

贞观元年,拜开府仪同三司,赐实封五百户。时太宗谓诸功臣曰:“朕叙公等勋效,量定封邑,恐不能尽当,各自言。”神通曰:“义旗初起,臣率兵先至,今房玄龄、杜如晦等刀笔之人,功居第一,臣且不服。”上曰:“义旗初起,人皆有心。叔父虽率兵先至,未尝身履行阵。山东未定,受委专征,建德南侵,全军陷没;及刘黑闼翻动,叔父望风而破。今计勋行赏，玄龄等有筹谋帷幄定社稷功，所以汉之萧何，虽无汗马，指纵推毂，故功居第一。叔父于国至亲，诚无所爱，必不可缘私滥与勋臣同赏耳。”

四年，薨，太宗为之废朝，赠司空，谥曰靖。十四年，诏与河间王孝恭、赠陕州大行台右仆射郧节公殷开山、赠民部尚书渝襄公刘政会配飨高祖庙庭。有子十一人：长子道彦，武德五年，封胶东王；次孝察，高密王；孝同，淄川王；孝慈，广平王；孝友，河间王；孝节，清河王；孝义，胶西王。

初，高祖受禅，以天下未定，广封宗室以威天下，皇从弟及侄年始孩童者数十人，皆封为郡王。太宗即位，因举宗正属籍问侍臣曰：“遍封宗子，于天下便乎？”尚书右仆射封德彝对曰：“历观往古，封王者今最为多。两汉已降，唯封帝子及亲兄弟，若宗室疏远者，非有大功如周之郇、滕，汉之贾、泽，并不得滥封，所以别亲疏也。先朝敦睦九族，一切封王，爵命既隆，多给力役，盖以天下为私，殊非至公驭物之道。”太宗曰：“朕理天下，本为百姓，非欲劳百姓以养己之亲也。”于是宗室率以属疏降爵为郡公，唯有功者数十人封王。是时道彦等并随例降爵。道彦与季弟孝逸最知名。

道彦幼而事亲甚谨。初，义师起，神通逃难，被疾于山谷，绵历数旬，山中食尽。道彦著故弊衣，出人间乞丐，及采野实，以供其父，身无所啖。其父分以食之，辄诈言已啖，而覆藏留之，以备缺乏。及神通应义举，授朝请大夫。高祖受禅，封义兴郡公，进封胶东王，授陇州刺史。贞观初，转相州都督，例降爵为公，拜岷州都督。丁父忧，庐于墓侧，负土成坟，躬植松柏，容貌哀毁，亲友皆不复识之。太宗闻而嘉欢，令侍中王珪就加开喻。复授岷州都督。道彦遣使告喻党项诸部，中国威灵，多有降附。

李靖之击吐谷浑也，诏道彦为赤水道行军总管。时朝廷复厚币遗党项令为乡导，党项首领拓拔赤辞来诣靖军，请诸将曰：“往者隋人来击吐谷浑，我党项每资军用，而隋人无信，必见侵掠。今将军若无他心者,我当资给粮运;如或我欺,当即固险以塞军路。"诸将与之歃血而盟,赤辞信之。道彦既至阔水,见赤辞无备,遂袭之,虏牛羊数千头。于是诸羌怨怒,屯兵野狐硖,道彦不能进,为赤辞所乘,军大败,死者数万人。道彦退保松州,竟坐减死徙边。后起为凉州都督,寻卒,赠礼部尚书。

孝逸少好学,解属文。初封梁郡公。高宗末,历给事中,四迁益州大都督府长史。则天临朝,入为左卫将军,甚见亲遇。

光宅元年,徐敬业据扬州作乱,以孝逸为左玉钤卫大将军、扬州行军大总管,督军以讨之。孝逸引军至淮,而敬业方南攻润州,遣其弟敬猷屯兵淮阴,伪将韦超据都梁山,以拒孝逸。裨将马敬臣击斩贼之别帅尉迟昭、夏侯瓒等,超乃拥众凭山以自固。或谓孝逸曰:"超众守险,且凭山为阻,攻之则士无所施其力,骑无所骋其足,穷寇殊死,杀伤必众。不若分兵守之,大军直趣扬州,未数日,其势必降也。"支度使、广府司马薛克构曰:"超虽据险,其卒非多,今逢小寇不击,何以示武?若加兵以守,则有缺前机;舍之而前,则终为后患,不如击之。克超则淮阴自慑,淮阴破,则楚州诸县必开门而候官军。然后进兵高邮,直趣江都,逆坚之首,可指掌而悬也。"孝逸从其言,进兵击超,贼众压伏,官军登山急击之,杀数百人,日暮围解,超衔枚夜遁。孝逸引兵击淮阴,大破敬猷之众。时敬业回军屯于下阿溪以拒官军,有流星坠其营,孝逸引兵渡溪以击之。敬业初胜后败,孝逸乘胜追奔数十里,敬业窘迫,与其党携妻子逃入海曲。孝逸进据扬州,尽捕斩敬业等,振旅而还,以功进授镇军大将军,转左豹韬卫大将军,改封吴国公。

孝逸素有名望,自是时誉益重,武承嗣等深所忌嫉,数谗毁之。垂拱二年,左迁施州刺史。其冬,承嗣等又使人诬告孝逸往任益州,尝自解"逸"字云:"走绕兔者,常在月中。月既近天,合有天分。"则天以孝逸常有功,减死配徙儋州,寻卒。景云初,赠益州大都督。孝锐孙齐物,孝同曾孙国贞,别有传。

　　襄邑王神符，神通弟也。幼孤，事兄以友悌闻。义宁初，授光禄大夫，封安吉郡公。武德元年，进封襄邑郡王。四年，累迁并州总管。突厥颉利可汗率众来寇，神符出兵与战于汾水东，败之，斩首五百级，虏其马二千匹。又战于沙河之北，获其乙利达官并可汗所乘马及甲献之，由是召拜太府卿。九年，迁扬州大都督，移州府及居人自丹阳渡江，州人赖焉。贞观初，再迁宗正卿。后以疾辞职，太宗幸其第问疾，赐以缣帛，每给羊酒。又令乘小舆，引入紫微殿，以神符脚疾，乃遣三卫舆之而升。寻授开府仪同三司。永徽二年薨，年七十三，赠司空、荆州都督，陪葬献陵，谥曰恭。有子七人，武德初，并封郡王，后例降封县公。次子德懋、少子文暕最知名。

　　德懋官至少府监、临川郡公。

　　文暕历幽州都督、魏郡公。垂拱中，坐事贬为滕州别驾，寻被诛。文暕子佺，开元中为宗正卿。

　　长平王叔良，高祖从父弟也。父祎，隋上仪同三司，武德初，追封郇王。叔良，义宁中授左光禄大夫，封长平郡公。武德元年，拜刑部侍郎，进爵为王。师镇泾州，以御薛举。举乃阳言食尽，引兵南去，遣高墌人伪以降。叔良遣骠骑刘感率众赴之，至百里细川，伏兵发，官军败绩，刘感没于阵。叔良大惧，出金以赐士卒，严为守备，泾州仅全。四年，突厥入寇，命叔良率五军击之。叔良中流矢而薨，赠左翊卫大将军、灵州总管，谥曰肃。

　　子孝协嗣，武德五年，封范阳郡王。贞观初，以属疏例降封郇国公，累迁魏州刺史。麟德中，坐受赃赐死。

　　孝协弟孝斌，官至原州都督府长史。

　　孝斌子思训，高宗时累转江都令。属则天革命，宗室多见构陷，思训遂弃官潜匿。神龙初，中宗初复宗社，以思训旧齿，骤迁宗正卿，封陇西郡公，实封二百户。历益州长史。开元初，左羽林大将军，进封彭国公，更加实封二百户，寻转右武卫大将军。开元六年卒，赠秦州都督，陪葬桥陵。思训尤善丹青，迄今绘事者推李将军山水。

思训弟思诲，垂拱中扬州参军。思诲子林甫别有传。

叔良弟德良，少有疾，不仕。武德初，封新兴王。贞观十一年薨，赠凉州都督。

德良孙晋，先天中，为殿中监，兼雍州长史，甚有威名，绍封新兴王。寻坐附会太平公主伏诛，改姓厉氏。初，晋之就诛，僚吏皆奔散，唯司功李挥步从，不失在官之礼，仍哭其尸。姚崇闻之曰："栾、向之俦也。"擢为尚书郎。后官至泽州刺史。

德良弟幼良，武德初，封长乐王。时有人盗其马者，幼良获盗而擅杀之，高祖怒曰："昔人赐盗马者酒，终获其报，尔辄行戮，何无古风！盗者信有罪矣，专杀岂非枉邪？"遣礼部尚书李纲于朝堂集宗室王公而挞之。自后累迁凉州都督，尝引不逞百余人为左右，多侵暴市里，行旅苦之。太宗即位，有告幼良阴养死士，交通境外，恐谋为反叛，诏遣中书令宇文士及代为都督，并按其事。士及虑其为变，遂缢杀之。

襄武王琛，高祖从父兄子也。祖蔚，周朔州总管。父安，隋领军大将军。武德初，追封蔚为蔡王，安为西平王。琛，义宁中封襄武郡公，与太常卿郑元璹赍女妓遗突厥始毕可汗，以结和亲。始毕甚重之，赠名马数百匹，遣骨咄禄特勤随琛贡方物。高祖大悦，拜刑部侍郎，进爵为王。历蒲、绛二州总管。及宋金刚陷浍州，时稽胡多叛，转琛为隰州总管以镇之。驭众宽简，夷夏安之。三年薨。

子俭嗣，后随例降爵为公。

河间王孝恭，琛之弟也。高祖克京师，拜左光禄大夫，寻为山南道招慰大使。自金州出于巴蜀，招携以礼，降附者三十余州。孝恭进击朱粲，破之，诸将曰："此食人贼也，为害实深，请坑之。"孝恭曰："不可。自此已东，皆为寇境，若闻此事，岂有来降者乎？"尽赦而不杀，由是书檄所至，相继降款。

武德二年，授信州总管，承制拜假。萧铣据江陵，孝恭献平铣之

策,高祖嘉纳之。三年,进爵为王。改信州为夔州,使拜孝恭为总管,
令大造舟楫,教习水战,以图萧铣。孝恭召巴蜀首领子弟,量才授
用,致之左右,外示引擢而实以为质也。寻授荆湘道行军总管,统水
陆十二总管,发自硖州,进军江陵,攻其水城,克之,所得船散于江
中。诸将皆曰:"虏得贼船,当藉其用,何为弃之,无乃资贼耶?"孝恭
曰:"不然。萧铣伪境,南极岭外,东至洞庭。若攻城未拔,援兵复到,
我则内外受敌,进退不可,虽有舟楫,何所用之。今铣缘江州镇忽见
船舸乱下,必知铣败,未敢进兵,来去觇伺,动淹旬月,用缓其救,吾
克之必矣。"铣救兵至巴陵,见船被江而下,果狐疑不敢轻进。既内
外阻绝,铣于是出降。高祖大悦,拜孝恭荆州大总管,使画工貌而视
之。于是开置屯田,创立铜冶,百姓利焉。

　　六年,迁襄州道行台尚书左仆射。时荆襄虽定,岭表尚未悉平,
孝恭分遣使人抚慰,岭南四十九州皆来款附。及辅公祏据江东反,
发兵寇寿阳,命孝恭为行军元帅以击之。七年,孝恭自荆州趣九江,
时李靖、李勣、黄君汉、张镇州、卢祖尚并受孝恭节度。将发,与诸将
宴集,命取水,忽变为血,在座者皆失色,孝恭举止自若,徐谕之曰:
"祸福无门,唯人所召。自顾无负于物,诸公何见忧之深!公祏恶积
祸盈,今承庙算以致讨,碗中之血,乃公祏授首之后征。"遂尽饮而
罢,时人服其识度而能安众。公祏遣其伪将冯惠亮、陈当时领水军
屯于博望山,陈正通、徐绍宗率步骑军于青林山。孝恭至,坚壁不与
斗,使奇兵断其粮道,贼渐馁,夜薄我营,孝恭安卧不动。明日,纵羸
兵以攻贼垒,使卢祖尚率精骑列阵以待之。俄而攻垒者败走,贼出
追奔数里,遇祖尚军,与战,大败之。正通弃营而走,复与冯惠亮保
梁山。孝恭乘胜攻之,破其梁山别镇,赴水死者数千人,正通率陆军
夜遁。总管李靖又下广陵城,拔杨子镇。公祏穷蹙,弃丹阳东走,孝
恭命骑将追之,至武康,擒公祏及其伪仆射西门君仪等数十人,致
于麾下,江南悉平。玺书褒赏,赐甲第一区、女乐二部、奴婢七百人、
金宝珍玩甚众,授东南道行台尚书左仆射。后废行台,拜扬州大都
督。

孝恭既破公祏,江淮及岭南皆统摄之。自大业末,群雄竞起,皆为太宗所平,谋臣猛将并在麾下,罕有别立勋庸者,唯孝恭著方面之功,声名甚盛。厚自崇重,欲以威名镇远,筑宅于石头,陈庐徼以自卫。寻征拜宗正卿。九年,赐实封一千二百户。贞观初,迁礼部尚书,以功臣封河间郡王,除观州刺史,与长孙无忌等代袭刺史。

孝恭性奢豪,重游宴,歌姬舞女百有余人,然而宽恕退让,无骄矜自伐之色。太宗甚加亲待,诸宗室中莫与为比。孝恭尝怅然谓所亲曰:“吾所居宅微为宏壮,非吾心也,当卖之,别营一所,粗令充事而已。身殁之后,诸子若才,守此足矣;如其不才,冀免他人所利也。”十四年暴薨,年五十。太宗素服举哀,哭之甚恸,赠司空、扬州都督,陪葬献陵,谥曰元,配享高祖庙庭。

子崇义嗣,降爵为谯国公,历蒲同二州刺史、益州大都督长史,甚有威名。后卒于宗正卿。

孝恭次子晦,乾封中,累除营州都督,以善政闻,玺书劳问,赐物三百段。转右金吾将军,兼检校雍州长史,纠发奸豪,无所容贷,为人吏畏服。晦私第有楼,下临酒肆,其人尝候晦言曰:“微贱之人,虽则礼所不及,然家有长幼,不欲外人窥之。家迫明公之楼,出入非便,请从此辞。”晦即日毁其楼。高宗将幸洛阳,令在京居守,顾谓之曰:“关中之事,一以付卿。但令式蹈人,不可以成官政,令式之外,有利于人者,隋事即行,不须闻奏。”晦累有异绩。则天临朝,迁户部尚书。垂拱初,拜右金吾卫大将军,转秋官尚书。永昌元年卒,赠幽州都督。子荣,为酷吏所杀。

孝恭弟瑊,武德中,为尚书右丞,封济北郡王,卒于始州刺史。

瑊弟瑰,义师克京城,授瑰左光禄大夫。武德元年,封汉阳郡公。五年,进爵为王。时突厥屡为侵寇,高祖使瑰赍布帛数万段与结和亲。颉利可汗初见瑰,箕踞,瑰饵以厚利,颉利大悦,改容加敬,遣使随瑰献名马。后复将命,颉利谓左右曰:“李瑰前来,恨不屈之,今者必令下拜。”瑰微知之,及见颉利,长揖不屈节。颉利大怒,乃留瑰不遣。瑰神意自若,竟不为之屈。颉利知不可以威胁,终礼遣之。

拜左武侯将军,转卫尉卿,代兄孝恭为荆州都督。政存清静,深为士
庶所怀。岭外豪帅屡相攻击,遣使喻以威德,皆相次归附,岭表遂
定。太宗即位,例降爵为公。时长史冯长命曾为御史大夫,素矜炫,
事多专决,瑰怒杖之,坐是免。贞观四年,拜宜州刺史,加散骑常侍,
卒。

　　子冲玄,垂拱中官至冬官尚书;冲虚,卒于尚方监。

　　庐江王瑗,高祖从父兄子也。父哲,隋柱国、备身将军,追封济
南王。瑗,武德元年,历信州总管,封庐江王。九年,累迁幽州大都
督。朝廷以瑗儒懦,非边将才,遣右领军将军王君廓助典兵事。君
廓故尝为盗,勇力绝人,瑗倚仗之,许结婚姻,以布心腹。

　　时隐太子建成将有异图,外结于瑗。及建成诛死,遣通事舍人
崔敦礼召瑗入朝,瑗有惧色。君廓素险薄,欲因事陷之以为己功,遂
绐瑗曰:"京都有变,事未可知。大王国之懿亲,受委作镇,宁得拥兵
数万而从一使召耶!且闻赵郡王先以被拘,太子、齐王又言若此,大
王今去,能自保乎?"相与共泣。瑗乃囚敦礼,举兵反。召北齐州刺
史王诜,将与计事,兵曹参军王利涉说瑗曰:"王不奉诏而擅发兵,
此为反矣。须改易法度,以权宜应变,先定众心。今诸州刺史或有
逆命,王征兵不集,何以保全?"瑗曰:"若之何?"利涉曰:"山东之
地,先从窦建德,酋豪首领,皆是伪官,今并黜之,退居匹庶,此人思
乱,若旱苗之望雨。王宜发使复其旧职,各于所在遣募本兵,诸州倘
有不从,即委随便诛戮。此计若行,河北之地可呼吸而定也。然后
分遣王诜北连突厥,道自太原,南临蒲、绛;大王整驾亲诣洛阳,西
入潼关。两军合势,不盈旬月,天下定矣。"瑗从之。

　　瑗以内外机悉付君廓。利涉以君廓多翻覆,又说瑗委兵于王诜
而除君廓,瑗不能决。君廓知之,驰斩诜,持首告其众曰:"李瑗与王
诜共反,禁锢敕使,擅追兵集。今王诜已斩,独李瑗在,无能为也。汝
若若之,终亦族灭;从我取之,立得富贵。祸福如是,意欲何从?"众
曰:"皆愿讨贼。"君廓领其麾下登城西面,瑗未之觉。君廓自领千余

人先往狱中出敦礼，瑗始知之，遽率数百人披甲，才出至门外，与君廓相遇。君廓谓其众曰："李瑗作逆误人，何忽从之，自取涂炭。"众皆倒戈，一时溃走。瑗块然独存，谓君廓曰："小人卖我以自媚，汝行当自及矣。"君廓擒瑗，缢杀之，年四十一，传首京师，绝其属籍。

君廓，并州石艾人也。少亡命为群盗，聚徒千余人，转掠长平，进逼夏县，李密遣使召之，遂投于密。寻又率众归国，历迁右武卫将军，累封彭国公。从平刘黑闼，令镇幽州。会突厥入寇，君廓邀击破之，俘斩二千余人，获马五千匹。高祖大悦，征入朝，赐以御马，令于殿庭乘之而出，因谓侍臣曰："吾闻蔺相如叱秦皇，目眥出血。君廓往击窦建德，将出战，李靖遏之，君廓发愤大呼，目及鼻耳一时流血。此之壮气，何谢古人，不可以常例赏之。"复赐锦袍金带，还镇幽州。寻以诛瑗功，拜左领军大将军，兼幽州都督，以瑗家口赐之，加左光禄大夫，赐物千段，食实封千三百户。在职多纵逸，长史李玄道数以朝宪胁之，惧为所奏，殊不自安。后追入朝，行至渭南，杀驿史而遁。将奔突厥，为野人所杀，追削其封邑。

淮阳王道玄，高祖从父兄子也。祖绘，隋夏州总管，武德初，追封雍王。父赟，追封河南王。道玄，武德元年封淮阳王，授右千牛。从太宗击宋金刚于介州，先登陷阵，时年十五，太宗壮之，赏物千段。后从讨王世充频战皆捷。窦建德至武牢，太宗以轻骑诱贼，令道玄率伏兵于道左，会贼至，追击破之。又从太宗转战于汜水，麾戈陷阵，直出贼后，众披靡，复冲突而归，太宗大悦，命副乘以给道玄。又从太宗赴贼，再入再出，飞矢乱下，箭如猬毛，猛气益厉，射人无不应弦而倒。东都平，拜洛州总管。及府废，改授洛州刺史。

五年，刘黑闼引突厥寇河北，复授山东道行军总管。师次下博，与贼军遇，道玄帅骑先登，命副将史万宝督军继进。万宝与之不协，及道玄深入，而拥兵不进，谓所亲曰："吾奉手诏，言淮阳小儿虽名为将，而军之进止皆委于吾。今其轻脱，越泞交战，大军若动，必陷泥溺，莫如结阵以待之，虽不利于王，而利于国。"道玄遂为贼所擒，全军尽没，惟万宝逃归。道玄遇害，年十九。太宗追悼久之，尝从容谓侍臣曰："道玄终始从朕，见朕深入贼阵，所向必克，意尝企慕，所以每阵先登，盖学朕也。惜其年少，不遂远图。"因为之流涕，赠左骁卫大将军，谥曰壮。

无子，诏封其弟武都郡公道明为淮阳王，令主道玄之祀。累迁左骁卫将军。送弘化公主还蕃，坐泄主非太宗女，夺爵国除，后卒于郓州刺史。

江夏王道宗，道玄从父弟也。父韶，追封东平王，赠户部尚书。道宗，武德元年封略阳郡公，起家左千牛备身。讨刘武周，战于度索原，军败，贼徒进逼河东。道宗时年十七，从太宗率众拒之。太宗登玉壁城望贼，顾谓道宗曰："贼恃其众来邀我战，汝谓如何？"对曰："群贼乘胜，其锋不可当，易以计屈，难与力竞。今深壁高垒，以挫其锋，乌合之徒，莫能持久，粮运致竭，自当离散，可不战而擒。"太宗曰："汝意暗与我合。"后贼果食尽夜遁，追及介州，一战灭之。又从平窦建德，破王世充，屡有殊效。

五年，授灵州总管。梁师都据夏州，遣弟洛仁引突厥兵数万至于城下，道宗闭门拒守。伺隙而战，贼徒大败。高祖闻而嘉之，谓左仆射裴寂、中书令萧瑀曰："道宗今能守边，以寡制众。昔魏任城王彰临戎却敌，道宗勇敢有同于彼。"遂封为任城王。初，突厥连于梁师都，其郁射设入居五原旧地，道宗逐出之，振耀威武，开拓疆界，斥地千余里，边人悦服。

贞观元年，征拜鸿胪卿，历左领军、大理卿。时太宗将经略突厥，又拜灵州都督。三年，为大同道行军总管。遇李靖袭破颉利可汗，颉利以十余骑来奔其部。道宗引兵逼之，征其执送颉利。颉利以数骑夜走，匿于荒谷，沙钵罗惧，驰追获之，遣使送于京师。以功赐实封六百户，召拜刑部尚书。

吐谷浑寇边，诏右仆射李靖为昆丘道行军大总管，道宗与吏部尚书侯君集为之副。贼闻兵至，走入嶂山，已行数千里，诸将议欲息兵,道宗固请追讨,李靖然之,而君集不从。道宗遂率偏师并行倍道,去大军十日,追及之。贼据险苦战,道宗潜遣千余骑逾山袭其后,贼表里受敌,一时奔溃。十二年,迁礼部尚书,改封江夏王。寻坐赃下狱。太宗谓侍臣曰:"朕富有四海,士马如林,欲使辙迹周宇内,游观无休息,绝域采奇玩,海外访珍羞,岂不得耶?劳万姓而乐一人,朕所不取也。人心无厌,唯当以理制之。道宗俸料甚高,宴赐不少,足有余财,而贪婪如此,使人嗟惋,岂不鄙乎!"遂免官,削封邑。

十三年,起为茂州都督,未行,转晋州刺史。十四年,复拜礼部尚书。时侯君集立功于高昌,自负其才,潜有异志。道宗尝因侍宴,从容言曰:"君集智小言大,举止不伦,以臣观之,必为戎首。"太宗曰:"何以知之?"对曰:"见其恃有微功,深怀矜伐,耻在房玄龄、李靖之下。虽为吏部尚书,未满其志,非毁时贤,常有不平之语。"太宗曰:"不可亿度,浪生猜贰。其功勋才用,无所不堪,朕岂惜重位,第未到耳。"俄而君集谋反诛,太宗笑谓道宗曰:"君集之事,果如公所揣。"

及大军讨高丽,令道宗与李靖为前锋,济辽水,克盖牟城。逢贼兵大至,军中佥欲深沟保险,待太宗至徐进,道宗曰:"不可。贼赴急远来,兵实疲顿,恃众轻我,一战必摧。昔耿弇不以贼遗君父,我既职在前军,当须清道以待舆驾。"李靖然之。乃与壮士数十骑直冲贼阵,左右出入,靖因合击,大破之。太宗至,深加赏劳,赐奴婢四十人。又筑土山攻安市城,土山崩,道宗失于部署,为贼所据。归罪于果毅傅伏爱,斩之。道宗跣行诣旗下请罪,太宗曰:"汉武杀王恢,不如秦穆赦孟明,土山之失,且非其罪。"舍而不问。道宗在阵损足,太宗亲为其针,赐以御膳。

二十一年,以疾请居闲职,转太常卿。永徽元年,加授特进,增实封并前六百户。四年,房遗爱伏诛,长孙无忌、褚遂良素与道宗不协,上言道宗与遗爱交结,配流象州,道病卒,年五十四。及无忌、遂良得罪,诏复其官爵。道宗晚年颇好学,敬慕贤士,不以地势凌人,宗室中唯道宗及河间王孝恭昆季最为当代所重。

道宗子景恒，降封卢国公，官至相州刺史。

陇西王博义，高祖兄子也。高祖长兄曰澄，次曰湛，次曰洪，并早卒。武德初，追封澄为梁王，湛为蜀王，洪为郑王，澄、洪并无后，博义即湛第二子也。武德元年，受封。高祖时，历宗正卿、礼部尚书，加特进。博义有妓妾数百人，皆衣罗绮，食必粱肉，朝夕弦歌自娱，骄侈无比。与其弟渤海王奉慈俱为高祖所鄙，帝谓曰："我怨仇有善，犹擢以不次，况于亲戚而不委任？闻汝等唯昵近小人，好为不轨，先王坟典，不闻习学。今赐绢二百匹，可各买经史习读，务为善事。"咸亨二年薨，赠开府仪同三司、荆州都督，谥曰恭。

奉慈，武德初封渤海王。显庆中，累迁原州都督，薨，谥曰敬。

史臣曰：无私于物，物亦公焉。高祖才定中原，先封疏属，致庐江为叛，神通争功，封德彝论之于前，房玄龄讥之于后。若河间机谋深沉，识度弘远，纵虚舟而降萧铣，饮妖血而平公祐，入朝定君臣之分，卖第为子孙之谋，善始令终，论功行赏，即无私矣。或问曰：水变为血，信妖矣，竟成功而无咎者，何也？答曰：河间节贯神明，志匡宗社，故妖不胜德明矣。道宗军谋武勇，好学下贤，于群从之中，称一时之杰。无忌、遂良衔不协之素，致千载之冤。永徽中，无忌、遂良忠而获罪，人皆哀之。殊不知诬陷刘洎、吴王恪于前，枉害道宗于后，天网不漏，不得其死也宜哉！

赞曰：疏属尽封，启乱害公。河间、孝恭，独称军功。

旧唐书卷六一
列传第一一

温大雅 子无隐　大雅弟彦博　子振　挺

大雅弟大有 ## 陈叔达　窦威 子恽

兄子轨　轨子奉节　琮　从子抗　抗子衍　静　静子逖

诞　诞子孝慈　孝慈子希玠　诞少子孝谌　弟玭

温大雅字彦弘，太原祁人也。父君悠，北齐文林馆学士，隋泗州司马。大业末，为司隶从事，见隋政日乱，谢病而归。大雅性至孝，少好学，以才辩知名。仕隋东宫学士、长安县尉，以父忧去职。后以天下方乱，不求仕进。

高祖镇太原，甚礼之。义兵起，引为大将军府记室参军，专掌文翰。禅代之际，与司录窦威、主簿陈叔达参定礼仪。武德元年，历迁黄门侍郎。弟彦博为中书侍郎，对居近密，议者荣之。高祖从容谓曰："我起义晋阳，为卿一门耳。"寻转工部，进拜陕东道大行台工部尚书。太宗以隐太子、巢刺王之故，令大雅镇洛阳以俟变。大雅数陈秘策，甚蒙嘉赏。太宗即位，累转礼部尚书，封黎国公。大雅将改葬其祖父，筮者曰："葬于此地，害兄而福弟。"大雅曰："若得家弟永康，我将含笑入地。"葬讫，岁余而卒，谥曰孝。撰《创业起居注》三卷。永徽五年，赠尚书右仆射。

子无隐，官至工部侍郎。大雅弟彦博。

彦博幼聪悟，有口辩，涉猎书记。初，其父友薛道衡、李纲常见彦博兄弟三人,咸叹异曰:"皆卿相才也。"开皇末,为州牧秦孝王俊所荐,授文林郎,直内史省,转通直谒者。及隋乱,幽州总管罗艺引为司马。艺以幽州归国,彦博赞成其事,授幽州总管府长史。未几,征为中书舍人,俄迁中书侍郎,封西河郡公。时高丽遣使贡方物,高祖谓群臣曰:"名实之间,理须相副。高丽称臣于隋,终拒炀帝,此亦何臣之有?朕敬于万物,不欲骄贵,但据土宇,务共安人,何必令其称臣以自尊大?可即为诏,述朕此怀也。"彦博进曰:"辽东之地,周为箕子之国,汉家之玄菟郡耳。魏、晋已前,近在堤封之内,不可许以不臣。若与高丽抗礼,则四夷何以瞻仰?且中国之于夷狄,犹太阳之比列星,理无降尊,俯同夷貊。"高祖乃止。

其年,突厥入寇,命右卫大将军张瑾为并州道行军总管出拒之,以彦博为行军长史。与虏战于太谷,军败,彦博没于虏庭。突厥以其近臣,苦问以国家虚实及兵马多少,彦博固不肯言。颉利怒,迁于阴山苦寒之地。太宗即位,突厥送款,始征彦博还朝,授雍州治中,寻检校吏部侍郎。彦博意有沙汰,多所损抑,而退者不伏,嚣讼盈庭。彦博惟骋辞辩,与之相诘,终日喧扰,颇为识者所嗤。复拜中书侍郎,兼太子右庶子。

贞观二年,迁御史大夫,仍检校中书侍郎事。彦博善于宣吐,每奉使入朝,诏问四方风俗,承受纶言,有若成诵,声韵高朗,响溢殿庭,进止雍容,观者拭目。四年,迁中书令,进爵虞国公。高祖常宴朝臣,诏太宗谕旨,既而顾谓近臣曰:"何如温彦博?"其见重如此。

初,突厥之降也,诏议安边之术。朝士多言:"突厥恃强,扰乱中国,为日久矣。今天实丧之,穷来归我,本非慕义之心也。因其归命,分其种落,俘之河南,散属州县,各使耕田,变其风俗。百万胡虏,可得化而为汉,则中国有加户之利,塞北常空矣。"惟彦博议曰:"汉建武时,置降匈奴于五原塞下,全其部落,得为捍蔽,又不离其土俗,因而抚之,一则实空虚之地,二则示无猜之心。若遣向西南,则乖物性,故非含育之道也。太宗从之,遂处降人于朔方之地,其入居长安者近且万家,议者尤为不便,欲建突厥国于河外。彦博又执奏曰:

"既已纳之,无故遣去,深为可惜。"与魏征等争论,数年不决。

十年,迁尚书右仆射。明年薨,年六十四。彦博自掌知机务,即杜绝宾客,国之利害,知无不言,太宗以是嘉之。及薨,谓侍臣曰:"彦博以忧国之故,劳精竭神,我见其不逮,已二年矣。恨不纵其闲逸,致矢性灵。"彦博家无正寝,及卒之日,殡于别室,太宗命有司为造堂焉。赠特进,谥曰恭,陪葬昭陵。

子振,少有雅望,官至太子舍人,居丧以毁卒。

振弟挺,尚高祖女千金公主,官至延州刺史。

大雅弟大有,字彦将,性端谨,少以学行称。隋仁寿中,尚书右丞李纲表荐之,授羽骑尉。寻丁忧,去职归乡里。义旗初举,高祖引为太原令。从太宗击西河,高祖谓曰:"士马尚少,要资经略,以卿参谋军事,其善建功名也!事之成败,当以此行卜之。若克西河,帝业成矣。"及破西河而还,复以本官摄大将军府记室,与兄大雅共掌机密。大有以昆季同在机务,意不自安,固请他职。高祖曰:"我虚心相待,不以为疑,卿何自疑也?"大有虽应命,然每退让,远避机权,僚列以此多之。武德元年,累转中书侍郎。会卒,高祖甚伤惜之,赠鸿胪卿。初,大雅在隋与彦思鲁俱在东宫,彦博与思鲁弟愍楚同直内史省,彦将与愍楚弟游秦典校秘阁。二家兄弟,各为一时人物之选。少时学业,颜氏为优;其后职位,温氏为盛。

陈叔达字子聪,陈宣帝第十六子也。善容止,颇有才学,在陈封义阳王。年十余岁,尝侍宴,赋诗十韵,援笔便就,仆射徐陵甚奇之。历侍中、丹阳尹、都官尚书。入隋,久不得调。大业中,拜内史舍人,出为绛郡通守。义师至绛郡,叔达以郡归款,授丞相府主簿,封汉东郡公,与记室温大雅同掌机密,军书、赦令及禅代文诰,多叔达所为。武德元年,授黄门侍郎。二年,兼纳言。四年,拜侍中。

叔达明辩,善容止,每有敷奏,缙绅莫不属目。江南名士薄游长安者,多为荐拔。五年,进封江国公。尝赐食于御前,得蒲萄,执而不食。高祖问其故，对曰："臣母患口干，求之不能致，欲归以遗母。"高祖喟然流涕曰："卿有母可遗乎！"因赐物百段。

贞观初，加授光禄大夫，寻坐与萧瑀对御忿争免官。未几，丁母忧。叔达先有疾，太宗虑其危殆，遣使禁绝吊宾。服阕，授遂州都督，以疾不行。久之，拜礼部尚书。建成、元吉嫉害太宗，阴行谮毁，高祖惑其言，将有贬责，叔达固谏乃止。至是太宗劳之曰："武德时，危难潜构，知公有谠言，今之此拜，有以相答。"叔达谢曰："此不独为陛下，社稷计耳。"后坐闱廷不理，为宪司所劾，朝廷惜其名臣，不欲彰其罪，听以散秩归第。九年卒，谥曰缪。后赠户部尚书，改谥曰忠。有集十五卷。

窦威字文蔚，扶风平陵人，太穆皇后从父兄也。父炽，隋太傅。威家世勋贵，诸昆弟并尚武艺，而威耽玩文史，介然自守，诸兄哂之，谓为"书痴"。隋内史令李德林举秀异，射策甲科，拜秘书郎。秩满当迁，而固守不调，在秘书十余岁，其学业益广。时诸兄并以军功致仕通显，交结豪贵，宾客盈门，而威职掌闲散。诸兄更谓威曰："昔孔丘积学成圣，犹狼狈当时，栖迟若此，汝效此道，复欲何求？名位不达，固其宜矣。"威笑而不答。久之，蜀王秀辟为记室，以秀行事多不法，称疾还田里。及秀废黜，府僚多获罪，唯威以先见保全。大业四年，累迁内史舍人，以数陈得失忤旨，转考功郎中，后坐事免，归京师。

高祖入关，召补大丞相府司录参军。时军旅草创，五礼旷坠，威既博物，多识旧仪，朝章国典皆其所定，禅代文翰多参预焉。高祖常谓裴寂曰："叔孙通不能加也。"武德元年，拜内史令。威奏议雍容，多引古为谕，高祖甚亲重之，或引入卧内，常为膝席。又尝谓曰："昔周朝有八柱国之贵，吾与公家咸登此职。今我已为天子，公为内史令，本同末异，乃不平矣。"威谢曰："臣家昔在汉朝，再为外戚，至于后魏，三处外家，陛下龙兴，复出皇后。臣又阶缘戚里，位忝凤池，自惟叨滥，晓夕兢惧。"高祖笑曰："比见关东人与崔、卢为婚，犹自矜伐,公代为帝戚,不亦贵乎!"

及寝疾,高祖自往临问。寻卒,家无余财,遗令薄葬。谥曰靖,赠同州刺史,追封延安郡公。葬日,诏太子及百官并出临送。有文集十卷。

子恽嗣,官至岐州刺史。

威兄子轨,从兄子抗,并知名。

轨字士则,周雍州牧、鄱国公恭之子也。隋大业中,为资阳郡东曹掾,后去官归于家。义兵起,轨聚众千余人,迎谒于长春宫,高祖见之大悦。降席握手,语及平生,赐良马十匹,使掠地渭南。轨先下永丰仓,收兵得五千人。从平京城,封赞皇县公。拜大丞相咨议参军。时稽胡贼五万余人掠宜春,轨讨之,行次黄钦山,与贼相遇,贼乘高纵火,王师稍却。轨斩其部将十四人,拔队中小帅以代之。轨自率数百骑殿于军后,令之曰:"闻鼓声有不进者,自后斩之。"既闻鼓,士卒争先赴敌,贼射之不能止,因大破之,斩首千余级,虏男女二万口。

武德元年,授太子詹事。会赤排羌作乱,与薛举叛将钟俱仇同寇汉中,拜轨秦州总管,与贼连战皆捷,余党悉降。进封鄱国公。三年,迁益州道行台左仆射,许以便宜从事。属党项寇松州,诏轨援之,又令扶州刺史蒋善合与轨连势。时党项引吐谷浑之众,其锋甚锐。轨师未至,善合先期至钳川,遇贼力战,走之。轨复军于临洮,进击左封,破其部从。寻令率所部兵从太宗讨王世充于洛阳。

四年,还益州。时蜀土寇往往聚结,悉讨平之。轨每临戎对寇,或经旬月,身不解甲。其部众无贵贱少长,不恭命即立斩之。每日吏士多被鞭挞,流血满庭,见者莫不重足股栗。轨初入蜀,将其甥以为心腹,尝夜出,呼之不以时至,怒而斩之。每诫家僮不得出外。尝遣奴就官厨取浆而悔之,谓奴曰:"我诫使汝,要当斩汝头以明法耳!"遣其部将收奴斩之。其奴称冤,监刑者犹豫未决,轨怒,俱斩之。行台郎中赵弘安,知名士也,轨动辄榜箠,岁至数百。后征入朝,赐坐御榻,轨容仪不肃,又坐而对诏,高祖大怒,因谓曰:"公之入蜀,车骑、骠骑从者二十人,为公所斩略尽,我陇种车骑,未足给公。"诏下狱,俄而释之,还镇益州。轨与行台尚书韦云起、郭行方素不协,及隐太子诛,有诏下益州,轨藏诸怀中,云起问曰:"诏书安在?"轨不之示,但曰:"卿欲反矣!"执而杀之。行方大惧,奔于京师,轨追斩不及。是岁,行台废,即授益州大都督,加食邑六百户。

贞观元年,征授右卫大将军。二年,出为洛州都督。洛阳因隋末丧乱,人多浮伪。轨并遣务农,各令属县有游手怠惰者皆按之。由是人吏慑惮,风化整肃。四年,卒官,赠并州都督。

子奉节嗣,尚高祖永嘉公主,历左卫将军、秦州都督。

轨弟琮,亦有武干,隋左亲卫。大业末,犯法,亡命奔太原,依于高祖。琮与太宗有宿憾,每自疑。太宗方搜罗英杰,降礼纳之,出入卧内,其意乃解。及将义举,琮协赞大谋。大将军府建,为统军,从平西河,破霍邑,拜金紫光禄大夫、扶风郡公。寻从刘文静击屈突通于潼关,通遣裨将桑显和来逼文静,义军不利。琮与段志玄等力战久之,隋军大溃,通遁走。琮率轻骑追至稠桑,获通而返。进兵东略,下陕县,拔太原仓。拜右领军大将军,赐物五百段。时隋河阳都尉独孤武潜谋归国,乃令琮以步骑一万自柏崖道应接之。迟留不进,武见杀,坐是除名。

武德初,以元谋勋特恕一死,拜右屯卫大将军,复转右领军大将军。时将图洛阳,遣琮留守陕城以督粮运。王世充遣其骁将罗士信来断粮道,琮潜使人说以利害,士信遂帅众降。及从平东都,赏物一千四百段。后以本官检校晋州总管。寻从隐太子讨平刘黑闼,以功封谯国公,赏黄金五十斤。未几而卒。高祖以佐命之旧,甚悼之,赠左卫大将军,谥曰敬。永徽五年,重赠特进。

抗字道生,太穆皇后之从兄也,隋洛州总管、陈国公荣之子也,母,隋文帝万安公主。抗在隋以帝甥甚见崇宠。少入太学,略涉书史,释褐千牛备身、仪同三司。属其父寝疾,抗躬亲扶侍,衣不解带者五十余日。及居丧,哀毁过礼。后袭爵陈国公,累转梁州刺史。将之官,隋文帝幸其第,命抗及公主酣宴,如家人之礼,赏赐极厚。母卒,号恸绝而复苏者数焉,文帝令宫人至第,节其哭泣。岁余,起为岐州刺史,转幽州总管,所在并以宽惠闻。及汉王谅作乱,炀帝恐其为变,遣李子雄驰往代之。子雄因言抗得谅书而不奏,按之无验,以疑贰除名。

抗与高祖少相亲狎,及杨玄感作乱,高祖统兵陇右,抗言于高祖曰:"玄感抑为发踪耳!李氏有名图箓,可乘其便,天之所启也。"高祖曰:"无为祸始,何言之妄也!"大业末,抗于灵武巡长城以伺盗贼,及闻高祖定京城,抗对众而忭曰:"此吾家妹婿也,豁达有大度,真拨乱之主矣。"因归长安。高祖见之大悦,握手引坐曰:"李氏竟能成事,何如?"因纵酒为乐。寻拜将作大匠。武德元年,以本官兼纳言。高祖听朝,或升御坐,退朝之后,延入卧内,命之舍敬,纵酒谈谑,敦平生之款。常侍宴移时,或留宿禁内。高祖每呼为兄而不名也,宫内咸称为舅。常陪侍游宴,不知朝务。转左武侯大将军,领左右千牛备身大将军。寻从太宗平薛举,勋居第一。四年,又从征王世充。及东都平,册勋太庙者九人,抗与从弟轨俱预焉,朝廷荣之,赐女乐一部、金宝万计。武德四年,因侍宴暴卒,赠司空,谥曰密。子衍。衍嗣,官至左武卫将军。时抗群从内三品七人,四品、五品十余人,尚主三人,妃数人,冠冕之盛,当朝无比。

静字元休,抗第二子也。武德初,累转并州大总管府长史。时突厥数为边患,师旅岁兴,军粮不属,静表请太原置屯田以省馈运。时议者以民物凋零,不宜动众,书奏不省。静频上书,辞甚切至。于是征静入朝,与裴寂、萧瑀、封德彝等争论于殿庭,寂等不能屈,竟从静议。岁收数千斛,高祖善之,令检校并州大总管。静又以突厥频来入寇,请断石岭以为障塞,复从之。

太宗即位,征拜司农卿,封信都男,寻转夏州都督。值突厥携

贰,诸将出征,多诣其所。静知虏中虚实,潜令人间其部落,郁射设
所部郁孤尼等九俟斤并率众归款,太宗称善,赐马百匹、羊千口。及
擒颉利,处其部众于河南,以为不便,上封曰:"臣闻夷狄者,同夫禽
兽,穷则搏噬,群则聚尘。不可以刑法威,不可以仁义教。衣食仰给,
不务耕桑,徒损有为之民,以资无知之虏,得之则无益于治,失之则
无损于化。然彼首丘之情,未易忘也,诚恐一旦变生,犯我王略,愚
臣之所深虑。如臣计者,莫如因其破亡之后,加其无妄之福,假以贤
王之号,妻以宗室之女,分其土地,析其部落,使其权弱势分,易为
羁制,自可永保边塞,俾为藩臣,此实长辔远驭之道。"于时务在怀
辑,虽未从之,太宗深嘉其志。制曰:"北方之务,悉以相委,以卿为
宁朔大使,抚镇华戎,朕无北顾之忧矣。"再迁民部尚书。贞观九年
卒,谥曰肃。子逵。

逵尚太宗女遂安公主,袭爵信都男。

诞,抗第三子也。隋仁寿中,起家为朝请郎。义宁初,辟丞相府
祭酒,转殿中监,封安丰郡公,尚高祖女襄阳公主。从太宗征薛举,
为元帅府司马,迁刑部尚书,转太常卿。高祖诸少子荆王元景等未
出宫者十余王,所有国司家产之事,皆令诞主之。出为梁州都督。贞
观初,召拜右领军大将军,转大理卿、莘国公。修营太庙,赐物五百
段。复为殿中监,以疾解官,复拜宗正卿。太宗常与之言,昏忘不能
对,乃手诏曰:"朕闻为官择人者治,为人择官者乱。窦诞比来精神
衰耗,殊异常时。知不肖而任之,睹尸禄而不退,非唯伤风乱政,亦
恐为君不明。考绩黜陟,古今常典,诞可光禄大夫还第。"寻卒,赠工
部尚书、荆州刺史,谥曰安。

子孝慈。孝慈嗣,官至左卫将军。

孝慈子希玠。希玠少袭爵,中宗时为礼部尚书,以恩泽赐实封
二百五十户。开元初,为太子少傅、开府仪同三司。诞少子孝谌在
《外戚传》。

窦氏自武德至今,再为外戚,一品三人,三品已上三十余人,尚

主者八人,女为王妃六人,唐世贵盛,莫与为比。

　　琎字之推,抗季弟也。大业末,为扶风太守。高祖定京师,以郡归国,历礼部、民部二尚书。从太宗平薛仁杲。寻镇益州,时蜀中尚多寇贼,琎屡讨平之。时皇甫无逸在蜀,与之不协,琎屡请入朝,高祖征之,中路诏令还镇。琎不得志,遂于路左题山,以申郁积。有使者至其所,琎宴之卧内,遗以绫绮。无逸奏其事,坐免官。未几,拜秘书监,封邓国公。贞观初,授太子詹事。后为将作大匠,修葺洛阳宫。琎于宫中凿池起山,崇饰雕丽,虚费功力,太宗怒,遽令毁之。坐事免。会纳其女为邦王妃,俄而复位,加右光禄大夫。七年卒,赠礼部尚书,谥曰安。琎颇晓音律。武德中,与太常少卿祖孝孙受诏定正声雅乐,琎讨论故实,撰《正声调》一卷,行于代。

　　史臣曰:得人者昌。如诸温儒雅清显,为一时之称,叔达才学明辩,中二国之选,皆抱廊庙之器,俱为社稷之臣。威守道,轨临戎,抗居丧,静经略,琎音律,仍以懿亲,俱至显位,才能门第,辉映数朝,岂非得人欤?唐之昌也,不亦宜乎!然彦博之褊,窦轨之酷,亦非全器焉。

　　赞曰:温、陈才位,文蔚典礼。诸窦戚里,荣盛无比。

旧唐书卷六二
列传第一二

李纲　纲子少植　少植子安仁　　郑善果

从弟元琦　　杨恭仁　　恭仁子思训　思训孙睿交

恭仁弟续　续孙执柔　执柔子滔　执柔弟执一

恭仁少弟师道　　皇甫无逸　　孙忠

李大亮　族孙迥秀

李纲字文纪，观州蓚人也。祖元则，后魏清河太守。父制，周车骑大将军。纲少慷慨有志节，每以忠义自许。初名瑗，字子玉，读《后汉书·张纲传》，慕而改之。周齐王宪引为参军。宣帝将害宪，召僚属证成其罪，纲誓之以死，终无挠辞。及宪遇害，露车载尸而出，故吏皆散，唯纲抚棺号恸，躬自埋瘗，哭拜而去。

隋开皇末，为太子洗马。皇太子勇尝以岁首宴宫臣，左庶子唐令则自请奏琵琶，又歌《武媚娘》之曲。纲白勇曰："令则身任宫卿，职当调护，乃于宴座自比倡优，进淫声，秽视听。事若上闻，令则罪在不测，岂不累于殿下？臣请遽正其罪。"勇曰："我欲为乐耳，君勿多事。"纲趋而出。及勇废黜，文帝召东宫官属切让之，无敢对者。纲对曰："今日之事，乃陛下之过，非太子罪也。勇器非上品，性是常人，若得贤明之士辅导之，足堪继嗣皇业。方今多士盈朝，当择贤居任，奈何以弦歌鹰犬之才居其侧，至令致此，乃陛下训导不足，岂太子之罪耶！"辞气凛然，左右皆为之失色。文帝曰："令汝在彼，岂非择人？"纲曰："臣在东宫，非得言者。"帝奇其对，擢拜尚书右丞。

时左仆射杨素、苏威当朝用事，纲每固执所见，不与之同，由是二人深恶之。会遣大将军刘方诛讨林邑，杨素言于文帝曰："林邑多珍宝，自非正人不可委。"因言纲可任，文帝以为行军司马。刘方承素之意屈辱纲，几至于死。及军还，久不得调。后拜齐王府司马。未几，苏威复令纲诣南海应接林邑，久而不召。纲后自来奏事，威复言纲擅离所职，以之属吏。纲见善卜者，令筮之，遇《鼎》，因谓纲曰："公易姓之后，方可得志而为卿辅。宜早退，不然，有折足之败也。"寻会赦免，屏居于鄠。

大业末，贼帅何潘仁以纲为长史。义师至京城，纲来谒见，高祖大悦，授丞相府司录，封新昌县公，专掌选。高祖践祚，拜礼部尚书，兼太子詹事，典选如故。

先是，巢王元吉授并州总管，于是纵其左右攘夺百姓，宇文歆频谏不纳，乃上表曰："王在州之日，多出微行，常共窦诞游猎，蹂践谷稼，放纵亲昵，公行攘夺，境内兽畜，取之殆尽。当衢而射，观人避箭，以为笑乐。分遣左右，戏为攻战，至相击刺，疕伤致死。夜开府门，宣淫他室。百姓怨毒，各怀愤叹。以此守城，安能自保！"元吉竟坐免。又讽父老诣阙请之，寻令复职。

时刘武周率五千骑至黄蛇岭，元吉遣车骑将军张达以步卒百人先尝之。达以步卒少，固请不行。元吉强遣之，至则尽没于贼。达愤怒，因引武周攻陷榆次，进逼并州。元吉大惧，绐其司马刘德威曰："卿以老弱守城，吾以强兵出战。"因夜出兵，携其妻孥，弃军奔还京师，并州遂陷。高祖怒甚，谓纲曰："元吉幼小，未习时事，故遣窦诞、宇文歆辅之。强兵数万，食支十年，起义兴运之资，一朝而弃。宇文歆首画此计，我当斩之。"纲曰："赖歆令陛下不失爱子，臣以为有功。"高祖问其故，纲对曰："罪由窦诞不能规讽，致令军人怨愤。又齐王年少，肆行骄逸，放纵左右，侵渔百姓，诞曾无谏止，乃随顺掩藏，以成其衅，此诞之罪。宇文歆论情则疏，向彼又浅，王之过失，悉以闻奏。且父子之际，人所难言，敢言之，岂非忠恳。今欲诛罪，不录其心，臣愚窃以为过。"翌日，高祖召纲入，升御坐，谓曰："今我有公，遂使刑罚不滥。元吉自恶，结怨于人。歆既曾以表闻，诞亦焉能制禁。"

时高祖拜舞人安叱奴为散骑常侍，纲上疏谏曰："谨案《周礼》，均工、乐胥不得预于仕伍。虽复才如子野，妙等师襄，皆身终子继，不易其业。故魏武使祢衡击鼓，衡先解朝服，露体而击之，云不敢以先王法服为伶人之衣。虽齐高纬封曹妙达为王，授安马驹为开府，既招物议，大致彝伦，有国有家者以为殷鉴。方今新定天下，开太平之基。起义功臣，行赏未遍；高才硕学，犹滞草莱。而先令舞胡致位五品，鸣玉曳组，趋驰廊庙，顾非创业垂统贻厥子孙之道也。"高祖不纳。寻令参详律令。

纲在东宫，隐太子建成初甚礼。遇建成常往温汤，纲时以疾不从。有进生鱼于建成者，将召饔人作鲙。时唐俭、赵元楷在座，各自赞能为鲙，建成从之，既而谓曰："飞刀鲙鲤，调和鼎食，公实有之；至于审谕弼谐，固属于李纲矣。"于是遣使送绢二百匹以遗之。建成后渐狎无行之徒，有猜忌之谋，不可谏止。又思筮者之言，频乞骸骨。高祖谩骂之曰："卿为潘仁长史，何乃羞为朕尚书？且建成在东宫，遣卿辅导，何为屡致辞乎？"纲顿首陈谢曰："潘仁，贼也，诚在杀害，每谏便止，所活极多，为其长史，故得无愧。陛下功成业泰，颇自矜伐，臣以凡劣，才乖元凯，所言如水投石，安敢久为尚书。兼以愚臣事太子，所怀鄙见，复不采纳，既无补益，所以请退。"高祖谢曰："知公直士，勉弼我儿。"于是擢拜太子少保，尚书、詹事并如故。纲又上书谏太子曰："纲耄矣，日过时流，坟树已拱，幸未就土，许傅圣躬，无以酬恩，请效愚直，伏愿殿下详之。窃见饮酒过多，诚非养生之术。且凡为人子者，务于孝友，以慰君父之心，不宜听受邪言，妄生猜忌。"建成览书不怿，而所为如故。纲以数言事忤太子旨，道既不行，郁郁不得志。武德二年，以老表辞职，优诏解尚书，仍为太子少保。高祖以纲隋代名臣，甚加优礼，每手敕未尝称名，其见重如此。

贞观四年，拜太子少师。时纲有脚疾，不堪践履，太宗特赐步舆，令纲乘至阁下，数引入禁中，问以政道。又令舆入东宫，皇太子引上殿，亲拜之。纲于是陈君臣父子之道、问寝视膳之方，理顺辞直，听者忘倦。太子每亲政事，太宗必令纲及左仆射房玄龄、侍中王珪侍坐。太子尝商略古来君臣名教竭忠尽节之事，纲凛然曰："托六尺之孤，寄百里之命，古人以为难，纲以为易。"每吐论发言，皆辞色慷慨，有不可夺之志。及遇疾，太宗遣尚书左仆射房玄龄诣宅存问，赐绢二百匹。五年卒，年八十五，赠开府仪同三司，谥曰贞，太子为之立碑。初，周齐王宪女媚居纲立，纲自以齐王故吏，赡恤甚厚。及纲卒，其女被发号哭，如丧所生焉。

子少植，隋武阳郡司功书佐，先纲卒。

少植子安仁，永徽中为太子左庶子。属太子被废，归于陈邸，宫僚皆逃散，无敢辞送者，安仁独涕泣拜辞而去，朝野义之。后卒于恒州刺史。

郑善果，郑州荥泽人也。祖孝穆，西魏少司空、岐州刺史。父诚，周大将军、开封县公，大象初，讨尉迟迥，力战遇害。善果年九岁，以父死王事，诏令袭其官爵。家人以其婴孺，弗之告也，受册悲恸，擗踊不能自胜，观者莫不为之流涕。隋开皇初，改封武德郡公，拜沂州刺史。大业中，累转鲁郡太守。

善果笃慎，事亲至孝。母崔氏贤明，晓于政道，每善果理务，崔氏尝于阁内听之。闻其剖断合理，归则大悦；若处事不允，母则不与之言。善果伏于床前，终日不敢食。崔氏谓之曰："吾非怒汝，反愧汝家耳。汝先君在官清恪，未尝问私，以身徇国，继之以死。吾亦望汝继父之心。自童子承袭茅土，今位至方伯，岂汝身能致之耶？安可不思此事而妄加嗔怒，内则坠尔家风，或亡官爵；外则亏天子之法，以取罪戾。吾寡妇也，有慈无威，使汝不知教训，以负清忠之业，吾死之日，亦何面目以事汝先君乎！"善果由此遂励己为清吏，所在有政绩，百姓怀之。及朝京师，炀帝以其居官俭约，莅政严明，与武威太守樊子盖考为天下第一，各赏物千段，黄金百两，再迁大理卿。

后突厥围炀帝于雁门，以守御功，拜右光禄大夫。从幸江都。宇文化及弑逆，署为民部尚书，随化及至聊城。淮安王神通围化及，善果为化及守御督战，为流矢所中。及神通退还，窦建德进军克之。建德将王琮获善果，诮之曰："公隋室大臣也，自尊夫人亡后而清称益衰，又忠臣子，奈何为弑君之贼殉命苦战而伤痍若此？"善果深愧赧，欲自杀，伪中书令宋正本驰往救止之。建德又不为之礼，乃奔相州。淮安王神通送于京师，高祖遇之甚厚，拜太子左庶子，检校内史侍郎，封荥阳郡公。

善果在东宫，数进忠言，多所匡谏。未几，检校大理卿，兼民部尚书，正身奉法，甚有善绩。制与裴寂等十人，每奏事及侍立，并令升殿，与从兄元璹在其数，时以为荣。寻坐事免。及山东平，持节为招抚大使，坐选举不平除名。后历礼部、刑部二尚书。贞观元年，出为岐州刺史，复以公事免。三年，起为江州刺史，卒。

元璹，隋岐州刺史、沛国公译子也。少以父功拜仪同大将军，袭爵沛国公，累转右武侯将军，改封莘国公。大业中，出为文城郡守。义师至河东，元璹以郡来降，征拜太常卿。及定京城，以本官兼参旗将军。元璹少在戎旅，尤明军法，高祖常令巡诸军，教其兵事。

突厥始毕可汗弟乙力设代其兄为叱罗可汗，又刘武周将宋金刚与叱罗共为掎角，来寇汾、晋。诏元璹入蕃，谕以祸福，叱罗竟不纳，乃欲总其部落入寇太原，以为武周声援。未几，叱罗遇疾，疗之弗愈，其下疑元璹令人毒之，乃囚执元璹不得归，叱罗竟死。颉利嗣立，留元璹，每随其牙帐，经数年。颉利后闻高祖遗其财物，又许结婚，始放元璹来还。高祖劳之曰："卿在虏庭，累载拘系，苏武弗之过也。"拜鸿胪卿。

寻而突厥又寇并州，时元璹在母丧，高祖令墨绖充使招慰。突厥从介休至晋州，数百里间，精骑数十万，填映山谷。及见元璹，责中国违背之事，元琦随机应对，竟无所屈，因数突厥背诞之罪，突厥大惭，不能报。元琦又谓颉利曰："汉与突厥，风俗各异，汉得突厥，既不能臣，突厥得汉，复何所用？且抄掠资财，皆入将士，在于可汗，一无所得。不如早收兵马，遣使和好，国家必有重赉，币帛皆入可汗，免为劬劳，坐受利益。大唐初有天下，即与可汗结为兄弟，行人往来，音问不绝。今乃舍善取怨，违多就少，何也？"颉利纳其言，即引还。太宗致书慰之曰："知公已共可汗结和，遂使边亭息警，烽火不然。和戎之功，岂唯魏绛，金石之锡，固当非远。"

元琦自义宁已来，五入蕃充使，几至于死者数矣。贞观三年，又使入突厥，还奏曰："突厥兴亡，唯以羊马为准。今六畜疲羸，人皆菜色，又其牙内炊饭化而为血。征祥如此，不出三年，必当覆灭。"太宗然之。无几，突厥果败。

元琦后累转左武侯大将军，坐事免。寻起为宜州刺史，复封沛国公。元㊲有干略，所在颇著声誉。然其父译事继母失温清之礼，隋文帝曾赐以《孝经》，至元琦事亲，又不以孝闻，清论鄙之。二十年卒，赠幽州刺史，谥曰简。

弟孙杲知名，则天时为天官侍郎。

杨恭仁本名纶，弘农华阴人，隋司空、观王雄之长子也。隋仁寿中，累除甘州刺史。恭仁务举大纲，不为苛察，戎夏安之。文帝谓雄曰："恭仁在州，甚有善政，非唯朕举得人，亦是卿义方所致也。"大业初，转吏部侍郎。杨玄感作乱，炀帝制恭仁率兵经略，与玄感战于破陵，大败之。玄感兄弟挺身遁走，恭仁与屈突通等追讨获之。军旋，炀帝召入内殿，谓曰："我闻破陵之阵，唯卿力战，功最难比。虽知卿奉法清慎，都不知勇决如此也。"纳言苏威曰："仁者必有勇，固非虚也。"

时苏威及左卫大将军宇文述、御史大夫裴蕴、黄门侍郎裴矩等皆受诏参掌选事，多纳贿赂，士流嗟怨。恭仁独雅正自守，不为蕴等所容，由是出为河南道大使，讨捕盗贼。时天下大乱，行至谯郡，为朱粲所败,奔还江都。宇文化及弑逆,署吏部尚书,随至河北,为化及守魏县。时元宝藏据有魏郡;会行人魏征说下宝藏,执恭仁送于京师,高祖甚礼遇之,拜黄门侍郎,封观国公。

寻为凉州总管。恭仁素习边事,深悉羌胡情伪,推心驭下,人吏悦服,自葱岭已东,并入朝贡。未几,遥授纳言,总管如故。俄而突厥颉利可汗率众数万奄至州境,恭仁随方备御,多设疑兵,颉利惧而退走。属瓜州刺史贺拔威拥兵作乱,朝廷惮远,未遑征讨。恭仁乃募骁勇,倍道兼进,贼不虞兵至之速,克其二城。恭仁悉放俘虏,贼众感其宽惠,遂相率执威而降。久之,征拜吏部尚书,迁左卫大将军、鼓旗将军。

贞观初,拜雍州牧,加左光禄大夫,行扬州大都督府长史。五年,迁洛州都督。太宗曰:"洛阳要重,古难其人。朕之子弟多矣,恐非所任,行以委公也。"恭仁性虚澹,必以礼度自居,谦恭下士,未尝忤物,时人方之石庆。恭仁弟师道尚桂阳公主,从侄女为巢剌王妃,弟子思训尚安平公主,连姻帝室,益见崇重。后以老病乞骸骨,听以特进归第。十三年卒,册赠开府仪同三司、潭州都督,陪葬昭陵,谥曰孝。

子思训袭爵。显庆中,历右屯卫将军。时右卫大将军慕容宝节有爱妾,置于别宅,尝邀思训就之宴乐。思训深责宝节与其妻隔绝,妾等怒,密以毒药置酒中,思训饮尽便死。宝节坐是配流岭表。思训妻又诣阙称冤,制遣使就斩之。仍改《贼盗律》,以毒药杀人之科更从重法。

思训孙睿交,本名璬,少袭爵观国公,尚中宗女长宁公主。预诛张易之有功,赐实封五百户。神龙中,为秘书监。后被贬,卒于绛州别驾。

恭仁弟续,颇有辞学。贞观中,为郓州刺史。

续孙执柔,则天时为地官尚书,则天以外氏近属,甚优宠之。时武承嗣、攸宁相次知政事,则天尝曰:"我令当宗及外家,常一人为宰相。"由是执柔同中书门下三品,寻卒。

执柔子滔,开元中官至吏部侍郎、同州刺史。

执柔弟执一,神龙初,以诛张易之功封河东郡公,累至右金吾卫大将军。

恭仁少弟师道,隋末自洛阳归国,授上仪同,为备身左右。寻尚桂阳公主,超拜吏部侍郎,累转太常卿,封安德郡公。贞观七年,代魏征为侍中。性周慎谨密,未尝漏泄内事,亲友或问禁中之言,乃更对以他语。尝曰:"吾少窥汉史,至孔光不言温室之树,每饮其余风,所庶几也。"师道退朝后,必引当时英俊,宴集园池,而文会之盛,当时莫比。雅善篇什,又工草隶,酬赏之际,援笔直书,有如宿构。太宗每见师道所制,必吟讽嗟赏之。十三年,转中书令。太子承乾逆谋事泄,与长孙无忌、房玄龄同按其狱。师道妻前夫之子赵节与承乾通谋,师道微讽太宗冀活之,由是获谴,罢知机密。转吏部尚书。师道贵家子,四海人物,未能委练,所署用多非其才,而深抑贵势及其亲党,以避嫌疑,时论讥之。太宗尝从容谓侍臣曰:"杨师道性行纯善,自无愆过。而情实怯懦,未甚更事,缓急不可得力。"未几,从征高丽,摄中书令。及军还,有毁之者,稍贬为工部尚书,寻转太常卿。二十一年卒,赠吏部尚书、并州都督,陪葬昭陵,赐东园秘器,并为立碑。

子豫之,尚巢刺王女寿春县主。居母丧,与永嘉公主淫乱,为主婿窦奉节所擒,具五刑而杀之。

师道兄子思玄,高宗时为吏部侍郎、国子祭酒。玄弟思敬,礼部尚书。

师道从兄子崇敬,太子詹事。

始恭仁父雄在隋,以同姓宠贵;自武德之后,恭仁兄弟名位尤盛;则天时,又以外戚崇宠。一家之内,驸马三人,王妃五人,赠皇后一人,三品已上官二十余人,遂为盛族。

皇甫无逸字仁俭,安定乌氏人。父诞,隋并州总管府司马。其

先安定著姓,徙居京兆万年。仁寿末,汉王谅于并州起兵反,诞抗节
不从,为谅所杀。无逸时在长安,闻谅反,即同居丧之礼,人问其故,
泣而对曰:"大人平生徇节义,既属乱常,必无苟免。"寻而凶问果
至。在丧柴毁过礼,事母以孝闻。炀帝以诞死节,赠柱国、弘义郡公,
令无逸袭爵。时五等皆废,以其时忠义之后,特封平舆侯。拜淯阳
太守,甚有能名,差品为天下第一。再转右武卫将军,甚见亲委。帝
幸江都,以无逸留守洛阳。

及江都之变,与段达、元文都尊立越王侗为帝。王世充作难,无
逸弃老母妻子,斩关而走,追骑且至,无逸曰:"吾死而后已,终不能
同尔为逆。"因解所服金带投之于地,曰:"以此赠卿,无为相迫。"追
骑竞下马取带,自相争夺,由是得免。

高祖以隋代旧臣,甚尊礼之,拜刑部尚书,封滑国公,历陕东道
行台民部尚书。明年,迁御史大夫。时益部新开,刑政未洽,长吏横
恣,赃污狼藉,令无逸持节巡抚之,承制除授。无逸宣扬朝化,法令
严肃,蜀中甚赖之。有皇甫希仁者,见无逸专制方面,徼幸上变,云:
"臣父在洛阳,无逸为母之故,阴遣臣与王世充相知。"高祖审其诈,
数之曰:"无逸逼于世充,弃母归朕。今之委任,异于众人。其在益
州,极为清正。此盖群小不耐,欲诬之也。此乃离间君臣,惑乱我视
听。"于是斩希仁于顺天门,遣给事中李公昌驰往慰谕之。俄而又告
无逸阴与萧铣交通者,无逸时与益州行台仆射窦琎不协,于是上表
自理,又言琎罪状。高祖览之曰:"无逸当官执法,无所回避,必是邪
佞之徒,恶直丑正,共相构扇也。"因令刘世龙、温彦博将按其事,卒
无验而止,所告得坐斩,窦琎亦以罪黜。无逸既返命,高祖劳之曰:
"公立身行己,朕之所悉。比多谮诉者,但为正直致邪佞所憎耳。"

寻拜民部尚书,累转益州大都督府长史。闭门自守,不通宾客,
左右不得出门。凡所货易,皆往他州。每按部,樵采不犯于人。尝
储备宿人家,遇灯炷尽,主人将续之,无逸抽佩刀断衣带以为炷,其
廉介如此。然过于审慎,所上表奏,惧有误失,必读之数十遍,仍令
官属再三披省。使者就路,又追而更审,每遣一使,辄连日不得上

道。议者以此少之。

母在长安疾笃，太宗令驿召之。无逸性至孝，承问惶惧，不能饮食，因道病而卒。赠礼部尚书，太常考行，谥曰"孝"。礼部尚书王珪驳之曰："无逸入蜀之初，自当扶侍老母，与之同去，申其色养，而乃留在京师，子道未足，何得为孝？"竟谥为良。

孙忠，开元中为卫尉卿。

李大亮，雍州泾阳人。后魏度支尚书琰之曾孙也。其先本居陇西狄道，代为著姓。祖纲，后魏南岐州刺史。父充节，隋朔州总管、武阳公。大亮少有文武才干，隋末，署韩国公庞玉行军兵曹。在东都与李密战，败，同辈百余人皆就死，贼帅张弼见而异之，独释与语，遂定交于幕下。

义兵入关，大亮自东都归国，授土门令。属百姓饥荒，盗贼侵寇，大亮卖所乘马分给贫弱，劝以垦田，岁因大稔。躬捕寇盗，所击辄平。时太宗在藩，巡抚北境，闻而嗟叹，下书劳之，赐马一匹、帛五十段。其后，胡贼寇境，大亮众少不敌，遂单马诣贼营，召其豪帅，谕以祸福，群胡感悟，相率请降。大亮又杀所乘马，以与之宴乐，徒步而归。前后降者千余人，县境以清。高祖大悦，超拜金州总管府司马。

时王世充遣其兄子弘烈据襄阳，令大亮安抚樊、邓，以图进取。大亮进兵击之，所下十余城。高祖下书劳勉，迁安州刺史。又令徇广州巴东，行次九江，会辅公祏反，大亮以计擒公祏将张善安。公祏寻遣兵围猷州，刺史左难当婴城自守，大亮率兵进援，击贼破之。以功赐奴婢百人，大亮谓曰："汝辈多衣冠子女，破亡至此，吾亦何忍以汝为贱隶乎！"一皆放遣。高祖闻而嗟异，复赐婢二十人，拜越州都督。

贞观元年，转交州都督，封武阳县男。在越州写书百卷，及徙职，皆委之廨宇。寻召拜太府卿，出为凉州都督，以惠政闻。尝有台使到州，见有名鹰，讽大亮献之。大亮密表曰："陛下久绝畋猎，而使者求鹰。若是陛下之意，深乖昔旨；如其自擅，便是使非其人。"太宗下之书曰："以卿兼资文武，志怀贞确，故委藩牧，当兹重寄。比在州镇，声绩远彰，念此忠勤，无忘寤寐。使遣献鹰，遂不曲顺，论今引古，远献直言。披露腹心，非常恳到，览用嘉叹，不能便已。有臣若此，朕复何忧！宜守此诚，终始若一。古人称一言之重，侔于千金，卿之此言，深足贵矣。今赐卿胡瓶一枚，虽无千镒之重，是朕自用之物。"又赐荀悦《汉纪》一部，下书曰："卿立志方直，竭节至公，处职当官，每副所委，方大任使，以申重寄。公事之间，宜寻典籍。然此书叙致既明，论议深博，极为治之体，尽君臣之义，今以赐卿，宜加寻阅也。"

时颉利可汗败亡，北荒诸部相率内属。有大度设、拓设、泥熟特勤及七姓种落等，尚散在伊吾，以大亮为西北道安抚大使以绥集之，多所降附。朝廷愍其部众冻馁。遣于碛口贮粮，特加赈给。大亮以为于事无益，上疏曰：

臣闻欲绥远者，必先安近。中国百姓，天下本根；四夷之人，犹于枝叶。扰于根本，以厚枝附，而求久安，未之有也。自古明王，化中国以信，驭夷狄以权，故《春秋》云："戎狄豺狼，不可厌也；诸夏亲昵，不可弃也。"自陛下君临区宇，深根固本，人逸兵强，九州殷盛，四夷自服。今者招致突厥，虽入提封，臣愚稍觉劳费，未悟其有益也。然河西氓庶，积御蕃夷，州县萧条，户口鲜少，加因隋乱，减耗尤多。突厥未平之前，尚不安业；匈奴微弱已来，始就农亩。若即劳役，恐致妨损。以臣愚惑，请停招慰。

且谓之荒服者，故臣而不内。是以周室爱人攘狄，竟延七百之龄；秦王轻战事胡，四十载而遂绝。汉文养兵静守，天下安丰；孝武扬威远略，海内虚耗，虽悔轮台，追已不及。至于隋室，早得伊吾，兼统鄯善，既得之后，劳费日甚，虚内致外，竟损无益。远寻秦、汉，近观隋室，动静安危，昭然备矣。伊吾虽已臣附，远在蕃碛，人非中夏，地多沙卤。其自坚立称藩附庸者，请羁縻受之，使居塞外，必畏威怀德，永为蕃臣，盖行虚惠，而收实福矣。近日突厥倾国入朝，既不能俘之江淮以变其俗，置于内地，去京不远，虽则宽仁之义，亦非久安之计也。每见一人初降，赐物五匹、袍一领，酋帅悉授大官，禄厚位尊，理多糜费。以中国之币帛，供积恶之凶虏，其众益多，非中国之利也。

太宗纳其奏。

八年，为剑南道巡省大使。大亮激浊扬清，甚获当时之誉。及讨吐谷浑，以大亮为河东道行军总管，与大总管李靖等出北路，涉青海，历河源，遇贼于蜀浑山，接战破之，俘其名王，虏杂畜五万计。以功进爵为公，赐物千段、奴婢一百五十人，悉遗亲戚。仍罄其家资，收葬五叶宗族无后者三十余丧，送终之礼，一时称盛。后拜左卫大将军。

十七年，晋王为皇太子，东宫僚属皆盛选重臣，以大亮兼领太子右卫率，俄兼工部尚书，身居三职，宿卫两宫，甚为亲信。大亮每当宿直，必通宵假寐。太宗尝劳之曰："至公宿直，我便通夜安卧。"其见任如此。太宗每有巡幸，多令居守。房玄龄甚重之，每称大亮有王陵、周勃之节，可以当大位。大亮虽位望通显，而居处卑陋，衣服俭率。至性忠谨，虽妻子不见其惰容，事兄嫂有同于父母。每怀张弼之恩，而久不能得。弼时为将作丞，自匿不言。大亮尝遇诸途而识之，持弼而泣，恨相得之晚。多推家产以遗弼，弼拒而不受。大亮言于太宗曰："臣有今日之荣，张弼力也。所有官爵请回授。"太宗遂迁弼为中郎将，俄迁代州都督。时人皆贤大亮不背恩，而多弼不自伐也。

十八年，太宗幸洛阳，令大亮副司空玄龄居中。寻遇疾，太宗亲为调药，驰驿赐之。临终上表，请停辽东之役，又言京师宗庙所在，愿深以关中为意。表成而叹曰："吾闻礼，男子不死妇人之手。"于是命屏妇人，言终而卒，时五十九。死之日，家无珠玉可以为含，唯有米五石、布三十端。亲戚孤遗为大亮所鞠养，服之如父者十五人。太宗为举哀于别次，哭之甚恸，废朝三日，赠兵部尚书、秦州都督，谥曰懿,陪葬昭陵。

　　兄子道裕,永徽中为大理卿。

　　迥秀,大亮族孙也。祖玄明,济州刺史。父义本,宣州刺史。迥秀弱冠应英材杰出举,拜相州参军,累转考功员外郎。则天雅爱其材,甚宠待之。掌举数年,迁凤阁舍人。迥秀母氏庶贱而色养过人,其妻崔氏尝叱其媵婢,母闻之不悦,迥秀即时出之。或止云:“贤室虽不避嫌疑,然过非出状,何遽如此?”迥秀曰:“娶妻本以承顺颜色,颜色苟违,何敢留也。”竟不从。长安初,历天官、夏官二侍郎,俄同凤阁鸾台平章事。则天令宫人参问其母,又尝迎入宫中,待之甚优。

　　迥秀雅有文才,饮酒斗余,广接宾朋,当时称为风流之士。然颇托附权幸,倾心以事张易之、昌宗兄弟,由是深为谠正之士所讥。俄坐赃出为庐州刺史。景龙中,累转鸿胪卿、修文馆学士,又持节为朔方道行军大总管。所居长中生芝草数茎,又有猫为犬所乳,中宗以为孝感所致,使旌其门闾。俄代姚崇为兵部尚书,病卒。

　　子齐损,开元十年,与权梁山等构逆伏诛,籍没其家也。

　　史臣曰:孔子云,“邦有道,危言危行。”如李纲直道事人,执心不。始对隋文,慷慨获免;终忤杨素,屈辱尤深。及高祖临朝,谏舞胡鸣玉,怀不吐不茹之节,存有始有卒之规,可谓危矣。非逢有道,焉能免诸。《易》曰,“王臣蹇蹇,匪躬之故”,李纲有焉。善果幼事贤母,长为正人。元琦于国有功,只练边事,承家不孝,终为匪人。恭仁仕隋忠厚,驭众谦恭。破贼立功,方见仁者有勇;掌选被斥,所谓独正者危。自伪归朝,怀才遇主,连婚帝室,列位藩宣,始终无玷者鲜矣。师道慎密纯善,怯懦无更事之名;抑势避嫌,署用致非才之诮。无逸知父守节陷难,离母避逆终吉,忠信之道著矣。绝宾客以闭府门,断衣带以续灯炷,廉介之志彰矣。于乎,蜀道初开,亲老地梗,至孝灭性,子道可知,不得谥为“孝”也,惜哉!大亮文武兼才,贞确成性。卖马劝农，是为政也；投身谕贼，略也；放奴婢从良者，仁也；因鹰谏猎，临终上表，忠也；论伊吕之众，智也；葬五叶无后，报张弼恩，义也；侍兄嫂如父母，孝也；不死妇人之手，礼也；无珠玉为含，廉也。房玄龄云大亮有王陵、周勃之节，名下无虚士矣！迥秀谄事权幸，爰至台司，余不足观，清风替矣。

赞曰：李纲守道，言行俱危。善果母训，清贞是资。元琦父子，要道何亏。恭仁独正，令德无违。师道慎密，抑势见机。无逸廉介，终于孝思。大亮才德，陵、勃名随。迥秀托附，实污台司。

旧唐书卷六三
列传第一三

封伦 伦子言道 兄子行高　萧瑀 兄子钧
钧兄子瓘 钧兄子嗣业　裴矩 矩子宣机
宇文士及

　　封伦字德彝，观州蓨人。北齐太子太保隆之孙。父子绣，隋通州刺史。伦少时，其舅卢思道每言曰："此子智识过人，必能致位卿相。"

　　开皇末，江南作乱，内史令杨素往征之，署为行军记室。船至海曲，素召之，伦坠于水中，人救免溺，乃易衣以见，竟寝不言。素后知，问其故，曰："私事也，所以不白。"素甚嗟异之。素将营仁寿宫，引为土木监。隋文帝至宫所见制度奢侈，大怒曰："杨素为不诚矣！殚百姓之力，雕饰离宫，为吾结怨于天下。"素惶恐，虑将获谴。伦曰："公当弗忧，待皇后至，必有恩诏。"明日，果召素入对，独孤后劳之曰："公知吾夫妻年老，无以娱心，盛饰此宫，岂非孝顺。"素退问伦曰："卿何以知之？"对曰："至尊性俭，故初见而怒，然雅听后言。后妇人也，惟丽是好，后心既悦，帝虑必移，所以知耳。"素叹伏曰："揣摩之才，非吾所及。"素负贵恃才，多所凌侮，唯击赏伦。每引与论宰相之务，终日忘倦，因抚其床曰："封郎必当据吾此座。"骤称荐于文帝，由是擢授内史舍人。

　　大业中，伦见虞世基幸于炀帝而不闲吏务，每有承受，多失事机。伦又托附之，密为指画，宣行诏命，诣顺主心；外有表疏如忤意者，皆寝而不奏；决断刑法，多峻文深诬；策勋行赏，必抑削之。故世基之宠日隆，而隋政日坏，皆伦所为也。

宇文化及之乱，逼帝出宫，使伦数帝之罪，帝谓曰："卿是士人，何至于此？"伦赧然而退。化及寻署内史令，从至聊城。伦见化及势蹙，乃潜结化及弟士及，请于济北运粮以观其变。遇化及败，与士及来降。高祖以其前代旧臣，遣使迎劳，拜内史舍人。寻迁内史侍郎。

高祖尝幸温汤，经秦始皇墓，谓伦曰："古者帝王，竭生灵之力，殚府库之财，营起山陵，此复何益？"伦曰："上之化下，犹风之靡草。自秦、汉帝王盛为厚葬，故百官众庶竞相遵仿。凡是古冢丘封悉多藏珍宝，咸见开发。若死而无知，厚葬深为虚费；若魂而有识，被发岂不痛哉。"高祖称善，谓伦曰："从今之后，宜自上导下，悉为薄葬。"

太宗之讨王世充，诏伦参谋军事。高祖以兵久在外，意欲旋师，太宗遣伦入朝亲论事势。伦言于高祖曰："世充得地虽多，而羁縻相属，其所用命者，唯洛阳一城而已，计尽力穷，破在朝夕。今若还兵，贼势必振，更相连结，后必难图，未若乘其已衰，破之必矣。"高祖纳之。及太宗凯旋，高祖谓侍臣曰："朕初发兵东讨，众议多有不同，唯秦王请行，封伦赞成此计。昔张华协同晋武，亦复何以加也。"封平原县公，兼天册府司马。

会突厥寇太原，复遣使来请和亲，高祖问群臣："和之与战，策将安出？"多言战则怨深，不如先和。伦曰："突厥凭凌，有轻中国之意，必谓兵弱而不能战。如臣计者，莫若悉众以击之，其势必捷，胜而后和，恩威兼著。若今岁不战，明年必当复来，臣以击之为便。"高祖从之。

六年，以本官检校吏部尚书，晓习吏职，甚获当时之誉。八年，进封道国公，寻徙封于密。萧瑀尝荐伦于高祖，高祖任伦为中书令。太宗嗣位，瑀迁尚书左仆射，伦为右仆射。伦素险诐，与瑀商量可奏者，至太宗前，尽变易之，由是与瑀有隙。贞观元年，遘疾于尚书省，太宗亲自临视,即命尚辇送还第,寻薨,年六十。太宗深悼之,废朝三日,册赠司空,谥曰明。

初,伦数从太宗征讨,特蒙顾遇。以建成、元吉之故,数进忠款,太宗以为至诚,前后赏赐以万计。而伦潜持两端,阴附建成。时高祖将行废立,犹豫未决,谋之于伦,伦固谏而止。然所为秘隐,时人莫知,事具《建成传》。卒后数年,太宗方知其事。十七年,治书侍御史唐临追劾伦曰:“臣闻事君之义,尽命不渝;为臣之节,岁寒无贰;苟亏其道,罪不容诛。伦位望鼎司,恩隆胙土,无心报效,乃肆奸谋,荧惑储藩,奖成元恶,实于常典,理合诛夷。但苞藏之状,死而后发,猥加褒赠,未正来科。罪恶既彰,宜加贬黜,岂可仍畴爵邑,尚列台槐,此而不惩,将何沮劝?”太宗令百官详议,民部尚书唐俭等议:“伦罪暴身后,恩结生前,所历众官,不可追夺,请降赠改谥。”诏从之,于是改谥缪,黜其赠官,削所食实封。

子言道,尚高祖女淮南长公主,官至宋州刺史。

伦兄子行高,以文学知名。贞观中,官至礼部郎中。

萧瑀字时文。高祖梁武帝。曾祖昭明太子。祖察,后梁宣帝。父岿,明帝。瑀年九岁,封新安郡王,幼以孝行闻。姊为隋晋王妃,从入长安。聚学属文,端正鲠亮。好释氏,常修梵行,每与沙门难及苦空,必诣微旨。常观刘孝标《辩命论》,恶其伤先王之教,迷性命之理,乃作《非辩命论》以释之。大旨以为:“人禀天地以生,孰云非命,然吉凶祸福,亦因人而有,若一之于命,其蔽已甚。”时晋府学士柳顾言、诸葛颖见而称之曰:“自孝标后数十年间,言性命之理者,莫能诋诘。今萧君此论,足疗刘子膏肓。”

炀帝为太子也,授太子右千牛。及践阼,迁尚衣奉御,检校左翊卫鹰扬郎将。忽遇风疾,命家人不即医疗,仍云:“若天假余年,因此望为栖遁之资耳。”萧后闻而诲之:“以尔才知,足堪扬名显亲,岂得轻毁形骸而求隐逸!若以此致谴,则罪在不测。”病且逾,其姊劝勉之,故复有仕进志。累加银青光禄大夫、内史侍郎。既以后弟之亲,委之机务,后数以言忤旨,渐见疏斥。

炀帝至雁门,为突厥所围,瑀进谋曰:"如闻始毕托校猎至此,义成公主初不知其有违背之心。且北蕃夷俗,可贺敦知兵马事。昔汉高祖解平城之围,乃是阏氏之力。况义成以帝女为妻,必恃大国之援。若发一单使以告义成,假使无益,事亦无损。臣又窃听舆人之诵,乃虑陛下平突厥后更事辽东,所以人心不一,或致挫败。请下明诏告军中,赦高丽而专攻突厥,则百姓心安,人自为战。"炀帝从之,于是发使诣可贺敦谕旨。俄而突厥解围去,于后获其谍人,云:义成公主遣使告急于始毕,称北方有警,由是突厥解围,盖公主之助也。

炀帝又将伐辽东,谓群臣曰:"突厥狂悖为寇,势何能为。以其少时未散,萧瑀遂相恐动,情不可恕。"因出为河池郡守,即日遣之。既至郡,有山贼万余人寇暴纵横,瑀潜募勇敢之士,设奇而击之,当阵而降其众。所获财畜,咸赏有功,由是人竭其力。薛举遣众数万侵掠郡境,瑀要击之,自后诸贼莫敢进,郡中复安。

高祖定京城,遣书招之。瑀以郡归国,授光禄大夫,封宋国公,拜民部尚书。太宗为右元帅,攻洛阳,以瑀为府司马。武德五年,迁内史令。时军国草创,方隅未宁,高祖乃委以心腹,凡诸政务,莫不关掌。高祖每临轩听政,必赐升御榻,瑀既独孤氏之婿,与语呼之为萧郎。国典朝仪,亦责成于瑀,瑀孜孜自勉。绳违举过,人皆惮之。常奏便宜数十条,多见纳用,手敕曰:"得公之言,社稷所赖。运智者之策,以能成人之美;纳谏者之言,以金宝酬其德。今赐金一函,以报智者,勿为推退。"瑀固辞,优诏不许。其年,州置七职,务取才望兼美者为之。及太宗临雍州牧,以瑀为州都督。

高祖常有敕而中书不时宣行,高祖责其迟,瑀曰:"臣大业之日,见内史宣敕,或前后相乖者,百司行之,不知何所承用。所谓易必在前,难必在后,臣在中书日久,备见其事。今皇基初构,事涉安危,远方有疑,恐失机会。比每受一敕,臣必勘审,使与前敕不相乖背者,始敢宣行。迟晚之愆,实由于此。"高祖曰:"卿能用心若此,我有何忧?"初,瑀之朝也,关内产业并先给勋人。至是特还其田宅,瑀皆分给诸宗子弟,唯留庙堂一所,以奉蒸尝。及平王世充,瑀以预军谋之功,加邑二千户,拜尚书右仆射。内外考绩皆委之,司会为群僚指南,庶务繁总。瑀见事有时偏驳,而持法稍深,颇为时议所少。

瑀尝荐封伦于高祖,高祖以伦为中书令。太宗即位,迁尚书左仆射,封伦为右仆射。伦素怀险瑀,与瑀商量将为可奏者,至太宗前尽变易之。于时房玄龄、杜如晦既新用事,疏瑀亲伦,瑀心不能平,遂上封事论之,而辞旨寥落。太宗以玄龄等功高,由是忤旨,废于家。俄拜特进、太子少师。未几,复为尚书左仆射,赐实封六百户。

太宗常谓瑀曰:"朕欲使子孙长久,社稷永安,其理如何?"瑀对曰:"臣观前代国祚所以长久者,莫若封诸侯以为盘石之固。秦并六国,罢侯置守,二代而亡;汉有天下,郡国参建,亦得年余四百;魏、晋废之,不能永久。封建之法,实可遵行。"太宗然之,始议封建。

寻坐与侍中陈叔达于上前忿诤,声色甚厉,以不敬免。岁余,授晋州都督。明年,征授左光禄大夫,兼领御史大夫。与宰臣参议朝政,瑀多辞辩,每有评议,玄龄等不能抗,然心知其是,不用其言,瑀弥怏怏。玄龄、魏征、温彦博尝有微过,瑀劾之,而罪竟不问,因此自失。由是罢御史大夫,以为太子少傅,不复预闻朝政。六年,授特进,行太常卿。八年,为河南道巡省大使,人有坐当推劾苦未得其情者,遂置格置绳,以至于死,太宗特免责之。九年,拜特进,复令参预政事。

太宗尝从容谓房玄龄曰:"萧瑀大业之日,进谏隋主,出为河池郡守。应遭割心之祸,翻见太平之日,北叟失马,事亦难常。"瑀顿首拜谢。太宗又曰:"武德六年以后,太上皇有废立之心而不之定也,我当此日,不为兄弟所容,实有功高不赏之惧。此人不可以厚利诱之,不可以刑戮惧之,真社稷臣也。"因赐瑀诗曰:"疾风知劲草,版荡识诚臣。"又谓瑀曰:"卿之守道耿介,古人无以过也。然而善恶太明,亦有时而失。"瑀再拜谢曰:"臣特蒙诫训,又许臣以忠谅,虽死之日,犹生之年也。"魏征进而言曰:"臣有逆众以执法,明主之以忠；臣有孤特以扫节，明主恕之以劲。昔闻其言，今睹其实，萧瑀不遇明圣，必及于难！"太宗悦其言。

十七年，与长孙无忌等二十四人并图形于凌烟阁。是岁，立晋王为皇太子，拜瑀太子太保，仍知政事。太宗之伐辽东也，以洛邑冲要，襟带关、河，以瑀为洛阳宫守。车驾自辽还，请解太保，仍同中书门下。太宗以瑀好佛道，尝赍绣佛像一躯，并绣瑀形状于佛像侧，以为供养之容。又赐王褒所书《大品般若经》一部，并赐袈裟，以充讲诵之服焉。

瑀尝称："玄龄以下同中书门下内臣，悉皆朋党比周，无至心奉上。"累独奏云："此等相与执权，有同胶漆，陛下不细谙知，但未反耳。"太宗谓瑀曰："为人君者，驱驾英材，推心持士，公言不亦甚乎，何至如此！"太宗数日谓瑀曰："知臣莫若君，夫人不可求备，自当舍其短而用其长。朕虽才谢聪明，不应顿迷臧否。"因数为瑀信誓。瑀既不自得，而太宗积久衔之，终以瑀忠贞居多而未废也。

会瑀请出家，太宗谓曰："甚知公素爱桑门，今者不能违意。"瑀旋踵奏曰："臣顷思量，不能出家。"太宗以对群臣吐言而取舍相违，心不能平。瑀寻称足疾，时诣朝堂，又不入见，太宗谓侍臣曰："瑀岂不得其所乎，而自慊如此？"遂手诏曰：

朕闻物之顺也，虽异质而成功；事之违也，亦同形而罕用。是以舟浮楫举，可济千里之川；辕引轮停，不越一毫之地，故知动静相循易为务，曲直相反难为功，况乎上下之宜、君臣之际者矣。朕以无明于元首，期托德于股肱，思欲去伪归真，除浇反朴。至于佛教，非意所遵，虽有国之常经，固弊俗之虚术。何则？求其道者，未验福于将来；修其教者，翻受辜于既往。至若梁武穷心于释氏，简文锐意于法门，倾帑藏以给僧祇，殚人力以供塔庙。及乎三淮沸浪，五岭腾烟，假余息于熊蹯，引残魂于雀彀。子孙覆亡而不暇，社稷俄顷而为墟，报施之征，何其缪也。

而太子太保、宋国公瑀践覆车之余轨，袭亡国之遗风。弃公就私，未明隐显之际；身俗口道，莫辩邪正之心。修累叶之殃

源,祈一躬之福本,上以违忤君主,下则扇习浮华。往前朕谓张
亮云:"卿既事佛,何不出家?"瑀乃端然自应,请先入道,朕即
许之,寻复不用。一回一惑,在于瞬息之间;自可自否,变于帷
扆之所。乖栋梁之大体,岂具瞻之量乎?朕犹隐忍至今,瑀尚
全无悛改。宜即去兹朝缺,出牧小藩,可商州刺史,仍除其封。

二十一年,征授金紫光禄大夫,复封宋国公。从幸玉华宫,遘疾
薨于宫所,年七十四。太宗闻而辍膳,高宗为举哀,遣使吊祭。太常
谥曰"肃"。太宗曰:"易名之典,必其行。瑀性多猜贰,此谥失于不
直,更宜摭实。"改谥曰贞褊公。册赠司空、荆州都督,赐东园秘器,
陪葬昭陵。临终遗书曰:"生而必死,理之常分。气绝后可著单服一
通,以充小敛。棺内施单席而已,冀其速朽,不得别加一物。无假卜
日,惟在速办。自古贤哲,非无等例,尔宜勉之。"诸子遵其遗志,敛
葬俭薄。

子锐嗣,尚太宗女襄城公主,历太常卿、汾州刺史。公主雅有礼
度,太宗每令诸公主,凡厥所为,皆视其楷则。又令所司别为营第,
公主辞曰:"妇人事舅姑如事父母,若居处不同,则定省多缺。"再三
固让,乃止,令于旧宅而改创焉。永徽初,公主薨,诏葬昭陵。

瑀兄璟,亦有学行。武德中为黄门侍郎,累转秘书监,封兰陵县
公。贞观中卒,赠礼部尚书。

瑀兄子钧,隋迁州刺史、梁国公珣之子也。博学有才望。贞观
中,累除中书舍人,甚为房玄龄、魏征所重。永徽二年,历迁谏议大
夫,兼弘文馆学士。

时有左武候引驾卢文操逾垣盗左藏库物,高宗以别驾职在纠
绳,身行盗窃,命有司杀之。钧进谏曰:"文操所犯,情实难原。然恐
天下闻之,必谓陛下轻法律,贱人命,任喜怒,贵财物。臣之所职,以
谏为名,愚衷所怀,不敢不奏。"帝谓曰:"卿只在司谏,能尽忠规。"
遂特免其死罪,顾谓侍臣曰:"此乃真谏议也。"

寻而太常乐工宋四通等为宫人通传信物,高宗特令处死,乃遣

附律，钧上疏言："四通等犯在未附律前，不合至死。"手诏曰："朕闻防祸未萌，先贤所重，宫阙之禁，其可渐欤？昔如姬窃符，朕用为永鉴，不欲今兹自彰其过，所搦宪章，想非滥也。但朕翘心紫禁，思觌引裾，侧席朱楹，冀旌折槛。今乃喜得其言，特免四通等死，远处配流。"

钧寻为太子率更令，兼崇贤馆学士。显庆中卒。所撰《韵旨》二十卷，有集三十卷行于代。

子瓘，官至渝州长史。母终，以毁卒。咀子嵩，别有传。

钧兄子嗣业，少随祖姑隋炀帝后入于突厥。贞观九年归朝，以深识蕃情，充使统领突厥之众。累转鸿胪卿，兼单于都护府长史。调露中，单于突厥反叛，嗣业率兵战败，配流岭南而死。

裴矩字弘大，河东闻喜人。祖他，后魏东荆州刺史。父讷之，北齐太子舍人。矩襁褓而孤，为伯父让之所鞠。及长，博学，早知名，仕齐为高平王文学。齐亡，隋文帝为定州总管，召补记室，甚亲敬之。文帝即位，迁给事郎，直内史省，奏舍人事。伐陈之役，领元帅记室。及陈平，晋王广令矩与高颎收陈图籍，归之秘府。累迁吏部侍郎，以事免。

大业初，西域诸蕃款张掖塞与中国互市，炀帝遣矩监其事。矩知帝方勤远略，欲吞并夷狄，乃访西域风俗及山川险易、君长姓族、物产服章，撰《西域图记》三卷，入朝奏之。帝大悦，赐物五百段。每日引至御座，顾问西方之事。矩盛言西域多珍宝及吐谷浑可并之状，帝信之，仍委以经略。拜民部侍郎，俄迁黄门侍郎，参预朝政，令往张掖引致西蕃，至者十余国。

三年，帝有事于恒岳，咸来助祭。帝将巡河右，复令矩往敦煌，矩遣使说高昌王鞠伯雅及伊吾吐屯设等，啖以厚利，导使入朝。及帝西巡，次燕支山，高昌王、伊吾设等及西蕃胡二十七国，盛服珠玉锦罽，焚香奏乐，歌舞相趋，谒于道左。复令武威、张掖士女盛饰纵观，骑乘填咽，周亘数十里，帝见之大悦。及灭吐谷浑，蛮夷纳贡，诸蕃慑服，相继来庭。虽拓地数千里，而役戍委输之费，岁巨万计，中国骚动焉。帝以矩有绥怀之略，加位银青光禄大夫。

其年，帝幸东都，矩以蛮夷朝贡者多，讽帝大征四方奇技，作鱼龙曼延角觝于洛邑，以夸诸戎狄，终月而罢。又令三市店肆皆设帷帐，盛酒食，遣掌蕃率蛮夷与人贸易，所至处悉令邀延就座，醉饱而散。夷人有识者，咸私哂其矫饰焉。帝称矩至诚，谓宇文述、牛弘曰："裴矩大识朕意，凡所陈奏，皆朕之成算，朕未发顷，矩辄以闻。自非奉国用心，孰能若是？"寻令与将军薛世雄城伊吾而还，赐钱四十万。矩因进计纵反间于射匮，使潜攻处罗。后处罗为射匮所迫，竟随使者入朝，帝甚悦，赐矩貂裘及西域珍器。

从帝巡于塞北，幸启民可汗帐。时高丽遣使先通于突厥，启民不敢隐，引之见帝，矩因奏曰："高丽之地，本孤竹国也，周代以之封箕子，汉时分为三郡，晋氏亦统辽东。今乃不臣，列为外域，故先帝欲征之久矣，但以杨谅不肖，师出无功。当陛下时，安得不有事于此，使冠带之境，仍为蛮貊之乡乎？今其使者朝于突厥，亲见启民从化，必惧皇灵之远畅，虑后服之先亡，胁令入朝，当可致也。请面诏其使还本国，遣语其王令速朝觐。不然者，当率突厥即日诛之。"帝纳焉。高丽不用命，始建征辽之策。王师临辽，以本官领虎贲郎将。明年，复从至辽东。兵部侍郎斛斯政亡入高丽，帝令矩兼掌兵部事。以前后渡辽功，进位右光禄大夫。

矩后从幸江都。及义兵入关，屈突通败问至，帝问矩方略，矩曰："太原有变，京畿不净，遥为处分，恐失事机。唯銮舆早还，方可平定。"矩见天下将乱，恐为身祸，每遇人尽礼，虽至胥吏，皆得其欢心。时从驾骁果多逃散，矩言于帝曰："车驾留此，已经二岁，人无匹合，则不能久安。请听兵士于此纳室，私相奔诱者，因而配之。"帝从其计，军中渐安，咸曰："裴公之惠也。"是时，帝既昏侈逾甚，矩无所谏，但悦媚取容而已。

宇文化及弑逆，署为尚书右仆射。化及败，窦建德复以为尚书右仆射，令专掌选事。时建德起自群盗，事无节文，矩为创定朝仪，权设法律,宪章颇备,建德大悦,每咨访焉。及建德败,矩与伪将曹旦及建德之妻赍传国八玺,举山东之地来降,封安邑县公。

武德五年,拜太子左庶子,俄迁太子詹事。令与虞世南撰《吉凶书仪》,参按故实,甚合礼度,为学者所称,至今行之。八年,兼检校侍中。及太子建成被诛,其余党尚保宫城,欲与秦王决战,王遣矩晓谕之,宫兵乃散。寻迁民部尚书。矩年且八十,而精爽不衰,以晓习故事,甚见推重。

太宗初即位,务止奸吏,或闻诸曹案典,多有受赂者,乃遣人以财物试之。有司门令史受馈绢一匹,太宗怒,将杀之,矩进谏曰:“此人受赂,诚合重诛,但陛下以物试之,即行极法,所谓陷人以罪,恐非导德齐礼之义。”太宗纳其言,因召百僚谓曰:“裴矩遂能廷折,不肯面从,每事如此,天下何忧不治。”贞观元年卒,赠绛州刺史,谥曰敬。撰《开业平陈记》十二卷,行于代。

子宣机,高宗时官至银青光禄大夫、太子左中护。

宇文士及,雍州长安人。隋右卫大将军述子,化及弟也。开皇末,以父勋封新城县公。隋文帝尝引入卧内,与语,奇之,令尚炀帝女南阳公主。大业中,历尚辇奉御,从幸江都,以父忧去职,寻起为鸿胪少卿。化及之谋逆乱也,以其主婿,深忌之而不告,既弑炀帝,署为内史令。

初,高祖为殿内少监,时士及为奉御,深自结托。及随化及至黎阳,高祖手诏召之。士及亦潜遣家僮间道诣长安申赤心,又因使密贡金环。高祖大悦,谓侍臣曰:“我与士及素经共事,今贡金环,是其来意也。”及至魏县,兵威日蹙,士及劝之西归长安,化及不从,士及乃与封伦求于济北征督军粮。俄而化及为窦建德所擒,济北豪右多劝士及发青、齐之众北击建德,收河北之地,以观形势,士及不纳,遂与封伦等来降。高祖数之曰:“汝兄弟率思归之卒,为入关之计,当此之时,若得我父子,岂肯相存,今欲何地自处?”士及谢曰:“臣之罪诚不容诛,但臣早奉龙颜,久存心腹,往在涿郡,尝夜中密论时事，后于汾阴宫，复尽丹赤。自陛下龙飞九五，臣实倾心西归，所以密申贡献，冀此赎罪耳。"高祖笑谓裴寂曰："此人与我言天下事，至今已六七年矣，公辈皆在其后。"时士及妹为昭仪有宠，由是渐见亲待，授上仪同。从太宗平宋金刚，以功复封新城县公，妻以寿光县主，仍迁秦王府骠骑将军。又从平王世充、窦建德，以功进爵郢国公，迁中书侍郎，再转太子詹事。

太宗即位，代封伦为中书令，真食益州七百户。寻以本官检校凉州都督。时突厥屡边寇，士及欲立威以镇边服，每出入陈兵，盛为容卫，又折节礼士，凉土服其威惠。征为殿中监，以疾出为蒲州刺史，为政宽简，吏人安之。数岁，入为右卫大将军，甚见亲顾，每延入阁中，乙夜方出，遇其归沐，仍遣驰召，同列莫与为比。然尤谨密，其妻每问向中使召有何乐事，士及终无所言。寻录其功，别封一子为新城县公。在职七年，复为殿中监，加金紫光禄大夫。及疾笃，太宗亲问，抚之流涕。贞观十六年卒，赠左卫大将军、凉州都督，陪葬昭陵。士及抚幼弟及孤兄子，以友爱见称，亲戚故人贫乏者辄遗之。然厚自封植，衣食服玩必极奢侈。谥曰"恭"，黄门侍郎刘洎驳之曰："士及居家侈纵，不宜为恭。"竟谥曰纵。

史臣曰：封伦多揣摩之才，有附托之巧。党化及而数炀帝，或有赧颜；托士及以归唐朝，殊无愧色。当建成之际，事持两端；背萧瑀之恩，奏多异议。太宗明主也，不见其心；玄龄贤相焉，尚容其诡。狡算丑行，死而后彰，苟非唐临之劲，唐俭等议，则奸人得计矣。萧瑀骨鲠亮直，儒术清明。执政隋朝，忠而获罪；委质高祖，知无不为。及太宗临朝，房、杜用事，不容小过，欲居成功，既形猜贰之言，宁固或跃之位。易名而只加"褊"字，所幸者犹多；奉佛而不失道情，非善也而何谓。裴矩方略宽简，士及通变谨密，皆一时之称也。

赞曰：封伦揣摩诡诈，萧瑀骨鲠儒术。裴矩方略宽简，士及通变谨密。

旧唐书卷六四
列传第一四

高祖二十二子

隐太子建成　　卫王玄霸　　巢王元吉
楚王智云　　荆王元景　　汉王元昌
邦王元亨　　周王元方　　徐王元礼
韩王元嘉　　彭王元则　　郑王元懿
霍王元轨　　虢王凤　　道王元庆
邓王元裕　　舒王元名　　鲁王灵夔
江王元祥　　密王元晓　　滕王元婴

高祖二十二男：太穆皇后生隐太子建成及太宗、卫王玄霸、巢王元吉，万贵妃生楚王智云，尹德妃生邦王元亨，莫嫔生荆王元景，孙嫔生汉王元昌，宇文昭仪生韩王元嘉、鲁王灵夔，崔嫔生邓王元裕，杨嫔生江王元祥，小杨嫔生舒王元名，郭婕妤生徐王元礼，刘婕妤生道王元庆，杨美人生虢王凤，张美人生霍王元轨，张宝林生郑王元懿，柳宝林生滕王元婴，王才人生彭王元则，鲁才人生密王元晓，张氏生周王元方。

隐太子建成，高祖长子也。大业末，高祖捕贼汾、晋，建成携家属寄于河东。义旗初建,遣使密召之,建成与巢王元吉间行赴太原。建成至,高祖大喜,拜左领军大都督,封陇西郡公,引兵略西河郡,从平长安。义宁元年冬,隋恭帝拜唐国世子,开府,置僚属。二年,授抚军大将军、东讨元帅,将兵十万徇洛阳。及还,恭帝授尚书令。

武德元年,立为皇太子。二年,司竹群盗祝山海有众一千,自称护乡公,诏建成率将军桑显和进击山海,平之。时凉州人安兴贵杀贼帅李轨,以众来降,令建成往原州应接之。时甚暑而驰猎无度,士卒不堪其劳,逃者过半。高祖忧其不闲政术,每令习时事,自非军国大务,悉委决之。又遣礼部尚书李纲、民部尚书郑善果俱为宫官,与参谋议。

四年,稽胡酋帅刘仚成拥部落数万人为边害,又诏建成率师讨之。军次鄜州,与仚成军遇,击大破之,斩首数百级,虏获千余人。建成设诈放其渠帅数十人,并授官爵,令还本所招慰群胡,仚成与胡中大帅亦请降。建成以胡兵尚众,恐有变,将尽杀之。乃扬言增置州县,须有城邑,悉课群胡执板筑之具,会筑城所,阴勒兵士皆执之。仚成闻有变,奔于梁师都。竟诛降胡六千余人。

时太宗功业日盛,高祖私许立为太子,建成密知之,乃与齐王元吉潜谋作乱。及刘黑闼重反,王珪、魏征谓建成曰:"殿下但以地居嫡长,爰践元良,功绩既无可称,仁声又未遐布。而秦王勋业克隆,威震四海,人心所向,殿下何以自安?今黑闼率破亡之余,众不盈万,加以粮运限绝,疮痍未瘳,若大军一临,可不战而擒也。愿请讨之,且以立功,深自封植,因结山东英俊。"建成从其计,遂请讨刘黑闼,擒之而旋。

时高祖晚生诸王,诸母擅宠,椒房亲戚并分事宫储,竞求恩惠。太宗每总戎律,惟以抚接才贤为务,至于参请妃媛,素所不行。初平洛阳,高祖遣贵妃等驰往东都选阅宫人及府库珍物,因私有求索,兼为亲族请官。太宗以财簿先已封奏,官爵皆酬有功,并不允许,因此衔恨弥切。

时太宗为陕东道行台,诏于管内得专处分。淮安王神通有功,太宗乃给田数十顷。后婕妤张氏之父令婕妤私奏以乞其地,高祖手诏,赐焉。神通以教给在前,遂不肯与。婕妤矫奏曰:"敕赐韶父地,秦王夺之以与神通。"高祖大怒,攘袂责太宗曰:"我诏敕不行。尔之教命州县即受。"他日,高祖呼太宗小名谓裴寂等:"此儿典兵既久,在外专制,为读书汉所教,非复我昔日子也。"

又德妃之父尹阿鼠所为横恣,秦王府属杜如晦行经其门,阿鼠这僮数人牵如晦坠马殴击之,骂云:"汝是何人,敢经我门而不下马!"阿鼠或虑上闻,乃令德妃奏言:"秦王左右凶暴,凌轹妾父。"高祖又怒谓太宗曰:"尔之左右欺我妃嫔之家,一至于此,况凡人百姓乎!"太宗深自辩明,卒不被纳。妃嫔等因奏言:"至尊万岁后,秦王得志,母子定无孑遗。"因悲泣哽咽。又云:"东宫慈厚,必能养育妾母子。"高祖恻怆久之。自是于太宗恩礼渐薄,废立之心亦以此定,建成、元吉转蒙恩宠。

自武德初,高祖令太宗居西宫之承乾殿,元吉居武德殿后院,与上台、东宫昼夜并通,更无限隔。皇太子及二王出入上台,皆乘马携弓刀杂用之物,相遇则如家人之礼。由是皇太子令及秦、齐二王教与诏敕并行,百姓惶惑,莫知准的。建成、元吉又外结小人,内连嬖幸,高祖所宠张婕妤、尹德妃皆与之淫乱。复与诸公主及六宫亲戚骄恣纵横,并兼田宅,侵夺犬马。同恶相济,掩蔽聪明,苟行己志,惟以甘言谀辞承候颜色。

建成乃私召四方骁勇,并募长安恶少年二千余人,畜为宫甲,分屯左、右长林门,号为长林兵。及高祖幸仁智宫,留建成居守,建成先令庆州总管杨文干募健儿送京师,欲以为变。又遣郎将尔朱焕、校尉桥公山赍甲以赐文干,令起兵共相应接。公山、焕等行至幽乡,惧罪驰告其事。高祖托以他事,手诏追建成诣行在所。既至,高祖大怒,建成叩头谢罪,奋身自投于地,几至于绝。其夜,置之幕中,令殿中监陈万福防御,而文干遂举兵反。高祖驰使召太宗以谋之,太宗曰:"文干小竖,狂悖起兵,州府官司已应擒剿。纵其假息时刻,但须遣一将耳。"高祖曰:"文干事连建成,恐应之者众,汝宜自行,

还,立汝为太子。吾不能效隋文帝诛杀骨肉。废建成封作蜀王,地
既僻小易制。若不能事汝,亦易取耳。"太宗既行,元吉及四妃更为
建成内请,封伦又外为游说,高祖意便顿改,遂寝不行,复令建成还
京居守。惟责以兄弟不能相容,归罪于中允王珪、左卫率韦挺及天
策兵曹杜淹等,并流之巂州。

　　后又与元吉谋行鸩毒,引太宗入宫夜宴,既而太宗心中暴痛,
吐血数升,淮安王神通狼狈扶还西宫。高祖幸第间疾,因敕建成:
"秦王素不能饮,更勿夜聚。"乃谓太宗曰:"发迹晋阳,本是汝计;克
平宇内,是汝大功。欲升储位,汝固让不受,以成汝美志。建成自居
东宫,多历年所,今复不忍夺之。观汝兄弟,终是不和,同在京邑,必
有忿竞。汝还行台,居于洛阳,自陕已东,悉宜主之。仍令汝建天子
旌旗,如梁孝王故事。"太宗泣而奏曰:"今日之授,实非所愿,不能
远离膝下。"言讫呜咽,悲不自胜。高祖曰:"昔陆贾汉臣,尚有递过
之事,况吾四方之主,天下为家。东西两宫,涂路咫尺,忆汝即往,无
劳悲也。"及将行,建成、元吉相与谋曰:"秦王今往洛阳,既得土地
甲兵,必为后患。留在京师制之,一匹夫耳。"密令数人上封事曰:
"秦王左右多是东人,闻往洛阳,非常欣跃,观其情状,自今一去,不
作来意。"高祖于是遂停。

　　是后,日夜阴与元吉连结后宫,谮诉愈切,高祖惑之。太宗惧,
不知所为。李靖、李勣等数言:"大王以功高被疑,靖等请申犬马之
力。"封伦亦潜劝太宗图之,并不许。伦反言于高祖曰:"秦王恃有大
勋,不服居太子之下。若不立之,愿早为之所。"又说建成作乱曰:
"夫为四海者,不顾其亲。汉高乞羹,此之谓矣。"

　　九年,突厥犯边,诏元吉率师拒之,元吉因兵集,将与建成克期
举事。长孙无忌、房玄龄、杜如晦、尉迟敬德、侯君集等日夜固争曰:
"事急矣!若不行权道,社稷必危。周公圣人,岂无情于骨肉?为存
社稷,大义灭亲。今大王临机不断,坐受屠戮,于义何成?若不见听,
无忌等将窜身草泽,不得居王左右。"太宗然其计。六月三日,密奏
建成、元吉淫乱后宫,因自陈曰:"臣于兄弟无丝毫所负,今欲杀臣,

似为世充、建德报仇。臣今枉死，永违君亲，魂归地下，实亦耻见诸贼。"高祖省之愕然，报曰："明日当勘问，汝宜早参。"四日，太宗将左右九人至玄武门自卫。高祖已召裴寂、萧瑀、陈叔达、封伦、宇文士及、窦诞、颜师古等，欲令穷核其事。建成、元吉行至临湖殿，觉变，即回马，将东归宫府。太宗随而呼之，元吉马上张弓，再三不彀。太宗乃射之，建成应弦而毙。元吉中流矢而走，尉迟敬德杀之。俄而东宫及齐府精兵二千人结阵驰攻玄武门，守门兵仗拒之，不得人，良久接战，流矢及于内殿。太宗左右数百骑来赴难，建成等兵遂败散。高祖大惊，谓裴寂等曰"今日之事如何？"萧瑀、陈叔达进曰："臣闻内外无限，父子不亲，当断不断，反受其乱。建成、元吉，义旗草创之际，并不预谋，建立已来，又无功德，常自怀忧，相济为恶，衅起萧墙，遂有今日之事。秦王功盖天下，率土归心，若处以元良，委之国务，陛下如释重负，苍生自然义安。"高祖曰："善！此亦吾之夙志也。"乃命召太宗而抚之曰："近日已来，几有投杼之惑。"太宗哀号久之。

　　建成死时年三十八。长子太原王承宗早卒。次子安陆王承道、河东王承德、武安王承训、汝南王承明、钜鹿王承义并坐诛。太宗即位，追封建成为息王，谥曰隐，以礼改葬。葬日，太宗于宜秋门哭之甚哀，仍以皇子赵王福为建成嗣。十六年五月，又追赠皇太子，谥仍依旧。

　　卫王玄霸，高祖第三子也。早薨，无子。武德元年，追赠卫王，谥曰怀。四年，封太宗子泰为宜都王以奉其祀，以礼改葬，太子以下送于郭外。泰后徙封于越，又以宗室赠西平王琼之子保定为嗣。贞观五年薨，无子国除。

　　巢王元吉，高祖第四子也。义师起，授太原郡守，封姑臧郡公。寻进封齐国公，授十五郡诸军事、镇北大将军，留镇太原，许以便宜行事。

武德元年，进爵为王，授并州总管。二年，刘武周南侵汾、晋，诏遣右卫将军宇文歆助元吉守并州。元吉性好畋猎，载网罟三十余两，尝言"我宁三日不食，不能一日不猎"，又纵其左右攘夺百姓。歆频谏不纳，乃上表曰："王在州之日，多出微行，常共窦诞游猎，蹂践谷稼，放纵亲昵，公行攘夺，境内六畜，因之殆尽。当衢而射，观人避箭，以为笑乐。分遣左右，戏为攻战，至相击刺，毁伤至死。夜开府门，宣淫他室。百姓怨毒，各怀愤叹。以此守城，安能自保！"元吉竟坐免。又讽父老诣阙请之，寻令复职。

时刘武周率五千骑至黄蛇岭，元吉遣车骑将军张达以步卒百人先尝之。达以步卒少，固请不行。元吉强遣之，至则尽没于贼。达愤怒，因引武周攻陷榆次，进逼并州。元吉大惧，绐其司马刘德威曰："卿以老弱守城，吾以强兵出战。"因夜出兵，携其妻妾弃军奔还京师，并州遂陷。高祖怒甚，谓礼部尚书李纲曰："元吉幼小，未习时事，故遣窦诞、宇文歆辅之。强兵数万，食支十年，起义兴运之基，一朝而弃。宇文歆首画此计，我当斩之。"纲曰："赖歆令陛下不失爱子，臣以为有功。"高祖问其故，纲对曰："罪由窦诞不能规讽，致令军人怨愤。又齐王年少，肆行骄逸，放纵左右，侵渔百姓。诞曾无谏止，乃随顺掩藏，以成其衅，此诞之罪。宇文歆论情则疏，向彼又浅，王之过失，悉以闻奏。且父子之际，人所难言，而歆言之，岂非忠恳？今欲诛罪，不录其心，臣愚窃以为过。"翌日，高祖召纲入，升御坐，谓曰："今我有公，遂使刑罚不滥。元吉自恶，结怨于人。歆既曾以表闻，诞亦焉能禁制，皆非其罪也。"寻加授元吉侍中、襄州道行台尚书令、稷州刺史。

四年，太宗征窦建德，留元吉与屈突通围王世充于东都。世充出兵拒战，元吉设伏击破之，斩首八百级，生擒其大将乐仁昉、甲士千余人。世充平，拜司空，余官如故，加赐衮冕之服、前后部鼓吹乐二部、班剑二十人、黄金二千斤，与太宗各听三炉铸钱以自给。六年，加授隰州总管。

及与建成连谋，各募壮士，多匿罪人。复内结宫掖，递加称誉，又厚赂中书令封伦以为党助。由是高祖颇疏太宗而加爱元吉。太宗尝从高祖幸其第，元吉伏其护军宇文宝于寝内，将以刺太宗。建成恐事不果而止之，元吉愠曰："为兄计耳，于我何害！"九年，转左卫大将军，寻进位司徒、兼侍中，并州大都督、隰州都督、稷州刺史并如故。

高祖将避暑太和宫，二王当从，元吉谓建成曰："待至宫所，当兴精兵袭取之。置土窟中，唯开一孔以通饮食耳。"会突厥郁射设屯军河南，入围乌程。建成乃荐元吉代太宗督军北讨，仍令秦府骁将秦叔宝、尉迟敬德、程知节、段志玄等并与同行。又追秦府兵帐，简阅骁勇，将夺太宗兵以益其府。又潜杜如晦、房玄龄，逐令归第。高祖知其谋而不制。元吉因密请加害太宗，高祖曰："是有定四海之功，罪迹未见，一旦欲杀，何以为辞？"元吉曰："秦王常违诏敕。初平东都之日，偃蹇顾望，不急还京，分散钱帛，以树私惠。违戾如此，岂非反逆？但须速杀，何患无辞！"高祖不对，元吉遂退。

建成谓元吉曰："既得秦王精兵，统数万之众，吾与秦王至昆明池，于彼宴别，令壮士拉之于幕下，因云暴卒，主上义无不信。吾当使人进说，令付吾国务。正位已后，以汝为太弟。敬德等既入汝手，一时坑之，孰敢不服？"率更丞王晊闻其谋，密告太宗。太宗召府僚以告之，皆曰："大王若不正断，社稷非唐所有。若使建成、元吉肆其毒心，群小得志，元吉狠戾，终亦不事其兄。往者护军薛宝上齐王符箓云：'元吉合成唐字。'齐王得之喜曰：'但除秦王，取东宫如反掌耳。'为乱未成，预怀相夺。以大王之威，袭二人如拾地芥。太宗迟疑未决，众又曰："大王以舜为何如人也？"曰："睿哲文明，温恭允塞，为子孝，为君圣，焉可议之乎？"府僚曰："向使舜浚井不出，自同鱼鳖之毙，焉得为孝子乎？涂廪不下，便成煨烬之余，焉得为圣君乎？小杖受，大杖避，良有以也。"太宗于是定计诛建成及元吉。

元吉死时年二十四。有五子：梁郡王承业、渔阳王承鸾、普安王承奖、江夏王承裕、义阳王承度，并坐诛。寻诏绝建成、元吉属籍。太宗践祚，追封元吉为海陵郡王，谥曰刺，以礼改葬。贞观十六年，又追封巢王，谥如故，复以曹王明为元吉后。

楚王智云，高祖第五子也。母曰万贵妃，性恭顺，特蒙高祖亲礼。宫中之事皆咨禀之，诸王妃主，莫不推敬。后授楚国太妃，薨，陪葬献陵。

智云本名稚诠，大业末，从高祖于河东。及义师将起，陷太子建成潜归太原，以智云年小，委之而去。因为吏所捕，送于长安，为阴世师所害，年十四。义宁元年，赠尚书左仆射、楚国公。武德元年，追封楚王，谥曰哀。无子，三年，以太宗子宽为嗣。宽薨，贞观二年，复以济南公世都子灵龟嗣焉。

灵龟，永徽中历魏州刺史，政尚清严，奸盗屏迹。又开永济渠入于新市，以控引商旅，百姓利之。卒官。

子福嗣嗣，降爵为公。仪凤中，卒于右威卫将军。

子承况，神龙中为右羽林将军，与节愍太子同举兵，入玄武门，为乱兵所杀。

荆王元景，高祖第六子也。武德三年，封为赵王。八年，授安州都督。贞观初，历迁雍州牧、右骁卫大将军。十年，徙封荆王，授荆州都督。十一年，定制元景等为代袭刺史。诏曰：

皇王受命，步骤之迹以殊；经籍所纪，质文之道匪一。虽治乱不同，损益或异，至于设官司以制海内，建藩屏以辅王室，莫不明其典章，义存于致治，崇其贤戚，志在于无疆。朕以寡昧，丕承鸿绪，寅畏三灵，忧勤百姓，考明哲之余论，求经邦之长策。帝业之重，独任难以成务；天下之旷，因人易以获安。然则侯伯肇于自昔，州郡始于中代，圣贤异术，沿革随时，复古则义难顿从，寻今则事不尽理。遂规模周、汉，斟酌曹、马，采按部之嘉名，参建侯之旧制，共治之职重矣，分土之实存焉。已有制书，陈其至理。继世垂范，贻厥后昆，维城作固，同符前烈。荆州都督荆王元景、梁州都督汉王元昌、徐州都督徐王元礼、潞州都督韩王元嘉、遂州都督彭王元则、郑州刺史郑王元懿、绛州刺史霍王元轨、虢州刺史虢王凤、豫州刺史道王元庆、邓州刺史邓王元裕、寿州刺史舒王元名、幽州都督燕王灵夔、苏州刺史许王元祥、安州都督吴王恪、相州都督魏王泰、齐州都督齐王祐、益州都督蜀王愔、襄州刺史蒋王恽、扬州都督越王贞、并州都督晋王某、秦州都督纪王慎等，或地居旦、奭，夙闻诗、礼；或望及间、平，早称才艺，并爵隆土宇，宠兼车服。诚孝之心，无忘于造次；风政之举，克著于期月。宜冠恒册，祚以休命。其所任刺史，咸令子孙代代承袭。”

寻又罢代袭之制。元景久之转鄜州刺史。高宗即位，进位司徒，加实封通前满一千五百户。永徽二年，坐与房遗爱谋反赐死，国除。后追封沈黎王，备礼改葬，以渤海王奉慈子长沙为嗣，降爵为侯。神龙初，追复爵土，并封其孙逊为嗣荆王，寻薨，国除。

汉王元昌，高祖第七子也。少好学，善隶书。武德三年，封为鲁王。贞观五年，授华州刺史，转梁州都督。十年，改封汉王。元昌在州，颇违宪法，太宗手敕责之。初不自咎，更怀怨望。知太子承乾嫉魏王泰之宠，乃相附托，图为不轨。十六年，元昌来朝京师，承乾频召入东宫夜宿，因谓承乾曰：“愿殿下早为天子。近见御侧，有一宫人，善弹琵琶，事平之后，当望垂赐。”承乾许诺。又刻臂出血，以帛拭之，烧作灰，和酒同饮，共为信誓，潜伺间隙。

十七年，事发，太宗弗忍加诛，特敕免死。大臣高士廉、李世勣等奏言：“王者以四海为家，以万姓为子，公行天下，情无独亲。元昌苞藏凶恶，图谋逆乱，观其指趣，察其心府，罪深燕旦，衅甚楚英。天地之所不容，人臣之所切齿，五刑不足申其罚，九死无以当其愆。而陛下情屈至公，恩加枭獍，欲开疏网，漏此鲸鲵。臣等有司，期不奉制，伏愿敦师宪典，诛此凶慝。顺群臣之愿，夺鹰鹯之心，则吴、楚七君不幽叹于往汉，管、蔡二叔不沉恨于有周。”太宗事不获已，乃赐元昌自尽于家，妻子籍没，国除。

邦王元亨,高祖第八子也。武德三年受封。贞观二年,授散骑常侍,拜金州刺史。及之藩,太宗以其幼小,甚思之,中路赐以金盏,遣使为之设宴。六年薨,无子国除。

周王元方,高祖第九子也。武德四年受封。贞观二年,授散骑常侍。三年薨,赠左光禄大夫,无子国除。

徐王元礼,高祖第十子也。少恭谨,善骑射。武德四年,封郑王。贞观六年,赐实封七百户,授郑州刺史,徙封徐王,迁徐州都督。十七年,转绛州刺史,以善政闻,太宗降玺书劳勉,赐以锦彩。二十三年,加实封千户。永徽四年,加授司徒,兼潞州刺史。咸亨三年薨,赠太尉、冀州大都督。陪葬献陵。

子淮南王茂嗣。茂险薄无行,元礼姬赵氏有美色,及元礼遇疾,茂遂逼之,元礼知而切加责让。茂乃屏斥元礼侍卫,断其药膳,仍云:"既得五十年为王,更何烦服药。"竟以馁终。上元中,事泄,配流振州而死。

神龙初,又封茂子璀为嗣徐王。景龙四年,加银青光禄大夫。开元中,除宗正员外卿,卒。

子延年嗣。开元二十六年,封嗣徐王,除员外洗马。天宝初,拔汗那王入朝,延年将嫁女与之,为右相李林甫所奏,贬文安郡别驾、彭城长史,坐赃贬永嘉司士。至德初,余杭郡司马,卒。永泰元年,女婿黔中观察使赵国珍入朝,请以延年子前施州刺史讽为嗣,因封嗣徐王。

韩王元嘉,高祖第十一子也。母宇文昭仪,隋左武卫大将军述之女也。早有宠于高祖,高祖初即位,便欲立为皇后,固辞不受。元嘉少以母宠,特为高祖所爱,自登极晚生皇子无及之者。武德四年,封宋王,徙封徐王。贞观六年,赐实封七百户,授潞州刺史,时年十五。在州闻太妃有疾,便涕泣不食。及京师发丧,哀毁过礼,太宗嗟其至性,屡慰勉之。九年,授右领军大将军。十年,改封韩王,授潞州都督。二十三年,加实封满千户。

元嘉少好学,聚书至万卷,又采碑文古迹,多得异本。闺门修整,有类寒素士大夫。与其弟灵夔甚相友爱,兄弟集见如布衣之礼。其修身洁己,内外如上,当代诸王莫能及者,唯霍王元轨抑其次焉。

高宗末,元嘉转泽州刺史。及天后临朝摄政,欲顺物情,乃进授元嘉为太尉,定州刺史、霍王元轨为司徒,青州刺史、舒王元名为司人,隆州刺史、鲁王灵夔为太子太师,苏州刺史、越王贞为太子太傅,安州都督、纪王慎为太子太保,并外示尊崇,实无所综理。其其后渐将诛戮宗室诸王不附己者,元嘉大惧,与其子通州刺史、黄公譔及越王贞父子谋起兵,于是皇宗国戚内外相连者甚广。遣使报贞及贞子琅邪王冲曰:"四面同来,事无不济。"冲与诸道计料未审而先发兵,仓卒唯贞应之,诸道莫有赴者,故其事不成。元嘉坐诛。

譔少以文才见知,诸王子中与琅邪王冲为一时之秀,凡所交结皆当代名士。时天下犯罪籍没者甚众,唯冲与譔父子书籍最多,皆文句详定,秘阁所不及。

神龙初,追复元嘉爵土,并封其第五子讷为嗣韩王,官至员外祭酒。开元十七年卒。

元嘉长子训,高祖时封颍川王,早卒。次子谊,封武陵王,官至濮州刺史。

开元中,封讷子叔璩为嗣韩王、国子员外司业。

彭王元则,高祖第十二子也。武德四年,封荆王。贞观七年,授豫州刺史。十年,改封彭王,除遂州都督,寻坐章服奢僭免官。十七年,拜沣州刺史,更折节励行,颇著声誉。永徽二年薨,高宗为之废朝三日,赠司徒、荆州都督,陪葬献陵,谥曰思。发引之日,高宗登望春宫望其灵车,哭之甚恸。

无子,以霍王元轨子绚嗣。龙朔中封南昌王。

子志暕，神龙初封嗣彭王。景龙初，加银青光禄大夫。开元中，宗正卿同正员，卒。

郑王元懿，高祖第十三子也。颇好学。武德四年，封滕王。贞观七年，授兖州刺史，赐实封六百户。十年，改封郑王，历郑、潞二州刺史。二十三年，加实封满千户。总章中，累授绛州刺史。数断大狱，甚有平允之誉，高宗嘉之，降玺书褒美，赐物三百段。咸亨四年薨，赠司徒、荆州大都督，谥曰惠，陪葬献陵。

子璥，上元初，封为嗣郑王，官至鄂州刺史。

神龙初，又封璥嫡子希言为嗣郑王。景龙四年，嗣郑王希言等共一十四人，并加银青光禄大夫。开元中，右金吾大将军。天宝初，再为太子詹事同正员，卒。

霍王元轨，高祖第十四子也。少多才艺，高祖甚奇之。武德六年，封蜀王。八年，徙封吴王。贞观初，太宗尝问群臣曰："朕子弟孰贤？"侍中魏征对曰："臣愚暗，不尽知其能。唯吴王数与臣言，未尝不自失。"上曰："朕亦器之，卿以为前代谁比？"征曰："经学文雅，亦汉之间、平也。"由是宠遇弥厚，因令娶征女焉。从太宗游猎，遇群兽，命元轨射之，矢不虚发，太宗抚其背曰："汝武艺过人，恨今无所施耳。当天下未定，我得汝岂不美乎！"

七年，拜寿州刺史，赐实封六百户。高祖崩，去职，毁瘠过礼，自后常衣布，示有终身之戚焉。每至忌辰，辄数日不食。十年，改封霍王，授绛州刺史，寻转徐州刺史。元轨前后为刺史，至州，唯闭阁读书，吏事责成于长史、司马，谨慎自守，与物无忤，为人不妄。在徐州唯与处士刘玄平为布衣之交。人或问玄平王之长，玄平答曰："无长。"问者怪而复问之，玄平曰："夫人有短，所以见其长。至于霍王，无所不备，吾何以称之哉？"

二十三年，加实封满千户，为定州刺史。突厥来寇，元轨令开门偃旗，虏疑有伏，惧而宵遁。州人李嘉运与贼连谋，事泄，高宗令收按其党。元轨以强寇在境，人心不安，惟杀嘉运，余无所及，因自劾违制。上览表大悦，谓使曰："朕亦悔之，向无王，则失定州矣。"有王文操遇贼，而二子凤、贤遂以身蔽捍，文操获全，二子皆死。县司抑而不申，元轨察知，遣使吊祭，表上其事，诏并赠朝散大夫，令加旌表，其礼贤爱善如此。后因入朝，屡上疏陈时政得失，多所匡益，高宗甚尊重之。及在外藩，朝廷每有大事，或密制问焉。

高宗崩，与侍中刘齐贤等知山陵葬事，齐贤服其识练故事，每谓人曰："非我辈所及也。"元轨尝使国令征封，令白："请依诸国赋物贸易取利。"元轨曰："汝为国令，当正吾失，反说吾以利耶！"拒而不纳。垂拱元年，加位司徒，寻出为襄州刺史，转青州。四年，坐与越王贞连谋起兵，事觉，徙居黔州，仍令载以槛车，行至陈仓而死。

有子七人。长子绪最有才艺。上元中，封江都王，累除金州刺史。垂拱中，坐与裴承光交通被杀。神龙初，与元轨并追复爵位，仍封诸孙晖为嗣霍王。景龙四年，加银青光禄大夫。开元中，左千牛员外将军。

虢王凤，高祖第十五子也。武德六年，封幽王。贞观七年，授邓州刺史，赐实封六百户。十年，徙封虢王，历虢、豫二州刺史。二十三年，加实封满千户。麟德初，累授青州刺史。上元元年薨，年五十二，赠司徒、扬州大都督，陪葬献陵，谥曰庄。

子平阳郡王翼嗣，官至光州刺史。永隆二年卒。子寓嗣，则天时失爵。

凤第三子定襄郡公宏，则天初为曹州刺史。

第五子东莞郡公融，少以武勇见知。垂拱中，为申州刺史。初，黄公譔将与越王贞通谋，深倚仗融以为外助。时诏追诸亲赴都，融私使问其所亲成均助教高子贡曰："可入朝以否？"子贡报曰："来必取死。"融乃称疾不朝，以俟诸藩期。及得越王贞起兵书，仓卒不能相应，为僚吏所逼，不获已而奏之，于是擢授银青光禄大夫，行太子右赞善大夫。未几，为支党所引，被诛。

子彻,神龙元年袭封东莞郡公。开元五年,继密王元晓,改为嗣密王。十二年,改封濮阳郡王,历宗正卿、金紫光禄大夫,卒。

神龙初,封凤嫡孙邕为嗣虢王。邕娶韦庶人妹为妻,由是中宗时特承宠异,转秘书监,俄又改封汴王,开府置僚属。月余而韦氏败,邕挥刃截其妻首,以至于朝,深为物议所鄙。贬沁州刺史,不知州事,削封邑。景云二年,复嗣虢王,还封二百户。累迁卫尉卿。开元十五年卒。子巨嗣,别有传。

道王元庆,高祖第十六也。武德六年,封汉王。八年,改封陈王。贞观九年,拜赵州刺史赐实封八百户。十年,改封道王,授豫州刺史。二十三年,加实封满千户。永徽四年,历滑州刺史,以政绩闻,赐物二百段。后历徐、沁、卫三州刺史。

元庆事母甚谨,及平虆,又请躬修坟墓,优诏不许。麟德元年虆,赠司徒、益州都督,陪葬献陵,谥曰孝。

子临淮王诱嗣,官至沣州刺史。永淳中,坐赃削爵。

次子询,寿州刺史。

询子微,神龙初,封为嗣道王。景龙四年,加银青光禄大夫。景云元年,宗正卿,卒。子炼,开元二十五年,袭封嗣道王。广德中,官至宗正卿。

邓王元裕,高祖第十七子也。贞观五年,封郐王。十一年,改封邓王,赐实封八百户,历邓、梁、黄三州刺史。元裕好学,善谈名理,与典签卢照邻为布衣之交。二十三年,加实封通前一千五百户。高宗时,又历寿、襄二州刺史,衮州都督。麟德二年虆,赠司徒、益州大都督,陪葬献陵,谥曰康。无子,以弟江王元祥子广平公炅嗣。

神龙初,封炅子孝先为嗣邓王。开元十三年,右监门卫大将军、冠军大将军,卒。

舒王元名,高祖第十八子也。年十岁时,高祖在大安宫,太宗晨夕使尚宫起居送珍馔,元名保傅等谓元名曰:"尚宫品秩高者,见宜拜之。"元名曰:"此我二哥家婢也,何用拜为?"太宗闻而壮之,曰:"此真我弟也。"贞观五年,封谯王。十一年,徙封舒王,赐实封八百户,拜寿州刺史。后历滑、许、郑三州刺史。二十三年,加实封满千户,转石州刺史。

元名性高洁,罕问家人产业,朝夕矜庄,门庭清肃,常诫其子豫章王亶等曰:"藩王所乏者,不虑无钱财官职,但勉行善事,忠孝持身,此吾志也。"及亶为江州刺史,以善政闻,高宗手敕褒美元名,以赏其义方之训。高宗每欲授元名大州刺史,固辞曰:"忝预藩戚,岂以州郡户口为仕进之资?"辞情恳到,故在石州二十年,赏玩林泉,有尘外之意。垂拱年,除青州刺史,又除郑州刺史。州境邻接都畿,诸王及帝戚莅官者,或有不检摄家人,为百姓所苦。及元名到,大革其弊。转滑州刺史,政理如在郑州。寻加授司空。永昌年,与子亶俱为丘神勣所陷,被杀。神龙初,赠司徒,复其官爵,仍令以礼改葬。

亶子津为嗣舒王。景龙四年,加银青光禄大夫。开元中,左威卫将军,卒。

子万嗣,天宝二年卒。

子藻嗣,天宝九载,封嗣舒王。

鲁王灵夔,高祖第十九子也。少有美誉,善音律,好学,工草隶,与同母兄韩王元嘉特相友爱。贞观五年,封魏王。十年,改封燕王,赐实封八百户,授幽州都督。十四年,改封鲁王,授兖州都督。二十三年,加实封满千户。永徽六年,转隆州刺史,后历绛、滑、定等州刺史、太子太师。垂拱元年,授邢州刺史。四年,与兄元嘉子黄公譔结谋,欲起兵应接越王贞父子,事泄,配流振州,自缢而死。

有二子:长子铣,封清河王。次子蔼,封范阳王,历右散骑常侍,为酷吏所陷。

神龙初,追复灵夔官爵,仍令以礼改葬。封蔼子道坚为嗣鲁王。性严整,虽在闺门,造次必于庄敬,少年佐郡,声实已彰。景龙四年,加银青光禄大夫,历果、陇、吉、冀、洺、汾等七州刺史、国子祭酒。开元二十二年,兼检校魏州刺史,未行,改汴州刺史、河南道采访使。此州都会,水陆辐凑,实曰膏腴,道坚特以清毅闻。入为宗正卿,卒。

子宇嗣,二十九年,封嗣鲁王。至德元年,从幸巴蜀,为右金吾将军。宝应元年,皇太子封为鲁王,改宇嗣邹王。

道坚弟道邃,中兴初,封戴国公,以恭默自守,修山东婚姻故事,频任清列。天宝中为右丞,大理、宗正二卿,卒。

江王元祥,高祖第二十子也。贞观五年,封许王。十一年,徙封江王,授苏州刺史,赐实封八百户。十二三年,加实封满千户。高宗时,又历金、鄜、郑三州刺史。性贪鄙,多聚金宝,营求无厌,为人吏所患。时滕王元婴、蒋王恽、虢王凤亦称贪暴,有授得其府官者,以比岭南恶处,为之语曰:"宁向儋、崖、振、白,不事江、滕、蒋、虢。"

元祥体质洪大,腰带十围,饮啖亦兼数人,其时韩王元嘉、虢王凤、魏王泰状貌亦伟,不逮于元祥。又眇一目。永隆元年薨,赠司徒、并州大都督,陪葬献陵,谥曰安。

子永嘉王琤,永隆中,为复州刺史。以禽兽其行,赐死于家。

中兴初,元祥子钜鹿郡公晃子饮嗣江王。景龙四年,加银青光禄大夫,娶王仁皎女,至千牛将军,卒。

密王元晓,高祖第二十一子也。贞观五年受封。九年,授虢州刺史。十四年,赐实封八百户。二十三年,加满千户,转泽州刺史。永徽四年,除宣州刺史,后历徐州刺史。上元三年薨,赠司徒、扬州都督,陪葬献陵,谥曰贞。

子南安王颖嗣。神龙初,封颖弟亮子昙为嗣密王。

滕王元婴,高祖第二十二子也。贞观十三年受封。十五年,赐实封八百户,授金州刺史。二十三年,加实封满千户。

永徽中,元婴颇骄纵逸游,动作失度,高宗与书诚之曰:

王地在宗枝，寄深磐石，幼闻《诗》、《礼》，夙承义训。实冀孜孜无怠，渐以成德；岂谓不遵轨辙，逾越典章。且城池作固，以备不虞，关钥闭开，须有常准。鸠合散乐，并集府僚，严关夜开，非复一度。遏密之悲，尚缠比屋，王以此情事，何遽纷纭？又巡省百姓，本观风问俗，遂乃驱率老幼，借狗求罝，志从禽之娱，忽黎元之重。时方农要，屡出畋游，以弹弹人，将为笑乐。取适之方，亦应多绪，何必此事，方得为娱？晋灵虐主，未可取则。赵孝文趋走小人，张四又倡优贱隶，王亲与博戏，极为轻脱，一府官僚，何所瞻望？凝寒方甚，以雪埋人，虐物既深，何以为乐？家人奴仆，侮弄官人，至于此事，弥不可长。朕以王骨肉至亲，不能致王于法，今与王下上考，以愧王心。人之有过，贵在能改，国有宪章，私恩难再。兴言及此，惭叹盈怀。

三年，迁苏州刺史，寻转洪州都督。又数犯宪章，削邑户及亲事帐内之半，于滁州安置。后起授寿州刺史，转隆州刺史。弘道元年，加开府仪同三司，兼梁州都督。文明元年薨，赠司徒、冀州都督，陪葬献陵。

子长乐王循琦嗣。兄弟六人，垂拱中并陷诏狱。

神龙初，以循琦弟循琣子涉嗣滕王，本名茂宗，状貌类胡而丰硕。开元十二年，加银青光禄大夫，左骁卫将军。天宝初，淮安郡别驾，卒。

子湛然嗣。十一载，封滕王。十五载，从幸蜀，除左金吾将军。

史臣曰：一人元良，万国以贞，若明异重离，道非出震，虽居嫡长，宁固锲镃。况当开创之初，未见太平之兆。建成残忍，岂主鬯之才；元吉凶狂，有覆巢之迹。若非太宗逆取顺守，积德累功，何以致三百年之延洪、二十帝之纂嗣？或圣持小节，必亏大猷，欲比秦二世、隋炀帝，亦不及矣。元嘉修身，元轨无短，元裕名理，元名高洁，灵夔严整，皆有封册之名，而无盘石之固。武氏之乱，或连颈被刑；奸臣擅权，则束手为制。其望本枝百世也，不亦难乎！

　　赞曰：有功曰祖，有德曰宗，建成、元吉，实为二凶。中外交构，人神不容。用晦而明，殷忧启圣，运属文皇，功成守正。善恶既分，社稷乃定。磐维封建，本枝茂盛。元嘉、元轨，修身慎行。元裕、元名，行简居正。犬牙不固，武氏易姓。既无兵民，若拘陷阱。敢告后人，无或失政。

旧唐书卷六五
列传第一五

高士廉 长孙无忌

　　高俭字士廉,渤海蓨人。曾祖飞雀,后魏赠太尉。祖岳,北齐侍中、左仆射、太尉、清河王。父励,字敬德,北齐乐安王、尚书左仆射、隋洮州刺史。

　　士廉少有器局,颇涉文史。隋司隶大夫薛道衡、起居舍人崔祖浚并称先达,与士廉结忘年之好,由是公卿藉甚。大业中,为治礼郎。士廉妹先适隋右骁卫将军长孙晟,生子无忌及女。晟卒,士廉迎妹及甥于家,恩情甚重。见太宗潜龙时非常人,因以晟女妻焉,即文德皇后也。

　　隋军伐辽,时兵部尚书斛斯政亡奔高丽,士廉坐与交游,谪为朱鸢主簿。事父母以孝闻,岭南瘴疠,不可同行,留妻鲜于氏侍养,供给不足。又念妹无所庇,乃卖大宅,买小宅以处之,分其余资,轻装而去。寻属天下大乱,王命阻绝,交趾太守丘和署为司法书佐。士廉久在南方,不知母问安,北顾弥切。尝昼寝,梦其母与之言,宛如膝下,既觉而涕泗横集。明日果得母讯,议者以为孝感之应。

　　时钦州宁长真率众攻和,和欲出门迎之,士廉进说曰:"长真兵势虽多,悬军远至,内离外蹙,不能持久。且城中胜兵足以当之,奈何而欲受人所制?"和从之。因命士廉为行军司马,水陆俱进,逆击破之,长真仅以身免,余众尽降。及萧铣败,高祖使徇岭南。

　　武德五年,士廉与和上表归中,累迁雍州治中。时太宗为雍州牧,以士廉是文德皇后之舅,素有才望,甚亲敬之。及将诛隐太子,士廉与其甥长孙无忌并预密谋。六月四日,上廉率吏卒释系囚,授以兵甲,驰至芳林门,备与太宗合势。太宗升春宫,拜太子右庶子。

贞观元年,擢拜侍中,封义兴郡公,赐实封九百户。士廉明辩善容止,凡有献纳,缙绅之士莫不属目。时黄门侍郎王珪有密表附士廉以闻,士廉寝而不言,坐是出为安州都督,转益州大都督府长史。蜀士俗薄,畏鬼而恶疾,父母病有危殆者,多不亲扶侍,杖头挂食,遥以哺之。士廉随方训诱,风俗顿改。秦时李冰守蜀,导引汶江,创浸灌之利,至今地居水侧者,须直千金,富强之家,多相侵夺。士廉乃于故渠外别更疏决,蜀中大获其利。又因暇日汲引辞人,以为文会,兼命儒生讲论经史,勉励后进,蜀中学校粲然复兴。

蜀人朱桃椎者,澹泊为事,隐居不仕,披裘带索,沉浮人间。窦轨之镇益州也,闻而召见,遗以衣服,逼为乡正。桃椎口竟无言,弃衣于地,逃入山中,结庵涧曲。夏则裸形,冬则树皮自覆,人有赠遗,一无所受。每为芒履,置之于路,人见之者曰:“朱居士之履也”,为齎米置于本处,桃椎至夕而取之,终不与人相见。议者以为焦先之流。士廉下车,以礼致之,及至,降阶与语,桃椎不答,直视而去。士廉每令存问,桃椎见使者,辄入林自匿。近代以来,多轻隐逸,士廉独加褒礼,蜀中以为美谈。

五年,入为吏部尚书,进封许国公,仍封一子为县公。奖鉴人伦,雅谙姓氏,凡所署用,莫不人地俱允。高祖崩,士廉摄司空,营山陵制度,事毕,加特进、上柱国。

是时,朝议以山东人士好自矜夸,虽复累叶陵迟,犹恃其旧地,女适他族,必多求聘财。太宗恶之,以为甚伤教义,乃诏士廉与御史大夫韦挺、中书侍郎岑文本、礼部侍郎令狐德棻等刊正姓氏。于是普责天下谱牒,仍凭据史传考其真伪,忠贤者褒进,悖逆者贬黜,撰为《氏族志》。士廉乃类其等第以进。太宗曰:“我与山东崔、卢、李、郑,旧既无嫌,为其世代衰微,全无冠盖,犹自云士大夫,婚姻之间,则多邀钱币。才识凡下,而偃仰自高,贩鬻松茶,依托富贵。我不解人间何为重之？只缘齐家惟据河北，梁、陈僻在江南，当时虽有人物，偏僻小国，不足可贵，至今犹以崔、卢、王、谢为重。我平定四海，天下一家，凡在朝士，皆功效显著，或忠孝可称，或学艺通博，所以擢用。见居三品以上，欲共衰代旧门为亲，纵多输钱帛，犹被偃仰。我今特定族姓者，欲崇重今朝冠冕，何因崔干犹为第一等？昔汉高祖止是山东一匹夫，以其平定天下，主尊臣贵。卿等读书，见其行迹，至今以为美谈，心怀敬重。卿等不贵我官爵耶？不须论数世以前，止取今日官职高下作等级。"遂以崔干为第三等。及书成，凡一百卷，诏颁于天下，赐士廉物千段。寻同中书门下三品。

　　十二年，与长孙无忌等以佐命功，并代袭刺史，授申国公。其年，拜尚书右仆射。士廉既任遇益隆，多所表奏，成辄焚稿，人莫知之。摄太子少师，特令掌选。十六年，加授开府仪同三司，寻表请致仕，听解尚书右仆射，令以开府仪同三司依旧平章事。又正受诏与魏征等集文学之士，撰《文思博要》一千二百卷奏之，赐物千段。十七年二月，诏图形凌烟阁。十九年，太宗伐高丽，皇太子定州监国，士廉摄太子太傅，仍典朝政。皇太子下令曰："摄太傅、申国公士廉，朝望国华，仪刑攸属，寡人忝膺监守，实资训导。比日听政，常屈同榻，庶因谘白，少祛蒙滞。但据案奉对，情所未安，已约束不许更进。太傅诲谕深至，使遵常式，辞不获免，辄复敬从。所司亦宜别以一案供太傅。"士廉固让不敢当。

　　二十年，遇疾，太宗幸其第问之，因叙说生平，流滋歔欷而诀。二十一年正月壬辰，薨于京师崇仁里私第，时年七十二。太宗又命驾将临之，司空玄龄以上饵药石，不宜临丧，抗表切谏，上曰："朕之此行，岂独为君臣之礼，兼以故旧情深，姻戚义重，卿勿复言也。"太宗从数百骑出兴安门，至延喜门，长孙无忌驰至马前谏曰："饵石临丧，经方明忌。陛下含育黎元，须为宗社珍爱。臣亡舅士廉知将不救，顾谓臣曰：'至尊覆载恩隆，不遗簪履，亡殁之后，或致亲临。内省凡才，无益圣日，安可以死亡之余，辄回宸驾，魂而有灵，负谴斯及。'陛下恩深故旧，亦请察其丹诚。"其言甚切，太宗犹不许。无忌乃伏于马前流涕，帝乃还宫。赠司徒、并州都督，陪葬昭陵，谥曰文献。士廉祖、父洎身并为仆射，子为尚书，甥为太尉，当代荣之。六子：履行、至行、纯行、真行、审行、慎行。及丧柩出出自横桥，太宗登故城西北楼望而恸。高宗即位，追赠太尉，与房玄龄、屈突通并配享太宗庙庭。

子履行，贞观初历祠部郎中。丁母忧，哀悴逾礼。太宗遣使谕之曰："孝子之道，毁不灭性。汝宜强食，不得过礼。"服阕，累迁滑州刺史。尚太宗女东阳公主，拜驸马都尉。十九年，除户部侍郎，加银青光禄大夫。无几，遭父艰，居丧复以孝闻，太宗手诏敦喻曰："古人立孝，毁不灭身。闻卿绝粒，殊乖大体，幸抑摧裂之情，割伤生之累。"俄起为卫尉卿，进加金紫光禄大夫，袭爵申国公。永徽元年，拜户部尚书、检校太子詹事、太常卿。显庆元年，出为益州大都督府长史。先是，士廉居此职，颇著能名，至是履行继之，亦有善政，大为人吏所称。三年，坐与长孙无忌亲累，左授洪州都督，转永州刺史，卒于官。

履行弟真行，官至右卫将军。其子典膳丞岐坐与章怀太子阴谋事泄，诏付真行令自惩诫。真行遂手刃之，仍弃其尸于衢路。高宗闻而鄙之，贬真行为睦州刺史，卒。

长孙无忌字辅机，河南洛阳人。其先出自后魏献文帝第三兄。初为拓拔氏，宣力魏室，功最居多，世袭大人之号，后更跋氏，为宗室之长，改姓长孙氏。七世祖道生，后魏司空、上党靖王。六世祖旃，后魏特进、上党齐王。五世祖观，后魏司徒、上党定王。高祖稚，西魏太保、冯翊文宣王。曾祖子裕，西魏卫尉卿、平原郡公。祖兕，周开府仪同三司，袭平原公。父晟，隋右骁卫将军。

无忌贵戚好学，该博文史，性通悟，有筹略。文德皇后即其妹也。少与太宗友善，义军渡河，无忌至长春宫谒见，授渭北道行军典签。常从太宗征讨，累除比部郎中，封上党县公。武德九年，隐太子建成、齐王元吉谋将害太宗，无忌请太宗，先发诛之。于是奉旨密召房玄龄、杜如晦等共为筹略。六月四日，无忌与尉迟敬德、侯君集、张公谨、刘师立、公孙武达、独孤彦云、杜君绰、郑仁泰、李孟尝等九人，入玄武门讨建成、元吉，平之。太宗升春宫，授太子左庶子。及即位，迁左武候大将军。

贞观元年，转吏部尚书，以功第一，进封齐国公，实封千三百户。太宗以无忌佐命元勋，地兼外戚，礼遇尤重，尝令出入卧内。其年，拜尚书右仆射。时突厥颉利可汗新与中国和盟，政教紊乱，言事者多陈攻取之策。太宗召萧瑀及无忌问曰："北番君臣错乱，杀戮无辜。国家不违旧好，便失攻昧之机；今欲取乱侮亡，复爽同盟之义。二途不决，孰为胜耶？"萧瑀曰："兼弱攻昧，击之为善。"无忌曰："今国家务在戢兵，待其寇边，方可讨击。彼既已弱，必不能来。若深入虏廷，臣未见其可。且按甲存信，臣以为宜。"太宗从无忌之议。突厥寻政衰而灭。

或有密表称无忌权宠过盛，太宗以表示无忌曰："朕与卿君臣之间，凡事无疑。若各怀所闻而不言，则君臣之意无以获通。"因召百僚谓之曰："朕今有子皆幼，无忌于朕，实有大功，今者委之，犹如子也。疏间亲，新间旧，谓之不顺，朕所不取也。"无忌深以盈满为诫，恳辞机密，文德皇后又为之陈请，太宗不获已，乃拜开府仪同三司，解尚书右仆射。是岁，太宗亲祠南郊，及将还，命无忌与司空裴寂同升金辂。五年，与房玄龄、杜如晦、尉迟敬德四人，以元勋各封一子为郡公。

七年十月，册拜司空，无忌固辞，不许。又因高士廉奏曰："臣幸居外戚，恐招圣主私亲之诮，敢以死请。"太宗曰："朕之授官，必择才行。若才行不至，纵朕至亲，亦不虚授，襄邑王神符是也；若才有所适，虽怨仇而不弃，魏征等是也。朕若以无忌居后兄之爱，当多遗子女金帛，何须委以重官，盖是取其才行耳。无忌聪明鉴悟，雅有武略，公等所知，朕故委之台鼎。"无忌又上表切让，诏报之曰："昔黄帝得力牧而为五帝先，夏禹得咎繇而为三王祖，齐桓得管仲而为五伯长。朕自居藩邸，公为腹心，遂得廓清宇内，君临天下。以公功绩才望,允称具瞻,故授此官,无宜多让也。"

太宗追思王业艰难,佐命之力,又作《威凤赋》以赐无忌。其辞曰:

有一威凤,憩翮朝阳。晨游紫雾,夕饮玄霜。资长风以举翰,戾天衢而远翔。西翥则烟氛闭色,东飞则日月腾光。化垂鹏于北裔,驯群鸟于南荒。珍乱世而方降,应明时而自彰。俯翼云路,归功本树。仰乔枝而见猜,俯修条而抱蠹。同林之侣俱嫉,共干之俦并忤。无桓山之义情,有炎洲之凶度。若巢苇而居安,独怀危而履惧。鸱鸮啸乎侧叶,燕雀喧乎下枝。惭己陋之至鄙,害他贤之独奇。或聚昧而交击,乍分罗而见羁。戢凌云之逸羽,韬伟世之清仪。

遂乃蓄情宵影,结志晨晖,霜残绮翼,露点红衣。嗟忧患之易结,叹矰缴之难违。期毕命于一死,本无情于再飞。幸赖君子,以依以恃,引此风云,濯斯尘滓。披蒙翳于叶下,发光华于枝里。仙翰屈而还舒,灵音摧而复起。眄八极以遐骞,临九天而高峙。庶广德于众禽,非崇利于一己。是以徘徊感德,顾慕怀贤。凭明哲而祸散,托英才而福全。答惠之情弥结,报功之志方宣。非知难而行易,思令后而终前。俾贤德之流庆,毕万叶而芳传。

十一年,令与诸功臣世袭刺史。诏曰:

周武定业,胙茅土于子弟;汉高受命,誓带砺于功臣。岂止重亲贤之地,崇其典礼;抑亦固磐石之基,寄以藩翰。魏、晋已降,事不师古,建侯之制,有乖名实,非所谓作屏王室,永固无穷者也。隋氏之季,四海沸腾,朕运属殷忧,戡翦多难。上凭明灵之佑,下赖英贤之辅,廓清宇县,嗣膺宝历,岂予一人,独能致此!时迍共资其力,世安专享其利,乃睠于斯,甚所不取。但今刺史,即古之诸侯,虽立名不同,监统一也。故申命有司,斟酌前代,宣条委共理之寄,象贤存世及之典。司空、齐国公无忌等并策名运始,功参缔构,义贯休戚,效彰夷险,嘉庸懿绩,简于朕心，宜委以藩镇，改锡土宇。无忌可赵州刺史，改封赵国公；尚书左仆射、魏国公玄龄可宋州刺史，改封梁国公；故司空、蔡国公杜如晦可赠密州刺史，改封莱国公；特进、代国公靖可濮州刺史，改封卫国公；特进、吏部尚书、许国公士廉可申州刺史，改封申国公；兵部尚书、潞国公侯君集可陈州刺史，改封陈国公；刑部尚书、任城郡王道宗可鄂州刺史，改封江夏郡王；晋州刺史、赵郡王孝恭可观州刺史，改封河间郡王；同州刺史、吴国公尉迟敬德可宣州刺史，改封鄂国公；并州都督府长史、曹国公李勣可蕲州刺史，改封英国公；左骁卫大将军、楚国公段志玄可金州刺史，改封褒国公；左领军大将军、宿国公程知节可普州刺史，改封卢国公；太仆卿、任国公刘弘基可朗州刺史，改封夔国公；相州都督府长史、郧国公张亮可沣州刺史，改封郧国公。余官食邑并如故，即令子孙奕叶承袭。

无忌等上言曰："臣等披荆棘以事陛下，今海内宁一，不愿违离，而乃世牧外州，与迁徙何异。"乃与房玄龄上表曰：

臣等闻质文迭变，皇王之迹有殊；今古相沿，致理之方乃革。缅惟三代，习俗靡常，爰制五等，随时作教。盖由力不能制，因而利之，礼乐节文，多非己出。逮于两汉，用矫前违，置守颁条，蠲除暴弊。为无益之文，覃及万方；建不易之理，有逾千载。今曲为臣等，复此奄荒，欲其优隆，锡之茅社，施于子孙，永贻长世。斯乃大钧播物，毫发并施其生；小人逾分，后世必婴其祸。何者？违时易务，曲树私恩，谋及庶僚，义非佥允。方招史册之诮，有紊圣代之纲。此其不可一也。又臣等智效罕施，器识庸陋。或情缘右戚，遂陟台阶；或顾想披荆，便蒙夜拜。直当今日，犹愧非才，重裂山河，愈彰滥赏。此其不可二也。又且孩童嗣职，义乖师俭之方，任以赛帷，宁无伤锦之弊。上干天宪，彝典既有常科，下扰生民，必致余殃于后，一挂刑网，自取诛夷。陛下深仁，务延其世，翻令剿绝，诚有可哀。此其不可三也。当今圣历钦明，求贤分政，古称良守，寄在共理。此道之目，为日滋久，因缘臣等，或有改张。封植儿曹，失于求瘼，百姓不幸，将焉用之。此其不可四也。在兹一举，为损实多，晓夕深思，忧贯心髓。所以披丹上诉，指事明心，不敢浮辞，同于矫饰。伏愿天泽，谅其愚款，特停涣汗之旨，赐其性命之恩。

太宗览表谓曰："割地以封功臣，古今通义，意欲公之后嗣，翼朕子孙，长为藩翰，传之永其第，凡是亲族，班赐有差。十六年，册拜司徒。

十七年，令图画无忌等二十四人于凌烟阁，诏曰：

> 自古皇王，褒崇勋德，既勒铭于钟鼎，又图形于丹青。是以甘露良佐，麟阁著其美；建武功臣，云台纪其迹。司徒、赵国公无忌，故司空、扬州都督、河间元王孝恭，故司空、莱国成公如晦，故司空、相州都督、太子太师、郑国文贞公征，司空、梁国公玄龄，开府仪同三司、尚书右仆射、申国公士廉，开府仪同三司、鄂国公敬德，特进、卫国公靖，特进、宋国公瑀，故辅国大将军、扬州都督、褒忠壮公志玄，辅国大将军、夔国公弘基，故尚书左仆射、蒋忠公通，故陕东道行台右仆射、郧节公开山，故荆州都督、谯襄出柴绍，故荆州都督、邳襄公顺德，洛州都督、郧国公张亮，光禄大夫、吏部尚书、陈国公侯君集，故左骁卫大将军、郯襄公张公谨，左领军大将军、卢国公程知节，故礼部尚书、永兴文懿公虞世南，故户部尚书、渝襄公刘政会，光禄大夫、户部尚书、莒国公唐俭，光禄大夫、兵部尚书、英国公勣，故徐州都督、胡壮公秦叔宝等，或材推栋梁，谋猷经远，绸缪帷帐，经纶霸图；或学综经籍，德范光茂，隐犯同致，忠谠日闻；或竭力义旗，委质藩邸，一心表节，百战标奇；或受脤庙堂，辟土方面，重氛载廓，王略遐宣。并契阔屯夷，劬劳师旅，赞景业于草昧，翼淳化于隆平。茂绩殊勋，冠冕列辟；昌言直道，牢笼缙绅。宜酌故实，弘兹令典，可并图画于凌烟阁。庶念功之怀，无谢于前载；旌贤之义，永贻于后昆。

其年，太子承乾得罪，太宗欲立晋王，而限以非次，回惑不决。

御两仪殿，群官尽出，独留无忌及司空房玄龄、兵部尚书李勣，谓曰："我三子一弟，所为如此，我心无慨。"因自投于床，抽佩刀欲自刺。无忌等惊惧，争前扶抱，取佩刀以授晋王。无忌等请太宗所欲，报曰："我欲立晋王。"无忌曰："谨奉诏。有异议者，臣请斩之。"太宗谓晋王曰："汝舅许汝，宜拜谢。"晋王因下拜。太宗谓无忌等曰："公等既符我意，未知物论何如？"无忌曰："晋王仁孝，天下属心久矣。伏乞召问百僚，必无异辞。若不蹈舞同音，臣负陛下万死。"于是建立遂定，因加授无忌太子太师。寻而太宗又欲立吴王恪，无忌密争之，其事遂辍。

太宗尝谓无忌等曰："朕闻主贤则臣直，人苦不自知，公宜面论，攻朕得失。"无忌奏言："陛下武功文德，跨绝古今，发号施令，事皆利物。《孝经》云：'将顺其美。'臣顺之不暇，实不见陛下有所愆失。"太宗曰："朕冀闻己过，公乃妄相谀悦。朕今面谈公等得失，以为鉴诫。言之者可以无过，闻之者可以自改。"因目无忌曰："善避嫌疑，应对敏速，求之古人，亦当无比；而总兵攻战，非其所长也。高士廉涉猎古今，心术聪悟，临难既不改节，为官亦无朋党；所少者骨鲠规谏耳。唐俭言辞俊利，善和解人，酒杯流行，发言启齿；事朕三十载，遂无一言论国家得失。杨师道性行纯善，自无愆过；而情实怯懦，未甚便事，缓急不可得力。岑文本性道敦厚，文章是其所长；而持论常据经远，自当不负于物。刘洎性最坚贞，言多利益；然其意上然诺于朋友，能自补缺，亦何以尚。马周见事敏速，性甚贞正，至于论量人物，直道而行，朕比任使，多所称意。褚遂良学问稍长，性亦坚正，既写忠诚，甚亲附于朕，譬如飞鸟依人，自加怜爱。"

十九年，太宗征高丽，令无忌摄侍中。还，无忌固辞师傅之位，优诏听罢太子太师。二十一年，遥领扬州都督。二十三年，太宗疾笃，引无忌及中书令褚遂良二人受遗令辅政。太宗谓遂良曰："无忌尽忠于我，我有天下，多是此人力。尔辅政后，勿令谗毁之徒损害无忌。若如此者，尔则非复人臣。"

高宗即位，进拜太尉，兼扬州都督，知尚书及门下二省事并如故。无忌固辞知尚书省事，许之，仍令以太尉同中书门下三品。永徽二年，监修国史。高宗尝谓公卿："朕开献书之路，冀有意见可录，将擢用之。比者上疏虽多，而遂无可采者。"无忌对曰："陛下即位，政化流行，条式律令，固无遗缺。言事者率其鄙见，妄希侥幸，至于裨俗益教，理当无足可取。然须开此路，犹冀时有谠言，如或杜绝，便恐下情不达。"帝曰："又闻所在官司，犹自多有颜面。"无忌曰："颜面阿私，自古不免。然圣化所渐，人皆向公，至于肆情曲法，实谓必无此事。小小收取人情，恐陛下尚亦不免，况臣下私其亲戚，岂敢顿言绝无。"时无忌位当元舅，数进谋议，高宗无不优纳之。明年，以旱上疏辞职，高宗频降手诏敦喻，不许。五年，亲幸无忌第，见其三子，并擢授朝散大夫。又命图无忌形像，亲为画赞以赐之。

六年，帝将立昭仪武氏为皇后，无忌屡言不可，帝乃密遣使赐无忌金银宝器各一车、绫锦十车，以悦其意。昭仪母杨氏复自诣无忌宅，屡加析请。时礼部尚书许敬宗又屡申劝请，无忌尝厉色折之。帝后又召无忌、左仆射于志宁、右仆射褚遂良，谓曰："武昭仪有令德，朕欲立为皇后，卿等以为如何？"无忌曰："自贞观二十三年后，先朝付托遂良，望陛下问其可否。"帝竟不从无忌等言而立昭仪为皇后。皇后以无忌先受重赏而不助己，心甚衔之。

显庆元年，无忌与史官国子祭酒令狐德棻缀集武德、贞观二朝史为八十卷，表上之，无忌以监领功，赐物二千段，封其子润为金城县子。

四年，中书令许敬宗遣人上封事，称监察御史李巢与无忌交通谋反，帝令敬宗与侍中辛茂将鞫之。敬宗奏言无忌谋反有端，帝曰："我家不幸，亲戚中频有恶事。高阳公主与朕同气，往年遂与房遗爱谋反，今阿舅复作恶心。近亲如此，使我惭见万姓。"敬宗曰："房遗爱乳臭儿，与女子谋反，岂得成事。且无忌与先朝谋取天下，众人服其智，作宰相三十年，百姓畏其威，可谓威能服物，智能动众。臣恐无忌知事露，即为急计，攘袂一呼，啸命同恶，必为宗庙深忧。诚愿陛下断之，不日即收捕，准法破家。"帝泣曰："我决不忍处分与罪，后代良史道我不能和其亲戚,使至于此。"敬宗曰:"汉文帝汉室明主,薄昭即是帝舅,从代来日,亦有大勋,与无忌不别。于后惟坐杀人,文帝惜国之法,令朝臣丧服就宅哭而杀之,良史不以为失。今无忌忘先朝之大德,舍陛下之至亲,听受邪谋,遂怀悖逆,意在涂炭生灵。若比薄昭罪恶,未可同年而语,案诸刑典,合诛五族。臣闻当断不断,反受其乱,大机之事,间不容发,若少迟延,恐即生变,惟请早决!"帝竟不亲问无忌谋反所由,惟听敬宗诬构之说,遂去其官爵,流黔州,仍遣使发次州府兵援送至流所。其子秘书监、驸马都尉冲等并除名,流于岭外。

敬宗寻与吏部尚书李义府遣大理正袁公瑜就黔州重鞫无忌反状,公瑜逼令自缢而死,籍没其家。无忌既有大功,而死非其罪,天下至今哀之。上元元年,优诏追复无忌官爵,特令无忌孙延主齐献公之祀。

无忌从父兄安世,仕王世充,署为内史令,东都平,死于狱中。安世子祥,以文德皇后近属,累除刑部尚书,坐与无忌通书见杀。

史臣曰:士廉才望素高,操秉无玷,保君臣终始之义,为子孙袭继之谋。社稷之臣,功亦隆矣;奖遇之恩,赏亦厚矣。及子真行,手刃其子,何凶忍也,若是积庆之道,不其惑哉!无忌戚里右族,英冠人杰,定立储闱,力安社稷,勋庸茂著,终始不渝。及黜废中宫,竟不阿旨,报先帝之顾托,为敬宗之诬构。嗟乎!忠信获罪,今古不免,无名受戮,族灭何辜。主暗臣奸,足贻后代。

赞曰:严严申公,功名始终。文皇题品,信谓酌中。赵公右戚,两朝宣力。功成不去,竟逢鬼蜮。

旧唐书卷六六
列传第一六

房玄龄　杜如晦

房乔字玄龄，齐州临淄人。曾祖翼，后魏镇远将军、宋安郡守，袭壮武伯。祖熊，字子，释褐州主簿。父彦谦，好学，通涉《五经》，隋泾阳令，《隋书》有传。

玄龄幼聪敏，博览经史，工草隶，善属文。尝从其父至京师，时天下宁晏，论者咸以国祚方永，玄龄乃避左右告父曰："隋帝本无功德，但诳惑黔黎，不为后嗣长计，混诸嫡庶，使相倾夺，储后藩枝，竞崇淫侈，终当内相诛夷，不足保全家国。今虽清平，其亡可翘足而待。"彦谦惊而异之。年十八，本州举进士，授羽骑尉。吏部侍郎高孝基素称知人，见之深相嗟挹，谓裴矩曰："仆阅人多矣，未见如此郎者。必成伟器，但恨不睹其耸壑凌霄耳。"父病绵历十旬，玄龄尽心药膳，未尝解衣交睫。父终，酏饮不入口者五日。后补隰城尉。

会义旗入关，太宗徇地渭北，玄龄杖策谒于军门，温彦博又荐焉。太宗一见，便如旧识，署渭北道行军记室参军。玄龄既遇知己，罄竭心力，知无不为。贼寇每平，众人竞求珍玩，玄龄独先收人物，致之幕府。及有谋臣猛将，皆与之潜相申结，各尽其死力。

既而隐太子见太宗勋德尤盛，转生猜间。太宗尝至隐太子所，食，中毒而归，府中震骇，计无所出。玄龄因谓长孙无忌曰："今嫌隙已成，祸机将发，天下汹汹，人怀异志。变端一作，大乱必兴，非直祸及府朝，正恐倾危社稷。此之际会，安可不深思也！仆有愚计，莫若遵周公之事，外宁区夏，内安宗祐，申孝养之礼。古人有云，'为国者不顾小节'，此之谓欤。孰若家国沦亡，身名俱灭乎？"无忌曰："久怀此谋，未敢披露，公今所说，深会宿心。"无忌乃入白之。太宗召玄龄谓曰："阽危之兆，其迹已见，将若之何？"对曰："国家患难，今古何殊。自非睿圣钦明，不能安辑。大王功盖天地，事钟压纽，神赞所在，匪藉人谋。"因与府属杜如晦同心戮力。仍随府迁授秦王府记室，封临淄侯；又以本职兼陕东道大行台考功郎中，加文学馆学士。玄龄在秦府十余年，常典管记，每军书表奏，驻马立成，文约理赡，初无稿草。高祖尝谓侍臣曰："此人深识机宜，足堪委任。每为我儿陈事，必会人心，千里之外，犹对面语耳。"隐太子以玄龄、如晦为太宗所亲礼，甚恶之，谮之于高祖，由是与如晦并被驱斥。

　　隐太子将有变也，太宗令长孙无忌召玄龄及如晦，令衣道士服，潜引入阁计事。及太宗入春宫，擢拜太子右庶子，赐绢五千匹。贞观元年，代萧瑀为中书令。论功行赏，以玄龄及长孙无忌、杜如晦、尉迟敬德、侯君集五人为第一，进爵邢国公，赐实封千三百户。太宗因谓诸功臣曰："朕叙公等勋效，量定封邑，恐不能尽当，各许自言。"皇从父淮安王神通进曰："义旗初起，臣率兵先至。今房玄龄、杜如晦等刀笔之吏，功居第一，臣窃不服。"上曰："义旗初起，人皆有心。叔父虽率得兵来，未尝身履行阵。山东未定，受委专征，建德南侵，全军陷没。及刘黑闼翻动，叔父望风而破。今计勋行赏，玄龄等有筹谋帷幄、定社稷之功，所以汉之萧何，虽无汗马，指踪推毂，故得功居么一。叔父于国至亲，诚无所爱，必不可缘私，滥与功臣同赏耳。"初，将军丘师利等咸自矜其功，或攘袂指天，以手画地，及见神通理屈，自相谓曰："陛下以至公行赏，不私其亲，吾属何可妄诉？"

　　三年，拜太子少师，固让不受，摄太子詹事，兼礼部尚书。明年，代长孙无忌为尚书左仆射，改封魏国公，监修国史。既任总百司，虔恭夙夜，尽心竭节，不欲一物失所。闻人有善，若己有之。明达吏事，饰以文学，审定法令，意在宽平。不以求备取人，不以己长格物，随能收叙，无隔卑贱。论者称为良相焉。或时以事被谴，则累日朝堂稽颡请罪，悚惧踧踖，若无所容。九年，护高祖山陵制度，以功加开府仪同三司。十一年，与司空长孙无忌等四人并代袭刺史，以本官为宋州刺史，改封梁国公，事竟不行。

十三年，加太子少师，玄龄频表请解仆射，诏报曰："夫选贤之义，无私为本；奉上之道，当仁是贵。列代所以弘风，通贤所以协德。公忠肃恭懿，明允笃诚。草昧霸图，绸缪帝道。仪形黄阁，庶政惟和；辅翼春宫，望实斯著。而忘彼大体，徇兹小节，虽恭教谕之职，乃辞机衡之务，岂所谓弼予一人，共安四海者也？"玄龄遂以本官就职。时皇太子将行拜礼，备仪以待之，玄龄深自卑损，不敢修谒，遂归于家。有识者莫不重其崇让。玄龄自以居端揆十五年，女为韩王妃，男遗爱尚高阳公主，实显贵之极，频表辞位，优诏不许。十六年，又与士廉等同撰《文思博要》成，锡赉甚优。进拜司空，仍综朝政，依旧监修国史。玄龄抗表陈让，太宗遣使谓之曰："昔留侯让位，窦融辞荣，自惧盈满，知进能退，善鉴止足，前代美之。公亦欲齐踪往哲，实可嘉尚。然国家久相任使，一朝忽无良相，如扶两手。公若筋力不衰，无烦此让。"玄龄遂止。

十八年，与司徒长孙无忌等图形于凌烟阁，赞曰："才兼藻翰，思入机神。当官励节，奉上忘身。"高宗居春宫，加玄龄太子太傅，仍知门下省事，监修国史如故。寻以撰《高祖、太宗实录》成，降玺书褒美，赐物一千五百段。其年，玄龄丁继母忧去职，特敕赐以昭陵葬地。未几，起复本官。太宗亲征辽东，命玄龄京城留守，手诏曰："公当萧何之任，朕无西顾之忧矣。"军戎器械，战士粮廪，并委令处分发遣。玄龄屡上言敌不可轻，尤宜诫慎。寻与中书侍郎褚遂良受诏重撰《晋书》，于是奏取太子左庶子许敬宗、中书舍人来济、著作郎陆元仕、刘子翼、前雍州刺史令狐德棻、太子舍人李义府、薛元超、起居郎上官仪等八人，分功撰录，以臧荣绪《晋书》为主，参考诸家，甚为详洽。然史官多是文咏之士，好采诡谬碎事，以广异闻；又所评论，竞为绮艳，不求笃实，由是颇为学者所讥。唯李淳风深明星历，善于著述，所修《天文》、《律历》、《五行》三志，最可观采。太宗自著宣、武二帝及陆机、王羲之四论，于是总题云御撰。至二十年，书成，凡一百三十卷，诏藏于秘府，颁赐加级各有差。

玄龄尝因微谴归第，黄门侍郎褚遂良上疏曰："君为元首，臣号股肱，龙跃云兴，不啸而集，苟有时来，千年朝暮。陛下昔在布衣，心怀拯溺，手提轻剑，仗义而起。平诸寇乱，皆自神功，文经之助，颇由辅翼。为臣之勤，玄龄为最。昔吕望之扶周武，伊尹之佐成汤，萧何关中，王导江外，方之于斯，可以为匹。且武德初策名伏事，忠勤恭孝，众所同归。而前宫、海陵，凭凶恃乱，于时事主，人不自安，居累卵之危，有倒悬之急，命视一刻，身縻寸景，玄龄之心，终始无变。及九年际，机临事迫，身被斥逐，缺于谟谋，犹服道士之衣，与文德皇后同心影助，其于臣节，自无所负。及贞观之始，万物惟新，甄吏事君，物论推与，而勋庸无比，委质惟旧。自非罪状无赦，缙绅同尤，不可以一犯一愆，轻示遐弃。陛下必矜玄龄齿发，薄其所为，古者有讽谕大臣遣其致仕，自可在后，式遵前事，退之以礼，不失善声。今数十年勋旧，以一事而斥逐，在外云云，以为非是。夫天子重大臣则人尽其力，轻去就则物不自安。臣以庸薄，忝预左右，敢冒天威，以申管见。"

二十一年，太宗幸翠微宫，授司农卿李纬为民部尚书。玄龄时在京城留守，会有自京师来者，太宗问曰："玄龄闻李纬拜尚书如何？"对曰："玄龄但云李纬好髭鬓，更无他语。"太宗遽改授纬洛州刺史，其为当时准的如此。

二十三年，驾幸玉华宫，时玄龄旧疾发，诏令卧总留台。及渐笃，追赴宫所，乘担舆入殿，将至御座乃下。太宗对之流涕，玄龄亦感咽不能自胜。敕遣名医救疗，尚食每天供御膳。若微得减损，太宗即喜见颜色；如闻增剧，便为改容凄怆。玄龄因谓诸子曰："吾自度危笃，而恩泽转深，若孤负圣君，则死有余责。当今天下清谧，咸得其宜，唯东讨高丽不止，方为国患。主上含怒意决，臣下莫敢犯颜；吾知而不言，则衔恨入地。"遂抗表谏曰：

　　臣闻兵恶不戢，武贵止戈。当今圣化所覆，无远不届，洎上古所不臣者，陛下皆能臣之，所不制者，皆能制之。详观今古，为中国患害者，无如突厥。遂能坐运神策，不下殿堂，大小可汗，相次束手，分典禁卫，执戟行间。其后延陀鸱张，寻就夷灭，铁勒慕义，请置州县，沙漠以北，万里无尘。至如高昌叛换于流沙，吐浑首鼠于积石，偏师薄伐，俱从平荡。高丽历代逋诛，莫能讨击。陛下责其逆乱，弑主虐人，亲总六军，问罪辽、碣。未经旬月，即拔辽东，前后虏获，数十万计，分配诸州，无处不满。雪往代之宿耻，掩崤陵之枯骨，比功较德，万倍前王。此圣心之所自知，微臣安敢备说。

　　且陛下仁风被于率土，孝德彰于配天。睹夷狄之将亡，则指期数岁；授将帅之节度，则决机万里。屈指而候驿，视景而望书，符应若神，算无遗策。擢将于行伍之中，取士于凡庸之末。远夷单使，一见不忘；小臣之名，未尝再问。箭穿七札，弓贯六钧。加以留情坟典，属意篇什，笔迈钟、张，辞穷班、马。文锋既振，则管磬自谐；轻翰暂飞，则花萼竞发。抚万姓以慈，遇群臣以礼。褒秋毫之善，解吞舟之纲。逆耳之谏必听，肤受之诉斯绝。好生之德，洽障塞于江湖；恶杀之仁，息鼓刀于屠肆。凫鹤荷稻粱之惠，犬马蒙帷盖之恩。降乘吮思摩之疮，登堂临魏征之柩。哭战亡之卒，则哀动六军；负填道之薪，则精感天地。重黔黎之大命，特尽心于庶狱。臣心识昏愦，岂足论圣功之深远，谈天德之高大哉！陛下兼众美而有之，靡不备具，微臣深为陛下惜之重之，受之宝之。

　　《周易》曰："知进而不知退，知存而不知亡，知得而不知丧。"又曰："知进退存亡，不失其正者，惟圣人乎！"由此言之，进有退之义，存是亡之机，得有丧之理，老臣所以为陛下惜之者，盖此谓也。老子曰："知足不辱，知止不殆。"谓陛下威名功德，亦可足矣；拓地开疆，亦可止矣。彼高丽者，边夷贱类，不足待以仁义，不可责以常礼。古来以鱼鳖畜之，宜从阔略。若必欲绝其种类，恐兽穷则搏。且陛下每决一死囚，必令三覆五奏，进素食、停音乐者，盖以人命所重，感动圣慈也。况今兵士之徒，无一罪戾，无故驱之于行阵之间，委之于锋刃之下，使肝脑涂地，魂魄无归，令其老父孤儿、寡妻慈母，望轊车而掩泣，抱枯骨以摧心，足以变动阴阳，感伤和气，实天下冤痛也。且兵者凶器，战者危事，不得已而用之。向使高丽违失臣节，陛下诛之可也；侵扰百姓，而陛下灭之可也；久长能为中国患，而陛下除之可也。有一于此，虽日杀万夫，不足为愧。今无此三条，坐烦中国，内为旧王雪耻，外为新罗报仇，岂非所存者小，所损者大？

愿陛下遵皇祖老子止足之诫，以保万代巍巍之名。发霈然之恩，降宽大之诏，顺阳春以布泽，许高丽以自新，焚凌波之船，罢应募之众，自然华夷庆赖，远肃迩安。臣老病三公，旦夕入地，所恨竟无尘露，微增海岳。谨馨残魂余息，预代结草之诚。倘蒙录此哀鸣，即臣死且不朽。

太宗见表，谓玄龄子妇高阳公主曰：“此人危惙如此，尚能忧我国家。”

后疾增剧，遂凿苑墙开门，累遣中使候问。上又亲临，握手叙别，悲不自胜。皇太子亦就之与之诀。即目授其子遗爱右卫中郎将，遗则中散大夫，使及目前见其通显。寻薨，年七十。废朝三日，册赠太尉、并州都督，谥曰文昭，给东园秘器，陪葬昭陵。玄龄尝诫诸子以骄奢沉溺，必不可以地望凌人，故集古今圣贤家诫，书于屏风，令各取一具，谓曰：“若能留意，足以保身成名。”又云：“袁家累叶忠节，是吾所尚，汝宜师之。”高宗嗣位，诏配享太宗庙庭。

子遗直嗣，永徽初为礼部尚书、汴州刺史。次子遗爱，尚太宗女高阳公主，拜驸马都尉，官至太府卿、散骑常侍。初，主有宠于太宗，故遗爱特承恩遇，与诸主聱礼秩绝异。主既骄恣，谋黜遗直而夺其封爵，永徽中诬告遗直无礼于己。高宗令长孙无忌鞠其事，因得公主与遗爱谋反之状。遗爱伏诛，公主赐自尽，诸子配流岭表。遗直以父功特宥之，除名为庶人。停玄龄配享。

杜如晦字克明，京兆杜陵人也。曾祖皎，周赠开府仪同大将军、遂州刺史。祖徽，周河内太守。祖果，周温州刺史，入隋，工部尚书、义兴公，《周书》有传。父吒，隋昌州长史。

如晦少聪悟，好谈文史。隋大业中以常调预选，吏部侍郎高孝基深所器重，顾谓之曰："公有应变之才，当为栋梁之用，愿保崇令德。今欲俯就卑职，为须少禄俸耳。"遂补滏阳尉，寻弃官而归。

太宗平京城，引为秦王府兵曹参军，俄迁陕州总管府长史。时府中多英俊，被外迁者众，太宗患之。记室房玄龄曰："府僚去者虽多，盖不足惜。杜如晦聪明识达，王佐才也。若大王守藩端拱，无所用之；必欲经营四方，非此人莫可。"太宗大惊曰："尔不言，几失此人矣！"遂奏为府属。后从征薛仁杲、刘武周、王世充、窦建德，尝参谋帷幄。时军国多事，剖断如流，深为时辈所服。累迁陕东道大行台司勋郎中，封建平县男，食邑三百户。寻以本官兼文学馆学士。天策府建，以为从事中郎，画象于丹青者十有八人，而如晦为冠首，令文学褚亮为之赞曰："建平文雅，休有烈光。怀忠履义，身立名扬。"其见重如此。

隐太子深忌之，谓齐王元吉曰："秦王府中所可惮者，唯杜如晦与房玄龄耳。"因谮之于高祖，乃与玄龄同被斥逐。后又潜入画策，及事捷，与房玄龄功等，擢拜太子左庶子，俄迁兵部尚书，进封蔡国公，赐实封千三百户。贞观二年，以本官检校侍中，摄吏部尚书，仍总监东宫兵马事，号为称职。三年，代长孙无忌为尚书右仆射，仍知选事，与房玄龄共掌朝政。至于台阁规模及典章文物，皆二人所定，甚获当代之誉，谈良相者，至今称房、杜焉。如晦以高孝基有知人之鉴，为其树神道碑以纪其德。

其年冬，遇疾，表请解职，许之，禄赐特依旧。太宗深忧其疾，频遣使存问，名医上药，相望于道。四年，疾笃，令皇太子就第临问，上亲幸其宅，抚之流涕，赐物千段；及其未终见子拜官，遂起迁其子左千牛构为尚舍奉御。寻薨,年四十六。太宗哭之甚恸,废朝三日,赠司空,徙封莱国公,谥曰成。太宗手诏著作郎虞世南曰:"朕与如晦,君臣义重。不幸奄从物化,追念勋旧,痛悼于怀。卿体吾此意,为制碑文也。"太宗后因食瓜而美,怆然悼之,遂辍食之半,遣使奠于灵座。又尝赐房玄龄黄银带,顾谓玄龄曰:"昔如晦与公同心辅朕,今日所赐,唯独见公。"因泫然流涕。又曰:"朕闻黄银多为鬼神所畏。"命取黄金带遣玄龄亲送于灵所。其后太宗忽梦见如晦若平生,及晓,以告玄龄,言之嘘欷,令送御馔以祭焉。明年如晦亡日,太宗复遣尚宫至第慰问其妻子,其国官府佐并不之罢。终始恩遇,未之有焉。

子构袭爵,官至慈州刺史,坐弟荷谋逆,徙于岭表而卒。初,荷以功臣子尚城阳公主,赐爵襄阳郡公,授尚乘奉御。贞观中,与太子承乾谋反,坐斩。

如晦弟楚客,少随叔父淹没于王世充。淹素与如晦兄弟不睦,谮如晦兄于王行满,王世充杀之,并囚楚客,几至饿死,楚客竟无怨色。洛阳平,淹当死,楚客泣涕请如晦救之。如晦初不从,楚客曰:"叔已杀大兄,今兄又结恨弃叔,一门之内,相杀而尽,岂不痛哉!"因欲自刭。如晦感其言,请于太宗,淹遂蒙恩宥。楚客因隐于嵩山。

贞观四年,召拜给事中,上谓曰:"闻卿山居日久,志意甚高,自非宰相之任,则不能出,何有是理耶?夫涉远者必自迩,升高者必自下,但在官为众所许,无虑官之不大。尔兄虽与我体异,其心犹一,于我国家非无大功。为忆尔兄,意欲见尔。宜识朕意,继尔兄之忠义也。"拜楚客蒲州刺史,甚有能名。后历魏王府长史,拜工部尚书,摄魏王泰府事。楚客知太宗不悦承乾,魏王泰又潜令楚客友朝臣用事者,至有怀金以赂之,因说泰聪明,可为嫡嗣。人或以闻,太宗隐而不言。及衅发,太宗始扬其事,以其兄有佐命功,免死,废于家。寻授虔化令,卒。

如晦叔父淹。淹字执礼。祖业,周豫州刺史。父征,河内太守。淹聪辩多才艺,弱冠有美名,与同郡韦福嗣为莫逆之交,相与谋曰:"好嘉遁,苏威以幽人见征,擢居美职。"遂共入太白山,扬言隐逸,实欲邀求时誉。隋文帝闻而恶之,谪戍江表。后还乡里,雍州司马高孝基上表荐之,授承奉郎。大业末,官至御史中丞。王世充僭号,署为吏部,大见亲用。及洛阳平,初不得调,淹将委质于隐太子。时封德彝典选,以告房玄龄,恐隐太子得之,长其奸计,于是遽启太宗,引为天策府兵曹参军、文学馆学士。武德八年,庆州总管杨文干作乱,辞连东宫,归罪于淹及王珪、韦挺等,并流于越巂。太宗知淹非罪,赠以黄金三百两。及即位,征拜御史大夫,封安吉郡公,赐实封四百户。以淹多识典故,特诏东宫仪式簿领,并取淹节度。寻判吏部尚书,参议朝政,前后表荐四十余人,后多知名者。

淹尝荐刑部员外郎邸怀道,太宗因问淹:"怀道才行何如?"淹对曰:"怀道在隋日作吏部主事,甚有清慎之名。又炀帝向江都之日,召百官问去住之计。时行计已决,公卿皆阿旨请去,怀道官位极卑,独言不可。臣目见此事。"太宗曰:"卿尔可从何计?"对曰:"臣从行计。"太宗曰:"事君之义,有犯无隐。卿称怀道为是,何因自不正谏?"对曰:"臣尔日不居重任,又知谏必不从,徒死无益。"太宗曰:"孔子称从父之命,未为孝子。故父有争子,国有争臣。若以主之无道,何为仍仕其世? 既食其禄,岂得不匡其非?"因谓群臣曰:"公等各言谏事如何?"王珪曰:"昔比干谏纣而死,孔子称其仁;泄冶谏而被戮,孔子曰:'民之多僻,无自立辟。'是则禄重责深,理须极谏;官卑望下,许其从容。"太宗又召淹笑谓曰:"卿在隋日,可以位下不言;近仕世充,何不极谏?"对曰:"亦有谏,但不见从。"太宗曰:"世充若修德从善,当不灭亡;既无道拒谏,卿何免祸?"淹无以对。太宗又曰:"卿在今日,可为备任,复欲极谏否?"对曰:"臣在今日,必尽死无隐。且百里奚在虞虞亡,在秦秦霸,臣窃比之"。太宗笑。时淹兼二职,而无清洁之誉,又素与无忌不协,为时论所讥。及有疾,太宗亲自临问,赐帛三匹。贞观二年卒,赠尚书右仆射,谥曰襄。

子敬同袭爵,官至鸿胪少卿。敬同子从则,中宗时为蒲州刺史。

史臣曰:房、杜二公,皆以命世之才,遭逢明主,谋猷允协,以致升平。议者以比汉之萧、曹,信矣。然莱成之见用,文昭之所举也。世传太宗尝与文昭图事,则曰"非如晦莫能筹之"。及如晦至焉,竟从玄龄之策也。盖房知杜之能断大事,杜知房之善建嘉谋,裨谌草创,东里润色,相须而成,俾无悔事,贤达用心,良有以也。若以往哲方之,房则管仲、子产,杜则鲍叔、罕虎矣。

赞曰:肇启圣君,必生贤辅。何欤二公,实开运祚。文含经纬,谋深夹辅。笙磬同音,唯房与杜。

旧唐书卷六七
列传第一七

李靖　李勣　孙敬业

　　李靖本名药师,雍州三原人也。祖崇义,后魏殷州刺史、永康公。父诠,隋赵郡守。靖姿貌环伟,少有文武材略,每谓所亲曰:"大丈夫若遇主逢时,必当立功立事,以取富贵。"其舅韩擒虎号为名将,每与论兵,未尝不称善,抚之曰:"可与论孙、吴之术者,惟斯人矣。"初仕隋为长安县功曹,后历驾部员外郎。左仆射杨素、吏部尚书牛弘皆善之。素尝拊其床谓靖曰:"卿终当坐此。"

　　大业末,累除马邑郡丞。会高祖击突厥于塞外,靖察高祖,知有四方之志,因自锁上变,将诣江都,至长安,道塞不通而止。高祖克京城,执靖将斩之,靖大呼曰:"公起义兵,本为天下除暴乱,不欲就大事,而以私怨斩壮士乎!"高祖壮其言,太宗又固请,遂舍之。太宗寻召入幕府。

　　武德二年,从讨王世充,以功授开府。时萧铣据荆州,遣靖安辑之。轻骑至金州,遇蛮贼数万,屯聚山谷,庐江王瑗讨之,数为所败。靖与瑗设谋击之,多所克获。既至硖州,阻萧铣,久不得进。高祖怒其迟留,阴敕硖州都督许绍斩之。绍惜其才,为之请命,于是获免。会开州蛮首冉肇则反,率众寇夔州,赵郡王孝恭与战,不利。靖率兵八百,袭破其营,后又要险设伏,临阵斩肇则,俘获五千余人。高祖甚悦,谓公卿曰:"朕闻使功不如使过,李靖果展其效。"因降玺书劳曰:"卿竭诚尽力,功效特彰。远览至诚,极以嘉赏,勿忧富贵也。"又手救靖曰:"既往不咎,旧事吾久忘之矣。"

四年,靖又陈十策以图萧铣。高祖从之,授靖行军总管,兼摄孝恭行军长史。高祖以孝恭未更戎旅,三军之任,一以委靖。其年八月,集兵于夔州。铣以时属秋潦,江水泛涨,三峡路险,必谓靖不能进,遂休兵不设备。九月,靖乃率师而进,将下峡,诸将皆请停兵以待水退,靖曰:"兵贵神速,机不可失。今兵始集,铣尚未知,若乘水涨之势,倏忽至城下,所谓疾雷不及掩耳,此兵家上策。纵彼知我,仓卒征兵,无以应敌,此必成擒也。"孝恭从之,进兵至夷陵。铣将文士弘率精兵数万屯清江,孝恭欲击之,靖曰:"士弘,铣之健将,士卒骁勇,今新失荆门,尽兵出战,此是救败之师,恐不可当也。宜且泊南岸,勿与争锋,待其气衰,然后奋击,破之必矣。"孝恭不从,留靖守营,率师与贼合战。孝恭果败,奔于南岸。贼舟大掠,人皆负重。靖见其军乱,纵兵击破之,获其舟舰四百余艘,斩首及溺死将万人。

孝恭遣靖率轻兵五千为先锋,至江陵,屯营于城下。士弘既败,铣甚惧,始征兵于江南,果不能至。孝恭以大军继进,靖又破其骁将杨君茂、郑文秀,俘甲卒四千余人,更勒兵围铣城。明日,铣遣使请降,靖即入据其城,号令严肃,军无私焉。时诸将咸请孝恭云:"铣之将帅与官军拒战死者,罪状既重,请籍没其家,以赏将士。"靖曰:"王者之师,义存吊伐。百姓既受驱逼,拒战岂其所愿。且犬吠非其主,无容同叛逆之科,此蒯通所以免大戮于汉祖也。今新定荆、郢,宜弘宽大,以慰远近之心,降而籍之,恐非救焚拯溺之义。但恐自此以南城镇,各坚守不下,非计之善。"于是遂止。江、汉之域,闻之莫不争下。以功授上柱国,封永康县公,赐物二千五百段。诏命检校荆州刺史,承制拜授。仍度岭至桂州,遣人分道招抚,其大首领冯盎、李光度、宁真长等皆遣子弟来谒,靖承制授其官爵。凡所怀辑九十六州,户六十余万。优诏劳勉,授岭南道抚慰大使,检校桂州总管。

十六年,辅公祏于丹阳反,诏孝恭为元帅、靖为副以讨之,李勣、任瑰、张镇州、黄君汉等七总管并受节度。师次舒州,公祏遣将冯惠亮率舟师三万屯当涂，陈正通、徐绍宗领步骑二万屯青林山，仍于梁山连铁锁以断江路，筑却月城，延袤十余里，与惠亮为掎角之势。孝恭集诸将会议，皆云："惠亮、正通并握强兵，为不战之计，城栅既固，卒不可攻。请直指丹阳，掩其巢穴，凡阳既破，惠亮自降。"孝恭欲从其议。靖曰："公祏精锐，虽在水陆二军，然其自统之兵，亦皆劲勇。惠亮等城栅尚不可攻，公祏既保石头，岂应易拔？若我师至丹阳，留停旬月，进则公祏未平，退则惠亮为患，此便腹背受敌，恐非万全之计。惠亮、正通皆是百战余贼，必不惮于野战，止为公祏立计，令其持重，但欲不战以老我师。今若攻其城栅，乃是出其不意，灭贼之机，唯在此举。"孝恭然之。靖乃率黄君汉等先击惠亮，苦战破之，杀伤及溺死者万余人，惠亮奔走。靖率轻兵先至丹阳，公祏大惧。先遣伪将左游仙领兵守会稽以为形援，公祏拥兵东走，以趋游仙，至吴郡，与惠亮、正通并相次擒获，江南悉平。于是置东南道行台，拜靖行台兵部尚书，赐物千段、奴婢百口、马百匹。其年，行台废，又检校扬州大都督府长史。丹阳连罹兵寇，百姓凋弊，靖镇抚之，吴、楚以安。

　　八年，突厥寇太原，以靖为行军总管，统江淮兵一万，与张瑾屯大谷。时诸军不利，靖众独全。寻检校安州大都督。高祖每云："李靖是萧铣、辅公祏膏肓，古之名将韩、白、卫、霍，岂能及也！"九年，突厥莫贺咄设寇边，征靖为灵州道行军总管。颉利可汗入泾阳，靖率兵倍道趋豳州，邀贼归路，既而与虏和亲而罢。

　　太宗嗣位，拜刑部尚书，并录前后功，赐实封四百户。贞观二年，以本官兼检校中书令。三年，转兵部尚书。突厥诸部离叛，朝廷将图进取，以靖为代州道行军总管，率骁骑三千，自马邑出其不意，直趋恶阳岭以逼之。突利可汗不虞于靖，见官军奄至，于是大惧，相谓曰："唐兵若不倾国而来，靖岂敢孤军而至。"一日数惊。靖候知之，潜令间谍离其心腹，其所亲康苏密来降。四年，靖进击定襄，破之，获隋齐王暕之子杨正道及炀帝萧后，送于京师，可汗仅以身遁。以功进封代国公，赐物六百段及名马、宝器焉。太宗尝谓曰："昔李陵提步卒五千,不免身降匈奴,尚得书名竹帛。卿以三千轻骑深入房庭,克复定襄,威振北狄,古今所未有,足报往年渭水之役。"

自破定襄后,颉利可汗大惧,退保铁山,遣使入朝谢罪,请举国内附。又以靖为定襄道行军总管,往迎颉利。颉利虽外请朝谒,而潜怀犹豫。其年二月,太宗遣鸿胪卿唐俭、将军安修仁慰谕,靖揣知其意,谓将军张公谨曰:"诏使到彼,虏必自宽。遂选精骑一万,赍二十日粮,引兵自白道袭之。"公谨曰:"诏许其降,行人在彼,未宜计击。"靖曰:"此兵机也,时不可失,韩信所以破齐也。如唐俭等辈,何足可惜。"督军疾进,师至阴山,遇其斥候千余帐,皆俘以随军。颉利见使者大悦,不虞官兵至也。靖军将逼其牙帐十五里,虏始觉。颉利畏威先走,部众因而溃散。靖斩万余级,俘男女十余万,杀其妻隋义成公主。颉利乘千里马将走投吐谷浑,西道行军总管张宝相擒之以献。俄而突利可汗来奔,遂复定襄、常安之地,斥土界自阴山北至于大漠。

太宗初闻靖破颉利,大悦,谓侍臣曰:"朕闻主忧臣辱,主辱臣死。往者国家草创,太上皇以百姓之故,称臣于突厥,朕未尝不痛心疾首,志灭匈奴,坐不安席,食不甘味。今者暂动偏师,无往不捷,单于款塞,耻其雪乎!"于是大赦天下,酺五日。御史大夫温彦博害其功,谮靖军无纲纪,致令虏中奇宝,散于乱兵之手。太宗大加责让,靖顿首谢。久之,太宗谓曰:"隋将史万岁破达头可汗,有功不赏,以罪致戮。朕则不然,当赦公之罪,录公之勋。"诏加左光禄大夫,赐绢千匹,真食邑通前五百户。未几,太宗谓靖曰:"前有人谗公,今朕意已悟,公勿以为怀。"赐绢二千匹,拜尚书右仆射。靖性沉厚,每与时宰参议,恂恂然似不能言。

八年,诏为畿内道大使,伺察风俗。寻以足疾上表乞骸骨,言甚恳至。太宗遣中书侍郎岑文本谓曰:"朕观自古已来,身居富贵,能知止足者甚少。不问愚智,莫能自知,才虽不堪,强欲居职,纵有疾病,犹自勉强。公能识达大体,深足可嘉,朕今非直成公雅志,欲以公为一代楷模。"乃下优诏,加授特进,听在第摄养,赐物千段、尚乘马两匹,禄赐、国官府佐并依旧给,患若小瘳,每三两日至门下、中书平章政事。九年正月,赐靖灵寿杖,助足疾也。

未几,吐谷浑寇边,太宗顾谓侍臣曰:"得李靖为帅,岂非善也!"靖乃见房玄龄曰:"靖虽年老,固堪一行。"太宗大悦,即以靖为西海道行军大总管,统兵部尚书任城王道宗、凉州都督李大亮、右卫将军李道彦、利州刺史高甑生等三总管征之。九年,军次伏俟城,吐谷浑烧去野草,以馁我师,退保大非川。诸将咸言春草未生,马已羸瘦,不可赴敌。唯靖决计而进,深入敌境,遂逾积石山。前后战数十合,杀伤甚众,大破其国。吐谷浑之众遂杀其可汗来降,靖又立大宁王慕容顺而还。初,利州刺史高甑生为盐泽道总管,以后军期,靖薄责之,甑生因有憾于靖。及是,与广州都督府长史唐奉义告靖谋反。太宗命法官按其事,甑生等竟以诬罔得罪。靖乃阖门自守,杜绝宾客,虽亲戚不得妄进。

十一年,改封卫国公,授濮州刺史,仍令代袭,例竟不行。十四年,靖妻卒,有诏坟茔制度依汉卫、霍故事,筑阙象突厥内铁山、吐谷浑内积石山形,以旌殊绩。十七年,诏图画靖及赵郡王孝恭等二十四人于凌烟阁。十八年,帝幸其第问疾,仍赐绢五百匹,进位卫国公、开府仪同三司。太宗将伐辽东,召靖入阁,赐坐御前,谓曰:"公南平吴会,北清沙漠,西定慕容,唯东有高丽未服,公意如何?"对曰:"臣往者凭藉天威,薄展微效,今残年朽骨,唯拟此行。陛下若不弃,老臣病期瘳矣。"太宗悯其羸老,不许。二十三年,薨于家,年七十九。册赠司徒、并州都督,给班剑四十人、羽葆鼓吹,陪葬昭陵,谥曰景武。

子德謇嗣,官至将作少匠。

靖弟客师,贞观中,官至右武卫将军,以战功累封丹阳郡公。永徽初,以年老致仕。性好驰猎,四时从禽,无暂止息。有别业在昆明池南,自京城之外,西际沣水,鸟兽皆识之,每出则鸟鹊随逐而噪,野人谓之"鸟贼"。总章中卒,年九十余。

客师孙令问，玄宗在藩时与令问款狎，及即位，以协赞功累迁至殿中少监。先天中，预诛窦怀贞等功，封宋国公，实封五百户。令问固辞实封，诏不许。开元中，转殿中监、左散骑常侍，知尚食事。令问虽特承恩宠，未尝干预时政，深为物论所称。然厚于自奉，食馔丰侈，广畜刍豢，躬临宰杀。时方奉佛，其笃信之士或讥之，令问曰："此物畜生，与果菜何异，胡为强生分别，不亦远于道乎？"略不以恩眄自恃，闲适郊野，从禽自娱。十五年，凉州都督王君㚟奉回纥部落叛，令问坐与连姻，左授抚州别驾，寻卒。

大和中，令问孙芳任凤翔府司录参军，诣阙进高祖、太宗所赐卫国公靖官告、敕书、手诏等十余卷，内四卷太宗文皇帝笔迹，文宗宝惜不能释手。其佩笔尚堪书，金装木匣，制作精巧。帝并留禁中，令书工模写本还之，赐芳绢二百匹、衣服、靴、笏以酬之。

李勣，曹州离狐人也。隋末，徙居滑州之卫南。本姓徐氏，名世勣，永徽中，以犯太宗讳，单名勣焉。家多僮仆，积粟数千钟，与其父盖皆好惠施，拯济贫乏，不问亲疏。

大业末，韦城人翟让聚众为盗，勣往从之，时年十七，谓让曰："今此土地是公及勣乡壤，人多相识，不宜自相侵掠。且宋、郑两郡，地管御河，商旅往还，船乘不绝，就彼邀截，足以自相资助。"让然之，于是劫公私船取物，兵众大振。隋遣齐郡通守张须陀率师二万讨之，勣与频战，竟斩须陀于阵。

初，李密亡命在雍丘，浚仪人王伯当匿于野，伯当共勣说翟让奉密为主。隋令王世充讨密，勣以奇计败世充于洛水之上，密拜勣为东海郡公。时河南、山东大水，死者将半，隋帝令饥人就食黎阳，开仓赈给。时政教已紊，仓司不时赈给，死者日数万人。勣言于密曰："天下大乱，本是为饥，今若得黎阳一仓，大事济矣。"密乃遣勣领麾下五千人自原武济河掩袭，即日克之，开仓恣食，一旬之间，胜兵二十万余。经岁余，宇文化及于江都弑逆，拥兵北上，直指东郡。

时越王侗即位于东京，赦密之罪，拜为太尉，封魏国公，授勣右武候大将军，命讨化及。密遣勣守仓城，勣于城外掘深沟以固守；化及设攻具，四面攻仓，阻渐不得至城下，勣于堑中为地道出兵击之，大败而去。

武德二年，密为王世充所破，拥众归朝。其旧境东至于海，南至于江，西至汝州，北至魏郡，勣并据之，未有所属，谓长史郭孝恪曰："魏公既归大唐，今此人众土地，魏公所有也。吾若上表献之，即是利主之败，自为己功，以邀富贵，吾所耻也。今宜具录州县名数及军人户口，总启魏公，听公自献，此则魏公之功也。"乃遣使启。使人初至，高祖闻其无表，惟有启与密，甚怪之。使者以勣意闻奏，高祖大喜曰："徐世勣感德推功，实纯臣也。"诏授黎阳总管、上柱国、莱国公。寻加右武候大将军，改封曹国公，赐姓李氏，赐良田五十顷，甲第一区。封其父盖为济阴王，盖固辞王爵，乃封舒国公，授散骑常侍、陵州刺史。令勣总统河南、山东之兵以拒王世充。及李密反叛伏诛，高祖以勣旧经事密，遣使报其反状。勣表请收葬，诏许之。勣服衰绖，与旧僚吏将士葬密于黎山之南，坟高七仞，释服而散，朝野义之。

寻而窦建德擒化及于魏县，复进军攻勣，力屈降之。建德收其父，从军为质，令勣复守黎阳。三年，自拔归京师。四年，从太宗伐王世充于东都，累战大捷。又东略地至武牢，伪郑州司兵沈悦请翻武牢，勣夜潜兵应接，克之，擒其伪刺史荆王行本。又从太宗平窦建德，降王世充，振旅而还。论功行赏，太宗为上将，勣为下将，与太宗俱服金甲，乘戎辂，告捷于太庙。其父自洛州与裴矩入朝，高祖见之大喜，复其官爵。勣又从太宗破刘黑闼、徐圆朗，累迁左监门大将军。圆朗重据兖州反，授勣河南大总管以讨之，寻获圆朗，斩首以献，兖州平。

七年，诏与赵郡王孝恭讨辅公祏，孝恭领舟师巡江而下，勣领步卒一万渡淮，拔其寿阳，至硖石。公祏之将陈正通率兵十万屯于梁山，又遣其大将冯惠亮帅水军十万，锁连大舰以断江路，仍于江西结垒，分守水陆，以御王师。勣攻其垒，寻克之。惠亮单舻而遁。勣乘胜逼，正通大溃，以十余骑奔于丹阳。公祐弃城夜遁，勣纵骑追斩之于武康，江南悉定。

八年，突厥寇并州，命勣为行军总管，击之于太谷，走之。太宗即位，拜并州都督，赐实封九百户。贞观三年，为通漠道行军总管，至云中，与突厥颉利可汗兵会，大战于白道。突厥败，屯营于碛口；遣使请和。诏鸿胪卿唐俭往赦之。勣时与定襄道大总管李靖军会，相与议曰："颉利虽败，人众尚多，若走渡碛，保于九姓，道遥阻深，追则难及。今诏使唐俭至彼，其必弛备，我等随后袭之，此不战而平贼矣。"靖扼腕喜曰："公之此言，乃韩信灭田横之策也。"于是定计。靖将兵逼夜而发，勣勒兵继进。靖军既至，贼营大溃。颉利与万余人欲走渡碛。勣屯军于碛口，颉利至，不得渡碛，其大酋长率其部落并降于勣，虏五万余口而还。

时高宗为晋王，遥领并州大都督，授勣光禄大夫，行并州大都督府长史。父忧解，寻起复旧职。十一年，改封英国公，代袭蕲州刺史，时并不就国，复以本官遥领太子左卫率。勣在并州凡十六年，令行禁止，号为称职。太宗谓侍臣曰："隋炀帝不能精选贤良，安抚边境，惟解筑长城以备突厥，情识之惑，一至于此。朕今委任李世勣于并州，遂使突厥畏威遁走，塞垣安静，岂不胜远筑长城耶？"

十五年，征拜兵部尚书，未赴京，会薛延陀遣其子大度设帅骑八万南侵李思摩部落。命勣为朔州行军总管，率轻骑三千追及延陀于青山，击大破之，斩其名王一人，俘获首领，虏五万余计，以功封一子为县公。勣时遇暴疾，验方云须灰可以疗之，太宗乃自剪须，为其和药。勣顿首见血，泣以恳谢，帝曰："吾为社稷计耳，不烦深谢。"

十七年，高宗为皇太子，转勣太子詹事兼左卫率，加位特进，同中书门下三品。太宗谓曰："我儿新登储贰，卿旧长史，今以宫事相委，故有此授。虽屈阶资，可勿怪也。"太宗又尝闲宴，顾勣曰："朕将属以幼孤，思之无越卿者。公往不遗于李密，今岂负于朕哉！"勣雪涕致辞，因嗫指流血。俄而沉醉，乃解御服覆之，其见委信如此。

十八年，太宗将亲征高丽，授勣辽东道行军大总管，攻破盖牟、辽东、白崖等数城，又从太宗攉珍驻跸阵，以功封一子为郡公。二十年，延陀部落扰乱，诏勣将二百骑便发突厥兵讨击。至乌德鞬山，大战，破之。其大首领梯真达官率众来降，其可汗咄摩支南窜于荒谷，遣通事舍人萧嗣业招慰部领，送于京师，碛北悉定。

二十二年，转太常卿，仍同中书门下三品；旬日，复除太子詹事。二十三年，太宗寝疾，谓高宗曰："汝于李勣无恩，我今将责出之。我死后，汝当授以仆射，即荷汝恩，必致其死力。"乃出为叠州都督。高宗即位，其月，召拜洛州刺史，寻加开府仪同三司，令同中书门下，参掌机密。是岁，册拜尚书左仆射。永徽元年，抗表求解仆射，仍令以开府仪同三司依旧知政事。四年，册拜司空。初，贞观中，太宗以勋庸特著，尝图其形于凌烟阁，至是，帝又命写形焉，仍亲为之序。显庆三年，从幸东都，在路遇疾，帝亲临问。麟德初，东封泰山，诏勣为封禅大使，乃从驾。次滑州，其姊早寡，居勣旧闾，皇后亲自临问，赐以衣服，仍封为东平郡君。勣又坠马伤足，上亲降问，以所乘赐之。

乾封元年，高丽莫离支男产为其弟男建所逐，保于国内城，遣子献诚诣阙乞师。总章元年，命勣为辽东道行军总管，率兵二万略地至鸭绿水。贼遣其弟来拒战，勣纵兵击败之，追奔二百里，至于平壤城。男建闭门不敢出，贼中诸城骇惧，多拔人众遁走，降款者相继。勣又引兵围平壤，辽东道副大总管刘仁轨、郝处俊、将军薛仁贵并会于平壤，犄角围之。经月余，克其城，虏其王高藏及男建、男产，裂其诸城，并为州县，振旅而旋。令勣便道以高藏及男建献于昭陵，礼毕，备军容入京城，献太庙。

二年，加太子太师，增食实封通前一千一百户。其年寝疾，诏以勣弟晋州刺史弼为司卫正卿，使得视疾。寻薨，年七十六。帝为之举哀，辍朝七日，赠太尉、扬州大都督，谥曰贞武，给东园秘器，陪葬昭陵，令司平太常伯杨昉摄同文正卿监护。及葬日，帝幸未央古城，登楼临送，望柳车痛哭，并为设祭。皇太子亦从驾临送，哀恸悲感左右。诏百官送至故城西北，所筑坟一准卫、霍故事，象阴山、铁山及乌德鞬山，以旌破突厥、薛延陀之功。光宅元年，诏勣配享高宗庙庭。

勣前后战胜所得金帛，皆散之于将士。初得黎阳仓，就食者数十万人。魏征、高季辅、杜正伦、郭孝皆客游其所，一见于众人中，即加礼敬，引之卧内，谈论忘倦，及平武牢，获伪郑州长史戴胄，知其行能，寻释放，竟推荐，咸至显达，当时称其有知人之鉴。又，初平王世充，获其故人单雄信，依例处死，勣表称其武艺绝伦，若收之于合死之中，必大感恩，堪为国家尽命，请以官爵赎之。高祖不许。临将就戮，勣对之号恸，割股肉以啖之，曰："生死永诀，此肉同归于土矣。"仍收养其子。每行军用师，颇任筹算，临敌应变，动合事机。与人图计，识其臧否，闻其片善，扼腕而从，事捷之日，多推功于下，以是人皆为用，所向多克捷。洎勣之死，闻者莫不凄怆。

与弟弼特存友爱，闺门之内，肃若严君。自遇疾，高宗及皇太子送药，即取服之；家中召医巫，皆不许入门。子弟固以药进，勣谓曰："我山东一田夫耳，攀附明主，滥居富贵，位极三台，年将八十，岂非命乎?修短必是有期，宁容浪就医人求活!"竟拒而不进。忽谓弼曰："我似得小差，可置酒以申宴乐。"于是堂上奏女妓，檐下列子孙。宴罢，谓弼曰："我自量必死，欲与汝一别耳。恐汝悲哭，诳言似差可，未须啼泣，听我约束。我见房玄龄、杜如晦、高季辅辛苦作得门户，亦望垂裕后昆，并遭痴儿破家荡尽。我有如许豚犬，将以付汝，汝可防察，有操行不伦、交游非类，急即打杀，然后奏知。又见人多埋金玉，亦不须尔。惟以布装露车，载我棺柩，棺中敛以常服，惟加朝服一副，死倘有知，望着此奉见先帝。明器惟作马五六匹，下帐用幔阜为顶，白纱为裙，其中著十个木人，示依古礼刍灵之义，此外一物不用。姬媵已下，有儿女而愿住自养者听之，余并放出。事毕，汝即移入我堂，抚恤小弱。违我言者，同于戮尸。"此后略不复语，弼等遵行遗言。

勣少弟感，幼有志操。李密之败也，陷于王世充，世充逼令以书召勣，感曰：“家兄立身，不亏名节，今已事主，君臣分定，决不以感造次改图。”卒不肯，世充怒，遂害焉，时年十五。

勣长子震，显庆初官至梓州刺史，先勣卒。

勣孙敬业。高宗崩，则天太后临朝，既而废帝为庐陵王，立相王为皇帝，而政由天后，诸武皆当权任，人情愤怨。时给事中唐之奇贬授括苍令，长安主簿骆宾王贬临海丞，詹事司直杜求仁黝县丞，敬业坐事左授柳州司马，其弟盩厔令敬猷亦坐累左迁，俱在扬州。敬业用前盩厔尉魏思温谋，据扬州。嗣圣元年七月，敬业遣其党监察御史薛璋元求使江都，又令雍州人韦超诣璋告变，云“扬州长史陈敬之与唐之奇谋逆”，璋乃收敬之系狱。居数日，敬业矫制杀敬之，自称扬州司马，诈言“高州首领冯子猷叛逆，奉密诏募兵进讨。”是日开府库，令士曹参军李宗臣解系囚及丁役、工匠，得数百人，皆授之以甲。录事参军孙处行拒命，敬业斩之以徇。遂据扬州，鸠聚民众，以匡复庐陵为辞。乃开三府：一曰匡复府，二曰英公府，三曰扬州大都督府。敬业自称匡复府上将，领扬州大都督，以杜求仁、唐之奇、骆宾王为府属，余皆伪署职位。旬日之间，胜兵有十余万。仍移檄诸郡县曰：

伪临朝武氏者，人非温顺，地实寒微。昔充太宗下陈，尝以更衣入侍，洎乎晚节，秽乱春宫，密隐先帝之私，阴图后庭之嬖。入门见嫉，蛾眉不肯让人；掩袖工谗，狐媚偏能惑主。践元后于翚翟，陷吾君于聚麀。加以虺蜴为心，豺狼成性，近狎邪僻，残害忠良，杀姊屠兄，弑君鸩母。人神之所同嫉，天地之所不容。犹复包藏祸心，窥窃神器。君之爱子，幽之于别宫；贼之宗盟，委之以重任。呜呼！霍子孟之不作，朱虚侯之已亡。燕啄皇孙，知汉祚之将尽；龙漦帝后，识夏廷之遽衰。

敬业，皇唐旧臣，公侯冢胤，奉先君之成业，荷本朝之旧恩。宋微子之兴悲，良有以也；袁君山之流涕，岂徒然哉！是用气愤风云，志安社稷，因天下之失望顺，宇内之推心，爰举义旗，誓清妖孽。南连百越，北尽三河，铁骑成群，玉轴相接。海陵红粟，仓储之积靡穷；江浦黄旗，匡复之功何远。班声动而北风起，剑气冲而南斗平。喑呜则山岳崩颓，叱咤则风云变色。以此制敌，何敌不摧？以此图功，何功不克？

公等或家传汉爵，或地协周亲，或膺重寄于爪牙，或受顾命于宣室。言犹在耳，忠岂忘心？一抔之土未干，六尺之孤何在？倘能转祸为福，送往事居，共立勤王之师，无废旧君之命，凡诸爵赏，同裂山河。请看今日之域中，竟是谁家之天下？

则天命左玉钤卫大将军李孝逸将兵三十万讨之，追削敬业祖、父官爵，剖坟断棺，复本姓徐氏。

初，敬业兵集，图其所向，薛璋曰："金陵王气犹在，大江设险，可以自固。且取常、润等州，以为霸基，然后治兵北渡。"魏思温曰："兵贵神速，但宜早渡淮而北，招合山东豪杰，乘其未集，直取东都，据关决战，此上策也。"敬业不从。十月，率众渡江，攻拔润州，杀刺史李思文。先是，太子贤为天后所废，死于巴州，敬业乃求状貌似贤者，置于城中，奉之为主，云贤本不死。孝逸军渡淮，至楚州，敬业之众狼狈还江都，屯兵高邮以拒之。频战大败，孝逸乘胜追蹑。敬业奔至扬州，与唐之奇、杜求仁等乘小舸，将入海投高丽。追兵及，皆捕获之。初，敬业传檄至京师，则天读之微哂，至"一抔之土未干"，遽问侍臣曰："此语谁为之？"或对曰："骆宾王之辞也。"则天曰："宰相之过，安失此人？"

中宗返正，诏曰："故司空勣，往因敬业，毁废坟茔。朕追想元勋，永怀佐命。昔窦宪干纪，无累安丰之祠；霍禹乱常，犹全博陆之坠。罪不相及，国之通典。宜特垂恩礼，令所司速为起坟，所有官爵，并宜追复。"勣诸子孙坐敬业诛杀，靡有遗胤，偶脱祸者，皆窜迹胡越。贞元十七年，吐蕃陷麟州，驱掠民畜而去。至盐州西横槽烽，蕃将号徐舍人者，环集汉俘于呼延州，谓僧延素曰："师勿甚惧，予本汉五代孙也。属武太后斫丧王室，吾祖建义不果，子孙流落绝域，今三代矣。虽代居职任，掌握兵要，然思本之心，无忘于国。但族属已多，无由自拔耳。此地蕃汉交境，放师还乡。"数千百人，解缚而遣之。

　　史臣曰：近代称为名将者，英、卫二公，诚烟阁之最。英公振彭、黥之迹，自拔草莽，常以能以义藩身，与物无忤，遂得功名始终。贤哉垂命之诚！敬业不蹈贻谋，至于覆族，悲夫！卫公将家子，绰有渭阳之风。临戎出师，凛然威断。位重能避，功成益谦。铭之鼎钟，何惭耿、邓。美哉！

　　赞曰：功以懋赏，震则危。辞禄避位，除猜破疑。功定华夷，志怀忠义。白首平戎，贤哉英、卫。

旧唐书卷六八
列传第一八

尉迟敬德　秦叔宝　程知节
段志玄　张公谨

　　尉迟敬德，朔州善阳人。大业末，从军于高阳，讨捕群贼，以武勇称，累授朝散大夫。刘武周起，以为偏将，与宋金刚南侵，陷晋、浍二州。敬德深入至夏县，应接吕崇茂，袭破永安王孝基，执独孤怀恩、唐俭等。武德三年，太宗讨武周于柏壁，武周令敬德与宋金刚来拒王师于介休。金刚战败，奔于突厥，敬德收其余众，城守介休。太宗遣任城王道宗、宇文士及往谕之，敬德与寻相举城来降。太宗大悦，赐以曲宴，引为右一府统军，从击王世充于东都。

　　既而寻相与武周下降将皆叛，诸将疑敬德必叛，囚于军中。行台左仆射屈突通、尚书殷开山咸言："敬德初归国家，情志未附。此人勇健非常，萦之又久，既被猜贰，怨望必生。留之恐贻后悔，请即杀之。"太宗曰："寡人所见，有异于此。敬德若怀翻背之计，岂在寻相之后耶？"遽命释之，引入卧内，赐以金宝，谓曰："丈夫以意气相期，勿以小疑介意。寡人终不听谗言以害忠良，公宜体之。必应欲去，今以此物相资，表一时共事之情也。"是日，因从猎于榆窠，遇王世充领步骑数万来战。世充骁将单雄信领骑直趋太宗，敬德跃马大呼，横刺雄信坠马。贼徒稍却，敬德翼太宗以出贼围，更率骑兵与世充交战，数合，其众大溃，擒伪将陈智略，获排槊兵六千人。太宗谓敬德曰："比众人证公必叛，天诱我意，独保明之，福善有征，何相报之速也。"特赐金银一箧,此后恩眄日隆。

敬德善解避矟,每单骑入贼阵,贼矟攒刺,终不能伤,又能夺取贼矟,还以刺之。是日,出入重围,往返无碍。齐王元吉亦善马矟,闻而轻之,欲亲自试,命去矟刃以竿相刺。敬德曰:"纵使加刃,终不能伤,请勿除之,敬德矟谨当却刃。"元吉竟不能中。太宗问曰:"夺矟、避矟,何者虽易?"对曰:"夺矟难。"乃命敬德夺元吉矟。元吉执矟跃马,志在刺之,敬德俄顷三夺其矟。元吉素骁勇,虽相欢异,甚以为耻。

及窦建德营于板渚,太宗将挑战,先伏李勣、程知节、秦叔宝等兵。太宗持弓矢,敬德执矟,造建德垒下大呼致师。贼众大惊扰,出兵数千骑,太宗逡巡渐却,前后射杀数人,敬德所杀亦十数人,遂引贼以入伏内。于是与勣等奋击,大破之。王世充兄子伪代王琬使于建德军中,乘隋炀帝所御骢马,铠甲甚鲜,迥出军前以夸众。太宗曰:"彼之所乘,真良马也。"敬德请往取之,乃与高甑生、梁建方三骑直入贼军,擒琬,引其马以归,贼众无敢当者。

又从讨刘黑闼于临洺,黑闼军来袭李世勣,太宗勒兵掩贼后以救之。既而黑闼众至,其军四合,敬德率壮士犯围而入,大破贼阵,太宗与江夏王道宗乘之以出。又从破徐圆朗,累有战功,授秦王府左二副护军。

隐太子、巢刺王元吉将谋害太宗,密致书以招敬德曰:"愿迂长者之眷,敦布衣之交,幸副所望也。"仍赠以金银器物一车。敬德辞曰:"敬德起自幽贱,逢遇隋亡,天下土崩,窜身无所,久沦逆地,罪不容诛。实荷秦王惠以生命,今又隶名藩邸,唯当以身报恩。于殿下无功,不敢谬当重赐。若私许殿下,便是二心,徇利忘忠,殿下亦何所用?"建成怒,是后遂绝。敬德寻以启闻,太宗曰:"公之素心,郁如山岳,积金至斗,知公情不可移。送来但取,宁须虑也。若不然,恐公身不安。且知彼阴计,足为良策。"元吉等深忌敬德,令壮士往刺之。敬德知其计,乃重门洞开,安卧不动,贼频至其庭,终不敢入。元吉乃谮敬德于高祖,下诏狱讯验,将杀之,太宗固谏得释。

　　会突厥侵扰乌城，建成举元吉为将，密谋请太宗同送于昆明池，将加屠害。敬德闻其谋，与长孙无忌遽启太宗曰："大王若不速正之，则恐被其所害，社稷危矣。"太宗叹曰："今二宫离阻骨肉，灭弃君亲，危亡之机，共所知委。寡人虽深被猜忌，祸在须臾，然同气之情，终所未忍。欲待其先起，然后以义讨之，公意以为何如？"敬德曰："人情畏死，众人以死奉王，此天授也。若天与不取，反受其咎。虽存仁爱之小情，忘社稷之大计，祸至而不恐，将亡而自安，失人臣临难不避之节，乏先贤大义灭亲之事，非所闻也。以臣愚诚，请先诛之。王若不从敬德言，请奔逃亡命，不能交手受戮。且因败成功，明贤之高见；转祸为福，智士之先机。敬德今若逃亡，无忌亦欲同去。"太宗犹豫未决，无忌曰："王今不从敬德之言，必知敬德等非王所有。事今败矣，其若之何？"太宗曰："寡人所言，未可全弃，公更图之。"敬德曰："王今处事有疑，非智；临难不决，非勇。王纵不从敬德言，请自愉计，其如家国何？其如身命何？且在外勇士八百余人，今悉入宫，控弦被甲，事势已就，王何得辞！"敬德又与侯君集日夜进劝，然后计定。

　　时房玄龄、杜如晦皆被高祖斥出秦府，不得复入。太宗令长孙无忌密召之，玄龄等报曰："有敕不许更事王，今若私谒，必至诛灭，不敢奉命。"太宗大怒，谓敬德曰："玄龄、如晦岂背我耶？"取所佩刀授敬德曰："公且往，观其无来心，可并斩其首持来也。"敬德又与无忌喻曰："王已决计克日平贼，公宜即入筹之。我等四人不宜群行在道。"于是玄龄、如晦着道士服随无忌入，敬德别道亦至。

　　六月四日，建成既死，敬德领七十骑蹑踵继至，元吉走马东奔，左右射之坠马。太宗所乘马又逸于林下，横被所缠，坠不能兴。元吉遽来夺弓，垂欲相扼，敬德跃马叱之，于是步走欲归武德殿，敬德奔逐射杀之。其宫府诸将薛万彻、谢叔方、冯立等率兵大至，屯于玄武门，杀屯营将军。敬德持建成、元吉首以示之，宫府兵遂散。是时，高祖泛舟于海池。太宗命敬德侍卫高祖。敬德擐甲持矛，直至高祖所。高祖大惊，问曰："今日作乱是谁？卿来此何也？"对曰："秦王以太子、齐王作乱，举兵诛之，恐陛下惊动，遣臣来宿卫。"高祖意乃安。南衙、北门兵马及二宫左右犹相拒战，敬德奏请降手敕，令诸军兵并受秦王处分，于是内外遂定。高祖劳敬德曰："卿于国有安社稷之功。"赐珍物甚众。太宗升春宫，授太子左卫率。时议者以建成等左右百余人，并合从坐籍没，唯敬德执不听，曰："为罪者二凶，今已诛讫，若更及支党，非取安之策。"由是获免。及论功，敬德与长孙无忌为第一，各赐绢万匹，齐王府财币器物，封其全邸，尽赐敬德。

贞观元年，拜右武候大将军，赐爵吴国公，与长孙无忌、房玄龄、杜如晦四人并食实封千三百户。会突厥来入寇，授泾州道行军总管以击之。贼至泾阳，敬德轻骑与其挑战，杀其名将，贼遂败。敬德好评直，负其功，每见无忌、玄龄、如晦等短长，必面折廷辩，由是与执政不平。三年，出为襄州都督。八年，累迁同州刺史。尝侍宴庆善宫，时有班在其上者，敬德怒曰："汝有何功，合坐我上？"任城王道宗次其下，因解喻之。敬德勃然，拳殴道宗目，几至眇。太宗不怿而罢，谓敬德曰："朕览汉史，见高祖功臣获全者少，意常尤之。及居大位以来，常欲保全功臣，令子孙无绝。然卿居官辄犯宪法，方知韩、彭夷戮，非汉祖之愆。国家大事，唯赏与罚，非分之恩，不可数行，勉自修饰，无贻后悔也。"十一年，封建功臣为代袭刺史，册拜敬德宣州刺史，改封鄂国公，后历鄜、夏二州都督。十七年，抗表乞骸骨，授开府仪同三司，令朝朔望。寻与长孙无忌等二十四人图形于凌烟阁。

及太宗将征高丽，敬德奏言："车驾若自往辽左，皇太子又在定州，东西二京，府库所在，虽有镇守，终是空虚。辽东路遥，恐有玄感之变。且边隅小国，不足亲劳万乘，伏请委之良将，自可应时摧灭。"太宗不纳，令以本官行太常卿，为左一马军总管，从破高丽于驻跸山。军还，依旧致仕。

敬德末年笃信仙方，飞炼金石，服食云母粉，穿筑池台，崇饰罗绮，尝奏清商乐以自奉养，不与外人交通，凡十六年。显庆三年，高宗以敬德功，追赠其父为幽州都督。其年薨，年七十四。高宗为之举哀,废朝三日,令京官五品以上及朝集使赴宅哭,册赠司徒、并州都督,谥曰忠武,赐东园秘器,陪葬于昭陵。

子宝琳嗣,官至卫尉卿。

秦叔宝名琼,齐州历城人。大业中,为隋将来护儿帐内。叔宝丧母,护儿遣使吊之,军吏怪曰:"士卒死亡及遭丧者多矣,将军未尝降问,独吊叔宝何也。"答曰:"此人勇悍,加有志节,必当自取富贵,岂得以卑贱处之。"

隋末群盗起,从通守张须陀击贼帅卢明月于下邳。贼众十余万,须陀所统才万人,力势不敌,去贼六七里立栅,相持十余日,粮尽将退,谓诸将士曰:"贼见兵却,必轻来追。我其众既出,营内即虚,若以千人袭营,可有大利。此诚危险,谁能去者?"人皆莫对,唯叔宝与罗士信请行。于是须陀委栅遁,使二人分领千兵伏于芦苇间。既而明月果悉兵追之,叔宝与士信驰至其栅,栅门闭不得入,二人超升其楼,拔贼旗帜,各杀数人,营中大乱。叔宝、士信又斩关以纳外兵,因纵火焚其三千余栅,烟焰涨天。明月奔还,须陀又回军奋击,大破贼众。明月以数百骑遁去,余皆虏之。由是勇气闻于远近。

又击孙宣雅于海曲,先登破之。以前后累勋授建节尉。从须陀进击李密于荥阳,军败,须陀死之,叔宝以余众附裴仁基。会仁基以武牢降于李密,密得叔宝大喜,以为帐内骠骑,待之甚厚。密与化及大战于黎阳童山,为流矢所中,堕马闷绝,左右奔散,追兵且至,唯叔宝独捍卫之,密遂获免。叔宝又收兵与之力战,化及乃退。后密败,又为王世充所得,署龙骧大将军。叔宝薄世充之多诈,因其出抗官军,至于九曲,与程咬金、吴黑闼、牛进达等数十骑西驰百许步,下马拜世充曰:"虽蒙殊礼,不能仰事,请从此辞。"世充不敢逼,于是来降。

高祖令事秦府,太宗素闻其勇,厚加礼遇。从镇长春宫,拜马军总管。又从征于美良川,破尉迟敬德,功最居多。高祖遣使赐以金瓶,劳之曰:"卿不顾妻子,远来投我,又立功效。朕肉可为卿用者,当割以赐卿,况子女玉帛乎?卿当勉之。"寻授秦王右三统军。又从破宋金刚于介休。录前后勋,赐黄金百斤,杂彩六千段,授上柱国。从讨王世充,每为前锋。太宗将拒窦建德于武牢,叔宝以精骑数十先陷其阵。世充平,进封翼国公,赐黄金百斤、帛七千段。从平刘黑闼,赏物千段。

叔宝每从太宗征伐,敌中有骁将锐卒,炫耀人马,出入来去者,太宗颇怒之,辄命叔宝往取。叔宝应命,跃马负枪而进,必刺之万众之中,人马辟易,太宗以是益重之,叔宝亦以此颇自矜尚。

六月四日,从诛建成、元吉,事宁,拜左武卫大将军,食实封七百户。其后每多疾病,因谓人曰:"吾少长戎马,所经二百余阵,屡中重疮。计吾前后出血亦数斛矣,安得不病乎?"十二年卒,赠徐州都督,陪葬昭陵。太宗特令所司就其茔内立石人马,以旌战阵之功焉。十三年,改封胡国公。十七年,与长孙无忌等图形于凌烟阁。

程知节本名咬金,济州东阿人也。少骁勇,善用马槊。大业末,聚徒数百,共保乡里,以备他盗。后依李密,署为内军骠骑。时密于军中简勇士尤异者八千人,隶四骠骑,分为左右以自卫,号为内军。自云:"此八千人可当百万。"知节既领其一,甚被恩遇。及王世充出城决战,知节领内马军,与密同营在北邙山上,单雄信领外马军,营在偃师城北。世充来袭雄信营,密遣知节及裴行俭助之。行俭先驰赴敌,为流矢所中,坠于地。知节救之,杀数人,世充军披靡,乃抱行俭重骑而还。为世充骑所逐,刺槊洞过,知节回身捩折其槊,兼斩获追者,于是与行俭俱免。

及密败,世充得之,接遇甚厚。知节谓秦叔宝曰:"世充器度浅狭,而多妄语,好为咒誓,乃巫师老妪耳,岂是拨乱主乎?"及世充拒王师于九曲,知节领兵在其阵,与秦叔宝等马上揖世充曰:"荷公接待,极欲报恩。公性猜贰,傍多扇惑,非仆托身之所,今谨奉辞。"于是跃马与左右数十人归国,世充惧,不敢追之。

授秦王府左三统军。破宋金刚,擒窦建德,降王世充,并领左一马军总管。每阵先登，以功封宿国公。武德七年，建成忌之，构之于高祖，除康州刺史。知节白太宗曰："大王手臂今并翦除，身必不久。知节以死不去，愿速自全。"六月四日，从太宗讨建成、元吉。事定，拜太子右卫率，迁右武卫大将军，赐实封七百户。

贞观中，历泸州都督、左领军大将军。与长孙无忌等代袭刺史，改封卢国公，授普州刺史。十七年，累转左屯卫大将军，检校北门屯兵，加镇军大将军。永徽六年，迁左卫大将军。显庆二年，授葱山道行军大总管以讨贺鲁。师次怛笃城，有胡人数千家开门出降，知节屠城而去，贺鲁遂即远遁。军还，坐免官。未几，授岐州刺史，表请乞骸骨，许之。麟德二年卒，赠骠骑大将军、益州大都督，陪葬昭陵。

子处默，袭爵卢国公。

处亮，以功臣子尚太宗女清河长公主，授驸马都尉、左卫中郎将。

少子处弼，官至右金吾将军。

处弼子伯献，开元中，左金吾大将军。

段志玄，齐州临淄人也。父偃师，隋末为太原郡司法书佐，从高祖起义，官至郢州刺史。志玄从父在太原，甚为太宗所接待。义兵起，志玄募得千余人，授右领大都督府军头。从平霍邑，下绛郡，攻永丰仓，皆为先锋，历迁左光禄大夫。从刘文静拒屈突通于潼关，文静为通将桑显和所袭，军营已溃，志玄率二十骑赴击，杀数十人而还，为流矢中足，虑众心动，忍而不言，更入贼阵者再三。显和军乱，大军因此复振，击大破之。及屈突通之遁，志玄与诸将追而擒之，以功授乐游府骠骑将军。

后从讨王世充，深入陷阵，马倒，为贼所擒。两骑夹持其髻，将渡洛水，志玄踊身而奋，二人俱堕马，驰归，追者数百骑，不敢逼。及破窦建德，平东都，功又居多，迁秦王府右二护军，赏物二千段。

隐太子建成、巢刺王元吉竟以金帛诱之，志玄拒而不纳，密以白太宗，竟与尉迟敬德等同诛建成、元吉。太宗即位，累迁左骁卫大将军,封樊国公,食实封九百户。文德皇后之葬也,志玄与宇文士及分统士马出肃章门。太宗夜使宫官至二将军所,士及开营内使者,志玄闭门不纳,曰:"军门不可夜开。"使者曰:"此有手敕。"志玄曰:"夜中不辩真伪。"竟停使者至晓。太宗闻而叹曰:"此真将军也,周亚夫无以加焉。"

十一年,定世封之制,授金州刺史,改封褒国公。十二年,拜右卫大将军。十四年,加镇军大将军。十六年,寝疾,太宗亲自临视,涕泣而别,顾谓曰:"当与卿子五品。"志玄顿首固请回授母弟志感,太宗遂授志感左卫郎将。及卒,上为发哀,哭之甚痛,赠辅国将军、扬州都督,陪葬昭陵,谥曰忠壮。十七年正月,诏图形于凌烟阁。

子瓒,袭爵褒国公,武太后时官至左屯卫大将军。

子怀简,袭爵,开元中,官至太子詹事。

张公谨字弘慎,魏州繁水人也。初为王世充洧州长史。武德元年,与王世充所署洧州刺史崔枢以州城归国,授邹州别驾,累除右武候长史。初未知名,李勣骤荐于太宗,尉迟敬德亦言之,乃引入幕府。

时太宗为隐太子建成、巢王元吉所忌,因召公谨,问以自安之策,对甚合旨,渐见亲遇。及太宗将讨建成、元吉,遣卜者灼龟占之,公谨自外来见,遽投于地而进曰:"凡卜筮者,将以决嫌疑,定犹豫,今既事在不疑,何卜之有?纵卜之不吉,势不可已。愿大王思之。"太宗深然其言。六月四日,公谨与长孙无忌等九人伏于玄武门以俟变。及斩建成、元吉,其党来攻玄武门,兵锋甚盛。公谨有勇力,独闭关以拒之。以功累授左武候将军,封定远郡公,赐实封一千户。

贞观元年,拜代州都督,上表请置屯田以省转运,又前后言时政得失十余事,并见纳用。后遣李靖经略突厥,以公谨为副,公谨因言突厥可取之状,曰:"颉利纵欲肆情,穷凶极暴,诛害良善,昵近小人,即主昏于上,其可取一也。又其别部同罗、仆骨、回纥、延陀之类,并自立君长,将图反噬,此则众叛于下,其可取二也。突利被疑,轻骑自免;拓设出讨,匹马不归;欲谷丧师,立足无地;此则兵挫将败,其可取三也。塞北霜早,粮糇乏绝,其可取四也。颉利疏其突厥,亲委诸胡,胡人翻覆,是其常性,大军一临,内必生变,其可取五也。华人入北,其类实多,比闻自相啸聚,保据山险,师出塞垣,自然有应,其可取六也。"太宗深纳之。破定襄,败颉利,玺书慰劳,进封邹国公。

转襄州都督,甚有惠政。卒官,年三十九。太宗闻而嗟悼,出次发哀,有司奏言:"准《阴阳书》,日子在辰,不可哭泣,又为流俗所忌。"太宗曰:"君臣之义,同于父子,情发于衷,安避辰日。"遂哭之。赠左骁卫大将军,谥曰襄。十三年,追思旧功,改封郯国公。十七年,图形于凌烟阁。永徽中,又赠荆州都督。

长子大象嗣,官至户部侍郎。

次子大业,大安,并知名。大业,龙朔中历位东台舍人,兼修国史,卒于怀州长史,撰《后魏书》一百卷、《隋书》三十卷。

大安,上元中历太子庶子、同中书门下三品。时章怀太子在春宫,令大安与太子洗马刘讷言等注范晔《后汉书》。宫废,左授普州刺史。光宅中,卒于横州司马。

大安子洸,开元中为国子祭酒。

史臣曰:敬德夺槊陷阵,鼓勇王师,却赂报恩,竭忠霸主。然而奋拳负气,非自全之道,文皇告诫之言,可为功臣药石。叔宝善用马槊,拔贼垒则以寡敌众,可谓勇矣。知节志平国难,拜隼旆则致命辅君,可谓忠矣。而并晓世充之猜贰,识唐代之霸图,可谓见机君子矣。志玄中镝不言,竟安师旅。公谨投龟定议,志助储君。皆所谓猛将谋臣,知机识变。有唐之盛,斯实赖焉。

赞曰:太宗经纶,实赖虎臣。胡、鄂诸将,奋不顾身。图形凌烟,配食严湮。光诸简册,为报君亲。

旧唐书卷六九
列传第一九

侯君集　张亮　薛万彻 兄万均

盛彦师　卢祖尚　刘世让　刘兰　李君羡等附

侯君集，豳州三水人也。性矫饰，好矜夸，玩弓矢而不能成其艺，乃以武勇自称。太宗在藩，引入幕府，数从征伐，累除左候、车骑将军，封全椒县子。渐蒙恩遇，参预谋议。建成、元吉之诛也，君集之策居多。太宗即位，迁左卫将军，以功进封潞国公，赐邑千户，寻拜右卫大将军。

贞观四年，迁兵部尚书，参议朝政。时将讨吐谷浑伏允，命李靖为西海道行军大总管，以君集及任城王道宗并为之副。九年三月，师次鄯州，君集言于靖曰："大军已至，贼虏尚未走险，宜简精锐，长驱疾进，彼不我虞，必有大利。若此策不行，潜遁必远，山障为阻，讨之实难。"靖然其计，乃简精锐，轻赍深入。道宗追及伏允之众于库山，破之。伏允轻兵入碛，以避官军。靖乃中分士马为两道并入，靖与薛万均、李大亮趣北路，使侯君集、道宗趣南路。历破逻真谷，逾汉哭山，经途二千余里，行空虚之地，盛夏降霜，山多积雪，转战过星宿川，至于柏海，频与虏遇，皆大克获。北望积石山，观河源之所出焉。乃旋师，与李靖会于大非川，平吐谷浑而还。

十一年，与长孙无忌等俱受世封，授君集陈州刺史，改封陈国公。明年，拜吏部尚书，进位光禄大夫。君集出自行伍，素无学术，及被任遇，方始读书。典选举，定考课，出为将领，入参朝政，并有时誉。

高昌王麹文泰时遏绝西域商贾，太宗征文泰入朝，而称疾不至，诏以君集为交河道行军大总管讨之。文泰闻王师将起，谓其国人曰："唐国去此七千里，沙碛阔二千里，地无水草，冬风冻寒，夏风如焚。风之所吹，行人多死，常行百人不能得至，安能致大军乎？若顿兵于吾城下，二十日食必尽，自然鱼溃，乃接而虏之，何足忧也！"及军至碛口，而文泰卒，其子智盛袭位。君集率兵至柳谷，候骑言文泰克日将葬，国人咸集。诸将请袭之，君集曰："不可，天子以高昌骄慢无礼，使吾龚行天罚，今袭人于墟墓之间，非问罪之师也。"于是鼓行而前攻其田地。贼婴城自守，君集谕之，不行。先是，大军之发也，上召山东善为攻城器械者，悉遣从军。君集遂刊木填隍，推撞车撞其睥睨，数丈颓穴，抛车石击其城中，其所当者无不糜碎，或张毡被，用障抛石，城上守陴者不复得立。遂拔之，虏其男女七千余口，仍进兵围其都城。智盛穷蹙，致书于君集曰："有罪于天子者，先王也。天罚所加，身已丧背。智盛袭位未几，不知所以愆阙，冀尚书哀怜。"君集报曰："若能悔祸，宜束手军门。"智盛犹不出，因命士卒填其隍堑，发抛车以攻之。又为十丈高楼，俯视城内，有行人及飞石所中处，皆唱言之，人多入室避石。初，文泰与西突厥欲谷设约，有兵至，共为表里。及闻君集至，欲谷设惧而西走千余里，智盛失援，计无所出，遂开门出降。君集分兵略地，遂平其国，俘智盛及其将吏，刻石纪功而还。

君集初破高昌，曾未奏请，辄配没无罪，人又私取宝物。将士知之，亦竞来盗窃，君集恐发其事，不敢制。及京师，有司请推其罪，诏下狱。中书侍郎岑文本以为功臣大将不可轻加屈辱，上疏曰：

> 君集等或位居辅佐，或职惟爪牙，并蒙拔擢，受将帅之任，不能正身奉法以报陛下之恩，举厝肆情，罪负盈，积实宜绳之刑典，以肃朝伦。但高昌昏迷，人神共弃，在朝议者，以其地在遐荒，咸欲置之度外。唯陛下运独见之明，授决胜之略，君集等奉行圣算，遂得指期平殄。若论事实，并是陛下之功，君集等有

道路之劳,未足称其勋力。而陛下天德弗宰,乃推功于将帅。露布初至,便降大恩,从征之人,皆沾涤荡。及其凯旋,特蒙曲宴,又对万国,加之重赏。内外文武,咸欣陛下赏不逾时。而不经旬日,并付大理,虽乃君集等自挂纲罗,而在朝之人未知所犯,恐海内又疑陛下唯录其过,似遗其功。臣以下才,谬参近职,既有所见,不敢默然。

　　臣闻古之人君,出师命将,克敌则获重赏,不克则受严刑。是以当其有功也,虽贪残淫纵,必蒙青紫之宠;当其有罪也,虽勤躬洁己,不免铁钺之诛。故《周书》曰:"记人之功,忘人之过,宜为君者也。"昔汉贰师将军李广利捐五万之师,糜亿万之费,经四年之劳,唯获骏马三十匹。虽斩宛王之首,而贪不爱卒,罪恶甚多。武帝为万里征伐,不录其过,遂封广利海西侯,食邑八千户。又校尉陈汤矫诏兴师,虽斩郅支单于,而汤素贪盗,所康居财物,事多不法,为司隶所系。汤乃上疏曰:"与吏士共诛郅支,幸得擒灭。今司隶乃收系案验,是为郅支报仇也。"元帝赦其罪,封汤关内侯,赐黄金百斤。又晋龙骧将军王浚有平吴之功,而王浑等论浚违诏,不受节度,军人得孙皓宝物,并烧皓宫及船。浚上表曰:"今年平吴,诚为大庆,于臣之身,更为咎累。"武帝赦而不推,拜辅国大将军,封襄阳侯,赐绢万匹。近隋新义郡公韩擒虎平陈之日,纵士卒暴乱叔宝宫内,文帝亦不问罪,虽不进爵,拜擒虎上柱国,赐物八千段。由斯观之,将帅之臣,廉慎者寡,贪求者众。是以黄石公《军势》曰:"使智,使勇,使贪,使愚。故智者乐立其功,勇者好行其志,贪者邀趋其利,愚者不计其死。"是知前圣莫不收人之长,弃人之短,良为此也。

　　臣又闻夫天地之道,以覆载为先;帝王之德,以含弘为美。夫以区区汉武及历代诸帝,犹能宥广利等,况陛下天纵神武,振宏图以定六合,岂独正兹刑纲,不行古人之事哉!伏惟圣怀,当自己有斟酌。臣今所以陈闻,非敢私君集等,庶以萤爝末光,增晖日月。倘陛下降雨露之泽，收雷电之威，录其微劳，忘其大过，使君集重升朝列，复预驱驰，虽非清贞之臣，犹是贪愚之将。斯则陛下圣德，虽屈法而德弥显；君集等愆过，虽蒙宥而过更彰。足使立功之士，因兹而皆劝；负罪之将，由斯而改节矣。疏奏，乃释。

君集自以有功于西域，而以贪冒被囚，志殊快快。十七年，张亮以太子詹事出为洛州都督，君集激怒亮曰："何为见排？"亮曰："是公见排，更欲谁冤。"君集曰："我平一国来，逢屋许大嗔，何能仰排！"因攘袂曰："郁郁不可活，公能反乎？当与公反耳。"亮密以闻，太宗谓亮曰："卿与君集俱是功臣。君集独以语卿，无人闻见，若以属吏，君集必言无此。两人相证，事未可知。"遂寝其事，待君集如初。寻与诸功臣同画像于凌烟阁。

时庶人承乾在东宫，恐有废立，又知君集怨望，遂与通谋。君集子婿贺兰楚石时为东宫千牛，承乾令数引君集入内，问以自安之术。君集以承乾劣弱，意欲乘衅以图之，遂赞承乾阴图不轨，尝举手谓承乾曰："此好手，当为用之。"君集或虑谋泄，心不自安，每中夜蹶然而起，叹咤久之。其妻怪而谓之曰："公，国之大臣，何为乃耳？必当有故。若有不善之事，孤负国家，宜自归罪，首领可全。"君集不能用。

及承乾事发，君集被收，楚石又诣阙告其事。太宗亲临问曰："我不欲令刀笔吏辱公，故自鞫验耳。"君集辞穷。太宗谓百僚曰："往者家国未安，君集实展其力，不忍置之于法。我将乞其性命，公卿其许我乎？"君臣争进曰："君集之罪，天地所不容，请诛之以明大法。"太宗谓君集曰："与公长诀矣，而今而后，但见公遗像耳！"因歔欷下泣。遂斩于四达之衢，籍没其家。君集临刑，容色不改，谓监刑将军曰："君集岂反者乎？蹉跌至此！然尝为将，破灭二国，颇有微功。为言于陛下，乞令一子以守祭祀。"由是特原其妻及一子，徙于岭南。

　　张亮,郑州荥阳人也。素寒贱,以农为业,倜傥有大节,外敦厚而内怀诡诈,人莫之知。大业末,李密略地荥、汴,亮杖策从之,未被任用。属军中有谋反者,亮告之,密以为至诚,署骠骑将军,隶于徐绩。及绩以黎阳归国,亮颇赞成其事,乃授郑州刺史。会王世充陷郑州,亮不得之官,孤军无援,遂亡命于共城山泽。

　　后房玄龄、李绩以亮倜傥有智谋,荐之于太宗,引为秦府车骑将军。渐蒙顾遇,委以心膂。会建成、元吉将起难,太宗以洛州形胜之地,一朝有变,将出保之。遣亮之洛阳,统左右王保等千余人,阴引山东豪杰以俟变,多出金帛,恣其所用。元吉告亮欲图不轨,坐是属吏,亮卒无所言,事释,遣还洛阳。及建成死,授怀州总管,封长平郡公。

　　贞观五年,历迁御史大夫,转光禄卿,进封鄅国公,赐实封五百户。后历幽、夏、鄜三州都督。七年,魏王泰为相州都督而不之部,进亮金紫光禄大夫,行相州大都督长史。十一年,改封郧国公。亮所莅之职,潜遣左右伺察善恶,发摘奸隐,动若有神,抑豪强而恤贫弱,故所在见称。初,亮之在州也,弃其本妻,更娶李氏。李素有淫行,骄妒特甚,亮宠惮之。后至相州,有邺县小儿,以卖笔为业,善歌舞,李见而悦之,遂与私通,假言亮先与其母野合所生,收为亮子,名曰慎几。亮前妇子慎微每以养慎几致谏,亮不从。李尤好左道,所至巫觋盈门,又干预政事,由是亮之声称渐损。

　　十四年,入为工部尚书。明年,迁太子詹事,出为洛州都督。及侯君集诛,以亮先奏其将反,优诏褒美,迁刑部尚书,参预朝政。太宗将伐高丽,亮频谏不纳,因自请行。以亮为沧海道行军大总管,管率舟师。自东莱渡海,袭卑涉城,破之,俘男女数千口。进兵顿于建安城下,营垒未固,士卒多樵牧。贼众奄至,军中惶骇。亮素怯懦,无计策,但踞胡床,直视而无所言,将士见之,翻以亮为有胆气。其副总管张金树等乃鸣鼓令士众击贼,破之。太宗知其无将帅材而不之责。

　　有方术人程公颖者,亮亲信之。初在相州,阴召公颖,谓曰:"相州形胜之地,人言不出数年有王者起,公以为何如?"公颖知其有异志,因言亮卧似龙形,必当大贵。又有公孙常者,颇擅文辞,自言有黄白之术,尤与亮善。亮谓曰:"吾尝闻图谶'有弓长之君当别都',虽有此言,实不愿闻之。"常又言亮名应图录,亮大悦。二十年,有陕人常德玄告其事,并言亮有义儿五百人。太宗遣法官按之,公颖及常证其罪。亮曰:"此二人畏死见诬耳。"又自陈佐命之旧,冀有宽贷。太宗谓侍臣曰:"亮有义儿五百,畜养此辈,将何为也?正欲反耳。"命百僚议其狱,多言亮当诛,唯将作少匠李道裕言亮反形未具,明其无罪。太宗既盛怒,竟斩于市,籍没其家。岁余,刑部侍郎有缺,令执政者妙择其人,累奏皆不可。太宗曰:"朕得其人也。往者李道裕议张亮云'反形未具',此言当矣。虽不即从,至今追悔。"遂授道裕刑部侍郎。

薛万彻,雍州咸阳人,自敦煌徙焉,隋左御卫大将军世雄子也。世雄,大业末卒于涿郡太守。万彻少与兄万均随父在幽州,俱以武略为罗艺所亲待。寻与艺归附高祖,授万均上柱国、永安郡公,万彻车骑将军、武安县公。

会窦建德率众十万来寇范阳,艺逆拒之。万均谓艺曰:"众寡不敌,今若出门,百战百败,当以计取之。可令赢兵弱马阻水背城为阵以诱之,观贼之势,必渡水交兵。万均请精骑百人伏于城侧,待其半渡,击之,破贼必矣。"艺从其言。建德果引军渡水,万均邀击,大破之。明年,建德率众二十万复攻幽州,贼已攀堞,万均与万彻率敢死士百人从地道而出,直掩贼背,击之,贼遂溃走。

及太宗平刘黑闼,引万均为右二护军,恩顾甚至。隐太子建成又引万彻置于左右。建成被诛,万彻率官兵战于玄武门,鼓噪欲入秦府,将士大惧。及枭建成首示之,万彻与数十骑亡于终南山。太宗累遣使谕意,万彻释仗而来,太宗以其忠于所事,不之罪也。

万均,贞观初历迁殿中少监。柴绍之击梁师都,以万彻为副。未至朔方数十里,突厥四面而至,官军稍却。万均与万彻横出击之,斩其骁将，虏阵乱，因而乘之，杀伤被野。鼓行而进，遂围师都。俄而师都见杀，城降，突厥不敢来援。万彻后从李靖击突厥颉利可汗于塞北，以功授统军，进爵郡公。及靖将击吐谷浑，请万彻同行。及至贼境，与诸将各率百余骑先行，卒与虏数千骑相遇。万彻单骑驰击之，虏无敢当者。还谓诸将曰："贼易与耳！"跃马复进，诸将随之，斩数千级，人马流血，勇冠三军。又与万均破吐谷浑天柱王于赤水源，获其杂畜二十万计，追至河源。

万均此后官至左屯卫大将军，累封潞国公而卒。万彻寻丁母忧解职，俄起为右卫将军，出为蒲州刺史。会薛延陀率回纥、同罗之众渡碛，南击李思摩，万彻副李绩援之。与虏相遇，率数百骑为先锋，击其阵后，骑皆散，贼顾见，遂大溃。追奔数十里，斩首三千余级，获马万五千匹。以功别封一子为县侯。十八年，授左卫将军，尚丹阳公主，拜驸马都尉。寻迁右卫大将军，转杭州刺史，迁代州都督，复召拜右武卫大将军。太宗从容谓从臣曰："当今名将，唯李勣、道宗、万彻三人而已。李勣、道宗不能大胜，亦不大败；万彻非大胜，即大败。"太宗尝召司徒长孙无忌等十余人宴于丹霄殿，各赐以腊皮，万彻预焉。太宗意在赐万彻，而误呼万均，因怆然曰："万均朕之勋旧，不幸早亡，不觉呼名，岂其魂灵欲朕之赐也。"因令取膜皮，呼万均以同赐而焚之于前，侍坐者无不感叹。

二十二年，万彻又为青丘道行军大总管，率甲士三万自莱州泛海伐高丽，入鸭绿水，百余里至泊灼城，高丽震惧，多弃城而遁。泊灼城主所夫孙率步骑万余人拒战，万彻遣右卫将军裴行方领步卒为支军继进，万彻及诸军乘之，贼大溃。追奔百余里，于阵斩所夫孙，进兵围泊灼城。其城因山设险，阻鸭绿水以为固，攻之未拔。高丽遣将高文率乌骨、安地诸城兵三万余人来援，分置两阵。万彻分军以当之，锋刃才接而贼大溃。万彻在军，仗气凌物，人或奏之。及谒见，太宗谓曰："上书者论卿与诸将不协，朕录功弃过，不罪卿也。"因取书焚之。寻为副将、右卫将军裴行方言其怨望，于是廷验之，万彻辞屈。英国公李绩进曰："万彻职乃将军，亲惟主婿，发言怨望,罪不容诛。"因除名徙边,会赦得还。

永徽二年,授宁州刺史。入朝与房遗爱款昵,因谓遗爱曰:"今虽患脚,坐置京师,汉辈犹不敢动。"遗爱谓万彻曰:"公若国家有变,我当与公立荆王元景为主。"及谋泄,吏逮之,万彻不之伏,遗爱证之,遂伏诛。临刑大言曰:"薛万彻大健儿,留为国家效死力固好,岂得坐房遗爱杀之乎!"遂解衣谓监刑者疾斫。执刀者斩之不殊,万彻叱之曰:"何不加力!"三斫乃绝。

万彻长兄万淑,亦有战功。贞观初,至营州都督,检校东夷校尉,封梁郡公。

季弟万备,有孝行,母终,庐于墓侧。太宗降玺书吊慰,仍旌表其门。后官至左卫将军。并先万彻卒。

初,武德、贞观之际,有盛彦师、卢祖尚、刘世让、刘兰、李君羡等,并有功名而不终其位。

盛彦师者,宋州虞城人。大业中,为澄城长。义师至汾阴,率宾客千余人济河上谒,拜银青光禄大夫、行军总管,从平京城。俄与史万宝镇宜阳以拒东寇。

及李密之叛,将出山南,史万宝惧密威名,不敢拒,谓彦师曰:"李密,骁贼也,又辅以王伯当,决策而叛,其下兵士思欲东归,若非计出万全,则不为也。兵在死地,殆不可当。"彦师笑曰:"请以数千之众邀之,必枭其首。"万宝曰:"计将安出?"对曰:"军法尚诈,不可为公说之。"便领众逾熊耳山南,傍道而止,令弓弩者挟路乘高,刀盾者伏于溪谷。令曰:"待贼半渡,一时齐发,弓弩据高纵射,刀盾即乱出薄之。"或问之曰:"闻李密欲向洛州,而公入山,何也?"彦师曰:"密声言往洛,实走襄城就张善相耳,必当出人不意。若贼入谷口,我自后追之,山路险隘,无所展力,一夫殿后,必不能制。今吾先得入谷,擒之必矣。"李密既度陕州,以为余不足虑,遂拥众徐行,果逾山南渡。彦师击之,密众首尾断绝,不得相救,遂斩李密,追擒伯当。以功封葛国公,拜武卫将军,仍镇熊州。

太宗讨王世充，遣彦师与万宝军于伊阙，绝其山南之路。贼平，除宋州总管。初，彦师之入关也，王世充其将陈宝遇为宋州刺史，处其家不以礼，及此，彦师因事杀之。平生所恶数十家亦皆杀之。州中震骇，重足而立。

会徐圆朗反，彦师为安抚大使，因战，遂没于贼。圆朗礼厚之，令彦师作书报其弟，令举城降己。彦师为书曰："吾奉使无状，被贼所擒，为臣不忠，誓之以死。汝宜善侍老母，勿以吾为念。"圆朗初色动，而彦师自若，圆朗乃笑曰："盛将军乃有壮节，不可杀也。"待之如旧。贼平，彦师竟以罪赐死。

卢祖尚者，字季良，光州乐安人也。父禧，隋虎贲郎将。累叶豪富，倾财散施，甚得人心。大业末，召募壮士，逐捕群盗，时年甚少，而武力过人，又御众严整，所向有功，群盗畏惮，不敢入境。及宇文化及作乱，州人请祖尚为刺史。祖尚时年十九，升坛歃血，以誓其众，泣涕欷歔，悲不自胜，众皆感激。

王世充立越王侗，祖尚遣使从之，侗授祖尚光州总管。及世充自立，遂举州归款，高祖嘉之，赐玺书劳勉，拜光州刺史，封弋阳郡公。武德六年，从赵郡王孝恭讨辅公祐，为前军总管，攻其宣、歙二州，克之。进击贼帅冯惠亮、陈正通，并破之。贼平，以功授蒋州刺史，又历寿州都督、瀛州刺史，并有能名。

贞观初，交州都督、遂安公寿以贪冒得罪，太宗思求良牧，朝臣咸言祖尚才兼文武，廉平正直。征至京师，临朝谓之曰："交州大藩，去京甚远，须贤牧抚之。前后都督皆不称职，卿有安边之略，为我镇之，勿以道远为辞也。"祖尚拜谢而出，既而悔之，以旧疾为辞。太宗遣杜如晦谕旨，祖尚固辞。又遣其妻兄周范往谕之曰："匹夫相许，犹须存信。卿面许朕，岂得后方悔之？宜可早行，三年必自相召，卿勿推拒，朕不食言。"对曰："岭南瘴疠，皆日饮酒，臣不便酒，去无还理。"太宗大怒曰："我使人不从，何以为天下！"命斩之于朝，时年三十余。寻悔之，使复其官荫。

　　刘世让字元钦,雍州醴泉人也。仕隋征仕郎。高祖入长安,世让以沣川归国,拜通议大夫。时唐弼余党寇扶风,世让自请安辑,许之,俄得数千人。复为安定道行军总管,率兵以拒薛举,战败,世让及弟宝俱为举军所获。举将至城下,令绐说城中曰:"大军五道已趣长安,宜开门早降。"世让伪许之,因告城中曰:"贼兵多少,极于此矣。宜善自固,以图安全。"举重其执节,竟不之害。太宗时屯兵高摭,世让潜遣宝逃归,言贼中虚实,高祖嘉之,赐其家帛千匹。及贼平,得归,授彭州刺史。

　　寻领陕东道行军总管,与永安王孝基击吕崇茂于夏县,诸军败绩,世让与唐俭俱为贼所获。狱中闻独孤怀恩有逆谋,逃以告高祖。时高祖方济河,将幸怀恩之营,闻难惊曰:"刘世让之至,岂非天命哉!"因劳之曰:"卿往陷薛举,遣弟潜效款诚,今复冒危告难,是皆忧国忘身也。"寻封弘农郡公,赐庄一区、钱百万。

　　累转并州总管,统兵屯于雁门。突厥处罗可汗与高开道、苑君璋合众攻之,甚急。鸿胪卿郑元璹先使在蕃,可汗令元璹来说之,世让厉声曰:"大丈夫奈何为夷狄作说客耶!"经月余,虏乃退。及元璹还,述世让忠贞勇干,高祖下制褒美之,锡以良马。未几,召拜广州总管。将之任,高祖问以备边之策,世让答曰:"突厥南寇,徒以马邑为其中路耳。如臣所计,请于崞城置一智勇之将,多储金帛,有来降者厚赏赐之,数出奇兵略其城下,芟践禾稼,败其生业。不出岁余,彼当无食,马邑不足图也。"高祖无可任者,乃使驰驿往经略之。突厥惧其威名,乃纵反间,言世让与可汗通谋,将为乱。高祖不之察,遂诛世让,籍没其家。贞观初,突厥来降者言世让初无逆谋,始原其妻子。

　　刘兰字文郁,青州北海人也。仕隋鄱阳郡书佐。颇涉经史,善言成败。然性多凶狡,见隋末将乱,交通不逞。于时地北海完富,兰利其子女玉帛,与群盗相应,破其本乡城邑。武德中,淮安王神通为山东道安抚大使,兰率宗党往归之。以功累迁尚书员外郎。

贞观初,梁师都尚据朔方,兰上言攻取之计,太宗善之,命为夏州都督府司马。时梁师都以突厥之师顿于城下,兰偃旗卧鼓,不与之争锋,贼徒宵遁,兰追击破之,遂进军夏州。及师都平,以功迁丰州刺史,征为右领军将军。

十一年,幸洛阳,以蜀王愔为夏州都督,愔不之藩,以兰为长史,总其府事。时突厥携离,有郁射设阿史那摸末率其部落入居河南。兰纵反间以离其部落,颉利果疑摸末,摸末惧,而颉利又遣兵追之,兰率众逆击,败之。太宗以为能,超拜丰州刺史,再转夏州都督,封平原郡公。

贞观末,以谋反腰斩。右骁卫大将军丘行恭探其心肝而食之,太宗闻而召行恭让之曰:"刑典自有常科,何至于此!必若食逆者心肝而为忠孝,则刘兰之心为太子诸王所食,岂至卿邪?"行恭无以答。

李君羡者,洺州武安人也。初为王世充骠骑,恶世充之为人,乃与其党叛而来归,太宗引为左右。从讨刘武周及王世充等,每战必单骑先锋陷阵,前后赐以宫女、马牛、黄金、杂彩,不可胜数。太宗即位,累迁华州刺史,封武连郡公。

贞观初,太白频昼见,太史占曰:"女主昌。"又有谣言:"当有女武王者。"太宗恶之。时君羡为左武卫将军,在玄武门。太宗因武官内宴,作酒令,各言小名。君羡自称小名"五娘子",太宗愕然,因大笑曰:"何物女子,如此勇猛!"又以君羡封邑及属县皆有"武"字,深恶之。会御史奏君羡与妖人员道信潜相谋结,将为不轨,遂下诏诛之。天授二年,其家属诣阙称冤,则天乃追复其官爵,以礼改葬。

史臣曰:侯君集摧凶克敌,效用居多,恃宠矜功,粗率无检,弃前功而罹后患,贪愚之将明矣。张亮听公颖之妖言,恃弓长之邪谶,义儿斯畜,恶迹遂彰,虽道裕云反状未形,而诡诈之性,于斯验矣。

万彻筹深行阵，勇冠戎夷，不能保其首领，以至诛戮。夫二三子，非慎始而保终也。

　　赞曰：君子立功，守以谦冲。小人得位，足为身害。侯、张凶险，望窥圣代。雄若韩、彭，难逃菹醢。

旧唐书卷七○
列传第二○

王珪　　戴胄　兄子至德　　岑文本
兄子长倩　长倩子羲　格辅元附　　杜正伦

　　王珪字叔玠，太原祁人也。在魏为乌九氏，曾祖神念，自魏奔梁，复姓王氏。祖僧辩，梁太尉、尚书令。父颤，北齐乐陵太守。珪幼孤，性雅澹，少嗜欲，志量沉深，能安于贫贱，体道履正，交不苟合。季叔颇当时通儒，有人伦之鉴，尝谓所亲曰："门户所寄，唯在此儿耳。"开皇末，为奉礼郎。及颇坐汉王谅反事被诛，珪当从坐，遂亡命于南山，积十余岁。

　　高祖入关，丞相府司录李纲荐珪贞谅有器识，引为世子府咨议参军。及东宫建，除太子中舍人，寻转中允，甚为太子所礼。后以连其阴谋事，流于巂州。建成诛后，太宗素知其才，召拜谏议大夫。

　　贞观元年，太宗尝谓侍臣曰："正主御邪臣，不能致理；正臣事邪主，亦不能致理。唯君臣相遇，有同鱼水，则海内可安也。昔汉高祖，田舍翁耳，提三尺剑定天下，既而规模弘远，庆流子孙者，此盖任得贤臣所致也。朕虽不明，幸诸公数相匡救，冀凭嘉谋，致天下于太平耳。"珪对曰："臣闻木从绳则正，后从谏则圣。故古者圣主，必有净臣七人，言而不用，则相继以死。陛下开圣虑，纳刍荛，臣处不讳之朝，实愿罄其狂瞽。"太宗称善，敕自今后中书门下及三品以上入阁，必遣谏官随之。珪每推诚纳忠，多所献替，太宗顾待益厚，赐爵永宁县男，迁黄门侍郎，兼太子右庶子。

二年，代高士廉为侍中。太宗尝闲居与珪宴语，时有美人侍侧，本庐江王瑗之姬，瑗败籍没入宫，太宗指示之曰："庐江不道，贼杀其夫而纳其室。暴虐之甚，何有不亡者乎！"珪避席曰："陛下以庐江取此妇人为是耶，为非耶？"太宗曰："杀人而取其妻，卿乃问朕是非，何也？"对曰："臣闻于管子曰：'齐桓公之郭，问其父老曰："郭何故亡？"父老曰："以其善善而恶恶也。"桓公曰："若子之言，乃贤君也，何至于亡？"父老曰："不然，郭君善善而不能用，恶恶而不能去，所以亡也。"'今此妇人尚在左右，窃以圣心为是之，陛下若以为非，此为知恶而不去也。"太宗虽不出此美人，而甚重其言。

时太常少卿祖孝孙以教宫人声乐不称旨，为太宗所让。珪及温彦博谏曰："孝孙妙解音律，非不用心，但恐陛下顾问不得其人，以惑陛下视听。且孝孙雅士，陛下忽为教女乐而怪之，臣恐天下怪愕。"太宗怒曰："卿皆我之腹心，当进忠献直，何乃附下罔上，反为孝孙言也！"彦博拜谢，珪独不拜曰："臣本事前宫，罪已当死。陛下矜恕性命，不以不肖，置之枢近，责以忠直。今臣所言，岂是为私？不意陛不忽以疑事诮臣，是陛下负臣，臣不负陛下。"帝默然而罢。翌日，帝谓房玄龄曰："自古帝王，能纳谏者固难矣。昔周武王尚不用伯夷、叔齐，宣王贤主，杜伯犹以无罪见杀。吾夙夜庶几前圣，恨不能仰及古人。昨责彦博、王珪，朕甚悔之，公等勿以此而不进直言也。"

时房玄龄、李靖、温彦博、戴胄、魏征与珪同知国政。后尝侍宴，太宗谓珪曰："卿识鉴清通，尤善谈论，自房玄龄等，咸宜品藻，又可自量，孰与诸子贤？"对曰："孜孜奉国，知无不为，臣不如玄龄。才兼文武，出将入相，臣于如李靖。敷奏详明，出纳惟允，臣不如温彦博。处繁理剧，众务必举，臣不如戴胄。以谏诤为心，耻君不及于尧、舜，臣不如魏征。至如激浊扬清，嫉恶好善，臣不数子，亦有一日之长。"太宗深然其言，群公亦各以为尽己所怀，谓之确论。后进爵为郡公。七年，坐漏泄禁中语，左迁同州刺史。明年，召拜礼部尚书。十一年，与诸儒正定《五礼》书成，赐帛三百段，封一子为县男。

　　是岁，兼魏王师。既而上问黄门侍郎韦挺曰："王珪为魏王泰师，与其相见，若为礼节？"挺对曰："见师之礼，拜答如礼。"王问珪以忠孝，珪答曰："陛下，王之君也，事君思尽忠；陛下，王之父也，事父思尽孝。忠孝之道，可以立身，可以成名，当年可以享天佑，余芳可以垂后叶。"王曰："忠孝之道，已闻教矣，愿闻所习。"珪答曰："汉东平王苍云：'为善最乐。'"上谓侍臣曰："古来帝子，生于宫闼，及其成人，无不骄逸，是以倾覆相踵，少能自济。我今严教子弟，欲令皆得安全。王珪我久驱使，是所谙悉，以其意存忠孝，选为子师。尔宜语泰：'汝之待珪，如事我也，可以无过。'"泰每为之先拜，珪亦以师道自居，物议善之。时珪子敬直尚南平公主。礼有妇见舅姑之仪，自近代公主出降，此礼皆废。珪曰："今主上钦明，动循法制。吾受公主谒见，岂为身荣，所以成国家之美耳。"遂与其妻就席而坐，令公主亲执笲行盥馈之道，礼成而退。是后公主下降有舅姑者，皆力求妇礼，自珪始也。

　　珪少时贫寒，人或遗之，初不辞谢；及贵，皆厚报之，虽其人已亡，必赈赡其妻子。事寡嫂尽礼，抚孤侄恩义极隆，宗姻困匮者，亦多所周恤。珪通贵渐久，而不营私庙，四时蒸尝，犹祭于寝。坐为法司所劾，太宗优容，弗之谴也，因为立庙，以愧其心。珪既俭不中礼，时论以是少之。十三年，遇疾，敕公主就第省视，又遣民部尚书唐俭增损药膳。寻卒，年六十九，太宗素服举哀于别次，悼惜久之，诏魏王泰率百官亲往临哭，赠吏部尚书，谥曰懿。

　　长子崇基，袭爵，官至主爵郎中。

　　少子敬直，以尚主拜驸马都尉，坐与太子承乾交结，徙于岭外。

　　崇基孙旭，开元初，为左司郎中，兼侍御史。时光禄少卿卢崇道犯罪配流岭南，逃归匿于东都，为仇家所发。玄宗令旭究其狱，旭欲擅其威权，因捕系崇道亲党数址人，皆极其楚毒，然后结成其罪，崇道及其三子并坐死，亲友皆决杖流贬。时得罪多是知名之士，四海冤之。旭又与御史大夫李杰不协，递相纠讦，杰竟坐左迁衢州刺史。旭既得志，擅行威福，由是朝廷畏而鄙之。俄以赃罪黜为龙川尉，愤恚而死，甚为时之所快。

戴胄字玄胤，相州安阳人也。性贞正，有干局，明习律令，尤晓文簿。隋大业末，为门下录事，纳言苏威、黄门侍郎裴矩甚礼之。越王侗以为给事郎。王世充将篡侗位，胄言于世充曰："君臣之分，情均父子，理须同其休戚，昴以终始。明公以文武之才，当社稷之寄，与存与亡，在于今日。所愿推诚王室，拟迹伊、周，使国有泰山之安，家传代禄之盛，则率土之滨，莫不幸甚。"世充诡辞称善，劳而遣之。世充后逼越王加其九锡，胄又抗言切谏，世充不纳，由是出为郑州长史，令与兄子行本镇武牢。太宗克武牢而得之，引为秦府士曹参军。及即位，除兵部郎中，封武昌县男。

贞观元年，迁大理少卿。时吏部尚书长孙无忌尝被召，不解佩刀入东上阁。尚书右仆射封德彝议以监门校尉不觉，罪当死；无忌误带入，罚铜二十斤。上从之。胄驳曰："校尉不觉与无忌带入，同为误耳。臣子之于尊极，不得称误，准律云：'供御汤药、饮食、舟船，误不知者，皆死。'陛下若录其功，非宪司所决；若当据法，罚铜未为得衷。"太宗曰："法者，非朕一人之法，乃天下之法也，何得以无忌国之亲戚，便欲阿之？"更令定议。德彝执议如初，太宗将从其议，胄又曰："校尉缘无忌以致罪，于法当轻。若论其误，则为情一也，而生死顿殊，敢以固请。"上嘉之，竟免校尉之死。

于时朝廷盛开选举，或有诈伪资荫者，帝令其自首，不首者罪至于死。俄有诈伪者事泄，胄据法断流以奏之。帝曰："朕下敕不首者死，今断从流，是示天下以不信。卿欲卖狱乎？"胄曰："陛下当即杀之，非臣所及。既付所司，臣不敢亏法。"帝曰："卿自守法，而令我失信邪？"胄曰："法者，国家所以布大信于天下，言者，当时喜怒之所发耳。陛下发一朝之忿而许杀之，既知不可而置之于法，此乃忍小忿而存大信也。若顺忿违信，臣窃为陛下惜之。"帝曰："法有所失，公能正之，朕何忧也。"胄前后犯颜执法多此类。所论刑狱，皆事无冤滥，随方指撝，言如泉涌。

其年，转尚书右丞，寻迁左丞。先是，每岁水旱，皆以正仓出给，无仓之处，就食他州，百姓多致饥乏。二年，胄上言："水旱凶灾，前圣之所不免。国无九年储蓄，礼经之所明诫。今丧乱已后，户口凋残，每岁纳租，未实仓廪。隋即出给，才供当年，若有凶灾，将何赈恤？故隋开皇立制。天下之人，节级输粟，名为社仓，终文皇代，得无饥馑。及大业中年，国用不足，并取社仓之物以充官费，故至末涂，无以支给。自王化已下，爰及众庶，计所垦田稼穑顷亩，每至秋熟，准其苗以理劝课，尽令出粟。稻麦之乡，亦同此税，各纳所在，立为义仓。"太宗从其议。以其家贫，赉钱十万。

时尚书左仆射萧瑀免官，仆射封德彝又卒，太宗谓胄曰："尚书省天下纲维，百司所禀，若一事有失，天下必有受其弊者。今无令、仆系之于卿，当称朕所望也。"胄性明敏，达于从政，处断明速，议者以为左右丞称职，武德以来，一人而已。又领谏议大夫，令与魏征更日供奉。

三年，进拜民部尚书，兼检校太子左庶子。先是，右仆射杜如晦专掌选举，临终请以选事委胄，由是诏令兼摄吏部尚书，其民部、庶子、谏议并如故。胄虽有干局，而无学术，居吏部，抑文雅而奖法吏，甚为时论所讥。四年，罢吏部尚书，以本官参预朝政，寻进爵为郡公。

五年，太宗将修复洛阳宫，胄上表谏曰：

陛下当百王之弊，属暴隋之后，拯余烬于涂炭，救遗黎于倒悬。远至迩安，率土清谧，大功大德，岂臣之所称赞。臣诚小人，才识非远，唯知耳目之近，不达长久之策，敢竭区区之诚，论臣职司之事。比见关中、河外，尽置军团，富室强丁，并从戎旅。重以九成作役，余丁向尽，去京二千里内，先配司农将作。假有遗余，势何足纪？乱离甫尔，户口单弱，一人就役，举家便废。入军者督其戎仗，从役者责其粮粮，尽室经营，多不能济。以臣愚虑，恐致怨嗟。七月已来，霖潦过度，河南、河北，厥田垮下，时丰岁稔，犹未可量。加以军国所须，皆实府库，绢布所出，岁过百万。丁既役尽,赋调不减,费用不止,帑藏其虚。且洛阳宫殿,足蔽风雨,数年功毕,亦谓非晚。若顿修营,恐伤劳扰。

太宗甚嘉之,因谓侍臣曰:"戴胄于我无骨肉之亲,但以忠直励行,情深体国,事有机要,无不以闻。所进官爵,以酬厥诚耳。"七年,卒,太宗为之举哀,废朝三日,赠尚书右仆射,追封赵国公,谥曰忠,诏虞世南为撰碑文。又以胄宅宇弊陋,祭享无所,令有司特为造庙。房玄龄、魏征并美胄才用,俱与之亲善,及胄卒后,尝见其游处之地,数为之流涕。胄元子,以兄子至德为后。

至德,乾封中累迁西台侍郎、同东西台三品。寻转户部尚书,依旧知政事。父子十数年间相继为尚书,预知国政,时以为荣。咸亨中,高宗为飞白书以赐侍臣,赐至德曰"泛洪源,俟舟楫";赐郝处俊曰"飞九霄,假六翮";赐李敬玄曰"资启沃,罄丹诚";又赐中书侍郎崔知悌曰"竭忠节,赞皇猷",其辞皆有兴比。

俄迁尚书右仆射。时刘仁轨为左仆射,每遇申诉冤滞者,辄美言许之,而至德先据理难诘,未尝与夺,若有理者,密为奏之,终不显己之断决,由是时誉归于仁轨。或以问至德,答曰:"夫庆赏刑罪,人主之权柄,凡为人臣,岂得与人主争权柄哉!"其慎密如此。后高宗知而深叹美之。仪凤四年薨,辍朝三日,使百官以次赴宅哭之,赠开府仪同三司、并州大都督,谥曰恭。

岑文本字景仁,南阳棘阳人。祖善方,仕萧察吏部尚书。父之象,隋末为邯郸令,尝被人所讼,理不得申。文本性沈敏,有姿仪,博考经史,多所贯综,美谈论,善属文。时年十四,诣司隶称冤,辞情既切,召对明辩,众颇异之。试令作《莲花赋》,下笔便成,属意甚佳,合台莫不叹赏。其父冤雪,由是知名。

其后,郡举秀才,以时乱不应。萧铣僭号于荆州,召署中书侍郎,专典文翰。及河间王孝恭定荆州,军中将士咸欲大掠,文本进说孝恭曰:"自隋室无道,群雄鼎沸,四海延颈以望真主。今萧氏君臣、江陵父老，决计归降者，实望去危就安耳。王必欲纵兵虏掠，诚非鄜州来苏之意，亦恐江、岭以南，向化之心沮矣。"孝恭称善，遂止之。署文本荆州别驾。孝恭进击辅公祐，召典军书，复署行台考功郎中。

贞观元年，除秘书郎，兼直中书省。遇太宗行籍田之礼，文本上《藉田颂》。及元日临轩宴百僚，文本复上《三元颂》，其辞甚美。文本才名既著，李靖复称荐之，擢拜中书舍人，渐蒙亲顾。初，武德中诏诰及军国大事，文皆出于颜师古。至是，文本所草诏诰，或众务繁凑，即命书僮六七人随口并写，须臾悉成，亦殆尽其妙。时中书侍郎颜师古以谴免职，顷之，温彦博奏曰："师古谙练时事，长于文法，时无及者，冀蒙复用。"太宗曰："我自举一人，公勿忧也。"于是以文本为中书侍郎，专典机密。又先与令狐德棻撰《周史》，其史论多出于文本。至十年史成，封江陵县子。

十一年，从至洛阳宫，会谷、洛泛溢，文本上封事曰：

臣闻创拨乱之业，其功既难；守已成之基，其道不易。故居安思危，所以定其业也；有始有卒，所以隆其基也。今虽亿兆人安，方隅宁谧，既丧乱之后，又接凋弊之余，户口减损尚多，田畴垦辟犹少。覆焘之恩著矣，而疮痍未复；德教之风被矣，而资产屡空。是以古人譬之种树，年祀绵远，则枝顺抚疏；若种之日浅，根本未固，虽壅之以黑坟，暖之以春日，一人摇之，必致枯槁。今之百姓，颇类于此。常加含养，则日就滋息；暂有征役，则随而凋耗。凋耗既甚，则人不聊生；人不聊生，则怨气充塞；怨气充塞，则离叛之心生矣。故帝舜曰："可爱非君，可畏非人。"孔安国曰："人以君为命，故可爱；君失道，人叛之，故可畏。"仲尼曰："君犹舟也，人犹水也，水所以载舟，亦所以覆舟。"是以古之哲王，虽休勿休，日慎一日者，良为此也。

伏惟陛下览古今之事，察安危之机，上以社稷为重，下以亿兆在念。明选举，慎赏罚，进贤才，退不肖。闻过既改，从谏如流，为善在于不疑，出令期于必信。颐神养性，省畋游之娱；去奢从俭，减工役之费。务静方内，而不求辟土；载櫜弓矢，而无忘武备。凡此数者,虽为国之常道,陛下之所常行,臣之愚心,唯愿陛下思之而不倦,行之而不怠。则至道之美,与三、五比隆;亿载之祚,随天地长久。虽使桑谷为妖,龙蛇作孽,雉雊于鼎耳,石言于晋地,犹当转祸为福,变咎为祥。况水雨之患,阴阳常理,岂可谓之天谴而系圣心哉?

　　臣闻古人有言:"农夫劳而君子养焉,愚者言而智者择焉。"辄陈狂瞽,伏待斧钺。

是时魏王泰宠冠诸王,盛修第宅,文本以为侈不可长,上疏盛陈节俭之义,言泰宜有抑损。太宗并嘉之,赐帛三百段。十七年,加银青光禄大夫。

文本自以出自书生,每怀挥挹。平生故人,虽微贱必与之抗礼。居处卑陋,室无茵褥帷帐之饰。事母以孝闻,抚弟侄恩义甚笃。太宗每言其"弘厚忠谨,吾亲之信之"。是时,新立晋王为皇太子,名士多兼领宫官,太宗欲令文本兼摄。文本再拜曰:"臣以庸才,久逾涯分,守此一职,犹惧满盈,岂宜更忝春坊,以速时谤。臣请一心以事陛下,不愿更希东宫恩泽。"太宗乃止,仍令五日一参东宫,皇太子执宾友之礼,与之答拜,其见待如此。俄拜中书令,归家有忧色,其母怪而问之,文本曰:"非勋非旧,滥荷宠荣,责重位高,所以忧惧。"亲宾有来庆贺,辄曰:"今受吊,不受贺也。"又有劝其营产业者,文本叹曰:"南方一布衣,徒步入关,畴昔之望,不过秘书郎、一县令耳。而无汗马之劳,徒以文墨致位中书令,斯亦极矣。荷俸禄之重,为惧已多,何得更言产业乎?"言者叹息而退。

文本既久在枢揆,当涂任事,赏锡稠叠,凡有财物出入,入皆季弟文昭,一无所问。文昭时任校书郎,多与时人游款,太宗闻而不悦,尝从容谓文本曰:"卿弟过尔多交结,恐累卿,朕将出之为外官,如何?"文本泣曰:"臣弟少孤,老母特所钟念,不欲信宿离于左右。若今外出,母必忧悴,倘无此弟,亦无老母也。"歔欷呜咽,太宗悯其意而止。唯召见文昭,严加诫约,亦卒无愆过。

及将伐辽,凡所筹度,一皆委之。文本受委既深,神情顿竭,言辞举措,颇异平常。太宗见而忧之,谓左右曰:"文本今与我同行,恐不与我同返。"及至幽州,遇暴疾,太宗亲自临视,抚之流涕。寻卒,年五十一。其夕,太宗闻严鼓之声,曰:"文本殒逝,情深恻怛。今宵夜警,所不忍闻。"命停之。赠侍中、广州都督,谥曰宪,赐东园秘器,陪葬昭陵。有集六十卷行于代。

文本兄文叔。文叔子长倩,少为文本所鞠,同于己子。永淳中,累转兵部侍郎、同中书门下平章事。垂拱初,自夏官尚书迁内史,知夏官事。俄拜文昌右相,封邓国公。则天初革命,尤好符瑞,长倩惧罪,颇有陈奏。又上疏请改皇嗣姓为武氏,以为周室储贰,则天许之,实封五百户。

天授二年,加特进、辅国大将军。其年,凤阁舍人张嘉福与洛州人王庆之等列名上表,请立武承嗣为皇太子。长倩以皇嗣在东宫,不可更立承嗣,与地官尚书格辅元竟不署名,仍奏请切责上书者。由是大忤诸武意,乃斥令西征吐蕃,充武威道行军大总管,中路召还,下制狱,被诛,仍发掘其父祖坟墓。来俊臣又胁迫长倩子灵源,令诬纳言欧阳通及格辅元等数十人,皆陷以同反之罪,并诛死。

长倩子羲,长安中为广武令,有能名。则天尝令宰相各举堪为员外郎者,凤阁侍郎韦嗣立荐羲,且奏曰:"恨其从父长倩犯逆为累。"则天曰:"苟有材干,何恨微累。"遂拜天官员外郎。由是缘坐近亲,相次入省,登封令刘守悌为司门员外郎,渭南令裴惓为地官员外郎。先是,羲为金坛令,守悌及惓称为清德,羲以文吏著名,俱为巡察使所荐,皆授畿县令,又同为尚书郎,悉有美誉。守悌后至陕州刺史,惓至杭州刺史。

羲,神龙初为中书舍人。时武三思用事,侍中敬晖欲上表请削诸武之为王者,募为疏者。众畏三思,皆辞托不敢为之,羲便操笔,辞甚切直。由是忤三思意,转秘书少监,再迁吏部侍郎。时吏部侍郎崔湜、太常少卿郑愔、大理少卿李允恭分掌选事,皆以赃货闻,羲最守正,时议美之。寻加银青光禄大夫、右散骑常侍、同中书门下三品。

睿宗即位,出为陕州刺史。复历刑部、户部二尚书,门下三品,临修国史,删定格令,仍修《氏族录》。初,中宗时,侍御史冉祖雍诬奏睿宗及太平公主与节愍太子连谋,请加推究,羲与中书侍郎萧至忠密申保护。及羲监修《中宗实录》,自书其事,睿宗览而大加赏叹,赐物三百段,细马一匹,仍下制书褒美之。

时羲兄献为国子司业,弟翔为陕州刺史,休为商州刺史,从族兄弟子侄因羲引用登清要者数十人。羲叹曰:"物极则返,可以惧矣!"然竟不能有所抑退。寻迁侍中。先天元年,坐预太平公主谋逆伏诛,籍没其家。

格辅元者,汴州浚仪人也。伯父德仁,隋剡县丞,与同郡人齐王文学王孝逸、文林郎繁师玄、罗川都户曹靖君亮、司隶从事郑祖咸、宣城县长郑师善、王世充中书舍人李行简、处士卢协等八人,以辞学擅名,当时号为"陈留八俊"。辅元弱冠举明经,历迁御史大夫、地官尚书、同凤阁鸾台平章事。初,张嘉福等请立武承嗣也,则天以问辅元,固称不可,遂为承嗣所谮而死,海内冤之。

辅元兄希玄,高宗时洛州司法参军,章怀太子召令与洗马刘讷言等注解范晔《后汉书》,行于代。先辅元卒。

杜正伦,相州洹水人也。隋仁寿中,与兄正玄、正藏俱以秀才擢第。隋代举秀才止十余人,正伦一家有三秀才,甚为当时称美。正伦善属文,深明释典。仕隋为羽骑尉。武德中,历迁齐州总管府录事参军。太宗闻其名,令直秦府文学馆。

贞观元年,尚书右丞魏征表荐正伦,以为古今难匹,遂擢授兵部员外郎。太宗谓曰:"朕今令举行能之人,非朕独私于行能者,以其能益于百姓也。朕于宗亲及以勋旧无行者,终不任之。以卿忠直,朕今举卿,卿宜勉称所举。"

二年，拜给事中，兼知起居注。太宗尝谓侍臣曰："朕每日坐朝，欲出一言，即思此言于百姓有利益否，所以不能多言。"正伦进曰："君举必书，言存左右史。臣职当修起居注，不敢不尽愚直。陛下若一言乖于道理，则千载累于圣德，非直当今损于百姓，愿陛下慎之。"太宗大悦，赐绢二百段。

四年，累迁中书侍郎。六年，正伦与御史大夫韦挺、秘书少监虞世南、著作郎姚思廉等咸上封事称旨，太宗为之设宴，因谓曰："朕历观自古人臣立忠之事，若值明王，便得尽诚规谏，至如龙逢、比干，竟不免孥戮。为君不易，为臣极难。我又闻龙可扰而驯，然喉下有逆鳞，触之则杀人。人主亦有逆鳞，卿等遂不避犯触，各进封事。常能如此，朕岂虑有危亡哉！我思卿等此意，岂能暂忘，故聊设宴乐也。"仍并赐帛有差。

寻加散骑常侍，行太子右庶子，兼崇贤馆学士。太宗谓曰："国之储副，自古所重，必择善人为之辅佐。今太子年在幼冲，志意未定，朕若朝夕见之，可得随事诫约。今既委以监国，不在目前，知卿志怀贞悫，能敦直道，故辄辍卿于朕，以匡太子，宜知委任轻重也。"十年，复授中书侍郎，赐爵南阳县侯，仍兼太子左庶子。

正伦出入两宫，参典机密，甚以干理称。时太子承乾有足疾，不能朝谒，好昵近群小。太宗谓正伦曰："我儿疾病，乃可事也。但全无令誉，不闻爱贤好善，私所引接，多是小人，卿可察之。若教示不得，须来告我。"正伦数谏不纳，乃以太宗语告之，承乾抗表闻奏。太宗谓正伦曰："何故漏泄我语？"对曰："开导不入，故以陛下语吓之，冀其有惧，或当反善。"帝怒，出为谷州刺史，又左授交州都督。后承乾构逆，事与侯君集相连，称遣君集将金带遗正伦，由是配流驩州。

显庆元年，累授黄门侍郎，兼崇贤馆学士，寻同中书门下三品。二年，兼度支尚书，仍依旧知政事。俄拜中书令，兼太子宾客、弘文馆学士，进封襄阳县公。三年，坐与中书令李义府不协，出为横州刺史，仍削其封邑。寻卒。有集十卷行于代。

史臣曰：王珪履正不回，忠谠无比，君臣时命，胥会于兹。《易》曰："自天佑之，吉，无不利。"叔玠有焉。戴胄两朝仕官，一乃心力，刑无僭滥，事有箴规。虽学术不能求备，而匡益自可济时，亦所谓巧于任大矣。文本倾江海，忠贯雪霜，申慈父之冤，匡明主之业。及委繁剧，俄致暴终。《书》曰："小心翼翼，昭事上帝。"所谓忧能伤人，不复永年矣。洎羲而下，登清要者数地十人，积善之道，焉可忽诸！正伦以能文被举，以直道见委，参典机密，出入两宫，斯谓得时。然被承乾金带之讥。孰与夫蕙苡以谤，士大夫慎之。

赞曰：五灵嘉瑞，出系污隆。人中麟凤，王、戴诸公。动必由礼，言皆匡躬。献规纳谏，贞观之风。

旧唐书卷七一
列传第二一

魏　征

　　魏征字玄成，钜鹿曲城人也。父长贤，北齐屯留令，征少孤贫，落拓有大志，不事生业，出家为道士。好读书，多所通涉，见天下渐乱，尤属意纵横之说。

　　大业末，武阳郡丞元宝藏举兵以应李密，召征使典书记。密每见宝藏之疏，未尝不称善，既闻征所为，遽命召之。征进十策以干密，虽奇之而不能用。及王世充攻密于洛口，征说密长史郑颋曰："魏公虽骤胜，而骁将锐卒死伤多矣；又军无府库，有功不赏，战士心惰，此二者难以应敌。未若深沟高垒，旷日持久，不过旬月，敌人粮尽，可不战而退，追而击之，取胜之道。且东都食尽，世充计穷，意欲死战，可谓穷寇难与争锋，请慎无与战。"颋曰："此老生之常谈耳！"征曰："此乃奇谋深策，何谓常谈？"因拂衣而去。

　　及密败，征随密来降，至京师，久不见知，自请安辑山东，乃授秘书丞，驱传至黎阳。时徐世勣尚为李密拥众，征与世勣书曰：

　　　　自随末乱离，群雄竞逐，跨州连郡，不可胜数。魏公起自叛徒，奋臂大呼，四方响应，万里风驰，云合雾聚，众数十万。威之所被，将半天下，破世充于洛口，摧化及于黎山。方欲西踞咸阳，北凌玄阙，扬旌瀚海，饮马渭川，翻以百胜之威，败于奔亡之虏。固知神器之重，自有所归，不可以力争，是以魏公思皇天之乃睠，入函谷而不疑。公生于扰攘之时，感知已之遇，根本已拔,确乎不动,鸠合遗散,据守一隅。世充以乘胜余勇,息其东略;建德因侮亡之势,不敢南谋。公之英声,足以振于今古。然谁无善始,终之虑难,去就之机,安危大节。若策名得地,则九族荫其余辉;委质非人,则一身不能自保。殷鉴不远,公所闻见。孟贲犹豫,童子先之,知几其神,不俟终日。今公处必争之地,乘宜速之机,更事迟疑,坐观成败,恐凶狡之辈,先人生心,则公之事去矣。

世勣得书,遂定计遣使归国,开仓运粮,以馈淮安王神通之军。

俄而建德悉众南下,攻陷黎阳,获征,署为起居舍人。及建德就擒,与裴矩西入关。隐太子闻其名,引直洗马,甚礼之。征见太宗勋业日隆,每劝建成早为之所。及败,太宗使召之,谓曰:“汝离间我兄弟,何也?”征曰:“皇太子若从征言,必无今日之祸。”太宗素器之,引为詹事主簿。及践祚,擢拜谏议大夫,封钜鹿县男,使安辑河北,许以便宜从事。征至磁州,遇前宫千牛李志安、齐王护军李思行锢送诣京师。征谓副使李桐客曰:“吾等受命之日,前宫、齐府左右,皆令赦原不问。今复送思行,此外谁不自疑?徒遣使往,彼必不信,此乃差之毫厘,失之千里。且公家之利,知无不为,宁可虑身,不可废国家大计。今若释遣思行,不问其罪,则信义所感,无远不臻。古者,大夫出疆,苟利社稷,专之可也。况今日之行,许以便宜从事,主上既以国士见待,安可不以国士报之乎?”即释遣思行等,仍以启闻,太宗甚悦。

太宗新即位,励精政道,数引征入卧内,访以得失。征雅有经国之才,性又抗直,无所屈挠,太宗与之言,未尝不欣然纳受。征亦喜逢知己之主,思竭其用,知无不言。太宗尝劳之曰:“卿所陈谏,前后二百余事,非卿至诚奉国,何能若是?”其年,迁尚书左丞。或有言征阿党亲戚者,帝使御史大夫温彦博案验无状,彦博奏曰:“征为人臣,须存形迹,不能远避嫌疑,遂招此谤。虽情在无私,亦有可责。”帝令彦博让征,且曰:“自今后不得不存形迹。”他日,征入奏曰:“臣闻君臣协契,义同一体。不存公道,唯事形迹,若君臣上下,同遵此路,则邦之兴丧,或未可知。"帝瞿然改容曰:"吾已悔之。"征再拜曰:"愿陛下使臣为良臣,勿使臣为忠臣。"帝曰:"忠、良有异乎?"征曰:"良臣,稷、契、咎陶是也。忠臣,龙逢、比干是也。良臣使身获美名,君受显号,子孙传世,福禄无疆。忠臣身受诛夷,君陷大恶,家国并丧,空有其名。以此而言,相去远矣。"帝深纳其言,赐绢五百匹。

贞观二年,迁秘书监,参预朝政。征以丧乱之后,典章纷杂,奏引学者校定四部书。数年之间,秘府图籍,粲然毕备。

时高昌王麹文泰将入朝,西域诸国咸欲因文泰遣使贡献,太宗令文泰使厌怛纥干往迎接之。征谏曰:"中国始平,疮痍未复,若微有劳役,则不自安。往年文泰入朝,所经州县,犹不能供,况加于此辈。若任其商贾来往,边人则获其利;若为宾客,中国即受其弊矣。汉建武二十二年,天下已宁,西域请置都护、送侍子,光武不许,盖不以蛮夷劳弊中国也。今若许十国入贡,其使不下千人,欲使缘边诸州何以取济?人心万端,后虽悔之,恐无所及。"上善其议。时厌怛纥干已发,遽追止之。

后太宗幸九成宫,因有宫人还京,憩于沣川县之官舍。俄又右仆射李靖、侍中王圭继至,官属移宫人于别所而舍靖等。太宗闻之,怒曰:"威福之柄,岂由靖等?何为礼靖而轻我宫人!即令案验沣川官属及靖等。征谏曰:"靖等,陛下心膂大臣;宫人,皇后扫除之隶。论其委付,事理不同。又靖等出外,官吏访朝廷法式,归来,陛下问人间疾苦。靖等自当与官吏相见,官吏亦不可不谒也。至于宫人,供食之外,不合参承。若以此罪责县吏,恐不益德音,徒骇天下耳目。"帝曰:"公言是也。"乃释官吏之罪,李靖等亦寝而不问。

寻宴于丹霄楼,酒酣,太宗谓长孙无忌曰:"魏征、王圭,昔在东宫,尽心所事,当时诚亦可恶。我能拔擢用之,以至今日,足为无愧古人。然征每谏我不从,发言辄即不应,何也?"对曰:"臣以事有不可,所以陈论,若不从辄应,便恐此事即行。"帝曰:"但当时且应,更别陈论,岂不得耶?"征曰:"昔舜诫群臣:'尔无面从,退有后言。'若臣面从陛下方始谏,此即'退有后言',岂是稷、契事尧、舜之意耶?"

帝大笑曰："人言魏征举动疏慢，我但觉妩媚，适为此耳。"征拜谢曰："陛下导之使言，臣所以敢谏，若陛下不受臣谏，岂敢数犯龙鳞？"

是月，长乐公主将出降，帝以皇后所生，敕有司资送倍于永嘉长公主。征曰："不可。昔汉明欲封其子，云'我子岂与先帝子等？可半楚、淮阳。'前史以为美谈。天子姊妹为长公主，子为公主，既加'长'字，即是有所尊崇。或可情有浅深，无容礼相逾越。"上然其言，入告长孙皇后，后遣使赍钱四十万、绢四百匹，诣征宅以赐之。寻进爵郡公。

七年，代王圭为侍中，尚书省滞讼有不决者，诏征评理之。征性非习法，但存大体，以情处断，无不悦服。

初，有诏遣令狐德棻、岑文本撰《周史》，孔颖达、许敬宗撰《隋史》，姚思廉撰《梁、陈史》，李百药撰《齐史》。征受诏总加撰定，多所损益，务存简正。《隋史》序论，皆征所作，《梁》、《陈》、《齐》各为总论，时称良史。史成，加左光禄大夫，进封郑国公，赐物二千段。

征自以无功于国，徒以辩说，遂参帷幄，深惧满盈，后以目疾频表逊位。太宗曰："朕拔卿于仇虏之中，任公以枢要之职，见朕之非，未尝不谏。公独不见金之在矿也，何足贵哉？良冶锻而为器，便为人所宝，朕方自比于金，以卿为良匠。卿虽有疾，未为衰老，岂得便尔？"其年，征又面请逊位，太宗难违之，乃拜征特进，仍知门下事。其后又频上四疏，以陈得失。其一曰：

> 臣观自古受图膺运，继体守文，控御英杰，南面临下，皆欲配厚德于天地，齐高明于日月，本枝百代，传祚无穷。然而克终者鲜，败亡相继，其故何哉？所以求之失其道也。殷鉴不远，可得而言。

> 昔在有隋，统一寰宇，甲兵强盛，四十余年，风行万里，威动殊俗，一旦举而弃之，尽为他人之有。彼炀帝岂恶天下之治安，不欲社稷之长久，故行桀虐，以就灭亡哉！恃其富强，不虞后患。驱天下以从欲，罄万物以自奉，采域中之子女，求远方之

奇异。宫宇是饰,台榭是崇,徭役无时,干戈不戢。外示威重,内多险忌,谗邪者必受其福,忠正者莫保其生。上下相蒙,君臣道隔,人不堪命,率土分崩。遂以四海之尊,殒于匹夫之手,子孙殄灭,为天下笑,深可痛哉!

　　圣哲乘机,拯其危溺,八柱倾而复正,四维绝而更张。远肃迩安,不逾于期月;胜残去杀,无待于百年。今宫观台榭,尽居之矣;奇珍异物,尽收之矣;姬姜淑媛,尽侍于侧矣;四海九州,尽为臣妾矣。若能鉴彼之所以亡,念我之所以得,日慎一日,虽休勿休。焚鹿台之宝衣,毁阿房之广殿,惧危亡于峻宇,思安处于卑宫,则神化潜通,无为而理。德之上也。若成功不毁,即仍其旧,除其不急,损之又损。杂茅茨于桂栋,参玉砌以土阶,悦以使人,不竭其力。常念居之者逸,作之者劳,亿兆悦以子来,群生仰而遂性。德之次也。若惟圣罔念,不慎厥终,忘缔构之艰难,谓天命之可恃。忽彩椽之恭俭,追雕墙之侈靡,因其基以广之,增其旧而饰之。触类而长,不思止足,人不见德,而劳役是闻,斯为下矣。譬之负薪救火,扬汤止沸,以乱易乱,与乱同道,莫可则也,后嗣何观,则人怨神怒;人怨神怒,则灾害必下,而祸乱必作。祸乱既作,而能以身名令终者鲜矣。顺天革命之后,隆七百之祚,贻厥孙谋,传之万世,难得易失,可不念哉。

其二曰:

　　臣闻求木之长者,必固其根本。欲流之远者,必浚其泉源;思国之安者,必积其德义。源不深而岂望流之远,根不固而何求木之长。德不厚而思国之治,虽在下愚,知其不可,而况于明哲乎!人君当神器之重,居域中之大,将崇极天之峻,永保无疆之休。不念于居安思危,戒贪以俭,德不处其厚,情不胜其欲,斯亦伐根以求木茂,塞源而欲流长者也。

　　凡百元首,承天景命,莫不殷忧而道著,功成而德衰。有善始者实繁,能克终者盖寡,岂其取之易而守之难乎?昔取之而有余,今守之而不足,何也?夫在殷忧必竭诚以待下,既得志则纵情以傲物。竭诚则胡越为一体,傲物则骨肉为行路。虽董之以严刑,振之以威怒,终苟免而不怀仁,貌恭而不心服。怨不在大,可畏惟人。载舟覆舟,所宜深慎,奔车朽索,其可忽乎?

君人者,诚能见可欲则思知足以自戒,将有所作则思知止以安人,念高危则思谦冲而自牧,惧满溢则思江海而下百川,乐盘游则思三驱以为度,恐懈怠则思慎始而敬终,虑壅蔽则思虚心以纳下,想谗邪则思正身以黜恶,恩所加则思无因喜以谬赏,罚所及则思无因怒而滥刑。总此十思,弘兹九德,简能而任之,择善而从之。则智者尽其谋,勇者竭其力,仁者播其惠,信者效其忠。文武争驰,君臣无事,可以尽豫游之乐,可以养松乔之寿,鸣琴垂拱,不言而化。何必劳神苦思,代下司职,役聪明之耳目,亏无为之大道哉!

其三曰:

臣闻《书》曰:明德慎罚,惟刑恤哉!"《礼》云:"为上易事,为下易知,则刑不烦矣。上多疑则百姓惑,下难知则君长劳矣。"夫上易事,下易知,君长不劳,百姓不惑。故君有一德,臣无二心,上播忠厚之诚,下竭股肱之力,然后太平之基不坠,"康哉"之咏斯起。当今道被华夷,功高宇宙,无思不服,无远不臻。然言尚于简大,志在于明察,刑赏之本,在乎劝善而惩恶,帝王之所以与天下为画一,不以亲疏贵贱而轻重者也。今之刑赏,未必尽然。哉申屈在乎好恶,轻重由乎喜怒。遇喜则矜其刑于法中,逢怒则求其罪于事外,所好则钻皮出其毛羽,所恶则洗垢求其瘢痕。瘢痕可求,则刑斯滥矣;毛羽可出,则赏典谬矣。刑滥则小人道长,赏谬则君子道消。小人之恶不惩,君子之善不劝,而望治安刑措,非所闻也。

且夫暇豫清谈,皆敦尚于孔、老;威怒所至,则取法于申、韩。直道而行,非无三黜,危人自安,盖亦多矣。故道德之旨未弘,刻薄之风已扇。夫上风既扇,则下生百端,人竞趋时,则宪章不一,稽之王度,实亏君道。昔州黎上下其手,楚国之法遂

差;张汤轻重其心,汉朝之刑以弊。人臣之颇僻,犹莫能申其欺
罔,况人君之高下,将何以措其手足乎!以睿圣之聪明,无幽微
而不烛,岂神有所不达,智有所不通哉?安其所安,不以恤刑为
念;乐其所乐,遂忘先笑之变。祸福相倚,吉凶同域,唯人所召,
安可不思。顷者责罚稍多,威怒微厉,或以供给不赡,或以人不
从欲,皆非致治之所急,实乃骄奢之攸渐。是知贵不与骄期而
骄自来,富不与奢期而奢自至,非徒语也。

　　且我之所代,实在有隋,隋氏乱亡之源,圣明之所临照。以
隋氏之甲兵,况当今之士马;以隋氏之府藏,譬令日之资储;以
隋氏之户口,校今时之百姓。度长计大,曾何等级? 然隋氏以
富强而丧败,动之也;我以贫寡而安宁,静之也。静之则安,动
之则乱,人皆知之,非隐而难见也,微而难察也。鲜蹈平易之
涂,多遵覆车之辙,何哉? 在于安不思危,治不念乱,存不虑亡
之所致也。昔隋氏之未乱,自谓必无乱;隋氏之未亡,自谓必不
亡。所以甲兵屡动,徭役不息,至于身将戮辱,竟未悟其灭亡之
所由也,可不哀哉!

　　夫鉴形之美恶,必就于止水;鉴国之安危,必取于亡国。
《诗》曰:“殷鉴不远,在夏后之世。”又曰:“伐柯伐柯,其则不
远。”臣愿当今之动静,思隋氏以为鉴,则存亡治乱,可得而知。
若能思其所以危,则安矣;思其所以乱,则治矣;思其所以亡,
则存矣。存亡之所在,节嗜欲以从人,省畋游之娱,息靡丽之
作,罢不急之务,慎偏听之怒。近忠厚,远便佞,杜悦耳之邪说,
听苦口之忠言。去易进之人,贱难得之货,采尧、舜之诽谤,追
禹、汤之罪己,惜十家之产,顺百姓之心。近取诸身,恕以待物,
思劳谦以受益,不自满以招损。有动则庶类以和,出言而千里
斯应,超上德于前载,树风声于后昆。此圣哲之宏规,帝王之盛
业,能事斯毕,在乎慎守而已。

　　夫守之则易,取之实难,既得其所以难,岂不能保其所以
易。其或保之不固,则骄奢淫佚动之也,慎终如始,可不勉欤!

《易》云："君子安不忘危，存不忘亡，治不忘乱，是以身安而国家可保。"诚哉斯言，不可以不深察也。伏惟陛下欲善之志，不减于昔时，闻过必改，少亏于曩日。若能以当今之无事，行畴昔之恭俭，则尽善尽美，固无得而称焉。

其四曰：

臣闻为国之基，必资于德礼；君子所保，惟在于诚信。诚信立则下无二心，德礼形则远人斯格。然则德礼诚信，国之大纲，在于父子君臣，不可斯须而废也。故孔子曰："君使臣以礼，臣事君以忠。"又曰："自古皆有死，人无信不立。"文子曰："同言而信，信在言前；同令而行，诚在令外。"然则言而不行，言不信也；令而不从，令无诚也。不信之言，无诚之令，为上则败国，为下则危身，虽在颠沛之中，君子所不为也。

自王道休明，十有余载，威加海外，万国来庭，仓廪日积，土地日广。然而道德未益厚，仁义未益博者，何哉？由乎待下之情未尽于诚信，虽有善始之勤，未睹克终之美故也。其所由来者渐，非一朝一夕之故。昔贞观之始，闻善若惊，暨五六年间，犹悦以从谏。自兹厥后，渐恶直言，虽或勉强，时有所容，非复曩时之豁如也。謇谔之士，稍避龙鳞；便佞之徒，肆其巧辩。谓同心者为朋党，谓告讦者为至公，谓强直者为擅权，谓忠谠者为诽谤。谓之朋党，虽忠信而可疑；谓之至公，虽矫伪而无咎。强直者畏擅权之议，忠谠者虑诽谤之尤。至于窃斧生疑，投杼致惑，正人不得尽其言，大臣莫能与之净。荧惑视听，郁于大道，妨化损德，其在兹乎？故孔子恶利口之覆邦家，盖为此也。

且君子小人，貌同心异。君子掩人之恶，扬人之善，临难无苟免，杀身以成仁。小人不耻不仁，不畏不义，唯利之所在，危人以自安。夫苟在危人，则何所不至。今将求致治，必委之于君子；事有得失，或访之于小人。其得君子也则敬而疏，遇小人也必轻而狎，狎则言无不尽，疏则情或不通。是誉毁在于小人，

刑罚加于君子,实兴丧所在,亦安危所系,可不慎哉!夫中智之
人,岂无小慧,然才非经国,虑不及远,虽竭力尽诚,犹未免于
倾败;况内怀奸利,承颜顺旨,其为患祸,不亦深乎?故孔子曰:
"君子或有不仁者焉,未见小人而仁者。"然则君子不能无小
恶,恶不积无妨于正道;小人或时有小善,善不积不足以立忠。
今谓之善人矣,复虑其有不信,何异夫立直木而疑其影之不直
乎?虽竭精神,劳思虑,其不可亦已明矣。

　　夫君能尽礼,臣得竭忠,必在于内外无私,上下相信。上不
信则无以使下,下不信则无以事上,信之为义大矣哉!故自天
佑之,吉无不利。昔齐桓公问于管仲曰:"吾欲酒腐于爵,肉腐
于俎,得无害于霸乎?"管仲曰:"此极非具善者,然亦无害霸
也。"公曰:"何如而无霸乎?"曰:"不能知人,害霸也;知而不能
用,害霸也;用而不能信,害霸也;既信而又使小人参之,害霸
也。"晋中行穆伯攻鼓,经年而不能下,馈间伦曰:"鼓之啬夫,
间伦知之,请无疲士大夫而鼓可得。"穆伯不应。左右曰:"不折
一戟,不伤一卒,而鼓可得,君奚为不取?"穆曰:"间伦之为人
也,佞而不仁。若间伦下之,吾不可以不赏,赏之,是赏佞人也。
佞人得志,是使晋国之士舍仁而为佞,虽得鼓,将何用之?"夫
穆伯列国大夫,管仲霸者之佐,犹慎于信任,远避佞人也如此,
况乎为四海之大君,应千龄之上圣,而可使巍巍之盛德,复将
有所间然乎?

　　若欲令君子小人是非不杂,必怀之以德,待之以信,厉之
以义,节之以礼,然后善善而恶恶,审罚而明赏。则小人绝其佞
邪,君子自强不息,无为之化,何远之有? 善善而不能进,恶恶
而不能去,罚不及于有罪,赏不加于有功,则危亡之期,或未可
保,永锡祚胤,将何望哉!

太宗手诏嘉美,优纳之。尝谓长孙无忌曰:"朕即位之初,上书者或
言'人主必须威权独运,不得委任群下';或欲耀兵振武,慑服四夷。
唯有魏征劝朕'偃革兴文,布德施惠,中国既安,远人自服'。朕从其

语，天下大宁。绝城君长，皆来朝贡，九夷重译，相望于道。此皆魏征之力也。”

太宗尝嫌上封者众，不近事实，欲加黜责。征奏曰：“古者立诽谤之木，欲闻己过，今之封事，谤木之流也。陛下思闻得失，只可恣其陈道。若所言衷，则有益于陛下；若不衷，无损于国家。”太宗曰：“此言是也。”并劳而遣之。

后太宗在洛阳宫，幸积翠池，宴群臣，酒酣各赋一事。太宗赋《尚书》曰：“日昃玩百篇，临灯披《五典》。夏康既逸豫，商辛亦流湎。恣情昏主多，克己明君鲜。灭身资累恶，成名由积善。”征赋西汉曰：“受降临轵道，争长趣鸿门。驱传渭桥上，观兵细柳屯。夜宴经柏谷，朝游出杜原。终藉叔孙礼，方知皇帝尊。”太宗曰：“魏征每言，必约我以礼也。”寻以修定《五礼》，当封一子为县男，请让孤史子叔慈。太宗怆然曰：“卿之此心，可以励俗。”遂许之。

十二年，礼部尚书王圭奏言：“三品以上遇亲王于涂，皆降乘，违法申敬，有乖仪准。”太宗曰：“卿辈皆自崇贵，卑我儿子乎？”征进曰：“自古迄兹，亲王班次三公之下。今三品皆曰天子列卿及八座之长，为王降乘，非王所宜当也。求诸故事，则无可凭；行之于今，又乖国宪。”太宗曰：“国家所以立太子者，拟以为君也。然则人之修短，不在老少，设无太子，则母弟次立。以此而言，安得轻我子耶？”征曰：“殷家尚质，有兄终弟及之义；自周以降，立嫡必长，所以绝庶孽之窥觎，塞祸乱之源本，有国者之所深慎。”于是遂可圭奏。会皇孙诞育，召公卿赐宴，太宗谓侍臣曰：“贞观以前，从我平定天下，周旋艰险，玄龄之功，无所与让。贞观之后，尽心于我，献纳忠谠，安国利民，犯颜正谏，匡朕之违者，唯魏征而已。古之名臣，何以加也。”于是亲解佩刀以赐二人。

征以戴圣《礼记》编次不伦，遂为《类礼》二十卷，以类相从，削其重复，采先儒训注，择善从之，研精覃思，数年而毕。太宗览而善之，赐物一千段，录数本以赐太子及诸王，仍藏之秘府。

先是，遣使诣西域立叶护可汗，未还，又遣使多赍金银帛历诸国市马。征谏曰："今以立可汗为名，可汗未定，即诣诸国市马，彼必以为意在市马，不为专意立可汗。可汗得立，则不甚怀恩。诸蕃闻之，以为中国薄义重利，未必得马而失义矣。昔汉文有献千里马将者，曰：吾凶行日三十里，吉行五十里，銮舆在前，属车在后，吾独乘千里马安之？乃赏其道里所费而返之。汉光武有献千里马及宝剑者，马以驾鼓车，剑以赐骑士。陛下凡所施为，皆邈逾三王之上，奈何至于此事，欲为孝文、光武之下乎？又魏文帝欲求市西域大珠，苏则曰：'若陛下惠及四海，则不求自至，求而得之，不足为贵也。'陛下纵不能慕汉文之高行，可不畏苏则之言乎？"太宗纳其言而止。

时公卿大臣并请封禅，唯征以为不可。太宗曰："朕欲卿极言之。岂功不高耶？德不厚耶？诸夏未治安耶？远夷不慕义耶？嘉瑞不至耶？年谷不登耶？何为而不可？"对曰："陛下功则高矣，而民未怀惠；德虽厚矣，而泽未滂流，诸夏虽安，未足以供事；远夷慕义，无以供其求；符瑞虽臻，网罗犹密；积岁丰稔，仓廪尚虚，此臣所以窃谓未可。臣未能远譬，且借喻于人。今有人十年长患，疗治且愈，此人应皮骨仅存，便欲使负米一石，日行百里，必不可得。隋氏之乱，非止十年，陛下为之良医，疾苦虽已刘安，未甚充实，告成天地，臣窃有疑。且陛下东封，万国咸萃，要荒之外，莫不奔走。今自伊、洛以东，暨乎海岱，灌莽臣泽，苍茫千里，人烟断绝，鸡犬不闻，道路萧条，进退艰阻，岂可引彼夷狄，示以虚弱？竭财以赏，未厌远人之望；重加给复，不偿百姓之劳。或遇水旱之灾，风雨之变，庸夫横议，悔不可追。岂独臣之悃诚，亦有舆人之诵。"太宗不能夺。是后，右仆射缺，欲拜之，征固让乃止。

乃皇太子承乾不修德业，魏王泰宠爱日隆，内外庶僚，并有疑议。太宗闻而恶之，谓侍臣曰："当今朝臣忠謇，无逾魏征，我遣傅皇太子，用绝天下之望。"十六年，拜太子太师，知门下省事如故。征自陈有疾，诏答曰："汉之太子，四皓为助，我之赖公，即其义也。知公疾病，可卧护之。"

其年，称绵缀，中使相望。征宅先无正寝，太宗欲为小殿，辍其材为征营构,五日而成,遣中使赍素褥布被而赐之,遂其所尚也。及病笃,舆驾再幸其第,抚之流涕,问所欲言,征曰:"嫠不恤纬,而忧宗周之亡。"后数日,太宗夜梦征若平生,及旦而奏征薨,时年六十四。太宗亲临恸哭,废朝五日,赠司空、相州都督,谥曰文贞,给羽葆鼓吹、班剑四十人,赙绢布千段、米粟千石,陪葬昭陵。及将祖载,征妻裴氏曰:"征平生俭素,今以一品礼葬,羽仪甚盛,非亡者之志。"悉辞不受,竟以布车载枢,无文彩之饰。太宗登苑西楼,望丧而哭,诏百官送出郊外。帝亲制碑文,并为书石。其后追思不已,赐其实封九百户。尝临朝谓侍臣曰:"夫以铜为镜,可以正衣冠;以古为镜,可以知兴替;以人为镜,可以明得失。朕常保此三镜,以防己过。今魏征殂逝,遂亡一镜矣!征亡后,朕遣人至宅,就其书函得表一纸,始立表草,字皆难识,唯前有数行,稍可分辩,云:'天下之事,有善有恶,任善人则国安,用恶人则国乱。公卿之内,情有爱憎,憎者唯见其恶,爱者唯见其善。爱憎之间,所宜详慎,若爱而知其恶,憎而知其善,去邪勿疑,任贤勿贰,可以兴矣。'其遣表如此,然在朕思之,恐不免斯事。公卿侍臣,可书之于笏,知而必谏也。"

征状貌不逾中人,而素胆智,每犯颜进谏,虽逢王赫斯怒,神色不移。尝密荐中书侍郎杜正伦及吏部尚书侯君集有宰相之材。征卒后,正伦以罪黜,君集犯逆伏诛,太宗始疑征阿党。征又自录前后谏净言辞往复以示史官起居郎褚遂良,太宗知之,愈不悦。先许以衡山公主降其长子叔玉,于是手诏停婚,顾其家渐衰矣。

征四子,叔琬、叔璘、叔瑜。叔玉袭爵国公,官至光禄少卿;叔瑜至潞州刺史;叔璘礼部侍郎,则天时为酷吏所杀。

神龙初,继封叔玉子膺为郑国公。

叔瑜子华,开元初太子右庶。

史臣曰:臣尝读汉史《刘更生传》,见其上书论王氏擅权,恐移运祚,汉成不悟,更生徘徊伊郁,极言而不顾祸患,何匡益忠尽也如此!当更生时,谏者甚多。如谷永、杨兴之上言,图为奸利,与贼臣为乡导；梅福、王吉之言，虽近古道，未切事情。则纳谏任贤，讵宜容易！臣尝阅《魏公故事》，与文皇讨论政术，往复应对，凡数十万言。其匡过弼违，能近取譬，博约连类，皆前代净臣之不至者。其实根于道义，发为律度，身正而心劲，上不负时主，下不阿权幸，中不侈亲族，外不为朋党，不以逢时改节，不以图位卖忠。所载章疏四篇，可为万代王者法。虽汉之刘向、魏之徐邈、晋之山涛、宋之谢朓，才则才矣，比文贞之雅道，不有遗行乎！前代净臣，一人而已。

　　赞曰：智者不谏，谏或不智。智者尽言，国家之利。郑公达节，才周经济。太宗用之，子孙长世。

旧唐书卷七二
列传第二二

虞世南 李百药 子安期 褚亮
李玄道 李守素附

虞世南字伯施,越州余姚人,隋内史侍郎世基弟也。祖检,梁始兴王谘议,父荔,陈太子中庶子,俱有重名。叔父寄,陈中书侍郎,无子,以世南继后,故字曰伯施。世南性沈静寡欲,笃志勤学,少与兄世基受学于吴郡顾野王,经十余年,精思不倦,或累旬不盥栉。善属文,常祖述徐陵,陵亦言世南得己之意。又同郡沙门智永善王羲之书,世南师焉,妙得其体,由是声名籍甚。

天嘉中,荔卒,世南尚幼,哀毁殆不胜丧。陈文帝知其二子博学,每遣中使至其家将护之。及服阕,召为建安王法曹参军。寄陷于陈宝应,在闽、越中,世南虽同除丧,犹布衣蔬食。至太建末,宝应破,寄还,方令世南释布食肉。至德初,除西阳王友。陈灭,与世基同入长安,俱有重名,时人方之二陆。时炀帝在藩,闻其名,与秦王俊辟书交至,以母老固辞,晋王令使者追之。大业初,累授秘书郎,迁起居舍人。时世基当朝贵盛,妻子被服拟于王者,世南虽同居,而躬履勤俭,不失素业。及至隋灭,宇文化及弑逆之际,世基为内史侍郎,将被诛,世南抱持号泣,请以身代,化及不纳,因哀毁骨立,时人称焉。从化及至聊城,又陷于窦建德,伪授黄门侍郎。

太宗灭建德,引为秦府参军。寻转记室,仍授弘文馆学士,与房玄龄对掌文翰。太宗尝命写《列女传》以装屏风,于时无本,世南暗疏之，不失一字。太宗升春宫，迁太子中舍人。及即位，转著作郎，兼弘文馆学士。时世南年已衰老，抗表乞骸骨，诏不许，迁太子右庶子，固辞不拜，除秘书少监。上《圣德论》，辞多不载。七年，转秘书监，赐爵永兴县子。太宗重其博识，每机务之隙，引之谈论，共观经史。世南虽容貌儒懦，若不胜衣，而志性抗烈，每论及古先帝王为政得失，必存规讽，多所补益。太宗尝谓侍臣曰："朕因暇日与虞世南商略古今，有一言之失，未尝不怅恨，其恳诚若此，朕用嘉焉。群臣皆若世南，天下何忧不理。"

八年，陇右山崩，大蛇屡见，山东及江淮多大水。太宗以问世南，对曰："春秋时山崩，晋侯召伯宗而问焉，对曰：'国主山川，故山川崩竭，君为之不举，降服、乘缦、彻乐、出次、祝币以礼焉。'梁山，晋所主也，晋侯从之，故得无害。汉文帝元年，齐、楚地二十九山同日崩，水大出，令郡国无来贡献，施惠于天下，远近欢洽，亦不为灾。后汉灵帝时，青蛇见御座。晋惠帝时，大蛇长三百步，见齐地，经市入朝。案蛇宜在草野，而入市朝，所以可为怪耳。今蛇见山泽，盖深山大泽必有龙蛇，亦不足怪也。又山东足雨，虽则其常，然阴淫过久，恐有冤狱，宜省系囚，庶几或当天意。且妖不胜德，唯修德可以销变。"太宗以为然，因遣使者赈恤饥馁，申理狱讼，多所原宥。

后有星孛于虚、危，历于氐，百余日乃灭。太宗谓群臣曰："天见彗星，是何妖也？"世南曰："昔齐景公时有彗星见，公问晏婴，对曰：'穿池沼畏不深，起台榭畏不高，行刑罚畏不重，是以天见彗为公诫耳。'景公惧而修德，后十六日而星没。臣闻'天时不如地利，地利不如人和'，若德义不修，虽获麟凤，终是无补，但政事无缺，虽有灾星，何损于时。然愿陛下勿以功高古人而自矜伐，勿以太平渐久而自骄怠，慎终如始，彗星虽见，未足为忧。"太宗敛容谓曰："吾之抚国，良无景公之过。但吾才弱冠举义兵，年二十四平天下，未三十而居大位，自谓三代以降，拨乱之主，莫臻于此。重以薛举之骁雄，宋金刚之鸷猛，窦建德跨河北，王世充据洛阳，当此之时，足为勍敌，皆为我所擒。及逢家难，复决意安社稷，遂登九五，降服北夷，吾颇有自矜之意，以轻天下之士，此吾之罪也。上天见变，良为是乎？秦始皇平六国，隋炀帝富四海，既骄且逸，一朝百败，吾亦何得自骄也。言念于此，不觉惕焉震惧。"四月，康国献狮子，诏世南为之赋，命编之东观，辞多不载。

后高祖崩，有诏山陵制度准汉长陵故事，务从隆厚，程限既促，功役劳弊。世南上封事谏曰：

臣闻古之圣帝明王所以薄葬者，非不欲崇高光显，珍宝具物，以厚其亲。然审而言之，高坟厚垅，珍物毕备，此适所以为亲之累，非曰孝也。是以深思远虑，安于菲薄，以为长久万代之计，割其常情以定耳。昔汉成帝造延、昌二陵，制度甚厚，功费甚多。谏议大夫刘向上书，其言深切，皆合事理，其略曰："孝文居霸陵，凄怆悲怀，顾谓群臣曰：'嗟乎！以北山石为椁，用绽絮斫陈漆其间，岂可动哉？'张释之进曰：'使其中有可欲，虽锢南山犹有隙；使其中无可欲，虽无石椁，又何戚焉！'夫死者无终极，而国家有废兴，释之所言，为无穷计也。孝文寤焉，遂以薄葬。"又汉氏之法，人君在位，三分天下贡赋，以一分入山陵。武帝历年长久，比葬，陵中不复容物，霍光暗于大体，奢侈过度。其后至更始之败，赤眉贼入长安，破茂陵取物，犹不能尽。无故聚敛百姓，为盗之用，甚无谓也。魏文帝于首阳东为寿陵，作终制，其略曰："昔尧葬寿陵，因山为体，无封树，无立寝殿园邑，为棺椁足以藏骨，为衣衾足以朽肉。吾营此不食之地，欲使易代之后，不知其处，无藏金银铜铁，一以瓦器。自古及今，未有不亡之国，无不发掘，至乃烧取玉匣金缕，骸骨并尽，乃不重痛哉！若违诏妄有变改，吾为戮尸于地下，死而重死，不忠不孝，使魂而有知，将不福汝。以为永制，藏之宗庙。"魏文帝此制，可谓达于事矣。

向使陛下德止如秦、汉之君，臣则缄口而已，不敢有言。伏见圣德高远，尧、舜犹所不逮，而俯与秦、汉之君同为奢泰，舍尧、舜、殷、周之节俭，此臣所以尤戚也。今为丘陇如此，其内虽不藏珍宝，亦无益也。万代之后，但见高坟大墓，岂谓无金玉耶？臣之愚计，以为汉文霸陵，既因山势，虽不起坟，自然高显。今之所卜，地势即平，不可不起，宜依《白虎通》所陈周制，为三仞之坟，其方中制度，事事减少。事竟之日，刻石于陵侧，明丘封大小高下之式。盟器所须，皆以瓦木，合于礼文，一不得用金银铜铁。使万代子孙，并皆遵奉，一通藏之宗庙，岂不美乎！且臣下除服三十六日，已依霸陵，今为坟陇，又以长陵为法，恐非所宜。伏愿深览古今，为长久之虑。臣之赤心，唯愿万岁之后，神道常安，陛下孝名，扬于无穷耳。

书奏不报。世南又上疏曰："汉家即位之初，便营陵墓，近者十余岁，远者五十年，方始成就。今以数月之间而造数十年之事，其于人力，亦已劳矣。又汉家大郡五十万户，即目人众未及往时，而功役兴之一等，此臣所以致疑也。"时公卿又上奏请遵遗诏，务从节俭，因下其事付所司详议，于是制度颇有减省焉。

太宗后颇好猎，世南上疏谏曰："臣闻秋狝冬狩，盖惟恒典；射隼从禽，备乎前诰。伏惟陛下因听览之余辰，顺天道以杀伐，将欲躬摧班掌，亲御皮轩，穷猛兽之窟穴，尽逸材于林薮。夷凶剪暴，以卫黎元，收革擢羽，用充军器，举旗效获，式遵前古。然黄屋之尊，金舆之贵，八方之所仰德，万国之所系心，清道而行，犹戒衔橛，斯盖重慎防微，为社稷也。是以马卿直谏于前，张昭变色于后，臣诚微浅，敢忘斯义？且天弧星华，所殪已多，颁禽赐获，皇恩亦溥。伏愿时息猎车，且韬长戟，不拒刍荛之请，降纳涓浍之流，袒裼徒搏，任之群下，则贻范百王，永光万代。"其有犯无隐，多此类也。太宗以是益亲礼之。尝称世南有五绝：一曰德行，二曰忠直，三曰博学，四曰文辞，五曰书翰。

十二年，又表请致仕，优制许之，仍授银青光禄大夫、弘文馆学士，禄赐、防阁并同京官职事。寻卒，年八十一。太宗与哀与别次，哭之甚痛，赐东园秘器，陪葬昭陵，赠礼部尚书，谥曰文懿。手敕魏王泰曰："虞世南于我，犹一体也。拾遗补阙，无日暂忘，实当代名臣，人伦准的。吾有小失，必犯颜而谏之。今其云亡，石渠、东观之中，无复人矣，痛惜岂可言耶！"未几，太宗为诗一篇，追述往古兴亡之道，既而叹曰："钟子期死，伯牙不复鼓琴。朕之此诗，将何以示？"令起居郎褚遂良诣其灵帐读讫焚之，冀世南神识感悟。后数岁，太宗夜梦见之，有若平生。翌日，下制曰："礼部尚书、永兴文懿公虞世南，德行淳备，文为辞宗，夙夜尽心，志在忠益。奄从物化，倏移岁序。昨因夜梦，忽睹其人，兼进谠言，有如平生之日。追怀遗美，良增悲叹。宜资冥助，申朕思旧之情，可于其家为设五百僧斋，并为造天尊像一区。"又敕图其形于凌烟阁。有集三十卷，令褚亮为之序。

世南子昶，官至工部侍郎。

李百药字重规。定州安平人，隋内史令、安平公德林子也。为童儿时多疾病，祖母赵氏故以百药为名。七岁解属文。父友齐中书舍人陆刈、马元熙尝造德林燕集，有读徐陵文者，云"既取成周之禾，将刈琅邪之稻"，并不知其事。百药时侍立，进曰："《传》称'郰人藉稻'。杜预《注》云'郰国在琅邪开阳。'"刈等大惊异之。

开皇初，授东宫通事舍人，迁太子舍人，兼东宫学士。或嫉其才而毁之者，乃谢病免去。十九年，追赴仁寿宫，令袭父爵。左仆射杨素、吏部尚书牛弘雅爱其才，奏授礼部员外郎，皇太子勇又召为东宫学士。诏令修《五礼》，定律令，撰《阴阳书》。台内奏议文表，多百药所撰。时炀帝出镇扬州，尝召之，百药辞疾不赴，炀帝大怒，及即位，出为桂州司马。为沈法兴所得，署为掾。

其后，罢州置郡，因解职还乡里。

大业五年，授鲁郡临泗府步兵校尉。九年，充戍会稽。寻授建安郡丞，行达乌程，属江都难作，会沈法兴，为李子通所破，子通又命为中书侍郎、国子祭酒。及杜伏威攻灭子通，又以百药为行台考功郎中。或有谮之者，伏威囚之，百药著《省躬赋》以致其情，伏威亦知其无罪，乃令复职。

伏威既据有江南，高祖遣使招抚，百药劝伏威入朝，伏威从之，遣其行台仆射辅公祐与百药留守，遂诣京师。及渡江至历阳，狐疑中悔，将害百药，乃饮以石灰酒，因大泄痢，而宿病皆除。伏威知百药不死，乃作书与公祐令杀百药，赖伏威养子王雄诞保护获免。公辅反，又授百药吏部侍郎。有谮百药于高祖，云百药初说杜伏威入朝，又与公辅祐同反。高祖大怒。及公祐平，得伏威与公祐令杀百药书，高祖意稍解，遂配流泾州。

太宗重其才名，贞观元年，召拜中书舍人，赐爵安平县男。受诏修定《五礼》及律令，撰《齐书》。二年，除礼部侍郎。朝廷议将封建诸侯，百药上《封建论》曰：

臣闻经国庇民，王者之常制；尊主安上，人情之本方。思阐治定之规，以弘长世之业者，万古不易，百虑同归。然命历有余促之殊，邦家有理乱之异，返观载籍，论之详矣。咸云周过其数，秦不及期，存亡之理，在于郡国。可以监夏、殷之长久，遵黄、唐之并建，维城盘石，深根固本，虽王纲弛废，枝干相持，故使逆节不生，宗祀不绝。秦氏背师古之训，弃先王之道，践华恃险，罢侯置守，子弟无尺土之邑，兆庶罕共治之忧，故一夫号泽，七庙隳祀。

臣以为自古皇王，君临宇内，莫不受命上玄，飞名帝录，缔构遇兴王之运，殷忧属启圣之期。虽魏武携养之资，汉高徒役之贱，非止意有觊觎，推之亦不能去也。若其狱讼不归，菁华已竭，虽帝尧之光被四表，大舜之上齐七政，非止情存揖让，守之亦不可固焉。以放勋、重华之德，尚不能克昌厥后。是知祚之长短，必在天时，政或盛衰，有关人事。隆周卜代三十，卜年七百，虽沦胥之道斯极，而文、武之器犹存，斯则龟鼎之祚，已悬定于杳冥也。至使南征不返，东迁避逼，禋祀如线，郊畿不守，此乃凌夷之渐，有累于封建焉。暴秦运短闰余，数钟百六。受命之主，德异禹、汤；继世之君，才非启、诵。借使李斯、王绾之辈盛开四履，将闾、子婴之徒俱启千乘，岂能逆帝子之勃兴，抗龙颜之基命者也！

然则得失成败,各有由焉。而著述之家,多守常辙,莫不情亡今古,理蔽浇淳,欲以百王之季,行三代之法。天下五服之内,尽封诸侯;王畿千乘之间,俱为莱地。是以结绳之化行虞、夏之朝,用象刑之典治刘、曹之末,纪纲既紊,断可知焉。锲船求剑,未见其可;胶柱成文,弥所多惑。徒知问鼎请隧,有惧霸王之师;白马素车,无复藩篱之援。不悟望夷之衅,未甚羿、浞之灾;高贵之殃,宁异申、缯之酷。乃饮明昏乱,自革安危,固非守宰公侯,以成兴废。且数世之后,王室浸微,始自藩屏,化为仇敌。家殊俗,国异政,强凌弱,众暴寡,疆场彼此,干戈日寻。狐驹之役,女子尽髽;崤陵之师,只轮不返。斯盖略举一隅,其余不可胜数。陆士衡方规规然云:“嗣王委其九鼎,凶族据其大邑,天下晏然,以治待乱。”何斯言之谬也!而设官分职,任贤使能,以循吏之才,膺共治之寄,刺郡分竹,何代无人。至使地或呈祥,天不爱宝,民称父母,政比神明。曹元首方区区然称:“与人共其乐者,人必忧其忧,与人同其安者,人必拯其危。”岂容委以侯伯,则同其安危;任之牧宰,则殊其忧乐。何斯言之妄也!

封君列国,藉庆门资,忘其先业之艰难,轻其自然之崇贵,莫不世增淫虐,代益骄侈。逢离宫别馆,切汉凌云,或刑人力而将尽,或召诸侯而共乐。陈灵则君臣悖礼,共侮征舒;卫宣则父子聚麀,终诛寿、朔。乃云为己思治,岂若是乎?内外群官,选自朝廷,擢士庶以任之,澄水镜以鉴之,年劳优其阶品,考绩明其黜陟。进取事切,砥砺情深,或俸禄不入私门,妻子不之官舍。颁条之贵,食不举火;剖符之重,衣唯补葛。南郡太守,敝布裹身;莱芜县长,凝尘生甑。专云为利图物,何其爽欤!总而言之,爵非世及,用贤之路斯广;民无定主,附下之情不固。此乃愚智所辨,安可惑哉!至如灭国弑君,乱常干纪,春秋二百年间,略无宁岁。次睢咸秩,遂用玉帛之君;鲁道有荡,每等衣裳之会。纵使西汉哀、平之际,东洛桓、灵之时,下吏淫暴,必不至此。为政之理，可一言以蔽之。

伏惟陛下握纪御天，膺期启圣，救亿兆之焚溺，扫氛祲于寰区。创业垂统，配二仪以立德；发号施令，妙万物而为言。独照宸衷，永怀前古，将复五等而修旧制，建万国以亲诸侯。窃以汉、魏以还，余风之弊未尽；勋、华既往，至公之道斯革。况晋氏失驭，宇县崩离；后魏时，乘华夷杂处。重以关河分阻，吴、楚悬隔，习文者学长短纵横之术，习武者尽干戈战争之心，毕为狙诈之阶，弥长浇浮之俗。开皇在运，因藉外家。驱御群英，任雄猜之数；坐移时运，非克定之功。年逾二纪，民不见德。及大业嗣文，世道交丧，一时人物，扫地将尽。虽天纵神武，削平寇虐，兵威不息，劳止未康。

自陛下仰顺圣慈，嗣膺宝历，情深致治，综核前王。虽至道无名，言象所纪，略陈梗概，实所庶几。爱敬蒸蒸，劳而不倦，大舜之孝也。访安内坚，亲尝御膳，文王之德也。每宪司谳罪，尚书奏狱，大小必察，枉直咸申，举断趾之法，易大辟之刑，仁心隐恻，贯彻幽显，大禹之泣辜也。正色直言，虚心受纳，不简鄙讷，无弃刍荛，帝尧之求谏也。弘奖名教，劝励学徒，既擢明经于青紫，将升硕儒于卿相，圣人之善诱也。群臣以宫中暑湿，寝膳或乖，请徙御高明，营一小阁。遂惜家人之产，竟抑子来之愿，不咨阴阳所感，以安卑陋之居。去岁荒俭，普天饥馑，丧乱甫尔，仓廪空虚。圣情矜悯，勤加惠恤，竟无一人流离道路，犹且食啖藜藿，乐撤簨簴，言必凄动，貌成癯瘠。公旦喜于重译，文命矜其即序。陛下每四夷款附，万里归仁，必退思进省，凝神动虑，恐妄劳中国，以事远方，不籍万古之英声，以存一时之茂实。心切忧劳，迹绝游幸，每且视朝，听受无倦，智周于万物，道济于天。罢朝之后，引进名臣，讨论是非，备尽肝膈，唯及政事，更无异辞。才及日春，命才学之士，赐以清间闲，高谈黄籍，杂以文咏，间以玄言，乙夜忘疲，中宵不寐。此之四道，独迈往初，斯实生民以来，一人而已。弘兹风化，昭示四方，信可以期月之间,弥纶天壤。而淳粹尚阻,浮诡未移,此由习之永久,难以卒变。请待斫雕成朴,以质代文,刑措之教一行,登封之礼云毕,然后定疆理之制,议山河之赏,未为晚焉。《易》称:"天地盈虚,与时消息,况于人乎?"美哉斯言也。

太宗竟从其议。

四年,授太子右庶子。五年,与左庶子于志宁、中允孔颖达、舍人陆敦信侍讲于弘教殿。时太子颇留意典坟,然闲燕之后,嬉戏过度,百药作《赞道赋》以讽焉,辞多不载。太宗见而遣使谓百药曰:"朕于皇太子处见卿所献赋,悉述古来储贰事以诫太子,甚是典要。朕选卿以辅弼太子,正为此事,大称所委,但须善始令终耳。"因赐彩物五百段。然太子卒不悟而废。十年,以撰《齐史》成,加散骑常侍,行太子左庶子,赐物四百段。俄除宗正卿。十一年,以撰《五礼》及律令成,进爵为子。后数岁,以年老固请致仕,许之。太宗尝制《帝京篇》,命百药并作,上叹其工,手诏曰:"卿何身之老而才之壮,何齿之宿而意之新乎!"二十二年卒,年八十四,谥曰康。

百药以名臣之子,才行相继,四海名流,莫不宗仰。藻思沈郁,尤长于五言诗,虽樵童牧竖,并皆吟讽。性好引进后生,提奖不倦。所得俸禄,多散之亲党。又至性过人,初侍父母丧还乡,徒跣单衣,行数千里,服阕数年,容貌毁悴,为当时所称。及悬车告老,怡然自得,穿池筑山,文酒谈赏,以舒平生之志。有集三十卷。子安期。

安期幼聪辩,七岁解属文。初,百药大业末出为桂州司马,行至太湖,遇逆贼,将加白刃,安期跪泣请代父命,贼哀而释之。贞观初,累转符玺郎,预修《晋书》成,除主客员外郎。永徽中,迁中书舍人。又与李义府等于武德殿内修书,再转黄门侍郎。龙朔中,为司列少常伯,参知军国。有事太山,诏安期为朝觐坛碑文。

安期前后三为选部,颇为当时所称。时高宗屡引侍臣,责以不进贤良,众皆莫对,独安期进曰:"臣闻圣帝明王,莫不劳于求贤,逸于任使。设使尧、舜苦已癃瘵,不能用贤,终亦王化不行。自夏、殷已来,历国数十,皆委贤良,以共致理。且十室之邑,必有忠信,况今天下至广,非无英彦。但比来公卿有所荐引,即遭嚣谤,以为朋党,沉屈者未申,而在位者已损,所以人思苟免,竞为缄默。若陛下虚己招纳,务于搜访,不忌亲仇,唯能是用,谗毁亦既不入,谁敢不竭忠诚? 此皆事由陛下,非臣等所能致也。"高宗深然其言。俄检校东台侍郎、同东西台三品,出为荆州大都督府长史。咸亨初卒。自德林至安期三世,皆掌制诰。安期孙羲仲,又为中书舍人。

褚亮字希明,杭州钱塘人。曾祖湮,梁御史中丞;祖蒙,太子中舍人;父玠,陈秘书监,并著名前史。其先自阳翟徙居焉。亮幼聪敏,好学善属文,博览无所不至,经目必记于心。喜游名贤,尤善谈论。年十八,诣陈仆射徐陵,陵与商榷文章,深异之。陈后主闻而召见,使赋诗,江总及诸辞人在坐,莫不推善。

祯明初,为尚书殿中侍郎。陈亡,入隋。为东宫学士。大业中,授太常博士。时炀帝将改置宗庙,亮奏议曰:

　　谨按《礼记》:"天子七庙,三昭三穆,与太祖之庙而七。"郑玄《注》曰:"此周制也。七者,太祖及文王、武王之祧,与亲庙四也。殷则六庙,契及汤与二昭二穆也。夏则五庙,无太祖,禹与二昭二穆而已。"玄又据《礼》:"王者禘其祖之所自出而立四庙。"案郑玄义,天子唯立四亲庙,并始祖而为五。周以文、武为受命之祖,特立二祧,是为七庙。王肃注《礼记》曰:"尊者尊统上,卑者尊统下。故天子七庙,诸侯五庙。其有殊功异德,非太祖而不毁,不在七庙之数。"案肃以为天子七庙,是百代之言。又据《王制》,天子七庙,诸侯五庙,大夫三庙,降二为差。是则天子立四亲庙,又立高祖之父、高祖之祖父、太祖而为七。周有文、武、姜嫄合为十庙。汉世诸帝之庙各立,无毁迭之义。至元帝时,贡禹、匡衡之徒始议其礼,以高帝为太祖,而立四亲,是为五庙。唯刘歆以为天子七庙,诸侯五庙,降杀以两之义,七者其正法,可常数也。宗不在此数内,有功德则宗之,不可豫设为数也。是以班固称"考论诸儒之议,刘歆博而旧矣"。

光武即位,建高庙于洛阳,乃立南顿君以上四庙,就祖宗而为七。至魏初,高堂隆为郑学,议立亲庙四,太祖武帝犹在四亲之内,乃虚置太祖及二祧以待后世。至景初间,乃依王肃更立六庙,二世祖就四亲而为六庙。晋武受禅,博议宗祀,自文帝以上至六世亲祖征西府君,而宣帝亦序于昭穆,未升太祖,故祭止六世。江左中兴,贺循知礼,至于寝庙之议,皆依魏、晋旧事。宋武初受命为王,依诸侯立亲庙四,即位之后,增祠五世祖相国掾府君、六世祖右北平府君,止于六庙,建身没主升,亦从昭穆,犹太祖之位也。降及齐、梁,守而勿革,加宗迭毁,礼无违旧。

臣又按姬周自太祖已下,皆别立庙,至于禘祫,俱合食于太祖。是以炎汉之初,诸庙各立,岁时常享,亦随处而祭,所用庙乐,皆像功德而歌舞焉。至光武乃总立一堂,而群主异室,斯则新承寇乱,欲从约省,自此已来,因循不变。皇隋太祖武元皇帝仁风潜畅,至泽傍通,以昆、彭之勋,开稷、契之绪。高祖文皇帝睿哲玄览,神武应期,拨乱返正,远肃迩安,受命开基,垂统圣嗣,鸿名冠于三代,宝祚传于七百。当文明之运,定祖宗之礼。且损益不同,沿袭异趣,时王所制,可以垂法。自历代已来,亲用王、厥二义。若寻其旨归,校以优劣,康成止论周代,非谓经通;子雍总贯皇王,事兼长远。今请依据古典,崇建七庙,受命之庙,宜别立庙祧,百世之后不毁之法。至于銮驾亲奉,申孝享于高庙;有司行事,竭诚敬于群主。俾夫规模可则,严祀易遵,表有功而彰明德,大复古而贵能变。

臣又按周人立庙,亦无处置之文。据冢人职而言之,先王居中,以昭穆为左右。阮忱所撰《礼图》,亦从此义。汉京诸庙既远,又不序禘祫。今若依周制,理有未安,杂用汉仪,事难全采,谨详立别图附之。

议未行,寻坐与杨玄感有旧,左迁西海郡司户。时京兆郡博士潘徽亦以笔札为玄感所礼，降威定县主簿。当时寇盗纵横，六亲不能相保。亮与同行，至陇山，徽遇病终，亮亲加棺敛，瘗之路侧，慨然伤怀，遂题诗于陇树，好事者皆传写讽诵，信宿遍于京邑焉。薛举僭号陇西，以亮为黄门侍郎，委之机务。及举灭，太宗闻亮名，深加礼接，因从容自陈，太宗大悦，赐物二百段、马四匹。从还京师，授秦王文学。

时高祖以寇乱渐平，每冬畋狩。亮上疏谏曰："臣闻尧鼓纳谏，舜木求箴，茂克昌之风，致升平之道。伏惟陛下应千祀之期，拯百王之弊，平壹天下，劬劳帝业，旰食思政，废寝忧人。用农隙之余，遵冬狩之礼，获车之所游践，虞旗之所涉历，纲唯一面，禽止三驱，纵广成之猎士，观上林之手搏，斯固畋弋之常规，而皇王之壮观。至于亲逼猛兽，臣窃惑之。何者？筋力骁悍，爪牙轻捷。连弩一发，未必挫其凶心；长戟才挥，不能当其愤气。虽孟贲抗左，夏说居前，卒然惊轶，事生虑表。如或近起林业，未填坑谷，骇属车之后乘，犯官骑之清尘，小臣怯懦，私怀战栗。陛下以至圣之资，垂将来之教，降情纳下，无隔直言。臣叨逢明时，游宦藩邸，身渐荣渥，日用不知，敢缘天造，冒陈丹恳。"高祖甚纳之。

太宗每有征伐，亮常侍从，军中宴筵，必预欢赏，从容讽议，多所裨益，又与杜如晦等十八人为文学馆学士。太宗入居春宫，除太子舍人，迁太子中允。贞观元年，为弘文馆学士。九年，进授员外散骑常侍，封阳翟县男，拜通直散骑常侍，学士如故。十六年，进爵为侯，食邑七百户。后致仕归于家。

太宗幸辽东，亮子遂良为黄门侍郎，诏遂良谓亮曰："昔年师旅，卿常入幕；今兹遐伐，君已悬车。倏忽之间，移三十载，眷言畴昔，我劳如何！今将遂良东行，想公于朕，不惜一儿于膝下耳，故遣陈离意，膳居加食。"亮奉表陈谢。及寝疾，诏遣医药救疗，中使候问不绝。卒时年八十八。太宗甚悼惜之，不视朝一日，赠太常卿，陪葬昭陵，谥曰康。

长子遂贤，守雍王友。次子遂良，自有传。

始太宗既平寇乱，留意儒学，乃于宫城西起文学馆，以待四方文士。于是，以属大行台司勋郎中杜如晦，记室考功郎中房玄龄及于志宁，军谘祭酒苏世长，天微府记薛收，文学褚亮、姚思廉，太学博士陆德明、孔颖达，主簿李玄道，天策仓曹李守素，记室参军虞世南，参军事蔡允恭、颜相时，著作佐郎摄记室许敬宗、薛元敬，太学助教盖文达，军谘典签苏昂，并以本官兼文学馆学士。及薛收卒，复征东虞州录事参军刘孝孙入馆。寻遣图其状貌，题其名字、爵里，乃命亮为之像赞，号《十八学士写真图》，藏之书府，以彰礼贤之重也。诸学士并给珍膳，分为三番，更直宿于阁下，每军国务静，参谒归休，即便引见，讨论坟籍，商略前载。预入馆者，时所倾慕，谓之"登瀛州"。颜相时兄师古，苏昂兄子干。

刘孝孙者，荆州人也。祖贞，周石台太守。孝孙弱冠知名，与当时辞人虞世南、蔡君和、孔德绍、庾抱、庾自直、刘斌等登临山水，结为文会。大业末，没于王世充，世充弟伪杞王辩引为行台郎中。洛阳平，辩面缚归国，众皆离散，孝孙犹攀援号恸，追送远郊，时人义之。武德初，历虞州录事参军，太宗召为秦府学士。贞观六年，迁著作佐郎、吴王友。尝采历代文集，为王撰《古今类序诗苑》四十卷。十五年，迁本府谘议参军。寻迁太子洗马，未拜卒。

李玄道者，本陇西人也，世居郑州，为山东冠族。祖瑾，魏著作佐郎。父行之，隋都水使者。玄道仕隋为齐王府属。李密据洛口，引为记室。及密破，为王世充所执。是时，同遇囚俘者并惧死，达曙不寐，唯玄道颜色自若，曰："死生有命，非忧能了。"同拘者雅推识量。及见世充，举措不改其常。世充素知其名，益重之，释缚以为著作佐郎。

东都平，太宗召为秦王府主簿、文学馆学士。贞观元年，累迁给事中，封姑臧县男。时王君廓为幽州都督，朝廷以其武将不习时事，拜玄道为幽州长史，以维持府事。君廓在州屡为非法，玄道数正议裁之。尝又遗玄道一婢，玄道问婢所由，云本良家子，为君廓所掠，玄道因放遣之，君廓甚不悦。后遇君廓入朝，房玄龄即玄道之从甥也，玄道附书，君廓私发，不识草字，疑其谋己，惧而奔叛，玄道坐流巂州。未几征还，为常州刺史，在职清简，百姓安之，太宗下诏褒美，赐以绫彩。三年，表请致仕，加银青光禄大夫，以禄归第，寻卒。

子云将，知名，官至尚书左丞。

李守素者，赵州人，代为山东名族。太宗平王世充，征为文学馆学士，署天策府仓曹参军。守素尤工谱学，自晋宋已降，四海士流及诸勋贵，华戎阀阅，莫不详究，当时号为"行谱"。尝与虞世南共谈人物，言江左、山东，世南犹相酬对；及言北地诸侯，次第如流，显其世业，皆有援证，世南但抚掌而笑，不复能答，叹曰："行谱定可畏。"许敬宗因谓世南曰："李仓曹以善谈人物，乃得此名，虽为美事，在非雅目。公既言成准的，宜当有以改之。"世南曰："昔任彦升美谈经籍，梁代称为'五经笥'；今目仓曹为'人物志'可矣。"贞观初卒。

史臣曰：刘并州有言："和氏之璧不独耀于郧握；夜光之珠，何专玩于隋掌。天下之宝，固当与天下共之。"虞永兴之从建德，李安平之佐公祐，褚阳翟之依薛举，盖大渴不能择泉而饮，大暑不能择荫而息耳，非不识其饮憩之所。及文皇帝揭三辰而烛天下，群贤雾集，人知所奉，方得跃鳞天池，擅价春山，为一代之至宝，则所托之势异也。隋掌郧握，曷有常哉！二虞昆仲，文章炳蔚于隋、唐之际；褚河南父子，箴规献替，洋溢于贞观、永徽之间。所谓代有人焉，而三家尤盛。

赞曰：文皇荡涤，刷清苍昊。十八文星，连辉炳耀。虞、褚之笔，动若有神。安平之什，老而弥新。

旧唐书卷七三

列传第二三

薛收 兄子元敬 收子元超 从子稷
姚思廉 颜师古 令狐德棻
孔颖达
邓世隆 顾胤 李延寿 李仁实等附

司马才章 王恭 马嘉运等附

薛收字伯褒,蒲州汾阴人,隋内史侍郎道衡子也。事继从父孺以孝闻。年十二,解属文。以父在隋非命,乃洁志不仕。大业末,郡举秀才,固辞不应。义旗起,遁于首阳山,将协义举。蒲州通守尧君素潜知收谋,乃遣人迎收所生母氏置城内,收乃还城。后君素将应王世充,收遂逾城归国。秦府记室房玄龄荐之于太宗,即日召见,问以经略,收辩对纵横,皆合旨要。授秦府主簿,判陕东道大行台金部郎中。时太宗专任征伐,檄书露布,多出于收,言辞敏速,还同宿构,马上即成,曾无点窜。

太宗讨王世充也,窦建德率兵来拒,诸将皆以为宜且退军,以观贼形势。收独建策曰:"世充据有东都,府库填积,其兵皆是江淮精锐,所患者在于乏食,是以为我所持,求战不可。建德亲总军旅,来拒我师,亦当尽彼骁雄,期于奋决。若纵其至此,两寇相连,转河北之粮以相资给,则伊、洛之间战斗不已。今宜分兵守营,深其沟防,即世充欲战,慎勿出兵。大王亲率猛锐,先据成皋之险,训兵坐甲,以待其至。彼以疲弊之师,当我堂堂之势,一战必克。建德即破,世充自下矣。不过两旬，二国之君，可面缚麾下。若退兵自守，计之下也。"太宗纳之，卒擒建德。

东都平，太宗入观隋氏宫室，嗟后主罄人力以逞奢侈。收进曰："窃闻峻宇雕墙，殷辛以灭；土阶茅栋，唐尧以昌。秦帝增阿房之饰，汉后罢露台之费，故汉祚延而秦祸速，自古如此。后主曾不能察，以万乘之尊，困一夫之手，使土崩瓦解，取讥后代，以奢虐所致也。"太宗悦其对。及军还，授天策府记室参军。

太宗初授天策上将、尚书令，命收与世南并作第一让表，竟用收者。太宗曾侍高祖游后园中，获白鱼，命收为献表，收授笔立疏，不复停思，时人推其二表赡而速。从平刘黑闼，封汾阴县男。武德六年，以本官兼文学馆学士，与房玄龄、杜如晦特蒙殊礼，受心腹之寄。又尝上书谏猎，太宗手诏曰："览读所陈，实悟心胆，今日成我，卿之力也。明珠兼乘，岂比来言，当以诚心，书何能尽。今赐卿黄金四十铤，以酬雅意。"

七年，寝疾，太宗遣使临问，相望于道。寻命舆疾诣府，太宗亲以衣袂抚收，论叙生平，潸然流涕。寻卒，年三十三。太宗亲自临哭，哀恸左右。与收从父兄子元敬书曰："吾与卿叔共事，或军旅多务，或文咏从容，何尝不驱驰经略，款曲襟抱。比虽疾苦，日冀痊除，何期一朝，忽成万古！追寻痛惋，弥用伤怀。且闻其儿子幼小，家徒壁立，未知何处安置？宜加安抚，以慰吾怀。"因使人吊祭，赠物三百段。及后，遍图学士等形像，太宗叹曰："薛收遂成故人，恨不早图其像。"及登极，顾谓房玄龄曰："薛收若在，朕当以中书令处之。"又尝梦收如平生，又敕有司特赐其家粟帛。贞观七年，赠定州刺史。永徽六年，又赠太常卿，陪葬昭陵。文集十卷。

元敬，隋选部侍郎迈子也。有文学，少与收及收族兄德音齐名，时人谓之"河东三凤"。收为长离，德音为鸑鷟，元敬以年最小为鹓雏。武德中，元敬为秘书郎，太宗召为天策府参军，兼直记室。收与元敬俱为文学馆学士。时房、杜等处心腹之寄，深相友托，元敬畏于权势,竟不之狎,如晦常云:"小记室不可得而亲,不可得而疏。"太宗入东宫,除太子舍人。时军国之务,总于东宫,元敬专掌文翰,号为称职。寻卒。

收子元超。元超早孤,九岁袭爵汾阴男。及长,好学善属文。太宗甚重之,令尚巢刺王女和静县主,累授太子舍人,预撰《晋书》。高宗即位,擢拜给事中,时年二十六。数上书陈君臣政体及时事得失,高宗皆嘉纳之。俄转中书舍人,加弘文馆学士,兼修国史。中书省有一盘石,初,道衡为内史侍郎,尝踞而草制,元超每见此石,未尝不泫然流涕。

永徽五年,丁母忧解。明年,起授黄门侍郎,兼检校太子左庶子。元超既擅文辞,兼好引寒俊,尝表荐任希古、高智周、郭正一、王义方、孟利贞等十余人,由是时论称美。后以疾出为饶州刺史。

三年,拜东台侍郎。右相李义府以罪配流巂州,旧制流人禁乘马,元超奏请给之,坐贬为简州刺史。岁余,西台侍郎上官仪伏诛,又坐与文章款密,配流巂州。上元初,遇赦还,拜正谏大夫。三年,迁中书侍郎,寻同中书门下三品。时高宗幸温泉校猎,诸蕃酋长亦持弓矢而从。元超以为既非族类,深可为虞,上疏切谏,帝纳焉。时元超特承恩遇,常召入与诸王同预私燕。又重其文学政理之才,曾谓元超曰:"长得卿在中书,固不藉多人也。"

永隆二年,拜中书令,兼太子左庶子。高宗幸东都,太子于京师监国,因留元超以侍太子。帝临行谓元超曰:"朕之留卿,如去一臂。但吾子未闲庶务,关西之事,悉以委卿。所寄既深,不得默尔。"于是元超表荐郑祖玄、邓玄挺、崔融为崇文馆学士。又数上疏谏太子,高宗知而称善,遣使慰谕,赐物百段。弘道元年,以疾乞骸,加金紫光禄大夫,听致仕。其年冬卒,年六十二,赠光禄大夫、秦州都督,陪葬乾陵。文集四十卷。

子曜,亦以文学知名,圣历中,修《三教珠英》,官至正谏大夫。元超从子稷。

稷举进士,累转中书舍人。时从祖兄曜为正谏大夫,与稷俱以辞学知名,同在两省,为时所称。景龙末,为谏议大夫、昭文馆学士。好古博雅,尤工隶书。自贞观、永徽之际,虞世南、褚遂良时人宗其书迹,自后罕能继者。稷外祖魏征家富图籍,多有虞、褚旧迹,稷锐精模仿,笔态遒丽,当时无及之者。又善画,博探古迹。睿宗在藩,留意于小学,稷于是特见招引,俄又令其子伯阳尚仙源公主。及践祚,累拜中书侍郎,与苏颋等对掌制诰,俄与中书侍郎崔日用参知政事。睿宗以钟绍京为中书令,稷劝令礼让,因入言于帝曰:“绍京素无才望,出自胥吏,虽有功勋,未闻令德。一朝超居元宰,师长百僚,臣恐清浊同贯,失于圣朝具瞻之美。”帝然其言,因绍京表让,遂转为户部尚书。稷又于帝前面折崔日用,递相短长,由是罢知政事,迁左散骑常侍,历工部、礼部二尚书。以翊赞睿宗功封晋国公,赐实封三百户,除太子少保。睿宗常召稷入宫中参决庶政,恩遇莫与为比。及窦怀贞伏诛,稷以知其谋,赐死于万年县狱中。

子伯阳,以尚公主拜右千牛卫将军、驸马都尉,亦以功封安邑郡公,别食实封四百户。及父死,特免坐,左迁晋州员外别驾,寻而配徙岭表,在道自杀。

伯阳子谈,开元十六年,尚常山公主,拜驸马都尉、光禄员外卿,旬日暴卒。

姚思廉字简之,雍州万年人。父察,陈吏部尚书,入隋历太子内舍人、秘书丞、北绛公,学兼儒史,见重于二代。陈亡,察自吴兴始迁关中。思廉少受汉史于其父,能尽传家业,勤学寡欲,未尝言及家人产业。在陈为扬州主簿,入隋为汉王府参军,丁父忧解职。初,察在陈尝修梁、陈二史,未就,临终令思廉续成其志。丁继母忧,庐于墓侧,毁瘠加人。服阕,补河间郡司法书佐。思廉上表陈父遗言,有诏许其续成《梁》、《陈史》。炀帝又令与起居舍人崔祖浚修《区宇图志》。

后为代王侑侍读，会义师克京城，侑府僚奔骇，唯思廉侍王，不离其侧。兵将升殿，思廉厉声谓曰："唐公举义，本匡王室，卿等不宜无礼于王。"众服其言，于是布列阶下。高祖闻而义之，许其扶侑至顺阳阁下，泣拜而去。观者咸叹曰："忠烈之士也。仁者有勇，此之谓乎！"高祖受禅，授秦王文学。后太宗征徐圆朗，思廉时在洛阳，太宗尝从容言及隋亡之事，慨然叹曰："姚思廉不惧兵刃，以明大节，求诸古人，亦何以加也！"因寄物三百段以遗之，书曰："想节义之风，故有斯赠"寻引为文学馆学士。太宗入春宫，迁太子洗马。

贞观初，迁著作郎、弘文馆学士。写其形像列于《十八学士图》，令文学褚亮为之赞，曰："志苦精勤，纪言实录。临危殉义，余风励俗。"三年，又受诏与秘书监魏征同撰梁、陈二史，思廉又采谢炅等诸家梁史续成父书，并推究陈事，删益博综、顾野王所修旧史，撰成《梁书》五十卷、《陈书》三十卷。魏征虽裁其总论，其编次笔削，皆思廉之功也，赐彩绢五百段，加通直散骑常侍。

思廉以藩邸之旧，深被礼遇，政有得失，常遣密奏之，思廉亦直言无隐。太宗将幸九成宫，思廉谏曰："离宫游幸，秦皇、汉武之事，固非尧、舜、禹、汤之所为也。"言甚切至。太宗谕曰："朕有气疾，热便顿剧，固非情好游赏也。"因赐帛五十匹。九年，拜散骑常侍，赐爵丰城县男。十一年卒，太宗深悼惜之，废朝一日，赠太常卿，谥曰康，赐葬地于昭陵。

子处平，官至通事舍人。处平子玮、珽，别有传。

颜籀字师古，雍州万年人，齐黄门侍郎之推孙也。其先本居琅邪，世仕江左；及之推历事周、齐，齐灭，始居关中。父思鲁，以学艺称，武德安装为秦王府记室参军。师古少传家业，博览群书，尤精诂训，善属文。隋仁寿中，为尚书左丞李纲所荐，授安养尉。尚书左仆射杨素见师古年弱貌羸，因谓曰："安养剧县，何以克当？"师古曰："割鸡焉用牛刀。"素奇其对。到官果以干理闻。时薛道衡为襄州总管，与高祖有旧，又悦其才，有所缀文，尝使其掎摭利病，甚亲昵之。

寻坐事免归长安，十年不得调，家贫，以教授为业。

及起义，师古至长春宫谒见，授朝散大夫。从平京城，拜敦煌公府文学，专起居舍人，再迁中书舍人，转掌机密。于时军国多务，凡有制诰，皆成其手。师古达于政理，册奏之工，时无及者。太宗践祚，擢拜中书侍郎，封琅邪县男。以母忧去职。服阕，复为中书侍郎。岁余，坐事免。

太宗以经籍去圣久远，文字讹谬，令师古与秘书省考定《五经》，师古多所厘正，既成，奏之。太宗复遣诸儒重加详议，于时诸儒传习已久，皆共非之。师古辄引晋、宋已来古今本，随言晓答，援据详明，皆出其意表，诸儒莫不叹服。于是兼通直郎、散骑常侍，颁其所定之书于天下，令学者习焉。

贞观七年，拜秘书少监，专典刊正，所有奇书难字，众所共惑者，随疑剖析，曲尽其源。是时多引后进之士为仇校，师古抑素流，先贵势，虽富商大贾亦引进之，物论称其纳贿，由是出为郴州刺史。未行，太宗惜其才，谓之曰："卿之学识，良有可称，但事亲居官，未为清论所许。今之此授，卿自取之。朕以卿曩日任使，不忍遐弃，宜深自诚励也。"于是复以为秘书少监。师古既负其才，又早见驱策，累被任用，及频有罪谴，意甚丧沮。自是阖门守静，杜绝宾客，放志园亭，葛巾野服，然搜求古迹及古器，耽好不已。俄又奉诏与博士等撰定《五礼》，十一年，《礼》成，进爵为子。时承乾在东宫，命师古注班固《汉书》，解释详明，深为学者所重。承乾表上之，太宗令编之秘阁，赐师古物二百段、良马一匹。

十五年，太宗下诏，将有事于泰山，所司与公卿并诸儒博士详定仪注。太常卿韦挺、礼部侍郎令狐德棻为封禅使，参考其仪，时论者竞起异端。师古奏曰："臣撰定《封礼仪注书》在十一年春，于时诸儒参详，以为适中。"于是诏公卿定其可否，多从师古之说，然而事竟不行。师古俄迁秘书监、弘文馆学士。十九年，从驾东巡，道病卒，年六十五，谥曰戴。有集六十卷。其所注《汉书》及《急就章》，大行于世。永徽三年，师古子扬庭为符玺郎，又表上师古所撰《匡谬正俗》八卷。高宗下诏付秘书阁，仍赐扬庭帛五十匹。

师古弟相时，亦有学业。武德中，与房玄龄等为秦府学士。贞观中，累迁谏议大夫，拾遗补缺，有诤臣之风。寻转礼部侍郎。相时羸瘠多疾病，太宗常使赐以医药。性仁友，及师古卒，不胜哀慕而卒。

师古叔父游秦，武德初累迁廉州刺史，封临沂县男。时刘黑闼初平，人多以强暴寡礼，风俗未安，游秦抚恤境内，敬让大行。邑里歌曰：“廉州颜有道，性行同庄、老。爱人如赤子，不杀非时草。”高祖玺书劳勉之。俄拜郓州刺史，卒官。撰《汉书决疑》十二卷，为学者所称，后师古注《汉书》，亦多取其义耳。

令狐德棻，宜州华原人，隋鸿胪少卿熙之子也。先居敦煌，代为河西右族。德棻博涉文史，早知名。大业末为药城长，以世乱不就职。及义旗建，淮安王神通据太平宫，自称总管，以德棻为记室参军。高祖入关，引直大丞相府记室。武德元年，转起居舍人，甚见亲待。五年，迁秘书丞，与侍中陈叔达等受诏撰《艺文类聚》。高祖问德棻曰：“比者，丈夫寇、妇人髻竞为高大，何也？”对曰：“在人之身，冠为上饰，所以古人方诸君上。昔东晋之末，君弱臣强，江左士女，皆衣小而裳大。及宋武正位之后，君德尊严，衣服之制，俄亦变改。此即近事之征。”高祖然之。

时承丧乱之余，经籍良逸，德棻奏请购募遗书，重加钱帛，增置楷书，令缮写。数年间，群书略备。德棻尝从容言于高祖曰：“窃见近代已来，多无正史，梁、陈及齐，犹有文籍。至周、隋遭大业离乱，多有遗缺。当今耳目犹接，尚有可凭，如更十数年后，恐事迹湮没。陛下既受禅于隋，复承周氏历数，国家二祖功业，并在周时。如文史不存，何以贻鉴今古？如臣愚见，并请修之。”高祖然其奏，下诏曰：

　　司典序言，史官记事，考论得失，究尽变通，所以裁成义
　　类，惩恶劝善，多识前古，贻鉴将来。伏仪以降，周、秦斯及，两
　　汉传绪，三国受命，迄于晋、宋，载籍备焉。自有魏南徙，乘机抚

运,周、隋禅代,历世相仍,梁氏称邦,跨据淮海,齐迁龟鼎,陈
建皇宗,莫不自命正朔,绵历岁祀,各殊徽号,删定礼仪。至于
发迹开基,受终告代,嘉谋善政,名臣奇士,立言著绩,无乏于
时。然而简牍未编,纪传咸缺,炎凉已积,谣俗迁讹,余烈遗风,
倏焉将坠。朕握图驭宇,长世字人,方立典谟,永垂宪则。顾彼
湮落,用深轸悼,有怀撰次,实资良直。中书令萧瑀、给事中王
敬业、著作郎殷闻礼可修魏史,侍中陈叔达、秘书丞令狐德棻、
太史令庾俭可修周史,兼中书令封德彝、中书舍人颜师古可修
隋史,大理卿崔善为、中书舍人孔绍安、太子詹事裴矩、兼吏部
郎中祖孝孙、前秘书丞魏征可修齐史,秘书监窦琎、给事中欧
阳询、秦王文学姚思廉可修陈史。务加详核,博采旧闻,义在不
刊,书法无隐。

瑀等受诏,历数年,竟不能就而罢。

贞观三年,太宗复敕修撰,乃令德棻与秘书郎岑文本修周史,
中书舍人李百药修齐史,著作郎姚思廉修梁、陈史,秘书监魏征修
隋史,与尚书左仆射房玄龄总监诸代史。众议以魏史既有魏收、魏
彦二家,已为详备,遂不复修。德棻又奏引殿中侍御史崔仁师佐修
周史,德棻仍总知类会梁、陈、齐、隋诸史。武德已来创修撰之源,自
德棻始也。六年,累迁礼部侍郎,兼修国史,赐爵彭阳男。十年,以
修周史赐绢四百匹。十一年,修《新礼》成,进爵为子。又以撰《氏族
志》成,赐帛二百匹。十五年,转太子右庶子,承乾败,随例除名。十
八年,起为雅州刺史,以公事免。寻有诏改撰《晋书》,房玄龄奏德棻
令预修撰,当时同修一十八人,并推德棻为首,其体制多取决焉。书
成,除秘书少监。

永徽元年,又受诏撰定律令,复为礼部侍郎,兼弘文馆学士,监
修国史及《五代史志》。寻迁太常卿,兼弘文馆学士。

时高宗初嗣位,留心政道,尝召宰臣及弘文馆学士于中华殿而
问曰:"何者为王道、霸道? 又孰为先后?"德棻对曰:"王道任德,霸
道任刑。自三王已上,皆行王道;唯秦任霸术,汉则杂而行之;魏、晋

已下，王、霸俱失。如欲用之，王道为最，而行之为难。"高宗曰："今之所行，何政为要？"德棻对曰："古者为政，清其心，简其事，以此为本。当今天下无虞，年谷丰稔，薄赋敛，少征役，此乃合于古道。为政之要道，莫过于此。"高宗曰："政道莫尚于无为也。"又问曰："禹、汤何以兴？桀、纣何以亡？"德棻对曰："《传》：'禹、汤罪己，其兴勃焉；桀、纣罪人，其亡也忽焉。'二主惑于末喜、妲己，诛戮谏者，造炮烙之刑，是其所以亡也。"高宗甚悦，既罢，各赐以缯彩。

四年，迁国子祭酒，以修贞观十三年以后实录功，赐物四百段，兼授崇贤馆学士。寻又撰《高宗实录》三十卷，进爵为公。龙朔二年，表请致仕，许之，仍加金紫光禄大夫。乾封元年，卒于家，年八十四，谥曰宪。德棻暮年尤勤于著述，国家凡有修撰，无不参预。

自武德已后，有邓世隆、顾胤、李延寿、李仁实前后修撰国史，颇为当时所称。

邓世隆者，相州人也。大业末，王世充兄子太守河阳，引世隆为宾客，大见亲遇。及太宗攻洛阳，遣书谕太，世隆为复书，言辞不逊。洛阳平后，世隆惧罪，变姓名，自号隐玄先生，窜于白鹿山。贞观初，征授国子主簿，与崔仁师、慕容善行、刘顗、庾安礼、敬播等俱为修史学士。世隆负宿罪，犹不自安。太宗闻之，遣房玄龄谕之曰："尔为王太作书，诚合重罪，但各为其主，于朕岂有恶哉？朕今为天子，何能追责匹夫之过，尔宜坦然，勿怀危惧也。"擢授著作佐郎，历卫尉丞。

初，太宗以武功定海内，栉风沐雨，不暇于诗书。暨于嗣业，进引忠良，锐精思政，数年之后，道至隆平，遂于听览之暇，留情文史。叙事言怀，时有构属，天才宏丽，兴托玄远。贞观十三年，世隆上疏请编录御集，太宗竟不许之。世隆又采隋代旧事，撰为《东都记》三十卷，迁著作郎。寻卒。

顾胤者，苏州吴人也。祖越，陈给事黄门侍郎。父览，隋秘书学士。胤，永徽中历迁起居郎，兼修国史。撰《太宗实录》二十卷成，以功加朝散大夫，授弘文馆学士。以撰武德、贞观两朝国史八十卷成，加朝请大夫，封余杭县男，赐帛五百段。龙朔三年，迁司文郎中。寻卒。胤又撰《汉书古今集》二十卷，行于代。

子琮，长安中为天官侍郎、同凤阁鸾台平章事。

李延寿者，本陇西著姓，世居相州。贞观中，累补太子典膳丞、崇贤馆学士。尝受诏与著作佐郎敬播同修《五代史志》，又预撰《晋书》，寻转御史台主簿，兼直国史。延寿尝撰《太宗政典》三十卷表上之，历迁符玺郎，兼修国史。寻卒。调露中，高宗尝观其所撰《政典》，欢美久之，今藏于秘阁，赐其家帛五十段。延寿又尝删补宋、齐、梁、陈及魏、齐、周、隋等八代史，谓之《南北史》，凡一百八十卷，颇行于代。

李仁实，魏州顿丘人。官至左史。尝著《格论》三卷、《通历》八卷、《戎州记》，并行于时。

孔颖达字冲远，冀州衡水人也。祖硕，后魏南台丞。父安，齐青州法曹参军。颖达八岁就学，日诵千余言。及长，尤明《左氏传》、《郑氏尚书》、《王氏易》、《毛诗》、《礼记》，兼善算历，解属文。同郡刘焯名重海内，颖达造其门，焯初不之礼，颖达请质疑滞，多出其意表，焯改容敬之。颖达固辞归，焯固留，不可。还家，以教授为务。隋大业初，举明经高第，授河内郡博士。时炀帝征诸郡儒官集于东都，令国子秘书学士与之论难，颖达为最。时颖达少年，而先辈宿儒耻为之屈，潜遣刺客图之，礼部尚书杨玄感舍之于家，由是获免。补太学助教。属隋乱，避地于武牢。太宗平王世充，引为秦府文学馆学士。武德九年，擢授国子博士。贞观初，封曲阜县男，转给事中。

时太宗初即位，留心庶政，颖达数进忠言，益见亲待。太宗尝问曰：“《论语》云：‘以能问于不能，以多问于寡，有若无，实若虚。’何谓也？"颖达对曰："圣人设教，欲人谦光。已虽有能，不自矜大，仍就不能之人求访能事。已之才艺虽多，犹以为少，仍就寡少之人更求所益。已之虽有，其状若无。已之虽实，其容若虚。非唯匹庶，帝王之德，亦当如此。夫帝王内蕴神明，外须玄默，使深不可测，度不可知。《易》称'以蒙养正，以明夷莅众'，若其位居尊极，炫耀聪明，以才凌人，饰非拒谏，则上下情隔，君臣道乖，自古灭亡，莫不由此也。"太宗深善其对。

六年，累除国子司业。岁余，迁太子右庶子，仍兼国子司业。与诸儒议历及明堂，皆从颖达之说。又与魏征撰成《隋史》，加位散骑常侍。十一年，又与朝贤修定《五礼》，所有疑滞，咸谘决之。书成，进爵为子，赐物三百段。庶人承乾令撰《孝经义疏》，颖达因文见意，更广规讽之道，学者称之。太宗以颖达在东宫数有匡谏，与左庶子于志宁各赐黄金一斤、绢百匹。十二年，拜国子祭酒，仍侍讲东宫。十四年，太宗幸国学观释奠，命颖达讲《孝经》，既毕，颖达上《释奠颂》，手诏褒美。后承乾不循法度，颖达每犯颜进谏。承乾乳母遂安夫人谓曰："太子成长，何宜屡致面折？"颖达对曰："蒙国厚恩，死无所恨。"谏诤逾切，承乾不能纳。

先是，与颜师古、司马才章、王恭、王谈等诸儒受诏撰定《五经》义训，凡一百八十卷，名曰《五经正义》。太宗下诏曰："卿等博综古今，义理该洽，考前儒之异说，符圣人之幽旨，实为不朽。"付国子监施行，赐颖达物三百段。时又有太学博士马嘉运驳颖达所撰《正义》，诏更令详定，功竟未就。十七年，以年老致仕。十八年，图形凌烟阁，赞曰："道光列第，风传缺里。精义霞开，掞辞飚起。"二十二年卒，陪葬昭陵，赠太常卿，谥曰宪。

司马才章者，魏州贵乡人也。父烜，博涉《五经》，善纬候。才章少传其业。隋末为郡博士。贞观六年，左仆射房玄龄荐之，屡蒙召问，擢授国子助教，论议该洽，学者称之。

　　王恭者，滑州白马人也。少笃学，博涉《六经》。每于乡间教授，弟子自远方至数百人。贞观初，征拜太学博士，其所讲《三礼》，皆别立义证，甚为精博。盖文懿、文达等皆当时大儒，罕所推借，每讲《三礼》，皆遍举先达义，而亦畅恭所说。

　　马嘉运者，魏州繁水人也。少出家为沙门，明于《三论》。后更还俗，专精儒业，尤善论难。贞观初，累除越王东阁祭酒；顷之，罢归，隐居白鹿山。十一年，召拜太学博士，兼弘文馆学士，预修《文思博要》。嘉运以颖达所撰《正义》颇多繁杂，每掎摭之，诸儒亦称为允当。高宗居春宫，引为崇贤馆学士，数与洗马秦暐侍讲殿中，甚蒙礼异。十九年，迁国子博士，卒。

　　史臣曰：唐德勃兴，英儒间出，佐命协力，实有其人。薛收左右厥猷，经谋雅道，不幸短命，歼我良士。上言："恨不图形，若在，当以中书令处之"，才可知矣。元敬藻翰明敏，而畏权势，竟不狎房、杜，深觉至慎，不亦优哉！元超藉父风望，弼亮宏略，谅非其罪，而再迁流。及登大任，益有嘉谋，汲引多才，以隆弘纳，其感恩之重，时其闻诸。有始有卒，其殆庶几乎！稷出自名家，涉于大用，及自贻谋衅，如贞亮何？姚思廉笃学寡欲，受汉史于家尊，果执明义，临大节而不可夺。及笔削成书，箴规翊圣，言其命世，亦当仁乎！师古家籍儒风，该博经义，至于详注史策，探测典礼，清明在躬，天有才格。然而三黜之负，竟在时讥，孔子曰"才难"，不其然乎？令狐德棻贞度应时，待问平直。征旧史，修新礼，以畅国风；辨治乱，谈王霸，以资帝业。"元首明哉，股肱良哉"，其斯之谓欤！邓世隆国史时誉，固有谅直。其复书不逊，何不知之甚也！上疏请编御集，其弼直乎！顾胤清芬，可观彝范，积善余庆，其有子哉！李延寿研考史学，修撰删补，克成大典，方之班、马，何代无人。仁实捃摭，抑又次焉。孔颖达风格高爽，幼而有闻，探赜明敏，辨析应对，天有通才。人道恶盈，必有毁訿，及《正义》炳焕，乃异人也，虽其掎摭，亦何损于明。司马才章籍时崇儒,明核致业;王恭弘阐声教,礼学研详;马嘉运达识自通,克成典雅;并符才用,润色丹青,其掎摭繁杂,盖求备者也。

赞曰:河东三凤,俱瑞黄图。棻为良史,颖实名儒。解经不穷,希颜之徒。登瀛入馆,不其盛乎!

旧唐书卷七四
列传第二四

刘洎　马周　崔仁师 孙湜　湜弟液
液子论

刘洎字思道，荆州江陵人也。隋末，仕萧铣为黄门侍郎。铣令略地岭表，得五十余城，未还而铣败，遂以所得城归国，授南康州都督府长史。

贞观七年，累拜给事中，封清苑县男。十五年，转持书侍御史，上疏曰：

尚书万机，实为政本，伏寻此选，受授诚难。是以八座比于文昌，二丞方于管辖，爰至曹郎，上应列宿，苟非称职，窃位兴讥。伏见比来尚书省诏敕稽停，文案拥滞，臣诚虽庸劣，请述其源。贞观之初，未有令仆，于时省务繁杂，倍多于今。左丞戴胄、右丞魏征，并晓达吏方，质性平直，事应弹举，无所回避。陛下又假以恩慈，自然肃物，百司匪懈，抑此之由。及杜正伦续任右丞，颇亦厉下。比者纲维不举，并为勋亲在位，品非其任，功势相倾。凡在官僚，未循公道，虽欲自强，先惧嚣谤。所以郎中抑夺，唯事谘禀；尚书依违，不得断决。或惮闻奏，故事稽延，案虽理穷，仍更盘下。去无程限，来不责迟，一经出手，便涉年载。或希旨失情，或避嫌抑理。勾司以案成为事了，不究是非；尚书用便僻为奉公，莫论当否。递相姑息，唯务弥缝。且选贤授能，非材莫举，天工人代，焉可妄加。至于懿戚元勋，但优其礼秩，或年高耄及，或积病智昏，既无益于时宜，当致之以闲逸。久妨贤路，殊为不可。将救兹弊，且宜精简四员，左右丞、左右司郎中如并得人，自然纲维略举，亦当矫正趋竞，岂唯息其稽滞哉！书奏未几，拜尚书右丞。十三年，迁黄门侍郎。十七年，加授银青光禄大夫，寻除散骑常侍。

洎性疏俊敢言。太宗工王羲之书，尤善飞白，尝宴三品已上于玄武门，帝操笔作飞白字赐群臣，或乘酒争取于帝手，洎登御座引手得之。皆奏曰："洎登御床，罪当死，请付法。"帝笑而言曰："昔闻婕妤辞辇，今见常侍登床。"寻摄黄门侍郎，加上护军。

太宗善持论，每与公卿言及古道，必诘难往复。洎上书谏曰："帝王之与凡庶，圣哲之与庸愚，上下相悬，拟伦斯绝。是知以至愚而对至圣，以极卑而对至尊，徒思自强，不可得也。陛下降恩旨，假慈颜，凝旒以听其言，虚襟以纳其说，犹恐群下未敢对扬。况动神机，纵天辩之，饰辞以折其理，援古以排其议，欲令凡庶何阶应答？臣闻皇天以无言为贵，圣人以不言为德，老君称大辩若讷，庄生称至道无文，此皆不欲烦也。齐侯读书，轮扁窃笑；汉皇慕古，长孺陈讥，此亦不欲劳也。且多记则损心，多语则损气，心气内损，形神外劳，初虽不觉，后必为累。须为社稷自爱，岂为性好自伤乎。窃以今日升平，皆陛下力行所至，欲其长久，匪由辩博。但当忘彼爱憎，慎兹取舍，每事敦朴，无非至公，若贞观之初则可矣。至如秦政强辩，失人心于自矜；魏文宏才，亏众望于虚说。此才辩之累，较然可知矣。伏愿略兹雄辩，浩然养气，简彼缃图，淡焉自怡，固万寿于南岳，齐百姓于东户，则天下幸甚，皇恩斯毕。"手诏答曰："非虑无以临下，非言无以述虑。比有谈论，遂致烦多。轻物骄人，恐由兹道。形神心气，非此为劳。今闻谠言，虚怀以改。"

时皇太子初立，洎以为宜尊贤重道，上书曰：

臣闻郊迎四方，孟侯所以成德；齿学三让，元良由是作贞。斯屈主祀之尊，申下交之义。故得刍言咸荐，睿问旁通，不出轩庭，坐知天壤，率由兹道，永固鸿基者焉。原夫太子，宗祧是系，善恶之际，兴亡斯在，不勤于始，将悔于终。是以晁错上书，令先通政术；贾谊献策，务前知礼教。窃惟皇太子孝友仁义，明允笃诚，皆挺自天姿，非劳审谕，固以华夷仰德，翔泳希风矣。然则寝门视膳，已表于三朝；艺宫论道，宜弘于四术。虽春秋鼎盛，饬躬有渐，实恐岁月易往，堕业兴讥，取适宴安，方从此始。臣以愚短，幸参侍从，思广离明，轻愿闻彻，不敢曲陈故事，请以圣德言之。

伏惟陛下诞睿膺图，登庸历试。多才多艺，道著于匡时；允武允文，功成于纂祀。万方即序，九围清宴。尚且虽休勿休，日慎一日，求异闻于振古，劳睿思于当年。乙夜观书，事高汉帝；马上披卷，勤过魏后。陛下自励如此，而令太子优游弃日，不习图书，臣所未谕一也。加以暂屏机务，即寓雕虫。综宝思于天文，则长河韬映；摛玉字于仙札，则流霞成彩。固以锱铢万代，冠冕百王，屈、宋不足以升堂，钟、张何阶于入室。陛下自好如此，而太子悠然静处，不寻篇翰，臣所未谕二也。陛下历该众妙，独秀寰中，犹晦天听，俯询凡识。听朝之隙，引见群官，降以温颜，访以今古。故得朝廷是非，里闾好恶，凡有巨细，必关听览。陛下自好如此，而令太子久入趋侍，不接正人，臣所未谕三也。陛下若谓无益，则何事劳神；若谓有成，则宜申贻厥。蔑而不急，未见其可。伏愿俯推睿范，训及储君，授以良书，娱之嘉客。晨披经史，观成败于前踪，晚接宾游，访得失于当代。间以书札，继以篇章，则日闻所未闻，日见所未见。副德逾光，群生之福也。

古之太子，问安而退，所以广敬于君父；异宫而处，所以分别于嫌疑。今太子一侍天闱，动移旬朔，师傅以下，无由接见。假令供奉有隙，暂还东宫，拜谒既疏，且事欣仰，规谏之道，固所未暇。陛下不可以亲教，宫寀无由以进言，虽有具僚，竟将何补？伏愿俯循前躅，稍抑下流，弘远大之规，展师友之义。则储徽克茂，帝图斯广，凡在黎元，孰不庆赖。

自此敕泊令与岑文本同马周递日往东宫,与皇太子谈论。太宗尝怒苑西守监穆裕,命于朝堂斩之,皇太子遽进谏。太宗谓司徒长孙无忌曰:"夫人久相与处,自然染习。自朕临御天下,虚心正直,即有魏征朝夕进谏。自征云亡,刘泊、岑文本、马周、褚遂良等继之。皇太子幼在朕膝前,每朕心悦谏,昔者因染以成性,固有今日之谏耳。"

十八年,迁侍中。太宗尝谓侍臣曰:"夫人臣之对帝王,多顺旨而不逆,甘言以取容。朕今发问,欲闻己过,卿等须言朕愆失。"长孙无忌、李绩、杨师道等咸云:"陛下圣化致太平,臣等见其失。"泊对曰:"陛下化高万古,诚如无忌等言。然顷上书人不称旨者,或面加穷诘,无不惭退,恐非奖进言者之路。"太宗曰:"卿言是也,当为卿改之。"

太宗征辽,令泊与高士廉、马周留辅皇太子定州监国,仍兼左庶子、检校民部尚书。太宗谓泊曰:"我今远征,使卿辅翼太子,社稷安危之机,所寄尤重,卿宜深识我意。泊进曰:"愿陛下无忧,大臣有愆失者,臣谨即行诛。"太宗以其妄发,颇怪之,谓曰:"君不密则失臣,臣不密则失身。卿性疏而太健,恐以此则败,深宜诫慎,以保终吉。"十九年,太宗辽东还,发定州,在道不康。泊与中书令马周入谒。泊、周出,遂良传问起居,泊泣曰:"圣体患臃,极可忧惧。"遂良诬奏之曰:"泊云:'国家之事不足虑,正当傅少主行伊、霍故事,大臣有异志者诛之,自然定矣。'"太宗疾愈,诏问其故,泊以实对,又引马周以自明。太宗问周,周对与泊所陈不异。遂良又执证不已,乃赐泊自尽。泊临引决,请纸笔欲有所奏,宪司这与。泊死,太宗知宪司不与纸笔,怒之,并令属吏。泊文集十卷,行于时。则天临朝,其子弘业上言泊被遂良谮而死,诏令复其官爵。

马周字宾王,清河茌平人也。少孤贫好学,尤精《诗》、《传》,落拓不为州里所敬。武德中,补博州助教,日饮醇酎,不以讲授为事。刺史达奚恕屡加咎责,周乃拂衣游于曹、汴,又为浚仪令崔贤首所辱,**遂感激西游长安。宿于新丰逆旅,主人唯供诸商贩而不顾待周,遂命酒一斗八升，悠然独酌，主人深异之。至京师，会于中郎将常何之家。贞观五年，太宗令百僚上书言得失，何以武吏不涉经学，周乃为何陈便宜二十余事，令奏之，事皆合旨。太宗怪其能，问何，何答曰："此非臣所能，家客马周具草也。每与臣言，未尝不以忠孝为意。"太宗即日召之，未至间，遣使催促者数四。及谒见，与语甚悦，令直门下省。六年，授监察御史，奉使称旨。帝以常何举得其人，赐帛三百匹。是岁，周上疏曰：

微臣每读经史，见前贤忠孝之事，臣虽小人，窃希大道，未尝不废卷长想，思履其迹。臣以不幸，早失父母，犬马之养，已无所施，顾来事可为者，唯忠义而已。是以徒步二千里而自归于陛下，陛下不以臣愚瞽，过垂齿录。窃自顾赡，无阶答谢，辄以微躯丹款，惟陛下所择。

臣伏见大安宫在宫城之西，其墙宇宫阙之制，方之紫极，尚为卑小。臣伏以东宫皇太子之宅，犹处城中，大安乃至尊所居，更在城外。虽太上皇游心道素，志存清俭，陛下重违慈旨，爱惜人力；而蕃夷朝见及四方观者，有不足焉。臣愿营筑雉堞，修起门楼，务从高显，以称万方之望，则大孝昭乎天下矣。

臣又伏见明敕，以二月二日幸九成宫。臣窃惟太上皇春秋已高，陛下宜朝夕视膳而晨昏起居。今所幸宫去京三百余里，銮舆动轫，严跸经旬，非可以旦暮至也。太上皇情或思感，而欲即见陛下者，将何以赴？且车驾今，本为避暑。然则太上皇尚留热所，而陛下自逐凉处，温凊之道，臣窃未安。然敕书既出，业已成就，愿示速返之期，以开众惑。

臣又见诏书，令宗室勋贤作镇藩部，贻厥子孙，嗣守其政，非有大故，无或黜免。臣窃惟陛下封植之者，诚爱之重之，欲其胤裔承守而与国无疆也。臣以为如诏旨者，陛下宜思所以安存之，富贵之，然则何用代官也。何则？以尧、舜之父，犹有朱、均之子。倘有孩童嗣职，万一骄愚，兆庶被其殃而国家受其败。正欲绝之也，则子文之治犹在；正欲留之也，而栾魇之恶已彰。与其毒害于见存之百姓，则宁使割恩于已亡之一臣，明矣。然则向所谓爱之者，乃适所以伤之也。臣谓宜赋以茅土，畴其户邑，必有材行，随器方授，则虽其翰翮非强，亦可以获免尤累。昔汉光武不任功臣以吏事，所以终全其代者，良得其术也。愿陛下深思其事，使夫得奉大恩，而子孙终其福禄也。

臣又闻圣人之化天下，莫不以孝为基。故曰："孝莫大于严父，严父莫大于配天。"又曰："国之大事，在祀与戎。"孔子亦云："吾不预祭如不祭。"是圣人之重祭祀也如此。伏惟陛下践祚以来，宗庙之享，未曾亲事。伏缘圣情，独以銮舆一出，劳费稍多，所以忍其孝思，以便百姓。遂使一代之史，不书皇帝入庙之事，将何以贻厥孙谋，垂则来叶？臣知大孝诚不在俎豆之间，然圣人之训人，固有屈己以从时，愿圣慈顾省愚款。

臣又闻致化之道，在于求贤审官；为政之基，在于扬清激浊。孔子曰："唯名与器，不以假人。"是言慎举之为重也。臣伏见王长通、白明达本自乐工，舆皂杂类，韦槃提、斛斯正则更无他材，独解调马。纵使术逾侪辈，伎能有取，乍可厚赐钱帛，以富其家；岂得列预士流，超授高爵。遂使朝会之位，万国来庭，骑子倡人，鸣玉曳履，与夫朝贤君子，比肩而立，同坐而食，臣窃耻之。然朝命既往，纵不可追，谓宜不使在朝班，预于士伍。太宗深纳之。寻除侍御史，加朝散大夫。十一年，周又上疏曰：

臣历观前代，自夏、殷及汉氏之有天下，传祚相继，多者八百余年，少者犹四五百年，皆为积德累业，恩结于人心。岂无僻王，赖前哲以免。自魏、晋以还，降及周、隋，多者不过六十年，少者才二三十年而亡。良由创业之君，不务广恩化，当时仅能自守，后无遗德可思，故传嗣之主政教少衰，一夫大呼而天下土崩矣。今，陛下虽以大功定天下，而积德日浅，固当思隆禹、汤、文、武之道，广施德化，使恩有余地，为子孙立万代之基，但今政教无失，以持当年而已。然自古明王圣主，虽因人设教，宽猛随时，而大要唯以节俭于身、恩加于人二者是务。故其下爱之如日月，畏之如雷霆，此其所以卜祚遐长而祸乱不作也。

今百姓承丧乱之后，比于隋时才十分之一。而供官徭役，道路相继，兄去弟还，首尾不绝，远者往来五六千里，春秋冬夏，略无休时。陛下中有恩诏令其减省，而有司作既不废，自然须人，徒行文书，役之如故。臣每访问，四五年来，百姓颇有嗟怨之言，以为陛下不存养之。昔唐尧茅茨土阶，夏禹恶衣菲食，如此之事，臣知不可复行于今。汉文帝惜百金之费，辍露台之役，集上书囊以为殿帷，所幸慎夫人衣不曳地。至景帝以锦绣纂组妨害女功，特诏除之，所以百姓安乐。至孝武帝虽穷奢极侈，而承文、景遗德，故人心不动。向使高祖之后，即有武帝，天下必不能全。此于时代差近，事迹可见。今京师及益州诸处，营造供奉器物，并诸王妃主服饰，议者皆不以为俭。臣闻昧旦不显，后世犹怠；作法于理，其弊犹乱。陛下少处人间，知百姓辛苦，前代成败，目所亲见，尚犹如此。而皇庆子生长深宫，不更外事，即万岁之后，固圣虑所当忧也。

臣寻往代以来之事，但有黎庶怨叛，聚为盗贼，其国无不即灭，人主虽改悔，未有重能安全者。凡修政教，当修于可修之时，若事变一起而后悔之，则无益者也。故人主每见前代之亡，则知其政教之所由丧，而皆不知其身之失。是知殷纣笑夏桀之亡，而幽、厉亦笑殷纣之灭；隋炀帝大业之初又笑齐、魏之失国。今之视炀帝，亦犹炀帝之视齐、魏也。故京房谓汉元帝云，"臣恐后之视今，亦犹今之视古"，此言不可不诫也。

往者贞观之初，率土霜俭，一匹绢才得一斗米，而天下帖然。百姓知陛下甚爱怜之，故人人自安，曾无谤讟。自五六年来，频岁丰稔，一匹绢得粟十余石，而百姓皆以为陛下不忧怜之，咸有怨言。又今所营为者，颇多不急之务故也。自古以来，国之兴亡，不由积畜多少，唯在百姓苦乐。且以近事验之，隋家贮洛口仓，而李密因之；东都积布帛，而世充据之；西京府库，亦国家家之用，至今未尽。向使洛口、东都无粟帛，则世充、李密未能必聚大众。但贮积者固是有国之常事,要当人有余力而后收之,岂人劳而强敛之,更以资寇,积之无益也。然俭以息人,贞观之初,陛下已躬为之,故今行之不难也。为之一日,则天下知之,式歌且舞矣。若人既劳矣而用之不息,倘中国被水旱之灾,边方有风尘之患,狂狡因之以窃发,则有不可测之事,非徒圣躬旰食晏寝而已。古语云:"动人以行以不言,应天以实不以文。"以陛下之明,诚欲励精为政,不烦远采上古之术,但及贞观之初,则天下幸甚。

昔贾谊为汉文帝云可恸哭及长叹息者,言当韩信王楚、彭越王梁、英布王淮南之时,使文帝即天子位,必不能安。又言赖诸王年少,傅相制之,长大之后,必生祸乱。历代以来,皆以谊言为是。臣窃观今诸将功臣,陛下所与定天下者,皆仰禀成规,备鹰犬之用,无威略振主如韩、彭之难驾驭者。而诸王年并幼少,纵其长大,当陛下之日,必无他心。然即万代之后,不可不虑。自汉、晋以来,乱天下者,何尝不是诸王?皆为树置失宜,不预为节制,以至于灭亡。人主熟知其然,但溺于私爱,故使前车既覆而后车不改辙也。今天下百姓极少,诸王甚多,宠遇之恩,有过厚者,臣之愚虑,不唯虑其恃恩骄矜也。昔魏武帝宠陈思,及文帝即位,防守禁闭,有同狱囚。以先帝加恩太多,故嗣王疑而畏之也。此则武帝宠陈思,适所以苦之也。且帝子何患不富贵,身食大国,封户不少,好衣美食之外,更何所须,而每年加别优赐,曾无纪极。俚语曰,"贫不学俭,富不学奢",言自然也。今大圣创业,岂唯处置见在子弟而已,当制长久之法,使万代遵行。

又言:

临天下者,以人为本。欲令百姓安乐,唯在刺史、县令。县令既众,不可皆贤,若每州得良刺史,则合境苏息。天下刺史悉称圣意,而陛下端拱岩廊之上,百姓不虑不安。自古郡守、县令,皆妙选贤德,欲有擢升宰相,必先试以临人,或从二千石入为丞相。今朝廷独重内官，县令、刺史，颇轻其选。刺史多是武夫勋人，或京官不称职，方始外出。而折冲果毅之内，身材强者，先入为中郎将，其次始补州任。边远之处，用人更轻，其材堪宰莅，以德行见称擢者，十不能一。所以百姓未安，殆由于此。

疏奏，太宗称善久之。

先是，京城诸街，每至晨暮，遣人传呼以警众。周遂奏诸街置鼓，每击以警众，令罢传呼，时人便之，太宗益加赏劳。俄拜给事中，十二年，转中书舍人。周有机辩，能敷奏，深识事端，动无不中。太宗尝曰："我于马周，暂不见则便思之。"中书侍郎岑文本谓所亲曰："吾见马君论事多矣，援引事类，扬榷古今，举要删芜，会文切理，一字不可加，一言不可减，听之靡靡，令人亡倦。昔苏、张、终、贾，正应此耳。然鸢肩火色，腾上必速，恐不能久耳。"十五年，迁治书侍御史，兼知谏议大夫，又兼检校晋王府长史。王为皇太子，拜中书侍郎，兼太子右庶子。十八年，迁中书令，依旧兼太子右庶子。周既职兼两宫，处事精密，甚获当时之誉。

太宗伐辽东，皇太子定州监守，令周与高士廉、刘洎留辅皇太子。太宗还，以本官摄吏部尚书。二十一年，加银青光禄大夫。太宗尝以神笔赐周飞白书曰："鸾凤凌云，必资羽翼。股肱之寄，诚在忠良。"周病消渴，弥年不瘳。时驾幸翠微宫，敕求胜地，为周起宅。名医中使，相望不绝，每令尚食以膳供之，太宗躬为调药，皇太子亲临问疾。周临终，索所陈事表草一秩，手自焚之，慨然曰："管、晏彰君之过，求身后名，吾弗为也。"二十二年卒，年四十八。太宗为之举哀，赠幽州都督，陪葬昭陵。高宗即位，追赠尚书右仆射、高唐县公。垂拱中，配享高宗庙庭。

子载，咸亨年累迁吏部侍郎，善选补，于今称之。卒于雍州长史。

崔仁师，定州安喜人。武德初，应制举，授管州录事参军。五年，侍中陈叔达荐仁师才堪史职，进拜右武卫录事参军，预修梁、魏等史。贞观初，再迁殿中侍御史。时青州有逆谋事发，州县追捕支党，俘囚满狱，诏仁师按覆其事。仁师至州，悉去枷械，仍与饮食汤沐以宽慰之，唯坐其魁首十余人，余皆原免。及奏报，诏使将往决之，大理少卿孙伏伽谓仁师曰：“此狱徒侣极众，而足下雪免者多，人皆好生，谁肯让死？今既临命，恐未甘心，深为足下忧也。”仁师曰：“尝闻理狱之体，必务仁恕，故称杀人刖足，亦皆有礼。岂有求身之安，知枉不为申理。若以一介暗短，但易得十囚之命，亦所愿也。”伏伽惭而退。及敕使至青州更讯，诸囚咸曰：“崔公仁恕，事无枉滥，请伏罪。”皆无异辞。

仁师后为度支郎中，尝奏支度财物数千言，手不执本，太宗怪之，令黄门侍郎杜正伦斋本，仁师对唱，一无差殊，太宗大奇之。时校书郎王玄度注《尚书》、《毛诗》，毁孔、郑旧义，上表请废旧注，行己所注者，诏礼部集诸儒详议。玄度口辩，诸博士皆不能诘之。郎中许敬宗请付秘阁藏其书，河间王孝恭特请与孔、郑并行。仁以玄度穿凿不经，乃条其不合大义，驳奏请罢之。诏竟依仁师师议，玄度遂废。

十六年，迁给事中。时刑部以《贼盗律》反逆缘坐兄弟没官为轻，请改从死，奏请入座详议。右仆射高士廉、吏部尚书侯君集、兵部尚书李绩等议请从重，民部尚书唐俭、礼部尚书江夏王道宗、工部尚书杜楚客等议请依旧不改。时议者以汉及魏、晋谋反皆夷三族，咸欲依士廉等议。仁师独驳曰：“自羲、农以降，爰及唐、虞，或设言而人不犯，或画象而下知禁。三代之盛，泣辜解纲，父子兄弟，罪不相及，咸臻至理，俱为称首。及其世乱，狱讼滋烦，周之季年，不胜其弊，烈火原于子产，峭涧起于安于，韩、季、申、商，争持急刻，参夷相坐，始于此也。秦用其法，遂至土崩。汉高之务宽大，未为尽善；文帝之存仁厚，仍多凉德。遂使新垣族灭，信、越俎醢，见讥良史，谓之过刑。魏、晋至隋，有损有益，凝脂犹密，秋荼尚烦。皇上爰发至仁，念兹刑宪，酌前王之令典，探往代之嘉猷，革弊蠲苛，可大可久，仍降纶绎，颁之九区。故得断狱数简，手足有措，刑清化洽，未有不安。忽以暴秦酷法，为隆周中典，乖恻隐之情，反惟行之令。进退参详，未见其可。且父子天属，昆季同气，诛其父子，足累其心，此而不顾，何爱兄弟。既欲改法，请更审量。"竟从仁师驳议。

后仁师密奏请立魏王为太子，忤旨，转为鸿胪少卿，迁民部侍郎。征辽之役，诏太常卿韦挺知海运，仁师为副，仁师又别知河南水运。仁师以水路险远，恐远州所输不时至海，遂便宜从事，递发近海租赋以充转输。及韦挺以壅滞失期，除名为民，仁师以运夫逃走不奏，坐免官。既不得志，遂作《体命赋》以畅其情，辞多不载。太宗还至中山，起为中书舍人，寻兼检校刑部侍郎。太宗幸翠微宫，仁师上《清暑赋》以讽，太宗称善，赐帛五十段。二十二年，迁中书侍郎，参知机务。时仁师甚承恩遇，中书令褚遂良颇忌嫉之。会有伏阁上诉者，仁师不奏，太宗以仁师罔上，遂配龚州。会赦还。永徽初，起授简州刺史，寻卒，年六十余。

神龙初，以子挹为国子祭酒，恩例赠同州刺史。挹子湜。

湜少以文辞知名，举进士累转左补缺，预修《三教珠英》，迁殿中侍御史。神龙初，转考功员外郎。时桓彦范、敬晖等既知国政，惧武三思谗间，引湜为耳目，使伺其动静。俄而中宗疏忌功臣，于三思恩宠渐厚，湜乃反以桓、敬等计议潜告三思。寻迁中书舍人。及桓、敬等徙于岭外，湜又说三思尽宜杀之，以绝其归望。三思问谁可使者，湜表兄周利贞先为桓、敬等所恶，自侍御史出嘉州司马，湜乃举充此行。桓、敬等闻利贞至，多自杀，三思引利贞为御史中丞。

湜，景龙二年迁兵部侍郎，挹为礼部，父子同为南省副贰，有唐已来未有也。时昭容上官氏屡出外宅，湜托附之。由是中宗遇湜甚厚，俄拜吏部侍郎，寻转中书侍郎、同中书门下平章事。与郑愔同知选事，铨综失序，为御史李尚隐所劾，愔坐配流岭表，湜左转为江州司马。上官昭容密与安乐公主曲为申理，中宗乃以湜为江州司马，授湜襄州刺史。未几，入为尚书左丞。韦庶人临朝，复为中书侍郎、同书门下三品。睿宗即位，出为华州刺史，俄又拜太子詹事。

初，湜景龙中献策开南山新路，以通商州水陆之运，役功数万，死者十三四。仍严锢旧道，禁行旅，所开新路以通，竟为夏潦冲突，崩压不通。至是追论湜开山路功，加银青光禄大夫。俄为太平公主所引，复迁中书门下三品。先天元年，拜中书令，与刘幽求争权不协，陷幽求徙于岭表，仍促广州都督周利贞以逗留杀之，不果而止。时挹以年老，累除户部尚书致仕。挹性贪冒，受人请托，数以公事干湜，湜多违拒不从，大为时论所嗤。

玄宗在东宫，数幸其第，因意甚密。湜既私附太平公主，时人咸为之惧，门客陈振鹭献《海鸥赋》以讽之，湜虽称善而心实不悦。及帝将诛萧至忠等，召将托为腹心，湜弟涤谓湜曰："主上若有所问，不得有所隐也。"湜不从，及见帝，对问失旨。至忠等既诛，湜坐徙岭外。时新兴王晋亦连坐伏诛，临刑叹曰："本谋此事，出自崔湜，今我就死而湜得生，何冤滥也！"俄而所司奏宫人元氏款称与湜曾密谋进鸩，乃追湜赐死。初，湜与张说有隙，说时为中书令，议者以为说构陷之。时湜与尚书右丞卢藏用同配流俱行，湜谓藏用曰："家弟承恩，或冀宽宥。"因迟留不速进。行至荆州，梦于讲堂照镜，曰："镜者明象，吾当为人主所明也。"以告占梦人张由，对曰："讲堂者受法之所，镜者于文为'立见金'，此非吉征。"其日追使至，缢于驿中，时年四十三。

湜美姿仪，早有才名，弟液、涤及从兄泣并有文翰，居清要，每宴私之际，自比东晋王道、谢安之家。谓人曰："吾之一门及出身历官，未尝不为第一。丈夫当先据要路以制人，岂能默默受制于人也。"是故进趣不已，而不以令终。

液尤工五言之作，湜常叹伏之曰："海子，我家之龟也。"海子即液小名，官至殿中侍御史，坐兄配流，逃匿于郢州人胡履虚之家。作《幽征赋》以见意，辞甚典丽。遇赦还，道病卒。友人裴耀卿纂其遗文为集十卷。

液子论，以吏干称。天宝中自栎阳令迁司勋员外郎、濮阳太守。

乾元后,历典名郡,皆以理行称。大历末,元载以罪诛,朝廷方振起淹滞,迁同州刺史。未几,为黜陟使庾何所按,废免。议者以何举奏涉于深刻,复用论为衢州刺史。秩满,寓于扬、楚间,德宗旧族耆年,授大理卿致仕卒。

液弟涤,多辩智,善谐谑,素与玄宗款密。兄湜坐太平党诛,玄宗常思之,故待涤逾厚,用为秘书监,出入禁中,与诸王侍宴不让席,而坐或在宁王之上。后赐名澄。从东封还,加金紫光禄大夫,封安喜县子。开元十四年卒,赠衮州刺史。

史臣曰:刘泊始以章疏切直,以至位望隆显。至于提纲整带,咨圣嘉猷,籍国士之谈,体廊庙之器。噫,枢机之发,荣辱之主,一言不慎,竟陷诬奏。虽君亲甚悔,而驷不及舌,良足悲矣!马周道承际会,天有深沉,悟主谈微,置忠本孝,冲识广度,宛涉穹崇。《诗》曰:"嘉乐君子,显显令德。"惜其中寿,不憗遗乎!崔仁师以史材获进,其刊正褒贬,雅得详明。至于本仁,恕申枉滥,共事可观。沮穿凿之注,止从重之刑,其言甚直。《书》曰"疑谋勿成",而以魏王为请,不亦惑乎! 及参机务,竟致忌嫉,罔上之名,抑有由也。崔湜之德,去祖逾远,谓势可恃,谓进无伤,及位极人臣,而心无止足。览《海鸥赋》,知而不诫,及荆州之梦,人知不免。《易》曰:"不节之嗟,又谁咎也!"

赞曰:骥逢造父,一日千里。英主取贤,不拘阶陛。宾王徒步,泊为贼吏。一见文皇,皆登相位。

旧唐书卷七五
列传第二五

苏世长 子良嗣　　韦云起
孙伏伽　　张玄素

　　苏世长，雍州武功人也。祖彤，后魏通直散骑常侍。父振，周宕州刺史、建威县侯。周武帝时，世长年十余岁，上书言事。武帝以其年小，召问读何书，对曰："读《孝经》、《论语》。"武帝曰："《孝经》、《论语》何所言？"对曰："《孝经》云：'为国者不敢侮于鳏寡。'《论语》云：'为政以德。'"武帝善其对，令于兽门馆读书。以其父殁王事，因令袭爵，世长于武帝前擗踊号泣，武帝为之改容。隋文帝受禅，世长又屡上便宜，颇有补益，超迁长安令。大业中，为都水少监，使于上江督运。会江都难作，世长为炀帝发丧恸哭，哀感路人。王世充僭号，署为太子太保、行台右仆射，与世充兄子弘烈及将豆卢褒俱镇襄阳。时弘烈娶褒女为妻，深相结托。高祖与褒有旧，玺书谕之，不从，频斩使者。

　　武德四年，洛阳平，世长首劝弘烈归降。既至京师，高祖诛褒而责世长来晚之故，世长顿颡曰："自古帝王受命，为逐鹿之喻，一人得之，万夫敛手。岂有获鹿之后，忿同猎之徒，迕问争肉之罪也？陛下就天顺人，布德施惠，又安得忘管仲、雍齿之事乎！且臣武功之士，经涉乱离，死亡略尽，惟臣残命，得见圣朝，陛下若复杀之，是绝其类也。实望天恩，使有遗种。"高祖与之有故，笑而释之。寻授玉山屯监。

　　后于玄武门引见，语及平生，恩意甚厚。高祖曰"卿自谓诎佞耶，正直耶？"对曰："臣实愚直。"高祖曰："卿若直，何为背世充而归我？"对曰："洛阳既平，天下为一，臣智穷力屈，始归陛下。向使世充尚在，臣据汉南，天意虽有所归，人事足为勍敌。"高祖大笑。尝嘲之曰："名长意短，口正心邪，弃忠贞于郑国，忘信义于吾家。"世长对曰："名长意短，实如圣旨；口正心邪，未敢奉诏。昔窦融以河西降汉，十世封侯；臣以山南归国，惟蒙屯监。"即日擢拜谏议大夫。

　　从幸泾阳校猎，大获禽兽于旌门。高祖入御营，顾谓朝臣曰："今日畋乐乎？"世长进曰："陛下游猎，薄废万机，不满十旬，未为大乐。"高祖色变，既而笑曰："狂态发耶？"世长曰："为臣私计则狂，为陛下国计则忠矣。"及突厥入寇武功，郡县多失户口，是后下诏将幸武功校猎。世长又谏曰："突厥初入，大为民害，陛下救恤之道犹未发言，乃于其地又纵畋猎，非但仁育之心有所不足，百姓供顿，将何以堪？"高祖不纳。

　　又尝引之于披香殿，世长酒酣，奏曰："此殿隋炀帝所作耶，是何雕丽之若此也？"高祖曰："卿好谏似直，其心实诈。岂不知此殿是吾所造，何须设诡疑而言炀帝乎？"对曰："臣实不知。但见倾宫、鹿台琉璃之瓦，并非受命帝王爱民节用之所为也。若是陛下作此，诚非所宜。臣昔在武功，幸常陪侍，见陛下宅宇，才蔽风霜，当此之时，亦以为足。今因隋之侈，民不堪命，数归有道，而陛下得之，实谓惩其奢淫，不忘俭约。今初有天下，而于隋宫之内，又加雕饰，欲拨其乱，宁可得乎？"高祖深然之。

　　后历陕州长史、天策府军谘祭酒。秦府初开文学馆，引为学士，与房玄龄等一十八人皆蒙图画，令文学褚亮为之赞，曰："军谘谐噱，超然辩悟。正色于庭，匪躬之故。"贞观初，聘于突厥，与颉利争礼，不受赂遗，朝廷称之。出为巴州刺史，覆舟溺水而卒。

　　世长机辩有学，博涉而简率，嗜酒无威仪。初在陕州，部内多犯法，世长莫能禁，乃责躬引咎，自挞于都街。伍伯嫉其诡，鞭之见血，世长不胜痛，大呼而走，观者咸以为笑，议者方称其诈。

子良嗣，高宗时迁周王府司马。王时年少，举事不法，良嗣正色匡谏，甚见敬惮。王府官属多非其人，良嗣守文检括，莫敢有犯，深为高宗所称。迁荆州大都督府长史。高宗使宦者缘江采异竹，将于苑中植之。宦者科舟载竹，所在纵暴。还过荆州，良嗣囚之，因上疏切谏，称："远方求珍异以疲道路，非圣人抑己爱人之道。又小人窃弄威福，以亏皇明。"言甚切直。疏奏，高宗下制慰勉，遽令弃竹于江中。

永淳中，为雍州长史。时关中大饥，人相食，盗贼纵横。良嗣为政严明，盗发三日内无不擒摘。则天临朝，迁工部尚书，寻代王德真为纳言，累封温国公。为西京留守，则天赋诗饯送，赏遇甚渥。时尚方监裴匪躬检校京苑，将鬻苑中果菜以收其利。良嗣驳之曰："昔公仪相鲁，犹能拔葵去织，未闻万乘之主，鬻其果菜以与下人争利也。"匪躬遂止。

无几，追入都，迁文昌左相、同凤阁鸾台三品。载初元年春，罢文昌左相，加位特进，仍依旧知政事。与地官尚书韦方质不协，及方质坐事当诛，辞引良嗣，则天特保明之。良嗣谢恩拜伏，便不能复起，舆归其家，诏御医张文仲、韦慈藏往视疾。其日薨，年八十五。则天辍朝三日，举哀于观风门，敕百官就宅赴吊。赠开府仪同三司、益州都督，赐绢布八百段、米粟八百硕，兼降玺书吊祭。

其子践言，太常丞，寻为酷吏所陷，配流岭南而死。追削良嗣官爵，籍没其家。景龙元年，追赠良嗣司空。

践言子务玄，袭爵温国公，开元中，为邠王府长史。

韦云起，雍州万年人。伯父澄，武德初国子祭酒、绵州刺史。云起，隋开皇中明经举，授符玺直长。尝因奏事，文帝问曰："外间有不便事，汝可言之。"时兵部侍郎柳述在帝侧，云起应声奏曰："柳述骄豪，未尝经事，兵机要重，非其所堪，徒以公主之婿，遂居要职。臣恐物议以陛下官不择贤，滥以天秩加于私爱，斯亦不便之大者。"帝甚然其言,顾谓述曰:"云起之言,汝药石也,可师友之。"仁寿初,诏在朝文武举人,述乃举云起,进授通事舍人。大业初,改为通事谒者,又上疏奏曰:"今朝廷之内多山东人,而自作门户,更相谈荐,附下罔上,共为朋党。不抑其端,必倾朝政,臣所以痛心扼腕,不能默已。谨件朋党人姓名及奸状如左。"炀帝令大理推究,于是左丞郎蔚之、司隶别驾郎楚之并坐朋党,配流漫头赤水,余免官者九人。

　　会契丹入抄营州,诏云起护突厥兵往讨契丹部落。启民可汗发骑二万,受其处分。云起分为二十营,四道俱引,营相去各一里,不得交杂。闻鼓声而行,闻角声而止,自非公使,勿得走马。三令五申之后,击鼓而发,军中有犯约者,斩纥干一人,持首以徇。于是突厥将帅来入谒之,皆膝行股战,莫敢仰视。契丹本事突厥,情无猜忌,云起既入其界,使突厥诈云向柳城郡,欲共高丽交易,勿言营中有隋使,敢漏泄者斩之。契丹不备。去贼营百里,诈引南度,夜复退还,去营五十里,结阵而宿,契丹弗之知也。既明俱发,驰骑袭之,尽获其男女四万口,女子及畜产以半赐突厥,余将入朝,男子皆杀之。炀帝大喜,集百官曰:"云起用突厥而平契丹,行师奇谲,才兼文武,又立朝謇谔,朕今亲自举之。"擢为治书御史。云起乃奏劾曰:"内史侍郎虞世基职典枢要,寄任隆重;御史大夫裴蕴特蒙殊宠,维持内外。今四方告变,不为奏闻,贼数实多,或减言少。陛下既闻贼少,发兵不多,众寡悬殊,往皆莫克,故使官军失利,贼党日滋。此而不绳,为害将大,请付有司,结正其罪。"大理卿郑善果奏曰:"云起诋訾名臣,所言不实,非毁朝政,妄作威权。"由是左迁大理司直。

　　炀帝幸扬州,云起告归长安,属义旗入关,于长乐宫谒见。义宁元年,授司农卿,封阳城县公。武德元年,加授上开府仪同三司,判农圃监事。是岁,欲大发兵讨王世充,云起上表谏曰:"国家承丧乱之后,百姓流离,未蒙安养,频年不熟,关内阻饥。京邑初平,物情未附,鼠窃狗盗,犹为国忧。盩厔、司竹,余氛未殄;蓝田、谷口,群盗实多。朝夕伺间,极为国害。虽京城之内,每夜贼发。北有师都,连结明寇,斯乃国家腹心之疾也。舍此不图,而窥兵函、洛,若师出之后,内盗乘虚，一旦有变，祸将不小。臣谓王世充远隔千里，山川悬绝，无能为害，待有余力，方可讨之。今内难未弭，且宜弘于度外。如臣愚见，请暂戢兵，务稸劝农，安人和众，关中小盗，自然宁息。秦川将卒，贾勇有余，三年之后，一举便定。今虽欲速，臣恐未可。"乃从之。

会突厥入寇，诏云起总领邠、宁已北九州兵马，便宜从事。四年，授西麟州刺史，司农卿如故。寻代赵郡王孝恭为夔州刺史，转遂州都督，怀柔夷獠，咸得众心。迁益州行台民部尚书，寻转行台兵部尚书。行台仆射窦轨多行杀戮，又妄奏獠反，冀得集兵，因此作威，肆其凶暴，云起多执不从。云起又营私产，交通生獠，以规其利，轨亦对众言之，由是构隙，情相猜贰。隐太子之死也，敕遣轨息驰驿诣益州报轨，轨乃疑云起弟庆俭、堂弟庆嗣及亲族并事东宫，虑其闻状或将为变，先设备而后告之。云起果不信，问曰："诏书何在？"轨曰："公，建成党也，今不奉诏，同反明矣。"遂执杀之。初，云起年少时师事太学博士王颇，颇每与之言及时事，甚嘉叹之，乃谓之曰："韦生识悟如是，必能自取富贵，然刚肠嫉恶，终当以此害身。"竟如颇言。

子师实，垂拱初，官至华州刺史、太子少詹事，封扶阳郡公。

师实子方质，则天初鸾台侍郎、地官尚书、同凤阁鸾台平章事。时改修《垂拱格式》，方质多所损益，甚为时人所称。俄而武承嗣、三思当朝用事，诸宰相倾附之。方质疾假，承嗣等诣宅问疾，方质据床不为之礼，左右云："踞见权贵，恐招危祸。"方质曰："吉凶命也。大丈夫岂能折节曲事近戚以求苟免也。"寻为酷吏周兴、来子珣所构，配流儋州，仍籍没其家。寻卒。神龙初雪免。

孙伏伽，贝州武城人。大业末，自大理寺史累补万年县法曹。武德元年，初以三事上谏。其一曰：

> 臣闻天子有诤臣，虽无道不失于天下；父有诤子，虽无道不陷于义。故云子不可不诤于父，臣不可不诤于君。以此言之，臣之事君，犹子之事父故也。隋后主所以失天下者何也？止为

不闻其过。当时非无直言之士,由君不受谏,自谓德盛唐尧,功过夏禹,穷侈极欲,以恣其心。天下之士,肝脑涂地,户口减耗,盗贼日滋,而不觉知者,皆由朝臣不敢告之也。向使修严父之法,开直言之路,选贤任能,赏罚得中,人人乐业,谁能摇动者乎?所以前朝好为变更,不师古训者,止为天诱其衷,将以开今圣唐也。陛下龙举晋阳,天下响应,计不旋踵,大位遂隆。陛下勿以唐得天下之易,不知隋失之不难也。陛下贵为天子,富有天下,动则左史书之,言则右史书之。既为竹帛所拘,何可恣情不慎。凡有搜狩,须顺四时,既代天理,安得非时妄动?陛下二十日龙飞,二十一日有献鹞鹑者,此乃前朝之弊风,少年之事务,何忽今日行之!又闻相国参军事卢牟子献琵琶,长安县丞张安道献弓箭,频蒙赏劳。但"普天之下,莫非王土;率土之滨,莫非王臣。"陛下必有所欲,何求而不得?陛下所少者,岂此物哉!愿陛下察臣愚忠,则天下幸甚。

其二曰:

百戏散乐,本非正声,有隋之末,大见崇用,此谓淫风,不可不改。近者,太常官司于人间借妇女裙襦五百余具,以充散妓之服,云拟五月五日于玄武门游戏。臣窃思审,实损皇猷,亦非贻厥子孙谋,为后代法也。故《书》云:"无以小怨为无伤而弗去。"恐从小至于大故也。《论语》云:"放郑声,远佞人。"又云:"乐则《韶》舞。"以此言之,散妓定非功成之乐也。如臣愚见,请并废之,则天下不胜幸甚。

其三曰:

臣闻性相近而习相远,以其所好相染也。故《书》云:"与治同道罔弗兴,与乱同事罔弗亡。"以此言之,兴乱其在斯与!皇太子及诸王等左右群僚,不可不择而任之也。如臣愚见,但是无义之人,及先来无赖,家门不能邕睦,及好奢华驰猎驱射,专作慢游狗马声色歌舞之人,不得使亲而近之也。此等止可悦耳目,备驱驰,至于拾遗补缺,决不能为也。臣历窥往古,下观近代,至于子孙不孝,兄弟离间,莫不为左右乱之也。愿陛下妙选贤才,以为皇太子僚友,如此即克隆盘石,永固维城矣。

高祖览之大悦,下诏曰:"秦以不闻其过而亡,典籍岂无先诫,臣仆谄谀,故弗之觉也。汉高祖反政,从谏如流。洎乎文、景继业,宣、元承绪,不由斯道,孰隆景祚?周、隋之季,忠臣结舌,一言丧邦,谅足深诫。永言于此,常深叹息。朕每惟寡薄,恭膺宝命,虽不能性与天道,庶思勉力,常冀弼谐,以匡不逮。而群公卿士,罕进直言,将申虚受之怀,物所未谕。万年县法曹孙伏伽,至诚慷慨,词义恳切,指陈得失,无所回避。非有不次之举,曷贻利行之益。伏伽既怀谅直,宜处宪司,可治书侍御史。仍颁示远近,知朕意焉。"兼赐帛三百匹。时军国多事,赋敛繁重,伏伽屡奏请改革,高祖并纳焉。

二年,高祖谓裴寂曰:"隋末无道,上下相蒙,主则骄矜,臣惟谄佞。上不闻过,下不尽忠,至使社稷倾危,身死匹夫之手。朕拨乱反正,志在安人,平乱任武臣,官方委文吏,庶得各展器能,以匡不逮。比每虚心接待,冀闻谠言。然惟李纲善尽忠款,孙伏伽可谓诚直,余人犹踵弊风,俯眉而已,岂朕所望哉!"

及平王世充、窦建德,大赦天下,既而责其党与,并令配迁。伏伽上表谏曰:

臣闻王言无戏,自古格言;去食存信,闻诸旧典。故《书》云:"尔无不信,朕不食言。"又《论语》云,一言出口,驷不及舌。以此而论,言之出口,不可不慎。伏惟陛下光临区宇,覆育群生,率土之滨,谁非臣妾。丝纶一发,取信万方,使闻之者不疑,见之者不惑。陛下今月二日发云雨之制,光被黔黎,无所间然,公私蒙赖。既云常赦不免皆赦除之,此非直赦其有罪,亦是与天下断当,许其更新。以此言之,但是赦后,即便无事。因何王世充及建德部下赦后始欲迁之?此是陛下自违本心,欲遣下人若为取则?

若欲子细推寻,逆城之内,人谁无罪。故《书》云:"歼厥渠魁,胁从罔治。"若论渠魁,世充等为首,渠魁尚免,胁从何辜?

且古人云:"蹠狗吠尧,盖非其主。"在东都城内及建德部下,乃有与陛下积小故旧,编发友朋,犹尚有人败后始至者。此等岂忘陛下,皆云被拥故也。以此言之,自外疏者,窃谓无罪。

又《书》云:"非知之艰,行之惟艰。"上古以来,何代无君,所以只称尧、舜之善者何也?直由为天子者实难,善名难得故也。往者天下未平,威权须应机而作;今四方既定,设法须与人共之。但法者,陛下自作之,还须守之,使天下百姓信而畏之。今自为无信,欲遣兆人若为信畏?故《书》云:"无偏无党,王道荡荡;无党无偏,王道平平。"赏罚之行,达乎贵贱,圣人制法,无限亲疏。如臣愚见,世充、建德下伪官,经赦合免责情,欲迁配者,请并放之,则天下幸甚。

又上表请置谏官,高祖皆纳焉。

太宗即位,赐爵乐安县男。贞观元年,转大理少卿。太宗尝马射,伏伽上书谏曰:"臣闻千金之子,坐不垂堂;百金之子,立不倚衡。以此言之,天下之主,不可履险乘危明矣。臣又闻天子之居也,则禁卫九重;其动也,则出警入跸。此非直尊其居处,乃为社稷生灵之大计耳。故古人云'一人有庆,兆人赖之。'臣窃闻陛下犹自走马射帖,娱悦近臣,此乃无禁乘危,窃为陛下有所不取也。何者?一则非光史册,二则未足显扬,又非所以导养圣躬,亦不可以垂范后代。此只是少年诸王之所务,岂得既为天子,今日犹行之乎?陛下虽欲自轻,其奈社稷天下何!如臣愚见,窃谓不可。"太宗览之大悦。

五年,坐奏囚误失免官。寻起为刑部郎中,累迁大理少卿,转民部侍郎。十四年,拜大理卿,后出为陕州刺史。永徽五年,以年老致仕。显庆三年卒。

张玄素,蒲州虞乡人。隋末,为景城县户曹。窦建德攻陷景城,玄素被执,将就戮,县民千余人号泣请代其命,曰:"此人清慎若是,今倘杀之,乃无天也。大王将定天下,当深加礼接,以招四方,如何杀之,使善人解体。"建德遽命释之,署为治书侍御史,固辞不受。及江都不守，又召拜黄门侍郎，始应命。

建德平，授景城都督府录事参军。太宗闻其名，及即位，召见，访以政道。对曰："臣观自古以来，未有如隋室丧乱之甚，岂非其君自专，其法日乱。向使君虚受于上，臣弼违于下，岂至于此。且万乘之重，又欲自专庶务，日断十事而五条不中，中者信善，其如不中者何？况一日万机，已多亏失，以日继月，乃至累年，乖谬既多，不亡何待！如其广任贤良，高居深视，百司奉职，谁敢犯之。臣又观隋末沸腾，被于宇县，所求天下者不过十数人，余皆保邑全身，思归有道。是知人欲背主为乱者鲜矣，但人君不能安之，遂致于乱。陛下若近览危亡，日慎一日，尧、舜之道，何以能加。"太宗善其对，擢拜侍御史，寻迁给事中。

贞观四年，诏发卒修洛阳宫乾阳殿以备巡幸，玄素上书谏曰：

微臣窃思秦始皇之为君也，籍周室之余、六国之盛，将贻之万叶，及其子而亡，良由逞嗜奔欲，逆天害人者也。是知天下不可以力胜，神只不可以亲恃，惟当弘俭约，薄赋敛，慎终如始，可以永固。

方今承百王之末，属凋弊之余，必欲节之以礼制，陛下宜以身为先。东都未有幸期，即何须补葺。诸王今并出藩，又须营构，兴发渐多，岂疲人之所望。其不可一也。陛下初平东都之始，层楼广殿，皆令撤毁，天下翕然，同心欣仰。岂有初则恶其侈靡，今乃袭其雕丽。其不可二也。每承音旨，未即巡幸，此则事不急之务，成虚费之劳。国无兼年之积，何用两都之好，劳役过度，怨讟将起。其不可三也。百姓承乱离之后，财力凋尽，天恩含育，精见存立，饥寒犹切，生计未安，三五年间，恐未平复。奈何营未幸之都，夺疲人之力。其不可四也。昔汉高祖将都洛阳，娄敬一言，即日西驾，岂不知地惟土中，贡赋所均，但以形胜不如关内也。伏惟陛下化凋弊之人，革浇漓之俗，为日尚浅，未甚淳和，斟酌事宜，讵可东幸。其不可五也。

臣又尝见隋室造殿，楹栋宏壮，大木非随近所有，多从豫章采来。二千人曳一柱,其下施毂,皆以生铁为之,若用木轮,便即火出。铁毂既生,行一二里即有破坏,仍数百人别赍铁毂以随之,终日不过进三二十里。略计一柱,已用数十万功,则余费又过于此。臣闻阿房成,秦人散;章华就,楚众离;及乾阳毕功,隋人解体。且以陛下今时功力,何如隋日?役疮痍之人,袭亡隋之弊,以此言之,恐甚于炀帝。深愿陛下思之,无为由余所笑,则天下幸甚。

太宗曰:"卿谓我不如炀帝,何如桀、纣?"对曰:"若此殿卒兴,所谓同归于乱。且陛下初平东都,太上皇敕大殿高门并宜焚毁,陛下以瓦木可用,不宜焚灼,请赐与贫人。事虽不行,然天下翕然,讴歌至德。今若遵旧制,即是隋役复兴。五六年间,趋舍顿异,何以昭示子孙,光敷四海。"太宗叹曰:"我不思量,遂至于此。"顾谓房玄龄曰:"洛阳土中,朝贡道均,朕故修营,意在便于百姓。今玄素上表,实亦可依,后必事理须行,露坐亦复何苦,所有作役,宜即停之。然以卑干尊,古来不易,非其忠直,安能若此。可赐彩二百匹。"侍中魏征叹曰:"张公论事,遂有回天之力,可谓仁人之言,其利博哉!"累迁太子少詹事,转右庶子。

时承乾居春宫,颇以游畋废学,玄素上书谏曰:"臣闻皇天无亲,惟德是辅,苟违天道,人神同弃。然古三驱之礼,非欲教杀,将为百姓除害,故汤罗一面,天下归仁。今苑中娱猎,虽名异游畋,若行之无常,终亏雅度。且傅说曰:'学不师古,匪说攸闻。'然则弘道在于学古,学古必资师训。既奉恩诏,令孔颖达侍讲,望数存问,以补万一。仍博遣有名行学士,兼朝夕侍奉。览圣人之遗教,察既行之往事,日知其所不足,月无忘其所能。此则尽善尽美,夏启、周诵,焉足言哉!夫为人上者,未有不求其善,但性不胜情,耽惑成乱。耽惑既甚,中言遂塞,所以臣下苟顺,君道渐亏。古人有言:'勿以小恶而不去,小善而不为。'故知祸福之来,皆起于渐。殿下地居储两,当须广树嘉猷,既有好畋之淫,何以主斯匕鬯?慎终如始,犹惧渐衰,始尚不慎,终将安保!"寻又兼太子少詹事。

　　十三年，又上书谏曰："臣闻周公以大圣之材，犹握发吐飧，引纳白屋，而况后之圣贤，敢轻斯道？是以礼制皇太子入学而行齿胄，欲使太子知君臣、父子、长幼之道。然君臣之义、父子之亲、尊卑之序、长幼之节，用之方寸之内，弘之四海之外，皆因行以远闻，假言以光被。伏惟殿下睿质已隆，尚节须学文以饰其表。至如孔颖达、赵弘智等，非惟宿德鸿儒，亦兼达政要，望令数得侍讲，开释物理，览古谕今，增晖睿德，而雕虫小伎之流，只可时命追随，以代博弈耳。若其骑射畋游，酣歌戏玩，苟悦耳目，终秽心神，渐染既久，必移情性。古人有言：'心为万事主，动而无节即乱。'臣恐殿下败德之源，在于此矣。"承乾并不能纳。

　　太宗知玄素在东宫频有进谏，十四年，擢授银青光禄大夫，行太子左庶子。时承乾久不坐朝，玄素谏曰："宫内止有妇人耳，不知如樊姬之徒，可与弘益圣德者有几？若遂无贤哲，便是亲嬖幸，远忠良。人不见德，何以光敷三善。且宫储之寄，于国为重，所以广置群僚，以辅睿德。今乃动经时月，不见宫臣，纳诲既疏，将何补缺？"承乾嫉其数谏，遣户奴夜以马挝击之，殆至于死。承乾又尝于宫中击鼓，声闻于外，玄素叩阁请见，极言切谏，承乾乃出宫内鼓，对玄素毁之。

　　是岁，太宗尝对朝问玄素历官所由，玄素既出自刑部令史，甚以惭耻。谏议大夫褚遂良上疏曰："臣闻君子不失言于人，圣主不戏言于臣。言则史书之，礼成之，乐歌之。居上能礼其臣，臣始能尽力以奉其上。近代宋孝武轻言肆口，侮弄朝臣，攻其门户，乃至狼狈。良史书之，以为非是。陛下昨见问张玄素云：'隋任何官？'奏云：'县尉。'又问：'未为县尉已前？'奏云：'流外。'又问：'在何曹司？'玄素将出阁门，殆不能移步，精爽顿尽，色类死灰。朝臣见之，多所惊怪。大唐创历，任官以才，卜祝庸保，量能使用。陛下礼重玄素，频年任使，擢授三品，翼赞皇储，自不可更对群臣，穷其门户，弃昔日之殊恩，成一朝之愧耻。人君之御臣下也，礼义以导之，惠泽以驱之，使其负戴玄天，馨输臣节，犹恐德礼不加，人不自励。若无故忽略，使其羞惭，郁结于怀，衷心靡乐，责其伏节死义，其可得乎？"书奏，太宗谓遂良曰："朕亦悔此问，今得卿疏，深会我心。"

承乾既败德日增，玄素又上书谏曰：

  臣闻孔子云："能近取譬，可谓仁之方也已。"然《书》、《传》所载，言之或远，寻览近事，得失斯存。至如周武帝平定山东，卑宫菲食，以安海内。太子赟举措无端，秽德日著。乌丸轨自其不可，具言于武帝，武帝慈仁，望其渐改。及至践祚，狂暴肆情，区宇崩离，宗祀覆灭，即隋文帝所代是也。文帝因周衰弱，凭藉女资，虽无大功于天下，然布德行仁，足为万姓所赖。勇为太子，不能近遵君父之节俭，而务骄侈，今之山池遗迹，即殿下所亲睹是也。此时亦恃君亲之恩，知谓太山之固，讵知邪臣敢进其说。向使动静有常，进退合度，亲君子，疏小人，舍浮华，尚恭俭，虽有邪臣间之，何能致慈父之隙？岂不由积德未弘，令问不著，谗言一至，遂成其祸。

  窃惟皇储之寄，荷戴殊重，如其积德不弘，何以嗣守成业？圣上以殿下亲则父子，事兼家国，所应用物，不为节限。恩旨未逾六旬，用物已过七万，骄奢之极，孰云过此。龙楼之下，惟聚工匠；望苑之内，不睹贤良。今言孝敬则缺视膳问安之礼，语恭顺则违君父慈训之方，求风声则无爱学好道之实，观举措则有因缘诛戮之罪。宫臣正士，未尝在侧；群邪淫巧，昵近深宫。爱好者皆游手杂色，施与者并图画雕镂。在外瞻仰，已有此失；居中隐密，宁可胜计哉！宣猷禁门，不异阛阓，朝入暮出，秽声已远。臣以德音日损，频上谏书，自尔已来，纵逸尤甚。右庶子赵弘智经明行修，当今善士，臣每奏请，望数召进，与之谈论，庶广徽猷。令旨反有猜嫌，谓臣妄相推引。从善如流，尚恐不逮；饰非拒谏，必招败损。方崇闭塞之源，不慕钦明之术，虽抱睿哲之资，终罹罔念之咎。古人云："苦药利病，苦言利行。"伏惟居安思危，日慎一日。

书入，承乾不纳，乃遣刺客将加屠害。俄属宫废，玄素随例除名。十八年，起授潮州刺史，转邓州刺史。永徽中，以年老致仕。龙朔三年，加授银青光禄大夫。麟德元年卒。

史臣曰：伏伽上疏于高祖，玄素进言于太宗，从疏贱以干至尊，怀切直以明正理，可谓至难矣。既而并见抽奖，咸蒙顾遇。自非下情忠倒，效匪躬之节；上听聪明，致如流之美，孰能至于此乎？《书》曰："木从绳则正，后从谏则圣。"斯之谓矣。世长幼而聪悟，长能规谏；云起屏绝朋党，罔避骄豪。历览言竹，咸有可观。而云起吐茹无方，世长终成诡诈，其不令也宜哉！方诸孙、张二子，知不迨矣。

赞曰：言为身文，感义忘身。不有忠胆，安轻逆鳞。苏、韦果俊，伽、素忠纯。悟主匡失，猗欤净臣。

旧唐书卷七六
列传第二六

太宗诸子

恒山王承乾　　楚王宽　　吴王恪

子成王千里　孙信安王祎　濮王泰　　庶人祐

蜀王愔　　蒋王恽　　越王贞

贞子琅邪王冲　纪王慎　　江王嚣

代王简　　赵王福　　曹王明

太宗十四子:文德皇后生高宗大帝、恒山王承乾、濮王泰,杨妃生吴王恪、蜀王愔,阴妃生庶人祐,燕妃生越王贞、江王嚣,韦妃生纪王慎,杨妃生赵王福,杨氏生曹王明,王氏生蒋王恽,后宫生楚王宽、代王简。

恒山王承乾,太宗长子也,生于承乾殿,因以名焉。武德三年,封恒山王。七年,徙封中山。太宗即位,为皇太子,时年八岁,性聪敏,太宗甚爱之。太宗居谅暗,庶政皆令听断,颇识大体。自此太宗每行幸,常令居守监国。及长,好声色,慢游无度,然惧太宗知之,不敢见其迹。每临朝视事,必言忠孝之道,退朝后,便与群小褒狎。宫臣或欲进谏者,承乾必先揣其情,便危坐敛容,引咎自责。枢机辨洽,智足饰非,群臣拜答不暇,故在位者初皆以为明而莫之察也。

　　承乾先患足，行甚艰难，而魏王泰有当时美誉，太宗渐爱重之。承乾恐有废立，甚忌之，泰亦负其材能，潜怀夺嫡之计。于是各树朋党，遂成衅隙。有太常乐人年十余岁，美姿容，善歌舞，承乾特加宠幸，号曰称心。太宗知而大怒，收称心杀之，坐称心死者又数人。承乾意泰告讦其事，怨心逾甚。痛悼称心不已，于宫中构室，立其形像，列偶人车马于前，令宫人朝暮奠祭，承乾数至其处，徘徊流涕。仍于宫中起冢而葬之，并赠官树碑，以申哀悼。承乾自此托疾不朝参者辄逾数月。常命户奴数十百人专习伎乐，学胡人椎髻，剪彩为舞衣，寻橦跳剑，昼夜不绝，鼓角之声，日闻于外。

　　时左庶子于志宁、右庶子孔颖达受诏辅导，志宁撰《谏苑》二十卷讽之，颖达又多所规奏。太宗并嘉之，二人各赐帛百匹、黄金十斤，以励承乾之意；仍迁志宁为詹事。未几，志宁以母忧去职，承乾侈纵日甚。太宗复起志宁为詹事，志宁与左庶子张玄素数上书切谏，承乾并不纳。又尝召壮士左卫副率封师进及刺客张师政、纥干承基，深礼赐之，令杀魏王泰，不克而止。寻与汉王元昌、兵部尚书侯君集、左屯卫中郎将李安俨、洋州刺名赵节、驸马都尉杜荷等谋反，将纵兵入西宫。

　　贞观十七年，齐王佑反于齐州。承乾谓纥干承基曰："我西畔宫墙，去大内正可二十步来耳，此间大亲近，岂可并齐王乎？"会承基亦外连齐王，系狱当死，遂告其事。太宗召承乾幽之别室，命司徒长孙无忌、司空房玄龄、特进萧瑀、兵部尚书李绩、大理卿孙伏伽、中书侍郎岑文本、御史大夫马周、谏议大夫褚遂良等参鞫之，事皆明验。废承乾为庶人，徙黔州，元昌赐令自尽，侯君集等咸伏诛。其宫僚左庶子张玄素、右庶子赵弘智令狐德棻、中舍人萧钧，并以材选用，承乾既败，太宗引大义以让之，咸坐免。十九年，承乾卒于徙所，太宗为之废朝，葬以国公之礼。

　　二子象、厥。象官至怀州别驾，厥至鄂州别驾。象子适之，别有传。

楚王宽，太宗第二子也。出继叔父楚哀王智云。早薨。贞观初追封，无后，国除。

吴王恪，太宗第三子也。武德三年，封蜀王，授益州大都督，以年幼不之官。十年，又徙封吴王。十二年，累授安州都督。及将赴职，太宗书诫之曰："吾以君临兆庶，表正万邦。汝地居茂亲，寄惟藩屏，勉思桥梓之道，善俟间、平之德。以义制事，以礼制心，三风十愆，不可不慎。如此则克固盘石，永保维城。外为君臣之忠，内有父子之孝，宜自励志，以鼎日新。汝方违膝下，凄恋何已，欲遗汝珍玩，恐益骄奢。故诫此一言，以为庭训。"高宗即位，拜司空、梁州都督。

恪母，隋炀帝女也，恪又有文武才，太宗常称其类己。既名望素高，甚为物情所向。长孙无忌既辅立高宗，深所忌嫉。永徽中，会房遗爱谋反，遂因事诛恪，以绝众望，海内冤之。

有子四人：仁、玮、琨、璄，并流于岭表。寻追封恪为郁林王，并为立庙。又封仁为郁林县侯。永昌元年，授襄州刺史，不知州事。后改名千里，天授后，历唐、庐、许、卫、蒲五州刺史。时皇室诸王有德望者，必见诛戮，惟千里褊躁无才，复数进献符瑞事，故则天朝竟免祸。长安三年，充岭南安抚讨击使，历迁右金吾将军。中兴初，进封成王，拜左金吾大将军，兼领益州大都督，又追赠其父为司空。三年，又领广州大都督、五府经略安抚大使。节愍太子诛武三思，千里与其子天水王禧率左右数十人斫右延明门，将杀三思党与宗楚客、纪处讷等。及太子兵败，千里与禧等坐诛，仍籍没其家，改姓蝮氏。睿宗即位，诏曰："故左金吾卫大将军成王千里，保国安人，克成忠义，愿除凶丑，翻陷诛夷。永言沦没，良深痛悼。宜得旧班，用加新宠，可还旧官。"又令复姓。

玮早卒。中兴初，追封朗陵王。

子炫，本名榆，出继蜀王愔。景龙四年，加银青光禄大夫、秘书少监。开元十三年，改封广汉郡王、太仆卿同正员，薨。

琨，则天朝历淄、卫、宋、郑、梁、幽六州刺史，有能名。圣历中，岭南獠反，敕琨为招慰使，安辑荒徼，甚得其宜。长安二年卒官，赠司卫卿。神龙初，赠张掖郡王。开元十七年，以子祎贵，赠工部尚书，追封吴王。

璥，中兴初封归政郡王，历宗正卿，坐千里事贬南州司马，卒。

琨子祎。祎少有志尚，事母甚谨，抚弟祗等以友爱称。景龙四年，为太子仆，兼徐州别驾，加银青光禄大夫。少继江王嚣后，封为嗣江王。景云元年，复为德、蔡、衢等州刺史。开元后，累转蜀、濮等州刺史。政号清严，人吏畏而服之。渐见委任，入为光禄卿，迁将作大匠。丁母忧去官，起复授瀛州刺史，又上表固请终制，许之。十二年，改封信安郡王。十五年，服除，拜左金吾卫大将军、朔方节度使副大使、知节度事，兼摄御史大夫。寻迁礼部尚书，仍充朔方军节度使。

先是，石堡城为吐蕃所据，侵扰河右，敕祎与河西、陇右议取之。祎到军，总率士伍，克期攻之。或曰："此城据险，又为吐蕃所惜，今总军深入，贼必拼力拒守。事若不捷，退则狼狈，不如按军持重，以观形势。"祎曰："人臣之节，岂惮艰险，必期众寡不敌，吾则以死继之。苟利国家，此身何惜？"于是督率诸将，倍道兼进，拼力攻之，遂拔石堡城，斩获首级，并获粮储器械，其数甚众。仍分兵据守，以遏贼路。上闻之大悦，始改石堡城为振武军，自是河、陇诸军游弈拓地千余里。

十九年，契丹衙官可突干杀其王邵固，率部落降于突厥。玄宗遣忠王为河北道行军元帅以讨奚及契丹两蕃，以祎为副。王既不行，祎率户部侍郎裴耀卿等诸副将分道统兵出于范阳之北，大破两蕃之众，擒其酋长，余党窜入山谷。军还，祎以功加开府仪同三司，兼关内支度、营田等使，兼采访处置使，仍与二子官。祎既有勋绩，执政颇害其功，故其赏不厚，甚为当时所叹。

二十二年，迁兵部尚书，入为朔方节度大使。久之，坐事出为衢州刺史。俄历滑、怀二州刺史。天宝初，拜太子少师，以年老仍听致仕。二年，迁太子太师，制出，病薨，年八十余，上闻而痛惜者久之。

祎居家严毅，善训诸子，皆有令名。三子"峘、峄、岘，皆至达官，别有传。

　　祗，神龙中封为嗣吴王。景云元年，加银青光禄大夫。天宝十四载，为东平太守。安禄山反，率众渡河，凶威甚盛，河南陈留、荥阳、灵昌等郡皆陷于贼，祗起兵勤王，玄宗壮之。十五载二月，授祗灵昌太守，又左金吾大将军、河南都知兵马使。其月，又加兼御史中丞、陈留太守，持节充河南道节度采访使，本官如故。五月，诏以为太仆卿，遣御史大夫虢王巨代之。

　　濮王泰，字惠褒，太宗第四子也。少善属文。武德三年，封宜都王。四年，进封卫王，以继卫怀王霸后。贞观二年，改封越王，授扬州大都督。五年，兼领左武候、大都督，并不之官。八年，除雍州牧、左武候大将军。七年，转鄜州大都督。十年，徙封魏王，遥领相州都督，余官如故。太宗以泰好士爱文学，特令就府别置文学馆，任自引召学士。又以泰腰腹洪大，趋拜稍难，复令乘小舆至于朝所。其宠异如此。

　　十二年，司马苏昂以自古名王多引宾客，以著述为美，劝泰奏请撰《括地志》。泰遂奏引著作郎萧德言、秘书郎顾胤、记室参军蒋亚卿、功曹参军谢偃等就府修撰。十四年，太宗幸泰延康坊宅，因曲赦雍州及长安大辟罪已下，免延康坊百姓无出今年租赋，又赐泰府官僚帛有差。十五年，泰撰《括地志》功毕，表上之，诏令付秘阁，赐泰物万段，萧德言等咸加给赐物。俄又每月给泰料物，有逾于皇太子。谏议大夫褚遂良上疏谏曰：

　　　　昔圣人制礼，尊嫡卑庶。谓之储君，道亚霄极，其为崇重，用物不计，泉货财帛，与王者共之。庶子体卑，不得为例。所以塞嫌疑之渐，除祸乱之源。而先王必本人情，然后制法，知有国家，必有嫡庶。然庶子虽爱，不得超越，嫡子正体，特须尊崇。如当亲者疏，当尊者卑，则佞巧之奸，乘机而动，私恩害公，惑志乱国。

伏惟陛下功超邃古，道冠百王，发号施令，为世作法。一日万机，武未尽美，臣职在谏诤，无容静默。伏见储君料物，翻少魏王，朝野见闻，不以为是。《传》曰："臣闻爱子教之以义方。"忠孝恭俭，义方之谓。昔汉窦太后及景帝遂骄恣梁孝王，封四十余城，苑方三百里，大营宫室，复道弥望，积财钜万计，出入警跸，小不得意，发病而死。宣帝亦骄恣淮阳宪王，几至于败，辅以退让之臣，仅乃获免。且魏王既新出阁，伏愿常存礼则，言提其耳，且示俭节，自可在后月加岁增。妙择师傅，示其成败，既敦之以谦俭，又劝之以文学。惟忠惟孝，因而奖之，道德齐礼，乃为良器。此所谓圣人之教，不肃而成者也。

太宗又令泰入居武德殿，侍中魏征上奏曰："伏见敕旨，令魏王泰移居武德殿。此殿在内，处所宽闲，参奉往来，极为便近。但魏王既是爱子，陛下常欲其安全，每事抑其骄奢，不处嫌疑之地。今移此殿，便在东宫之西，海陵昔居，时人以为不可。虽时异事异，犹恐人之多言。又王之本心，亦不安息，既能以宠为惧，伏愿成人之美。明早是朔日，或恐未得面陈，愚虑有疑，不敢宁寝，轻干听览，追深战栗。"太宗并纳其言。

时皇太子承乾有足疾，泰潜有夺嫡之意，招驸马都尉柴令武、房遗爱等二十余人，厚加赠遗，寄以腹心。黄门侍郎韦挺、工部尚书杜楚客相继摄泰府事，二人俱为泰要结朝臣，津通赂遗。文武群官，各有附托，自为朋党。承乾惧其凌夺，阴遣人诈称泰府典签，诣玄武门为泰进封事。太宗省之，其书皆言泰之罪状，太宗知其诈，而捕之不获。十七年，承乾败，太宗面加谴让。承乾曰："臣贵为太子，更何所求？但为泰所图，时与朝臣谋自安之道。不逞之人，遂教臣为不轨之事。今若以泰为太子，所谓落其度内。"太宗因谓侍臣曰："承乾言亦是。我若立泰，便是储君之位可经求而得耳。泰立，承乾、晋王皆不存；晋王立，泰共承乾可无恙也。"乃幽泰于将作监，下诏曰：

朕闻生育品物，莫大乎天地；爱敬罔极，莫重乎君亲。是故为臣贵于尽忠，亏之者有罚；为子在于行孝，违之者必诛。大则

肆诸市朝,小则终贻黜辱。雍州牧、相州都督、左武候大将军魏
王泰,朕之爱子,实所钟心。幼而聪令,颇好文学,恩遇极于崇
重,爵位逾于宠章。不思圣哲之诫,自构骄僭之咎,惑谗谀之
言,信离间之说。以承乾虽居长嫡,久缠痼恙,潜有代宗之望,
靡思孝义之则。承乾惧其凌夺,泰亦日增猜阻,争结朝士,竞引
凶人。前使文武之官,各有托附;亲戚之内,分为朋党。朕志存
公道,义在无偏,彰厥巨衅,两从废黜。非惟作则四海,亦乃贻
范百代。可解泰雍州牧、相州都督、左武候大将军,降封东莱郡
王。

太宗因谓侍臣曰:"自今太子不道,藩王窥嗣者,两弃之。传之
子孙,以为永制。"寻改封泰为顺阳王,徙居均州之郧乡县。

太宗后尝持泰所上表谓近臣曰:"泰文辞美丽,岂非才士。我中
心念泰,卿等所知。但社稷之计,断割恩宠,责其居外者,亦是两相
全也。"二十一年,进封濮王。高宗即位,为泰开府置僚属,车服羞
膳,特加优异。永徽三年,薨于郧乡,年三十有五,赠太尉、雍州牧,
谥曰恭。文集二十卷。

二子欣、徽。

欣封嗣濮王,徽封新安郡王。欣,则天初陷酷吏狱,贬昭州别
驾,卒。

子峤,本名余庆,中兴初封嗣濮王。景云元年,加银青光禄大
夫。开元十二年,为国子祭酒同正员。以王守一妹婿贬邵州别驾,
移邓州别驾,后复其爵。

庶人祐,太宗第五子也。武德八年,封宜阳王,其年改封楚王。
贞观二年,徙封燕王,累转幽州都督。十年,改封齐王,授齐州都督。
其舅尚乘直长阴弘智谓祐曰:"王兄弟既多,即上百年之后,须得武
士自助。"乃引其妻兄燕弘信谒祐,祐接之甚厚,多赐金帛,令潜募
剑士。

初,太宗以子弟成长,虑乖法度,长史、司马,必取正人,王有亏

违,皆遣闻奏。而祐溺情群小,尤好弋猎,长史薛大鼎屡谏不听,太宗以大鼎辅导无方,竟坐免。权万纪前为吴王恪长史,有正直节,以万纪为祐长史,以匡正之。万纪见祐非法,常犯颜切谏。有昝君谟、梁猛彪者,并以善骑射得幸于祐,万纪骤谏不纳,遂斥逐之,而祐潜招延,狎昵逾甚。太宗虑其不能悔过,数以书责让祐。万纪恐并获罪,谓祐曰:"王,帝之爱子,陛下欲王改悔,故加教训。若能饬躬引过,万纪请入朝言之。"祐因附表谢罪。万纪既至,言祐必能改过。太宗意稍解,赐万纪而谕之,仍以祐前过,敕书诰诫之。祐闻万纪劳勉而独被责,以为卖己,意甚不平。万纪性又褊隘,专以严急维持之,城门外不许祐出,所有鹰犬并令解放,又斥出君谟、猛彪,不许与祐相见。祐及君谟以此衔怒,谋杀万纪。会事泄,万纪悉收系狱,而发驿奏闻。十七年,诏刑部尚书刘德威往按之,并追祐及万纪入京,祐大惧。俄而万纪奉诏先行,祐遣燕弘信兄弘亮追于路射杀之。

既杀万纪,君谟等劝祐起兵,乃召城中男子年十五以上,伪署上柱国、开府仪同三司,开官库物以行赏。驱百姓入城,缮甲兵。署官司,其官有拓东王、拓西王之号。诏遣兵部尚书李绩与刘威便道发兵讨之。祐每夜引弘亮等五人对妃宴乐,以为得志。戏笑之隙,语及官军,弘亮曰:"不须忧也!右手持酒啗,左手刀拂之。"祐爱信弘亮,闻之甚乐。太宗手诏祐曰:"吾常诫汝勿近小人,正为此也。汝素乖诚德,重惑邪言,自延伊祸,以取覆灭。痛哉,何愚之甚也!遂乃为枭为镜,忘孝忘忠,扰乱齐郊,诛夷无罪。去维城之固,就积薪之危;坏盘石之亲,为寻戈之衅。且夫背礼违义,天地所不容;弃父逃君,人神所共怒。往是吾子,今为国仇。万纪存为忠烈,死不妨义;汝生为贼臣,死为逆鬼。彼则嘉声不颓,尔则恶迹无穷。吾闻郑叔、汉戾,并为猖獗,岂期生子,乃自为之。吾所以上惭皇天,下愧后土,叹忧之甚,知复何云。"太宗题书毕,为之洒泣。

时李勣等兵未至齐境,而青、淄等数州兵并不从祐之命,祐又传檄诸县,亦不从。或劝祐虏城中子女走入豆子䑰为盗,计未决而兵曹杜行敏谋将执祐,兵士多愿从。是夜,乃凿垣而入,祐与弘亮等五人披甲控弦，入室以自固。行敏列兵围之，谓祐曰："昔为帝子，今乃国贼。行敏为国讨贼，更无所顾，王不速降，当为煨烬。"命薪草欲积而焚之，祐遂出就擒，余党悉伏诛。行敏送祐至京师，赐死于内省，贬为庶人，国除。寻以国公礼葬之。

蜀王愔，太宗第六子也。贞观五年，封梁王。七年，授襄州刺史。十年，改封蜀王，转益州都督。十三年，赐实封八百户，除岐州刺史。愔尝非理殴击所部县令，又畋猎无度，数为非法。太宗怒曰："禽兽调伏，可以驯扰于人；铁石镂炼，可为方圆之器。至如愔者，曾不如禽兽铁石乎！"乃削封邑及国官之半，贬为虢州刺史。二十三年，加实封满千户。

愔在州数游猎，不避禾稼，深为百姓所怨。典军杨道整叩马谏，愔曳而捶之。永徽元年，为御史大夫李乾祐所劾。高宗谓荆王元景等曰："先朝栉风沐雨，平定四方，远近肃清，车书混一，上天降祸，奄弃万邦。朕纂承洪业，惧均驭朽，与王共戚同忧，为家为国。蜀王畋猎无度，侵扰黎庶，县令、典军，无罪被罚。阿谀即喜，忤意便嗔，如此居官，何以共理百姓？历同古来诸王，若能动遵礼度，则庆流子孙；违越条章，则诛不旋踵。愔为法司所劾，朕实耻之。"帝又引杨道整劳勉之，拜为匡道府折冲都尉，赐绢五十匹。贬愔为黄州刺史。四年，坐与恪谋逆，黜为庶人，徙居巴州。寻改为涪陵王。乾封二年薨。咸亨初，复其爵土，赠益州大都督，陪葬昭陵，谥曰悼。封子璠为嗣蜀王，永昌年配流归诚州而死。

神龙初，以吴王恪孙朗陵王玮子禠为嗣蜀王。

蒋王恽，太宗第七子也。贞观五年，封郯王。八年，授洺州刺史。十年，改封蒋王、安州都督，赐实封八百户。二十三年，加实封满千户。永徽三年，除梁州都督。恽在安州，多造器用服玩，及将行，递车四百两，州县不堪其劳，为有司所劾，帝特宥之。后历遂、相二州刺史。上元年，有人诣阙诬告恽谋反，惶惧自杀，赠司空、荆州大都督,陪葬昭陵。

子炜嗣,历沂州刺史,垂拱中为则天所害。

子铣早卒。神龙初,封铣子绍宗为嗣蒋王。景龙二年,加银青光禄大夫。开元初,为太子家令同正员卒。

子钦福嗣,为率更令同正员。天宝初,削官,于锦州安置。十二载,为南郡长史同正。

恽子煌,蔡国公。煌孙之芳,幼有令誉,颇善五言诗,宗室推之。开元末为驾部员外郎。天宝十三载,安禄山奏为范阳司马。及禄山起逆,自拔归西京,授右司郎中,历工部侍郎、太子右庶子。广德元年,兵革未清,吐蕃又犯边,侵轶原、会,乃遣之芳兼御史大夫,使吐蕃,被留境上二年而归。除礼部尚书,寻改太子宾客。

恽子休道。道子琚,本名思顺。中兴封嗣赵王,加银青光禄大夫。开元十二年改封中山郡王、右领军将军。

越王贞,太宗第八子也。贞观五年,封汉王。七年,授徐州都督。十年,改封原王,寻徙封越王,拜扬州都督,赐实封八百户。十七年,转相州刺史。二十三年,加实封满千户。永徽四年,授安州都督。咸亨中,复转相州刺史。贞少善骑射,颇涉文史,兼有吏干。所在或偏受谗言,官僚有正直者多被贬退,又纵诸僮竖侵暴部人,由是人伏其才而鄙其行。

则天临朝,加太子太傅,除蔡州刺史。自则天称制,贞与韩王元嘉、鲁王灵夔、霍王元轨及元嘉子黄国公撰、灵夔子范阳王蔼、元轨子江都王绪并贞长子博州刺史、琅邪王冲等,密有匡复之志。垂拱三年七月,撰作谬书与贞云:"内人病渐重,恐须早疗;若至今冬,恐成痼疾,宜早下手,仍速相报。"是岁,则天以明堂成,将行大享之礼,追皇宗赴集。元嘉因递相语云:"大享之际,神皇必遣人告诸王密,因大行诛戮,皇家子弟无遗种矣。"撰遂诈为皇帝玺书与冲云:"朕被幽絷,王等宜各救拔我也。"冲在博州,又伪为皇帝玺书云:"神皇欲倾李家之社稷,移国祚于武氏。"遂命长史萧德琮等召募士卒，分报韩、鲁、霍、越、纪等五王，各令起兵应接，以赴神都。

　　初，冲与诸王连谋，及冲先发而莫有应者，惟贞以父子之故，独举兵以应之。寻遣兵破上蔡县，闻冲败，恐惧，索锁欲自拘驰驿诣阙谢罪。会其所署新蔡令傅延庆得勇士二千余人，贞遂有拒敌之意。乃宣言于其众曰："琅邪王已破魏、相数州，聚兵至二十万，朝夕即到，尔宜勉之。"征属县兵至七千人，分为五营，贞自为中营，署其所亲汝阳县丞裴守德为大将军、内营总管赵成美为左中郎将，押左营；间弘道为右中郎将，押右营；安摩河为郎将、后军总管；王孝忠为右将军、前军总管。又以蔡州长史韦庆礼为银青光禄大夫，行其府司马。凡署九品上以上官五百余人。令道士及僧转读诸经，以祈事集，家僮、战士咸带符以辟兵。其所署官皆迫胁见从，本无斗志，惟裴守德实与之同。守德骁勇，善骑射，贞将起事，便以女良乡县主妻之，而委以爪牙心腹之任。

　　则天命左豹韬卫大将军麹崇裕为中军大总管，夏官尚书岑长倩为后军大总管，率兵十万讨之，仍令凤阁侍郎张光辅为诸军节度。于是制削贞及冲属籍，改姓虺氏。崇裕等军至蔡州城东四十里，贞命少子规及裴守德拒战。规等兵溃而归，贞大惧，闭门自守。裴守德排阁入，问王安在，意欲杀贞以自购也。官军进逼州城，贞家僮悉力卫贞，曰："事既如此，岂得受戮辱，当须自为计。"贞乃饮药而死。家僮方始一时散，舍伏就擒。规亦缢其母自杀，守德携良乡县主亦同缢于别所。麹崇裕斩贞父子及裴守德等，传首东都，枭于阙下。贞起兵凡二十日而败。

　　贞之在蔡州，数奏免所部租赋以结人心，家僮千人，马数千匹，外托以畋猎，内实习武备。尝游于城西水门桥，临水自鉴，不见其首，心甚恶之，未几而及祸。神龙初，追复爵土，与子冲俱复旧姓。

　　初，贞将起兵，作书与寿州刺史、驸马都尉赵环曰："亻总义兵，来入贵境。"环甚喜，复许率兵相应。环妻常乐长公主，高祖第七女，和思皇后之母也，谓其使曰："为我报越王，与其进不与其退。尔诸王若是男儿，不应至许时尚未举动。我常见耆老云，隋文帝将篡夺周室，尉迟迥是周家外甥，犹能起兵相州，连结突厥，天下闻风，莫不响应。况尔诸王，并国家懿亲，宗社是托，岂不学尉迟迥感恩效节，舍生取义耶？夫为臣子，若救国家则为忠，不救则为逆。诸王必须以匡救为急，不可虚生浪死，取笑于后代。"及贞等败，环与公主亦伏诛。

　　冲，贞长子也。好文学，善骑射。历密、济、博三州刺史，皆有能名。初，冲自博州募得五千余人，欲渡河攻济州，先取武水县。县令郭备悌赴魏州请援，魏州莘县令马玄素领兵千七百人邀之于路，恐力不敌，先入武水城，闭门拒守。冲乃令积草车上，放火烧南门，拟乘火突入。火之未起，南风甚急，及火已燃，遽回为北风，未至城门，烧草已甚，冲军由是沮气。有堂邑丞董玄寂为冲统帅兵仗，及冲击武水，玄寂曰："琅邪王与国家交战，此乃反也。"冲闻之，斩玄寂以徇。兵众惧而散入草泽，不可禁止，惟有家僮左右不过数十。而乃却走入博州城，为守门者所杀。则天命左金吾将军丘神绩为清平道行军大总管以讨冲，兵未至，冲已死，传首东都，枭于阙下。冲起兵凡七日而败。

　　冲三弟。蒨，封常山公，历常州别驾，坐与父兄连谋伏诛。温，以告其朋党得实，减死流岭南，寻卒。

　　神龙初，侍中敬晖等以冲父子翼戴皇家，义存社稷，请复其官爵，武三思令昭容上官氏代中宗手诏不许。开元四年，诏追复爵土，令备礼改葬。太常奏谥议曰："故越王贞，往者愿匡宗社，夙怀诛吕之谋；乃心王国，用击非刘之议。以兹获戾，上悼圣心。谨按谥法'死不忘君曰敬'，请谥曰敬。"从之。五年，下诏曰："九族以亲，克敦其教；百代必祀，允竟厥德。故蔡州刺史、越王贞，执心不回，临事能断。粤自藩国，勤于王家。弘道之后，宝图将缺，怀刘章之辅汉，追郑武之翊周。遂能奋不顾身，率先唱义，虽英谋未克，而忠节居多。嗣绝国除，年逾二纪，莫享沦废，甚为悯焉。永言兴继，式备典册。其封贞侄孙故许王男左监门卫将军、夔国公琳为嗣越王，以奉其祀。仍官为立碑。"琳寻卒，国除。

　　纪王慎，太宗第十子也。贞观五年，封申王。七年，授秦州都督。十年，改封纪王，赐实封八百户。十七年，迁襄州刺史，以善政闻，玺书劳勉，百姓为之立碑。二十三年，加实封满千户。永徽元年，拜左卫大将军。二年，授荆州都督。累除邢州刺史。文明元年，加授太子太师，转贝州刺史。

　　慎少好学，长于文史，皇族中与越王贞齐名，时人号为纪、越。初，贞将起事，慎不肯同谋，及贞败，慎亦下狱。临刑放免，改姓虺氏，仍载以槛车，配流岭表，道至蒲州而卒。

　　慎长子和州刺史东平王续最知名，早卒。次子沂州刺史义阳王琮、楚国公睿、遂州别驾襄郡公秀、广化郡公献、建平郡公钦等五人，垂拱中并遇害，家属徙岭南。

　　中兴初，追复官爵，令以礼改葬。封慎少子铁诚为嗣纪王，后改名澄。景云元年，加银青光禄大夫。开元初，历德、瀛、冀三州刺史、左骁卫将军，薨。

　　子行同嗣，天宝中为右赞善大夫同正员。

　　江王嚣，太宗第十一子也。贞观五年受封，六年薨，谥曰殇。

　　代王简，太宗第十二子也。贞观五年受封，其年薨，无后国除。

　　赵王福，太宗第十三子也。贞观十三年受封，出后隐太子建成。十八年，授秦州都督，赐实封八百户。二十三年，加右卫大将军，累授梁州都督。咸亨元年薨，赠司空、并州都督，陪葬昭陵。中兴初，封蒋王恽孙思顺为嗣赵王。

　　曹王明，太宗第十四子。贞观二十一年受封。二十三年，赐实封八百户，寻加满千户。显庆中，授梁州都督，后历虢、蔡、苏三州刺史。诏令继巢剌王元吉后。永崇中，坐与庶人贤通谋，降封零陵王，徙于黔州。都督谢祐希旨逼胁令自杀,帝深悼之,黔府官僚咸坐免职。景云元年,明丧枢归于京师,陪葬昭陵。

有二子,南州别驾零陵王俊、黎国公杰,垂拱中并遇害。

中兴初,封杰子胤为嗣曹王。胤叔父备自南州还,又封备为嗣曹王、卫尉少卿同正员,胤遂停封。后备招慰忠州叛獠,没于贼,又封胤为王、银青光禄大夫、右武卫将军。卒,子戢嗣,左卫率府中郎将。卒,子皋嗣。皋自有传。

史臣曰:太宗诸子,吴王恪、濮王泰最贤,皆以才高辩悟,为长孙无忌忌嫉,离间父子,遽为豺狼,而无忌破家,非阴祸之报欤?武后斫丧王室,潜移龟鼎,越王贞父子痛愤,义不图全。毁室之悲,《鸱鸮》之诗,伤矣!比齐祐之妄作,岂同年而语哉!

赞曰:子弟作藩,磐石维城。骄侈取败,身无令名。冲、谟愤发,视死如生。承乾、齐祐,愚弟庸兄。

旧唐书卷七七
列传第二七

韦挺　子待价　弟万石　　杨纂　族子弘礼

弘武　武子元祎　元禧　　刘德威　子审礼

阎立德　弟立本　　柳亨　兄子奭

亨孙涣　泽　　崔义玄　子神庆

　　韦挺，雍州万年人，隋民部尚书冲子也。少与隐太子相善，及高祖平京城，引为陇西公府祭酒。武德中，累迁太子左卫骠骑、检校左率，太子遇之甚厚，宫臣罕与为比。七年，高祖避暑仁智宫，会有上书言事者，称太子与宫臣潜构异端。时庆州刺史杨文干遘逆伏诛，辞涉东宫，挺与杜淹、王圭等并坐流于越嶲。

　　及太宗在东宫，征拜主爵郎中。贞观初，王圭数举之，由是迁尚书右丞。俄授吏部侍郎，转黄门侍郎，进拜御史大夫，封扶阳县男。太宗以挺女为齐王祐妃。常与房玄龄、王圭、魏征、戴胄等俱承顾问，议以政事。又与高士廉、令狐德棻等同修《氏族志》，累承赏赉。太宗尝谓挺曰："卿之任御史大夫，独朕意耳，左右大臣无为卿地者，卿勉之哉！"挺陈谢曰："臣驽下，不足以辱陛下高位。且臣非勋非旧，而超处藩邸故僚之上，臣愿后之，以劝立功者。"太宗不许。寻改授银青光禄大夫，行黄门侍郎，兼魏王泰府事。时泰有宠，太子承乾多过失，太宗微有废立之意。中书侍郎杜正伦以漏泄禁中语左迁,时挺亦预泰事,太宗谓曰:"朕已罪正伦,不忍更置卿于法。"特原之。寻迁太常卿。

初,挺为大夫时,马周为监察御史,挺以周寒士,殊不礼之。至是,周为中书令,太宗尝复欲用挺在门下,周密陈挺傲狠非宰相器,遂寝。十九年,将有事于辽东,择人运粮,周又奏挺才堪粗使,太宗从之。挺以父在隋为营州总管,有经略高丽遗文,因此奏之。太宗甚悦,谓挺曰:"幽州以北,辽水二千余里,无州县,军行资粮无所取给,卿宜为此使。但得军用不乏,功不细矣。"以人部侍郎崔仁师为副使,任自择文武官四品十人为子使,以幽、易、平三州骁勇二百人,官马二百匹为从。诏河北诸州皆取挺节度,许以便宜行事。太宗亲解貂裘及中厩马二匹赐之。

挺至幽州,令燕州司马王安德巡渠通塞。先出幽州库物,市木造船,运米而进。自桑乾河下至卢思台,去幽州八百里,逢安德还曰:"自此之外,漕渠拥塞。"挺以北方寒雪,不可更进,遂下米于台侧权贮之,待开岁发春,方事转运,度大兵至,军粮必足,仍驰以闻。太宗不悦,诏挺曰:"兵尚拙速,不贵工迟。朕欲十九年春大举,今言二十年运漕,甚无谓也。"乃遣繁畤令韦怀质往挺所支度军粮,检覆渠水。怀质还奏曰:"挺不先视漕渠,辄集工匠造船,运米即下。至卢思台,方知渠闭,欲进不得,还复水涸,乃便贮之,无达平夷之日。又挺在幽州,日致饮会,实乖至公。陛下明年出师,以臣度之,恐未符圣策。"太宗大怒,令将少监李道裕代之,仍令治书侍御史唐临驰传械挺赴洛阳,依议除名,仍令白衣散从。及前军破盖牟城,诏挺统兵士镇盖牟,示渐用之也。挺城守去大军悬远,与高丽新城邻接,日夜战斗,鼓噪之声不绝。挺不堪其忧,且不平于失职,素与术士公孙常善,乃与常书以叙所怀。会常以他事被拘,自缢而死,索其囊中,得挺书,论城中危蹙,兼有叹怅之辞。太宗以挺怨望,谪为象州刺史。岁余卒,年五十八。

子待价,初为左千牛备身。永徽中,江夏王道宗得罪,待价即道宗之婿也，缘坐左迁卢龙府果毅。时将军辛文陵率兵招慰高丽，行至吐护真水，高丽掩其不备，袭击败之。待价与中郎将薛仁贵受诏经略东蕃，因率所部救之。文陵苦战，贼渐退，军始获全。待价被重疮，流矢中其左足，竟不言其功，以足疾免官而归。

后累授兰州刺史。时吐蕃屡为边患，高宗以沛王贤为凉州大都督，以待价为司马。俄又迁肃州刺史，频有守御之功，征拜右武卫将军，兼检校右羽林军事。仪凤三年，吐蕃又犯塞，待价复以本官检校凉州都督，兼知镇守兵马事。俄又征还旧职，复封抚阳侯。则天临朝，拜吏部尚书，摄司空，营高宗山陵，功毕，加金紫光禄大夫，改为天官尚书、同凤阁鸾台三品，赐物一千段，仍与一子五品。待价素无藻鉴之才，自武职而起，居选部，既铨综无叙，甚为当时所嗤。

垂拱元年二月，复为燕然道行军大总管，以御突厥。明年春还。六月，拜文昌右相，依旧同凤阁鸾台三品。既累登非据，颇不自安，频上表辞职，则天每降优制不许之。又表请削官秩，回恩赠父，于是赠挺润州刺史。明年，上疏请自效戎旅之用，于是拜安息道行军大总管，督三十六总管以讨吐蕃，进封扶阳郡公。军至寅识迦河，与吐蕃合战，初胜后败。又属天寒冻雪，师人多死，粮馈又不支给，乃旋师弓月，顿于高昌。则天大怒，副将阎温古以逗留伏法，待价坐除名，配流绣州，寻卒。

弟万石，颇有学业，而特善音律。上元中，自吏部郎中迁太常少卿。当时郊庙乐调及燕会杂乐，皆万石与太史令姚玄辩增损之，时人以为称职。寻又兼知吏部选事，卒官。挺从祖兄子安石，别有传。

杨纂，华州华阴人也。祖俭，周东雍州刺史。父文伟，隋温州刺史。纂略涉经史，尤明时务，少与琅邪颜师古、敦煌令狐德棻友善。大业中，进士举，授朔方郡司法书佐，坐杨玄感近属除名，乃家于蒲城。

义军渡河，于长春宫谒见。累授侍御史。数上书言事，因被召问,擢为考功郎中。贞观初,长安令,赐爵长安县男。有妇人袁氏妖逆,为人所告,纂究问之,不得其状。袁氏后又事发伏诛,太宗以纂为不忠,将杀之,中书令温彦博以纂过悟,罪不至死,固谏,乃赦之。三迁吏部侍郎。八年,副特进萧瑀为河南道巡察大使,与瑀情有不协,屡相表奏,瑀因以获罪。纂寻拜尚书左丞。纂既长于吏道,所在皆有声绩。俄又除吏部侍郎,前后典选十余载,铨叙人伦,称为允当。然而抑文雅,进酷吏,观时任数,颇为时论所讥。后历太常少卿、雍州别驾,加银青光禄大夫,复为尚书左丞,迁太仆卿,检校雍州别驾,迁户部尚书。永徽初卒,赠幽州都督,谥曰敬。

子守愚,则天时官至雍州长史;守抱,岐州刺史。族子弘礼。

弘礼,隋尚书令素弟之子也。父岳,大业中为万年令,与素子玄感不协,尝密上表称玄感必为乱。及玄感被诛,岳在长安系狱,帝遽使赦之。比使至,岳已为留守所杀,弘礼等遂免从坐。

高祖受禅,以杨素隋代有勋业,诏弘礼袭其清河郡公,拜太子通事舍人。贞观中,历兵部员外郎,仍为西河道行军大总管府长史,三迁中书舍人。太宗有事辽东,以弘礼有文武材,擢拜兵部侍郎,专典兵机之务。弘礼每入参谋议,出则统众攻战。驻跸之阵,领马步二十四军,出其不意以击之,所向摧破。太宗自山下见弘礼所统之众,人皆尽力,杀获居多,甚壮之,谓许敬宗等曰:“越公儿郎,故有家风矣。”时诸宰相并在定州留辅皇太子,唯有褚遂良、许敬宗及弘礼在行所,掌知机务。

二十年,拜中书侍郎。明年,加银青光禄大夫,寻迁司农卿,兼充昆丘道副大总管,诸道军将咸受节度。于是破处月,降处密,杀焉耆王,降昆支部,获龟兹、于阗王。凯旋,未及行赏,太宗晏驾。弘礼颇忤大臣之旨,由是出为泾州刺史。永徽初,论昆丘之功,改授胜州都督。寻迁太府卿。四年卒,赠兰州都督,谥曰质。弟弘武。

弘武少修谨,武德初,拜左千牛备身。永徽中,为吏部郎中。孝敬初为皇太子,精择僚采,以弘武为中舍人。麟德中,将有事于东岳,弘武自荆州司马擢拜司戎少常伯。从驾还,高宗特令弘武补授吏部选人五品已上官,由是渐见亲委。后母荣国夫人杨氏以与弘武同宗,又称荐之,俄迁西台侍郎。乾封二年,与戴至德、李安期等同东西台三品。及在政事,颇以清简见称。总章元年,卒于官,赠汴州刺史,谥曰恭。

子元亨,则天时为司府少卿。元禧,尚食奉御。元禧颇有医术,为则天所任。尝忤张易之之意,易之密奏元禧是杨素兄弟之后,素父子在隋有逆节,子孙不合供奉。则天乃下制曰:"隋尚书令杨素,昔在本朝,早荷殊遇。禀凶邪之德,怀诡佞之才,惑乱君上,离间骨肉。摇动冢嫡,宁惟掘蛊之祸;诱扇后主,卒成请蹯之衅。隋室丧亡,盖惟多僻,究其萌兆,实此之由。生为不忠之人,死为不义之鬼,身虽幸免,子竟族诛。斯则奸逆之谋,是其庭训;险薄之行,遂成门风。刑戮虽加,枝胤仍在,岂可复肩随近侍,齿迹朝行?朕接统百王,恭临四海,上嘉贤佐,下悼贼臣,常欲从容于万机之余,褒贬于千载之外,况年代未远,耳目所存者乎?其杨素及兄弟子孙,并不得令任京官及侍卫。"于是左贬元亨为睦州刺史,元禧为资州长史,元禧弟缑氏令元祎为梓州司马。张易之诛后,元亨等皆复任京职,元亨至齐州刺史,元禧台州刺史,元祎宣州刺史。

刘德威,徐州彭城人也。父子将,隋毗陵郡通守。德威姿貌魁伟,颇以干略见称。大业末,从左光禄大夫裴仁基讨贼淮左,手斩贼帅李青蛙,传首于行在所。后与仁基同归李密,密素闻其名,与麾下兵,令于怀州镇守。

武德元年,密与王世充战败入朝,德威亦率所部随密归款。高祖嘉之,授左武候将军,封滕县公。及刘武周南侵,诏德威统兵击之,又判并州总管府司马。俄而裴寂失律于介州,齐王元吉弃并州还朝,德威总知留府事。元吉才出,武周已至城下,百姓相率投贼。

武周获德威,令率其本兵往浩州招慰。德威自拔归朝,高祖亲劳问之,兼陈贼中虚实及晋、绛诸部利害,高祖皆嘉纳之。改封彭城县公。未几,检校大理少卿。从擒建德,平世充,皆有功,转刑部侍郎,加散骑常侍,妻以平寿县主。

贞观初,历大理、太仆二卿,加金紫光禄大夫。俄出为绵州刺史,以廉平著称,百姓为之立碑。寻检校益州大都督府长史。十一年,复授大理卿。太宗尝问之曰:"近来刑纲稍密,其过安在?"德威奏言:"诚在主上,不由臣下。人主好宽则宽,好急则急。律文失入减三等,失出减五等。今则反是,失入则无辜,失出便获大罪。所以吏各自爱,竞执深文,非有教使之然,畏罪之所致耳。陛下但舍所急,则'宁失不经'复行于今日矣。"太宗深然之。数岁,迁刑部尚书,兼检校雍州别驾。十七年,驰驿往济州推齐王祐。还至濮州,闻祐杀长史权万纪,德威入据济州,遣使以闻。诏德威便发河南兵马,以申经略,会遭母忧而罢。十八年,起为遂州刺史,三迁同州刺史。永徽三年卒,年七十一,赠礼部尚书、幽州都督,谥曰襄,陪葬献陵。德威闺门友穆,接物宽平,所得财货,多以分赠宗亲。子审礼袭爵。

审礼,少丧母,为祖母元氏所养。隋末,德威从裴仁基讨击,道路不通。审礼年未弱冠,自乡里负载元氏渡江避乱,及天下定,始西入长安。元氏若有疾,审礼必亲尝汤药,元氏顾谓孙曰:"我儿孝顺,贯彻幽微,吾一顾念,宿疾顿轻。"

贞观中,历左骁卫郎将。丁父忧去职。及葬,跣足随车,流血洒地,行路称之。服阕当袭爵,累表让弟,朝议不许。永徽中,累迁将作大匠,兼检校燕然都护,袭封彭城郡公。审礼父殁虽久,犹悲慕不已,每见父时僚旧,必呜咽流涕。母郑氏早亡,事继母平寿县主,稍疾辄忧惧形于容色,终夕不寐。抚继母男延景,友爱甚笃,所得禄俸,皆送母处,以资延景之费;而审礼妻子处饥寒,晏然未尝介意。再从同居,家无异爨,合门二百余口,人无间言。稍迁工部尚书,兼检校左卫大将军。

仪凤二年，吐蕃寇凉州，命审礼为行军总管，与中书令李敬玄合势讨击。遇贼于青海，敬玄后期不至，审礼军败，为贼所执。永隆二年，卒于蕃中，赠工部尚书，谥曰僖。

延景，官至陕州刺史，睿宗初，以后父追赠尚书右仆射。

审礼子易从，历位岐州司兵参军。审礼之没吐蕃，诏许易从入蕃省之。及审礼卒，易从号哭，昼夜不止，毁瘠过礼。吐蕃哀其志行，还其父尸枢，易从徒跣万里，扶护归彭城，为朝野之所嗟赏。后历彭州长史、任城男。永昌中，坐为徐敬贞所诬构遇害。易从在官仁恕，及将刑，人吏无远近奔走，竞解衣相率造功德，以为长史祈福，州人从之者十余万。其为人所爱如此。

易从子升，开元中，为中书舍人、太子右庶子。

审礼从父弟延嗣，文明年为润州司马，属徐敬业作乱，率众攻润州，延嗣与刺史李思文固守不降。俄而城陷，敬业执延嗣，邀之令降，辞曰："延嗣世蒙国恩，当思效命，州城不守，多负朝廷。终不能苟免偷生，以累宗族，岂以一身之故，为千载之辱。今日之事，得死为幸。"敬业大怒，将斩之，其党魏思温救之获免，乃囚之于江都狱。俄而贼败，竟以裴炎近亲，不得叙功，迁为梓州长史，再转汾州刺史卒。宗族至刺史者二十余人。

阎立德，雍州万年人，隋殿内少监毗之子也。其先自马邑徙关中。毗初以功艺知名，立德与弟立本早传家业。武德中，累除尚衣奉御，立德所造衮冕大裘等六服并腰舆伞扇，咸依典式，时人称之。贞观初，历迁将作少匠，封太安县男。高祖崩，立德以营山陵功，擢为将作大匠。贞观十年，文德皇后崩，又令摄司空，营昭陵。坐息慢解职，俄起为博州刺史。十三年，复为将作大匠。十八年，从征高丽，及师旅至辽泽，东西二百余里泥淖，人马不通，立德填道造桥，兵无留碍，太宗甚悦。寻受诏造翠微宫及玉华宫，咸称旨，赏则甚厚。俄迁工部尚书。二十三年，摄司空，营护太宗山陵，事毕，进封为公。显庆元年卒，赠吏部尚书、并州都督。

子玄邃，官至司农少卿。

玄邃子知微，圣历初，历位右豹韬卫将军。时突厥默啜有女请和亲，则天令淮阳王武延秀往纳其女，命知微摄春官尚书送赴虏廷。默啜以延秀非皇帝室诸王，大怒，遂拘之别所，与知微率众自恒岳道攻陷赵、定二州。知微经岁余自突厥所还，则天以其随贼入寇，令百官脔割，然后斩之，并夷其三族。

立本，显庆中累迁将作大匠，后代立德为工部尚书，兄弟相代为八座，时论荣之。总章元年，迁右相，赐爵博陵县男。立本虽有应务之才，而尤善图画，工于写真，《秦府十八学士图》及贞观中《凌烟阁功臣图》，并立本之迹也，时人咸称其妙。太宗尝与侍臣学士泛舟于春苑，池中有异鸟随波容与，太宗击赏数赐，诏座者为咏，召立本令写焉。时阁外传呼云："画师阎立本。"时已为主爵郎中，奔走流汗，俯伏池侧，手挥丹粉，瞻望座宾，不胜愧赧。退诫其子曰："吾少好读书，幸免墙面，缘情染翰，颇及侪流。唯以丹青见知，躬厮役之务，辱莫大焉！汝宜深诫，勿习此末伎。"立本为性所好，欲罢不能也。及为右相，与左相姜恪对掌枢密。恪既历任将军，立功塞外；立本唯善于图画，非宰辅之器。故时人以《千字文》为语曰："左相宣威沙漠，右相驰誉丹青。"咸亨元年，百司复旧名，改为中书令。四年卒。

柳亨，蒲州解人，魏尚书左仆射庆之孙也。父旦，隋太常少卿、新城县公。亨，隋末历熊耳、王屋二县长，陷地李密。密败归国，累授驾部郎中。亨容貌魁伟，高祖甚爱重之，特以殿中监窦诞之女妻焉，即帝之外孙也。三迁左卫中郎将，封寿陵县男。未几，以谴出为邛州刺史，加散骑常侍，被代还，数年不调。因兄葬，遇太宗游于南山，召见与语，颇哀矜之。数日，北门引见，深加诲奖，拜银青光禄大

夫,行光禄少卿。太宗每诫之曰:"与卿旧亲,情素兼宿,卿为人交游
过多,今授此职,宜存简静。"亨性好射猎,有饕湎之名,此颇自昂
励,在绝宾客,约身节俭,勤于职事,太宗亦以此称之。二十三年,以
修太庙功,加金紫光禄大夫。久之,拜太常卿,从幸万年宫,检校岐
州刺史。永徽六年卒,赠礼部尚书、幽州都督,谥曰敬。

亨族子范,贞观中为侍御史。时吴王恪好畋猎,损居人,范奏弹
之。太宗因谓侍臣:"权万纪事我儿,不能匡正,其罪合死。"范进曰:
"房玄龄事陛下,犹不能谏止畋猎,岂可独罪万纪?"太宗大怒,拂衣
而入。久之,独引范谓曰:"何得逆折我?"范曰:"臣闻主圣臣直,陛
下仁明,臣敢不尽愚直。"太宗意乃解。范,高宗时历位尚书右丞、扬
州大都督府长史。

亨兄子奭。奭父则,隋左卫骑曹,因使卒于高丽。奭入蕃迎丧
柩,哀号逾礼,深为夷人所慕。贞观中,累迁中书舍人。后以外生女
为皇太子妃,擢拜兵部侍郎。妃为皇后,奭又迁中书侍郎。永徽三
年,代褚遂良为中书令,仍监修国史。俄而后渐见疏忌,奭忧惧,频
上疏请辞枢密之任,转为吏部尚书。及后废,累贬爱州刺史。寻为
许敬宗、李义府所构,云奭潜通宫掖,谋行鸩毒,又与褚遂良等朋党
构扇,罪当大逆。高宗遣使就爱州杀之,籍没其家。奭既死非其罪,
甚为当时之所伤痛。神龙初,则天遗制,与褚遂良、韩瑗等并还官
爵,子孙亲属当时缘坐者,咸从旷荡。

开元初,亨孙涣为中书舍人,表曰:"臣堂伯祖奭,去明庆三年,
与褚遂良等五家同被谴戮。虽蒙遗制荡雪,而子孙亡没并尽。唯有
曾孙无忝,见贯龚州,蒙雪多年,犹同远窜。陛下自临宇县,优政必
被,鸿恩及于泉壤,大造加于亡绝。先天已后,频降丝纶,曾任宰相
之家,并许收其沦滞。况臣伯祖往叨执政,无犯受诛,藁窆尚隔故
乡,后嗣遂编蛮服。臣不申号诉,义所难安。伏乞许臣伯祖还葬乡
里,其曾孙无忝放归本贯。"疏奏,敕令奭归葬,官造灵舆递还。无忝

后历位潭州都督。

涣弟泽，景云中为右率府铠曹参军。先是，姚元之、宋璟知政事，奏请停中宗朝斜封官数千员。及元之等出为刺史，太平公主又特为之言，有敕总令复旧职。泽上疏谏曰：

臣闻药不毒不可以蠲疾，词不切不可以补过。是以习甘旨者，非摄养之方；迩谀佞者，积危殆之本。臣实愚朴，志怀刚厉，或闻政之不当，事之不直，常慷慨关心，梦寐怀愤。每愿殉身以谏，伏死而争，但利于社稷，有便于君上，虽蒙祸被难，杀身不悔也。窃见神龙以来，群邪作孽，法纲不振，纲维大紊，实由内宠专命，外嬖擅权，因贵凭宠，卖官鬻爵。朱紫之劳，出于仆妾之口；赏罚之命，乖于章程之典。妃主之门，有同商贾；举选之署，实均阓阛。屠贩之子，悉由邪而忝官；黜斥之人，咸因奸而冒进。天下为乱，社稷几危，赖陛下聪明神武，拯其将坠。此陛下耳目之所亲击，固可永为炯诫者也。

臣闻作法于理，犹恐其乱；作法于乱，谁能救之？只如斜封授官，皆是仆妾汲引，迷谬先帝，昧自前朝，岂是孝和情之所怜，心之所爱？陛下初即位时，纳姚元之、宋璟之计，所以咸令黜之。顷日已来，又令叙之。将谓为斜封之人不忍弃也，以为先帝之意不可违也？若斜封之人不忍弃也，是韦月将、燕钦融之流亦不可褒赠也，李多祚、郑克乂之徒亦不可清雪也。陛下何不能忍于此而独能忍于彼？使善恶不定，反覆相攻，使君子道销，小人道长，为邪者获利，为正者衔冤。奈何导人以为非，劝人以为僻，将何以惩风俗，将何以止奸邪？今海内咸称太平公主令胡僧慧范曲引此辈，将有误于陛下矣。谤议盈耳，咨嗟满衢，故语曰："姚、宋为相，邪不如正；太平用事，正不如邪。"《书》曰："无偏无陂，遵王之义；无反无侧，王道正直。"臣恐因循，流遁致远，积小为大，累微起高。勿谓何伤，其祸将长；勿谓何害，其祸将大。

又赏罚之典,纪纲不谬,天秩有礼,君爵有功,不可因怒以妄罚,不可因喜以妄赏。伏见尚医奉御彭君庆,以邪巫小道,超授三品,奈何轻用名器,加非其才。昔公主为子求郎,明帝不许;今圣朝私爱,赏及恂人。董狐不亡,岂有所隐?臣闻赏一人而千万人悦者赏之,罚一人而千万人欢者罚之。臣虽未睹圣朝之妄罚,已睹圣朝之妄赏矣。《书》曰:"官不及私昵,惟其能;爵罔及恶德,惟其贤。"臣恐近习之人为其先容,有谬于陛下也。惟陛下熟思而察之。虽往者不可谏,而来者犹可追。愿杜请谒之路,塞恩幸之门,鉴诫前非,无累后悔。申画一之法,明不二之刑,不询之谋勿庸,无稽之言勿听,则天下之化,人无间焉,日新之德,天鉴不远。

泽后参选,会有敕令选人上书陈事,将加收擢,泽又上书曰:

顷者韦氏险诐,奸臣同恶,赏罚紊驰,纲纪纷纶。政以贿成,官因宠进,言正者获戾,行殊者见疑,海内寒心,实将莫救。赖神明佑德,宗庙降灵,天讨有罪,人用不保。陛下睿谋神圣,勇智聪明,安宗庙于已危,拯黎庶于将溺。今龙眉鲐背,欢欣踊跃,望圣朝之抚辑,听圣朝之德音。今陛下蠲烦省徭,法明德举,万邦恺乐,室家胥庆。

臣又闻危者保其存也,乱者有其理也。伏惟陛下安不忘危,理不忘乱,存不忘亡,则克享天心,国家长保矣。《诗》曰:"罔不有初,鲜克有终。"伏惟陛下慎厥终,修其初,非礼勿视,非礼勿动。《书》曰:"惟德罔小,万邦惟庆;惟不德罔大,坠厥宗。"甚可惧也,甚可惧也,伏惟陛下慎之哉!

夫骄奢起于亲贵,纲纪乱于宠幸。愿陛下禁之于要贵,则天下随风矣;制之于宠幸,则天下法明矣。《诗》曰:"刑于寡妻,至于兄弟,以御于家邦。"若亲贵为而不禁,宠幸挠之而见从,是政之不常,令之不一,则奸诈斯起,暴乱生焉。虽严刑峻制,朝施暮戮,而法不行矣。纵陛下亲之爱之,莫若安之福之。宠禄之过,罪之渐也,非安之也;骄奢之淫,危之本也,非福之也。

前事不忘，后之师也，伏愿陛下精求俊哲，朝夕纳诲。纵有逆于耳、谬于心者，无速之罚，姑籌之以道，省于厥躬。虽木朴忌忤，愿恕之以直，开谏诤之路也。或有顺于耳、便于身者，无急之赏，当求诸非道，稽之典训。其不协于德，必置之以法，用杜侧媚之行也。有羞淫巧于陛下者，遽黜之，则淫巧息矣；有进忠说于陛下者，遽赏之，则忠说进矣。

臣又闻生于富者骄，生于贵者傲。石碏曰："臣闻爱子，教之以义方，不纳于邪，骄奢淫逸，所自邪也。"《书》曰："罔淫于逸，罔游于乐。"穆王有命，"实赖前后左右有位之士，绳愆纠谬，格其非心"。今储宫肇建，王府初启，至于僚友，必惟妙择。今骄奢之后，流遁未变"慢游之乐，余风或存。夫小人幸臣，易合于意；奇伎淫巧，多适于心。臣恐狎于非德，兹为愈怠。《书》曰："慎简乃僚，无以巧言令色，其惟吉士。仆臣正，厥后克正；仆臣谀，厥后自圣。"伏愿采温良博闻之士，恭俭忠鲠之人，任以东宫及诸王府官，仍请东宫量署拾遗、补阙之职。令朝夕讲论，出入侍从，授以训诂，交修不逮。

臣又闻驰聘畋猎，令人发狂。名教之中，自有乐地。承前贵戚，鲜克由礼。或打球击鼓，比周伎术；或飞鹰奔犬，盘游薮泽。此甚为不道，非进德修业之本也。《书》曰："内作色荒，外作禽荒。"又曰："无若丹朱傲，惟慢游是好。朋淫于家，用殄厥世。"伏惟陛下诞降谋训，敦劝学业，示之以好恶，陈之以成败，以义制事，以礼制心，图之于未萌，虑之于未有，则福禄长享，与国并休矣。

臣又闻富不与骄期而骄自至，骄不与罪期而罪自至，罪不与死期而死自至。信矣斯语，明哉至诚。顷韦庶人、安乐公主、武延秀等可谓贵矣，可谓宠矣！权侔人主，威震天下。然怙侈灭德，神怒人弃。岂不谓爱之太极，富之太多，不节之以礼，不防之以法，终转吉为凶，变福为祸。谚曰："千人所指，无病自死。"不其然欤？《书》曰："殷鉴不远，在彼夏王。"今陛下何劝，岂非皇祖谋训之则也；今陛下何惩，岂非孝和宠任之甚也。《礼》曰："爱而知其恶，憎而知其善。"可不慎哉！夫宠爱之心则不免，去其太甚，闲之礼节，适则可矣。今诸王、公主、驸马，亦陛下之所亲爱也。矫枉之道，在于厥初；鉴诫之义，其取不远。使观过务善，居宠思危，庶夙夜惟寅，聿修厥德。《经》曰："在上不骄，高而不危，所以长守贵也；制节谨度，满而不溢，所以长守富也。富贵不离其身，然后能保其社稷。"《书》曰："制于官刑，警于有位。敢有常舞于宫，酣歌于室，时谓巫风，敢有徇于货色，常于游畋，时谓淫风；敢有侮圣言，逆忠直，远耆德，比顽童，时谓乱风。惟兹三风十愆，卿士有一于身，家必丧；邦君有一于身，国必亡。"甚可畏也，甚可惧也！伏惟陛下必察而明之，必信而劝之。有奢僭骄怠者削其禄封，朴素修业者锡以绅服，以昂其非心，使其奉命，无使久而忽之，无使远而坠之。

臣闻非知之艰，行之惟艰。又曰："常厥德，保厥位，厥德匪常，九有以亡。"伏惟陛下慎之哉！前车之覆，实惟明证；先王之诫，可以终吉。若陛下奉伊尹之训，崇傅说之命，不作无益，不启私门，刑不差，赏不滥，则惟德是辅，惟人之怀，天禄永终，景福是集。倘陛下忘精一之德，开恩幸之门，爵赏有差，刑罚不当，则忠臣正士，亦不复谈矣。

睿宗览而善之，令中书省重详议，擢拜监察御史。开元中，累迁太子右庶子。出为郑州刺史，未行病卒，赠兵部侍郎。

崔义玄，贝州武城人也。大业末，往依李密，初不见用。义玄见群鼠渡洛，又鞘刃有花文，谓所亲曰："此王敦败亡之兆也。"时黄君汉守据柏崖，义玄往说之曰："见机而作，不俟终日。今群盗蜂起，九州幅裂，神器所归，必在有德。唐公据有秦京，名应符录，此真主也。足下孤城独立，宜遵寇恂、窦融之策，及时归诚，以取封侯也。"君汉然之，即与义玄归国。拜怀州总管府司马。世充遣将高毗侵掠河内，义玄击败之，多下城堡。君汉将分子女金帛与之，义玄皆拒而不受，以功封绩丘县公。后从太宗讨世充，屡献筹策，太宗颇纳用之。东都平，转隰州都督府长史。贞观初，历左司郎中，兼韩王府长史，行州府事。与友人孟神庆虽志好不同，各以介直匡正府幕，王并委任之。

永徽初，累迁婺州刺史。属睦州女子陈硕真举兵反，遣其党童文宝领徒四千人掩袭婺州，义玄将督军拒战。时百姓讹言硕真尝升天，犯其兵马者无不灭门，众皆凶惧。司功参军崔玄籍言于义玄曰："起兵仗顺，犹且不成，此乃妖诳，岂能得久。"义玄以为然，因命玄籍为先锋，义玄率兵继进。至下淮戍，擒其间谍二十余人。夜有流星坠贼营，义玄曰："此贼灭之征也。"诘朝进击，身先士卒，左右以盾蔽箭，义玄曰："刺史尚欲避箭，谁肯致死？"由是士卒戮力，斩首数百级，余悉许其归首。进兵至睦州界，归降万计。及硕真平，义玄以功拜御史大夫。

义玄少爱章句之学，《五经》大义，先儒所疑及音韵不明者，兼采众家，皆为解释，傍引证据，各有条流。至是，高宗令义玄讨论《五经》正义，与诸博士等详定是非，事竟不就。高宗之立皇后武氏，义玄协赞其谋，及长孙无忌等得罪，皆义玄承中旨绳之。显庆元年，出为蒲州刺史。寻卒，年七十一，赠幽州都督，谥曰贞。则天时思其功，重赠扬州大都督，赐其家实封二百户。

子神基袭爵。长寿中，为司宾卿、同凤阁鸾台平章事。为相月余，为酷吏所陷，减死配流。后渐录用，中宗初，为大理卿。神基弟神庆。

神庆，明经举，则天时，累迁莱州刺史。因入朝，待制于亿岁殿，奏事称旨。则天以神庆历职皆有美政，又其父尝有翊赞之勋，甚赏慰之，擢拜并州长史。因谓曰："并州，朕之枌榆，又有军马，比日简择，无如卿者。前后长史，皆从尚书为之，以其委重，所以授卿也。"因自为按行图，择日而遣之。神庆到州，有豪富伪作改钱文敕，文书下州，谷麦踊贵，百姓惊扰。神庆执奏以为不便，则天下制褒赏之。

先是，并州有东西二城，隔汾水，神庆始筑城相接，每岁省防御兵数千人，边州甚以为便。寻而兄神基下狱当死，神庆驰赴都告事，得召见。则天出神基推状以示之，神庆据状申理，神基竟得减死，神庆亦缘坐贬授歙州司马。长安中，累转礼部侍郎，数上疏陈时政利害，则天每嘉纳之。转太子右庶子，赐爵魏县子。

时有突厥使入朝，准仪注，太子合预朝参，先降敕书。神庆上疏曰："伏以五品已上所以佩龟者，比为别敕征召，恐有诈妄，内出龟合，然后庆命。况太子元良国本，万方所瞻，古来征召皆用玉契，此诚重慎之极，防萌之虑。昨缘突厥使见，太子合预朝参，直有文符下宫，曾不降敕处分。今人禀淳化，内外同心，然古人虑事于未萌之前，所以长无悔杀之咎。况太子至重，不可不深为诚慎。以臣愚见，太子既与陛下异宫，伏望每召太子，预报来日，非朔望朝参，应须别唤，望降墨敕及玉契。"则天甚然之。寻令神庆与詹事祝钦明更日于东宫侍读。俄历司刑、司礼二卿。神庆尝受诏推张昌宗，而竟宽其罪，神龙初，昌宗等伏诛，神庆坐流于钦州。寻卒，年七十余。明年，敬晖等得罪，缘昌宗被流贬者例皆雪免，赠神庆幽州都督。

开元中，神庆子琳等皆至大官，群从数十人，趋奏省闼。每岁时家宴，组珮辉映，以一榻置笏，重叠于其上。开元、天宝间，中外族属无缌麻之丧，具福履昌盛如此。东都私第门，琳与弟太子詹事圭、光禄卿瑶俱列棨戟，时号"三戟崔家"。琳位终太子少保。

史臣曰：周、隋已来，韦氏世有令人，郁为冠族，而安石嗣立，竟大其门。挺恃才傲物，故亏长者之风，宾王报之以不仁，难与议乎君子矣！议者以尧、舜有溢美，桀、纣有溢恶，盖以一为凶德，则群恶所归。杨素父子，倾覆隋祚，丑声流闻，虽弘礼、弘武之邪士，而元亨兄族竟以兄族窜逐。古人守死善道，不无为也。德威奏议，练刑名之要，俾长秋卿，关哉！审礼仁孝，治行可为世范，卒与祸会，悲夫！二阎曲学甚工，措思精巧，艺成而下，垂诫宜然。柳氏世称謇谔，奭、泽有正人风彩，忠规献纳，抑有人焉。义玄附丽武后，神庆宽纵秽臣，奕世纤邪,以至倾败,宜哉!

　　赞曰:韦子骄矜,终损功名。杨家积恶,宗门摈落。阎以艺辱,刘以孝愆。二崔能吏,行无取焉。

旧唐书卷七八
列传第二八

于志宁　玄孙敫　　高季辅
张行成　族孙易之　昌宗

　　于志宁，雍州高陵人，周太师燕文公谨之曾孙也。父宣道，隋内史舍人。志宁，大业末为冠氏县长，时山东群盗起，乃弃官归乡里。高祖将入关，率群从于长春宫迎接，高祖以其有名于时，甚加礼遇，授银青光禄大夫。太宗为渭北道行军元帅，召补记室，与殷开山等参赞军谋。及太宗为秦王、天策上将，志宁累授天策府从事中郎，每侍从征伐，兼文学馆学士。贞观三年，累迁中书侍郎。太宗命贵臣内殿宴，怪不见志宁，或奏曰："敕召三品已上，志宁非三品，所以不来。"太宗特令预宴，即加授散骑常侍，行太子左庶子。累封黎阳县公。

　　时义者欲立七庙，以凉武昭王为始祖，房玄龄等皆以为然，志宁独建议以为武昭远祖，非王业所所因，不可为始祖。太宗又以功臣为代袭刺史，志宁以今古事殊，恐非久安之道，上疏争之。皆从志宁所议。太宗因谓志宁曰："古者太子既生，士负之，即置辅弼。昔成王幼小，周、召为师傅，日闻王道，习以成性。今皇太子既幼少，卿当辅之以正道，无使邪僻开其心。勉之无怠，当称所委，官赏可不次而得也。"志宁以承乾数亏礼度，志在匡救，撰《谏苑》二十卷讽之，太宗大悦，赐黄金十斤、绢三百匹。十四年，兼太子詹事。明年，以母忧解。寻起复本官，屡表请终丧礼，太宗遣中书侍郎岑文本就宅敦喻之曰："忠孝不并，我儿须人辅弼，卿宜抑割，不可徇以私情。"志宁遂起就职。

时皇太子承乾尝以盛农之时，营造曲室，累月不止，所为多不法。志宁上书谏曰：

> 臣闻克俭节用，实弘道之源；崇侈恣情，乃败德之本。是以凌云概日，戎人于是致讥；峻宇雕墙，《夏书》以之作诫。昔赵盾匡晋，吕望师周，或劝之以节财，或谏之以厚敛。莫不尽忠以佐国，竭诚以奉君，欲茂实播于无穷，英声被乎物听。咸著简策，以为美谈。今所居东宫，隋日营建，睹之者尚讥其侈，见之者犹叹其华。何容此中更有修造，财帛日费，土木不停，穷斤斧之工，极磨砻之妙？且丁匠官奴入内，比者曾无伏监。此等或兄犯国章，或弟罹王法，往来御苑，出入禁闱，钳凿缘春身，槌杵在其手。监门本防非虑，宿卫以备不虞，直长既自不知，千牛又复不见。爪牙在外，厮役在内，所司何以自安，臣下岂容无惧？

> 又郑、卫之乐，古谓淫声。昔朝歌之乡，回车者墨翟；夹谷之会，挥剑者孔丘。先圣既以为非，通贤将以为失。顷闻宫内，屡有鼓声，大乐伎儿，入便不出。闻之者股慄，言之者心战。往年口敕，伏请重寻，圣旨殷勤，明诫恳切。在于殿下，不可不思；至于微臣，不得无惧。

> 臣自驱驰宫阙，已积岁年，犬马尚解识恩，木石犹能知感，所有管见，敢不尽言。如鉴以丹诚，则臣有生路；若责其忤旨，则臣是罪人。但悦意取容，臧孙方之疾疹；犯颜逆耳，《春秋》比之药石。伏望停工匠之作，罢久役之人，绝郑、卫之音，斥群小之辈，则三善允备，万国作贞矣。

承乾不纳。

承乾又令阉官多在左右，志宁上书谏曰：

> 臣闻尧称稽古，功著于搜扬；舜曰聪明，绩彰于去恶。然开元立极，布政辨方，莫不旌贲英贤，驱除不肖。理乱之本，咸在于兹。况阉宦之徒，体非全气，便番阶闼，左右宫闱，托亲近以

立威权，假出纳以为祸福。昔易牙被任，变起齐邦；张让执钧，乱生汉室。伊戾为诈，宋国受其殃；赵高作奸，秦氏钟其弊。加以弘、石用用，京、贾则连首受诛；王、曹掌权，何、窦则踵武被戮。遂使缙绅重足，宰司屏气。然顺其情者，则荣逮幼冲；迕其意者，则灾及襁褓。爰暨高齐都邺，亦弊阉官，邓长颙位至侍中，陈德信爵隆开府，外干朝政，内预宴私，宗枝藉其吹嘘，重臣仰其鼻息。罪积山岳，靡挂于刑书；功无涓尘，已勒于钟鼎。富畲金穴，财甚铜山。是以家起怨嗟，人怀愤叹。骨鲠之士，语不见听；謇谔之臣，言必被斥。齐都颠覆，职此之由。向使任谅直之臣，退佞给之士，据赵、魏之地，拥漳、滏之兵，修德行仁，养政施化，何区区周室而敢窥觎者焉！

然杜渐防萌，古人所以远祸；以大喻小，先哲于焉取则。伏惟殿下道茂重离，德光守器，宪章古始，祖述前修，欲使休誉远闻，英声遐畅。臣窃见寺人一色，未识上心，或轻忽高班，凌轹贵仕，便是品命失序，纲纪不立，取笑通方之人，见讥有识之士。然典内职掌，唯在门外通传；给使主司，但缘阶闼供奉。念乃往来阁内，出入宫中，行路之人，咸以为怪。伏望狎近君子，屏黜小人，上副圣心，下允众望。

承乾览书甚不悦。

承乾尝驱使司驭等不许分番，又私引突厥达哥友入宫内。志宁上书谏曰：

臣闻上天盖高，日月以光其德；明君至圣，辅佐以赞其功。是以周诵升储，见匡毛、毕；汉盈居震，取资黄、绮。姬旦抗法于伯禽，贾生陈事于文帝。莫不殷勤于端士，恳切于正人。昔邓禹名臣，方居审谕之任；疏受宿望，始除辅导之官。历代贤君，莫不丁宁于太子者，良以地膺上嗣，位处副君，善则率土沾其恩，恶则海内罹其祸。近闻仆寺、司驭，爰及驾士、兽医，始自春初，迄兹夏晚，常居内役，不放分番。或家有尊亲，阙于温清；或室有幼弱，绝于抚养。春则废其耕垦，夏又防其播殖。事乖存爱，恐致怨嗟。且突厥达哥友等，人面兽心，岂得以礼教期，不可以仁信待。心则未识于忠孝，言则莫辩其是非，近之有损于英声，昵之无益于盛德。引之入阁，人皆惊骇，岂臣愚识，独用不安？臣下为殿下之股肱，殿下为臣下之君父，君父以存抚为务，股肱以匡救为心。是以苦口之药以奉身，逆耳之言以安位。古人树诽谤之木，以求己愆；悬敢谏之鼓，以思身过。由是从谏之主，鼎祚克昌；愎谏之君，洪业隳坠。

承乾大怒，阴遣刺客张师政、纥干承基就杀之。二人潜入其第，见志宁寝处苦庐，竟不忍而止。

及承乾败后，推鞫具知其事。太宗谓志宁曰："知公数有规谏，事无所隐。"深加勉劳。右庶子令狐德棻等以无谏书，皆从贬责。及高宗为皇太子，复授志宁太子左庶子，未几迁侍中。永徽元年，加光禄大夫，进封燕国公。二年，监修国史。时洛阳人李弘泰坐诬告太尉长孙无忌，诏令不待时而斩决。志宁上疏谏曰：

伏惟陛下情笃功臣，恩隆右戚，以无忌横遭诬告，事并是虚，欲戮告人，以明赏罚，一以绝诬告之路，二以慰勋戚之心。又以所犯是真，无忌便有破家之罪；今告为妄，弘泰宜戮不待时。且真犯之人，事当罪逆；诬谋之类，罪唯及身。以罪较量，明非恶逆，若欲依律，合待秋分。今时属阳和，万物生育，而特行刑罚，此谓伤春。窃案《左传》声子曰："赏以春夏，刑以秋冬。"顺天时地也。又《礼记月令》曰：孟春之月，无杀孩虫。省囹圄，去桎梏，无肆掠，止狱讼。又《汉书》董仲舒曰："王者欲有所为，宜求其端于天道。天道之大者在阴阳。阳为德，阴为刑，刑主杀而德主生。阳常居大夏，而以生育养长为事；阴常居大冬，而积于空虚不用之处。以此见天之任德不任刑也。"伏惟陛下纂圣升祚，继明御极，追连、胥之绝轨，蹈轩、顼之良规。欲使举动顺于天时，刑罚依于律令，阴阳为之式序，景宿于是靡老，风雨不愆，雩祟辍祀。方今太蔟统律，青阳应期，当生长之辰，施肃杀之令。伏愿暂回圣虑，察古人言，倘蒙垂纳，则生灵幸甚。

疏奏，帝从之。

是时，衡山公主欲出降长孙氏，议者以时既公除，合行吉礼。志宁上疏曰：

　　臣闻明君驭历，当俟献替之臣；圣主握图，必资盐梅之佐。所以尧询四岳，景化洽于区中；舜任五臣，懿德被于无外。左有记言之史，右立记事之官，大小咸书，善恶俱载。著惩劝于简牍，垂褒贬于人伦，为万古之范围，作千龄之龟镜。伏见衡山公主出降，欲就今秋成礼。窃按《礼记》云："女十五而笄，二十而嫁；有故，二十三而嫁。"郑玄云："有故，谓遭丧也。"固知须终三年。《春秋》云："鲁庄公如齐纳币。"杜预云："母丧未再期而图婚，二传不讥，失礼明故也。"此即史策具载，是非历然，断在圣情，不待问于臣下。其有议者云："准制，公除之后，须并从吉。"此汉文创制其仪，为天下百姓。至于公主，服是斩缞，纵使服随例除，无宜情随例改。心丧之内，方复成婚，非唯违于礼经，亦是人情不可。伏惟陛下嗣膺宝位，临统万方，理宜继美羲、轩，齐芳汤、禹，弘奖仁孝之日，敦崇名教之秋。此事行之苦难，犹须抑而守礼，况行之甚易，何容废而受讥？此理有识之所共知，非假愚臣之说也。伏愿遵高宗之令轨，略孝文之权制，国家于法无亏，公主情礼得毕。

于是诏公主待三年服阕，然后成礼。其年，拜尚书左仆射、同中书门下三品。三年，以本官兼太子少师。

显庆元年，迁太子太傅。尝与右仆射张行成、中书令高季辅俱蒙赐地，志宁奏曰："臣居关右，代袭箕裘，周魏以来，基址不坠。行成等新营庄宅，尚少田园，于臣有余，乞申私让。"帝嘉其意，乃分赐行成及季辅。四年，表请致仕，听解尚书左仆射，拜太子太师，仍同中书门下三品。

高宗之将废王庶人也，长孙无忌、褚遂良执正不从，而李绩、许敬宗密申劝请，志宁独无言以持两端。及许敬宗推鞫长孙无忌诏狱，因诬构志宁党附无忌，坐是免职，寻降授荣州刺史。麟德元年，累转华州刺史，年老请致仕，许之。二年，卒于家，年七十八，赠幽州都督，谥曰定。上元三年，追复其左光禄大夫、太子太师。志宁雅爱宾客，接引忘倦，后进文笔之士，无不影附，然亦不能有所荐达，议者以此少之。前后预撰格式律令、《五经义疏》及修礼、修史等功，赏赐不可胜计。有集二十卷。

子立政，太仆少卿。志宁玄孙休烈，休烈子益，自有传。

高季辅，德州蓚人也。祖表，魏安德太守。父衡，隋万年令。委辅少好学，兼习武艺。居母丧以孝闻。兄元道，仁隋为汲令。武德初，县人翻城从贼，元道被害，季辅率其党出斗，竟擒杀其兄者斩之，持首以祭墓，甚为士友所称。由是群盗多归附之，众至数千。寻与武陟人李厚德率众来降，授陟州总管府户曹参军。贞观初，擢拜监察御史，多所弹纠，不避权要。累转中书舍人。

时太宗数召近臣，令指陈时政损益。季辅上封事五条；其略曰：

陛下平定九州，富有四海，德超邃古，道高前烈。时已平矣，功已成矣，然而刑典未措者，何哉？良由谋猷之臣，不弘简易之政；台阁之吏，昧于经远之道。执宪者以深刻为奉公，当官者以侵下为益国，未有坦平恕之怀，副圣明之旨。至如设官分职，各有司存，尚书八座，责成斯在，王者司契，义属于兹。伏愿随方训诱，使各扬其职。仍须擢温厚之人，升清洁之吏，敦朴素，革浇浮，先之以敬让，示之以好恶，使家识孝慈，人知廉耻。丑言过行，见嗤于乡闾；忘义不眤，取摈于亲族。杜其利欲之心，载以清净之化。自然家肥国富，气和物阜，礼节于是竞兴，祸乱何由而作？

又曰：

窃见圣躬，每存节俭，而凡诸营缮，工徒未息。正丁正匠，不供驱使；和雇和市，非无劳费。人主所欲，何事不成，犹愿爱其财而勿殚，惜其力而勿竭。今畿内数州，实惟邦本，地狭人稠，耕植不博，菽粟虽贱，储蓄未多，特宜优矜，令得休息。强本弱枝，自古常事。关、河之外，徭役全少；帝京、三辅，差科非一；江南、河北，弥复优闲。须为差等，均其劳逸。

又曰：

今公主之室，封邑足以给资用；勋贵之家，俸禄足以供器服。乃戚戚于俭约，汲汲于华侈，放息出举，追求什一。公侯尚且求利，黎庶岂觉其非。锥刀必竞，实由于此，有黩朝风。谓宜惩革。

又曰：

仕以应务代耕，外官卑品，犹未得禄，既离乡家，理必贫匮。但妻子之恋，贤达其犹累怀；饥寒之切，夷、惠罕全其行。为政之道，期于易从。若不恤其匮乏，唯欲责其清勤，凡在末品，中庸者多，止恐巡察岁去，轺轩继轨，不能肃其侵渔，何以求其政术？今户口渐殷，仓廪已实，斟量给禄，使得养亲。然后督以严科，责其报效，则庶官毕力，物议斯允。

又曰：

窃见密王元晓等，俱是懿亲，陛下友爱之怀，义高古昔，分以车服，委以藩维，须依礼仪，以副瞻望。比见帝子拜诸叔，诸叔亦答拜，王爵既同，家人有礼，岂合如此颠倒昭穆。伏愿一垂训诫，永循彝则。

书奏，太宗称善。

十七年，授太子右庶子，又上疏切谏时政得失，特赐钟乳一剂，曰："进药石之言，故以药石相报。"十八年，加银青光禄大夫，兼吏部侍郎，凡所铨叙，时称允当。太宗尝赐金背镜一面，以表其清鉴焉。二十二年，迁中书令，兼检校吏部尚书、监修国史，赐爵蓚县公。永徽二年，授光禄大夫，行侍中，兼太子少保。以风疾废于家，乃召其兄虔州刺史季通为宗正少卿视其疾，又屡降中使观其进食，问其增损。寻卒，年五十八，帝为之举哀，废朝三日，赠开府仪同三司、荆州都督，谥曰宪。

　　子正业，仕至中书舍人，坐与上官仪善，配流岭外。

　　张行成，定州义丰人也。少师事河间刘炫，勤学不倦，炫谓门人曰："张体局方正，廊庙才也。"大业末，察孝廉，为谒者台散从员外郎。王世充僭号，以为度支尚书。世充平，以隋资补宋州谷熟尉。又应制举乙科，授雍州富平县主簿，理有能名。秩满，补殿中侍御史，纠劾不避权戚，太宗以为能，谓房玄龄曰："观古今用人，必因媒介，若行成者，朕自举之，无先容也。"太宗尝言及山东、关中人，意有同异，行成正侍宴，跪而奏曰："臣闻天子以四海为家，不当以东西为限；若如是，则示人以隘狭。"太宗善其言，赐名马一匹、钱十万、衣一袭。自是每有大政，常预议焉。累迁给事中。

　　太宗尝临轩谓侍臣曰："朕所以不能恣情欲，取乐当年，而励节苦心，卑宫菲食者，正为苍生耳。我为人主，兼行将相之事，岂不是夺公等名？昔汉高祖得萧、曹、韩、彭，天下宁宴；舜、禹、汤、武有稷、契、伊、吕，四海刈安。此事朕并兼之。"行成退而上书谏曰："有隋失道，天下沸腾，陛下拨乱反正，拯生人于涂炭，何周、汉君臣之所能拟？陛下圣德含光，规模弘远，虽文武之烈实兼将相，何用临朝对众与其较量，以万乘至尊，共臣下争功哉？臣闻'天何言哉，四时行焉'；又闻'汝惟不矜，天下莫与汝争能'。臣备员枢近，非敢知献替之事，辄陈狂直，伏待菹醢。"太宗深纳之。转刑部侍郎、太子少詹事。

　　太宗东征，皇太子于定州监国，即行成本邑也。太子谓行成曰："今者送公衣锦还乡。"于是令有司祀其先人墓。行成因荐乡人魏唐卿、崔宝权、马龙驹、张君劢等，皆以学行著闻，太子召见，以其老不任职，皆厚赐而遣之。太子又使行成诣行在所，太宗见之甚悦，赐马二匹、缣三百匹。驾还京，为河南巡察大使。还称旨，以本官兼检校尚书左丞。

　　是岁，太宗幸灵州，太子当从，行成上疏曰："伏承皇太子从幸灵州。臣愚以为皇太子养德春宫，日月未几，华夷远迩，伫听嘉音。

如因以监国，接对百僚，决断庶务，明习政理，既为京师重镇，且示四方盛德。与其出陪私爱，曷若俯从公道？"太宗以为忠，进位银青光禄大夫。二十三年，迁侍中，兼刑部尚书。

太宗崩，与高季辅侍高宗即位于太极殿梓宫前。寻封北平县公，监修国史。时晋州地连震，有声如雷，高宗以问行成。行成对曰："天，阳也；地，阴也。阳，君象；阴，臣象。君宜转动，臣宜安静。今晋州地动，弥旬不休。虽天道玄邈，窥算不测；而人事较量，昭然作戒。恐女谒用事，大臣阴谋，修德禳灾，在于陛下。且陛下本封晋也，今地震晋州，下有征应，岂徒然耳。伏愿深思远虑，以杜未萌。"二年八月，拜尚书左仆射，寻加授太子少傅。四年，自三月不雨至于五月，复抗表请致仕。高宗手制答曰："密云不雨，遂淹旬月，此朕之寡德，非宰臣咎。实甘万方之责，用陈六事之过。策免之科，义乖罪己。今敕断表，勿复为辞。"赐宫女黄金器物。固请乞骸骨，高宗曰："公，我之故旧腹心，奈何舍我而去？"因怆然流涕。行成不得已，复起视事。九月，卒于尚书，省时年六十七。高宗哭之甚哀，辍朝三日，令九品已上就第哭。比敛，中使三至，赐内衣服，令尚宫宿于家，以视殡敛。赠开府仪同三司、并州都督，所司备礼册命，祭以少牢，赙绢布八百段、米粟八百石，赐东园秘器，谥曰定。弘道元年，诏以行成配享高宗庙庭。

子洛客嗣，官至雍州渭南令。

行成族孙易之，父希臧，雍州司户。易之初以门荫，累迁为尚乘奉御，年二十余，白皙美姿容，善音律歌词。则天临朝，通天二年，太平公主荐易之弟昌宗入侍禁中，既而昌宗启天后曰："臣兄易之器用过臣，兼工合炼。"即令召见，甚悦。由是兄弟俱侍宫中，皆傅粉施朱，衣锦绣服，俱承辟阳之宠。俄以昌宗为云麾将军，行左千牛中郎将；易之为司卫少卿。赐第一区、物五百段、奴婢驰马等。信宿，加昌宗银青光禄大夫，赐防阁，同京官朔望朝参。仍赠希臧襄州刺史，母韦氏阿臧封太夫人，使尚宫至宅问讯，仍诏尚书李迥秀私侍阿臧。武承嗣、三思、懿宗、宗楚客、宗晋卿候其门庭，争执鞭辔，呼易之为五郎，昌宗为六郎。俄加昌宗左散骑常侍。

圣历二年，置控鹤府官员，以易之为控鹤监内供奉，余官如故。久视元年，改控鹤府为奉宸府，又以易之为奉宸令，引辞人阎朝隐、薛稷、员半千并为奉宸供奉。每因宴集，则令嘲戏公卿以为笑乐。若内殿曲宴，则二张、诸武侍坐，樗薄笑谑，赐与无算。时谀佞者奏云，昌宗是王子晋后身。乃令被羽衣，吹箫，乘木鹤，奏乐于庭，如子晋乘空。辞人皆赋诗以美之，崔融为其绝唱，其句有"昔遇浮丘伯，今同丁令威。中郎才貌是，藏史姓名非"。

天后令选美少年为左右奉宸供奉，右补阙朱敬则谏曰："臣闻志不可满，乐不可极。嗜欲之情，愚智皆同，贤者能节之不使过度，则前圣格言也。陛下内宠，已有薛怀义、张易之、昌宗，固应足矣。近闻尚舍奉御柳模自言子良宾洁白美须眉，左监门卫长史侯祥云阳道壮伟，过于薛怀义，专欲自进堪奉宸内供奉。无礼无仪，溢于朝听。臣愚职在谏诤，不敢不奏。"则天劳之曰："非卿直言，朕不知此。"赐綵百段。

以昌宗丑声闻于外，欲以美事掩其迹，乃诏昌宗撰《三教珠英》于内。乃引文学之士李峤、阎朝隐、徐彦伯、张说、宋之问、崔湜、富嘉谋等二十六人，分门撰集，成一千三百卷，上之。加昌宗司仆卿，封邺国公，易之为麟台，监封恒国公，各实封三百户。俄改昌宗为春官侍郎。易之、昌宗皆粗能属文，如应诏和诗，则宋之问、阎朝隐为之代作。

则天春秋高，政事多委易之兄弟。中宗为皇太子，太子男召王重润及女弟永泰郡主窃言二张专政。易之诉于则天，付太子自鞫问处置，太子并自缢杀之。又御史大夫魏元忠尝奏二张之罪，易之惧不自安，乃诬奏元忠与司礼丞高戬云："天子老矣，当挟太子为耐久朋。"则天曰："汝何以知之？"易之曰："凤阁舍人张说为证。"翌日，则天召元忠及说廷诘之，皆妄。则天尚以二张之故，逐元忠为高要尉，张说长流钦州。

长安二年，易之赃贿事发，为御史台所劾下狱，兄司府少卿昌仪、司礼少卿同休皆贬黜。及则天卧疾长生院，宰臣希得进见，唯易之兄弟侍侧，恐祸变及己，乃引用朋党，阴为之备。人有榜其事于路，左台御史中丞宋璟请按之。则天阳许，寻敕宋璟使幽州按都督屈突仲翔，令司礼卿崔神庆鞫之。神庆希旨，雪昌宗兄弟。

神龙元年正月，则天病甚。是月二十日，宰臣崔玄晖、张柬之等起羽林兵迎太子，至玄武门，斩关而入，诛易之、昌宗于迎仙院，并枭首于天津桥南。则天逊居上阳宫。易之兄昌期，历岐、汝三州刺史，所在苛猛暴横，是日亦同枭首。朝官房融、崔神庆、崔融、李峤、宋之问、杜审言、沈佺期、阎朝隐等皆坐二张窜逐，凡数十人。

史臣曰：于燕公辅导储皇，高侍中敷陈理行，张北平斥言阴脊，皆人所难言者。苟非金玉其度，松筠挺操，安能弗人主之意，献苦口之忠。宜其论道岩廊，克终显盛。古所谓能以义匡主之失，三君有焉。

赞曰：猗欤于公，献替两宫。前修克继，嗣德弥隆。高酬药剂，张感宸衷。君臣之义，斯为始终。

旧唐书卷七九
列传第二九

祖孝孙　傅仁均　傅奕
李淳风　吕才

　　祖孝孙，幽州范阳人也。父崇儒，以学业知名，仕至齐州长史。孝孙博学，晓历算，早以达识见称。初，开皇中，钟律多缺，虽何妥、郑译、苏夔、万宝常等亟共讨详，纷然不定。及平江左，得陈乐官蔡子元、于普明等，因置清商署。时牛弘为太常卿，引孝孙为协律郎，与子元、普明参定雅乐。时又得陈阳山太守毛爽，妙知京房律法，布琯飞灰，顺月皆验。爽时年老，弘恐失其法，于是奏孝孙从其受律。孝孙得爽之法，一律而生五音，十二律而为六十音，因而六之，故有三百六十音，以当一岁之日。又祖述洗重，依淮南本数，用京房旧术求之，得三百六十律，各因其月律而为一部。以律数为母，以一中气所有日为子，以母命子，随所多少，分直一岁，以配七音，起于冬至。以黄钟为宫，太蔟为商，林钟为征，南吕为羽，沽洗为角，应钟为变宫，蕤宾为变征。其余日建律皆依运行，每日各以本律为宫。旋宫之义，由斯著矣。然牛弘既初定乐，难复改张。至大业时，又采晋、宋旧乐，唯奏《皇夏》等十有四曲，旋宫之法，亦不施用。

　　高祖受禅，擢孝孙为著作郎，历吏部郎、太常少卿，渐见亲委，孝孙由是奏请作乐。时军国多务，未遑改创，乐府尚用隋氏旧文。武德七年，始命孝孙及秘书监窦琎修定雅乐。孝孙又以陈、梁旧乐杂用吴、楚之音，周、齐旧乐多涉胡戎之伎，于是斟酌南北，考以古音，作《大唐雅乐》。以十二月各顺其律，旋相为宫，制十二乐，合三十二曲、八十四调。事具《乐志》。旋宫之义，亡绝已久，世莫能知，一朝复古，自孝孙始也。孝孙寻卒。其后，协律郎张文收复采《三礼》增损乐章，然因孝孙之本音。

傅仁均，滑州白马人也。善历算、推步之术。武德初，太史令庾俭、太史丞傅奕表荐之，高祖因召令改修旧历。仁均因上表陈七事：

其一曰："昔洛下闳以汉武太初元年岁在丁丑，创历起元，元在丁丑。今大唐以戊寅年受命，甲子日登极，所造之历，即上元之岁，岁在戊寅，命旦又起甲子，以三元之法，一百八十去其积岁，武德元年戊寅为上元之首，则合璧连珠，悬合于今日。"

其二曰："《尧典》为'日短星昴，以正仲冬'。前代造历，莫能允合。臣今创法，五十余年冬至辄差一度，则却检周、汉，千载无违。"

其三曰："经书日蚀，《毛诗》为先，'十月之交，朔日辛卯'。臣今立法，却推得周幽王六年辛卯朔蚀，即能明其中间，并皆符合。"

其四曰："《春秋命历序》云：'鲁僖公五年壬子朔旦冬至。'诸历莫能符合。臣今造历，却推僖公五年正月壬子朔旦冬至则同，自斯以降，并无差爽。"

其五曰："古历日蚀或在于晦，或在二日；月蚀或在望前，或在望后。臣今立法，月有三大三小，则日蚀常在于朔，月蚀在望前。却验鲁史，并无违爽。"

其六曰："前代造历，命辰不从子半，命度不起虚中。臣今造历，命辰起子半，度起于虚六度，命合辰，得中于子，符阴阳之始，会历术之宜。"

其七曰："前代诸历，月行或有晦犹东见、朔已西朓。臣今以迟疾定朔，永无此病。"

经数月，历成奏上，号曰《戊寅元历》，高祖善之。武德元年七月，诏颁新历，授仁均员外散骑常侍，赐物二百段。

后中书令封德彝奏历术差谬，敕吏部郎中祖孝孙考其得失。又太史丞王孝通执《甲辰历法》以驳之曰：

　　案《尧典》云："日短星昴，以正仲冬。"孔氏云七宿毕见，举中者言耳。是知中星无定，故互举一分两至之星以为成验也。昴西方处中之宿，虚为北方居中之星，一分各举中者，即余六星可知。若乃仲冬举鸟，仲夏举火，此一至一分又举七星之体，则余二方可见。今仁均专守昴中而为定朔，执文害意，不亦谬乎！又案《月令》：仲冬"昏在东壁"。明知昴中则非常准。若言陶唐之代，定是昴中，后代渐差，遂至东壁。然则尧前七千余载，冬至之日，即便合翼中，逾远弥却，尤成不隐。且今验东壁昏中，日体在斗十有三度；若昏于翼中，日应在井十有三度。夫井极北，去人最近，而斗极南，去人最远，在井则大热，在斗乃大寒。然尧前冬至，即应翻热，及于夏至，便应反寒。四时倒错，寒暑易位，以理推寻，必不然矣。又，郑康成博达之士也，对弟子孙皓云：日永星火，只是大火之次三十度有其中者，非谓心之火星也，实正中也。又平朔、定朔，旧有二家；平望、定望，由来两术。然三大三小，是定朔、定望之法；一大一小，是平朔、平望之义。且日月之行，有迟有疾，每月一相及，谓之合会，故晦朔无定，由人消息。若定大小合朔者，合会虽定，而蔀元纪首，三端并失。若上合履端之始，下得归余于终，合会时有进退，履端又皆允协，则《甲辰元历》为通术矣。

仁均对曰：

　　宋代祖冲之久立差术，至于隋代张胄玄等，同而修之，虽差度不同，各明其意。今孝通不达宿度之差移，未晓黄道之迁改，乃执南斗为冬至之恒星，东井为夏至之常宿，率意生难，岂为通理？夫太阳行于宿度，如邮传之过逆旅，宿度每岁既差，黄道随而变易，岂得以胶柱之说而为斡运之难乎！

　　又案《易》云："治历明时。"《礼》云："天子玄端，听朔于南门之外。"《尚书》云："正月上日，受终于文祖。"孔氏云："上日，朔日也。"又云："季秋月朔，辰不集于房。"孔氏云："集，合也。

不合,则日蚀随可知矣。"又云:"先时、不及时,皆杀无赦。"先时,谓朔日不及时也。若有先后之差,是不知定朔之道矣。《诗》云:"十月之交,朔日辛卯。"又,《春秋》日蚀三十有五,左丘明云:"不书朔,官失之也。"明圣人之教,不论于晦,唯取朔耳。自春秋以后,去圣久远,历术差违,莫能详正。故秦、汉以来,多非朔蚀,而宋代御史中丞何承天微欲见意,不能详究,乃为太史令钱乐之、散骑侍郎皮延宗所抑止。孝通今语,乃是延宗旧辞。承天既非甄明,故有当时之屈。今略陈梗概,申以明之。

夫理历之本,必推上元之岁,日月如合璧,五星如连珠,夜半甲子朔旦冬至。自此以后,既行度不同,七曜分散,不知何年更得余分普尽,还复总会之时也?唯日分气分,得有可尽之理,因其得尽,即有三端之元。故造经立法者,小余尽即为元首,此乃纪其日数之元,不关合璧之事矣。时人相传,皆云大小余俱尽,即定夜半甲子朔旦冬至者,此不达其意故也。何者?冬至自有常数,朔名由于月起,既月行迟疾无常,三端岂得即合?故必须日月相合,与冬至同者,始可得名为合朔冬至耳。故前代诸历,不明其意,乃于大余正尽之年而立其元法,将以为常,而不知七曜散行,气朔不合。今法唯取上元连珠合璧,夜半甲子朔旦冬至,合朔之始以定,定一九相因,行至于今日,常取定朔之宜,不论三端之事。皮延宗本来不知,何承天亦自未悟,何得引而相难耶?

孝孙以仁均之言为然。

贞观初,有益州人阴弘道又执孝通旧说以驳之,终不能屈。李淳风复驳仁均历十有八事,敕大理卿崔善为考二家得失,七条改从淳风,余一十一条并依旧定。仁均后除太史令,卒官。

傅奕,相州邺人也。尤晓天文历数。隋开皇中,以仪曹事汉王谅。及谅举兵,谓奕曰:"今兹荧惑入井,是何祥也?"奕对曰:"天上东井，黄道经其中，正是荧惑行路所涉，不为怪异；若荧惑入地上井。是为灾也。"谅不悦。及谅败，由是免诛，徙扶风。

高祖为扶风太守，深礼之。及践祚，召拜太史丞。太史令庾俭以其父质在隋言占候忤炀帝意，竟死狱中，遂惩其事，又耻以数术进，乃荐奕自代，遂迁太史令。奕既与俭同列，数排毁俭，而俭不之恨，时人多俭仁厚而称奕之率直。奕所奏天文密状，屡会上旨，置参旗、井钺等十二军之号，奕所定也。武德三年，进《漏刻新法》，遂行于时。

七年，奕上疏请除去释教，曰：

　　佛在西域，言妖路远，汉译胡书，恣其假托。故使不忠不孝，削发而揖君亲；游手游食，易服以逃租赋。演其妖书，述其邪法，伪启三涂，谬张六道，恐吓愚夫，诈欺庸品。凡百黎庶，通识者稀，不察根源，信其矫诈。乃追既往之罪，虚规将来之福。布施一钱，希万倍之报；持斋一日，冀百日之粮。遂使愚迷，妄求功德，不惮科禁，轻犯宪章。其有造作恶逆，身坠刑纲，方乃狱中礼佛，口诵佛经，昼夜忘疲，规免其罪。且生死寿夭，由于自然；刑德威福，关之人主。乃谓贫富贵贱，功业所招，而愚僧矫诈，皆云由佛。窃人主之权，擅造化之力，其为害政，良可悲矣！

　　案《书》云："惟辟作福威，惟辟玉食。臣有作福、作威、玉食，害于而家，凶于而国，人用侧颇僻。"降自牺、农，至于汉、魏，皆无佛法，君明臣忠，祚长年久。汉明帝假托梦想，始立胡神，西域桑门，自传其法。西晋以上，国有严科，不许中国之人，辄行髡发之事。洎于符、石，羌胡乱华，主庸臣佞，政虐祚短，皆由佛教致灾也。梁武、齐襄，足为明镜。昔褒姒一女，妖惑幽王，尚致亡国；况天下僧尼，数盈十万，剪刻缯彩，装束泥人，而为厌魅，迷惑万姓者乎！今之僧尼，请令匹配，即成十万余户，产育男女，十年长养，一纪教训，自然益国，可以足兵。四海免蚕食之殃，百姓知威福所在，则妖惑之风自革，淳朴之化还兴。

且古今忠谏,鲜不及祸。窃见齐朝章仇子他上表言:"僧尼徒众,糜损国家,寺塔奢侈,虚费金帛。"为诸僧附会宰相,对朝谗毁;诸尼依托妃主,潜行谤讟。子他竟被囚执,刑于都市。及周武平齐,制封其墓。臣虽不敏,窃慕其踪。

又上疏十一首,词甚切直。高祖付群官详议,唯太仆卿张道源称奕奏合理。中书令萧瑀与之争论曰:"佛,圣人也。奕为此议,非圣人者无法,请置严刑。"奕曰:"礼本于事亲,终于奉上,此则忠孝之理著,臣子之行成。而佛逾城出家,逃背其父,以匹夫而抗天子,以继体而悖所亲。萧瑀非出于空桑,乃遵无父之教。臣闻非孝者无亲,其瑀之谓矣!"瑀不能答,但合掌曰:"地狱所设,正为是人。"高祖将从奕言,会传位而止。

奕武德九年五月密奏太白见秦分,秦王当有天下,高祖以状授太宗。及太宗嗣位,召奕赐之食,谓曰:"汝前所奏,几累于我,然今后但须尽言,无以前事为虑也。"太宗常临朝谓奕曰:"佛道玄妙,圣迹可师,且报应显然,屡有征验,卿独不悟其理,何也?"奕对曰:"佛是胡中桀黠,欺诳夷狄,初止西域,渐流中国。遵尚其教,皆是邪僻小人,模写庄、老玄言,文饰妖幻之教耳。于百姓无补,于国家有害。"太宗颇然之。

贞观十三年卒,年八十五。临终诫其子曰:"老、庄玄一之篇,周、孔《六经》之说,是为名教,汝宜习之。妖胡乱华,举时皆惑,唯独窃叹,众不我从,悲夫!汝等勿学也。古人裸葬,汝宜行之。"奕生平遇患,未尝请医服药,虽究阴阳数术之书,而并不之信。又尝醉卧,蹶然起曰:"吾其死矣!"因自为墓志曰:"傅奕,青山白云人也。因酒醉死,呜呼哀哉!"其纵达皆此类。注《老子》,并撰《音义》,又集魏、晋已来驳佛教者为《高识传》十卷,行于世。

李淳风,岐州雍人也。其先自太原徙焉。父播,隋高唐尉,以秩卑不得志,弃官而为道士,颇有文学,自号黄冠子。注《老子》,撰《方志图》,文集十卷,并行于代。淳风幼俊爽,博涉群书,尤明天文、历算、阴阳之学。贞观初，以驳傅仁均历议，多所折衷，授将仕郎，直太史局。寻又上言曰："今灵台候仪，是魏代遗范，观其制度，疏漏实多。臣案《虞书》称，舜在璇玑玉衡，以齐七政。则是古以混天仪考七曜之盈缩也。《周官》大司徒职，以土圭正日景，以定地中。此亦据混天仪日行黄道之明证也。暨于周末，此器乃亡。汉孝武时，洛下闳复造混天仪，事多疏阙。故贾逵、张衡各有营铸，陆绩、王蕃递加修补，或缀附经星，机应漏水，或孤张规郭，不依日行，推验七曜，并循赤道。今验冬至极南，夏至极北，而赤道当定于中，全无南北之异，以测七曜，岂得其真？黄道浑仪之阙，至今千余载矣。"

太宗异其说，因令造之，至贞观七年，造成。其制以铜为之，表里三重，下据准基，状如十字，末树鳌足，以张四表焉。第一仪名曰六合仪，有天经双规、浑纬规、金常规，相结于四极之内，备二十八宿、十干、十二辰，经纬三百六十五度。第二名三辰仪，圆径八尺，有璇玑规、道、月游，天宿矩度，七曜所行，并备于此，转于六合之内。第三名四游仪，玄枢为轴，以连结玉衡游筒而贯约规矩；又玄枢北树北辰，南距地轴，傍转于内；又玉衡在玄枢之间而南北游，仰以观天之辰宿，下以识器之晷度。时称其妙。又论前代浑仪得失之差，著书七卷，名为《法象志》以奏之。太宗称善，置其仪于凝晖阁，加授承务郎。十五年，除太常博士。寻转太史丞，预撰《晋书》及《五代史》，其《天文》、《律历》、《五行志》皆淳风所作也。又预撰《文思博要》。二十二年，迁太史令。

初，太宗之世有《秘记》云："唐三世之后，则女主武王代有天下。"太宗尝密召淳风以访其事，淳风曰："臣据象推算，其兆已成。然其人已生，在陛下宫内，从今不逾三十年，当有天下，诛杀唐氏子孙歼尽。"帝曰："疑似者尽杀之，如何？"淳风曰："天之所命，必无禳避之理。王者不死，多恐枉及无辜。且据上象，今已成，复在宫内，已是陛下眷属。更三十年，又当衰老，老则仁慈，虽受终易姓，其于陛下子孙，或不甚损。今若杀之，即当复生，少壮严毒，杀之立仇。若如此，即杀戮陛下子孙，必无遗类。"太宗善其言而止。

淳风每占候吉凶，合若符契，当时术者疑其别有役使，不因学习所致，然竟不能测也。显庆元年，复以修国史功封昌乐县男。先是，太史监候王思辩表称《五曹》、《孙子》十部算经理多踳驳。淳风复与国子监算学博士梁述、太学助教王真儒等受诏注《五曹》、《孙子》十部算经。书成，高宗令国学行用。龙朔二年，改授秘阁郎中。时《戊寅历法》渐差，淳风又增损刘焯《皇极历》，改撰《麟德历》奏之，术者称其精密。咸亨初，官名复旧，还为太史令。年六十九卒。所撰《典章文物志》、《乙巳占》、《秘阁录》，并演《齐人要术》等凡十余部，多传于代。

子谚、孙仙宗，并为太史令。

吕才，博州清平人也。少好学，善阴阳方伎之书。贞观三年，太宗令祖孝孙增损乐章，孝孙乃与音律人王长通、白明达递相长短。太宗令侍臣更访能者，中书令温彦博奏才聪明多能，眼所未见，耳所未闻，一闻一见，皆达其妙，尤长于声乐，请令考之。侍中王圭、魏征又盛称才学术之妙，征曰："才能为尺十二枚，尺八长短不同，各庆律管，无不谐韵。"太宗即征才，令直弘文馆。太宗尝览周武帝所撰《三局象经》，不晓其旨。太子洗马蔡允恭年少时尝为此戏，太宗召问，亦废而不通，乃召才使问焉。才寻绎一宿，便能作图解释，允恭览之，依然记其旧法，与才正同，由是才遂知名。累迁太常博士。

太宗以《阴阳书》近代以来渐致讹伪，穿凿既甚，拘忌亦多，遂命才与学者十余人共加刊正，削其浅俗，存其可用者。勒成五十三卷，并旧书四十七卷，十五年书成，诏颁行之。才多以典故质正其理，虽为术者所短，然颇合经义今略载其数篇。

其叙宅经曰：

《易》曰："上古穴居而野处，后世圣人易以宫室，盖取诸大壮。"迨于殷、周之际，乃有卜宅之文，故《诗》称"相其阴阳"，《书》云"卜惟洛食"，此则卜宅吉凶，其来尚矣。至于近代师巫，更加五姓之说。言五姓者，谓宫、商、角、征、羽等，天下万物，悉配属之，行事吉凶，依此为法。至如张、王等为商，武、庚等为羽，欲似同韵相求；及其以柳姓为宫，以赵姓为角，又非四声相管。其间亦有同是一姓，分属宫商，后有复姓数字，征羽不别。验于经典，本无斯说，诸阴阳书，亦无此语，直是野俗口传，竟无所出之处。唯《堪舆经》，黄帝对于天老，乃有五姓之言。且黄帝之时，不过姬、姜数姓，暨于后代，赐族者多。至如管、蔡、郕、霍、鲁、卫、毛、聃、郜、雍、曹、滕、毕、原、丰、郇，并是姬姓子孙；孔、殷、宋、华、向、萧、亳、皇甫，并是子姓苗裔。自余诸国，准例皆然。因邑因官，分枝布叶，未知此等诸姓，是谁配属？又检《春秋》，以陈、卫及秦并同水姓，齐、郑及宋皆为火姓，或承所出之祖，或系所属之星，或取所居之地，亦非宫、商、角、征，共相管摄。此则事不稽古，义理乖僻者也。

叙禄命曰：

谨案《史记》，宋忠、贾谊讥司马季主云："夫卜筮者，高人禄命以悦人心，矫言祸福以尽人财。"又案王充《论衡》云："见骨体而知命禄，睹命禄而知骨体。"皮即禄命之书，行之久矣。多言或中，人乃信之。今更研寻，本非实录。但以积善余庆，不假建禄之吉；积恶余殃，岂由劫杀之灾。皇天无亲，常与善人，祸福之应，其犹影响。故有夏多罪，天命剿绝；宋景修德，妖孛夜移。学也禄在，岂待生当建学，文王勤忧损寿，不关月值空亡。长平坑卒，未闻共犯三刑；南阳贵士，何必俱当六合。历阳成湖，非独河魁之上；蜀郡炎燎，岂由灾厄之下。今时亦有同年同禄，而贵贱悬殊；共命共胎，而夭寿更异。

案《春秋》，鲁桓公六年七月，鲁庄公生。今检《长历》，庄公生当乙亥之岁，建申之月。以此推之，庄公乃当禄之空亡。依禄命书，法合贫贱，又犯勾绞六害，背驿马三刑，当此生者，并无官爵。火命七月，生当病乡，为人尪弱，身合矬陋。今案《齐诗》讥庄公"猗嗟昌兮，颀若长兮。美目扬兮，巧趋跄兮"。唯有向命一条，法当长命。依检《春秋》，庄公薨时计年四十五矣。此则禄命不验一也。

又案《史记》，秦庄襄王四十八年，始皇帝生，宋忠注云："因正月生，乃名政。"依检襄王四十八年，岁在壬寅。此年正月生者，命当背禄，法无官爵，假得禄合，奴婢尚少。始皇又当破驿马三刑，身克驿马，法当望官不到；金命正月，生当绝下，为人无始有终，老而弥吉。今检《史记》，始皇乃是有始无终，老更弥吉。唯建命生，法合长寿，计其崩时，不过五十。禄命不验二也。

又《汉武故事》，武帝以乙酉之岁七月七日平旦时生。亦当禄空亡下，法无官爵，虽向驿马，尚隔四辰。依禄命法，少无官荣，老而方盛。今检《汉书》，武帝即位，年始十六，末所已后，户口减半。禄命不验三也。

又按《后魏书》云：孝文皇帝皇兴元年八月生。今按《长历》，其年岁在丁未。以此推之，孝文皇帝背禄命，并驿马三刑，身克驿马。依禄命书，法无官爵，命当父死中生，法当生不见父。今检《魏书》，孝文皇帝身受其父显祖之禅。礼云：嗣子位定于初丧，逾年之后，方始正号。是以天子无父，事三老也。孝文受禅，异于常礼，躬率天子，以事其亲，而禄命云不合识父。禄命不验四也。

又按沈约《宋书》云：宋高祖癸亥岁三月生。依此而推，禄之与命，并当空亡。依禄命书，法无官爵，又当子墓中生，唯宜嫡子，假有次子，法当早卒。今检《宋书》，高祖长子先被篡弑，次子义隆，享国多年。高祖又当祖禄下生，法得嫡孙财禄。今检《宋书》，其孙刘劭、刘浚并为篡逆，几失宗祧。禄命不验五也。

叙葬书曰：

《易》曰："古之葬者，衣之以薪，不封不树，丧期无数。后世圣人易之以棺椁，盖取诸《大过》。"《礼》云："葬者，藏也，欲使人不得见之。"然《孝经》云："卜其宅兆而安厝之。"以其顾复事毕，长为感慕之所；窀穸礼终，永作魂神之宅。朝市迁变，不得豫测于将来；泉石交侵，不可先知于地下。是以谋及龟筮，庶无后艰，斯乃备于慎终之礼，曾无吉凶之义。暨乎近代以来，加之阴阳葬法，或选年月便利，或量墓田远近，一事失所，祸及死生，巫者利其货贿，莫不擅加妨害。遂使葬书一术，乃有百二十家，各说吉凶，拘而多忌。且天覆地载，乾坤之理备焉；一刚一柔，消息之义详矣。或成于昼夜之道，感于男女之化，三光运于上，四气通于下，斯乃阴阳之大经，不可失之于斯须也。至于丧葬之吉凶，乃附此为妖妄。

《传》云：王者七日而殡，七月而葬；诸侯五日而殡，五月而葬；大夫经时而葬；士及庶人逾月而已。此则贵贱不同，礼亦异数。欲使同盟同轨，赴吊有期，量事制宜，遂为常式。法既一定，不得违之。故先期而葬，谓之不怀；后期而不葬，讥之殆礼。此则葬有定期，不择年月，一也。

《春秋》又云：丁巳，葬定公，雨，不克葬，至于戊午襄事。礼经善之，《礼记》云"卜葬先远日"者，善选月终之日，所以避不怀也。今检葬书，以己亥之日用葬最凶。谨按春秋之际，此日葬者凡有二十余件。此则葬不择日，二也。

《礼记》又云："周尚赤，大事用平旦；殷尚白，大事用日中；夏尚黑，大事用昏时。"郑玄《注》云："大事者何？谓丧葬也。"此则直取当代所尚，不择时之早晚。《春秋》云，郑卿子产及子太叔葬郑简公，于时司墓大夫室当葬路。若坏其室，即平旦而窆；不坏其室，即日中而窆。子产不欲坏室，俗待日中。子太叔云："若至日中而窆，恐久劳诸侯大未来会葬者。"然子产既云博物君子，太叔乃为诸侯之选，国之大事，无过丧葬，必是义有吉凶，斯等岂得不用。今乃不问时之得失，唯论人事可否。《曾子问》云："葬逢日蚀，舍于路左，待明而行，所以备非常也。"若依葬书，多用乾、艮二时，并是近半夜，此即交与礼违。今检《礼传》，葬不择时，三也。

　　葬书云，富贵官品，皆由安葬所致；所命延促，亦曰垅所招。然今按《孝经》云："立身行道，则扬名于后世，以显父母。"《易》曰："圣人之大宝曰位，何以守位曰仁。"是以日慎一日，则泽及于无疆，苟德不建，则而人无后，此则非由安葬吉凶而论福祚延促。臧孙有后于鲁，不关葬得吉日；若敖绝祀于荆，不由迁厝失所。此则安葬吉凶不可信用，其义四也。

　　今之丧葬吉凶，皆依五姓便利。古之葬者，并在国都之北，域兆既有常所，何取姓墓之义？赵氏之葬，并在九原；汉之山陵，散在诸处。上利下利，蔑尔不论；大墓小墓，其义安在？及其子孙富贵不绝，或与三代同风，或分六国而王。此则五姓之义，大无稽古；吉凶之理，何从而生？其义五也。

　　且人臣名位，进退何常，亦有初贱而后贵，亦有始泰而终否。是以子文三已令尹，展禽三黜士师。卜葬一定，更不回改，冢墓既成，曾不革易，则何因名位无时暂安。故知官爵弘之在人，不由安葬所致，其义六也。

　　野俗无识，皆信葬书，巫者诈其吉凶，愚人因而徼幸。遂使擗踊之际，择葬地而希官品，荼毒之秋，选葬时以规财禄。或云辰日不宜哭泣，遂莞尔而对宾客受吊；或云同属忌于临圹，乃吉服不送其亲。圣人设教，岂其然也；葬书败俗，一至于斯，其义七也。

太宗又令才造《方域图》及《教飞骑战阵图》，皆称旨，擢授太常丞。永徽初，预修《文思博要》及《姓氏录》。显庆中，高宗以琴曲古有《白雪》，近代顿绝，使太常增修旧曲。才上言曰："臣按《礼记》及《家语》云，舜弹五弦之琴，歌《南风》之诗。是知琴操曲弄，皆合于歌。又张华《博物志》云：《白雪》是天帝使素女鼓五十弦瑟曲名。又楚大夫宋玉对襄王云，有客于郢中歌《阳春白雪》，国中和者数十人，是知《白雪》琴曲，本宜合歌，以其调高，人和遂寡。自宋玉已来，迄今千祀，未有能歌《白雪》曲者。臣今准敕，依琴中旧曲，定其宫商，然后教习，并合于歌，辄以御制《雪诗》为《白雪》歌词。又案古今乐府,奏正曲之后皆别有送声,君唱臣和,事彰前史。今取太尉长孙无忌、仆射于志宁、侍中许敬宗等《奉和雪诗》以为送声,合十六节,今悉教讫,并皆合韵。"高宗大悦,更作《白雪歌词》十六首,付太常编于乐府。

时右监门长史苏敬上言,陶弘景所撰《本草》,事多舛谬。诏中书令许敬宗与才及李淳风、礼部郎中孔志约,并诸名医,增损旧本,仍令司空李绩总监定之,并图合成五十四卷,大行于代。

才龙朔中为太子司更大夫。麟德二年卒。著《隋记》二十卷,行于时。

子方毅,七岁能诵《周易》、《毛诗》,太宗闻其幼敏,召见,甚奇之,赐以缣帛。后为右卫铠曹参军。母终,哀恸过礼,竟以毁卒。布车载丧,随母辒车而葬。友人郎余食以白粥玄酒,生刍一束,于路隅奠祭,甚为时人之所哀惜。

史臣曰:孝孙定音律,仁均正楞数,淳风候象纬,吕才推阴阳,订于其伦,咸以为裨、梓、京、管之流也。然旋宫三代之法,秦火籍炀,历代缺其正音,而云孝孙复始,大可叹也。淳风精于术数,能知女主革命,而不知其人,则所未喻矣。吕才核拘忌之曲学,皆有经据,不亦贤乎! 古人所以存而不议,盖有意焉。

赞曰:祖、傅、淳、才,彰往考来。裁筹嶰谷,运箸清台。推迎斡运,图写昭回。重黎之后,诸子贤哉!

旧唐书卷八〇
列传第三〇

褚遂良　韩瑗　来济
上官仪

　　褚遂良，散骑常侍亮之子也。大业末，随父在陇右，薛举僭号，署为通事舍人。举败归国，授秦州都督府铠曹参军。贞观十年，自秘书郎迁起居郎。遂良博涉文史，尤工隶书，父友欧阳询甚重之。太宗尝谓侍中魏征曰："虞世南死后，无人可以论书。"征曰："褚遂良下笔遒劲，甚得王逸少体。"太宗即日召令侍书。太宗尝出御府金帛购求王羲之书迹，天下争赍古书诣阙以献，当时莫能辩其真伪，遂良备论所出，一无舛误。

　　十五年，诏有事太山，先幸洛阳，有星孛于太微，犯郎位。遂良言于太宗曰："陛下拨乱反正，功超前烈，将告成东岳，天下幸甚。而行至洛阳，彗星辄见，此或有所未允合者也。且汉武优柔数年，始行岱礼，臣愚伏愿详择。"太宗深然之，下诏罢封禅之事。其年，迁谏议大夫，兼知起居事。太宗尝问曰："卿知起居，记录何事，大抵人君得观之否？"遂良对曰："今之起居，古左右史，书人君言事，且记善恶，以为鉴诫，庶几人主不为非法。不闻帝王躬自观史。"太宗曰："朕有不善，卿必记之耶？"遂良曰："守道不如守官，臣职当载笔，郡举必记。"黄门侍郎刘洎曰："设令遂良不记，天下亦记之矣。"太宗以为然。

　　时魏王为太宗所爱，礼秩如嫡。其年，太宗问侍臣曰："当今国家何事最急?"中书侍郎岑文本曰:"《传》称'导之以德,齐之以礼',由斯而言,礼义为急。"遂良进曰:"当今四方仰德,谁敢为非? 但太子、诸王,须有定分,陛下宜为万代法以遗子孙。"太宗曰:"此言是也。朕年将五十,已觉衰怠。既以长子守器东宫,弟及庶子数将五十,心常忧虑,颇在此耳。但自古摘庶无良何,尝不倾败国家。公等为朕搜访贤德,以傅储宫,爰及诸王,咸求正士。且事人岁久,即分义情深,非意窥窬,多由此作。"于是限王府官僚不得过四考。

　　七年,太宗问遂良曰:"舜造漆器,禹雕其俎,当时谏舜、禹者十余人。食器之间,苦谏何也?"遂良对曰:"雕琢害农事,纂组伤女工。首创奢淫,危亡之渐。漆器不已,必金为之,金器不已,必玉为之。所以诤臣必谏其渐,及其满盈,无所复谏。"太宗以为然,因曰:"夫为人君,不忧万姓而事奢淫,危亡之机可反掌而待也。"

　　时皇子年幼者多任都督、刺史,遂良上疏曰:"昔两汉以郡国理人,除郡以外,分立诸子,割土分疆,杂用周制。皇唐州县,粗依秦法。皇子幼年,或授刺史,陛下岂不以王之骨肉,镇捍四方? 此之造制,道高前烈。如臣愚见,有小未尽。何者? 刺史郡帅,民仰以安。得一善人,部内苏息;遇一不善,合州劳弊。是以人君爱恤百姓,常为择贤。或称河润九里,京师蒙福;或人兴歌咏,生为立祠。汉宣帝云:'与我共理者,惟良二千石。'如臣愚见,陛下儿子内年齿尚幼未堪临人者,且留京师,教以经学。"一则畏天之威,不敢犯禁;二则观见朝仪,自然成立。因此积习,自知为人。审堪临州,然后遣出。臣谨按汉明、章、和三帝,能友爱子弟,自兹已降取为准的。封立诸王,虽各有国土,年尚幼小者,召留京师,训以礼法,垂以恩惠。讫三帝世,诸王数十百人,唯二王稍恶,自余餐和染教,皆为善人。则前事已验,惟陛下详察。"太宗深纳之。

　　其年,太子承乾以罪废,魏王泰入侍,太宗面许立为太子,因谓侍臣曰:"昨青雀自投我怀云:'臣今日始得与陛下为子,更生之日也。臣唯有一子,臣百年之后,当为陛下杀之,传国晋王。'父子之道,故当天性,我见其如此,甚怜之。"遂良进曰:"陛下失言。伏愿审思,无令错误也。安有陛下百年之后,魏王执权为天下之主,而能杀其爱子,传国于晋王者乎?陛下昔立承乾为太子,而复宠爱魏王,礼数或有逾于承乾者,良由嫡庶不分,所以至此。殷鉴不远,足为龟镜。陛下今日既立魏王,伏愿陛下别安置晋王,始得安全耳。"太宗涕泗交下曰:"我不能。"即日召长孙无忌、房玄龄、李绩与遂良等定策,立晋王为皇太子。

时频有飞雉集于宫殿之内,太宗问群臣曰:"是何祥也?"对曰:"昔秦文公时,有童子化为雉,雌者鸣于陈仓,雄者鸣于南阳。童子曰:得雄者王,得雌者霸。文公遂以为宝鸡。后汉光武得雄,遂起南阳而有四海。陛下旧封秦王,故雄雉见于秦地,此所以彰表明德也。"太宗悦曰:"立身之道,不可无学,遂良博识,深可重也。"寻授太子宾客。

时薛延陀遣使请婚,太宗许以女妻之,纳其财聘,既而不与。遂良上疏曰:

> 臣闻信为国本,百姓所归,是以文王许枯骨而不违,仲尼宁去食而存信。延陀曩岁乃一俟斤耳,值神兵北指,盆平沙塞,狼山、瀚海,万里萧条,陛下兵加诸外而恩起于内,以为余寇奔波,须立酋长,玺书鼓纛,立为可汗。其怀恩光,仰天无极,而余方戎狄,莫不闻知,以共沐和风,同餐恩信。顷者频年遣使,请婚大国,陛下复降鸿私,许其姻媾。于是报吐蕃,告思摩,示中国,五尺童子人皆知之。于是御幸北门,受其献食,于时百僚端笏,戎夷左衽,虔奉欢宴,皆承德音,口歌手舞,乐以终日。百官会毕,亦各有言,咸以为陛下欲得百姓安宁,不欲边境交战,遂不惜一女而妻可汗,预在含生,所以感德。今一朝生进退之意,有改悔之心,臣为国家惜兹声听。

> 君子不失色于物,不失口于人。晋文公围原,命三日粮,原不降,命去之。谍出曰:"原将降矣。"军吏请待之,公曰:"信,国之宝也,民之庇也。得原失信,何以庇之?"陛下虑生意表,信在言前,今者临事,忽然乖殊,所惜尤少,所失滋多。情既不通,方

生嫌隙，一方所以相畏忌，边境不得无风尘，西州、朔方，能无劳扰？彼胡以主被欺而心怨，此士以此无信而怀惭，不可以训戎兵，不可以励军事。伏惟陛下以圣德神功，廓清四表，自君临天下，十有七载，以仁恩而结庶类，以信义而抚戎夷，莫不欣然，负之无力。其见在之人，皆思报厚德；其所生胤嗣，亦望报陛下子孙。今者得一公主配之，以成陛下之信，有始有卒，其唯圣人乎！

且又龙沙以北，部落无算，中国击之，终不能尽，亦由可比败，芮芮兴，突厥亡，延陀盛。时以古人虚外实内，怀之以德，为恶在夷不在华，失信在彼不在此。伏惟陛下圣德无涯，威灵远震，遂平高昌，破吐浑，立延陀，灭颉利。轻刑薄赋，庶事无壅，菽粟丰贱，祥符累臻。此则尧、舜、禹、汤不及陛下远矣。伏愿旁垂恺悌，广兹含育，而常嗔绝域，有意远藩，非偃伯兴文之道，非止戈为武之义。臣以庸暗，忝居左右，敢献瞽言，不胜战惧。

时太宗欲亲征高丽，顾谓侍臣曰："高丽莫离支贼杀其王，虐用其人。夫出师吊伐，当乘机便，今因其弑虐，诛之甚易。"遂良对曰："陛下兵机神算，人莫能知。昔隋末乱离，手平寇乱。及北狄侵边，西蕃失礼，陛下欲命将击之，群臣莫不苦谏，陛下独断进讨，卒并诛夷。海内之人徼外之国，畏威慑伏，为此举也。今陛下将兴师辽东，臣意荧惑。何者？陛下神武，不比前代人君，兵既渡辽，指期克捷，万一差跌，无以威示远方，若再发忿兵，则安危难测。"太宗深然之。后部尚书李𪟝曰："近者延陀犯边，陛下必欲追击，此时陛下取魏征之言，遂失机会。若如圣策，延陀无一人生还，可五十年间疆场无事。"帝曰："诚如卿言，由魏征误计耳。朕不欲以一计不当而尤之，后有良算，安肯矢谋。"由是从𪟝之言，经画渡辽之师。遂良以太宗锐意三韩，惧其遗悔，翌日上疏谏曰：

臣闻有国家者譬诸身，两京等于心腹，四境方乎手足，他方绝域若在身外。臣近于坐下，伏奉口敕，布语臣下，云自欲伐辽。臣数夜思量，不达其理。高丽王为陛下之所立，莫离支辄杀其主，陛下讨逆收地，斯实乘机。关东赖陛下德泽，久无征战，但命二、三勇将发兵四、五万，飞石轻梯，取如回掌。夫圣人有作，必履常规，贵能克平凶乱，驾驭才杰。惟陛下弘两仪之道，扇三五之风，提厉人物，皆思效命。昔侯君集、李靖，所谓庸夫，犹能扫万里之高昌，平千载之突厥，皆是陛下发踪指示，声归圣明。臣旁求史籍，讫乎近代，为人之主，无自伐辽，人臣往征，则有之矣。汉朝则荀彘、杨仆，魏代则毋丘俭、王颀，司马懿犹为人臣，慕容真僭号之子，皆为其主长驱高丽，虏其人民，削平城垒。陛下立功同于天地，美化包于古昔，自当超迈于百王，岂止俯同于六子。陛下昔剪平寇逆，大有爪牙，年齿未衰，犹堪任用，匪唯陛下之所使，亦何行而不克。

方今太子新立，年实幼少，自余藩屏，陛下所知。今一旦弃金汤之全，渡辽海之外，臣忽三思，烦悉并集。大鱼依于巨海，神龙据于川泉，此谓人君不可轻而远也。且以长辽之左，或遇霖淫，水潦腾波，平地数尺。夫带方、玄菟，海途深渺，非万乘所宜行践。东京、太原，谓之中地，东挥可以为声势，西指足以摧延陀，其于西京，迳路非远。为其节度，以设军谋，系莫离支颈，献皇家之庙。此实处安全之上计，社稷之根本，特乞天慈，一垂省察。

太宗不纳。十八年，拜黄门侍郎，参综朝政。

高丽莫离支遣使贡白金，遂良言于太宗曰："莫离支虐弑其主，九夷所不容，陛下以之兴兵，将事吊伐，为辽山之人报主辱之耻。古者，讨弑君之贼，不受其赂。昔宋督遗鲁君以郜鼎，桓公受之于太庙，臧哀伯谏曰：'君人者昭德塞违，今灭德立违，而置其赂器于太庙，百官象之，其又何诛焉？武王克商，迁九鼎于洛邑，义士犹或非之，而况将昭违乱之赂器，置诸太庙，其若之何？'夫《春秋》之书，百王取法，若受不臣之筐篚，纳弑逆之朝贡，不以为愆，何所致伐？臣谓莫离支所献，自不得受。"太宗纳焉，以其使属吏。

太宗既灭高昌,每岁调发千余人防遏其地,遂良上疏曰:

臣闻古者哲后,必先事华夏而后夷狄,务广德化,不事退荒。是以周宣薄伐,至境而止;始皇远塞,中国分离。汉武负文、景之聚财,玩士马之余力,始通西域,初置校尉。军旅连出,将三十年。复得天马于宛城,采蒲萄于安息。而海内虚竭,生人失所,租及六畜,算至舟车,因之凶年,盗贼并起。搜粟都尉桑弘羊复希主意,遣士卒远田轮台,筑城以威西域。帝翻然追悔,情发于中,弃轮台之野,下哀痛之诏,人神感悦,海内乃康。向使武帝复用弘羊之言,天下生灵皆尽之矣。是以光武中兴,不逾葱岭;孝章即位,都护来归。

陛下诛灭高昌,威加西域,收其鲸鲵,以为州县。然则王师初发之岁,河西供役之年,飞刍挽粟,十室九空,数郡萧然,五年不复。陛下岁遣千余人远事屯戍,终年离别,万里思归。去者资装,自须营办,既卖菽粟,倾其机杼。经途死亡,复在其外,兼遣罪人,增其防遏。彼罪人者,生于贩肆,终朝惰业,犯禁违公,止能扰于边城,实无益于行阵。所遣之内,复有逃亡,官司捕捉,为国生事。高昌途路,沙碛千里,冬风冰冽,夏风如焚,行人去来,遇之多死。《易》云:"安不忘危,理不忘乱。"设令张掖尘飞,酒泉烽举,陛下岂能得高昌一人菽粟而及事乎?终须发陇右诸州,星驰电击。由斯而言,此河西者方于心腹,彼高昌者他人手足,岂得糜费中华,以事无用?《书》曰:"不作无益害有益。"其此之谓乎!

陛下道映先天,威行无外,平颉利于沙塞,灭吐浑于西海。突厥余落,为立可汗;吐浑遗氓,更树君长。复立高昌,非无前例,引所谓有罪而诛之,既伏而立之。四海百蛮,谁不闻见,蠕动怀生,畏威慕德。宜择高昌可立者立之,征给首领,遣还本国,负戴洪恩,长为藩翰。中国不扰,既富且宁,传之子孙,以贻永世。

二十年,太宗于寝殿侧别置一院,令太子居,绝不令往东宫。遂良复上疏谏曰：

> 臣闻周世问安，三至必退；汉储视膳，五日乃来。前贤作法，规模弘远。礼曰：男子十年出就外傅，出宿于外，学书计也。然则古之达者，岂无慈心，减兹私爱，欲使成立。凡人尚犹如此，况君之世子乎。自当春诵夏弦，亲近师傅，体人间之庶事，适君臣之大道，命翘足延首，皆聆善声。若献岁之有阳春，玄天之有日月，弘此懿德，乃作元良。伏惟陛下道育三才，功包九有，亲树太子，莫不欣欣。既云废昏立明，须称天下瞻望，而教成之道，实深乖阙。不离膝下，常居宫内，保傅之说无畅，经籍之谈蔑如。且朋友不可以深交，深交必有怨；父子不可以滞爱，滞爱或生愆。伏愿远览殷、周，近遵汉、魏，不可顿革，事须阶渐。尝计旬日，半遣还宫，专学艺以润身，布芳声于天下，则微臣虽死，犹曰生年。

太宗从之。

遂良前后谏奏及陈便宜书数十上，多见采纳。其年，加银青光禄大夫。二十一年，以本官检校大理卿，寻丁父忧解。明年，起复旧职，俄拜中书令。

二十三年，太宗寝疾，召遂良及长孙无忌入卧内，谓之曰："卿等忠烈，简在朕心。昔汉武寄霍光，刘备托葛亮，朕之后事，一以委卿。太子仁孝，卿之所悉，必须尽诚辅佐，永保宗社。"又顾谓太子曰："无忌、遂良在，国家之事，汝无忧矣。"仍命遂良草诏。高宗即位，赐爵河南县公。永徽元年，进封郡公。寻坐事出为同州刺史。三年，征拜吏部尚书、同中书门下三品，监修国史，加光禄大夫。其月，又兼太子宾客。四年，代张行成为尚书右仆射，依旧知政事。

六年，高宗将废皇后王氏，立昭仪武氏为皇后，召太尉长孙无忌、司空李绩、尚书左仆射于志宁及遂良以筹其事。将入，遂良谓无忌等曰："上意欲废中宫，必议其事，遂良今欲陈谏，众意如何？"无忌曰："明公必须极言，无忌请继焉。"及入，高宗难于发言，再三顾谓无忌曰："莫大之罪，绝嗣为甚。皇后无胤息，昭仪有子，今欲立为皇后,公等以为何如?"遂良曰:"皇后出自名家,先朝所娶,伏事先帝,无愆妇德。先帝不豫,执陛下手以语臣曰:'我好儿好妇,今将付卿。'陛下亲承德音,言犹在耳。皇后自此未闻有愆,恐不可废。臣今不敢曲从,上违先帝之命,特愿再三思审。愚臣上忤圣颜,罪合万死,但愿不负先朝厚恩,何顾性命。"遂良致笏于殿陛,曰:"还陛下此笏。"仍解巾叩头流血。帝大怒,令引出。长孙无忌曰:"遂良受先朝顾命,有罪不加刑。"翌日,帝谓李绩曰:"册立武昭仪之事,遂良固执不从。遂良既是受顾命大臣,事若不可,当且止也。"绩对曰:"此乃陛下家事,不合问外人。"帝乃立昭仪为皇后,左迁遂良潭州都督。显庆二年,转桂州都督。未几,又贬为爱州刺史。明年,卒官,年六十三。

遂良卒后二岁余,许敬宗、李义府奏言长孙无忌所构逆谋,并遂良扇动,乃追削官爵,子孙配流爱州。弘道元年二月,高宗遗诏放还本郡。神龙元年,则天遗制复遂良及韩瑗爵位。

韩瑗,雍州三原人也。祖绍,隋太仆少卿。父仲良,武德初为大理少卿,受诏与郎楚之等掌定律令。仲良言于高祖曰:"周代之律,其属三千,秦法已来,约为五百。若远依周制,繁紊更多。且官吏至公,自当奉法,苟若徇己,岂顾刑名?请崇宽简,以允惟新之望。"高祖然之。于是采定《开皇律》行之,时以为便。贞观中,位至刑部尚书、秦州都督府长史、颍川县公。

瑗少有节操,博学有吏才。贞观中,累至兵部侍郎,袭父颍川公。永徽三年,拜黄门侍郎。四年,与中书侍郎来济皆同中书门下三品,监修国史。五年,加银青光禄大夫。六年,迁侍中,其年兼太子宾客。

时高宗欲废王皇后,瑗涕泣谏曰:"皇后是陛下在藩府时先帝所娶,今无愆过,欲行废黜,四海之士,谁不惕然。且国家屡有废立,非长久之术。愿陛下为社稷大计,无以臣愚不垂采察。"帝不纳。明日,瑗又谏,悲泣不能自胜,帝大怒,促令引出。寻而尚书左仆射褚遂良以忤旨左授潭州都督，瑗复上疏理之曰：

古之圣王，立谏鼓，设谤木，冀欲闻逆耳之言，甘苦口之议。发扬大化，裨益洪猷，垂令誉于将来，播休声于不朽者也。伏见诏书以褚遂良为潭州都督，臣夙夜思之，用增感激。臣识惭知远，业谢通经，载抚愚情，诚为未可。

遂良运偶升平，道昭前烈，束发从宦，方淹累稔。趋侍陛下，俄历岁年，不闻涓滴之愆，常睹勤劳之效。竭忠诚于早岁，罄直道于兹年，体国忘家，捐身徇物，风霜其操，铁石其心。诚可重于皇明，讵专方于曩昔。且先帝纳之于帷幄，寄之以心膂，德逾水石，义冠舟车，公家之利，言无不可。及缠悲四海，遏密八音，竭忠国家，亲承顾托，一德无二，千古懔然。此不待臣言，陛下备知之矣，臣尝有此心，未敢闻奏。且万姓失业，旰食忘劳；一物不安，纳隍轸虑。在于微细，宁得过差。况社稷之旧臣，陛下之贤佐，无闻罪状，斥去朝廷，内外氓黎，咸嗟举措。观近日言事，披诚恳切，讵肯后陛下之德异于尧、舜，惧陛下之过尘于史册。而乃深遭厚谤，重负丑言，可以痛志士之心，损陛下之明也。

臣闻晋武弘裕，不贻刘毅之诛，汉祖深仁，无恚周昌之直。而遂良被迁，已经寒暑，违忤陛下，其罚塞焉。伏愿缅鉴无辜，稍宽非罪，俯矜微款，以顺人情。

疏奏，帝谓瑗曰："遂良之情，朕亦知之矣。然其悖戾犯上，以此责之，朕岂有过，卿言何若是之深也！"瑗对曰："遂良可谓社稷忠臣，臣恐以谀佞之辈，苍蝇点白，损陷忠贞。昔微子去之而殷国以亡，张华不死而纲纪不乱，国之欲谢，善人其衰。今陛下富有四海，八纮清泰，忽驱逐旧臣，而不垂省察乎！伏愿违彼覆车，以收往过，垂劝诚于事君，则群生幸甚。"帝竟不纳。

瑗以言不见用，忧愤上表，请归田里，诏不许。显庆二年，许敬宗、李义府希皇后之旨，诬奏瑗与褚遂良潜谋不轨，以桂州用武之地，故授遂良桂州刺史，实以为外援。于是更贬遂良为爱州刺史，左授瑗振州刺史。四年，卒官，年五十四。明年，长孙无忌死，敬宗等又奏瑗与无忌通谋,遣使杀之。及使至,瑗已死,更发棺验尸而还,籍没其家,子孙配徙岭表。神龙元年,则天遗制令复其官爵。

来济,扬州江都人,隋左翊卫大将军荣国公护子也。宇文化及之难,阖门遇害。济幼逢家难,流离艰险,而笃志好学,有文词,善谈论,尤晓时务。举进士。贞观中累转通事舍人。太子承乾之败,太宗谓侍臣曰:“欲何以处承乾?”群臣莫敢对,济进曰:“陛下上不失作慈父,下得尽天年,即为善矣。”帝纳其言。俄除考功员外郎。十八年,初置太子司议郎,妙选人望,遂以济为之,仍兼崇贤馆直学士。寻迁中书舍人,与令狐德棻等撰《晋书》。

永徽仁年,拜中书侍郎,兼弘文馆学士,监修国史。四年,同中书门下三品。五年,加银青光禄大夫,以修国史功封南阳县男,赐物七百段。六年,迁中书令、检校吏部尚书。

时高宗欲立昭仪武氏为宸妃。济密表谏曰:“宸妃古无此号,事将不可。”武皇后既立,济等惧不自安,后乃抗表称济忠公,请加赏慰,而心实恶之。显庆元年,兼太子宾客,进爵为侯,中书令如故。二年,又兼太子詹事。寻而许敬宗等奏济与褚遂良朋党构,扇左授台州刺史。五年,徙庭州刺史。龙朔二年,突厥入寇,济总兵拒之,谓其众曰:“吾尝挂刑纲,蒙赦性命,当以身塞责,特报国恩。”遂不释甲胄赴贼,没于阵。时年五十三,赠楚州刺史,给灵举递还乡。有文集三十卷,行于代。

济兄恒,有学行,与济齐名。上元中,官至黄门侍郎、同中书门下三品。

上官仪,本陕州陕人也。父弘,隋江都宫副监,因家于江都。大业末,弘为将军陈稜所杀,仪时幼,藏匿获免。因私度为沙门,游情释典,尤精《三论》,兼涉猎经史,善属文。贞观初,杨仁恭为都督,深礼待之。举进士。太宗闻其名,召授弘文馆直学士,累迁秘书郎。时太宗雅好属文,每遣仪视草,又多令继和,凡有宴集,仪尝预焉。俄又预撰《晋书》成，转起居郎，加级赐帛。高宗嗣位，迁秘书少监。龙朔二年，加银青光禄大夫、西台侍郎、同东西台三品，兼弘文馆学士如故。本以词彩自达，工于五言诗，好以绮错婉媚为本。仪既贵显，故当时多有效其体者，时人谓为上官体。仪颇恃才任势，故为当代所嫉。麟德元年，宦者王伏胜与梁王忠抵罪，许敬宗乃构仪与忠通谋，遂下狱而死，家口籍没。

子庭芝，历位周王府属，与仪俱被杀。庭芝有女，中宗时为昭容，每侍帝草制诰，以故追赠仪为中书令、秦州都督、楚国公，庭芝黄门侍郎、岐州刺史、天水郡公，仍令以礼改葬。

史臣曰：褚河南上书言事，亹亹有经世远略。魏征、王圭之后，骨鲠风彩，落落负王佐器者，殆难其人，名臣事业，河南有焉。昔齐人馈乐而仲尼去，戎王溺妓而由余奔，妇人之言，圣哲惧瞿其祸，况二佞据衡轴之地，为正人之魑魅乎！古之志士仁人，一言相期，死不之悔，况于君臣之间，受托孤之寄，而以利害祸福，忘平生之言哉！而韩、来诸公，可谓守死善道，求福不回者焉。

赞曰：褚公之言，和乐愔愔。钟石在簴，动成雅音。二猘双吠，三贤一心。人皆观望，我不浮沉。

旧唐书卷八一
列传第三一

崔敦礼　　卢承庆　　刘祥道
李敬玄　　李义琰　　孙处约
乐彦玮　　赵仁本

　　崔敦礼,雍州咸阳人,隋礼部尚书仲方孙也。其先本居博陵,世为山东著姓,魏末徙关中。敦礼本名元礼,高祖改名焉,颇涉文史,重节义,尝慕苏子卿之为人。武德中,拜通事舍人。九年,太宗使敦礼往幽州召庐江王瑗。瑗举兵反,执敦礼,问京师之事,敦礼竟无异词。太宗闻而壮之,迁左卫郎将,赐以良马及黄金杂物。

　　贞观元年,擢拜中书舍人,迁兵部侍郎,频使突厥。累转灵州都督。二十年,征为兵部尚书。又奉诏安抚回纥、铁勒部落。时延陀寇边,敦礼与英国公李𪟝击破之。又有翰海都督回纥吐迷度为其下所杀,诏敦礼往就部落绥辑之,因立其嗣子而还。敦礼深识蕃情,凡所奏请,事多允会。

　　永徽四年,代高季辅为侍中,累封固安县公,仍修国史。六年,加光禄大夫,代柳奭为中书令,寻又兼检校太子詹事。敦礼以老疾屡陈乞请退。显庆元年,拜太子少师,仍同中书门下三品。敕召其子定襄都督府司马余庆使侍其疾。寻卒,年六十余。高宗举哀于东云龙门,赐东园秘器,赠开府仪同三司、并州大都督,陪葬昭陵,赙绢布八百段、米粟八百石,谥曰昭。

子余庆，官至兵部尚书。敦礼孙贞慎，神龙初为兵部侍郎。

卢承庆，幽州范阳人。隋武阳太守思道孙也。父赤松，大业末为河东令，与高祖有旧，闻义师至霍邑，弃县迎接，拜行台兵部郎中。武德中，累转率更令，封范阳郡公，寻卒。

承庆美风仪，博学有才干，少袭父爵。贞观初，为秦州都督府户曹参军，因奏河西军事，太宗奇其明辩，擢拜考功员外郎。累迁民部侍郎。太宗尝问历代户口多少之数，承庆叙夏、殷以后迄于周、隋，皆有依据，太宗嗟赏久之。寻令兼检校兵部侍郎，仍知五品选事。承庆辞曰："选事职在尚书，臣今掌之，便是越局。"太宗不许，曰："朕今信卿，卿何不自信也？"俄历雍州别驾，尚书左丞。

永徽初，为褚遂良所构，出为益州大都督府长史。遂良俄又求索承庆在雍州旧事奏之，由是左迁简州司马。岁余，转洪州长史。会高宗将幸汝州之温汤，擢承庆为汝州刺史，入为光禄卿。显庆四年，代杜正伦为度支尚书，仍同中书门下三品。寻坐度支失所，出为润州刺史，再迁雍州长史，加银青光禄大夫。

总章二年，代李乾祐为刑部尚书，以年老请致仕，许之，仍加金紫光禄大夫。三年，病卒，年七十六。临终诫其子曰："死生至理，亦犹朝之有暮。吾终，敛以常服，晦朔常馔，不用牲牢；坟高可认，不须广大；事办即葬，不须卜择；墓中器物，瓮漆而已；有棺无椁，务在简要；碑志但记官号、年代，不须广事文饰。"赠幽州都督，谥曰定。

弟承业，亦有学识。贞观末，官至雍州长史、检校尚书左丞。兄弟相次居此任，时人荣之。俄坐承庆事左迁忠州刺史。显庆初，复为雍州长史。前后皆有能名。三迁左肃机，兼掌司列选事，赐爵魏县子。总章中，卒于扬州大都督府长史，赠洛州刺史，谥曰简。

承业弟承泰，齐州长史。承泰子齐卿，长安初，为雍州录事参军。时则天令雍州长史薛季旭择僚吏堪为御史者，季旭以闻齐卿，荐长安尉卢怀慎李休光、万年尉李刘崔湜、咸阳丞倪苦水、盩厔尉田崇辟、新丰尉崔日用，后皆至大官。齐卿，开元初为幽州刺史，时张守圭为果毅,齐卿礼接之,谓曰:"十年内当知节度。"果如其言,时人谓齐卿有人伦之鉴。齐卿好酒,饮至斗余不乱,宽厚可亲,士友以此善之。累迁太子詹事,封广阳县公,寻卒。

承庆弟孙藏用,别有传。

刘祥道,魏州观城人也。父林甫,武德初为内史舍人,时兵机繁速,庶事草创,高祖委林甫专典其事,以才干见称。寻诏与中书令萧瑀等撰定律令,林甫因著《律议》万余言。久之,擢拜中书侍郎,赐爵乐平男。贞观初,再迁吏部侍郎。初,隋代赴选者,以十一月为始,至春却停,选限既促,选司多不究悉。时选人渐众,林甫奏请四时听选,随到注拟,当时甚以为便。时天下初定,州府及诏使多有赤牒授官,至是停省,尽来赴集,将万余人,林甫随才铨擢,咸得其宜。时人以林甫典选,比隋之高孝基。三年,病卒,临终上表荐贤,太宗甚嘉悼之,赐绢二百五十匹。

祥道少袭父爵。永徽初,历中书舍人、御史中丞、吏部侍郎。显庆二年,迁黄门侍郎,仍知吏部选事。祥道以铨综之术犹有所阙,乃上疏陈其得失。其一曰:

今之选司取士,伤多且滥:每年入流数过一千四百,伤多也;杂色入流,不加铨简,是伤滥也。经明行修之士,犹或罕有正人,多取胥徒之流,岂能皆有德行。即知共厘务者,善人少而恶人多。有国以来,已四十载,尚未刑措,岂不由此乎!但服膺先王之道者,奏第然始付选;趋走几案之间者,不简便加禄秩。稽古之业,虽则难知,斗筲之材,何其易进?其杂色应入流人,望令曹司试判讫,简为四等奏闻。第一等付吏部,第二等付兵部,次付主爵,资助付司勋。其行署等私犯公坐情状可责者,虽经赦降,亦量配三司;不经赦降者,放还本贯。冀入流不滥,官无冗杂,且令胥徒之辈,渐知劝勉。

其二曰:

古之选者,为官择人,不闻取人多而官员少。今官员有数,入流无限，以有数供无限，遂令九流繁总，人随岁积。谨约准所须人，量支年别入流者。今内外文武官一品以下，九品已上，一万三千四百六十五员，略举大数，当一万四千人。壮室而仕，耳顺而退，取其中数，不过支三十年。此则一万四千人，三十年而略尽。若年别入流者五百人，经三十年便得一万千人，定须者一万三千四百六十五人，足充所须之数。况三十年之外，在官者犹多，此便有余，不虑其少。今年常入流者，遂逾一千四百，计应须数外，其余两倍。又常选放还者，仍停六七千人，更复年别新加，实非处置之法。

其三曰：

儒为教化之本，学者之宗，儒教不兴，风俗将替。今庠序遍于四海，儒生溢于三学，诱掖之方，理实为备，而奖进之道，事或未周。但永徽已来，于今八载，在官者以善政粗闻，论事者以一言可采，莫不光被纶旨，超升不次。而儒生未闻恩及，臣故以为奖进之道未周。

其四曰：

国家富有四海，已四十年，百姓官僚，未有秀才之举。岂今人之不如昔人，将荐贤之道未至？宁可方称多士，遂间斯人。望六品已下，爰及山谷，特降纶言，更审搜访，仍量为条例，稍加优奖。不然，赫赫之辰，斯举遂绝，一代盛事，实为朝廷惜之。

其五曰：

唐、虞三载考绩，黜陟幽明。两汉用人，亦久居其职。所以因官命氏，有仓、庾之姓。魏、晋以来，事无可纪。今之在任，四考即迁。官人知将秩满，必怀去就；百姓见有迁代，能无苟且。以去就之人，临苟且之辈，责以移风易俗，其可得乎！望经四考，就任加阶，至八考满，然后听选。还淳反朴，虽未敢必期；送故迎新，实稍减劳弊。

其六曰：

尚书省二十四司及门下省中书都事、主书、主事等，比来选补,皆取旧任流外有刀笔之人。纵欲参用士流,皆以俦类为耻,前后相承,遂成故事。但掖省崇峻,王言秘密,尚书政本,人物攸归,而多用胥徒,恐未尽铨衡之理。望有厘革,稍清其选。

明年,中书令杜正伦亦言入流人多,为政之弊。高宗遣祥道与正伦详议其事。时公卿忴下惮于改作,事竟不行。

祥道寻以修礼功,进封阳城县侯。四年,迁刑部尚书,每覆大狱,必歔欷累叹,奏决之日,为之再不食。龙朔元年,权检校蒲州刺史。三年,兼检校雍州长史,俄迁右相。祥道性谨慎,既居宰相,深怀忧惧,数自陈老疾,请退就闲职。俄转司礼太常伯,罢知政事。麟德二年,将有事于泰山,有司议依旧礼,皆以太常卿为亚献,光禄卿为终献。祥道驳曰:“昔在三代,六卿位重,故得佐祠。汉、魏以来,权归台省,九卿皆为常伯属官。今登封大礼,不以八座行事,而用九卿,无乃徇虚名而忘实事乎!”高宗从其议,竟以司徒徐王元礼为亚献,祥道为终献。事毕,进爵广平郡公。乾封元年,又上表乞骸骨,优制加金紫光禄大夫,听致仕。其年卒,年七十一,赠幽州都督,谥曰宣。子齐贤袭爵。

齐贤,初自侍御史出为晋州司马,高宗闻其方正,甚礼之。时将军史兴宗尝从帝于苑中弋猎,因言晋州出好鹞,刘齐贤见为司马,请使捕之。帝曰:“刘齐贤岂是觅鹞人耶!卿何以此待之?”遂止。齐贤后避章怀太子名,改名景先。永淳中,累迁黄门侍郎、同中书门下平章事。则天临朝,代裴炎为侍中。及裴炎下狱,景先与凤阁侍郎胡元范抗词明其不反,则天甚怒之。炎既诛死,景先左迁普州刺史,未到,又贬授吉州长史。永昌年,为酷吏所陷,系于狱,自缢死。仍籍没其家。景先自祖父三代皆为两省侍郎及典选,又叔父吏部郎中应道,从父弟礼部侍郎令植等八人,前后为吏部郎中员外,有唐已来,无有其比云。

李敬玄,亳州谯人也。父孝节,谷州长史。敬玄博览群书,特善五礼。贞观末,高宗在东宫,马周启荐之,召入崇贤馆,兼预侍读,仍借御书读之。敬玄虽风格高峻，有不可犯之色，然勤于造请，不避寒暑，马周及许敬宗等皆推荐延誉之。乾封初，历迁西台舍人、弘文馆学士。

总章二年，累转西台侍郎，兼太子右中护、同东西台三品，兼检校司列少常伯。时员外郎张仁祎有时务才，敬玄以曹事委之。仁祎始造姓历，改修状样、铨历等程式，处事勤劳，遂以心疾而卒。敬玄因仁祎之法，曲选累年，铨综有序。自永徽以后，选人转多，当其任者，罕闻称职，及敬玄掌选，天下称其能。预选者岁有万余人，每于街衢见之，莫不知其姓名。其被放有诉者，即口陈其书判失错及身负殿累，略无差殊。时人咸伏其强记，莫之敢欺。选人有杭州参军徐太玄者，初在任时，同僚有张惠犯赃至死，太玄哀其母老，乃诣狱自陈与惠同受。惠赃数既少，遂得减死，太玄亦坐免官，不调十余年。敬玄知而大嗟赏之，擢授郑州司功参军，太玄由是知名，后官至秘书少监、申王师，以德行为时所重。敬玄赏鉴多此类也。咸亨二年，授中书侍郎，余并如故。三年，加银青光禄大夫，行吏部侍郎，依旧兼太子右庶子、同中书门下三品。四年，监修国史。上元二年，拜吏部尚书，仍依旧兼太子左庶子监修国史、同中书门下三品。

敬玄久居选部，人多附之。前后三娶，皆山东士族，又与赵郡李氏合谱，故台省要职，多是其同族婚媾之家。高宗知而不悦，然犹不彰其过。仪凤元年，代刘仁轨为中书令。调露二年，吐蕃入寇，仁轨先与敬玄不协，遂奏请敬玄镇守西边。敬玄自以素非边将之才，固辞。高宗谓曰：“仁轨若须朕，朕即自往，卿不得辞也。”竟以敬玄为洮河道大总管，兼安抚大使，仍检校鄯州都督，率兵以御吐蕃。及将战，副将工部尚书刘审礼先锋击之。敬玄闻贼至，狼狈却走。审礼既无继援，遂没于阵。俄有诏留敬玄于鄯州防御，敬玄累表称疾，乞还医疗，许之。既入见，验疾不重，高宗责其诈妄，又积其前后愆失，贬授衡州刺史。稍迁扬州大都督府长史。永淳元年卒，年六十八，赠衰州都督。撰《礼论》六十卷、《正论》三卷、文集三十卷。

子思冲，神龙初，历工部侍郎、左羽林军将军，从节愍太子诛武三思,事败见杀,藉没其家。

　　敬玄弟元素,亦有吏才,初为武德令。时怀州刺史李文暕将调率金银造常满樽以献,百姓甚弊之,官吏无敢异议者。元素抗词固执,文暕乃损其制度,以家财营之。延载元年,自文昌左丞迁凤阁侍郎、凤阁鸾台平章事,加银青光禄大夫。万岁通天二年,坐与洛州录事参军綦连耀交结,为武懿宗所陷,被杀。神龙初雪免。

　　李义琰,魏州昌乐人,常州刺史玄道族孙也。其先自陇西徙山东,世为著姓。父玄德,瘿陶令。义琰少举进士,累补太原尉。时李绩为并州都督,僚吏皆望风慑惧,义琰独廷折曲直,绩甚礼之。义琰,麟德中为白水令,有能名,拜司刑员外郎。上元中,累迁中书侍郎,又授太子右庶子、同中书门下三品。时天后预知国政,高宗尝欲下诏令后摄知国事,义琰与中书令郝处俊固争,以为不可,事竟寝。义琰身长八尺,博学多识,高宗每有顾问,言皆切直。章怀太子之废也,高宗慰勉官僚,尽舍罪,令复其位,庶子薛元超等皆舞蹈谢恩,义琰独引罪涕泣,时论美之。

　　义琰宅无正寝,弟义琎为岐州司功参军,乃市堂材送焉。及义琎来觐,义琰谓曰:“以吾为国相,岂不怀愧,更营美室,是速吾祸,此岂爱我意哉!”义琎曰:“凡人仕为丞尉,即营第宅,兄官高禄重,岂宜卑陋以逼下也?”义琰曰:“事难全遂,物不两兴。既有贵仕,又广其宇,若无令德,必受其殃。吾非不欲之,惧获戾也。”竟不营构,其木为霖雨所腐而弃之。

　　义琰后改葬父母,使舅氏移其旧茔,高宗知而怒曰:“岂以身在枢要,凌蔑外家,此人不可更知政事。”义琰闻而不自安,以足疾上疏乞骸骨,乃授银青光禄大夫,听致仕。乃将归东都田里,公卿已下祖饯于通化门外,时人以比汉之二疏。垂拱初,起为怀州刺史。义琰自以失则天意,恐祸及,固辞不拜。四年,卒于家。

　　义琰从祖弟义琛,永淳初,为雍州长史。时关辅大饥,高宗令贫人散于商、邓逐食。义琛恐黎人流转,因此不还,固争之。由是忤旨,出为梁州都督，转岐州刺史，称为良吏。卒官。

高宗时宰相，又相孙处约、乐彦玮、赵仁本，并有名迹。

孙处约者，汝州郏城人也。贞观中，为齐王祐记室。祐既失德，处约数上书谏之。祐既诛，太宗亲检其家文疏，得处约谏书，甚嗟赏之。累转中书舍人。其年，中书令杜正伦奏请更授一舍人，与处约同知制诰，高宗曰："处约一人足办我事，何须多也。"处约以预修《太宗实录》成，赐物七百段。三迁中书侍郎，与李绩、许敬宗同知国政。寻避中宫讳，改名茂道。坐事左转司礼少常伯。显庆中，拜少司成，以老疾请致仕，许之，寻卒。

子佺，睿宗时为左羽林大将军，征契丹战没。

乐彦玮者，雍州长安人。显庆中，为给事中。时故侍中刘洎之子诣阙上言洎贞观末为褚遂良所谮枉死，称冤请雪，中书侍郎李义府又左右之。高宗以问近臣，众希义府之旨，皆言其枉。彦玮独进曰："刘洎大臣，举措须合轨度，人主暂有不豫，岂得即拟负国。先朝所责，未是不惬。且国君无过举，若雪洎之罪，岂可谓先帝用刑不当乎？"然其言，遂寝其事。彦玮寻丁忧，起为唐州刺史。及入辞，高宗记其言直，复拜东台舍人。累迁西台侍郎、同东西台三品。乾封元年，代刘仁轨为大司宪，官名复旧，改为御史大夫。上元三年卒，赠秦州都督。永昌年，以子思晦贵，重赠扬州大都督。

思晦，则天时官至鸾台侍郎，兼检校天官尚书、同凤阁鸾台三品，为酷吏所杀。

赵仁本者，陕州河北人也。贞观中，累转殿侍御史。自义宁已来，诏敕皆手自纂录，临事皆暗记之，甚为当时所伏。会有敕差一御史远使，同列递相辞托，仁本越次请行，言于治书侍御史马周曰："食君之禄，死君之事，虽复跋涉艰险，所不敢辞也。"及回，事又称旨，擢吏部员外郎。乾封中，历迁东台侍郎、同东西台三品，寻转司列少常伯，知政事如故。时许敬宗为右相，颇任权势，仁本拒其请托，遂为敬宗所构，俄授尚书左丞，罢知政事。咸亨初卒官。

　　史臣论曰：崔、卢数公，皆以忠清文行，致位枢要，恪恭匪懈，以保名位，诚所谓持盈守成，太平之君子。然敬玄之擢太玄，可谓能举善者矣。义琰腐材而不营第舍，可谓有俭德矣。彦玮独遏奸臣，仁本请当远使，终升辅相，不亦宜乎！

　　赞曰：卢、刘两族，奕世名卿。二李、二乐，俱号公清。权臣独抗，美第不营。以兹辅弼，无愧德声。

旧唐书卷八二
列传第三二

许敬宗　李义府

　　许敬宗，杭州新城人，隋礼部侍郎善心子也。其先自高阳南渡，世仕江左。敬宗幼善属文，举秀才，授淮阳郡司法书佐，俄直谒者台，奏通事舍人事。江都之难，善心为宇文化及所害，敬宗流转投于李密，密以为元帅府记室，与魏征同为管记。武德初，赤牒拟涟州别驾。太宗闻其名，召补秦府学士。贞观八年，累除著作郎，兼修国史，迁中书舍人。十年，文德皇后崩，百官缞绖。率更令欧阳询状貌丑异，众或指之，敬宗见而大笑，为御史所劾，左授洪州都督府司马。累迁给事中，兼修国史。十七年，以修《武德》、《贞观实录》成，封高阳县男，赐物八百段，权检校黄门侍郎。高宗在春宫，迁太子右庶子。十九年，太宗亲伐高丽，皇太子定州监国，敬宗与高士廉等共知机要。中书令岑文本卒于行所，令敬宗以本官检校中书侍郎。太宗大破辽贼于驻跸山，敬宗立于马前受旨草诏书，词彩甚丽，深见嗟赏。

　　先是，庶人承乾废黜，宫僚多被除削，久未收叙。敬宗上表曰："臣闻先王慎罚，务在于恤刑；往哲宽仁，义在于宥过。圣人之道，莫尚于兹。窃见废官，五品以上，除名弃斥，颇历岁时。但庶人畴昔之年，身处不疑之地，苞藏悖逆，阴结宰臣，所预奸谋，多连宗戚。祸生虑表，非可防萌，宫内官僚，迥无关预。今乃投鼠及器，孰谓无冤？焚山毁玉，稍同迁怒。伏寻先典，例有可原。昔吴国陪臣，则爱丝不坐于刘濞；昌邑中尉，则王吉免缘于海昏。譬诸栾布，乃策名于彭越；比乎田叔，亦委质于张敖。主以凶逆，陷其诛夷；臣以贤良，荷彼收擢。历观往代，此类尤多；近者有隋，又遵斯义。杨勇之废，罪止加于佞人，李纲之徒，皆不预于刑纲。古今裁其折衷，史籍称为美谈。而今张玄素、令狐德棻、赵弘智、裴宣机、萧钧等，并砥节励操，有雅望于当朝；经明行修，播令名于天下。或以直言而遭箠扑，或以忤意而见猜嫌，一概雷同，并罹天宪，恐于王道，伤在未弘。"由是玄素等稍得叙用。

二十一年，加银青光禄大夫。

高宗嗣位，代于志宁为礼部尚书。敬宗嫁女与蛮酋冯盎之子，多纳金宝，为有司所劾，左授郑州刺史。永徽三年，入为卫尉卿，加弘文馆学士，兼修国史。六年，复拜礼部尚书。高宗将废皇后王氏而立武昭仪，敬宗特赞成其计。长孙无忌、褚遂良、韩瑗等并直言忤旨，敬宗与李义府潜加诬构，并流死于岭外。

显庆元年，加太子宾客，寻册拜侍中，监修国史。三年，进封郡公，寻赠其父善心为冀州刺史。高宗因于古长安城游览，问侍臣曰："朕观故城旧基，宫室似与百姓杂居，自秦、汉已来，几代都此？"敬宗对曰："秦都咸阳，郭邑连跨渭水，故云'渭水贯都，以象天河'。至汉惠帝始筑此城，其后符坚、姚苌、后周并都之。"帝又问："昆明池是汉武帝何年中开凿？"敬宗对曰："武帝遣使通西南夷，而为昆明滇池所开，欲伐昆明国，故因镐之旧泽，以穿此池，用习水战，元狩三年事也。"帝因令敬宗与弘文馆学士具检秦、汉已来历代宫室处所以奏。其年，代李义府为中书令，任遇之重，当朝莫比。

龙朔二年，从新令改为右相，加光禄大夫。三年，册拜太子少师、同东西台三品，并依旧监修国史。乾封初，以敬宗年老，不能行步，特令与司空李𪟝每朝日各乘小马入禁门至内省。

敬宗自掌知国史，记事阿曲。初，虞世基与敬宗父善心同为宇文化及所害，封德彝时为内史舍人，备见其事，因谓人曰："世基被诛，世南匍匐而请代；善心之死，敬宗舞蹈以求生。"人以为口实，敬宗深衔之，及为德彝立传，盛加其罪恶。敬宗嫁女与左监门大将军钱九陇，本皇家隶人，敬宗贪财与婚，乃为九陇曲叙门阀，妄加功绩，并升与刘文静、长孙顺德同卷。敬宗为子娶尉迟宝琳孙女为妻，多得赂遗，及作宝琳父敬德传，悉为隐诸过咎。太宗作《威凤赋》以赐长孙无忌，敬宗改云赐敬德。白州人庞孝泰，蛮酋凡品，率兵从征高丽，贼知其懦，袭破之。敬宗又纳其宝货，称孝泰频破贼徒，斩获数万，汉将骁健者，唯苏定方与庞孝泰耳，曹继叔、刘伯英皆出其下。虚美隐恶如此。初，高祖、太宗两朝实录，其敬播所修者，颇多详直，敬宗又辄以己爱憎曲事删改，论者尤之。然自贞观已来，朝廷所修《五代史》及《晋书》、《东殿新书》、《西域图志》、《文思博要》、《文馆词林》、《累璧》、《瑶山玉彩》、《姓氏录》、《新礼》，皆总知其事，前后赏赉，不可胜纪。

敬宗好色无度。其长子昂颇有才藻，历位太子舍人，母裴氏早卒。裴侍婢有姿色，敬宗嬖之，以为继室，假姓虞氏。昂素与通，争之不绝。敬宗怒黜虞氏，加昂以不孝，奏请流于岭外。显庆中，表乞昂还，除虔化令，寻卒。咸亨元年，抗表乞骸骨，诏听致仕，仍加特进，俸禄如旧。三年薨，年八十一。高宗为之举哀，废朝三日，诏文武百官就第赴哭，册赠开府仪同三司、扬州大都督，陪葬昭陵。文集八十卷。

太常将定谥，博士袁思古议曰：“敬宗位以才升，历居清级，然弃长子于荒徼，嫁少女于夷落。闻《诗》学《礼》，事绝于趋庭；纳采问名，唯闻于黩货。白圭斯玷，有累清尘，易名之典，须凭实行。按谥法‘名与实爽曰缪’，请谥为‘缪’。”敬宗孙太子舍人彦伯不胜其耻，与思古大相忿竞，又称思古与许氏先有嫌隙，请改谥官。太常博士王福畤议曰：“谥者，饰终之称也，得失一朝，荣辱千载。若使嫌隙是实，即合据法推绳；如其不亏直道，义不可夺，官不可侵，二三其德，何以言礼？福畤忝当官守，匪躬之故。若顺风阿意，背直从曲，更是甲令虚设，将谓礼院无人，何以激扬雅道，顾视同列！请依思古谥议为定。”户部尚书戴至德谓福畤曰：“高阳公任遇如此，何以定谥为

'缪'?"答曰："昔晋司空何曾薨，太常博士秦秀谥为缪丑公。何曾既忠且孝，徒以日食万钱，所以贬为缪丑。况敬宗忠孝不逮于曾，饮食男女之累，有逾于何氏，而谥之为'缪'，无负于许氏矣。"时有诏令尚书省五品已上重议，礼部尚书袁思敬议称："按谥法'既过能改曰恭'，请谥曰'恭'。"诏从其议。

彦伯，昂之子，起家著作郎。敬宗末年文笔，多令彦伯代作。又纳婢妾谗言，奏流于岭表，后遇赦得还，除太子舍人。早卒，有集十卷。

李义府，瀛州饶阳人也。其祖为梓州射洪县丞，因家于永泰。贞观八年，剑南道巡察大使李大亮以义府善属文，表荐之。对策擢第，补门下省典仪。黄门侍郎刘洎、持书御史马周皆称荐之，寻除监察御史。又敕义府以本官兼侍晋王。及升春宫，除太子舍人，加崇贤馆直学士，与太子司议郎来济俱以文翰见知，时称来、李。义府尝献《承华箴》，其辞曰：

邃初冥昧，元气氤氲。二仪始阐，三才既分。司乾立宰，出《震》为君。化昭淳朴，道映典坟。功成揖让，事极华、勋。肇兴夏启，降及姬文。咸资继德，永树高芬。百代沿袭，千龄奉圣。奥若我后，丕承宝命。允穆三阶，爰齐七政。时雍化洽，风移俗盛。载崇国本，式延家庆。震维标德，《离》言体正。寄切宗祧，事隆监抚。思皇茂则，敬询端辅。业光启、诵，艺优干羽。九载崇儒，三朝问竖。历选储仪，遗文在斯。望试登俎，高谕乔枝。俯容思顺，非礼无施。前修盛业，来哲通规。饬躬是蹈，则睿问风驰；立志或爽，则玄猷日亏。无恃尊极，修途难测；无恃亲贤，失德靡全。勿轻小善，积小而名自辟；勿轻微行，累微而身自正。佞谀有类，邪巧多方。其萌不绝，其害必彰。监言斯屏，储业攸昌。窃惟令嗣，有殊前事。虽以贵以贤，而非长非次。皇明睹德，超伦作贰。匪懋声华，莫酬恩异。匪崇徽烈，莫符天志。勉之又勉，光兹守器。下臣司箴，敢告近侍。

太子表上其文，优诏赐帛四十匹，又令预撰《晋书》。

高宗嗣位，迁中书舍人。永徽二年，兼修国史，加弘文馆学士。高宗将立武昭仪为皇后，义府尝密申协赞，寻擢拜中书侍郎、同中书门下三品，监修国史，赐爵广平县男。义府貌状温恭，与人语必嬉怡微笑，而褊忌阴贼。既处权要，欲人附己，微忤意者，辄加倾陷。故时人言义府笑中有刀，又以其柔而害物，亦谓之"李猫"。

显庆元年，以本官兼子右庶子，进爵为侯。有洛州妇人淳于氏，坐奸系于大理，义府闻其姿色，嘱大理丞毕正义求为别宅妇，特为雪其罪。卿段宝玄疑其故，遽以状闻，诏令按其事，正义惶惧自缢而死。侍御史王义方廷奏义府犯状，因言其初容貌为刘洎、马周所幸，由此得进，言词猥亵。帝怒，出义方为莱州司户，而不问义府奸滥之罪。义府云："王御史妄相弹奏，得无愧乎？"义方对云："仲尼为鲁司寇七日，诛少正卯于两观之下；义方任御史旬有六日，不能去奸邪于双阙之前，实以为愧。"寻兼太子左庶子。

二年，代崔敦礼为中书令，兼检校御史大夫，监修国史、学士并如故。寻加太子宾客，进封河间郡公。三年，又追赠其父德晟为魏州刺史，诸子孩抱者并列清官，诏为造甲第，荣宠莫之能比。而义府贪冒无厌，与母、妻及诸子女婿卖官鬻狱，其门如市。多引腹心，广树朋党，倾动朝野。初，杜正伦为中书侍郎，义府时任典仪，至是乃与正伦同为中书令。正伦每以先进自处，不下义府，而中书侍郎李友益密与正伦共图议义府，更相伺察。义府知而密令人封奏其事。正伦与义府讼于上前，各有曲直。上以大臣不和，两责之，左贬义府为普州刺史，正伦为横州刺史，友益配流峰州。四年，复召义府兼吏部尚书、同中书门下三品，自余官封如故。

龙朔元年，丁母忧去职。二年，起复为司列太常伯、同东西台三品。义府寻请改葬其祖父，营墓于永康陵侧。三原令李孝节私课丁夫车牛，为其载土筑坟，昼夜不息。于是高陵、栎阳、富平、云阳、华原、同官、泾阳等七县以孝节之故，惧不得已，悉课丁车赴役。高陵令张敬业恭勤怯懦，不堪其劳，死于作所。王公已下，争致赠遗，其羽仪、导从、辒辌、器服，并穷极奢侈。又会葬车马、祖奠供帐，自灞桥属于三原，七十里间，相继不绝。武德已来，王公葬送之盛，未始有也。

义府本无藻鉴才，怙武后之势，专以卖官为事，铨序失次，人多怨讟。时殷王初出阁，又以义府兼王府长史。三年，迁右相，殷王府长史仍知选事并如故。义府入则诌言自媚，出则肆其奸宄，百僚畏之，无敢言其过者。帝颇知其罪失，从容诫义府云："闻卿儿子、女婿皆不谨慎，多作罪过，我亦为卿掩覆，未即公言，卿可诫勖，勿令如此。"义府勃然变色，腮颈俱起，徐曰："谁向陛下道此？"上曰："但我言如是，何须问我所从得耶！"义府睆然，殊不引咎，缓步而去，上亦优容之。

初，五礼仪注自前代相沿，吉凶毕举，太常博士萧楚材、孔志约以皇室凶礼为预备凶事，非臣子所宜言之，义府深然之，于是悉删而焚焉。义府既贵之后，又自言本出赵郡，始与诸李叙昭穆，而无赖之徒苟合，藉其权势，拜伏为兄叔者甚众。给事中李崇德初亦与同谱叙昭穆，及义府出为普州刺史，遂即除削。义府闻而衔之，及重为宰相，乃令人诬构其罪，竟下狱自杀。初，贞观中，太宗命吏部尚书高士廉、御史大夫韦挺、中书侍郎岑文本、礼部侍郎令狐德棻等及四方士大夫谙练门阀者修《氏族志》，勒成百卷，升降去取，时称允当，颁下诸州，藏为永式。义府耻其家代无名，乃奏改此书，专委礼部郎中孔志约、著作郎杨仁卿、太子洗马史玄道、太常丞吕才重修。志约等遂立格云："皇朝得五品官者，皆升士流。"于是兵卒以军功致五品者，尽入书限，更名为《姓氏录》。由是缙绅士大夫多耻被甄叙，皆号此书为"勋格"。义府仍奏收天下《氏族志》本焚之。关东魏、齐旧姓，虽皆沦替，犹相矜尚，自为婚姻。义府为子求婚不得，乃奏陇西李等七家，不得相与为婚。

阴阳占候人杜元纪为义府望气，云"所居宅有狱气，发积钱二千万乃可厌胜。"义府信之，聚敛更急切。义府居母服，有制朔望给哭假，义府辄微服与元纪凌晨共出城东，登古冢候望，哀礼都废。由是人皆言其窥觊灾眚,阴怀异图。义府又遣其子右司议郎津召长孙无忌之孙延,谓曰:"相为得一官,数日诏书当出。"居五日,果授延司津监,乃取延钱七百贯。于是右金吾仓曹参军杨行颖表言义府罪状,制下司刑太常伯刘祥道与侍御详刑对推其事,仍令司空李绩监焉。按皆有实,乃下制曰:"右相、行殷王府长史、河间郡公李义府泄禁中之语,鬻宠授之朝恩;交占候之人,轻朔望之哀礼。蓄邪黩货,实玷衣冠;稔恶嫉贤,载亏政道。特以任使多年,未忍便加重罚,宜从遐弃,以肃朝伦。可除名长流嶲州。其子太子右司议郎津,专恃权门,罕怀忌惮,奸淫是务,贿赂无厌,交游非所,潜报机密,亦宜明罚,屏迹荒裔。可除名长流振州。"义府次子率府长史洽、千牛备身洋、子婿少府主簿柳元贞等,皆凭恃受赃,并除名长流廷州。朝野莫不称庆,时人为之语曰:"今日巨唐年,还诛四凶族。"四凶者,谓洽及柳元贞等四人也。或作《河间道行军元帅刘祥道破铜山大贼李义府露布》,榜之通衢。义府先多取人取婢,及败,一时奔散,各归其家,露布称"混奴婢而乱放,各识家而竞入"者,谓此也。

乾封元年,大赦,长流人不许还,义府忧愤发疾卒,年五十余。文集三十卷,传于代,又著《宦游记》二十卷,寻亡失。自义府流放后,朝士常忧惧,恐其复来,及闻其死,于是始安。

上元元年,大赦,义府妻子得还洛阳。如意元年,则天以义府与许敬宗、御史大夫崔义玄、中书舍人王德俭、大理正侯善业、大理丞袁公瑜等六人,在永徽中有翊赞之功,追赠义府扬州大都督,义玄益州大都督,德俭魏州刺史,公瑜江州刺史。长安元年,又赐义府子左千牛卫将军湛及敬宗诸子实封各三百户,义玄子司宾卿基、德俭子殿中监璇实封各二百五十户,善业子太子右庶子知一、公瑜子殿中丞忠臣实封各二百户。睿宗即位,景云元年,并停义府等六家实封。

义府少子湛,年六岁时,以父贵授周王文学。神龙初,累迁右散骑常侍,袭封河间郡公。时凤阁侍郎张柬之将诛张易之兄弟,遂引湛为左羽林将军,令与敬晖等启请皇太子,备陈将诛易之兄弟意,太子许之。及兵发,湛与右羽林大将军李多祚等诣东宫迎皇太子,拒而不时出,湛进启曰:"逆竖反道乱常,将图不轨,宗社危败,实在须臾。湛等诸将与南衙执事克期诛剪,伏愿殿下暂至玄武门,以副众望。"太子曰:"凶竖悖乱,诚合诛夷,然圣躬不豫,虑有惊动。公等且止,以俟后图。"湛曰:"诸将弃家族,共宰相同心戮力,臣辅社稷,殿下奈何不哀其恳诚而欲陷之鼎镬?湛等微命,虽不足惜,殿下速出自止遏。"太子乃驰马就路。湛从至玄武门。斩关而入,率所部兵直至则天所寝长生殿,环绕侍卫。因奏:"臣等奉令诛逆贼易之、昌宗,恐有漏泄,遂不获预奏。辄陈兵禁掖,是臣等死罪。"则天谓湛曰:"卿亦是诛易之军将耶?我于汝父子恩不少,何至是也!"则天移就上阳宫,因留湛宿卫。中宗即位,拜右羽林大将军,进封赵国公,加实封通前满五百户。顷之,复授左散骑常侍,累转左领军卫大将军。开元初卒。崔义玄别有传。

史臣曰:许高阳武德之际,已为文皇入馆之宾,垂三十年,位不过列曹尹,而马周、刘洎起羁旅徒步,六七年间,皆登宰执。考其行实,则高阳之文学宏奥,周、洎无以过之,然而太任遇相殊者,良以高阳才优而行薄故也。及属嗣君冲暗,嬖妾奸邪,阿附豺狼,窥图权轴,人之凶险,一至于斯。仲尼所谓"虽有周公之才,不足观也。"义府才思精密,所谓"猩猩能言",鄙哉!

赞曰:贞观文士,高阳、河间。图形学馆,染翰书山。进身以笔,得位由奸。为虎傅翼,即又胡颜。

旧唐书卷八三
列传第三三

郭孝恪　张俭　苏定方
薛仁贵　程务挺　张士贵
赵道兴

　　郭孝恪，许州阳翟人也。少有志节。隋末，率乡曲数百人附于李密，密大悦之，谓曰："昔称汝、颍多奇士，故非谬也。"令与徐绩守黎阳。后密败，绩令孝恪入朝送款，封阳翟郡公，拜宋州刺史。令与徐绩经营武牢已东，所得州县，委以选补。其后，窦建德率众来援王世充，孝恪于青城宫进策于太宗曰："世充日蹙月迫，力尽计穷，悬首面缚，翘足可待。建德远来助虐，粮运阻绝，此是天丧之时。请固武牢，屯军汜水，随机应变，则易为克殄。"太宗然其计。及破建德，平世充，太宗于洛阳置酒高会诸将曰："郭孝恪谋擒建德之策，王长先龙门下米之功，皆出诸人之右也。"历迁贝、赵、江、泾四州刺史，所在有能名，入为太府少卿，转左骁卫将军。

　　贞观十六年，累授金紫光禄大夫，行安西都护、西州刺史。其地高昌旧都，士流与流配及镇兵杂处，又限以沙碛，与中国隔绝，孝恪推诚抚御，大获其欢心。初，王师之灭高昌也，制以高昌所虏焉耆生口七百尽还之。焉耆王寻叛归欲谷可汗，朝贡稀至。令孝恪伺其机便，因表请击之。以孝恪为西道行军总管，率步骑三千出银山道以伐焉耆。孝恪夜袭其城，虏其王龙突骑支。太宗大悦，玺书劳之曰：

"卿破焉耆，虏其伪王，功立威行，深副所委。但焉耆绝域，地阻天山，恃远凭深，敢怀叛逆。卿望崇位重，报效情深，远涉沙场，龚行罚罪。取其坚壁，曾不崇朝；再廓游魂，遂无遗寇。缅思竭力，必大艰辛，超险成功，深足嘉尚。"

俄又以孝恪为昆丘道副大总管以讨龟兹，破其都城，孝恪自留守之，余军分道别进，龟兹国相那利率众遁逃。孝恪以城外未宾，乃出营于外，有龟兹人来谓孝恪曰："那利为相，人心素归，今亡在野，必思为变。城中之人，颇有异志，公宜备之。"孝恪不以为虞。那利等果率众万余，阴与城内降胡表里为应。孝恪失于警候，贼将入城鼓噪，孝恪始觉之，乃率部下千余人入城，与贼合战。城中人复应那利，攻孝恪。孝恪力战而入，至其王所居，旋复出，战于城门，中流矢而死，孝恪子待诏亦同死于阵。贼竟退走，将军曹继叔复拔其城。太宗闻之，初责孝恪不加警备，以致颠覆；后又怜之，为其家举哀。高宗即位，追赠安西都护、阳翟郡公，待诏赠游击将军，仍赙物三百段。孝恪性奢侈，仆妾器玩，务极鲜华，虽在军中，床帐完具。尝以遗行军大总管阿史那社尔，社尔一无所受。太宗闻之曰："二将优劣之不同也。郭孝恪今为寇虏所屠，可谓自贻伊咎耳。"

次子待封，高宗时，官至左豹韬卫将军。咸亨中，与薛仁贵率兵讨吐蕃于大非川，战败，减死除名。

少子待聘，长安中官至宋州刺史。

张俭，雍州新丰人，隋相州刺史、皖城公威之孙也。父植，车骑将军、连城县公。俭即高祖之从甥也。贞观初，以军功累迁朔州刺史。时颉利可汗自恃强盛，每有所求，辄遗书称敕，缘边诸州，递相承禀。及俭至，遂拒不授，太宗闻而嘉之。俭又广营屯田，岁致谷十万斛，边粮益饶。及遭霜旱，劝百姓相赡，遂免饥馁，州境独安。

后检校胜州都督，以母忧去职。俭前在朔州，属李靖平突厥之后，有思结部落，贫穷离散，俭招慰安集之。其不来者，或居碛北，既亲属分住，私相往还，俭并不拘责，但存纲纪，羁縻而已。及俭移任，州司谓其将叛,遽以奏闻。朝廷议发兵进讨,仍起俭为使,就观动静。俭单马推诚,入其部落,召诸首领,布以腹心,咸匍匐启颡而至,便移就代州。即令检校代州都督。俭遂劝其营田,每年丰熟。虑其私蓄富实,易生骄侈,表请和籴,拟充贮备,蕃人喜悦,边军大收其利。迁营州都督,兼护东夷校尉。

太宗将征辽东,遣俭率蕃兵先行抄掠。俭军至辽西,为辽水泛涨,久而未渡,太宗以为畏懦,召还。俭诣洛阳谒见,面陈利害,因说水草好恶,山川险易,太宗甚悦,仍拜行军总管,兼领诸蕃骑卒,为六军前锋。时有获高丽候者,称莫离支将至辽东,诏俭率兵自新城路邀击之,莫离支竟不敢出。俭因进兵渡辽,趋建安城,贼徒大溃,斩首数千级。以功累封皖城郡公,赏赐甚厚。其后,改东夷校尉为东夷都护,仍以俭为之。永徽初,加金紫光禄大夫。四年,卒于官,年六十,谥曰密。

俭兄大师,累以军功仕至太仆卿、华州刺史、武功县男。

俭弟延师,永徽初,累授左卫大将军,封范阳郡公。延师廉谨周慎,典羽林屯兵前后三十余年,未尝有过,朝廷以此称之。龙朔三年,卒官,赠荆州都督,谥曰敬,陪葬昭陵。

唐制三品已上,门列棨戟,俭兄弟三院门皆立戟,时人荣之,号为"三戟张家"。

苏定方,冀州武邑人也。父邕,大业末,率乡间数千人为本郡讨贼。定方骁悍多力,胆气绝伦,年十余岁,随父讨捕,先登陷阵。父卒,郡守又令定方领兵,破贼首张金称于郡南,手斩金称,又破杨公卿于郡西,追奔二十余里,杀获甚众,乡党赖之。后仕窦建德,建德将高雅贤甚爱之,养以为子。雅贤俄又为刘黑闼攻陷城邑,定方每有战功。及黑闼、雅贤死,定方归乡里。

贞观初,为匡道府折冲,随李靖袭突厥颉利于碛口。靖使定方率二百骑为前锋,乘雾而行,去贼一里许,忽然雾歇,望见其牙帐,驰掩杀数十百人。颉利及隋公主狼狈散走,余众俯伏,靖军既至,遂悉降之。军还，授左武候中郎将。

永徽中，转左卫勋一府中郎将，从左卫大将军程知节征贺鲁，为前军总管。至鹰娑川，突厥有二万骑来拒，总管苏海政与战，互有前却。既而突厥别部鼠尼施等又领二万余骑续至。定方正歇马，隔一小岭，去知节十许里，望见尘起，率五百骑驰往击之，贼众大溃，追奔二十里，杀千五百余人，获马二千匹，死马及所弃甲仗，绵亘山野，不可胜计。副大总管王文度害其功，谓知节曰："虽云破贼，官军亦有死伤，盖决成败法耳，何为此事？自今正可结为方阵，辎重并纳腹中，四面布队，人马被甲，贼来即战，自保万全。无为轻脱，致有伤损。"又矫称别奉圣旨，以知节恃勇轻敌，使文度为其节制，遂收军不许深入。终日跨马，被甲结阵，由是马多瘦死，士卒疲劳，无有战志。定方谓知节曰："本来讨贼，今乃自守，马饿兵疲，逢贼即败。怯懦如此，何功可立！又公为大将，阃外之事不许自专，别遣军副专其号令，理必不然。须囚絷文度，飞表奏之。"知节不从。至恒笃城，有胡降附，文度又曰："比我兵回，彼还作贼，不如尽杀，取其资财。"定方曰："如此自作贼耳，何成伐叛？"文度不从。及分财，唯定方一无所取。师还，文度坐处死，后得除名。

明年，擢定方为行军大总管，又征贺鲁，以任雅相、回纥婆润为副。自金山之北，指处木昆部落，大破之。其俟斤懒独禄以众万余帐来降，定方抚之，发其千骑进至突骑施部。贺鲁率胡禄屋阙啜、慑舍提暾啜、鼠尼施处半啜、处木昆屈律啜、五弩失毕兵马，众且十万，来拒官军，定方率回纥及汉兵万余人击之。贼轻定方兵少，四面围之，定方令步卒据原，攒槊外向，亲领汉骑阵于北原。贼先击步军，三冲不入，定方乘势击之，贼遂大溃，追奔三十里，杀人马数万。明日，整兵复进。于是胡禄屋等、五弩失毕悉众来降，贺鲁独与处木昆屈律啜数百骑西走。余五咄六闻贺鲁败，各向南道降于步真，于是西蕃悉定。唯贺鲁及咥运率其牙内余众而奔，定方追之，复大战于伊丽水上，杀获略尽。贺鲁及咥运十余骑逼夜亡走，定方遣副将萧嗣业追捕之，至于石国，擒之而还。高宗临轩，定方戎服操贺鲁以献，列其地为州县，极于西海。定方以功迁左骁卫大将军，封邢国公，又封子庆节为武邑县公。

俄有思结阙俟斤都曼先镇诸胡，拥其所部及疏勒、朱俱般、葱岭三国复叛，诏定方为安抚大使，率兵讨之。至叶叶水，而贼保马头川。于是选精卒一万人，马三千匹驰掩袭之，一日一夜行三百里，诘朝至城西十里。都曼大惊，率兵拒战于城门之外，贼师败绩，退保马保城，王师进屯其门。入夜，诸军渐至，四面围之，伐木为攻具，布列城下。都曼自知不免，面缚开门出降。俘还至东都，高宗御乾阳殿，定方操都曼特勤献之，葱岭以西悉定。以功加食邢州钜鹿真邑五百户。

显庆五年，从幸太原，制授熊津道大总管，率师讨百济。定方自城山济海，至熊津江口，贼屯兵据江。定方升东岸，乘山而阵，与之大战，扬帆盖海，相续而至。贼师败绩，死者数千人，自余奔散。遇潮且上，连舳入江，定方于岸上拥阵，水陆齐进，飞棹鼓噪，直趣真都。去城二十许里，贼倾国来拒，大战破之，杀虏万余人，追奔入郭。其王义慈及太子隆奔于北境，定方进围其城。义慈次子泰自立为王，嫡孙文思曰：“王与太子虽并出城，而身见在；叔总兵马，即擅为王，假令汉兵退，我父子当不全矣。”遂率其左右投城而下，百姓从之，泰不能止。定方命卒登城建帜，于是泰开门顿颡。其大将祢植又将义慈来降，太子降并与诸城主皆同送款。百济悉平，分其地为六州。俘义慈及隆、泰等献于东都。

定方前后灭三国，皆生擒其主，赏赐珍宝，不可胜计，仍拜其子庆节为尚辇奉御。定方俄迁左武卫大将军。乾封二年卒，年七十六。高宗闻而伤惜，谓侍臣曰：“苏定方于国有功，例合褒赠，卿等不言，遂使哀荣未及。兴言及此，不觉嗟悼。”遽下诏赠幽州都督，谥曰庄。

薛仁贵，绛州龙门人。贞观末，太宗亲征辽东，仁贵谒将军张士贵应募，请从行。至安地，有郎将刘君昂为贼所围甚急，仁贵往救之，跃马径前，手斩贼将，悬其头于马鞍，贼皆慑伏，仁贵遂知名。及大军攻安地城,高丽莫离支遣将高延寿、高惠真率兵二十五万来拒战,依山结营,太宗分命诸将四面击之。仁贵自恃骁勇,欲立奇功,乃异其服色,著白衣,握戟,腰鞬张弓,大呼先入,所向无前,贼尽披靡却走。大军乘之,贼乃大溃。太宗遥望见之,遣驰问先锋白衣者为谁,特引见,赐马两匹、绢四十匹,擢授游击将军、云泉府果毅,仍令北门长上,并赐生口十人。及军还,太宗谓曰:"朕旧将并老,不堪受阃外之寄,每欲抽擢骁雄,莫如卿者。朕不喜得辽东,喜得卿也。"寻迁右领军郎将,依旧北门长上。

永徽五年,高宗幸万年宫,甲夜,山水猥至,冲突玄武门,宿卫者散走。仁贵曰:"安有天子有急,辄敢惧死?"遂登门桄叫呼以惊宫内。高宗遽出乘高,俄而水入寝殿,上使谓仁贵曰:"赖得卿呼,方免沦溺,始知有忠臣也。"于是赐御马一匹。

苏定方之讨贺鲁也,于是仁贵上疏曰:"臣闻兵无名,事故不成,明其为贼,敌乃可伏。今泥熟仗素干,不伏贺鲁,为贼所破,虏其妻子。汉兵有于贺鲁诸部落得泥熟等家口,将充贱者,宜括取送还,仍加赐赉。即陛矜其枉破,使百姓知贺鲁是贼,知陛下德泽广及也。"高宗然其言,使括泥熟家口送还之,于是泥熟等请随军效其死节。

显庆二年,诏仁贵副程名振于辽东经略,破高丽于贵端城,斩首三千级。明年,又与梁建方、契苾何力于辽东共高丽大将温沙门战于横山,仁贵匹马先入,莫不应弦而倒。高丽有善射者,于石城下射杀十余人,仁贵单骑直往冲之,其贼弓矢俱失,手不能举,便生擒之。俄又与辛文陵破契丹于黑山,擒契丹王阿卜固及诸首领赴东都,以功封河东县男。

寻又领兵击九姓突厥于天山,将行,高宗内出甲,令仁贵试之,上曰:"古之善射有穿七札者,卿且射五重。"仁贵射而洞之,高宗大惊,更取坚甲以赐之。时九姓有众十余万,令骁健数十人逆来挑战,仁贵发三矢,射杀三人,自余一时下马请降。仁贵恐为后患,并坑杀之。更就碛北安抚余众,擒其伪叶护兄弟三人而还。军中歌曰:"将军三箭定天山，战士长歌入汉关。"九姓自此衰弱，不复更为边患。

乾封初，高丽大将泉男生率众内附，高宗遣将军庞同善、高侃等迎接之。男生弟男建率国人逆击同善等，诏仁贵统兵为后援。同善等至新城，夜为贼所袭。仁贵领骁勇赴救，斩首数百级。同善等又进至金山，为贼所败，高丽乘胜而进。仁贵横击之，贼众大败，斩首五万余级，遂拔其南苏、木底、苍岩等三城，始与男生相会。高宗手敕劳之曰："金山大阵，凶党实繁。卿身先士卒，奋不顾命，左冲右击，所向无前，诸军贾勇，致斯克捷。宜善建功业，全此令名也。"仁贵乘胜领二千人进扶余城，诸将咸言兵少，仁贵曰："在主将善用耳，不在多也。"遂先锋而行，贼众来拒，逆击大破之，杀获万余人，遂拔扶余城。扶余川四十余城，乘风震慑，一时送款。仁贵便并海略地，与李绩大会军于平壤城。高丽既降，诏仁贵率兵二万人与刘仁轨于平壤留守，仍授右威卫大将军，封平阳郡公，兼检校安东都护。移理新城，抚恤孤老，有干能者，随才任使，忠孝节义，咸加旌表，高丽士众莫不欣然慕化。

咸亨元年，吐蕃入寇，又以仁贵为逻娑道行军大总管，率将军阿史那道真、郭待封等以击之。待封尝为鄯城镇守，耻在仁贵之下，多违节度。军至大非川，将发赴乌海，仁贵谓待封曰："乌海险远，车行艰涩，若引辎重，将失事机，破贼即回，又烦转运。彼多瘴气，无宜久留。大非岭上足堪置栅，可留二万人作两栅，辎重等并留栅内。吾等轻锐倍道，掩其未整，即扑灭之矣。"仁贵遂率先行至河口，遇贼击破之，斩获略尽，收其牛羊万余头，回至乌海城，以待后援。待封遂不从仁贵之命，领辎重继进。比至乌海，吐蕃二十余万悉众来救，邀击，待封败走趋山，军粮及辎重并为贼所掠。仁贵遂退军屯于大非川。吐蕃又益众四十余万来拒战，官军大败，仁贵遂与吐蕃大将论钦陵约和。仁贵叹曰："今年岁在庚午，军行逆岁，邓艾所以死于蜀，吾知所以败也。"仁贵坐除名。

寻而高丽众相率复叛，诏起仁贵为鸡林道总管以经略之。上元中，坐事徙象州，会赦归。高宗思其功，开耀元年，复召见，谓曰："往九成宫遭水，无卿已为鱼矣。卿又北伐九姓，东击高丽，漠北、辽东咸遵声教者，并卿之力也。卿虽有过，岂可相忘。有人云卿乌海城下自不击贼，致使失利，朕所恨者，唯此事耳。今西边不静，瓜、沙路绝，卿岂可高枕乡邑，不为朕指挥耶？”于是起授瓜州长史，寻拜右领军卫将军，检校代州都督。又率兵击突厥元珍等于云州，斩首万余级，获生口二万余人、驼马牛羊三万余头。贼闻仁贵复起为将，素惮其名，皆奔散，不敢当之。其年，仁贵病卒，年七十，赠左骁卫将军，官造灵舆，并家口给传还乡。子讷，别有传。

程务挺，洺州平恩人也。父名振，大业末，仕窦建德为普乐令，甚有能名，诸贼不敢犯其境。寻弃建德归国，高祖遥授永年令，仍令率兵经略河北。名振夜袭邺县，俘其男女千余人以归。去邺八十里，阅妇人有乳汁者九十余人，悉放遣之。邺人感其仁恕，为之设斋，以报其恩。及建德败，始之任。俄而刘黑闼陷洺州，名振复与刺史陈君宾自拔归朝。母潘、妻李，在路为贼所掠，没于黑闼。名振又从太宗讨黑闼，时黑闼于冀、贝、沧、瀛等州水陆运粮，以拒官军，名振率千余人邀击之，尽毁其舟车。黑闼闻之大怒，遂杀名振母、妻。及黑闼平，名振请手斩黑闼，以其首祭母。名振劲拜营州都督府长史，封东郡公，赐物二千段、黄金三百两。累转洺州刺史。

太宗将征辽东，召名振问以经略之事，名振初对失旨，太宗动色诘之，名振酬对逾辩。太宗意解，谓左右曰：“房玄龄常在我前，每见别嗔余人，犹颜色无主。名振生平不见我，向来责让，而词理纵横，亦奇士也。”即日拜右骁卫将军，授平壤道行军总管。前后攻沙卑城，破独山阵，皆以少击众，称为名将。永徽六年，累除营州都督，兼东夷都护。又率兵破高丽于贵端水，焚其新城，杀获甚众。后历晋、蒲二州刺史。龙朔二年卒，赠右卫大将军，谥曰烈。

务挺少随父征讨，以勇力闻，迁右领军卫中郎将。永隆中，突厥史伏念反叛，定襄道行军总管李文暕、曹怀舜、窦义昭等相次战败。又诏礼部尚书裴行俭率兵讨之，务挺为副将，仍检校丰州都督。时伏念屯于金牙山，务挺与副总管唐玄表引兵先逼之。伏念惧不能支，道间遂降于行俭，许伏念以不死。中书令裴炎以伏念惧务挺等兵势而降，非行俭之功，伏念遂伏诛。务挺以功迁右卫将军，封平原郡公。

永淳二年，绥州城平县人白铁余率部落稽之党据县城反，伪称尊号，署百官，又进寇绥息，杀掠人吏，焚烧村落，诏务挺与夏州都督王方翼讨之。务挺进攻其城，拔之，生擒白铁余，尽平其余党。又以功拜左骁卫大将军、检校左羽林军。

嗣圣初，与右领军大将军、检校右羽林军张虔勖同受则天密旨，帅兵入殿庭，废中宗为庐陵王，立豫王为皇帝。则天临朝，累受赏赐，特拜其子齐之为尚乘奉御。务挺泣请回授其弟，则天嘉之，下制褒美，乃拜其弟原州司马，务忠为太子洗马。

文明年，以务挺为左武卫大将军、单于道安抚大使，督军以御突厥。务挺善于绥御，威信大行，偏裨已下，无不尽力，突厥甚惮之，相率遁走，不敢近边。及裴炎下狱，备挺密表申理之，由是忤旨。务挺素与唐之奇、杜求仁友善，或构言务挺与裴炎、徐敬业皆潜相应接。则天遣左鹰杨将军裴绍业就军斩之，籍没其家。突厥闻务挺死，所在宴乐相庆，仍为务挺立祠，每出师攻战，即祈祷焉。

贞观、永徽间军将，又有张士贵、赵道兴，状迹可录。

张士贵者，虢州卢氏人也。本名忽峍，善骑射，膂力过人。大业末，聚众为盗，攻剽城邑，远近患之，号为"忽峍贼"。高祖降书招怀之，士贵以所统送款，拜右光禄大夫。累有战功，赐爵新野县公。从平东都，授虢州刺史，高祖谓之曰："欲卿衣锦昼游耳。"寻入为右武候将军。贞观七年，破反獠而还，太宗劳之曰："闻公亲当矢石，为士卒先，虽古名将，何以加也。朕尝闻以身报国者，不顾性命，但闻其语，未闻其实，于公见之矣。"后累迁左领军大将军，改封虢国公。显庆初卒，赠荆州都督，陪葬昭陵。

　　赵道兴者,甘州酒泉人,隋右武候大将军才之子也。道兴,贞观初历迁左武候中郎将,明闲宿卫,号为称职。太宗尝谓之曰:"卿父为隋武候将军,甚有当官之誉。卿今克传弓冶,可谓不坠家声。"因授右武候将军,赐爵天水县子。其父时廨宇,仍旧不改,时人以为荣。道兴尝自指其厅事曰:"此是赵才将军厅,还使赵才将军儿坐。"为朝野所笑,传为口实。仪凤中,累迁左金吾卫大将军。文明年,以老病致于家。

　　子晈,亦为金吾将军,凡三代执金吾,为时所称。

　　史臣曰:孝恪机钤果毅,协草昧之际;树勋建策,有杰世之风。然而务奢为恒,既未尽善,举众失律,不其惑与!张公经略,有天然才度,务穑劝分,董和成绩,惜哉中寿,其才未尽。邢国公神略翕张,雄谋戡定,辅平屯难,始终成业。疏封陟位,未畅茂典,盖阙如也。仁贵骁悍壮勇,为一时之杰,至忠大略,勃然有立。噫,待封不协,以败全略。孔子曰:"可与立,未可与权。"上加明命,竟致立功,知臣者君,信哉。务挺勇力骁果,固有父风,英概辅时,克继洪烈。然而苟预废立,竟陷谗构。古之言曰:"恶之来也,如火之燎于原,不可向尔。"其是之谓乎!士贵、道兴,逢时立效,得尽义勇,以观厥成;而继父风概,三代执金,不亦美乎!

　　赞曰:五将雄雄,俱立边功。张、苏二族,功名始终。郭、薛、务挺,徽功奋命。垂则穷边,兵无常胜。

旧唐书卷八四
列传第三四

刘仁轨 郝处俊 裴行俭
子光庭

刘仁轨,汴州尉氏人也。少恭谨好学,遇隋末丧乱,不遑专习,每行坐所在,辄书画空地,由是博涉文史。武德初,河南道大使、管国公任瑰将上表论事,仁轨见其起草,因为改定数字,瑰甚异之,遂赤牒补息州参军,稍除陈仓尉。部人有折冲都尉鲁宁者,恃其高班,豪纵无礼,历政莫能禁止。仁轨特加诚喻,期不可再犯,宁又暴横尤甚,竟杖杀之。州司以闻,太宗怒曰:"是何县尉,辄杀吾折冲!"遽追入,与语,奇其刚正,擢授栎阳丞。

贞观十四年,太宗将幸同州校猎,属收获未毕,仁轨上表谏曰:"臣闻屋漏在上,知之者在下;愚夫之计,择之者圣人。是以周王询于刍荛,殷后谋于板筑,故得享国弥久,传祚无疆,功宣清庙,庆流后叶。伏惟陛下天性仁爱,躬亲节俭,朝夕克念,百姓为心,一物失所,纳隍轸虑。臣伏闻大驾欲幸同州教习。臣伏知四时搜狩,前王恒典,事有沿革,未必因循。今年甘雨应时,秋稼极盛,玄黄亘野,十分才收一二,尽力刈护,月半犹未讫功,贫家无力,禾下始拟种麦。直据寻常科唤,田家已有所妨。今既供承猎事,兼之修理桥道,纵大简略,动费一二万工,百姓收敛,实为狼狈。臣愿陛下少留万乘之恩,垂听一介之言,退近旬日,收刈总了,则人尽暇豫,家得康宁,舆轮徐动,公私交泰。"太宗特降玺书劳曰:"卿职任虽卑,竭诚奉国,所陈之事，朕甚嘉之。"寻拜新安令，累迁给事中。

显庆四年，出为青州刺史。五年，太宗征辽，令仁轨监统水军，以后期坐免，特令以白衣随军自效。时苏定方既平百济，留郎将刘仁愿于百济府城镇守，又以左卫中郎将王文度为熊津都督，安抚其余众。文度济海病卒。百济为僧道琛、旧将福信率众复叛，立故王子扶余丰为王，引兵围仁愿于府城。诏仁轨检校带方州刺史，代文度统众，便道发新罗兵合势，以救仁愿。转斗而前，仁轨军容整肃，所向皆下。道琛等乃释仁愿之围，退保任存城。

寻而福信杀道琛，并其兵马，招诱亡叛，其势益张。仁轨乃与仁愿合军休息。时苏定方奉诏伐高丽，进围平壤，不克而还。高宗敕书与仁轨曰："平壤军回，一城不可独固，宜拔就新罗，共其屯守。若金法敏藉卿等留镇，宜且停彼；若其不须，即宜泛海还也。"将士咸欲西归，仁轨曰："《春秋》之义，大夫出疆，有可以安社稷、便国家，专之可也。况在沧海之外，密迩豺狼者哉！且人臣进思尽忠，有死无贰，公家之利，知无不为。主上欲吞灭高丽，先诛百济，留兵镇守，制其心腹。虽妖孽充斥，而备预甚严，宜砺戈秣马，击其不意，彼既无备，何攻不克？战而有胜，士卒自安。然后分兵据险，开张形势，飞表闻上，更请兵船。朝廷知其有成，必当出师命将，声援才接，凶逆自歼。非直不弃成功，实亦永清海外。今平壤之军既回，熊津又拔，则百济余烬，不日更兴，高丽逋薮何时可灭？且今以一城之地，居贼中心，如其失脚，即为亡虏。拔入新罗，又是坐客，脱不如意，悔不可追。况福信凶暴，残虐过甚，余丰猜惑，外合内离，鸱张共处，势必相害。唯宜坚守观变，乘便取之，不可动也。"众从之。时扶余丰及福信等以真岘城临江高险，又当冲要，加兵守之。仁轨引新罗之兵，乘夜薄城，四面攀草而上，比明而入据其城，遂通新罗运粮之路。

俄而余丰袭杀福信，又遣使往高丽及倭国请兵，以拒官军。诏右威卫将军孙仁师率兵浮海以为之援。仁师既与仁轨等相合，兵士大振。于是诸将会议，或曰："加林城水陆之冲，请先击之。"仁轨曰：

"加林险固，急攻则伤损战士，固守则用日持久，不如先攻周留城。周留，贼之巢穴，群凶所聚，除恶务本，须拔其源。若克周留，则诸城自下。"于是仁师、仁愿及新罗王金法敏帅陆军以进。仁轨乃别率杜爽、扶余隆率水军及粮船，自熊津江往白江，会陆军同趣周留城。仁轨遇倭兵于白江之口，四战捷，焚其舟四百艘，烟焰涨天，海水皆赤，贼众大溃。余丰脱身而走，获其宝剑。伪王子扶余忠胜、忠志等率士女及倭众并耽罗国使，一时并降。百济诸城，皆复归顺。贼帅迟受信据任存城不降。

先是，百济首领沙吒相如、黑齿常之自苏定方军回后，鸠集亡散，各据险以应福信，至是率其众降。仁轨谕以恩信，令自领子弟以取任存城，又欲分兵助之。孙仁师曰："相如等兽心难信，若授以甲仗，是资寇兵也。"仁轨曰："吾观相如、常之皆忠勇有谋，感恩之士。从我则成，背我心灭，因机立效，在于兹日，不须疑也。"于是给其粮仗，分兵随之，遂拔任存城，授受信弃其妻子走投高丽。于是百济之余烬悉平，孙仁师与刘仁愿振旅而还，诏留仁轨勒兵镇守。

初，百济经福信之乱，合境凋残，僵尸相属。仁轨始令收敛骸骨，瘗埋吊祭之。修录户口，署置官长，开通涂路，整理村落，建立桥梁，补葺堤堰，修复陂塘，劝课耕种，赈贷贫乏，存问孤老。颁宗庙忌讳，立皇家社稷。百济余众，各安其业。于是渐营屯田，积粮抚士，以经略高丽。仁愿既至京师，上谓曰："卿在海东，前后奏请，皆合事宜，而雅有文理。卿本武将，何得然也？"对曰："刘仁轨之词，非臣所及也。"上深叹赏之，因超加仁轨六阶，正授带方州刺史，并赐京城宅一区，厚赉其妻子，遣使降玺书劳勉之。仁轨又上表曰：

臣蒙陛下曲垂天奖，弃瑕录用，授之刺举，又加连率。材轻职重，忧责更深，常思报效，冀酬万一，智力浅短，淹滞无成。久在海外，每从征役，军旅之事，实有所闻。具状封奏，伏愿详察。

臣看见在兵募，手脚沉重者多，勇健奋发者少，兼有老弱，衣服单寒，唯望西归，无心展效。臣闻："往在海西，见百姓人人投募，争欲征行，乃有不用官物，请自办衣粮，投名义征。何因今日募兵，如此仁弱？"皆报臣云："今日官府，与往日不同，人心又别。贞观、永徽年中，东西征役，身死王事者，并蒙敕使吊祭，追赠官职，亦有回亡者官爵与其子弟。从显庆五年以后，征役身死，更不借问。往前渡辽海者，即得一转勋官；从显庆五年以后，频经渡海，不被记录。州县发遣兵募，人身少壮，家有钱财，参逐官府者，东西藏避，并即得脱。无钱参逐者，虽是老弱，推背即来。显庆五年，破百济勋，及向平壤苦战勋，当时军将号令，并言与高官重赏，百方购募，无种不道。洎到西岸，唯闻枷锁推禁，夺赐破勋，州县追呼，求住不得，公私困弊，不可言尽。发海西之日，已有自害逃走，非独海外始逃。又为征役，蒙授勋级，将为荣宠；频年征役，唯取勋官，牵挽辛苦，与白丁无别。百姓不愿征行，特由于此。"陛下再兴兵马，平定百济，留兵镇守，经略高丽。百姓有如此议论，若为成就功业？臣闻琴瑟不调，改而更张，布政施化，随时取适。自非重赏明罚，何以成功！

臣又问："见在兵募，旧留镇五年，尚得支济；尔等始经一年，何因如此单露？"并报臣道："发家来日，唯遣作一年装束，自从离家，已经二年。在朝阳瓮津，又遣来去运粮，涉海遭风，多有漂失。"臣勘责见在兵募，衣裳单露，不堪度冬者，给大军还日所留衣裳，且得一冬充事。来年秋后，更无准拟。陛下若欲殄灭高丽，不可弃百济土地。余丰在北，余勇在南，百济、高丽，旧相党援，倭人虽远，亦相影响，若无兵马，还成一国。既须镇压，又置屯田，事藉兵士，同心同德。兵士既有此议，不可胶柱因循，须述其渡海官勋及平百济向平壤功效。除此之外，更相褒赏，明敕慰劳，以起兵募之心。若依今日以前布置，臣恐师老且疲，无所成就。

臣又见晋代平吴，史籍具载。内有武帝、张华，外有羊祜、杜预，筹谋策画，经纬谘询，王浚之徒，折冲万里。楼船战舰，已到石头，贾充、王浑之辈，犹欲斩张华以谢天下。武帝报云："平吴之计，出自朕意，张华同朕见耳，非其本心。"是非不同，乖乱如此。平吴之后，犹欲苦绳王浚，赖武帝拥护，始得保全。不逢武帝圣明，王浚不存首领。臣每读其书，未尝不抚心长叹。伏惟陛下既得百济，欲取高丽，须外内同心，上下齐奋，举无遗策，始可成功。百姓既有此议，更宜改调。臣恐是逆耳之事，无人为陛下尽言。自顾老病日侵，残生讵几？奄忽长逝，衔恨九泉，所以披露肝胆，昧死闻奏。

上深纳其言。又遣刘仁愿率扶渡海，与旧镇兵交代，仍授扶余隆熊津都督，遣以招辑其余众。扶余勇者，扶余隆之弟也，是时走在倭国，以为兵余丰之应，故仁轨表言之。于是仁轨浮海西还。

初，仁轨将发带方州，谓人曰："天将富贵此翁耳！"于州司请历日一卷，并七庙讳，人怪其故，答曰："拟削平辽海，颁示国家正朔，使夷俗遵奉焉。"至是皆如其言。

麟德二年，封泰山，仁轨领新罗及百济、耽罗、倭四国酋长赴会，高宗甚悦，擢拜大司宪。乾封元年，迁右相，兼检校太子左中护，累前后战功，封乐城县男。三年，为熊津道安抚大使，兼浿江道总管，副司空李勣讨平高丽。总章二年，军回，以疾辞职，加金紫光禄大夫，听致仕。咸亨元年，复授陇州刺史。三年，征拜太子左庶子、同中书门下三品，监修国史。五年，为鸡林道大总管，东伐新罗。仁轨率兵径度瓠卢河，破其北方大镇七重城。以功进爵为公，并子侄三人并授上柱国，州党荣之，号其所居为乐城乡三柱里。尚元二年，拜尚书左仆射、同中书门下三品，兼太子宾客，依旧监修国史。

仪凤二年，以吐蕃入寇，命仁轨为洮河道行军镇守大使。仁轨每有奏请，多被中书令李敬玄抑之，由是与敬玄不协。仁轨知敬玄素非边将才，冀欲中伤之，上言西蕃镇守事非敬玄莫可。高宗遽命敬玄代之。敬玄至洮河军，寻为吐蕃所败。永隆二年，兼太子太傅。未几，以老乞骸骨，听解尚书左仆射，以太子太傅依旧知政事。永淳元年，高宗幸东都，皇太子京师监国，遣仁轨与侍中裴炎、中书令薛元超留辅太子。二年，太子赴东都，又令太孙重照京师留守，仍令仁轨为副。

　　则天临朝，加授特进，复拜尚书左仆射、同中书门下三品；专知留守事。仁轨复上疏辞以衰老，请罢居守之任，因陈吕后祸败之事，以申规谏。则天使武承嗣赍玺书往京慰喻之曰："今日以皇帝谅暗不言，眇身且代亲政。远劳劝诚，复表辞衰疾，怪望既多，徊徨失据。又云'吕后见嗤于后代，禄、产贻祸于汉朝'，引喻良深，愧慰交集。公忠贞之操，终始不渝；劲直之风，古今罕比。初闻此语，能不罔然；静而思之，是为龟镜。且端揆之任，仪刑百辟，况公先朝旧德，遐迩具瞻。愿以匡救为怀，无以暮年致请。"寻进封郡公。垂拱元年，从新令改为文昌左相、同凤阁鸾台三品。寻薨，年八十四，则天废朝三日，令在京百官以次赴吊，册赠开府仪同三司、并州大都督，陪葬乾陵，赐其家实封三百户。

　　仁轨虽位居端揆，不自矜倨，每见贫贱时故人，不改布衣之旧。初为陈仓尉，相工袁天纲谓曰："君终当位邻台辅，年将九十。"后果如其言。仁轨身经隋末之乱，辑其见闻，著《行年记》行于代。

　　子浚，官至太子中舍人。垂拱二年，为酷吏所陷，被杀，妻子籍没。中宗即位，以仁轨春宫旧僚，追赠太尉。

　　浚子冕，开元中，为秘书省少监，表请为仁轨立碑，谥曰文献。

　　史臣韦述曰：世称刘乐城与戴至德同为端揆，刘则甘言接人，以收物誉；戴则正色拒下，推美于君。故乐城之善于今未弭，而戴氏之绩无所闻焉。呜呼！高名美称，或因邀饰而致远；深仁至行，或以韬晦而莫传。岂唯刘、戴而然，盖自古有之矣。故孔子曰："众好之，必察焉；众恶之，必察焉。"非夫圣智，鲜不惑也。且刘公遑其私忿，陷人之所不能，覆徒贻国之耻，忠恕之道，岂其然乎？

　　郝处俊，安州安陆人也。父相贵，隋末，与妻父许绍据硖州，归国，以功授滁州刺史，封甑山县公。处俊年十岁余，其父卒于滁州，父之故吏赙送甚厚，仅满千余匹，悉辞不受。及长，好读《汉书》，略能暗诵。贞观中，本州进士举，吏部尚书高士廉甚奇之，解褐授著作佐郎，袭爵甑山县公。兄弟笃睦，事诸舅甚谨。再转滕王友，耻为王官,遂弃官归耕。

久之,召拜太子司议郎,五迁吏部侍郎。乾封二年,改为司列少常伯。属高丽反叛,诏司空李勣为浿江道大总管,以处俊为副。尝次贼城,未遑置阵,贼徒奄至,军中大骇。处俊独据胡床,方餐乾糒,乃潜简精锐击败之,将士多服其胆略。总章二年,拜东台侍郎,寻同东西台三品。

咸亨初,高宗幸东都,皇太子于京师监国,尽留侍臣戴至德、张文瓘等以辅太子,独以处俊从。时东州道总管高侃破高余众于安市城,奏称有高丽僧言中国灾异,请诛之。上谓处俊曰:"朕闻为君上者,以天下之目而视,以天下之耳而听,盖欲广闻见也。且天降灾异,所以警悟人君。其变苟实,言之者何罪?其事必虚,闻之者足以自戒。舜立谤木,良有以也。欲箝天下之口,其可得乎?此不足以加罪。"特令赦之。因谓处俊曰:"王者无外,何藉于守御。虽然,重门击柝,盖备不虞,方知禁卫在于谨肃。朕尝以秦法犹为太宽,荆轲匹夫耳,而七首窃发,始皇骇惧,莫有拒者,岂不由积习宽慢使其然乎?"处俊对曰:"此由法急所致,非宽慢也。"上曰:"何以知之?"对曰:"秦法:辄升殿者,夷三族。人皆惧族,安有敢拒者?逮乎魏武,法尚峻。臣见《魏令》云:'京城有变,九卿各居其府。'其后严才作乱,与其徒属数十人攻左掖门,魏武登铜雀台远望,无敢救者。时王修为奉常,闻变召车马,未至,便将官属步至宫门。魏武望见之,曰:'彼来者必王修乎!'此由王修察变知机,违法赴难。向各守法,遂成其祸。故王者设法敷化,不可以太急。夫政宽则人慢,政急则人无所措手足。圣王之道,宽猛相济。《诗》曰:'不懈于位,人之攸墍,'谓仁政也。又曰:'式遏寇虐,无俾作慝,'谓威刑也。《洪范》曰:'高明柔克,沉潜刚克,'谓中道也。"上曰:"善。"

又有胡僧卢伽阿逸多受诏合长年药,高宗将饵之。处俊谏曰:"修短有命,未闻万乘之主,轻服蕃夷之药。昔贞观末年,先帝令婆罗门僧那罗迩娑寐依其本国旧方合长生药。胡人有异术,征求灵草秘石,历年而成。先帝服之,竟无异效,大渐之际,名医莫知所为。时议者归罪于胡人,将申显戮,又恐取笑夷狄,法遂不行。龟镜若是,惟陛下深察。"高宗纳之,但加卢伽为怀化大将军,不服其药。

寻而官名复旧,处俊授黄门侍郎。三年,加银青光禄大夫,转中书侍郎。四年,监修国史。上元元年,高宗御含元殿东翔鸾阁观大酺。时京城四县及太常音乐分为东西两朋,帝令雍王贤为东朋,周王讳为西朋,务以角胜为乐。处俊谏曰:"臣闻礼所以示童子无诳者,恐其欺诈之心生也。伏以二王春秋尚少,意趣未定,当须推多让美,相敬如一。今忽分为二朋,递相夸竞。且俳优小人,言辞无度,酣乐之后,难为禁止,恐其交争胜负,讥诮失礼。非所以导仁义,示和睦也。"高宗矍然曰:"卿之远识,非众人所及也。"遽令止之。寻代阎立本为中书令。岁余,兼太子宾客、检校兵部尚书。

三年,高宗以风疹欲逊位,令天后摄知国事,与宰相议之。处俊对曰:"尝闻礼经云:'天子理阳道,后理阴德。'则帝之与后,犹日之与月,阳之与阴,各有所主守也。陛下今欲违反此道,臣恐上则谪见于天,下则取怪于人。昔魏文帝著令,身崩后尚不许皇后临朝,今陛下奈何遂欲躬自传位于天后。况天下者,高祖、太宗二圣之天下,非陛下之天下也。陛下正合谨守宗庙,传之子孙,诚不可持国与人,有私于后族。伏乞特垂详。"中书侍郎李义琰进曰:"处俊所引经旨,足可依凭,惟圣虑无疑,则苍生幸甚。"帝曰:"是。"遂止。仪凤二年,加金紫光禄大夫,行太子左庶子,并依旧知政事,监修国史。四年,代张文瓘为侍中。

处俊性俭素,土木形骸,自参综朝政,每与上言议,必引经籍以应对,多有匡益,甚得大臣之体。侍中、平恩公许圉师,即处俊之舅,早同州里,俱宦达于时。又其乡人田氏、彭氏,以殖货见称。有彭志筠,显庆中,上表请以家绢布二万段助军,诏受其绢万匹,特授奉议郎,仍布告天下。故江、淮间语曰:"贵如许、郝,富若田、彭。"

处俊迁太子少保。开曜元年薨,年七十五,赠开府仪同三司、荆州大都督。高宗甚伤悼之,顾谓侍臣曰:"处俊志存忠正,兼有学识。至于雕饰服玩,虽极知无益,然常人不能抑情弃舍,皆好尚奢侈,处俊尝保其质素，终始不渝。虽非元勋佐命，固亦多时驱使。又见遗表，忧国忘家，今既云亡，深可伤惜。"即于光顺门举哀一日，不视事，终祭以少牢，赠绢布八百段、米粟八百石。令百官赴哭，给灵舆，并家口递还乡，官供葬事。其子秘书郎北叟上表辞所赠赐及葬递之事，高宗不许。侍中裴赏曰："处俊临亡，臣往见之，属臣曰：'生既无益明时，死后何宜烦费。瞑目之后，傥有恩赐赠物，及归乡递送，葬日营造，不欲劳官司供给。'"高宗深嘉叹之，从其遗意，唯加赠物而已。

处俊孙象贤，垂拱中为太子通事舍人，坐事伏诛，临刑言多不顺。则天大怒，令斩讫仍支解其体，发其父母坟墓，焚爇尸体，处俊亦坐斫棺毁枢。自此法司每将杀人，必先以木丸塞其口，然后加刑，讫于则天之代。

裴行俭，绛州闻喜人。曾祖伯凤，周骠骑大将军、汾州刺史、琅邪郡公。祖定，高冯翊郡守，袭封琅邪公。父仁基，隋左光禄大夫，陷于王世充，后谋归国，事泄遇害，武德中，赠原州都督，谥曰忠。

行俭幼以门荫补弘文生。贞观中，举明经，拜左屯卫仓曹参军。时苏定方为大将军，甚奇之，尽以用兵奇术授行俭。显庆二年，六迁长安令。时高宗将废皇后王氏而立武昭仪，行俭以为国家忧患必从此始，与太尉长孙无忌、尚书左仆射褚遂良私议其事，大理袁公瑜于昭仪母荣国夫人潛之，由是左授西州都督府长史。

麟德二年，累拜安西大都护，西域诸国多慕义归降，征拜司文少卿。总章中，迁司列少常伯。咸亨初，官名复旧，改为吏部侍郎，与李敬玄为贰，时典选十余年，甚有能名，时人称为裴、李。行俭始设长名姓历榜，引铨注等法，又定州县升降、官资高下，以为故事。上元二年，加银青光禄大夫。高宗以行俭工于草书，尝以绢素百卷，令行俭草书《文选》一部，帝览之称善，赐帛五百段。行俭尝谓人曰："褚遂良非精笔佳墨，未尝辄书，不择笔墨而妍捷者，唯余及虞世南耳。"

三年，吐蕃背叛，诏行俭为洮州道左二军总管，寻又为秦州镇抚右军总管，并受元帅周王节度。仪凤二年，十姓可汗阿史那匐延都支及李遮匐扇动蕃落，侵逼安西，连和吐蕃，议者欲发兵讨之。行俭建议曰：“吐蕃叛换，干戈未息，敬玄、审礼，失律丧元，安可更为西方生事？今波斯王身没，其子泥涅师师充质在京，望差使往波斯册立，即路由二蕃部落，便宜从事，必可有功。”高宗从之，因命行俭册送波斯王，仍为安抚大食使。途经莫贺延碛，属风沙晦暝，导者益迷。行俭命下营，虔诚致祭，令告将吏，泉井非遥。俄而云收风静，行数百步，水草甚丰，后来之人，莫知其处。众皆悦服，比之贰师将军。

至西州，人吏郊迎，行俭召其豪杰子弟千余人随己而西。乃扬言绐其下曰：“今正炎蒸，热坂难冒，凉秋之后，方可渐行。”都支觇知之，遂不设备。行俭仍召四镇诸蕃酋长豪杰谓曰：“忆昔此游，未尝厌倦，虽还京辇，无时暂忘。今因是行，欲寻旧赏，谁能从吾猎也？”是时蕃酋子弟投募者仅万人。行俭假为畋游，教试部伍，数日，遂倍道而进。去都支部落十余里，先遣都支所亲问其安否，外示闲暇，似非讨袭，续又使人趣召相见。都支先与遮匐通谋，秋中拟拒汉使，卒闻军到，计无所出，自率儿侄首领等五百余骑就营来谒，遂擒之。是日，传其契箭，诸部酋长悉来请命，并执送碎叶城。简其精骑，轻赍晓夜前进，将虏遮匐。余中果获都支还使，与遮匐使同来。行俭释庶匐行人，令先往晓喻其主，兼述都支已擒，遮匐寻复来降。于是将吏已下立碑于碎叶城以纪其功，擒都支、遮匐而还。高宗廷劳之曰：“比以西服未宁，遣卿总兵讨逐，孤军深入，经途万里。卿权略有闻，诚节夙著，兵不血刃，而凶党殄灭。伐叛柔服，深副朕委。”寻又赐宴，谓行俭曰：“卿文武兼资，今故授卿二职。”即日拜礼部尚书，兼检校右卫大将军。

调露元年，突厥阿史德温傅反，单于管内二十四州并叛应之，众数十万。单于都护萧嗣业率兵讨之，反为所败。于是以行俭为定襄道行军大总管，率太仆少卿李思文、营州都督周道务等部兵十八万,并西军程务挺、东军李文暕等总三十余万,连亘数千里,并受行俭节度。唐世出师之盛,未之有也。

行俭行至朔州,知萧嗣业以运粮被掠,兵多馁死,遂诈为粮车三百乘,每车伏壮士五人,各赍陌刀、劲弩,以羸兵数百人援车,兼伏精兵,令居险以待之。贼果大下,羸兵弃车散走。贼驱车就泉水,解鞍牧马,方拟取粮,车中壮士齐发,伏兵亦至,杀获殆尽,余众奔溃。自是续遣粮车,无敢近之者。及军至单于之北,际晚下营,壕堑方周,遽令移就崇岗。将士皆以士众方就安堵,不可劳扰,行俭不从,更令促之。比夜,风雨暴至,前设营所水深丈余,将士莫不叹伏。贼众于黑山拒战,行俭频战皆捷,前后杀虏不可胜数。伪可汗泥熟匐为其下所杀,以其首来降;又擒其大首领奉职而还,余党走依狼山。

行俭既回,阿史那伏念又伪称可汗,与温傅合势鸠集余众。明年,行俭复总诸军讨之,顿军于代州之陉口,从反间说伏念与温傅,令相猜贰。伏念恐惧,密送降款,仍请自效。行俭不泄其事,而密表以闻。数日,有烟尘涨天而至,斥候惶惑来白,行俭召三军谓曰:"此是伏念执温傅来降,非他。然受降如受敌,但须严备。"更遣单使近前劳之。少间,伏念果率其属缚温傅诣军门请罪,尽平突厥余党。高宗大悦,遣户部尚书崔知悌赴军劳之。侍中裴炎害行俭之功,总管程务挺、张虔勖上言:"伏念为子营逼逐,又碛北回纥等同向南逼之,窘急而降。"由是行俭之功不录,斩伏念及温傅于都市。行俭叹曰:"浑、浚前事,古今耻之。但恐杀降之后,无复来者。"因称疾不出,以勋封闻喜县公。

永淳元年,十姓伪可汗车薄反叛,诏复以行俭为金牙道大总管,率十将军以讨之。师未行。其年四月,行俭病卒,年六十四,赠幽州都督,谥曰献。特诏令皇太子差六品京官一人检校家事,五六年间,待儿孙稍成长日停。中宗即位,追赠扬州大都督。有集二十卷,撰《草字杂体》数万言,并传于代。又撰《选谱》十卷,安置军营、行阵部统、克料胜负、甄别器能等四十六诀,则天令秘书监武承嗣诣宅,并密收入内。

行俭尤晓阴阳、算术,兼有人伦之鉴,自掌选及为大总管,凡遇贤俊,无不甄采,每制敌摧凶,必先期捷日。时有后进杨炯、王勃、卢照邻、骆宾王并以文章见称,吏部侍郎李敬玄盛为延誉,引以示行俭,行俭曰:“才名有之,爵禄盖寡。杨应至令长,余并鲜能令终。”是时,苏味道、王勮未知名,因调选,行俭一见,深礼异之,仍谓曰:“有晚年子息,恨不见其成长。二公十数年当居衡石,愿记识此辈。”其后相继为吏部,皆如其言。行俭尝所引偏裨,有程务挺、张虔勖、崔智聅、王方翼、党金毗、刘敬同、郭待封、李多祚、黑齿常之,尽为名将,至刺史、将军者数十人。其年知赏,多此类也。

行俭尝令医人合药,请犀角、麝香,送者误遗失,已而惶惧潜窜。又有敕赐马及新鞍,令吏辄驰骤,马倒鞍破,令史亦逃。行俭并委所亲招到,谓曰:“尔曹岂相轻耶?皆错误耳。”待之如故。初,平都支、遮匐。大获环宝,蕃酋将士愿观之,行俭因宴设,遍出历示。有马脑盘,广二尺余,文彩殊绝。军吏王休烈捧盘,历阶趋进,误蹋衣,足跌便倒,盘亦随碎。休烈惊惶,叩头流血,行俭笑而谓曰:“尔非故也,何至于是。”更不形颜色。诏赐都支等资产金器皿三千余事,驰马称是,并分给亲故并副使已下,数日便尽。少子光庭,开元中为侍中,以恩例赠行俭为太尉。

光庭早孤。母库狄氏,则天时召入宫,甚见亲待,光庭由是累迁太常丞。后以武三思之婿缘坐,左迁郢州司马。开元初,六迁右率府中郎将,擢授司门郎中。岁余,转兵部郎中。光庭沉静少言,寡于交游,既历清要,时人初未许之。及在职,公务修整,众方叹伏焉。

十三年,将有事于岱岳,中书令张说以大驾东巡,京师空虚,恐夷狄乘间窃发,议欲加兵守边,以备不虞,召光庭谋兵事。光庭曰:“封禅者,所以告成功也。夫成功者,恩德无不及,百姓无不安,万国无不怀。今将告成而惧夷狄,何以昭德也?大兴力役,用备不虞,且非安人也。方谋会同而阻戎心,又非怀远也。有此三者,则名实乖矣。且诸蕃之国，突厥为大，赘币往来，愿修恩好有年矣。今兹遣一使征其大臣赴会，必欣然应命。突厥受诏，则诸蕃君长必相率而来。虽偃旗息鼓，高枕有余矣。"说曰："善。吾所不及矣。"因奏则行之，寻转鸿胪少卿。东封还，迁兵部侍郎。

十七年，拜中书侍郎、同中书门下平章事，寻兼御史大夫。无几，迁黄门侍郎，依旧知政事。从巡五陵回，拜侍中，兼吏部尚书，又加弘文馆学士。光庭乃撰《瑶山往则》及《维城前轨》各壹卷，上表献之，手制褒美，赐绢五百匹，上令皇太子已下于光顺门与光庭相见，以重其讽诫之意。光庭又引寿安丞李融、拾遗张琪、著作佐郎司马利宾等，令直弘文馆，撰《续春秋传》。上表请以经为御撰，而光庭等依左氏之体为之作传，上又手制褒赏之。光庭委笔削于李融，书竟不就。时有上书请以皇室为金德者，中书令萧嵩奏请集百僚详议。光庭以国家符命久著史策，若有改易，恐贻后学之诮，密奏请依旧为定，乃下诏停百僚集议之事。二十年，扈从祠后土，加光禄大夫，封正平男，寻卒，年五十八，优制赠太师，辍朝三日。

初，光庭与萧嵩争权不协。及为吏部，奏用循资格，并促选限至正月三十日令毕，其流外行署，亦令门下省之。少庭卒后，嵩又奏请一切罢之，光庭所引进者尽出为外职。时有门下主事阎麟之，为光庭腹心，专知吏部选官，每麟之裁定，光庭随而下笔，时人语曰："麟之口，光庭手。"

太常博士孙琬将议光庭谥曰，以其用循资格，非奖劝之道，建议谥为"克"，时人以为希嵩意旨。上闻而特下诏，赐谥曰忠献，仍令中书令张九龄为其碑文。史官韦述以改谥为非，论之曰："《春秋》之义，诸侯死王事者，葬之加一等，嘉其有功而不及其赏也。爰至汉、魏，则禭之印绶，宠被窀穸，唯德是褒，岂虚授也！近代已来，宠赠无纪，或以职位崇显，一切优锡，或以子孙荣贵，恩例所加，贤愚虚实，为一贯矣。裴光庭以守法之吏，骤登相位，践历机衡，岂不多愧，赠以师范，何其滥欤！张燕公有扶翊之勋，居讲讽之旧，秩跻九命，官历二端，议者犹谓赠之过当；况当庭去斯犹远，何妄窃之甚哉！盖名器假人,昔贤之所惋也。

　　史臣曰:昔晋侯选任将帅,取其阅《礼乐》而敦《诗书》,良有以也。夫权谋方略,兵家之大经,邦国系之以存亡,政令因之而强弱,则冯众怙力,豨勇虎暴者,安可轻言推毂授任哉!故王猛、诸葛亮振起穷巷,驱驾豪杰,左指右顾,廓定霸图,非他道也,盖智力权变,适当其用耳。刘乐城、裴闻喜,文雅方略,无谢昔贤,治戎安边,绰有心术,儒将之雄者也。天后预政之时,刑峻如壑,多以谀佞希恩;而乐城、甀山,昌言规正,若时无君子,安及此言?正平铨藻吏能,文学政事,颇有深识。前史讥其谬谥,有涉陈寿短武侯应变之论乎!非通论也。

　　赞曰:殷礼阿衡,周师吕尚。王者之兵,儒者之将。乐城、闻喜,当仁不让。管、葛之谭,是吾心匠。

旧唐书卷八五
列传第三五

唐临 孙绍　张文瓘 兄文琮
徐有功

　　唐临，京兆长安人，周内史瑾孙也。其先自北海徙关中。伯父令则，开皇末为左庶子坐谄事太子勇诛死。临少与兄皎俱有令名。武德初，隐太子总兵东征，临诣军献平王世充之策，太子引直典书坊，寻授右卫率府铠曹参军。宫殿废，出为万泉丞。县有轻囚十数人，会春暮时雨，临白令请出之，令不许。临曰："明公若有所疑。临请自当其罪。"令因请假，临召悉愈令耕种，与之约，令归系所。囚等皆感恩贷，至时毕集诣狱，临因是知名。

　　再迁侍御史，奉使岭外，按交州刺史李道彦等申叩冤系三千馀人。累转黄门侍郎，加银青光禄大夫。俭薄寡欲，不治第宅，服用简素，宽于待物。尝欲吊丧，令家童自归家取白衫，家僮误将馀衣，惧未敢进。临察知之，使召谓曰："今日气逆，不宜哀泣，向取白衫，且止之也。"又尝令人煮药失制，潜知其故，谓曰："阴暗不宜服药，宜即弃之。"竟不扬言其过，其宽恕如此。

　　高宗即位，检校吏部侍郎。其年，迁大理卿。高宗尝问临在狱系囚之数，临对诏称旨，帝喜曰："朕昔在东宫，卿已事朕，朕丞大位，卿又居近职，以畴昔相委，故授卿此任。然为国之要，在于刑法，法急则人残，法宽则失罪，务令折中，称朕意焉。"高宗又尝亲录死囚，前卿所断者号叫称冤，临所入者独无言。帝怪问状，囚曰："罪实自犯，唐卿所断，既非冤滥，所以绝意耳。"帝叹息良久曰："为狱者不当如此耶！"

永徽元年，为御史大夫。明年，华州刺史萧龄之以前任广州都督赃事发，制付群官集议。及议奏，帝怒，令于朝堂处置。临奏曰：

臣闻国家大典，在于赏刑，古先圣王，惟刑是恤。《虞书》曰："罪疑惟轻，功疑惟重，与其杀弗辜，宁失弗经。"《周礼》："刑平国用中典，刑乱国用重典。"天下太平，应用尧、舜之典。比来有司多行重法，叙勋必须刻削，论罪务从重科，非是憎恶前人，止欲自为身计。今议萧龄之事，有轻有重，重者流死，轻者请除名。以龄之受委大藩，赃罪狼籍，原情取事，死有余辜。然既遣详议，终须近法。窃惟议事群官，未尽识议刑本意。律有八议，并依《周礼》旧文，矜其异于众臣，所以特制议法。礼：王族刑于隐者，所以议亲；刑不上大夫，所以议贵。知重其亲贵，议欲缓刑，非为嫉其贤能，谋致深法。今既许议，而加重刑，是与尧、舜相反，不可为万代法。

高宗从其奏，龄之竟得流于岭外。

寻迁刑部尚书，加金紫光禄大夫，复历兵部、度支、吏部三尚书。显庆四年，坐事贬为潮州刺史，卒官，年六十。所撰《冥报记》二卷，大行于世。

兄皎，武德初为秦府记室，从太宗征讨，专掌书檄，深见亲待。贞观中，累转吏部侍郎。先是，选集无限，随到补职，时渐太平，选人稍众，皎始请以冬初一时大集，终季春而毕，至今行之。历迁益州长史。卒，赠太常卿。

子之奇，调露中为给事中，坐尝为章怀太子僚属徙边。文明元年，起为括苍令，与徐敬业作乱伏诛。

临孙绍，博学，善《三礼》。神龙中，为太常博士。景龙二年，韦庶人上言："自妃、主及命妇、宫官，葬日请给鼓吹。"中宗特制许之。绍上疏谏曰："窃闻鼓吹之乐，本为军容。昔黄帝涿鹿有功，以为警卫。故枹鼓曲有《灵夔吼》、《雕鹗争》、《石坠崖》、《壮士怒》之类，自昔功臣备礼，适得用之。丈夫有四方之功，以恩加宠锡。假如郊天祀地，诚是重仪，惟有宫悬，本无案据。故知军乐所备，尚不洽于神祇；钲鼓之音，岂能接于闺阃。准式，公主、王妃已下葬礼，惟有团扇、方扇、采帷，锦鄣之色。加之鼓吹，历代未闻。又准令，五品官婚葬，元无鼓吹，惟京官五品得借。五品官则不当给限，便是班秩本因天子，仪饰乃复过之。事非伦次，难为定制，参详义理，不可常行。请停前敕，各依常典。"疏奏不纳。

绍寻迁左台侍御史，兼太常博士。中宗将亲拜南郊，国子祭酒祝钦明等希旨皇后为亚献，绍与博士蒋钦绪固争以为不可。又则天父母二陵各置守户五百人，武三思及子崇训墓各置守户六十人。以武氏外戚及与昭陵礼同，三思等复逾亲王之制，又上疏切谏。当时虽皆不从，深为议者所美。睿宗即位，又数陈时政损益，累转给事中，仍知礼仪事。

先天二年冬，今上讲武于骊山，绍以修仪注不合旨，坐斩。时今上既怒讲武失仪，坐绍于纛下，右金吾将军李邈遽请宣敕，遂斩之。时人既痛惜绍，而深咎于邈。寻有敕罢邈官遂摈废终其身。

张文瓘，贝州武城人。大业末，徙家魏州之昌乐。瓘幼孤，事母兄以孝友闻。贞观初，举明经，补并州参军。时英国公李勣为长史，深礼之。累迁水部员外郎，时兄文琮为户部侍郎，旧制兄弟不许并居台阁，遂出为云阳令，龙朔年，累授东西台舍人、参知政事。寻迁东台侍郎、同东西台三品，兼知左史事。

时初造蓬莱、上阳、合璧等宫，又征讨四夷，厩马有万匹，仓库渐虚。文瓘因进谏曰："人力不可不惜，百姓不可不养，养之逸则富以康，使之劳则怨以叛。秦皇、汉武，广事四夷，多造宫室，使土崩瓦解，户口减半。臣闻制化于未乱，保邦于未危，人罔常怀，怀于有仁。陛下不制于未乱之前，安能救于既危之后？百姓不堪其弊，必构祸难，殷鉴不远，近在隋朝。臣愿稍安抚之，无使生怨。"上深纳其言，于是节减厩马数千匹,赐文瓘缯锦百段。

咸亨三年,官名复旧,改授黄门侍郎,兼太子左庶子。俄迁大理卿,依旧知政事。文瓘至官旬日,决遣疑事四百余条,无不允当,自是人有抵罪者,皆无怨言。文瓘尝有疾,系囚相与斋祷,愿其视事。当时咸称其执法平恕,以比戴胄。上元二年,拜侍中,兼太子宾客。大理诸囚闻文瓘改官,一时恸哭,其感人心如此。

文瓘性严正,诸司奏议,多所纠驳,高宗甚委之。或时卧疾在家,朝廷每有大事,上必问诸宰臣曰:"与文瓘议未?"奏云未者,则遣共筹之;奏云已议者,绋报可从之。其后新罗外叛,高宗将发兵讨除。时文瓘疾病在家,乃舆疾请见,奏曰:"比为吐蕃犯边,兵屯寇境,新罗虽未即顺,师不内侵。若东西俱事征讨,臣恐百姓不堪其弊。请息兵修德安百姓。"高宗从之。仪凤二年卒,年七十三,赠幽州都督,谥曰懿。以其经事孝敬皇帝,特敕陪葬恭陵。

四子:潜、沛、洽、涉。中宗时,潜官至魏州刺史,沛同州刺史,洽卫尉卿,涉殿中监。父子兄弟五人皆至三品官,时人谓之"万石张家"。及韦温等被诛之际,涉为乱兵所杀。

兄文琮,贞观中为持书侍御史。三迁亳州刺史,为政清简,百姓安之。永徽初,表献《太宗文皇帝颂》,优制褒美,赐绢百匹,征拜户部侍郎。从母弟房遗爱以罪贬授房州刺史,文琮作诗祖饯;及遗爱诛,坐是出为建州刺史。州境素尚淫祀,不修社稷,文琮下教书曰:"春秋二社,盖本为农,惟独此州,废而不立。礼典既阙,风俗何观?近年已来,田多不熟,抑不祭先农所致乎!神在于敬,何以邀福?"于是示其节限条制,百姓欣而行之。寻卒。文集二十卷。

子戬,官至江州刺史,撰《丧仪纂要》七卷,行于时。

戬弟锡,则天时为凤阁侍郎、同凤阁鸾台平章事。先是姊子李峤知政事,锡拜官,而峤罢相出为国子祭酒,舅甥相代为相,时人荣之。锡与郑杲俱知天官选事,坐赃,则天将斩之以徇,临刑而特赦之。中宗时,累迁工部尚书,兼修国史,寻令于东都留守。中宗崩韦庶人临朝，诏锡与刑部尚书裴谈并同中书门下三品。旬日，出为绛州刺史。累封平原郡公，以年老致仕而卒。

文琮从父弟文收，隋内史舍虔威子也。尤善音律，尝览萧吉《乐谱》，以为未甚详悉，更博采群言及历代沿革，裁竹为十二律吹之，备尽旋宫之义。时太宗将创制礼乐，召文收于太常，令与少卿祖孝孙参定雅乐。太乐有古钟十二，近代惟用其七，余有五，俗号哑钟，莫能通者。文收吹律调之，声皆响彻，时人咸服其妙。寻授协律郎。十一年，文收表请厘正太乐，上谓侍臣曰："乐本缘人，人和则乐和。至如隋炀帝末年，天下丧乱，纵令改张音律，知其终不和谐。若使四海无事，百姓安乐，音律自然调和，不藉更改。"竟不依其请。十四年，景云见，河水清，文收采《朱雁》、《天马》之义，制《景云》、《河清》乐，名曰"燕乐"，奏之管弦，为乐之首今元会第一奏者是也。咸亨元年，迁太子率更令，卒官。撰《新乐书》十二卷。

徐有功，国子博士文远孙也。举明经，累转蒲州司法参军，绍封东莞男。为政宽仁，不行杖罚，吏人感其恩信，递相约曰："若犯徐司法杖者，众心斥罚之。"由是人争用命，终于代满，不戮一人。载初元年，累迁司刑丞。时酷吏周兴、来俊臣、丘神勣、王弘义等构陷无辜，皆抵极法，公卿震恐，莫敢正言。有功独存平恕，诏下大理者，有功皆议出之，前后济活数十百家。常于殿庭论奏曲直，则天厉色诘之，左右莫不悚栗，有功神色不挠，争之弥切。寻转秋官员外郎，转郎中。

俄而凤阁侍郎任知古、冬官尚书裴行本等七人被构陷当死，则天谓公卿曰："古人以杀止杀，我今以恩止杀，就群公乞知古等，锡以再生，各授以官，伫申来效。"俊臣、张知默等又抗表请申大法，则天不许之。俊臣乃独引行本，重验前罪。奏曰："行本潜行悖逆，告张知謇与庐陵王反不实，罪当处斩。"有功驳奏曰："俊臣乖明主再生之赐，亏圣人恩信之道。为臣虽当嫉恶，然事君必将顺其美。"行本竟以免死。

道州刺史李仁褒及弟榆次令长沙，又为唐奉一所构，高宗末私议吉凶，谋复李氏，将诛之。有功又固争之，不能得。秋官侍郎周兴奏有功曰："臣闻两汉故事，附下罔上者腰斩，面欺者亦斩。又《礼》云：析言破律者杀。有功故出反囚，罪当不赦，请推按其罪。"则天虽不许系问，然竟坐免官。久之，起为左台侍御史，则天特褒异之。时远近闻有功授职，皆欣然相贺。

有功尝上疏论天官、秋官及朝堂三司理匦使愆失，其略曰："陛下即位已来，海内职员一定，而天下选人渐多。掌选之曹用舍不平，补拟乖次，嘱请公行，颜面罔惧。遂使器谤满路，怨讟盈朝，浸以为常，殊无愧惮。又往属唐朝季年，时多逆节，鞫讯结断，刑狱至严。革命以来，载祀遶积，余风未殄，用法犹深。今推鞫者犹行酷法，妄劾断，臣即按验，奏而劾之，获其枉状，请即付法断罪，亦夺禄贬考，以惭其德。其三司受表及理匦申冤使，不速与夺，致令拥塞，不理不为申者，亦望准前弹奏，贬考夺禄。臣昔处，缘蒙擢用，臣无以上答至造，愿以执法酬恩。无纵诡随，不避强御，猛噬鸷击，是臣之分。如蒙允纳，请降敕施行，庶不越旬时，亦可以除残革弊，刑措不用，天下幸甚。"

后润州刺史窦孝谌妻庞氏为奴诬告，云夜解祈福，则天令给事中薛季昶鞫之。李昶锻练成其罪，庞氏当坐斩；有功独明其无罪。而季昶等返陷有功党援恶逆，奏付法，法司结刑当弃市。有功方视事，令史垂泣以告，有功曰："岂吾独死，而诸人长不死耶？"乃徐起而归。则天览奏，召有功诘之曰："卿比断狱，失出何多？"对曰："失出，臣下之小过；好生，圣人之大德。愿陛下弘大德，则天下幸甚。"则天默然。于是庞氏减死，流于岭表，有功除名为庶人。寻起为左司郎中，累迁司刑少卿。有功谓所亲曰："今身为大理，人命所悬，必不能顺旨诡辞以求苟免。"故前后为狱官，以谏奏枉诛者，三经断死，而执志不渝，酷吏由是少衰，时人比汉之于、张焉。或曰："若狱官皆然，刑措何远。"久之，转司仆少卿。长安二年卒，年六十二，赠司刑卿。

中宗即位，制曰："忠正之臣，自昔攸尚；褒赠之典，旧章所重。故赠大理卿徐有功，节操贞劲，器怀亮直，徇古人之志业，实一代之贤良，司彼刑书，深存敬慎。周兴、来俊臣等性惟残酷，务在诛夷，不顺其情，立加诬害。有功卓然守法，虽死不移，无屈挠之心，有忠烈之议。当其执断，并遇平反，定国、释之，何以加此。朕惟新庶政，追想前迹，其人既殁，其德可称。追往赠终，慰兹泉壤。可赠越州刺史，仍遣使就家吊祭，赐物百段，授一子官。"今上践祚，窦孝谌之子希瑊等请以身之官爵让有功子恄，以报旧恩，恄由是自太子司议郎、恭陵令累迁申王府司马，卒。

史臣曰：文法，理具之大者，故舜命皋陶为士，昌言诫救，勤亦至焉。盖人命所悬，一失其平，冤不可复，圣王所以疚心也。如临之守法，文瓘之议刑，时属哲王，可以理夺。当贼后迁鼎之际，酷吏罗织之辰，徐有功独抗群邪，持平不挠，此所以为难也。比释之、定国，徐又过之。希瑊让爵酬恩，可知遗爱。

赞曰：听讼惟明，持法惟平。二者或爽，人何以生？猗欤徐公，獬豸之精。世皆纷浊，不改吾清。

旧唐书卷八六
列传第三六

高宗中宗诸子

燕王忠　　原王孝　　泽王上金
许王素节　　孝敬皇帝弘　裴居道附
章怀太子贤　贤子邠王守礼
懿德太子重润　　庶人重福
节愍太子重俊　　殇帝重茂

　　高宗八男：则天顺圣皇后生中宗、睿宗及孝敬皇帝弘、章怀太子贤，后宫刘氏生燕王忠，郑氏生原王孝，杨氏生泽王上金，萧淑妃生许王素节。

　　燕王忠，字正本，高宗长子也。高宗初入东宫而生忠，宴宫僚于弘教殿。太宗幸宫，顾谓宫臣曰："顷来王业稍可，非无酒食，而唐突卿等宴会者，朕初有此孙，故相就为乐耳。"太宗酒酣起舞，以属群臣，在位于是遍舞，尽日而罢，赐物有差。贞观二十年，封为陈王。永徽元年，拜雍州牧。时皇后无子，其舅中书令柳奭说后谋立忠为皇太子，以忠母贱，冀其亲己，后然之。奭与尚书右仆射褚遂良、侍中韩瑗讽太尉长孙无忌、左仆射于志宁等，固请立忠为储后，高宗许之。三年，立忠为皇太子，大赦天下，五品已上子为父后者赐勋一级。六年，加元服，制大辟罪已下并降一等，大酺三日。

其年王皇后被废，武昭仪所生皇子弘年三岁，礼部尚书许敬宗希旨上疏曰："伏惟陛下宪章千古，含育万邦，爰立圣慈，母仪天下。既而皇后生子，合处少阳。出自涂山，是谓吾君之胤；凤闻胎教，宜展问竖之心。乃复为孽夺宗，降居藩邸，是使前星匿彩，瑶岳韬峰。臣以愚诚，窃所未喻。且今之守器，素非皇嫡，永徽爰始，国本未生，权引彗星，越升明两。近者元妃载诞，正胤降神，重光日融，爓晖宜息。安可以兹傍统，叨据温文？国有诤臣，孰逃其责！窃惟息姑克让，可以思齐；刘疆守藩，宜遵往轨。追踪太伯，不亦休哉；蹑武延陵，故常安矣。宁可反植枝干，久易位于天庭；倒袭裳衣，使违方于震位？蠢尔黎庶，云谁系心，垂裕后昆，将何播美？"高宗从之。显庆元年，废忠为梁王，授梁州都督，赐实封二千户，物二万段，甲第一区。其年，转房州刺史。

忠年渐长大，常恐不自安，或私衣妇人之服，以备刺客。又数有妖梦，常自占卜。事发，五年，废为庶人，徙居黔州，囚于承乾之故宅。麟德元年，又诬忠与东台侍上官仪、宦者王伏胜谋反，赐死于流所，年二十二，无子。仪等伏诛。明年，皇太子弘表请收葬，许之。神龙初，追封燕王，赠太尉、扬州大都督。

原王孝，高宗第二子也。永徽元年，封王。三年，拜并州都督。显庆三年，累除遂州刺史。麟德元年薨，赠益州大都督，谥曰悼。神龙初，追赠原王、司徒、益州大都督。

泽王上金，高宗第三子也。永徽元年，封杞王。三年，遥授益州大都督。乾封元年，累转寿州刺史，有罪免官，削封邑，仍于澧州安置。上金既为则天所恶，所司希旨，求索罪失以奏之，故有此黜。永隆二年二月，则天矫抗表杞王上金、鄱阳王素节许同朝集之例，义阳、宣城二公主缘母萧氏获谴，从夫外官，请授官职。以上金为沔州刺史，素节为岳州刺史，仍不预朝集。嗣圣元年，上金、素节，义阳、宣城二公主听赴哀。文明元年，上金封毕王，素节封为葛王；又改上金封为泽王、苏州刺史，素节许王、隆州刺史。垂拱元年，改陈州刺史。永昌元年，授太子左卫率，出为随州刺史。

载初元年，武承嗣使酷吏周兴诬告上金、素节谋反，召至都，系于御史台。舒州刺史、许王素节见杀于都城南驿，因害其支党，上金恐惧，自缢死。子义珍、义玫、义璋、主环、义瑾、义璲七人并配流显州而死。神龙初，追复上金官爵，封庶子义珣为嗣泽王。

先是，义珣窜在岭外，匿于佣保之间。及绍封无几，有人告义珣非上金子，假冒袭爵，义珣不能自明，复流于岭外，开元初，封素节子璆为嗣泽王，继上金后。十二年，玉真公主表称义珣实上金遗胤，被嗣许王璀兄弟利其封爵，谋构废之。今上由是削璆王爵，复召义珣为嗣泽王，拜率更令。因是，诸宗室非本宗袭爵，自中兴已后继为嗣王者，皆令归宗，削其爵邑也。

许王素节，高宗第四子也。年六岁，永徽二年，封雍王，寻授雍州牧。素节能日诵古诗赋五百余言，受业于学士徐齐聃，精勤不倦，高宗甚爱之。又转岐州刺史。年十二，改封郇王。

初，则天未为皇后也。与素节母萧淑妃争宠，递相潜毁。六年，则天立为皇后後，淑妃竟为则天所潜毁，幽辱而杀之。素节尤被谗嫉，出为申州刺史。乾封初，下敕曰：“素节既旧疾患，宜不须入朝。”而素节实无疾。素节自以久乘朝觐，遂著《忠孝论》以见意，词多不载。时王府仓曹参军张柬之因使潜封此论以进，则天见之，逾不悦，诬以赃贿，降封鄱阳郡王，仍于袁州安置。仪凤二年，禁锢终身，又改于岳州安置。永隆元年，转岳州刺史，后改封葛王。则天称制，又进封许王，累除舒州刺史。天授中，与上金同被诬告，追赴都。临发州，闻有遭丧哭者，谓左右曰：“病死何由可得，更何须哭！”行至都城南龙门驿，被缢死，年四十三，则天令以庶人礼葬之。中宗即位，追封许王，赠开府仪同三司、许州刺史，仍以礼改葬，陪于乾陵。

素节被杀之时，子瑛、琬、玑、瑒等九人并为则天所杀；惟少子琳、璀、璆、钦古以年小,特令长禁雷州。神龙初,封璀为嗣许王。开元初,封琳为嗣越王,以绍越王贞之后;璆为嗣泽王,以继伯父泽王上金之后。

琳,官至右监门将军,卒。

璀,开元十一年为卫尉卿,以抑伯上金男不得承袭,以弟璆继之,遽谴璀为鄂州别驾。于是下诏绝其外继,乃以故泽王上金男义珣为嗣泽王,江王祎为信安郡王,嗣蜀王褕为广汉郡王,嗣密王彻为濮阳郡王,嗣曹王臻为济国公,嗣赵王琚为中山郡王,武阳郡王继宗为澧国公。璀累迁邠州刺史、秘书监、守太子詹事。璀性仁厚谨愿,居家邕睦,朝廷重之。天宝六载卒,赠蜀郡大都督。璀晚有子,命璆子益为嗣。及卒,有解、需二子,皆幼孺。十一载,益袭封许王。十四载,解娶杨铦女,乃袭许王。

璆初为嗣泽王,降为郢国公、宗正卿同正员,特封褒信郡王。进《龙池皇德颂》,迁宗正卿、光禄卿、殿中监。天宝初,重拜宗正卿。加金紫光禄大夫。璆友弟聪敏,闻善若惊,宗子中有一善,无不荐拔,故宗枝居省闼者,多是璆之所举。九载卒,赠江陵大都督。

孝敬皇帝弘,高宗第五子也。永徽四年,封代王。显庆元年,立为皇太子,大赦改元。弘尝受《春秋左氏传》于率更令郭瑜,至楚子商臣之事,废卷而叹曰:"此事臣子所不忍闻,经籍圣人垂训,何故书此?"瑜对曰:"孔子修《春秋》,义存褒贬,故善恶必出。褒善以示代,贬恶以诫后,故使商臣之恶,显于千载。"太子曰:"非唯口不可通,故亦耳不忍闻,请改读余书。"瑜再拜贺曰:"里名胜母,曾子不入;邑号朝歌,墨子回车。殿下诚孝冥资,睿情天发,凶悖之迹,黜于视听。循奉德音,实深庆跃。臣闻安上理人,莫善于礼,非礼无以事天地之神,非礼无以辨君臣之位,故先王重焉。孔子曰'不学《礼》,无以立。'请停《春秋》而读《礼记》。"太子从之。

龙朔元年,命中书令、太子宾客许敬宗,侍中兼太子右庶子许围师,中书侍郎上官仪,太子中舍人杨思俭等于文思殿博采古今文集,摘其英词丽句,以类相从,勒成五百卷,名曰《瑶山玉彩》,表上之。制赐物三万段,敬宗已下加级、赐帛有差。总章元年二月,亲释菜司成馆,因请赠颜回太子少师,曾参太子少保,高宗并从之。

时有敕,征边辽军人逃亡限内不首及更有逃亡者,身并处斩,家口没官。太子上表谏曰:“窃闻所司以背军之人,身久不出,家口皆拟没官。亦有限外出首,未经断罪,诸州囚禁,人数至多。或临遇病,不及军伍,缘兹怖惧,遂即逃亡;或因樵采,被贼抄掠;或渡海来去,漂没沧波;或深入贼庭,有被伤杀。军法严重,皆须相傔。若不给傔,及不因战亡,即同队之人,兼合有罪。遂有无故死失,多注为逃。军旅之中,不暇勘当,据队司通状,将作真逃,家口今总没官,论情实可哀愍。《书》曰:‘与其杀不辜,宁失不经。’伏愿逃亡之家,免其配没。”制从之。

咸亨二年,驾幸东都,留太子于京师监国。时属大旱,关中饥乏,令取廊下兵士粮视之,见有食榆皮蓬实者,乃令家等各给米使足。是时戴至德、张文瓘兼左庶子,与右庶子萧德昭同为辅弼,太子多疾病,庶政皆决于至德等。时义阳、宣城二公主以母得罪,幽于掖庭,太子见之惊恻,遽奏请令出降。又请以同州沙苑地分借贫人。诏并许之。又召诣东都,纳右卫将军裴居道女为妃。所司奏以白雁为贽,适会苑中获白雁,高宗喜曰:“汉获朱雁,遂为乐府;今获白雁,得为婚贽。彼礼但成谣颂,此礼便首人伦,异代相望,我无惭德也。”裴氏甚有妇礼,高宗尝谓侍臣曰:“东宫内政,吾无忧矣。”

上元二年,太子从幸合璧宫,寻薨,年二十四。制曰:“皇太子弘,生知诞质,惟几毓性。直城趋驾,肃敬著于三朝;中寝问安,仁孝闻于四海。自琰圭在手,沉瘵婴身,顾惟耀掌之珍,特切钟心之念,庶其瘳复,以禅鸿名。及媵理微和,将逊于位,而弘天资仁厚,孝心纯确,既承朕命,掩欸不言,因兹感结,旧疾增甚。亿兆攸系,方崇下武之基;五福无征,俄迁上宾之驾。昔周文至爱,遂延庆于九龄;朕之不慈,遽永诀于千古。天性之重,追怀哽咽,宜申往命,加以尊名。

夫谥者，行之迹也；号者，事之表也。慈惠爱亲曰'孝'，死不忘君曰'敬'，谥为孝敬皇帝。"其年，葬于缑氏县景山之恭陵，制度一准天子之礼，百官从权制三十六日降服。高宗亲为制《睿德纪》，并自书之于石，树于陵侧。初，将营筑恭陵，功贯钜亿，万姓厌役，呼嗟满道，遂乱投砖瓦而散。

太子无子，长寿中，制令楚王玙继其后。中宗践祚，制祔于太庙，号曰义宗，又追赠妃裴氏为哀皇后。景云元年，中书令姚元之、吏部尚书宋璟奏言："准礼，大行皇帝山陵事终，即合祔庙。其太庙第七室，先祔皇昆义宗孝敬皇帝、哀皇后裴氏神主。伏以义宗未登大位，崩后追尊，至神龙之初，乃特令升祔。《春秋》之义，国君即位未逾年者，不合列昭穆。又古者祖宗各别立庙，孝敬皇帝恭陵既在洛州，望于东都别立义宗之庙，迁祔孝敬皇帝、哀皇后神主，命有司以时享祭，则不违先旨，又协古训，人神允穆，进退得宜。在此神主，望入夹室安置，伏愿陛下以礼断恩。"诏从之。开元六年，有司上言："孝敬皇帝今别庙将建，享祔有期，准礼，不合更以义宗为庙号，请以本谥孝敬为庙称。"于是始停义宗之号。

裴居道，绛州闻喜人，隋兵部侍郎镜民孙也。父熙载，贞观中为尚书左丞。居道以女为太子妃，则天时，历位纳言、内史、太子少保，封翼国公。载初元年春，为酷吏所陷，下狱死。

章怀太子贤，字明允，高宗第六子也。永徽六年，封潞王。显庆元年，迁授岐州刺史。其年，加雍州牧、幽州都督。时始出阁，容止端雅，深为高宗所嗟赏。高宗尝谓司空李勣曰："此儿已读得《尚书》、《礼记》、《论语》，诵古诗赋复十余篇，暂经领览，遂即不忘。我曾遣读《论语》，至'贤贤易色'遂再三覆诵。我问何为如此，乃言性爱此言，方知夙成聪敏，出自天性。"龙朔元年，徙封沛王，加扬州都督，兼左武卫大将军，雍州牧如故。二年，加扬州大都督。麟德二年，加右卫大将军。咸亨三年，改名德，徙封雍王，授凉州大都督，雍州牧、右卫大将军如故，食实封一千户。上元元年，又依旧名贤。

上元二年，孝敬皇帝薨。其年六月，立为皇太子，大赦天下，寻令监国。贤处事明审，为时论所称。仪凤元年，手敕褒之曰："皇太子贤自顷监国，留心政要。抚字之道，既尽于哀矜；刑网所施，务存于审察。加以听览余暇，韦精坟典。往圣遗编，咸窥壶奥；先王策府，备讨菁华。好善载彰，作贞斯在，家国之寄，深副所怀。可赐物五百段。"贤又招集当时学者太子左庶子张大安、洗马刘讷言、洛州司户格希玄、学士许叔牙成玄一、史藏诸、周宝宁等，注范晔《后汉书》，表上之，赐物三万段，仍以其书付秘阁。

时正议大夫明崇俨以符劾之术为则天所任使，密称"英王状类太宗"。又宫人潜议云："贤是后姊韩国夫人所生，"贤亦自疑惧则天又尝为贤撰《少阳正范》及《孝子传》以赐之，仍数作书以责让贤，贤逾不自安。调露二年，崇俨为盗所杀，则天疑贤所为。俄使人发其阴谋事，诏令中书侍郎薛元超、黄门侍郎裴炎、御史大夫高智周与法官推鞫之，于东宫马坊搜得皂甲数百领，乃废贤为庶人，幽于别所。永淳二年，迁于巴州。文明元年，则天临朝，令左金吾将军丘神绩往巴州检校贤宅，以备处虞。神绩遂闭于别室，逼令自杀，年三十二。则天举哀于显福门，贬神绩为叠州刺史，追封贤为雍王。神龙初，追赠司徒，仍遣使迎其丧柩，陪葬于乾陵。睿宗践祚，又追赠皇太子，谥曰章怀。有三子：光顺、守礼、守义。

光顺，天授中封安乐郡王，寻被诛。

守义，文明年封犍为郡王。垂拱四年，徙封永安郡王，病卒。

守礼本名光仁，垂拱初改名守礼，授太子洗马，封嗣雍王。时中宗迁于房陵，睿宗虽居帝位，绝人朝谒，诸武赞成革命之计，深嫉宗枝。守礼以父得罪，与睿宗诸子同处于宫中，凡十余年不出庭院。至圣历元年，睿宗自皇嗣封为相王，许出外邸；睿宗诸子五人皆封郡王，与守礼始居于外。

神龙元年，中宗纂位，授守礼光禄卿同正员。神龙中，遣诏进封邠王，赐实封五百户。景云二年，带光禄卿，兼幽州刺史，转左金吾卫大将军，遥领单于大都护。先天二年，迁司空。开元初，历虢、陇、襄、晋、滑六州刺史，非奏事及大事，并上佐知州。时宁、申、岐、薛、邠同为刺史，皆择首僚以持纲纪。源乾曜、袁嘉祚、潘好礼为邠府长史兼州佐，守礼唯弋猎、伎乐、饮谑而已。九年已后，诸王并征还京师。

守礼以外枝为王，才识猥下，尤不逮岐、薛。多宠嬖，不修风教，男女六十余人，男无中才，女负贞称，守礼居之自若，高歌击鼓。常带数千贯钱债，或有谏之者曰："王年渐高，家累甚众，须有爱惜。"守礼曰："岂有天子兄没人葬？"诸王因内燕言之，以为欢笑。虽积阴累日，守礼白于诸王曰："欲晴。"果晴。愆阳涉旬，守礼曰："即雨。"果连澍。岐王等奏之，云："邠哥有术。"守礼曰："臣无术也。则天时以章怀迁谪，臣幽闭宫中十余年，每岁被敕杖数顿，见瘢痕甚厚。欲雨，臣脊上即沉闷，欲晴即轻健，臣以此知之，非有术也。"涕泗沾襟，玄宗亦悯然。二十九年薨，年七十余，赠太尉。

子承宏，开元初封广武郡王，历秘书员外监，又为宗正卿同正员。广德元年，吐蕃凌犯上都，乘舆幸陕。蕃浑之众入城，吐蕃宰相马重英立承宏为帝，以于可封、霍瑰等为宰相，补署百余人。旬余日，贼退，郭子仪率众入城，送承宏于行在，上不之责，止于虢州。寻死。

承宁，天宝初，授率更令同正员、嗣邠王。

承寀，至德二载封为敦煌郡王，加开府仪同三司。与仆固怀恩使回纥和亲，因纳其女为妃，册为毗伽公主。加纥著勋，承寀甚遇恩宠。乾元元年六月卒，赠司空。

唐法，嗣郡王但加四品阶，亲王子例著绯。开元中，张九龄为中书令，奏请宁、薛王男并赐紫，邠王三男衣紫，余二十人衣绯，官亦不越六局郎，王府掾属仍员外置。十五载，扈从至巴属，依例著紫。

中宗四男：韦庶人生懿德太子重润，后宫生庶人重福、节愍太子重俊、殇帝重茂。

懿德太子重润,中宗长子也。本名重照,以避则天讳,故改焉。开耀二年,中宗为皇太子,生重润于东宫内殿,高宗甚悦。及月满,大赦天下,改元为永淳。是岁,立为皇太孙,开府置官属。及中宗迁于房州,其府坐废。圣历初,中宗为皇太子,封为邵王。大足元年,为人所构,与其妹永泰郡主、婿魏王武延基等窃议张易之兄弟何得恣入宫中,则天令杖杀。时年十九。重润风神俊朗,早以孝友知名,既死非其罪,大为当时所悼惜。中宗即位,追赠皇太子,谥曰懿德,陪葬乾陵,仍为娉国子监丞裴粹亡女为冥婚,与之合葬。又赠永泰郡主为公主,令备礼改葬,仍号其墓为陵焉。

庶人重福,中宗第二子也。初封唐昌王,圣历三年,徙封平恩王。长安四年,进封谯王,历迁国子祭酒、左散骑常侍。神龙初,为韦庶人所谮,云与张易之兄弟潜构成重润之罪,由是左授濮州员外刺史。转均州,司防守,不许视事。景龙三年,中宗亲祀南郊,大赦天下,流人并放还。重福不得归京师,尤深郁怏,上表自陈曰:“臣闻功同赏异,则劳臣疑;罪均刑殊,则百姓惑。伏惟陛下德侔造化,明齐日月,恩及飞乌,惠加走兽。近者焚柴展礼,郊礼上玄,万物沾恺悌之仁,六合承旷荡之泽。事无轻重,咸赦除之。苍生并得赦除,赤子偏加摈弃,皇天平分之道,固若此乎? 天下之人,闻者为臣流涕;况陛下慈念,岂不愍臣栖惶? 伏望舍臣罪愆,许臣朝谒。傥得一仰云陛,再睹圣颜,虽没九泉,实为万足。重投荒徼,亦所甘心。”表奏不报。

及韦庶人临朝,遽令左屯卫大将军赵承恩以兵五百人就均州守卫重福。俄而韦氏伏诛,睿宗即位,又转集州刺史。未及行,洛阳人张灵均进计于重福曰:“大王地居嫡长,自合继为天子。相王虽有讨平韦氏功,安可越次而居大位。昔汉诛诸吕,犹迎代王,今东都百官士庶,皆愿王来。王若潜行直诣洛阳,亦是从天上落,遣人袭杀留守,即拥兵西据陕州,东下河北,此天下可图也。”初,景龙三年,郑愔自吏部侍郎出为江州司马,便道诣重福,阴相结托。至是又与灵均通传动静,亦密遣使劝重福构逆,预推尊重福为天子,温王重茂为皇太弟,自署为左丞相。重福乃遣家臣王道先赴东都,潜募勇敢之士,重福遽自均州诈乘驿与灵均继进。

王道始至东都,俄有泄其谋者,各州司马崔日知捕获其党数十人。顷闻重福至,王道等率众随重福径取左右屯营兵作乱,将至天津桥,愿从者已数百人,皆执持器仗,助其威势。侍御史李邕先诣左掖门,令闭关拒守。又至右屯营号令云:"重福虽先帝之子,已得罪于先帝,今者无故入城,必是作乱。君等皆委质圣朝,宜尽诚节,立功立事,以取富贵。"有顷,重福果来夺右屯营,坚壁不动,营中矢射如雨。便趣左掖门,拟取留守,遇门闭,遂纵火以烧城门。左屯营兵又来逼之,重福度数穷,出自上东门而遁,匿于山谷间。明日,东都留守裴谈等大出兵搜索,重福窘迫,自投漕河而死,磔尸三日,时年三十一。

诏曰:"集州刺史谯王重福,幼则凶顽,长而险诐。幸托体于先圣,尝通交于巨逆。子而不子,自绝于天,有国有家,莫容于代。往者颇不含忍,长令幽絷,自大行晏驾,韦氏临朝,将肆屠灭,尤加防卫。洎天有成命,集于朕躬,永怀犹子之情,庶协先亲之义。所以开置僚属,任隆刺举,冀其悛改,以怙恩荣。而诖误有徒,狂狡未息,便即私出均州,诈乘驿骑,至于都下,遂逞其谋。先犯屯兵,次烧左掖,计穷力屈,投河而毙。虽人所共弃,邦有常刑,我非不慈,尔自招咎。且闻其故,有恻于怀。昔刘长既殁,楚英遂殒,以礼收葬,抑惟旧章,屈法申恩,宜仍旧宠。可以三品礼葬。"

节愍太子重俊,中宗第三子也。圣历元年,封义兴郡王。长安中,累授卫尉员外少卿。神龙初,封卫王,拜洛州牧,赐实封千户,寻迁左卫大将军,兼遥授扬州扬州大都督。二年秋,立为皇太子。重俊性虽明果,未有贤师傅,举事多不法。俄以秘书监杨璬、太常卿武崇训并为太子宾客,璬等皆主婿年少,唯以蹴鞠猥戏取狎于重俊,竟无调护之意。左庶子姚珽数上疏谏净,右庶子平贞昚又献《孝经议》、《养德传》以讽,重俊皆优纳焉。

时武三思得幸中宫,深忌重俊。三思子崇训尚安乐公主,常教公主凌忽重俊,以其非韦氏所生,常呼之为奴。或劝公主请废重俊为王,自立为皇太女,重俊不胜忿恨。三年七月,率左羽林大将军李多祚、右羽林将军李思冲、李承况、独孤祎之、沙咤忠义等,矫制发左右羽林兵及千骑三百余人,杀三思及崇训于其第,并杀党与十余人。又令左金吾大将军成王千里分兵守宫城诸门,自率兵趋肃章门,斩关而入,求韦庶人及安乐公主所在。又以昭容上官氏素与三思奸通,扣阁索之,韦庶人及公主遽拥帝驰赴玄武门楼,召左羽林将军刘仁景等,令率留军飞骑及百余人于楼下列守,俄而多祚等兵至,欲突玄武门楼,宿卫者拒之,不得进。帝据槛呼多祚等所将千骑,谓曰:"汝并是我爪牙,何故作逆?若能归顺,斩多祚等,与汝富贵。"于是千骑王欢喜等倒戈,斩多祚及李承况、独孤祎之、沙咤忠义等于楼下,余党遂溃散。重俊既败,率其属百余骑趋肃章门,奔终南山,帝令长上果毅赵思慎率轻骑追之。重俊至鄠县西十余里,骑不能属,唯从奴数人,会日暮憩林下,为左右所杀。制令枭首于朝,又献之于太庙,并以祭三思、崇训尸枢。

睿宗即位,下制曰:"朕闻曾氏之孝也,慈亲惑于疑听;赵虏之族也,明主哀而望思。历考前闻,率由旧典。重俊,大行之子,元良守器。往罹构间,困于谗嫉。莫顾铁钺,轻盗甲兵,有此诛夷,无不悲恸。今四凶咸服,十起何追,方申赤军之冤,以纾黄泉之痛。可赠皇太子。"谥曰节愍,陪葬定陵。一子宗晖,开元初封湖阳郡王。

初,重俊被害,宫府僚吏莫敢近者,永和丞宁嘉勖解衣裹重俊首号哭,时人义之。宗楚客闻而大怒,收付制狱,贬为平兴丞,寻卒。睿宗践祚,下制曰:"宁嘉勖能重名节,事高栾、向,幽涂已往,生气凛然。静言忠义,追存褒宠。可赠永和县丞。"

宗晖,天宝中为卫尉员外卿。十一载,王铗反,宗晖以卖宅与铗,贬涪川郡长史,量移庐阳长史。至德元年,追赴行在所,授特进、鸿胪卿。宗晖无他才,以外族之亲,受恩顾转隆。太常员外卿卒。

殇皇帝重茂,中宗第四子也。圣历三年,封北海王。神龙初,进封温王,授右卫大将军,兼遥领并州大都督,未出阁。景龙四年,中宗崩,韦庶人立重茂为帝,而自临朝称制。及韦氏败,重茂遂逊位,让叔父相王。退居别所。景云二年,改封襄王,迁于集州,令中郎将率兵五百人守卫,开元二年,转房州刺史。寻薨,时年十七,谥曰殇皇帝,葬于武功西原。

史臣曰:前代以嬖妇孽子破国亡家者多矣,然未如大帝、孝和之甚也。高宗八子,二王早世,为武后所毙者四人,章怀以母子之爱,颖悟之贤,犹不免于虎口,况燕、泽、素节异腹之胤乎!覆载胡心,产兹鸩毒,悲夫!孝和母嚚妇傲女暴,如置身群魅之中,安有保其终吉哉!天将涤荡昏氛,非重茂所能枝也。

赞曰:父子天性,嬖能害正。宜臼、申生,翻为不令。唐年钧德,章怀最仁。凶毋畏明,取乐于身。

旧唐书卷八七
列传第三七

裴炎　刘祎之　魏玄同
李昭德

　　裴炎，绛州闻喜人也。少补弘文生。每遇休假，诸生多出游，炎独不废业。岁余，有司将荐举，辞以学未笃而止。在馆垂十载，尤晓《春秋左传》及《汉书》。擢明经第，寻为濮州司仓参军。累历兵部侍郎、中书门下平章事、侍中、中书令。

　　永淳元年，高宗幸东都，留太子哲守京师，命炎与刘仁轨、薛元超为辅。明年，高宗不豫，炎从太子赴东都侍疾。十一月，高宗疾笃，命太子监国，炎奉诏与黄门侍郎刘齐贤、中书侍郎郭正一并于东宫平章事。十二月丁巳，高宗崩，太子即位，未听政，宰臣奏议，天后降令于门下施行。中宗既立，欲以后父韦玄贞为侍中，又欲与乳母子五品，炎固争以为不可，中宗不悦，谓左右曰：“我让国与玄贞岂不得，何为惜侍中耶？”炎惧，乃与则天定策废立。炎与中书侍郎刘祎之、羽林将军程务挺张虔勗等勒兵入内，宣太后令，扶帝下殿。帝曰：“我有何罪？”太后报曰：“汝欲将天下与韦玄贞，何得无罪。”及废中宗为庐陵王，立豫王旦为帝。炎以定策功，封河东县侯。

　　太后监朝，天授初，又降豫王为皇嗣。时太后侄武承嗣请立武氏七庙及追王父祖，太后将许之。炎进谏曰：“皇太后天下之母，圣德临朝，当存至公，不宜追王祖祢，以示自私。且独不见吕氏之败乎？臣恐后之视今，亦犹今视昔。”太后曰：“吕氏之王，权在生人；今者追尊，事归前代。存殁殊迹，岂可同日而言？"炎曰："蔓草难图，渐不可长，殷鉴未远，当绝其源。"太后不悦而止。时韩王元嘉、鲁王灵夔等皆皇属之近，承嗣与从父弟三思屡劝太后因事诛之，以绝宗室之望。刘祎之、韦仁约并怀畏惮，唯唯无言，炎独固争，以为不可承嗣深憾之。

文明元年，官名改易，炎为内史。秋，徐敬业构逆，太后召炎议事。炎奏曰："皇帝年长，未俾亲政，乃致猾竖有词。若太后返政，则此贼不讨而解矣。"御史崔察闻而上言，曰："裴炎伏事先朝，二十余载，受遗顾托，大权在己，若无异图，何故请太后归政？"及命御史大夫骞味道、御史鱼承晔鞫之。凤阁侍郎胡元范奏曰："炎社稷忠臣，有功于国，悉心奉上，天下所知，臣明其不反。"右卫大将军程务挺密表申理之，文武之间证炎不反甚众，太后皆不纳。光宅元年十月，斩炎于都亭驿之前街。炎初被擒，左右劝炎逊词于使者，炎叹曰："宰相下狱，焉有更全之理！"竟无折节。及籍没其家，乃无儋石之蓄。胡元范，申州义阳人，坐救炎流死琼州。程务挺伏法，纳言刘齐贤贬吉州长史，吏部侍郎郭待举贬岳州刺史，皆坐救炎之罪也。

先是，开耀元年十月，定襄道行军大总管裴行俭献定襄所获俘囚，除曲赦外，斩阿史那伏念温傅等五十四人于都市。初，行俭讨伐之时，许伏念以不死，伏念乃降。时炎害行俭之功奏云："伏念是程务挺、张虔勖逼逐于营，文碛比回纥南向逼之，窘急而降。"乃杀之。行俭叹曰："浑、浚之事，古今耻之。但恐杀降之后，无复来者。"行俭因此称疾不出。炎致国家负义而杀降，妒能害功，构成阴祸，其败也宜哉！

睿宗践祚，下制曰："饰终追远，斯乃旧章；表德旌贤，有光恒策。故中书令裴炎，含弘禀粹，履信居贞，望重国华，才称人秀。唯几成务，绩宣干代工，偶居无猜，义深于奉上。文明之际，王室多虞，保乂朕躬，实著诚节，而危疑起衅，仓卒罹灾，岁月屡迁，丘封莫树。永言先正，感悼良多。宜追贲于九原，俾增荣于万古。可赠益州大都督。"

炎长子彦先，后为太子舍人；从子伷先，后为工部尚书。

刘祎之，常州晋陵人也。祖兴宗，陈鄱阳王谘议参军。父子翼，善吟讽，有学行。隋大业初，历秘书监，河东柳顾言甚重之。性不容非，朋僚有短，常面折之。友人李伯药常称曰："刘四虽复骂人，人都不恨。"贞观元年，诏追入京，以母老固辞，太宗许其终养。江南大使李袭誉嘉其至孝，恒以米帛赉之，因上表旌其门闾，改所居为孝慈里。母卒，服竟，征拜吴王府功曹，再迁著作郎、弘文馆直学士，预修《晋书》，加朝散大夫。永徽初卒，高宗遣使吊赠，给灵舆还乡。有集二十卷。

祎之少与孟利贞、高智周、郭正一俱以文藻知名，时人号为刘、孟、高、郭。寻与利贞等同直昭文馆。上元中，迁左史、弘文馆直学士，与著作郎元万顷，左史范履冰、苗楚客，右史周思茂、韩楚宾等，皆召入禁中，共撰《列女传》、《臣轨》、《百僚新诫》、《乐书》，凡千余卷。时又密令参决，以分宰相之权，时人谓之"北门学士。"祎之兄懿之，时为给事中，兄弟并居两省，论者美之。

仪凤二年，转朝议大夫、中书侍郎，兼豫王府司马，寻加中大夫。祎之有姊在宫中为内职，天后令省荣国夫人之疾，祎之潜伺见之，坐是配流巂州。历数载，天后表请高宗召还，拜中书舍人，转相王府司马，复迁检校中书侍郎。高宗谓曰："相王朕之爱子，以卿忠孝之门，藉卿师范，所冀蓬生麻中，不扶自直耳。"祎之居家孝友，甚为士族所称，每得俸禄，散于亲属，高宗以此重之。则天临朝，甚见亲委。及豫王立，祎之参预其谋，擢拜中书侍郎、同中书门下三品，赐爵临淮男。时军国多事，所有诏敕，独出祎之，构思敏速，皆可立待。及官名改易，祎之为凤阁侍郎、同凤阁鸾台三品。

时有司门员外郎房先敏得罪，左授卫州司马，诣宰相陈诉。内史骞味道谓曰："此乃皇太后处分也。"祎之谓先敏曰："缘坐改官，例从臣下奏请。"则天闻之，以味道善则归己，过则推君，贬青州刺史；以祎之推善于君，引过在己，加授太中大夫，赐物百段、细马一匹。因谓侍臣曰："夫为臣之体。在扬君之德，君德发扬，岂非臣下之美事？且君为元首，臣作股肱，情同休戚，义均一体。未闻以手足之疾移于腹背，而得一体安乎？味道不存忠赤，已从屏退；祎之竭忠奉上，情甚可嘉。"纳言王德真对曰："昔戴至德每有善事，必推于君。"太后曰："先朝每称至德能有此事，逮其终殁，有制褒崇。为臣之道，岂过斯行，传名万代，可不善欤！"

仪凤中，吐蕃为边患，高宗谓侍臣曰："吐蕃小丑，屡犯边境，我比务在安辑，未即诛夷。而戎狄豺狼，不识恩造，置之则疆场日骇，图之则未闻上策，宜论得失，各尽所怀。"时刘景仙、郭正一、皇甫文亮、杨思征、薛元超各有所奏。祎之时为中书舍人，对曰："臣观自古明王圣主，皆患夷狄。吐蕃时扰边隅，有同禽兽，得其上地，不可攸居，被其凭凌，未足为耻。愿戢万乘之威，且宽百姓之役。"高宗嘉其言。

后祎之尝窃谓凤阁舍人贾大隐曰：太后既能废昏立明，何用临朝称制？不如返政，以安天下之心。"大隐密奏其言，则天不悦，谓左右曰："祎之我所引用，乃有背我之心，岂复顾我恩也！"垂拱三年，或诬告祎之受归州都督孙万荣金，兼与许敬宗妾有私，则天特令肃刺史王本立推鞫其事。本立宣敕示敕之，祎之曰："不经凤阁鸾台，何名为敕？"则天大怒，以为拒捍制使，乃赐死于家，时年十七。

初，祎之既下狱，睿宗为之抗疏申理，祎之亲友咸以为必见原宥，窃贺之。祎之曰："吾必死矣。太后临朝独断，威福任己，皇帝上表，徒使速吾祸也。"祎之在狱时，尝上疏自陈及临终，既洗沐，而神色自若，命其子执笔草谢表，其子将绝，殆不能书。监刑者促之，祎之乃自操数纸，援笔则成，词理恳至，见者无不伤痛。时麟台郎郭翰、太子文学周思钧共称叹其文，则天闻而恶之，左迁翰巫州司法，思钧播州司仓。睿宗即位，以祎之宫府旧僚，追赠中书令有集七十卷，传于时。

魏玄同，定州鼓城人也。举时士。累转司列大夫，坐与上官仪文章属和，配流岭外。上元初赦还，工部尚书刘审礼荐玄同有时务之才，拜岐州长史。累迁至吏部侍郎。玄同以既委选举，恐未尽得人之术，乃上疏曰：

臣闻制器者必择匠以简材，为国者必求贤以莅官。匠之不良，无以成其工；官之非贤，无以致于理。君者，所以牧人也；臣有，所以佐君也。君不养人，失君道矣；臣不辅君，失臣任矣。任人者，诚国家之基本，百姓之安危也。方今人不加富，盗贼不衰，狱讼未清，礼义犹阙者，何也？下吏不称职，庶官非其才也。官之不得其才者，取人之道，有所未尽也。

臣又闻傅说曰："明王奉若天道，建邦设都，树后王君公，承以大夫师长，不惟逸豫，惟以理人。"昔之邦国，今之州县，土有常君，人有定主，自求臣佐，各选英贤，其大臣乃命于王朝耳。秦并天下，罢侯置守，汉氏因之，有沿有革。诸侯得自置吏四百石以下，其傅相大官，则汉为置之。州郡掾吏、督邮、从事，悉任之旧牧守。爰自魏、晋，始归吏部，递相祖袭，以迄于今。用刀笔以量才，案簿书而察行，法令之弊，其来自久。

盖君子重因循而惮改作，有不得已者，亦当运独见之明，定卓然之议。如今选司所行者，非上皇之令典，乃近代之权道，所宜迁革，实为至要。何以言之？夫尺丈之量，所及者盖短；钟庾之器，所积者宁多。非其所及，焉能度之；非其所受，何以容之？况天下之大，士人之众，而可委之数人之手乎？假使平如权衡，明如水镜，力有所极，照有所穷，铨综既多，索失斯广。又以比居此任，时有非人。岂直愧彼清通，昧于甄察；亦将竭其庸妄，糅彼棼丝。情故既行，何所不至，赃私一启，以及万端。至乃为人择官，为身择利，顾亲疏而下笔，看势要而措情。悠悠风尘，此焉奔竞；扰扰游宦，同乎市井。加以厚貌深衷，险如溪壑，择言观行，犹惧不周。今使百行九能，折之于一面，具僚庶品，专断于一司，不亦难矣！

且魏人应运，所据者乃三分；晋氏播迁，所临者非一统。逮乎齐、宋，以及周、隋，战争之日多，安泰之时少，瓜分瓦裂，各在一方。隋氏平陈，十余年耳，接以兵祸，继以饥馑，既德业之不逮，或时事所未遑，非谓是今而非古也。武德、贞观，与今亦异，皇运之初，庶事草创，岂唯日不暇给，亦乃人物常稀。天祚大圣，享国永年，比屋可封，异人间出。咸以为有道耻贱，得时无怠，诸色入流，岁以千计。群司列位，无复新加，官有常员，人无定限。选集之始，务积云屯，擢叙于终，十不收一。淄渑杂混，玉石难分，用舍去留，得失相半。抚即事之为弊，知及后之滋失。

夏、殷已前，制度多阙，周监二代，焕乎可睹。岂诸侯之臣不皆命于天子，王朝庶官，亦不专于一职。故周穆王以伯囧为太仆正，命之曰："慎简乃僚，无以巧言令色便僻侧媚，唯吉士。"此则令其自择下吏之文也。太仆正，中大夫耳，常以僚属委之，则三公九卿，亦必然矣。《周礼》：太宰、内史，并掌爵禄废置；司徒、司马，别掌兴贤诏事。当是分任于群司，而统之以数职，各自求其小者，而王命其大者焉。夫委任责成，君之体也，所委者当，所用者精，故能得济济之多士，盛芄芄之棫朴。

裴子野有言曰："官人之难，先王言之尚矣。居家视其孝友，乡党服其诚信，出入观其志义，忧欢取其智谋。烦之以事，以观其能；临之以利，以察其廉。《周礼》始于学校，论之州里，告诸六事，而后贡之王庭。其在汉家，尚犹然矣。州郡积其功能。然后为五府所辟，五府举其掾属而升于朝，三公参得除署，尚书奏之天子。一人之身，所关者众；一士之进，其谋也详。故官得其人，鲜有败事。魏、晋反是，所失弘多。"子野所论，盖区区之宋朝耳，犹谓不胜其毙，而况于当今乎！

又夫从政莅官，不可以无学。故《书》曰："学古入官，议事以制。"《传》曰："我闻学以从政，不闻以政入学。"今贵戚子弟，例早求官，髫龀之年，已腰银艾，或童丱之岁，已袭朱紫。弘文崇贤之生，千牛辇脚之类，课试既浅，艺能亦薄，而门阀有素，资望自高。夫象贤继父，古之道也。所谓胄子，必裁诸学，修六体以节其性，明七教以兴其德，齐八政以防其淫，举上贤以崇德，简不肖以黜恶，少则受业，长而出仕，并由德进，必以才升，然后可以利用宾王，移家事国。少仕则废学，轻试则无才，于此一流，良足惜也。又勋官三卫流外之徒，不待州县之举，直取之于书判，恐非先德而后言才之义也。

臣又以为国之用人，有似人之用财。贫者厌糟糠，思短褐；富者余粮肉，衣轻裘。然则当衰毙乏贤之时，则可磨策朽钝而乘驭之；在太平多士之日，亦宜妙选髦俊而任使之。《诗》云："翘翘错薪，言刈其楚。"楚，荆也，在薪之翘翘者。方之用才，理亦当尔，选人幸多，尤宜简练。臣窃见制书，每令三品、五品荐士，下至九品，亦令举人，此圣朝侧席旁求之意也。但以褒贬不甚明，得失无大隔，故人上不忧黜责，下不尽搜扬，苟以应命，莫慎所举。且惟贤知贤，圣人笃论，伊、皋既举，不仁咸远。复患阶秩虽同，人才异等，身且滥进，鉴岂知人？今欲务才，兼宜择其举主。流清以源洁，影端由表正，不群举主之行能，而责举人之庸滥，不可得已。

《汉书》云："张耳、陈余之宾客、厮役，皆天下俊杰。"彼之蕞尔，犹能若斯，况以神皇之圣明，国家之德业，而不建久长之策，为无穷之基，尽得贤取士之术，而但顾望魏、晋之遗风，留意周、隋之末事，臣窃惑之。伏愿稍回圣虑，时采刍言，略依周、汉之规，以分吏部之选。即望所用精详，鲜于差失。

疏奏不纳。

弘道初，转文昌左丞，兼地官尚书、同中书门下三品。则天临朝，迁太中大夫、鸾台侍郎，依前知政事。垂拱二年，加银青光禄大夫。检校纳言，封钜鹿男。玄同素与裴炎结交，能保终始，时人呼为"耐久朋"；而与酷吏周兴不协。永昌初，为周兴所构，云玄同言："太后老矣，须复皇嗣。"太后闻之，怒，乃赐死于家。监刑御史房济谓玄同曰："何不告事，冀得召见，当自陈诉。"玄同叹曰："人杀鬼杀，有何殊也,岂能为告人事乎!"乃就刑,年七十三。

子恬,开元中为颍王傅。

李昭德,京兆长安人也。父乾祐,贞观初为殿中侍御史。时有郿令裴仁轨私役门夫,太宗欲斩之,乾祐奏曰:"法令者,陛下制之于上,率土尊之于下,与天下共之,非陛下独有也。仁轨犯轻罪而致极刑,是乖画一之理。刑罚不中,则人无所措手足。臣忝宪司,不敢奉制。"太宗意解,仁轨竟免。乾祐寻迁侍御史。母卒,庐于墓侧,负土成坟,太宗遣使就墓吊之,仍旌表其门。后历长安令、治书御史,皆有能名,擢拜御史大夫。乾祐与中书令褚遂良不协,竟为遂良所构。永徽初。继受邢、魏等州刺史。乾祐虽强直有器干,而昵于小人,既典外郡,与令史结友,书疏往返,令伺朝廷之事。俄为友人所发坐流爱州。乾封中,起为桂州都督,历拜司刑太常伯,举京兆功曹参军崔擢为尚书郎,事既不果,私以告擢;后擢有犯,乃告乾祐泄禁中语以赎罪,乾祐复坐免官。寻卒。

昭德,即乾祐之孽子也。强干有父风,少举明经,累迁至凤阁侍郎。长寿二年,增置夏官侍郎三员,时选昭德与娄师德、侯知一为之。是岁,又迁凤阁鸾台平章事,寻加检校内史。长寿中,神都改作文昌台及定鼎、上东诸门,又城外郭,皆昭德创其制度,时人以为能。初,都城洛水天津之东,立德坊西南隅,有中桥及利涉桥,以通行李。上元中,司农卿韦机始移中桥置于安众坊之左街,当长夏门,都人甚以为便,因废利涉桥,所省万计,然岁为洛水冲注,常劳治葺。昭德创意积石为脚,锐其前以分水势,自是竟无漂损。

时则天以武承嗣为文昌左相,昭德密奏曰:"承嗣陛下之侄,又是亲王,不宜更在机权,以惑众庶。且自古帝王,父子之之间,犹相篡夺,况在姑侄,岂得委权与之?脱若乘便,宝位宁可安乎?"则天矍然曰:"我未之思也。"承嗣亦尝返潜昭德,则天曰:"自我任昭德,每获高卧,是代我劳苦,非汝所及也。承嗣俄转太子少保,罢知政事。延载初,凤阁舍人张嘉福令洛阳人王庆之率轻薄恶少数百人诣阙上表，请立武承嗣为皇太子，则天不许，庆之固请不已，则天令昭德诘责之，令散。昭德便杖杀庆之，余众乃息，昭德因奏曰："臣闻文武之道，布在方策，岂有侄为天子而为姑立庙乎！以亲亲言之，则天皇是陛下夫也。皇嗣是陛下子也，陛下正合传子孙，为万代计。况陛下承天皇顾托而有天下，若立承嗣，臣恐天皇不血食矣。"则天寤之，乃止。

时朝廷谀佞者多获进用，故幸恩者，事无大小，但近谄谀，皆获进见。有人于洛水中获白石数点赤，诣阙辄进。诸宰相诘之，对云："此石赤心，所以来进。"昭德叱之曰："此石赤心，洛水中余石岂能尽反耶？"左右皆笑。是时，来俊臣、侯思止等枉挠刑法，诬陷忠良，人皆慑惧，昭德每廷奏其状，由是俊臣党与少自摧屈。来俊臣又尝弃故妻而娶太原王庆诜女，侯思止亦奏娶赵郡李自挹女，敕政事堂共商量。昭德抚掌谓诸宰相曰："大可笑。往年俊臣贼劫王庆诜女，已大辱国。今日此奴又请索李自挹女，无乃复辱国耶！"寻奏寝之。侯思止后竟为昭德所绳，榜杀之。

既而昭德专权用事，颇为朝所恶，前鲁王功曹参军丘愔上疏言其罪状曰：

臣闻百王之失，皆由权归于下；宰臣持政，常以势盛殃。魏冉诛庶族以安秦，非不忠也；弱者侯以强国，亦有功也。然以出入自专，击断无忌，威震人主，不闻有王，张禄一进深言，卒用忧死。向使昭王不即觉悟，魏冉果以专权，则秦之霸业，或不传其子孙。陛下创业兴王，拔乱英主，总权收柄，司契握图。天授已前，万机独断，发命皆中，举事无遗，公卿百僚，具职而已。自长寿已来，厌怠细政，委任昭德，使掌机权。然其虽干济小才，不堪军国大用，直以性好凌轹，气负刚强，盲聋下人，刍狗同列，刻薄庆赏，矫枉宪章，国家所赖者微，所妨者大。天下杜口，莫敢一言，声威翕赫，日已炽盛。臣近于南台见敕曰，诸处奏事，陛下已依，昭德请不依，陛下便不依。如此改张，不可胜数，昭德参奉机密，献可替否，事有便利，不预谘谋，要待画旨将行，方始别生驳异。扬露专擅，显示于人，归美引愆，义不如此。
州县列位，台寺庶官，入谒出辞，望尘慑气。一世奏谳，与夺事
宜，皆承旨意，附会上言。今有秩之吏，多为昭德之人。陛下勿
谓昭德小心，是我手臂。臣观其胆，乃大于身，鼻息所冲，上拂
云汉。近者新陷来、张两族，兼挫侯、王二仇，锋锐更不可当，方
寸良难窥测。

　　书曰，知人亦未易，人亦未易知。汉光武将宠庞萌，可以托
孤，卒为戎首魏明帝期司马懿以安国，竟肆奸回。夫小家治生，
有千百之资，将以托人，尚忧失授；况兼天下之重，而可轻忽委
任者乎！今昭德作福专威，横绝朝野，爱憎与夺，旁若无人。陛
下恩遇至深，蔽过甚厚。臣闻蚁穴坏堤，针芒写气，涓涓不绝，
必成江河。履霜坚冰，须防其渐，权重一去，收之极难。臣又闻
轻议近臣，颜深谏诤，明君圣主，亦有不容。臣孰知今日言之于
前，明日伏诛于后，但使国安身死，臣实不悔。陛下深览臣言，
为万姓自爱。

时长上果毅邓注又著《石论》数千言，备述昭德专权之状，凤阁
舍人逢弘敏遽奏其论。则天乃恶昭德，谓纳言姚璹曰："昭德身为内
史，备荷殊荣，诚如所言，实负于国。"延载初，左迁钦州南宾尉，数
日，又命免死配流，寻又召拜监察御史，时太仆少卿来俊臣与昭德
素不协，乃诬构昭德有逆谋，因被下狱，与来俊臣同日而诛。是日大
雨，士庶莫不痛昭德而庆俊臣也。相谓曰："今日天雨，可谓一悲一
喜矣。"神龙中，降制曰："故李昭德勤恪在公，强直自达。立朝正色，
不吐刚以茹柔；当轴励词，秘抗情以历诋。墉隍府寺，树绩良多，变
更规模，殁而不朽。道伦福善，业亏嫉恶，名级不追，风流将沫。式
旌壤树，光被幽明，可赠左御史大夫。"德宗建中三年，加赠司空。

　　史臣曰：裴炎位居相辅，时属艰难，历览前踪，非无忠节。但见
迟而虑浅，又遭命以会时。何者，当是时，高宗晏驾尚新，武氏革命
未见，炎也唯虑中宗之过失，是其浅也；不见太后之苞藏，是其迟

也。及乎承嗣请封祖祢,三思劝杀宗亲,然后徒有谏章,何尝济事,是辜遗托,岂痛伏诛。时论则然,迟浅须信。况闻睹构逆则示其间暇,俾杀降则彰彼猜嫌,小数有余,大度何足,又其验也。

祎之名父之子,谅知其才,著述颇精,履历无愧。师范王府,秉执相权,咸有能名,固惬群议。何乃失言于大隐,取金于万荣,潜见内人,私通嬖妾,使浊迹玷其清誉,淫行污于贞名,若言俗困滥刑,公行诬告,即又自昧周防之道,人非尽戮之冤。赐死于家,犹为多幸,临终不挠,抑又徒荣。

玄同富于词学,公任权衡,当为典选之时,备疏择才之理。但以高宗弃代之后,则天居位之间,革命是怀,附己为爱,苟一言之不顺,则赤族以难逃。是以唐之名臣,难忘中兴之计;周之酷吏,常谋并进之谗。玄同欲复皇储,固宜难逃免,死而无过,人杀何妨。

昭德强干为臣,机巧莅事,凡所制置,动有规模。武承嗣方持左相权,将立为皇太子,寻更所任,复寝其谋,咸由昭德之言,能拒则天之旨。又观其诛侯思止,法王庆之,挫来俊臣,致朋党渐衰,谀佞稍退。又则天谓承嗣曰:“我任昭德,每获高卧,代我劳苦,非汝所及也。”此则强干机巧之验焉。公忠之道,亦在其中矣。不然,则何以致是哉!若使昭德用谦御下,以柔守刚,不恃专权,能常寡过,则复皇嗣而非晚,保臣节而必终。盖由道乏弘持,器难苞贮,纯刚是失,卷智不全。所以丘愔抗陈,邓注深论,瓦解而固难收拾,风摧而岂易扶持。自取诛夷,人谁怨怼?

赞曰:政无刑法,时属艰危。裴炎之智,虑浅见迟。祎之履行,货色自欺。昭德强猛,何由不亏?死无令善,孰谓非宜。玄同不幸,颠殒亦随。

旧唐书卷八八
列传第三八

韦思谦 子承庆 嗣立 陆元方
子象先 苏瑰 子颋

　　韦思谦，郑州阳武人也。本名仁约，字思谦，以音类则天讳，故称字焉。其先自京兆南徙，家于襄阳。举进士，累补应城令，岁余调选。思谦在官，坐公事微殿，旧制多未叙进。吏部尚书高李辅曰："自居选部，今始得此一人，岂以小疵而弃大德。"擢授监察御史，由是知名。尝谓人曰："御史出都，若不动摇山岳，震慑州县，诚旷职耳。"时中书令褚遂良贱市中书译语人地，思廉奏劾其事，遂良左授同州刺史。及遂良复用，思谦不得进，出为清水令。谓人曰："吾狂鄙之性，假以雄权，触机便发，固宜为身灾也。大丈夫当正色之地，必明目张胆以报国恩，终不能为碌碌之臣保妻子耳。"

　　左肃机皇甫公义检校沛王府长史，引思谦为同府仓曹，谓思谦曰："公岂池中之物，屈公为数旬之客，以望此府耳。"累迁右司郎中。

　　永淳初，历尚书左丞、御史大夫。时武候将军田仁会与侍御史张仁祎不协而诬奏之，高宗临轩问仁祎，仁祎惶惧，应对失次。思谦历阶面而进曰："臣与仁祎连曹，颇知事田，仁祎懦而不能自理。若仁会眩惑圣聪，致仁祎非常之罪，即臣亦事君不尽矣。请专对其状。"辞辩纵横，音旨明畅，高宗深纳之。思谦在宪司，每见王公，未尝行拜礼。或劝之，答曰："雕鹗鹰鹯，岂众禽之偶，奈何设拜以狎之?且耳目之官,固当独立也。"初拜左丞,奏曰:"陛下为官择人,非其人则阙。今不惜美锦,令臣制之,此陛下知臣之深,亦微臣尽命之秋。"振举纲目,朝廷肃然。

则天临朝,转宗正卿,会官名改易,改为司属卿。光宅元年,分置左、右肃政台,复以思谦为右肃政大夫。大夫旧与御史抗礼。思廉独坐受其拜。或以为辞,思谦曰:"国家班列,自有差等,奈何以姑息为事耶?"垂拱初,赐爵博昌县男,迁凤阁鸾台三品。二年,代苏良嗣为纳言。三年,上表告老请致仕,许之,仍加太中大夫。永昌元年九月,卒于家,赠幽州都督。二子:承庆、嗣立。

承庆字延休。少恭谨,事继母以孝闻。弱冠举进士,补雍王府参军。府中文翰,皆出于承庆,辞藻之美,擅于一时。累迁太子司议郎。仪凤四年五月,诏皇太子贤监国。时太子颇近声色,与户奴等款狎,承庆上书谏曰:

臣闻太子者,君之贰,国之本也。所以承宗庙之重,系亿兆之心,万国以贞,四海属望。殿下以仁孝之德,明睿之姿,岳峙泉渟,金贞玉裕。天皇升殿下以储副,寄殿下以监抚,欲使照无不及,恩无不覃,百僚仰重曜之晖,万姓闻春雷之响。

夫君无民,无以保其位;人非食,无以全其生。故孔子曰:"百姓足,君孰与不足;百姓不足,君孰与足?"自顷年已来,频有水旱,菽粟不能丰稔,黎庶自致煎穷。今夏亢阳,米价腾踊,贫窭之室,无以自资,朝夕遑遑,唯忧馁馑。下人之瘼,实可哀矜,稼穑艰难,所宜详悉。天皇所以垂衣北极,殿下所以守器东宫,为天下之所尊,得天下之所利者,岂唯上玄之幽赞,亦百姓之力也。百姓危,则社稷不得独安,百姓乱,则帝王不能独理。故古之明君,饱而知人饥,温而知人寒,每以天下为忧,不以四海为乐。今关、陇之外,凶寇凭凌,西土编氓,凋丧将尽,干戈日用,烽桥荐兴,千里有劳于馈粮,三农不遑于稼穑。殿下为臣为子,乃国乃家,为臣在于竭忠,为子明于尽孝,在家不可以自逸，在国不可以自康。一物有亏，圣上每留神念；三边或梗，殿下岂不兢怀。况当养德之秋，非是任情之日！

伏承北门之内，造作不常，玩好所营，或有烦费。倡优杂伎，不息于前，鼓吹繁声，亟闻于外，既喧听览，且黩宫闱。兼之仆隶小人，缘此得亲左右，亦既奉承颜色，能不恃托恩光。作福作威，莫不由此，不加防慎，必有愆非。傥使微累德音，于后悔之何及？《书》云："不作无益害有益。"此皆无益之事，固不可耽而悦之。

臣又闻"高而不危，所以长守贵；满而不溢，所以长守富"。是知高危不可不慎，满溢不可不持。《易》曰："君子终日乾乾，夕惕若厉，无咎。"敬慎之谓也。在于凡庶，能守而行之，犹可以高振声华，坐致荣禄，况殿下有少阳之位，有天挺之姿，片善而天下必闻，小能而天下咸服，岂可不为尽善尽美之道，以取可大可久之名哉！

伏愿博览经书以广其德，屏退声色以抑其情。静默无为，恬虚寡欲，非礼勿动，非法不言。居处服玩，必循节俭；畋猎游娱，不为纵逸。正人端士，必引而亲之；便僻侧媚，必斥而远之。使惠声溢于远近，仁风翔于内外，则可以克享终吉，长保利贞，为上嗣之称首，奉圣人之鸿业者矣。

又尝为《谕善箴》以献太子，太子善之，赐物甚厚。承庆又以人之用心，多扰浊浮躁，罕诣冲和之境，乃著《灵台赋》以广其志，辞多不载。

调露初，东宫废，出为乌程令，风化大行。长寿中，累迁凤阁舍人，兼掌天官选事。承庆属文迅捷，虽军国大事，下笔辄成，未尝起草。寻坐忤大臣旨，出为沂州刺史。未几，诏复旧职，依前掌天官选事。久之，以病免，改授太子谕德。后历豫、虢等州刺史，颇著声绩，制书褒美。长安初，入为司仆少卿，转天官侍郎，兼修国史。承庆自天授以来，三掌天官选事，铨授平允，海内称之。寻拜凤阁侍郎、同凤阁鸾台平章事，仍依旧兼修国史。

神龙初,坐附推张易之弟昌宗失实,配流岭表。时易之等既伏诛,承庆去巾解带而待罪。时欲草赦书,众议以为无如承庆者,乃召承庆为之。承庆神色不挠,援笔而成,辞甚典美,当时咸叹服之。岁余,起授辰州刺史,未之任,入为秘书员外少监,兼修国史。寻以修《则天实录》之功,赐爵扶阳县子,赉物五百段。又制撰《则天皇后纪圣文》,中宗称善,特加银青光禄大夫。俄授黄门侍郎,仍依旧兼修国史。未拜而卒。中宗伤悼久之,乃召其弟相州刺史嗣立令赴葬事,仍拜黄门侍郎,令继兄位,其见用如此。赠秘书监,谥曰温。

子长裕,膳部员外郎。

嗣立,承庆异母弟也。母王氏,遇承庆甚严,每有杖罚,嗣立必解衣请代,母不听,辄私自杖,母察知之,渐加恩贷,议者比晋人王祥、王览。少举进士,累补双流令,政有殊绩,为蜀中之最。三迁莱芜令。会承庆自凤阁舍人以疾去职,则天召嗣立谓曰:"卿父往日尝谓朕曰:'臣有两男忠孝,堪事陛下。'自卿兄弟效职,如卿父言。今授卿凤阁舍人,令卿兄弟自相替代。"即日迁凤阁舍人。

时学校颓废,刑法滥酷,嗣立上疏谏曰:

臣闻古先哲王立学官,掌教国子以六德、六行、六艺,三教备而人道毕矣。《礼记》曰:"化人成俗,必由学乎。"学之于人,其用盖博。故立太学以教于国,设庠序以化于邑,王之诸子、卿大夫士之子及国之俊选皆造焉。八岁入小学,十五入太学,春秋教以《礼》《乐》,冬夏教以《诗》《书》。是以教洽而化流,行成而不悖。自天子以至于庶人,未有不须学而成者也。

国家自永淳已来,二十余载,国学废散,胄子衰缺,时轻儒学之官,莫存章句之选,贵门后进,竞以侥幸升班;寒族常流,复因凌替弛业。考试之际,秀茂罕登,驱之临人,何以从政?又垂拱之后,文明在辰,盛典鸿休,日书月至,因藉际会,入仕尤多。加以谗邪凶党来俊臣之属,妄执威权,恣行枉陷,正直之伍,死亡为忧,道路以目,人无固志,罕有执不挠之怀,殉至公之节，偷安苟免，聊以卒岁。遂使纲领不振，请托公行，选举之曹，弥长渝滥。随璇少经术之士，摄职多庸琐之才，徒以猛暴相夸，罕能清惠自勖。使海内黔首，骚然不安，州县官僚，贪鄙未息，而望事必循理，俗致康宁，不可得也。

陛下诚能下明制，发德音，广开庠序，大敦学校，三馆生徒，即令追集。王公已下子弟，不容别求仕进，皆入国学，服膺训典。崇馆庙，尊尚儒师，盛陈奠菜之仪，宏敷讲说之会，使士庶观听，有所发扬，弘奖道德，于是乎在。则四海之内，靡然向风，延颈举足，咸知所向。然后审持冲镜，妙择良能，以之临人，寄之调俗；则官无侵暴之政，人有安乐之心，居人则相与乐业，百姓则皆恋桑梓，岂复忧其逃散而贫窭哉！今天下户口，亡逃过半，租调既减，国用不足。理人之急，尤切于兹。故知务学之源，岂唯润身进德而已，将以诲人利国，可不务之哉！

臣闻尧、舜之日，画其衣冠；文、景之时，几致刑措。历兹千载，以为美谈。臣伏惟陛下睿哲钦明，穷神知化，自轩、昊已降，莫之与京。独有往之论法，或未尽善，皆由主司奸凶，惑乱视听。寻而陛下圣察，具详之矣，然竟未能显其本源，明其前事，令天下万姓识陛下本心，尚使四海多衔冤之人，九泉有抱痛之鬼。臣诚愚暗，不识大纲，请为陛下始末而言其事。

扬、预之后，刑狱渐兴，用法之伍，务于穷竟，连坐相牵，数年不绝。遂使巨奸大猾，伺隙乘间，内苞豺狼之心，外示鹰鹯之迹，阴图潜结；共相影会，构似是之言，成不赦之罪。皆深为巧诋，恣行楚毒，人不胜痛，便乞自诬，公卿士庶，连颈受戮。道路籍籍，虽知非辜，而锻炼已成，辩占皆合。纵皋陶为理，于公定刑，则谓污宫毁枢，犹未塞责。虽陛下仁慈哀念，恤狱缓死及览辞状，便已周密，皆谓勘鞫得情，是其实犯，虽欲宽舍，其如法何？何于是小乃身诛，大则灭族，相缘共坐者，不可胜言。此岂宿构仇嫌，将申报复，皆图苟成功效，自求官赏。当时称传，谓为罗织。其中陷刑得罪者，虽有敏识通材，被告言者便遭枉抑，心徒痛其冤酷，口莫能以自明。或受诛夷，或遭窜殛，并甘心引分，赴之如归。故知弄法徒文，伤人实甚。赖陛下特回圣察，昭然详究。周兴、丘绩之类，弘义、俊臣之徒，皆相次伏诛，事暴遐迩，而朝野庆泰，若再睹阳和。

且如仁杰、元忠，俱罹枉陷，被勘鞫之际，亦皆已自诬。向非陛下至明，垂以省察，则菹醢之戮，已及其身，欲望输忠圣代，安可复得！陛下擢而升之，各为良辅，国之栋干，称此二人。何乃前非而后是哉？诚由枉陷与甄明尔。但恐往之得罪者多并此流，则向时之冤者其数甚众。昔杀一孝妇，尚或降灾，而滥者盖多，宁无怨气！怨气上达则水旱所兴，欲望岁登，不可得也。

倘陛下弘天地之德，施雷雨之深仁，归罪于削刻之徒，降恩于枉滥之伍。自垂拱已来，大辟罪已下，常赦所不原者，罪无轻重，一皆原洗，被以昭苏。伏法之辈，追还官爵，缘累之徒，普沾恩造。如此则天下知比所陷罪，元非陛下之意，咸是虐吏之辜。幽明欢欣，则感通和气；和气下降，则风雨以时，风雨以时，则五谷丰稔；岁既稔矣，人亦安矣，太平之美，亦何远哉！伏愿陛下深察。

寻迁秋官侍郎，三迁凤阁侍郎、同凤阁鸾台平章事。长安中，则天尝与宰臣议及州县官吏。纳言李峤、夏官尚书唐休璟等奏曰："臣等叨膺大任，不能使兵革止息，仓府殷盈，户口尚有逋逃，官人未免贪浊，使陛下临朝轸叹，屡以为言，夙夜惭惶，不知启处。伏思当今要务，莫过富国安人，富国安人之方，在择刺史。窃见朝廷物议，莫不重内官，轻外职，每除授牧伯，皆再三披诉。比来所遣外任，多是贬累之人，风俗不澄，实由于此。今望于台阁寺监，妙简贤良，分典大州，共康庶绩。臣等请辍近侍，率先具僚，务在忧国济人，庶当有所补益。"则天曰："卿等处鸾台凤阁，谁为此行？"嗣立率先对曰："臣以庸愚，谬膺奖擢，内掌机密，非臣所堪。承乏外台，庶当尽节，倘垂采录，臣愿此行。"于是嗣立带本官检校汴州刺史。

无几，嗣立兄承庆入知政事，嗣立转成均祭酒，兼检校魏州刺史。又徙洛州刺史。寻坐承庆左授饶州长史。岁余，征为太仆少卿，兼掌吏部选事。神龙二年，为相州刺史。及承庆卒，代为黄门侍郎，转太府卿，加修文馆学士。

景龙三年，转兵部尚书、同中书门下三品。时中宗崇饰寺观，又滥食封邑者众，国用虚竭。嗣立上疏谏曰：

臣闻国无九年之储，家无三年之蓄，家非其家，国非其国。故知立国立家，皆资于储蓄矣。夫水旱之灾，关之阴阳运数，非人智力所能及也。尧遭大水，汤遭大旱，则知仁圣之君所不能免，当此时不至于困毙者，积也。今陛下仓库之内，比稍空竭，寻常用度，不支一年。倘有水旱，人须赈给，征发时动，兵要资装，则将何以备之？其缘仓库不实，妨于政化者，触类而是。

臣窃见比者营造寺观，其数极多，皆务取宏博，竞崇环丽。大则费耗百十万，小由尚用三五万余，略计都用资财，动至千万已上。转运木石，人牛不停，废人功，害农务，事既非急，时多怨咨。故《书》曰："不作无益害有益，功乃成；不贵异物贱用物，人乃伏。"诚哉此言，非虚谈也。且玄旨秘妙，归于空寂，苟非修心定慧，诸法皆涉有为。至如土木雕刻等功，唯是殚竭人力，但学相夸壮丽，岂关降伏身心。且凡所兴功，皆须掘凿，蛰虫在土，种类实多。每日杀伤，动盈万计，连年如此，损害可知。圣人慈悲为心，岂有须行此事，不然之理，皎在目前。世俗众僧，未通其旨，不虑府库空竭，不思圣人忧劳，谓广树福田，即是增修法教。倘水旱为灾，人至饥馁，夷狄作梗，兵无资粮，陛下虽有龙象如云，伽蓝概日，岂能裨万分之一，救元元之若哉！于道法既有乖，在生人极为损，陛下岂可不深思之！

臣窃见食封之家，其数甚众，昨略问户部，云用六十余万丁，一丁两匹，即是一百二十万已上。臣顷在太府，知每年庸调绢数，多过百万，少则七八十万已来，比诸封家，所入全少，倘有虫霜旱涝，曾不半在，国家支供，何以取给？臣闻自封茅土，裂山河，皆须业著经纶，功申草昧，然后配宗庙之享，承带砺之恩。皇运之初，功臣共定天下，当时食封才上三二十家，今以寻常特恩，遂至百家已上。国家租赋，太半私门，私门则资用有余，国家则支计不足。有余则或致奢侈，不足则坐致忧危，制国之方，岂谓为得封户之物，诸家自征，或是官典，或是奴仆，多挟势骋威，凌突州县。凡是封户，不胜侵扰，或输物多索裹头，或相知要取中物，百姓怨叹，远近共知。复有因将货易，转更生衅，征打纷纷，曾不宁息，贫乏百姓，何以克堪！若必限丁物送太府，封家但于左藏请受，不得辄自征催，则必免侵扰，人冀苏息。

臣又闻设官分职，量事致吏，此本于理人而务安之也。故《书》曰"在官人，在安人。官人则哲，安人则惠。能哲而惠，何忧乎欢兜，何畏乎有苗"者也！是明官得其人，而天下自理矣。古者取人，必先采乡曲之誉，然后辟于州郡；州郡有声，然后辟于五府；才著五府，然后升之天朝。此则用一人所择者甚悉，擢一士所历者甚深。孔子曰："譬有美锦，不可使人学制。"此明用人不可不审择也。用得其才则理，非其才则乱，所系，焉可不深择之哉！

今之取人，有异此道，多未甚试效，即顿至迁擢。夫趋竞者人之常情，侥幸者人之所趣。而令务进不避侥幸者，接踵比肩，布于文武之列。有文者用理内外，则有回邪赃污上下败乱之忧；有武者用将军戎，则有庸懦怯弱师旅丧亡之患。补授无限，员关不阙供，遂至员外置官，数倍正阙。曹署典史，困于祗承，府库仓储，竭于资奉。国家大事，岂甚于此！古者悬爵待士，唯有才者得之，若任用无才，则有才之路塞，贤人君于所以遁迹销声，怀叹恨者也。且贤人君子，守于正直之道，远于尧幸之门，若侥幸开，则贤者不可复出矣。贤者遂退，若欲求人安化洽，复不可得也。人若不安，国将危矣，陛下安可不深虑之！

又刺史、县令，理人之首，近年已来，不存简择。京官有犯及声望下者,方遣牧州;吏部选人,暮年无手笔者,方拟县令,此风久扇,上下同知,将此理人,何以率化?今岁非丰稔,户口流亡,国用空虚,租调减削。陛下不以此留念,将何以理国乎?臣望下明制,具论前事,使有司改换简择,天下刺史、县令,皆取才能有称望者充。自今已往,应有迁除诸曹侍郎、两省、两台及五品已上清望官,先于刺史、县令中选用。牧宰得人,天下大理,万姓欣欣然,岂非太平乐事哉!唯陛下详择。
疏奏不纳。

嗣立与韦庶人宗属疏远,中宗特令编入属籍,由是顾赏尤重。尝于骊山构营别业,中宗亲往幸焉,自制诗序,令从官赋诗,赐绢二千匹,因封嗣立为逍遥公,名其所居为清虚原幽栖谷。韦氏败,几为乱兵所害,宁王宪以嗣立是从母之夫,救护免之。睿宗践祚,拜中书令,旬日,出为许州刺史。以定册尊立睿宗之功,赐实封一百户。开元初,入为国子祭酒。先是,中宗遗制睿宗辅政,宗楚客、韦温等改削藁草,嗣立时在政事,不能正之。至是为宪,司所劾,左迁岳州别驾。久之,迁陈州刺史。时河南道巡察使、工部尚书刘知柔奏嗣立清白可陟之状,诏命未下,开元七年卒,赠兵部尚书,谥曰孝。中书门下又奏:“嗣立衣冠之内,夙表才名;兄弟之间,特称和睦。承恩历事,位列宰臣。中年以不能正身,颇近凶戚,为宪司纠劾,因兹出贬。若循其始,终是吉人,宜弃其瑕,以从众望。请赠物一百段。”从之。

嗣立、承庆俱以学行齐名。长寿中,嗣立代承庆为凤阁舍人;长安三年,承庆代嗣立为天官侍郎,顷之又代嗣立知政事;及承庆卒,嗣立又代为黄门侍郎,前后四职相代。又父子三人,皆至宰相。有唐已来,莫与为比。嗣立三子:孚、亘、济,皆知名。孚,累迁至左司员外郎。

亘,开元初为砀山令,为政宽惠,人吏爱之。会车驾东巡,县当供帐,时山东州县皆惧不办,务于鞭扑,亘独不杖罚而事皆济理,远近称焉。御史中丞宇文融,即亘之姑子也,尝密荐亘有经济之才,请以己之官秩回授,乃擢拜殿中侍御史。历度支左司等员外、太常少卿、给事中。二十九年，为陇右道河西黜陟使。恒至河西时，节度使盖嘉运恃托中贵，公为非法，兼伪叙功劳，亘抗表请劾之，人代其惧。因出为陈留太守，未行而卒，时人甚伤惜之。

济，早辞翰闻。开元初，调补鄄城令。时有人密奏玄宗曰："今岁吏部选叙太滥，县令非材，全不简择。"及县令谢官日，引入殿庭，问安人策一道，试者二百余人，独济策第一，或有不书纸者。擢济为醴泉，令二十余人还旧官，四五十人放归习读，侍郎卢从愿、李朝隐贬为刺史。济至醴泉，以简易为政，人用称之。三迁为库部员外郎。二十四年，为尚书户部侍郎。累岁转太原尹。制《先德诗》四章，述祖、父之行，辞致高雅。天宝七载，又为河南尹，迁尚书左丞。三代为省辖，衣冠荣之。济从容雅度，所莅人推善政，后出为冯翊太守。

陆元方，苏州吴县人。世为著姓。曾祖琛，陈给事黄门侍郎。伯父柬之，以工书知名，官至太子司议郎。元方举明经，又应八科举，累转监察御史。则天革命，使元方安辑岭外，将涉海，时风涛甚壮，舟人莫敢举帆，元方曰："我受命无私，神岂害我?遽命之济，既而风涛果息。使还称旨，除殿中侍史。即以其月擢拜凤阁舍人，仍判侍郎事。俄为来俊臣所陷，则天手敕特赦之。长寿二年，再迁鸾台侍郎、同凤阁鸾台平章事。延载初，又加凤阁侍郎。证圣初，内史李昭德得罪，以元方附会昭德，贬绥州刺史。寻复为春官侍郎，又转天官侍郎、尚书左丞，寻拜鸾台侍郎、平章事。则天尝问以外事，对曰："臣备位宰臣，有大事即奏，人闻碎务，不敢以烦圣览。"由是忤旨，责授太子右庶子，罢知政事。寻转文昌左丞，病卒。

元方在官清谨，再为宰相，则天将有迁除，每先以访之，必密封以进，未尝露其私恩。临终，取前后草奏悉命焚之，且曰："吾阴德于人多矣，其后庶几福不衰矣。"又有书一匣，常自缄封，家人莫见者，及卒视之，乃前后敕书，其慎密如此。赠越州都督，开元十八年，又赠扬州大都督。子象先。

象先,本名景初。少有器量,应制举,拜扬州参军。秩满调选,时吉顼为吏部侍郎,擢授洛阳尉,元方时亦为吏部,固辞不敢当。顼曰:"为官择人,至公之道。陆景初才望高雅,非常流所及,实不以吏部之子妄推荐也。"竟奏授之。迁左台监察御史,转殿中,历授中书侍郎。

景云元年冬,同中书门下平章事,监修国史。初,太平公主将引中书侍郎崔湜知政事,密以告之,湜固让象先,主不许之,湜曰亦请辞。主遽言于睿宗,乃并拜焉。象先清净寡欲,不以细务介意,言论高远,雅为时贤所服。湜每谓人曰:"陆公加于人一等。"太平公主时既用事,同时宰相萧至忠、岑羲及湜等咸倾附之,唯象先孤立,未尝造谒。

先天二年,至忠等伏诛,象先独免其难。以保护功封兖国公,赐实封二百户,加银青光禄大夫。时穷讨至忠等枝党,连累稍众,象先密有申理,全济甚多,然未尝言及,当时无知之者。其年,出为益州大都督府长史,仍为剑南道按察使。在官务以宽仁为政,司马韦抱真言曰:"望明公稍行杖罚,以立威名。不然,恐下人怠坠,无所惧也。"象先曰:"为政者理则可矣,何必严刑树威。损人益己,恐非仁恕之道。"竟不从抱真之言。历迁河中尹。六年,废河中府,依旧为蒲州,象先为刺史,仍为河东道按察使。尝有小吏犯罪,但示语而遣之。录事白曰:"此例当合与杖。"象先曰:"人情相去不远,此岂不解吾言?若必须行极,即当自汝为始。"录事惭惧而退。象先尝谓人曰:"天下本自无事,只是庸人扰之,始为繁耳。便当静之于源,则亦何忧不简。"前后为刺史,其政如一,人吏咸怀思之。

按察使停,入为太子詹事,历工部尚书。十年冬,知吏部选事,又加刑部尚书,以继母忧免官。十三年,起复同州刺史,寻迁太子少保。二十四年卒,年七十二,赠尚书左丞相,谥曰文贞。

象先弟景倩,历监察御史。景融,历大理正、荥阳郡太守、河南尹、兵吏部侍郎、左右丞、工部尚书、东都留守、襄阳郡太守、陈留郡太守,并兼采访使。景献,历殿中侍御史、屯田员外郎。景裔,河南令、库部郎中。皆有美誉。僧一行少时，尝与象先昆弟相善，常谓人曰："陆氏兄弟皆有才行，古之荀、陈，无以加也。"其为当时所称如此。

元方从叔余庆，陈右军将军珣孙也。少与知名之士陈子昂、宋之问、卢藏用、道士司马承祯、道人法成等交游，虽才学不逮子昂等，而风流强辩过之。累迁中书舍人。则天尝引入草诏，余庆惶惑，至晚竟不能措一辞，责授左司郎中。累除大理卿、散骑常侍、太子詹事。以老疾致仕，寻卒。象先四代孙，文宗大和四年，除释褐参军文学。

苏瑰字昌容，京兆武功人，隋尚书右仆射威曾孙也。祖夔，隋鸿胪卿。父勖，贞观中台州刺史。瑰，弱冠本州举进士，累授豫王府录事参军。长史王德真、司马刘祎之皆器重之。长安中，累迁扬州大都督府长史。扬州地当冲要，多富商大贾，珠翠珍怪之产，前长史张潜、于辩机皆致之数万，唯瑰挺身而去。神龙初，入为尚书右丞，以明习法律，多识台阁故事，特命删定律、令、格、式。寻加银青光禄大夫。是岁，再迁户部尚书，奏计帐，所管户时有六百一十五万六千一百四十一。

寻加侍中，封淮阳县子，充西京留守，时秘书员外监郑普思谋为妖逆，雍、岐二州妖党大发，瑰收普思系狱考讯之。普思妻第五氏以鬼道为韦庶人所宠，启止禁中，由是中宗特敕慰谕瑰，令释普思之罪。瑰上言普思幻惑，罪当不赦。中宗至京，瑰又面陈其状。尚书左仆射魏元忠奏曰："苏瑰长者，其忠恳如此，愿陛下察之。"帝乃配流普思于儋州，其党并诛。瑰迁吏部尚书，进封淮阳县侯。

景龙三年，转尚书右仆射、同中书门下三品，进封许国公。是岁，将拜南郊，国子祭酒祝钦明希庶人旨，建议请皇后为亚献，安乐公主为终献。瑰深非其议，尝于御前面折钦明，帝虽悟，竟从钦明所奏。公卿大臣初拜官者，例许献食，名为"烧尾"。瑰拜仆射无所献。后因待宴，将作大匠宗晋卿曰："拜仆射竟不烧尾，岂不喜耶？"帝默然。瑰奏曰："臣闻宰相者,主调阴阳,代天理物。今代粒食踊贵,百姓不足,臣见宿卫兵至有三日不得食者。臣愚不称职,所以不敢烧尾。"是岁六月,与唐休璟并加监修国史。

四年,中宗崩,秘不发丧,韦庶人召诸宰相韦安石、韦巨源、萧至忠、宗楚客、纪处讷、韦温、李峤、韦嗣立、唐休璟、赵彦昭及瑰等十人入禁中会议。初,遗制遣韦庶人辅少主知政事,授安国相王太尉,参谋辅政。中书令宗楚客谓温曰："今须请皇太后临朝,宜停相王辅政。且皇太后于相王居嫂叔不通问之地,甚难为仪注,理全不可。"瑰独正色拒之,谓楚客等曰："遗制是先帝意,安可更改!"楚客及韦温大怒,遂削相王辅政而宣行焉。是月,韦氏败,相王即帝位,下诏曰："尚书右仆射同中书门下三品,监修国史,许国公苏瑰,自周旋近密,损益枢机,谋猷有成,匡赞无忌。顷者遗恩顾托,先意昭明,奸回动摇,内外危逼,独申谠议,实挫邪谋,况藩邸僚属,念殷惟旧,无德不报,抑惟令典。可尚书左仆射,余如故。"

景云元年,以老疾转太子少傅。是岁十一月薨,赠司空、荆州大都督,谥曰文贞。瑰临终遗令薄葬,及祖载之日,官给仪仗外,唯有布车一乘,论者称焉。开元二年,下诏曰："畴庸赏善,百王攸先;追远饰终,千载同德。故尚书左丞相、太子少傅、赠司空、荆州大都督许国文贞公瑰,履正体道,外方内直,悉心奉上,卑身率礼。协赞帷幄,三朝有盐梅之任;燮谐台衮,九命为社稷之臣。先朝晏驾,衅起宫掖,国擅称制之奸,人怀缀旒之惧,凶威孔炽,宗祀几倾。顾命遗恩,太皇辅政,逆臣刊削,韦氏临朝。遂能首发昌言,侃然正色,列诸视听,暴于朝野。松槚已远,风烈犹存,缅怀诚节,良深耿叹。可赐实封一百户。"四年,诏与徐国公刘幽求配享睿宗庙庭。十七年,加赠司徒。

瑰子颋,少有俊才,一览千言。弱冠举进士,授乌程尉,累迁左台监察御史。长安中,诏颋按覆来俊臣等旧狱,颋皆申明其枉,由此雪冤者甚众。神龙中,累迁给事中,加修文馆学士,俄拜中书舍人。

寻而颋父同中书门下三品,父子同掌枢密,时以为荣。机事填委,文诰皆出颋手,中书令李峤叹曰:"舍人思如涌泉,峤所不及也。"俄迁太常少卿。

景云中,瑰薨,诏颋起复为工部侍郎。加银青光禄大夫。颋抗表固辞,辞理恳切,诏许其终制。服阕就职,袭父爵许国公。玄宗谓宰臣曰:"有从工部侍郎得中书侍郎否?"对曰:"任贤用能,非臣等所及。"玄宗曰:"苏颋可中书侍郎,仍供政事食。"明日,加知制诰。有政事食,自颋始也。颋入谢,玄宗曰:"常欲用卿,每有好官阙,即望宰相论及,宰相皆卿之故人,卒无言者,朕为卿叹息。中书侍郎,朕极重惜,自陆象先殁后,朕每思之,无出卿者。"时李乂为紫微侍郎,与颋对掌文诰。他日,上谓颋曰:"前朝有李峤、苏味道,谓之苏、李;今有卿及李乂,亦不谢之。卿所制文诰,可录一本封进,题云'臣某撰',朕要留中披览。"其礼遇如此。玄宗欲于靖陵建碑,颋谏曰:"帝王及后,无神道碑,且事不师古,动皆不法。若靖陵独建,陛下祖宗之陵皆须追造。"玄宗从其言而止。

开元四年,迁紫微侍郎、同紫微黄门平章事,与侍中宋璟同知政事。璟刚正,多所裁断,颋皆顺从其美;若上前承旨、敷奏及应对,则颋为之助,相得甚悦。璟尝谓人曰:"吾与苏家父子,前后同时为宰相。仆射长厚,诚为国器;若献可替否,罄尽臣节,断割吏事,至公无私,即颋过其父也。"

八年,除礼部尚书,罢政事,俄知益州大都督府长史事。前司马皇甫恂破库物织新样锦以进,颋一切罢之。或谓颋曰:"公今在远,岂得忤圣意?"颋曰:"明主不以私爱夺至公,岂以远近间易忠臣节也!"竟奏罢之。巂州蛮酋苴院私与吐蕃连谋,将为内寇。颋获其间谍,将士咸请出兵讨之,颋不从,乃作书并间谍以送苴院,苴院惭悔,竟不敢入寇。

十三年,从驾东封,玄宗令颋撰朝觐碑文。俄又知吏部选事。颋性廉俭,所得俸禄,尽推与诸弟,或散之亲族,家无余资。十五年卒,年五十八。初,优赠之制未出,起居舍人韦述上疏曰:"臣伏见贞观、永徽之时,每有公卿大臣薨卒,皆辍朝举哀,所以成终始之恩,厚君臣之义。上有旌贤录旧之德,下有生荣死哀之美,列于史册,以示将来。昔智悼子卒,平公宴乐,杜蒉一言,方始感悟。《春秋》载其盛烈,礼经以为美谈。今古旧事,昭然可睹。臣伏见故礼部尚书苏颋,累叶辅弼,代传忠清。颋又伏事轩陛,二十余载,入参谋猷,出总藩牧,诚绩斯著,操履无亏,天不颛遗,奄违圣代。伏愿陛下思帷盖之旧,念股肱之亲,修先朝之盛典,鉴晋平之远迹,为之辍朝举哀,以明同体之义。使殁者荷德于泉壤,存者尽节于周行,凡百卿士,孰不幸甚。臣官忝记事,君举必书,敢申旧典,上黩宸辰,希降恩贷,俯垂详择。”即日,于洛城南门举哀,辍朝两日,赠尚书右丞相,谥曰文宪。及葬日,玄宗游咸宜宫,将出猎,闻颋丧出,怆然曰:“苏颋今日葬,吾宁忍娱游。”中路还宫。颋弟诜、冰、义。

诜,历授右司郎中、给事中、徐州刺史。先是,拜给事中时,颋为中书侍郎,上表让诜所授。玄宗曰:“古来有内举不避亲乎?”颋曰:“晋祁奚是也。”玄宗曰:“若然,则朕用苏诜,何得屡言?近日卿父子犹同在中书,兄弟有何不得?卿言非至公也。”冰,为虞部郎中。义,为职方郎中。

干,瑰从父兄也。父勖,武德中为秦王府文学馆学士。贞观中,尚南康公主,拜驸马都尉,累迁魏王泰府司马。勖既博学有美名,甚为泰所重,因劝泰请开文学馆,引才名之士,撰《括地志》。后历吏部郎、太子左庶子,卒。

干少以明经累授徐王府记室参军,徐王好畋猎,干每谏止之。垂拱中,历迁魏州刺史。时河北饥馑,旧吏苛酷,百姓多有逃散。干乃督察奸吏,务劝农桑,由是逃散者皆来复业,称为良牧。召拜右羽林将军,寻迁冬官尚书。酷吏来俊臣素忌嫉之,遂诬奏干在魏州与琅邪王冲私书往复,因系狱鞫讯,干发愤而卒。

瑰四代孙翔,文宗大和四年,释褐文学参军。

史臣曰：韦思谦始以州县，奋于烟霄，持纲不避于权豪，报国能忘于妻子。自强不息，刚毅近仁，信有之矣！高季辅、皇甫公义，可谓知人矣！且福善余庆，不谓无征，二子构堂，俱列相辅，文皆经济，政尽明能。加以承庆方危，染翰而曾非恐悚；嗣立见用，袭封而罔附逍遥。无忝父风，宁惭祖德，谥温谥孝，何愧易名？陆元方博学大度，再践钧衡，当则天时，非有忠贞，应无黜责，绥州之任，抑又何惭！观其济海无私，狂风自止，临终焚藁，温树始彰。故知正可以动神明，德可以延家代。象先益高人品，尤著相才，全济有名，孤立无祸。景倩、景融、景献、景裔等咸居清列，得非有后于鲁乎？苏瑰，孔子云："居其室，出其言善，则千里之外应之，况其迩者乎！"又"言行君子之枢机，枢机之发，荣辱之主也"。当中宗弃代，韦氏夺权，预谋者十有九人，咸生异议，瑰志存大节，独发谠言。其后善恶显彰，黜陟明著，圣人之言，验于斯矣。颋唯公是相，以俭承家，李峤许之涌泉，宋璟称其过父。艰难之际，节操不回，善始令终，先后无愧。

赞曰：善人君子，怀忠秉正。尽富文章，咸推谏净。岂愧明廷，无惭重柄。子子孙孙，演承余庆。

旧唐书卷八九
列传第三九

狄仁杰 孙兼谟　王方庆
姚璹 弟珽

　　狄仁杰字怀英，并州太原人也。祖孝绪，贞观中尚书左丞。父知逊，夔州长史。仁杰儿童时，门人有被害者，县吏就诘之，众皆接对，唯仁杰坚坐读书。吏责之，仁杰曰："黄卷之中，圣贤备在，犹不能接对，何暇偶俗吏，而见责耶！"后以明经举，授汴州判佐。时工部尚书阎立本为河南道黜陟使，仁杰为吏人诬告，立本见而谢曰："仲尼云：'观过知仁矣。'足下可谓海曲之明珠，东南之遗宝。"荐授并州都督府法曹。其亲在河阳别业，仁杰赴并州，登太行山，南望见白云孤飞，谓左右曰："吾亲所居，在此云下。"瞻望伫立久之，云移乃行。仁杰孝友绝人，在并州，有同府法曹郑崇质，母老且病，当充使绝域。仁杰谓曰："太夫人有危疾，而公远使，岂可贻亲万里之忧！"乃诣长史蔺仁基，请代崇质而行。时仁基与司马李孝廉不协，因谓曰："吾等岂独无愧耶？"由是相待如初。

　　仁杰，仪凤中为大理丞，周岁断滞狱一万七千人，无冤诉者。时武卫大将军权善才坐误斫昭陵柏树，仁杰奏罪当免职。高宗令即诛之，仁杰又奏罪不当死。帝作色曰："善才斫上树，是使我不孝，必须杀之。"左右筑仁杰令出，仁杰曰："臣闻逆龙鳞，忤人主，自古以为难，臣愚以为不然。居桀、纣时则难，尧、舜时则易。臣今幸逢尧、舜，不惧比干之诛。昔汉文时有盗高庙玉环，张释之廷诤，罪止弃市。魏文将徙其人，辛毗引裾而谏，亦见纳用。且明主可以理夺，忠臣不可以威惧。今陛下不纳臣言，瞑目之后，羞见释之、辛毗于地下。陛下作法，悬之象魏，徒流死罪，俱有等差。岂有犯非极刑，即令赐死？法既无常，则万姓何所措其手足！陛下必欲变法，请从今日为始。古人云：'假使盗长陵一抔土，陛下何以加之，今陛下昭陵一株柏杀一将军，千载之后，谓陛下为何主？此臣所以不敢奉制杀善才，陷陛下于不道。"帝意稍解，善才因而免死。居数日，授仁杰侍御史。

时司农卿韦机兼领将作、少府二司，高宗以恭陵玄宫狭小，不容送终之具，遣机续成其功，机于埏之左右为便房四所，又造宿羽、高山、上阳等宫，莫不壮丽。仁杰奏其太过，机竟坐免官。左司朗中王本立恃宠用事，朝廷慑惧，仁杰奏之，请付法寺，高宗特原之。仁杰奏曰："国家虽乏英才，岂少本立之类，陛下何惜罪人而亏王法？必欲曲赦本立，请弃臣于无人之境，为忠贞将来之诫。"本立竟得罪，繇是朝廷肃然。

寻加朝散大夫，累迁度支郎中。高宗将幸汾阳宫，以仁杰为知顿使。并州长史李冲玄以道出妒女祠，俗云盛服过者必致风雷之灾，乃发数万人别开御道。仁杰曰："天子之行，千乘万骑，风伯清尘，雨师洒道，何妒女之害耶？"遽令罢之。高宗闻之，叹曰："真大丈夫也！"

俄转宁州刺史，抚和戎夏，人得欢心，郡人勒碑颂德。御史郭翰巡察陇右，所至多所按劾，及入宁州境内，耆老歌刺史德美者盈路。翰既授馆，召州吏谓之曰："入其境，其政可知也。愿成使君之美，无为久留。"州人方散。翰荐名于朝，征为冬官侍郎，充江南巡抚使。吴、楚之俗多淫祠，仁杰奏毁一千七百所，唯留夏禹、吴太伯、季札、伍员四祠。

转文昌右丞，出为豫州刺史。时越王贞称兵汝南事败，缘坐者六七百人，籍没者五千口，司刑使逼促行刑。仁杰哀其诖误，缓其狱，密表奏曰："臣欲显奏，以为逆人申理；知而不言，恐乖陛下存恤之旨。表成复毁，意不能定。此辈咸非本心，伏望哀其诖误。"特敕原之,配流丰州。豫因次于宁州,父老迎而劳之曰:"我狄使君活汝辈耶!"相携哭于碑下,齐三日而后行。豫因至流所,复相与立碑颂狄君之德。

初,越王之乱,宰相张光辅率师讨平之。将士恃功,多所求取,仁杰不之应。光辅怒曰:"州将轻元帅耶?"仁杰曰:"乱河南者,一越王贞耳。今一贞死而万贞生。"光辅质其辞,仁杰曰:"明公董戎三十万,平一乱臣,不戢兵锋,纵其暴横,无罪之人,肝脑涂地,此非万贞何耶?且凶威胁从,势难自固,及天兵暂临,乘城归顺者万计,绳坠四面成蹊。公奈何纵邀功之人,杀归降之众?但恐冤声腾沸,上彻于天。如得尚方斩马剑加于君颈,虽死如归。"光辅不能诘,心甚衔之。还都,奏仁杰不逊,左授复州刺史。入为洛州司马。

天授二年九月丁酉,转地官侍郎、判尚书、同凤阁鸾台平章事。则天谓曰:"卿在汝南时,甚有善政,欲知谮卿者乎?"仁杰谢曰:"陛下以臣为过,臣当改之;陛下明臣无过,臣之幸也。臣不知谮者,并为善友,臣请不知。"则天深加叹异。

未几,为来俊臣诬构下狱。时一问即臣者例得减死,来俊臣逼胁仁杰,令一问臣反。仁杰叹曰:"大周革命,万物唯新,唐朝旧臣,甘从诛戮。反是实!"俊臣乃少宽之。判官王德寿谓仁杰曰:"尚书必得减死。德寿意欲求少阶级,凭尚书牵杨执柔,可乎?"仁杰曰:"若何牵之?"德寿曰:"尚书为春官时,执柔任其司员外,引之可也。"仁杰曰:"皇天后土遣仁杰行此事!"以头触柱,流血被面,德寿惧而谢焉。既臣反,所司但待日行刑,不复严备。仁杰求守者得笔砚,拆被头帛书冤,置绵衣中,谓德寿曰:"时方热,请付家人去其绵。"德寿不之察。仁杰子光远得书,持以告变。则天召见,览之而问俊臣,俊臣曰:"仁杰不免冠带,寝处甚安,何由伏罪?"则天使人视之,俊臣遽命仁杰巾带而见使者。乃令德寿代仁杰作谢死表,附使者进之。则天召仁杰,谓曰:"臣反何也?"对曰:"向若不臣反,已死于鞭笞矣。""何为作谢死表?"曰:"臣无此表。"示之,乃知代署也。故得免死。贬彭泽令。武承嗣屡奏请诛之,则天曰:"朕好生恶杀，志在恤刑，涣汗已行，不可更返。"

万岁通天年，契丹寇陷冀州，河北震动，征仁杰为魏州刺史。前刺史独孤思庄惧贼至，尽驱百姓入城，缮修守具。仁杰既至，悉放归农亩，谓曰："贼犹在远，何必如是，万一贼来，吾自当之，必不关百姓也。"贼闻之自退，百姓咸歌诵之，相与立碑以纪恩惠。俄转幽州都督。神功元年，入为鸾台侍郎、同凤阁鸾台平章事，加银青光禄大夫，兼纳言。仁杰以百姓西戍疏勒等四镇，极为凋弊，乃上疏曰：

臣闻天生四夷，皆在先王封疆之外，故东拒沧海，西隔流沙，北横大漠，南阻五岭，此天所以限夷狄而隔中外也。自典籍所纪，声教所及，三代不能至者，国家尽兼之矣。此则今日之四境，已逾于夏、殷者也。诗人矜薄伐于太原，美化行于江、汉，则是前代之远裔，而国家之域中。至前汉时，匈奴无岁不陷边，杀掠吏人。后汉则西羌侵轶汉中，东寇三辅，入河东上党，几至洛阳。由此言之，则陛下今日之土宇，过于汉朝远矣。若其用武荒外，邀功绝裔，竭府库之实，以争硗确不毛之地，得其人不足以增赋，获其土不可以耕织，苟求冠带远夷之称，不务固本安人之术，此秦皇、汉武之所行，非五帝、三皇之事业也。若使越荒外以为限，竭资财以骋欲，非但不爱人力，亦所以失天心也。昔始皇穷兵极武，以求广地，男子不得耕于野，女子不得蚕于室，长城之下，死者如乱麻，于是天下溃叛。汉武追高、文之宿愤，藉四帝之储实，于是定朝鲜，讨西域，平越南，击匈奴，府库空虚，盗贼蜂起，百姓嫁妻卖子，流离于道路者万计。末年觉悟，息兵罢役，封丞相为富人侯，故能为天所祐也。昔人有言："与覆车同轨者未尝安。"此言虽小，可以喻大。

近者国家频岁出师，所费滋广，西戍四镇，东戍安东，调发日加，百姓虚弊。开守西域，事等石田，费用不支，有损无益，转输靡绝，杼轴殆空。越碛喻海，分兵防守，行役既久，怨旷亦多。昔诗人云："王事靡盬，不能艺稷黍。""岂不怀归，畏此罪罟。念彼恭人，涕零如雨。"此则前代怨思之辞也。上不是恤，则政不行而邪气作；邪气作，则早螟生而水虫起起，若此，虽祷祀百神，不能调阴阳矣。方今开关东饥馑，蜀、汉逃亡，江、淮以南，征求不息。人不复业，则相率为盗，本根一摇，忧患不浅。其所以然者，皆为远戍方外，以竭中国，争蛮貊不毛之地，乖子养苍生之道也。

昔汉元纳贾捐之谋而罢珠崖郡，宣帝用魏相之策而弃车师之田，岂不欲慕尚虚名，盖惮劳人力也。近贞观年中，克平九姓，册李思摩为可汗，使统诸部者，盖以夷狄叛则伐之，降则抚之，得推亡固存之义，无远戍劳人之役。此则兵日之令典，经边之故事。窃见阿史那斛瑟罗，阴山贵种，代雄沙漠，若娄四镇，使统诸蕃，封为可汗，遣御寇患，则国家有继绝之美，荒外无转榆之役。如臣所见，请捐四镇以肥中国，罢安东以实辽西，省军费于远方，并甲兵于塞上，则恒"代之镇重，而边州之备实矣。况绥抚夷狄，盖防其越逸，无侵侮之患则可矣，何必穷其窟穴，与蝼蚁计校长短哉！

且王者外宁必有内忧，盖为不勤修政故也。优惟陛下弃之度外，无以绝域未平为念。但当敕边兵谨守备，蓄锐以待敌，待其自致，然后击之，此李牧所以制匈奴也。当今所要者，莫若令边城警守，远备斥候，聚军实，蓄威武。以逸待劳，则战士力倍；以主御客，则我得其便；坚壁清野，则寇无所得。自然贼深入必有颠踬之虑，浅入必无虏获之益。如此数年，可使二虏不击而服矣。

仁杰又请废安东，复高氏为君长，停江南之转输，慰河北之劳毙，数年之后，可以安人富国。事虽不行，识者是之，寻检校纳言，兼右肃台御史大夫。

圣历初，突厥侵掠赵、定等州，命仁杰为河北道元帅，以便宜从事。突厥尽杀所掠男女万余人，从五迴道而去。仁杰总兵十万追之不及。便制仁杰河北道安抚大使。时河朔人庶，多为突逼胁，贼退后惧诛，又多逃匿。仁杰上疏曰：

臣闻朝廷议者，以为契丹作梗，始明人之逆顺，或因迫胁，或有愿从，或受伪官，或为招尉，或兼外贼，或是土人，迹虽不同，心则无别。诚以山东雄猛，由来重气，一顾之势，至死不回。近缘军机，调发伤重，家道悉破，或至逃亡，剔屋卖田，人不为售，内顾生计，四壁皆空。重以官典侵渔，因事而起，取其髓脑，曾无心愧。修筑池城，缮造兵甲，州县役使，十倍军机。官司不矜，期之必取，枷杖之下，痛切肌肤。事迫情危，不循礼义，愁苦之地，不乐其生。有利则归，且图赊死，此乃君子之愧辱，小人之常行。人犹水也，壅之则为泉，疏之则为川，通塞随流，岂有常性。昔董卓之乱，神器播迁，及卓被诛，部曲无赦，事穷变起，毒害生人，京室丘墟，化为禾黍。此由恩不普洽，失在机先。臣一读此书，未尝不废卷叹息。今以负罪之伍，必不在家，露宿草行，潜窜山泽。赦之则出，不赦则狂，山东群盗，缘兹聚结。臣以边尘暂起，不足为忧，中土不安，以此为事。臣闻持大国者不可以小道，理事广者不可以细分。人生恢弘，不拘常法，罪之则众情恐惧，恕之则反侧自安。伏愿曲赦河北诸州，一无所问。日然人神道畅，率士欢心，诸军觊旋，得无侵扰。

制从之。军还，授内史。

圣历三年，则天幸三阳宫，王公百僚咸经侍从，唯仁杰特赐宅一区，当时恩宠无比。是岁六月，左玉钤卫大将军李楷固、右武威卫将军骆务整讨契丹余众，擒之，献俘于含枢殿。则天大悦，特赐楷固姓武氏。楷固、务整并契丹李尽忠之别帅也。初，尽忠之作乱，楷固等屡率兵以陷官军，后兵败来降，有司断以极法。仁杰议以为楷固等并有骁将之才，若恕其死，必能感恩效节。又奏请授其官爵，委以专征。制并从之。及楷固等凯旋，则天召仁杰预宴，因举觞亲劝，归赏于仁杰。授楷固左玉钤卫大将军，赐爵燕国公。

则天又将造大像，用功数百万，令天下僧尼每日人出一钱，以助成之。仁杰上疏谏曰：

臣闻为政之本，必先人事。陛下矜群生迷谬，溺丧无归，欲令像教兼行,睹相生善。非为塔庙必欲崇奢,岂令僧尼皆须檀施?得筏尚舍,百况其余。今之伽蓝,制过宫阙,穷奢极壮,画缋尽工,宝珠殚于缀饰,环材竭于轮奂。工不使鬼,止在役人,物不天来,终须地出,不损百姓,将何以求?生之有时,用之无度,编户所奉游常若不充,痛切肌肤,不辞箠楚。剪僧一说,矫陈祸福,剪发解衣,仍惭其少。亦有离间骨肉,事均路人,身自纳妻,谓无彼我。皆托佛法,诖误生人。里陌动有经坊,阛阓亦立精舍。化诱倍急,切于官征;法事所须,严于制敕。膏腴美业,倍取其多;水碾庄园,数亦非少。逃丁避罪,并集法门,无名之僧,凡有几万,都下检括,已得数千。且一夫不耕,犹受其弊,浮食者众,又劫人财。臣每思惟,实所悲痛。

往在江表,像法盛兴,梁武、简文,舍施无限。及其三淮沸浪,五岭腾烟。列刹盈衢,无救危亡之祸;缁衣蔽路,岂有勤王之师!比年已来,风尘屡扰,水旱不节,征役稍繁。家业先空,疮痍未复,此时兴役,力所未堪。伏惟圣朝,功德无量,何必要营大像,而以劳费为名。虽敛僧钱,百未支一。尊容既广,不可露居,覆以百层,尚忧未偏,自余廊庑,不得全无。又云不损国财,不伤百姓,以此事主。可谓尽忠?臣今思惟,兼采众议,咸以为如来设教,以慈悲为主,下济群品,应是本心,岂欲劳人,以存虚饰。当今有事,边境未宁,宜宽征镇之徭,省不急之费。设令雇作,皆以利趋,既失田时,自然弃本。今不树稼,来岁必饥,役在其中,难以取给。况无官助,义无得成,若费官财,又尽人力,一隅有难,将何救之!

则天乃罢其役。是岁九月,病卒,则天为之举哀,废朝三日,赠文昌右相,谥曰文惠。

仁杰常以举贤为意,其所引拔桓彦范、敬晖、窦怀贞、姚崇等,至公卿者数十人。初则天尝问仁杰曰:"朕要一好汉任使,有乎?"仁杰曰:"陛下作何任使?"则天曰:"朕欲待以将相。"对曰:"臣料陛下若求文章资历,则今之宰臣李峤、苏味道亦足为文吏矣。岂非文士齷齪，思得奇才用之，以成天下之务者乎？"则天悦曰："此朕心也。"仁杰曰："荆州长史张柬之，其人虽老，真宰相才也。且久不遇，若用之，必尽节于国家矣。"则天乃召拜洛州司马。他日，又求贤，仁杰曰："臣前言张柬之，犹未用也。"则天曰："已迁之矣。"对曰："臣荐之为相，今为洛州司马，非用之也。"又迁为秋官待郎，后竟召为相。柬之果能兴复中宗，盖仁杰之推荐也。

仁杰尝为魏州刺史，人吏为立生祠。及去职，其子晖为魏州司功参军，颇贪暴，为人所恶，乃毁仁杰之祠。长子光嗣，圣历初为司府丞，则天令宰相各举尚书郎一人，仁杰乃荐光嗣。拜地官员外郎，莅事称职，则天喜而言曰："祁奚内举，果得其人。"开元七年，自汴州刺史转扬州大都督府长史，坐赃贬歙州别驾卒。

初，中宗在房陵，而吉顼、李昭德皆有匡复谠言，则天无复辟意。唯仁杰每从容奏对，无不以子母恩情为言，则天亦渐省悟，竟召还中宗，复为储贰。初，中宗自房陵还宫，则天匿之帐中，召仁杰以庐陵为言。仁杰慷慨敷奏，言发涕流，遽出中宗谓仁杰曰："还卿储君。"仁杰降泣贺，既已，奏曰："太子还宫，人无知者，物议安审是非？"则天以为然，乃复置中宗于龙门，具礼迎归，人情感悦。仁杰前后匡复奏对，凡数万言，开元中，北海太守李邕撰为《梁公别传》，备载其辞。中宗返正，追赠司空；睿宗追封梁国公。仁杰族曾孙兼谟。

兼谟，登进士第。祖郊、父迈，仕官皆微。兼谟，元和末，解褐襄阳推官，试校书郎，言行刚正，使府知名。宪宗召为左拾遗，累上书言事，历尚书郎。长庆、大和中，历郑州刺史，以治行称，入为给事中，开成初，度支左藏库妄破渍污缣帛等赃罪，文宗以事在赦前不理。兼谟封还敕书，文宗召而谕之曰："嘉卿举职，然朕已赦其长官，典吏亦宜在宥。然事或不可，卿勿以封敕为艰。"迁御史中丞。谢日，文宗顾谓之曰："御史台朝廷纲纪，台纲正则朝廷理，朝廷正则天下理。凡执法者，大抵以畏忌顾望为心，职业由兹不举。卿梁公之后，自有家法，岂复为常常之心哉！"兼谟谢曰："朝法或未得中，臣固悉心弹奏。"会江西观察使吴士矩违额加给军士，破官钱数十万计，兼谟奏曰："观察使守陛下土地，宣陛下诏条，临戎赏军，州有定数。而士矩与夺由己，盈缩自专，不唯贻弊一方，必致诸军援例。请下法司，正行朝典。"士矩坐贬蔡州别驾。兼谟寻转兵部侍郎。明年，检校工部尚书、太原尹，充河东节度使。会昌中，累历方镇，卒。

王方庆，雍州咸阳人也。周少司空石泉公褒之曾孙也。其先自琅邪南度，居于丹阳，为江左冠族。褒北徙入关，始家咸阳焉。祖鼎，隋卫尉丞。伯父弘让，有美名，贞观中为中书舍人。父弘直，为汉王元昌友，畋猎无度，乃上书切谏，其略曰："夫宗子维城之托者，所以固邦家之业也。大王功无任城战克之效，行无河间乐善之誉，爵高五等，邑富千室，当思答极施之洪慈，保无疆之永祚。其为计者，在乎修德，冠屦《诗》《礼》，畋猎史传。览古人成败之所由，鉴既往存亡之异轨，覆前戒后，居安虑危。奈何列骑齐驱，交横垄亩，野有游客，巷无居人，贻众庶之忧，逞一情之乐，从禽不息，实用寒心。"元昌览书而遽止。渐见疏斥，转荆王友。龙朔中卒。

方庆年十六，起家越王府参军。尝就记室任希古受《史记》、《汉书》，希古迁为太子舍人，方庆随之卒业。永淳中，累迁太仆少卿。则天临朝，拜广州都督。广州地际南海，每岁有昆仑乘舶以珍物与中国交市。旧都督路元睿冒求其货，昆仑怀刃杀之。方庆在任数载，秩毫不犯。又管内诸州首领，旧多贪纵，百姓称冤者，府官以先受首领参饷，未尝鞠问。方庆乃集止府僚，绝其交往，首领纵暴者悉绳之，由是境内清肃。当时议者以为有唐以来，治广州者无出方庆之右。有制褒之曰："朕以卿历职著称，故授此官，既美化远闻，实副朝寄。今赐卿杂采六十段并瑞锦等物，以彰善政也。"

证圣元年，召拜洛州长史，寻加银青光禄大夫，封石泉县男。万岁登封元年，转并州长史，封琅邪县男。未行，迁鸾台侍郎、同凤阁鸾台平章事。俄转凤阁侍郎，依旧知政事。

神功元年七月，清边道大总管建安王攸宜破契丹凯还，欲以是月诣阙献俘。内史王及善以为将军入城，例有军乐，既今上孝明高皇帝忌月，请备而不奏。方庆奏曰："臣按礼经，但有忌日，而无忌月。晋穆帝纳后，用九月九日，是康帝忌月，于时持疑不定，下太常，礼官荀讷议称：'礼祇有忌日，无忌月。若有忌月，即有忌时、忌岁，益无理据。'当时从讷所议。军乐是军容，与常不等，臣谓振作于事无嫌。"则天从之。则天尝幸万安山玉泉寺，以山迳危悬，欲御腰舆而上。方庆谏曰："昔汉元帝尝祭庙，出便门，御楼船，光禄勋张猛奏曰：'乘船危，就桥安。'元帝乃从桥，即前代旧事。今山径危险，石路曲狭，上瞻骇目，下视寒心，比于楼船，安危不等。陛下蒸人父母，奈何践此畏涂？伏望停舆驻跸。"则天纳其言而止。是岁，改封石泉子。

时有制，每月一日于明堂行告朔之礼，司礼博士辟闾仁谞奏议，其略曰："经史正文，无天子每月告朔之事，唯《礼记玉藻》云："天子听朔于南门之外。"其每月告朔者，诸侯之礼也。臣谨按《礼论》及《三礼义宗》、《江都集礼》、《贞观礼》、《显庆礼》及《祠令》，无天子每月告朔之事。若以为无明堂故无告朔之礼，有明堂即合告朔，则周、秦有明堂而无天子每月告朔之事。臣等参求，既无其礼，不可习非，以天子之尊而用诸侯之礼。"方庆又奏议，其略曰："明堂，天子布政之宫也。谨按《谷梁传》云：'闰者，附月之余日，天子不以告朔。''非礼也。闰以正时，时以作事，事以厚生，生人之道，于是乎在矣。不告闰朔，弃时政也。'臣据此文，则天子闰月亦告朔矣。宁有他日而废其礼乎？先儒旧说，天子行事，一年十八度入明堂矣。大享不问卜，一入也；每月告朔，十二入也；四时迎气，四入也；巡狩之年，一入也。今礼官议唯岁首一入耳，与先儒既异，在臣不敢同。宋朝何承天纂集其文，以为《礼论》，虽加编次，事则阙如，梁代崔灵恩撰《三礼义宗》，但捃撮前儒，因循故事而已。隋炀帝命学士撰《江都集礼》，祇抄撮旧礼，更无异文。《贞观》、《显庆礼》及《祠令》不言告朔者，盖为历代不传，所以其文乃阙。各有缘由，不足依据。今礼官引为明证，在臣诚实有疑。"则天又令春官广集众儒，取方庆、仁谞所奏议，以定得失，时成均博士吴扬善、太学博士郭仙悁等奏："按

《周礼》及《三传》，皆有天子告朔之礼，秦灭《诗》、《书》，由是告朔礼废。望依方庆议。"有制从之。

则天以方庆家多书籍，尝方求右军遗迹。方庆奏曰："臣十代从伯祖羲之书，先有四十余纸，贞观十二年，太宗购求，先臣并已进之。唯有一卷见今在。又进臣十一代祖导、十代祖洽、九代祖珣、八代祖昙、七代祖僧绰、六代祖仲宝、五代祖骞、高祖规、曾祖褒，并九代三从伯祖晋中书令献之已下二十八人书，共十卷。"则天御武成殿示群臣，仍令中书舍人崔融为《宝章集》，以叙其事，复赐方庆，当时甚以为荣。

方庆又举："令文'期丧、大功未葬，不预朝贺，未终丧，不预宴会。'比来朝官不遵礼法，身有哀容，陪预朝会，手舞足蹈，公违宪章，名教既亏，实玷皇化。伏望申明令式，更禁断。"从之。方庆渐以老疾，乞从闲逸，乃授麟台监修国史。及中宗立为东宫，方庆兼检校太子左庶子。

圣历二年壹月，则天欲季冬讲武，有司稽缓，延入孟春。方庆上疏曰："谨按《礼记月令》：'孟冬之月，天子命将帅讲武，习射御角力。'此乃三时务农，一时讲武，以习射御，角校才力，盖王者常事，安不忘危之道也。'孟春之月，不可以称兵。'兵者，甲胄干戈之总名。兵金性，刻木，春盛德在木，而举金以害盛德，逆生气。'孟春行冬令，则水潦为败，雪霜大挚，首种不入。'蔡邕《月令章句》云：'太阴新休，少阳省微，而行冬令以导水气，故水潦至而败生物也。雪霜大挚，折阳者也。太阴干时，雨雪而霜，故大伤首种。首种，谓宿麦也，麦以秋种，谓之首种。入，收也，春为沍寒所伤，故至夏麦不成长也。'今孟春讲武，是行冬令，以阴政犯阳气，害发生之德，臣恐水潦败物，霜雪损稼，夏麦不登，无所收入也。伏望天恩不违时令，至孟冬教习，以顺天道。"手制答曰："比为久属太平，多历年载，人皆废战，并悉学文。今者用整兵威，故令教习。卿以春行冬令，则水潦为败，举金伤木，则便害发生。循览所陈，深合典礼，若违此请，乃月令虚行，伫启直言，用依来表。"

　　是岁，正授太子左庶子，封石泉公，余并如故，俸料同职事三品，兼侍皇太子读书。方庆又上言："谨按史籍所载，人臣与人主言及上表，未有称皇太子名者。当为太子皇储，其名尊重，不敢指斥，所以不言。晋尚书仆射山涛启事，称皇太子而不言名，涛中朝名士，必详典故，其不称名，应有凭准。朝官尚犹如此，宫臣讳则不疑。今东宫殿及门名，皆有独犯，临事论启。回避甚难，孝敬皇帝为太子时，改弘教门为崇教门；沛王为皇太子，改崇贤馆为崇文馆。皆避名讳，以遵典礼。此即成例，足为轨模，伏望天恩因循旧式，付司改换。"制从之。

　　长安二年五月卒，赠兖州都督，谥曰贞。中宗即位，以宫僚之旧，追赠吏部尚书。方庆博学好著述，所撰杂书凡二百余卷。尤精《三礼》，好事者多询访之。每所酬答，咸有典据，故时人编次，名曰：《礼杂答问》。聚书甚多，不减秘阁，至于图画，亦多异本。诸子莫能守其业，卒后寻亦散亡。

　　长子光辅，开元中，官至潞州刺史。少子晙，工书知名，尤善琴棋，而性多严整，官至殿中侍御史。

　　姚璹字令璋，散骑常侍思廉之孙也。少孤，抚弟妹以友爱称。博涉经史，有才辩。永徽中明经擢第。累补太子宫门郎，与司议郎孟利贞等奉令撰《瑶山玉彩》，书成，迁秘书郎。调露中，累迁至中书舍人，封吴兴县男。则天临朝，迁夏官侍郎。坐从父弟敬节同徐敬业之乱，贬桂州都督府长史。时则天雅好符瑞，璹至岭南，访诸山川草树，其名号有"武"字者，皆以为上膺国姓，列奏其事。则天大悦，召拜天官侍郎。善于选补，时人称之。

　　长寿二年，迁文昌左丞、同凤阁鸾台平章事，自永徽以后，左、右史虽得对仗承旨，仗下后谋议，皆不预闻。璹以为帝王谟训，不可暂无纪述，若不宣自宰相，史官无从得书。乃表请仗下所言军国政要，宰相一人专知撰录，号为时政记，每月封送史馆。宰相之撰时政记，自璹始也。是岁九月，坐事转司宾少卿，罢知政事，延载初，擢拜纳言。有司以璹从父弟犯法，奏言不合更为侍臣。璹上言："昔王敦称兵犯顺，王导仍典枢机；嵇康戮于晋朝。"嵇绍忠于晋室。窃惟前古，尚不为疑，今奉圣恩，岂由臣下。必依体例有乖，伏请甘从屏退。"则天曰："此乃我意，卿复何言！但当尽忠，无听浮说。"

时武三思率蕃夷奠长，请造天枢于端门外，刻字纪功，以颂周德，璹为督作使。证圣初，璹加秋官尚书、同平章事。是岁，明堂灾，则天欲责躬避正殿，璹奏曰："此实人火，非曰天灾。至如成周宣谢，卜代愈隆；汉武建章，盛德弥永。臣又见《弥勒下生经》云，当弥勒成佛之时，七宝台须臾散坏。睹此无常之相，便成正觉之因。故知圣人之道，随缘示化，方便之利，博济良多。可使由之，义存于此。况今明堂，乃是布政之所，非宗庙之地，陛下若避正殿，于礼未为得也。"左拾遗刘承庆廷奏云："明堂宗祀之所，今既被焚，陛下宜缀朝思过。"璹又前议以争之，则天乃依璹奏。先令璹监造天枢，至是以功当赐爵一等。璹表请回赠父一官，乃追赠其父豫州司户参军处平为博州刺史。天后将封嵩岳，命璹总知撰仪注，并充封禅副使。及重造明堂，又令璹充使督作，以功加银青光禄大夫。

时有大石国使请献狮子，璹上疏谏曰："狮子猛兽，唯止食肉，远从碎叶，以至神都，肉既难得，极为劳费。陛下以百姓为心，虑一物有失，鹰犬不蓄，渔猎总停。运不杀阐大慈，垂好生以敷至德，凡在翾飞蠢动，莫不感荷仁恩。岂容自菲薄于身，而厚资给于兽，求之至理，必不然乎。"疏奏，遽停来使。又九鼎初成，制令黄金千两涂之。璹进谏曰："夫鼎者神器，贵在质朴自然，无假别为浮饰。臣观其状，先有五彩浑焕，错杂其间，岂待金色，方为炫耀？"则天又从之。

寻属契丹犯塞，命梁王武三思为榆关道安抚大使、璹为副使以备之。及还，坐事，神功初，左授益州大都督府长史。蜀中官吏多贪暴，璹屡有发擿，奸无所容。则天嘉之，降玺书劳之曰："夫严霜之下，识贞松之擅奇；疾风之前，知劲草之为贵。物既有此，人亦宜哉。卿早荷朝恩，委任斯重。居中作相，弘益已多；防边训兵，心力俱尽。

岁寒无改，终始不渝。乃眷蜀中，氓俗殷杂，久缺良守，弊于侵渔，政以贿成，人无厝足。是用命卿出镇，寄兹存养。果能揽辔澄清，下车整肃。吏不敢犯，奸无所容，前后纠摘，盖非一绪。贪残之伍，屏迹于列城；剥夺之侪，遁形于外境。讵劳期月，康此黎元，言念德声，良深嘉尚。宜布琅邪之化，当以豫州为法。则天又尝谓侍臣曰："凡为长官，能清自身者甚易，清得僚吏者甚难。至于姚璹，可谓兼之矣。"

时新都丞朱待辟坐赃至死，逮捕系狱。待辟素善沙门理中，阴结诸不逞，因待辟以杀璹为名，拟据巴蜀为乱。人密表告之者，制令璹按其狱。璹深持之，事涉疑似引而诛死者，仅以千数。则天又令洛州长史宋元爽、御史史丞霍献可等重加详覆，亦无所发明。逮系狱数百人，不胜酷毒，递相附会，以就反状。因此籍没者复五十余家，其余称知反配流者亦十八九，道路冤之。监察御史袁始己劾奏其事，则天初令璹与恕己对定，又寻令罢推。俄拜地官尚书。岁余，转冬官尚书，仍西京留守。长安中，累表乞骸骨，制听致仕，进爵为伯。遇官名复旧，为工部尚书。神龙元年卒，遗令薄葬，赠越州都督，谥曰成。弟珽。

珽，少好学，以勤苦自立，举明经，累除定、汴、沧、虢、幽等五州刺史，加银青光禄大夫，转泰州刺史。以善政有闻，玺书褒美，赐绢百匹。神龙元年，累封宣城郡公，三迁太子詹事，仍兼左庶子。时节愍太子举事不法，珽前后上书进谏。今载四事。其一曰：

臣闻贾谊曰："选天下之端士，孝悌博闻有道术者，使与太子居处出入。故太子见正事，闻正言，行正道，左右前后皆正人也。夫习与正人居之，不能无正；习与不正人居之，不能无不正。太子既冠成人，免于保傅之严，则有记过之史，彻膳之宰，进善之旌，诽谤之木，敢谏之鼓，瞽史诵箴，大夫进谋，故习其智，化其心成。夫教得而左右正，则太子正矣，太子正而天下定矣。"臣又闻之，木从绳则正，后从谏则圣。善言古者，所以验于今。伏惟殿下睿德洪深，天姿聪敏，近代成败，前古安危，莫不悬鉴在心，动合典礼。臣以庸朽，滥居辅弼，虚备耳目，叨预股肱，辄荐尘露，庶裨山海。伏以内置作坊，工巧得入宫闱之内、禁卫之所，或言语内出，或事状外通，小人无知，不识轻重，因为诈伪，有玷徽猷。臣望并付所司，以停宫内造作；如或要须役造，犹望宫外安置，庶得工匠不于宫禁出入。

其二曰：

臣闻汉文帝身衣弋绨，足履革舄；齐高帝栏槛用铜者，皆易以铁。经侯带玉具剑环珮以过魏，太子不视，经侯曰："魏国亦有宝乎？"太子曰："主信臣忠，魏之宝也。"经侯委剑珮而去，太子使追还之，谓曰："珠玉珍玩，寒不可衣，饥不可食，无遗我贼。"经侯杜门不出。臣观圣贤经籍，务以简素为贵；皇王政化，皆以菲薄为德。伏惟殿下留心恭俭，靡尚浮奢。臣愚犹望损之又损之，居简以行简，减省造作，节量用度。

其三曰：

臣闻银榜铜楼，宫闱严秘，门阁来往，皆有簿历。殿下时有所须，唯门司宣令，或恐奸伪之辈，因此妄为增减，脱有文状舛错，事理便即差违。且近日吕升之便乃代署宣敕，伏赖殿下睿敏，当即觉其奸伪，自余臣下庸浅，岂能深辨真虚？望墨令及覆事行下，并用内印印画署之后，冀得免有诈假，乃是长久规模。臣又闻之，忠臣事君，有犯而无隐，明主驭下，纳谏以进德。故《书》云："有言逆于志，必求诸道，有言顺于心，必求诸非道。"伏惟殿下仁明昭著，圣敬日跻，探幽洞微，穷神索隐。事之善恶，毫厘靡差；理有危疑，锱铢无爽。臣以庸谬，叨侍春闱，职居献替，岂敢缄默！

其四曰：

臣闻圣人不专其德，贤智必有所师。故曰，与善人言，如入芝兰之室，久自芬芳；与不善人言，如火销膏，不觉而尽。今司经见无学士，供奉未有侍读，伏望时因视膳，奏请置人。所冀讲席谈筵，务尽忠规之道；披文摘句，方资审谕之勤。臣又闻臣之事主，必尽乃诚；君之进贤，务求忠谠。伏惟殿下养德储闱，以端静为务；恭膺守器，以学业为先。经所以立行修身，史所以谙识成败。雅诰既习，忠孝乃成；传记方通，安危斯辨。知父子君臣之道，识古今鉴芽之规，经史为先，斯乃急务。至于工巧造作，寮吏直司，实为末事，无足劳虑。臣以庸浅，献替是司，臣而不言，负谴圣日，言而获罪，是所甘心。伏愿留意经书，简略细事，一蒙采纳，万损无辞。尤降储明，俯矜狂瞽。

疏奏，太子虽称善，竟不悛革。太子败，诏遣索其宫中，得琎谏书，中宗嘉其切直。时宫臣皆贬黜，唯琎擢拜右散骑常侍。岁余，迁秘书监。

睿宗即位，累授户部尚书，转太子宾客。先天二年，加金紫光禄大夫，复拜户部尚书。琎与兄瑃，数年间俱为定州刺史、户部尚书，时人荣之。开元二年卒，年七十四。瑃尝以其曾祖察所撰《汉书训纂》，多为后之注《汉书》者隐没名氏，将为己说；琎乃撰《汉书绍训》四十卷，以发明旧义，行于代。

史臣曰：天子有诤臣七人，虽无道不失其天下。致庐陵复位，唐祚中兴，诤由狄公，一人以蔽。或曰：许之太甚。答曰：当革命之时，朋邪甚众，非推诚竭力，致身忘家者，孰能与于此乎！仁杰流死不避，骨鲠有彰，虽逢好杀无辜，能使终畏大义。竟存天下，岂不然乎！王方庆干城南海，羽翼东宫，台阁枢机，无不功济，所谓君子不器者也。苟非文学，斯焉取斯。瑃成都布政，始卒不伓；相国上章，或否或中。且焚明堂而避正殿，固诤何多；黜唐颂而立天枢，一言非措。䂮乃接求符瑞，已失忠贞；精择楚茅，虽褝过咎。不常其德，罔畏承羞。琎规谏有才，牧守多善，储幄之任，可谓得人。

赞曰：犯颜忤旨，返政扶危。是人难事，狄能有之。终替武氏，克复唐基。功之莫大，人无以师。方庆之才，周旋特立。瑃也无常，班能操执。

旧唐书卷九〇

列传第四〇

王及善　杜景俭　朱敬则
杨再思　李怀远　子景伯
景伯子彭年附　**豆卢钦望**　张光辅
史务滋　崔元综　周允元附

　　王及善，洺州邯郸入也。父君愕。隋大业末，并州人王君廓掠邯郸，君愕往说君廓曰："方今万乘失御，英雄竞起，诚宜抚纳遗氓，保全形胜，按甲以观时变，拥众而归真主，此富贵可图也。今足下居无尺土之地，守无兼旬之粮，恣行残忍，所过攘夺，窃为足下寒心矣。"君廓曰："计将安出"？君愕为陈井陉之险，可先往据之。君廓从其言，乃屯井陉山。岁余，会义师入定关中，乃与君廓率所部万余人来降，拜大将军。频以战功封新兴县公，累迁左武卫将军。从太宗征辽东，兼领左屯营兵马，与高丽战于驻跸山，君愕先锋陷阵，力战而死。太宗深痛悼之。赠左卫大将军、幽州都督、邢国公，赐东园秘器，陪葬昭陵。

　　及善年十四，以父死王事，授朝散大夫，袭爵邢国公。高宗时，累迁左奉裕率。孝敬之居春宫，因宴集命宫官掷倒，次至及善，辞曰："殿下自有乐官，臣止当守职，此非臣任也。臣将奉令，恐非殿下羽翼之备。"太子谢而遣之。高宗闻而特加赏慰，赐绢百匹，寻除右千牛卫将军，高宗谓曰："朕以卿忠谨，故与卿三品要职。他人非搜辟不得至朕所,卿佩大横刀在朕侧,知此官贵否?"俄以病免,寻起为卫尉卿。

垂拱中,历司属卿。时山东饥,及善为巡抚赈给使。寻拜春宫尚书,秦州都督,转益州大都督府长史。以老病请乞致仕,加授光禄大夫。后契丹作乱,山东不安,起授滑州刺史。则天谓曰:"边贼反叛,卿虽疾病,可将妻子日行三十里,缓步至彼,与朕卧理此州,以断河路也。"因问朝廷得失,及善备陈理乱之宜十余道,则天曰:"彼末事也,此为本也,卿不可行。"乃留拜内史。

时御史中丞来俊臣常以飞祸陷良善,自侯王将相被其罗织受戮者不可胜计。后俊臣坐事系狱,有司断以极刑,则天欲赦之。及善执奏曰:"俊臣凶狡不轨,所信任者皆屠贩小人,所诛戮者多名德君子。臣愚以为若不剿绝元恶,恐摇动朝廷,祸从此始。"则天纳之。俄而则天将追庐陵王立为太子,及善赞成其计。及太子立,又请太子外朝以慰人心,则天从之。

及善虽无学术,在官每以清正见知,临事难夺,有大臣之节。时张易之兄弟恃宠,每内宴,皆无人臣之礼。及善数奏抑之,则天不悦,谓及善曰:"卿既高年,不宜更侍游燕,但检校阁中可也。"及善因病请假月余,则天都不问之,及善叹曰:"岂有中书令而天子得一日不见乎?事可知矣。"乃上疏乞骸骨,三上不许。圣历二年,拜文昌左相,旬日而薨,年八十二。废朝三日,赠益州大都督,谥曰贞,陪葬乾陵。

杜景俭,冀州武邑人也。少举明经,累除殿中侍御史。出为益州录事参军。时隆州司马房嗣业除益州司马,除书未到,即欲视事,又鞭笞僚吏,将以示威,景俭谓曰:"公虽受命为此州司马,而州司未受命也。何藉数日之禄,而不待九重之旨,即欲视事,不亦急耶?"嗣业益怒。景俭又曰:"公今持咫尺之制,真伪未知,即欲揽一州之权,谁敢相保?扬州之祸,非此类耶。"乃叱左右各令罢散,嗣业惭赧而止。俄有制除嗣业荆州司马,竟不如志,人吏为之语曰:"录事意,与天通，益州司马折威风。"景俭由是稍知名。入为司宾主簿，转司刑丞。

天授中，与徐有功、来俊臣、侯思止专理制狱，时人称云："遇徐、杜者必生，遇来、侯者必死。"累迁洛州司马，寻转凤阁侍郎、同凤阁鸾台平章事。则天常以季秋内出梨花一枝示宰臣曰："是何祥也？"诸宰臣曰："陛下德及草木，故能秋木再花，虽周文德及行苇，无以过也。"景俭独曰："谨按《洪范五行传》：'阴阳不相夺伦，渎之即为灾。'又《春秋》云："冬无愆阳，夏无伏阴，春无凄风，秋无苦雨。"今已秋矣，草木黄落，而忽生此花，渎阴阳也。臣虑陛下布教施令，有亏礼典。又臣等忝为宰臣，助天理物，理而不和，臣之罪也。"于是再拜谢罪，则天曰："卿真宰相也！"延载初，为凤阁侍郎周允元奏景俭党于李昭德，左迁秦州刺史，后累除司刑卿。圣历二年，复拜凤阁侍郎、同凤阁鸾台平章事。时契丹入寇，河北诸州多陷贼中，及事定，河内王武懿宗将尽论其罪。景俭以为皆是驱逼，非其本心，请悉原之。则天竟从景俭议。岁余，转秋官尚书。坐漏泄禁中语，左授司刑少卿，出为并州长史。道病卒，赠相州刺史。

子澄，颇以文藻著名，官至巩县尉。

朱敬则，字少连，亳州永城人也。代以孝义称，自周至唐，三代旌表，门标六阙，州党美之。敬则倜傥重节义，早以辞学知名。与三从兄同居，财产无异。又与左史江融、左仆射魏元忠特相友善。咸亨中高宗闻而召见，与语甚奇之，将加擢用，为中书舍人李敬玄所毁，乃授洹水尉。

长寿中，累除右补阙。敬则以则天初临朝称制，天下颇多流言异议，至是既渐宁晏，宜绝告密罗织之徒，上疏曰：

臣闻李斯之相秦也。行申、商之法，重刑名之家，杜私门，张公室，弃无用之费，损不急之官，惜日爱功，疾耕急战，人繁国富，乃屠诸侯。此救弊之术也。故曰："刻薄可施时趋，变诈可陈于攻战，兵犹火也，不戢将自焚。况锋镝已销，石城又毁，谅可易之以宽泰，润之以淳和，八风之乐以柔之，三代之礼以导之。秦既不然，淫虐滋甚，往而不返，卒至土崩，此不知变祸也。

陆贾、叔孙通之事汉王也，当荥阳、成皋之间，粮馈已穷，智勇俱困，不敢开一说，效一奇，唯进豪猾之材，荐贪暴之客。及区宇适平，干戈向戢，金鼓之声未歇，伤痍之痛尚闻，二子顾眄，绰有余态，乃陈《诗》《书》说《礼》《乐》，开王道，谋帝图。高皇帝忿然曰："吾以马上得之，安事《诗》《书》乎！"对曰："马上得之，可马上理之乎？"高皇默然。于是陆贾著《新语》，叔孙通定礼仪，始知天子之尊，此知变之善也。向使高皇排二子而不教，置《诗》《书》而不顾，重攻战之吏，尊首级之材，复道争功，张良已知其变，拔剑击柱，吾属不得无谋。即晷漏难逾，何十二帝乎？亡秦续，保二百年乎？故曰："仁义者，圣人之蘧庐；礼经者，先王之陈迹。然则祝祠向毕，刍狗须投；淳精已流，糟粕可弃。仁义尚舍，况轻此者乎？

自文明草昧，天地屯蒙，三叔流言，四凶构难。不设钩距，无以应天顺人；不切刑名，不可摧奸息暴。故置神器，开告端，曲直之影必呈，包藏之心尽露。神道助直，无罪不除；人心保能，无妖不戮。以兹妙算，穷造化之幽深，用此神谋，入天之秘术。故能计不下席，听不出闱，苍生晏然，紫宸易主。大哉传哉，无得而称也！岂比造攻鸣条，大战牧野，血变草木，头折不周，可同年而语乎？然而急趋无善迹，促柱少和声，拯溺不规行，疗饥非鼎食。即向时之妙策，乃当今之刍狗也。伏愿览秦、汉之得失，考时事之合宜，审糟粕之可遗，觉蘧庐之须毁。见机而作，岂劳终日乎？陛下心不可偃蹇太平，徘徊中路。伏愿改法制，立章程，下恬愉之辞，流旷荡之泽，去姜菲之牙角，顿奸险之锋芒，窒罗织之源，扫朋党之迹，使天下苍生坦然大悦，岂不乐哉！

则天甚善之。

　　敬则长安三年，累迁正谏大夫，寻同凤阁鸾台平章事。时御史大夫魏元忠、凤阁舍人张说为张易之兄弟所诬构，将陷重辟，诸宰相无敢言者，敬则独抗疏申理曰："元忠、张说素称忠正，而所坐无名。若令得罪，岂不失天下之望也？"乃得减死。四年，以老疾请罢知政事，许之，累转冬官侍郎，仍依旧兼修国史。张易之、昌宗尝命画工图写武三思及纳言李峤、凤阁侍郎苏味道、夏官侍郎李迥秀、麟台少监王绍宗等十八人形像，号为《高士图》，每引敬则预其事，固辞不就，其高洁守正如此。

　　神龙元年，出为郑州刺史，寻以老致仕。二年，侍御史冉祖雍素与敬则不协，乃诬奏云与王同皎亲善，贬授庐州刺史。经数月，洎代到，还乡里，无淮南一物，唯有所乘马一匹，诸子徒步从而归。敬则重然诺，善与人交，每拯人急难，不求其报。又尝与三从兄同居四十余年，财产无异。雅有知人之鉴，凡在品论者，后皆如其言。景龙三年五月，卒于家，年七十五。

　　敬则尝采魏、晋已来君臣成败之事，著《十代兴亡论》。又以前代文士论废五等者，以秦为失，事未折哀，乃著《五等论》曰：

　　　昔秦废五等，崔实、仲长统、王朗、曹同等皆以为秦之失，予窃异之，试通其志云。

　　　盖明王之理天下也，先之以博爱，本之以仁义，张四维，尊五美，悬礼乐于庭宇，置轨范于中衢。然后决玄波使横流，扬薰风以高扇，流恺悌之甘泽，浸旷荡之膏腴，正理革其淫邪，淳风柔其骨髓。使天下之人，心醉而神足。其于忠义也，立则见其参于前；其于进趋也，若章程之在目。礼经所及，等日月之难逾；声教所行，虽风雨之不辍。圣人知俗之渐化也，王道之已行也，于是体国经野，庸功勋亲。分山裂河，设磐石之固；内守外御，有维城之基。连络偏于域中，胶葛尽于封内。虽道昏时丧，泽竭政塞，郑伯逐王，申侯弑主，鲁不供物，宋不成周，吴征百牢，楚问九鼎，小白之一匡天下，重耳之一战诸侯，无君之迹显然,篡夺之谋中寝者,直以周礼尚存,简书不陨。故曰:"不敢失坠,天威在颜。"

自春秋之后,礼义渐颓,风俗尘昏,愧耻心尽,疾走先得者为上,夺攘知命者为能。加以八世专齐,三家分晋,子贡之乱五国,苏秦之斗七雄,苛刻薄兴,经籍道息,莫不长诈术,贵攻战,万姓皆戴爪牙,无人不属觜距。所以商鞅欺故友,李斯囚旧交,孙膑丧足于庞涓,张仪得志于陈轸。一旅之众,便欲称王;再战之雄,争来奉帝。先王会盟之礼,昔时樽俎之容,三代玄风,扫地至尽。况始皇削平区宇,殊非至公,李斯之作股肱,罕循大道,人无见德,唯虐是闻。当此时也,主猜于上人,人骇于下,父不能保之于子,君不能得之于臣。欲使始皇分土奸雄,建侯薄俗,若喻晋、郑之可依,使借贼兵而资盗粮,寄龙鱼而助风雨,不可行也。是以秦鉴周德之绵深,惧己图之不远,罢侯置守,高下在心,天下制在一人,百姓不闻二主。直是不得行其世封,非薄功臣而贱骨肉也。

高皇帝揭日月之明,怀天地之量,算财不足以分赏,论地不足以受封,邑皆百城,土有千里,人殷国富,地广兵强。五十年间,七国同反,贾谊忧其国失,晁错请削其地。若言由大而反也,不若召陵之师、践土之众也;若言有地而起,刘濞非王霸之材,田禄无先、管之略。直是齐、晋以逆礼为惭,吴、楚以犯上非愧,衅由教起,其所由来远矣。自此之后,杂霸又衰,中兴不能远复,缅观汉、魏之际,寻其经纬之初,未有积德重光,泽及万物。观其教,偷薄于秦风;察其人,豺狼于汉日。故魏太祖曰:"若使无孤,天下几人称帝,几人称王!"明窃号议者,触目皆是。欲以此时开四履之祚,垂万代之封,必有通车三川以窥周室,介马汾、隰而逐翼侯。而王司徒屡请于当时,曹元首又勤于宗室,皆不知时也。

当时贤者是之。

敬则知平事时,每以用人为先。桂州蛮叛,荐裴怀古;凤阁舍人缺,荐魏知古;右史缺,荐张思敬。则天以为知人。

睿宗即位,尝谓侍臣曰:"神龙已来,李多祚、王同皎并复旧官,韦月将、燕钦融咸有褒赠,不知更有何人,尚抱冤抑?"吏部尚书刘幽求对曰:"故郑州刺史朱敬则,往在则天朝任正谏大夫、知政事,忠贞义烈,为天下所推。神龙时,被宗楚客、冉祖雍等诬构,左授庐州刺史。长安年中,尝谓臣云:'相王必膺期受命,当须尽节事之。'及韦氏篡逆干纪,臣遂见危赴难,翼戴兴历,虽则天诱其事,亦是敬则先启之心。今陛下龙兴宝位,凶党就戮,敬则尚衔冤泉壤,未蒙昭雪。况复事符先觉,诚即可嘉。"睿宗然之,赠敬则秘书监,谥曰元。

杨再思,郑州原武人也。少举明经,授玄武尉。充使诣京师止于客舍。会盗窃其囊装,再思邂逅遇之,盗者服罪,再思谓曰:"足下当苦贫匮至此地行。速去勿作声,恐为他人所擒。幸留公文,余财尽以仰遗。"盗者赍去,再思初不言其事,假贷以归,累迁天官员外郎,历左右肃政台御史大夫。延载初,守鸾台侍郎、同凤阁鸾台平章事,证圣初,转凤阁侍郎,依前同平章事,兼太子右庶子。寻迁内史,自弘农县男累封至郑国公。

再思自历事三主,知政十余年,未尝有所荐达。为人巧佞邪媚,能得人主微旨,主意所不欲,必因而毁之,主意所欲,必因而誉之。然恭慎畏忌,未尝忤物。或谓再思曰:"公名高位重,何为屈折如此?"再思曰:"世路艰难,直者受祸。苟不如此,何以全其身哉!"长安末,昌宗既为法司怕鞫,司刑少卿桓彦范断解其职。昌宗俄又抗表称冤,则天意将申理昌宗,廷问宰臣曰:"昌宗于国有功否?"再思对曰:"昌宗往因合炼神丹,圣躬服之有效,此实莫大之功。"则天甚悦,昌宗竟以复职。时人贵彦范而贱再思也。时左补阙戴令言作《两脚野狐赋》以讥刺之,再思闻之甚怒,出令言为长社令,朝士尤加嗤笑,再思为御史大夫时,张易之兄司礼少卿同休尝奏请公卿大臣宴于司礼寺,预其会者皆尽醉极欢。同休戏曰:"杨内史面似高丽。"再思欣然,请剪纸自帖于巾,却披紫袍,为高丽舞,萦头舒手,

举动合节,满座嗤笑。又易之弟昌宗以姿貌见宠幸,再思又谀之曰:
"人言六郎面似莲花;再思以为莲花似六郎,非六郎似莲花也。"其
倾巧取媚也如此。

长安四年,以本官检校京兆府长史,又迁检校扬州大都督府长
史。中宗即位,拜户部尚书,兼中书令,转侍中,以宫僚封郑国公赐
实封三百户。又为册顺天皇后使,赐物五百段,鞍马称是。时武三
思将诬杀王同皎,再思与吏部尚书李峤、刑部尚书韦巨源并受制考
按其狱,竟不能发明其枉,致同皎至死,众冤之。再思俄复为中书
令、吏部尚书。景龙三年,迁尚书右仆射,加光禄大夫。其年薨,赠
特进、并州大都督,陪葬乾陵,谥曰恭。子植、植子献,并为司勋员外
郎。再思弟季昭为考功郎中,温玉为户部侍郎。

李怀远,邢州柏仁人也。早孤贫好学,善属文。有宗人欲以高
荫相假者,怀远竟拒之,退而叹曰:"因人之势,高士不为;假荫求
官,岂吾本志?"未几,应四科举擢第,累除司礼少卿。出为邢州刺
史,以其本乡,固辞不就,改授冀州刺史,俄历扬、益等州大都督府
长史,未行,又授同州刺史。在职以清简称。入为太子左庶子,兼太
子宾客,历迁右散骑常侍、春官侍郎。大足年,迁鸾台侍郎,寻同凤
阁鸾台平章事。岁余,加银青光禄大夫,拜秋官尚书,兼检校太子左
庶子,赐爵平乡县男。长安四年,以老辞职,听解秋官尚书,正除太
子左庶子,寻授太子宾客。神龙初,除左散骑常侍、兵部尚书、同中
书门下三品,加金紫光禄大夫,进封赵郡公,特赐实封三百户,俄以
疾请致仕,许之。中宗将幸京师,又令以本官知东都留守。

怀远虽久居荣位,而弥尚简率,园林宅室,无所改作。常乘款段
马,左仆射豆卢钦望谓曰:"公荣贵如此,何不买骏马乘之?"答曰:
"此马幸免惊蹶,无假别求。"闻者莫不叹美。神龙二年八月卒,中宗
特赐锦被以充敛,辍朝一日,亲为文以祭之,赠侍中,谥曰成。子景
伯。

　　景伯，景龙中为给事中，又迁谏义大夫。中宗尝宴侍臣及朝集使，酒酣，令各为《迴波辞》。众皆为诌佞之辞，及自要荣位。次至景位，曰："迴波尔时酒卮，微臣职在箴规。侍宴既过三爵，喧哗窃恐非仪。"中宗不悦，中书令萧至忠称之曰："此真谏官也。"景云中，累迁右散骑常侍，寻以老疾致仕。开元中卒。子彭年。

　　彭年吏才，工于剖析，有当时之称。开元中，历考功员外郎、知举，又迁中书舍人、给事中、兵部侍郎。天宝初，又为吏部侍郎，与右相李林甫善。慕山东著姓为婚姻，引就清列，以大其门。典铨管七年，后以赃污为御史中丞宋浑所劾，长流岭南临贺郡。累月，浑及弟恕又以赃下狱，诏浑流岭南高要郡，恕流南康郡。天宝十二载，起彭年为济阴太守，又迁冯翊太守，入为中书舍人、给事中、吏部侍郎。十五载，玄宗幸蜀，贼陷西京，彭年没于贼，胁授伪官，忧愤忽忽不得志，与韦斌相次而卒。及克复两京，优制赠彭年为礼部尚书。

　　豆卢钦望，京兆万年人也。曾祖通，隋相州刺史、南陈郡公。祖宽，即隋文帝之甥也。大业末，为梁泉令。及高祖定关中，宽与郡守萧瑀率豪右赴京师，由是累授殿中监，仍诏其子怀让尚万春公主。高祖以宽曾祖茋魏太和中例称单姓，至是改宽为卢氏。贞观中，历迁礼部尚书、左卫大将军，封芮国公。永徽元年卒，赠特进、并州都督，陪葬昭陵，谥曰定。又复其姓为豆卢氏。父仁业，高宗时为左卫将军。

　　钦望，则天时累迁司宾卿。长寿二年，代宗秦客为内史。时李昭德亦为内史，执权用事，钦望与同时宰相韦巨源、陆元方、苏味道、杜景俭等并委曲从之。证圣元年，昭德坐事左迁涪陵尉，则天以钦望等不能执正，又为司刑少卿皇甫文备奏钦望附会昭德，罔上附下，乃左迁钦望为赵州刺史，韦巨源自右丞为郿州刺史。陆元方自秋官侍郎为绥州刺史，苏味道自凤阁侍郎为集州刺史。其年，钦望入为司礼卿，迁秋官尚书，封芮国公。出为河北道宣劳使，俄而庐陵王复为皇太子，以钦望为皇太子宫尹。圣历二年，拜文昌右相、同凤阁鸾台三品，寻授太子宾客，停知政事。

中宗即位，以钦望宫僚旧臣，拜尚书左仆射、知军国重事，兼检校安国相王府长史，兼中书令、知兵部事、监修国史。钦望作相两朝，前后十余年，张易之兄弟及武三思父子皆专权骄纵，图为逆乱，钦望独谨其身，不能有所匡正，以此获讥于代。神龙二年，拜开府仪同三司。景龙三年五月，表请乞骸不许。十一月卒，年八十余。赠司空，并州大都督，谥曰元，赐东园秘器，陪葬乾陵。则天时，宰相又有张光辅、史务滋、崔元综、周允等，并有名绩。

张光辅者，京兆人也。少明辩，有吏干。累迁司农少卿、文昌右丞。以讨平越王贞之功，拜凤阁侍郎、知政事。永昌元年，迁纳言。旬日，又拜内史。皆有能名。其年，洛州司马房嗣业、洛阳令张嗣明坐与徐敬业弟敬真阴相交结。敬真自流所绣州逃归，将北投突厥，引虏入寇。途经洛下，嗣业、嗣明二人给其衣粮而遣之。行至定州，为人所觉。嗣业于狱中自缢死。嗣明与敬直多引海内相识，冀缓其死。嗣明称光辅征豫州日，说图谶天文，阴怀两端，顾望以观成败。光辅由是被诛，家口籍没。

史务滋者，宣州溧阳人。累人至内史。天授中，雅州剌史刘行实及弟渠州剌史行瑜、尚衣奉御行感，并兄子左鹰扬将军虔通，并为侍御史来子珣诬以谋反诛。又于盱眙毁其父左监门大将军伯英棺枢。初，务滋素与行感周密，意欲寝其反状。则天怒，令俊臣鞫之，务滋恐被陷刑，乃自杀。

崔元综者，郑州新郑人也。祖君肃，武德中黄门侍郎、鸿胪卿。元综，天授中累转秋官侍郎。长寿元年，迁鸾台侍郎、同凤阁鸾台平章事。元综勤于政事，每在中书，必束带至晚，未尝休偃。好洁细行，薰辛不历口者二十余年，虽外示谨厚，而情深刻薄，每受制鞫狱，必披毛求疵，陷于重辟。以此故人多畏而鄙之。明年，犯罪配流振州，朝野莫不称庆。寻赦还，复拜监察御史。中宗时，累迁尚书左丞、蒲州刺史，以老疾致仕。晚年好摄养导引之术，年九十余卒。

周允元者，豫州人也。弱冠举进士，延载初，累转左肃政御史中丞，俄除凤阁鸾台平章事。尝与诸宰臣侍宴，则天令各述书传中善言。允元曰："耻其君不如尧、舜。"武三思以为语有指斥，纠而驳之。则天曰："闻此言足以为诫，岂特将为过耶？"证圣元年卒，赠贝州刺史，则天为七言诗以伤之，又自缮写，时以为荣。

史官曰：王及善在孝敬东宫，诚能奉职。当俊臣下狱，力谏除凶，是忧滥及贤良，而欲明彰羽翼，兴复之志，不谓无心。杜景俭五刑有滥，济活为心，四气不和，归罪在己，则天谓曰"真宰相"。然奈柔顺李昭德，不无吐刚之过也。朱敬则文学有称，节行无愧，谏诤果决，推择精真，苟非洞鉴古今，深识王霸，何由立其高论哉，惜乎相不得时矣。杨再思佞而取贵，苟以全身，掩不善而自欺，谓无十目十手也。李怀远名不苟于假荫，贵不炫于故乡，无改陋居，常乘劣驷，亦一时之善矣。然匪躬之道，未之闻也。豆卢钦望、张光辅、史务滋、崔元综、周允元等，或有片言，非无小善，登于大用，可谓具臣。

赞曰：及善奉职，非无智力。景俭当权，不谓不贤。雄文高节，少连为绝。守道安贫，怀远当仁。钦望之属，片善何足。谄媚再思，只宜遄速。

旧唐书卷九一
列传第四一

桓彦范　　敬晖　曾孙元膺
崔玄暐　弟升　暐子据　张柬之　子漪
玄孙璆　袁恕己　曾孙德文

桓彦范,润州曲阿人也。祖法嗣,雍王府咨议参军、弘文馆学士。彦范慷慨俊爽,少以门荫调补右翊卫。圣历初,累除司卫寺主簿。纳言狄仁杰特相礼异,尝谓曰:“足下才识如是,必能自致远大。”寻擢授监察御史。

长安三年,历迁御史中丞。四年,转司刑少卿。时司仆卿张昌宗坐遣术人李弘泰占已有天分,御史中丞宋璟请收付制狱,穷理其罪,则天下许。彦范上疏曰:

昌宗无德无才,谬承恩宠,自宜粉骨碎肌,以答殊造,岂得苞藏祸心,有此占相?陛下以簪履恩久,不忍先刑;昌宗以逆乱罪多,自招其咎。此是皇天降怒,非唯陛下故诛。违天不祥,乞陛下裁择。原其本奏,以防事败,事败即言奏讫,不败则候时为逆。此乃奸臣诡计,疑惑圣心,今果遂其所谋,陛下何忍不察?若昌宗措此占相,奏后不合更与弘泰往远,尚令修福,复拟禳厄,此则期于必遂,元无悔心。纵虽奏闻,情实难恕,此而可舍,谁其可刑?况经两度事彰,天恩并垂舍宥,昌宗自为得计,人亦以为应运,即不劳兵甲,天下皆从,万方讥之,以为陛下纵成其乱也。君在，臣图天分，是为逆臣，不诛，社稷亡矣。伏请付鸾台凤阁三司考竟其罪。

疏奏不报。时又内史李峤等奏称："往属革命之时，人多逆节，鞫讯决断，刑狱至严，刻薄之吏，恣行酷法。其周兴，丘绩、来俊臣所劾破家者，并请雪免。"彦范又奏请自文明元年以后得罪人，除扬、豫、博三州及诸谋逆魁首，一切赦之。表疏前后十奏，辞旨激切，至是方见允纳。彦范凡所奏议，若逢人主诘贞，则辞色无惧，争之愈厉。又尝谓所亲曰："今既躬为大理，人命所悬，必不能顺旨诡辞，以求苟免。"

是岁冬，则天不豫，张易之与弟昌宗入阁侍疾，潜图逆乱。凤阁侍郎张柬之与桓彦范及中台右丞敬晖等建策将诛之。柬之遽引彦范及晖并为左右羽林将军，委以禁兵共图其事。时皇太子每于北门起居，彦范与晖因得谒见，密陈其计，太子从之。

神龙元年正月，彦范与敬晖及左羽林将军李湛李多祚、右羽林将军杨元琰、左威卫将军薛思行等，率左右羽林兵及千骑五百余人讨易之、昌宗于宫中，令李湛、李多祚就东宫迎皇太子。兵至玄武门，彦范等奉太子斩关而入，兵士大噪。时则天在迎仙宫之集仙殿。斩易之、昌宗于廊下，并就第斩其兄汴州刺史昌期、司礼少卿同休，并枭首于天津桥南。士庶见者，莫不欢叫相贺，或脔割其肉，一夕都尽。明日，太子即位，彦范以功加银青光禄大夫，拜纳言，赐勋上柱国，封谯郡公，赐实封五百户。又改为侍中，从新令也。

彦范尝表论时政数条，其大略曰："昔孔子论《诗》，以《关雎》为始，言后妃者人伦之本，理乱之端也。故皇、英降而虞道兴，任、姒归而姬宗盛。桀奔南巢，祸阶末喜，鲁桓灭国，惑以齐媛。伏见陛下每临朝听政，皇后必施帷幔坐于殿上，预闻政事。臣愚历选列辟，详求往代，帝王有与妇人谋及政者，莫不破国亡身，倾辀继路。且以阴乘阳，违天也；以妇凌夫，违人也。违天不祥，违人不义。由是古人譬以'牝鸡之晨，惟家之索'。《易》曰'无攸遂，在中馈'，言妇人不得预于国政也。伏愿意陛下鉴古人之言，察古人之意，上以社稷为重，下以苍生在念。宜令皇后无往正殿，干预外朝，专在中宫，聿修阴教，则坤仪式固，鼎命惟永。”

又曰：“臣闻京师喧喧，道路籍籍，皆云胡僧慧范矫托佛教，诡惑后妃，故得出入禁闱，挠乱时政。陛下又轻骑微行，数幸其室，上下谍黩。有亏尊严。臣抑尝闻兴化致理，必由进善；康国宁人，莫大弃恶。故孔子曰：‘执左道以乱政者杀，假鬼神以危人者杀。’今慧范之罪，不殊于此也，若不急诛，必生变乱。除恶务本，去邪勿疑，实愿天聪，早加裁贬。”疏奏不纳。时有墨敕授方术人郑普思秘书监，叶净能国子祭酒，彦范若言其不可。帝曰：“既要用之，无容便止。”彦范又对曰：“陛下自龙飞宝位，遽下制云：‘军国政化，皆依贞观故事。昔贞观中尝以魏征，虞世南，颜师古为中必书监孔颖为国于祭酒。至如普思寺是方伎康流，岂足以比踪前烈？臣恐物议谓陛下官不择才，滥以天秩加于私爱。惟陛下少加慎择。”帝竟不纳。

时韦皇后既干朝政，德静郡王武三思又居中用事，以则天为彦范等所废，常深愤怨，又虑彦范等渐除武氏，乃先事图之。皇后韦氏既雅为帝所信宠，言无不从，三思又私通于韦氏，乃日夕谮毁产范等。帝竟用三思计，进封彦范为扶阳郡王，敬晖为平阳郡王，张柬之为汉阳郡王、崔玄暐为博陵郡王、袁恕已为南阳郡王，并加特进，令罢知政事。彦范仍赐姓韦氏，令与皇后同属籍，仍赐杂采、金银、鞍马等。虽外示优崇，而实夺其权也。易州刺史赵履温者，即彦范之妻兄也，彦范诛易之后，奏言先与履温共谋其事，于是召拜司农少卿。履温得之，乃以二婢遗彦范。及彦范罢知政事，履温又胁夺有婢，大为时论所讥。寻出为洛州刺史，转濠州刺史。

二年，光禄卿、驸马都尉王同皎以武三思与韦氏奸通，潜谋诛之。事泄，为三思诬构，言同皎将废皇后韦氏，彦范等通知其情，乃贬彦范为泷州司马、敬晖崖州司马、袁恕已窦州司马、崔玄暐白州司马、张柬之新州司马，并仍令长任，勋封并削。彦范仍复其本姓桓氏。

　　是岁秋，武三思又阴令人疏皇后秽行，榜于天津桥，请加废黜。中宗闻之怒，命御史大夫李承嘉推求其人。承嘉希三思旨，奏言："彦范与敬晖、张柬之、袁恕己、崔玄暐等教人密为此榜。虽托废后为名，实有危君之计，请加族灭。"制依承嘉所奏。大理丞李朝隐执奏云："敬晖等既未经鞫问，不可即肆诛夷，请差御史按罪，待至，准法处分。"大理卿裴谈奏云："敬晖等祗合据敕断罪，不可别俟推鞫，请并处斩籍没。"中宗纳其议，仍以彦范等五人尝赐铁券，许以不死，乃长流范于瀼州，敬晖于崖州，张柬之于泷州，袁恕己于环州，崔玄暐于古州，并终身禁锢，子弟年十六已上者亦配流岭外。擢授承嘉金紫光禄大夫，进封襄武郡公。韦氏又特赐承嘉采物五百段、瑞锦被一张。擢拜裴谈为刑部尚书，左贬李朝隐为闻喜令。三思俄又讽节愍太子抗表请夷彦范等三族。中宗以既有前命，不依其请。三思犹虑彦范等重被进用，又纳中书舍人崔湜之计，特令湜姨兄嘉州司马周利用摄右台侍御史，就岭外并矫制杀之。彦范赴流所，行至贵州，利用遇之于途，乃令左右执缚，曳于竹槎之上，肉尽至骨，然后杖杀，时年五十四。

　　睿宗即位，延和元年，并追复其官爵，仍特还其子孙实封二百户。玄宗即位，开元六年，诏曰："皇舆肇建，必有辅佐之臣；天步多艰，爰伏经纶之业。故侍中、谯国公桓彦范，侍中、平阳郡公敬晖，中书令兼吏部尚书、汉阳郡公张柬之，特进、博陵郡公崔玄暐，中书令、南阳郡公袁恕己等，并德惟神降，材与运生，道协台岳，名书谶纬。寅亮帝载，勤劳王家，参复禹之元谋，奉升唐之景命，虽俎谢易久，而勋烈益彰，抚彝鼎以念，想旗常而增感。缅遵故实，用表徽懿，俾列在清庙，登于明堂，克申从祀之仪，式茂畴庸之典。并可配享中宗孝和皇帝庙庭，其子弟咸加收擢。"建中元年，重赠司徒。

　　敬晖，绛州太平人也。弱冠举明经。圣历初，累除卫州刺史。时河北新有突厥之寇，方秋而修城不辍，晖下车谓曰："金汤非粟而不守，岂有弃收秽而缮城郭哉？"悉令罢散，由是人吏咸歌咏之。再迁顾此夏官侍郎,出为泰州刺史。大足元年,迁洛州长史。天后幸长安,令晖知副留守事。在职以清干著闻;玺书劳勉,赐物百段。长安三年,拜中台右丞。加银青光禄大夫。

神龙元年,转右羽林将军。以诛张易之、昌宗功,加金紫光禄大夫,擢拜侍中,赐爵平阳郡公,食实封五百户。寻进封齐国公。天后崩,遗制加实封通前满七百户。晖等以唐室中兴,武氏诸王咸宜降爵,上章论奏,于是诸武降为公。武三思益怒,乃讽帝阳尊晖等为郡王,罢知政事。仍赐铁券,恕十死,朔望趋朝。

初,晖与彦范等诛张易之兄弟也,洛州长史薛李昶谓晖曰:“二凶虽除,产、禄犹在,请因兵势诛武三思之属,匡正王室,以安天下。”晖与张柬之屡陈不可,乃止。季昶叹曰:“吾不知死所矣。”翌日,三思因韦后之助,潜入宫中,内行相事,反易国政,为天下所患,时议以此归咎于晖。晖等既失政柄,受制于三思,晖每推床嗟惋,或弹指出血。柬之叹曰:“主上畴昔为英王时,素称勇烈,吾留诸武,冀自诛锄耳。今事势已去,知复何道。”

三思既深愤惋,以许州司功参军郑愔素被晖等废黜,因令上表陈其罪状。中宗诏曰:“则天大圣皇后,往以忧劳不豫,凶竖弄权。晖等因兴甲兵,划除妖孽,朕录其劳效,备极宠劳。自谓勋高一时,遂欲权倾四海,擅作威福,轻侮国章,悖道弃义,莫斯之甚。然收其薄效,犹为隐忍,锡其郡王之重,优以特进之荣。不谓溪壑之志,殊难盈满,既失大权,多怀怨望,乃与王同皎窥觇内禁,潜相谋结,更欲权兵绛阙,图废椒宫,险迹丑辞,警视骇听。属以帝图伊始,务静陛牢,所以久为含容,未能暴诸遐迩,自同皎伏法,衅迹弥彰,傥若无其发明,何以惩兹悖乱?迹其臣逆,合置严诛。缘其昔立微功,所以特从宽宥,咸宜贬降,出佐遐藩。晖可崖州司马,柬之可新州司马,恕己可窦州司马,玄昞可白州司马,并员外置。”晖到崖州,竟为周利用所杀。睿宗即位,追复五王官爵,赠晖秦州都督,谥曰肃愍。建中初,重赠太尉。

曾孙元膺,开成三年,自试太子通事舍人为河南县丞。

崔玄暐,博陵安平人也。父行谨,为胡苏令。本名晔,以字下体有则天祖讳,乃改为玄暐。少有学行,深为叔父秘书监行功所器重。龙朔中,举明经,累补库部员外郎。其母卢氏尝诫之曰:"吾见姨兄屯田郎中辛玄驭云:'儿子从官者,有人来云贫乏不能存,此是好消息。若闻赀货充足,衣马轻肥,此恶消息。'吾常重此言,以为确论。比见亲表中仕官者,多将钱物上其父母,父母但知喜悦,竟不问此物从何而来。必是禄俸余资,诚亦善事。如其非理所得,此与盗贼何别?纵无大咎,独不内愧于心?孟母不受鱼鲊之馈,盖为此也。汝今坐食禄俸,荣幸已多,若其不能忠清,何以载天履地?孔子云:'虽日杀三牲之养,犹为不孝。'又曰:'父母惟其疾之忧。'特宜修身洁己,勿累吾此意也。"玄暐遵奉母氏教诫,以清谨见称。寻授天官郎中,迁凤阁舍人。

长安元年,超拜天官侍郎,每介然自守,都绝请谒,颇为执政者所忌。转文昌左丞。经月余,则天谓曰:"自卿改职以来,选司大有罪过。或闻令史乃设斋自庆,此欲盛为贪恶耳。今要卿复旧任。"又除天官侍郎,赐杂采七十段。三年,拜鸾台侍郎、同凤阁鸾台平章事,兼太子左庶子。四年,迁凤阁侍郎,加银青光禄大夫,仍依旧知政事。先是,来俊臣、周兴等诬陷良善,冀图爵赏,因缘籍没者数百家。玄暐固陈其枉状,则天乃感悟,咸从雪免。

则天季年,宋璟劾奏张昌宗谋为轨,玄暐亦屡有谠言,则天乃令法司正断其罪。玄暐弟升时为司刑少卿,又请置以大辟。其兄弟守正如此。是时,则天不豫,宰相不得召见者累月。及疾少间,玄暐奏言:"皇太子、相王仁明孝友,足可亲侍汤药。宫禁事重,伏愿不令异姓出入。"则天曰:"深领卿厚意。"寻以预诛张易之功,擢拜中书令,封博陵郡公。中宗将授方术人郑普思为秘书监,玄暐切谏,竟不纳。寻时爵为王,赐实封四百户,检校益州大都督府长史,兼知都督事。其后累被贬,授白州司马,在道病卒。建中初,赠太子太师。

玄暐与弟升甚相友爱,诸子弟孤贫者,多躬自抚养教授,颇为当时所称。升，官至尚书左丞。玄昉少时颇属诗赋，晚年以为非己所长，乃不复构思，唯笃志经籍，述作为事。所撰《行已要范》十卷、《友义传》十卷《义士传》十五卷、训注《文馆辞林策》二十卷，并行于代。

子璩，颇以文学知名，官历中书舍人、礼部侍郎。璩子涣，自有传。

曾孙郢，开成三年，自商州防御判官兼殿中侍卿史，入为监察御史。

张柬之字孟将，襄州襄阳人也。少补太学生，涉猎经史，尤好《三礼》，国子祭酒令狐德棻甚重之。进士擢第，累补青城丞。永昌元年，以贤良征试，同时策者千余人，柬之独为当时第一，擢拜监察御史。

圣历初，累迁凤阁舍人。时弘文馆直学士三元感著论云："三年之丧，合三十六月。"柬之著论驳之曰：

三年之丧，二十五月，不刊之典也。谨案《春秋》："鲁僖公三十年十二月乙巳，公薨。""文公二年冬，公子遂如齐纳币"。《左传》曰"礼也"。杜预注云："僖公丧终此年十一月，纳币在十二月。士婚礼，纳采纳征，皆有玄纁束帛，诸侯则谓之纳币。盖公为太子，已行婚礼。"故《传》称礼也。《公羊传》曰："纳币不书，此何以书？讥丧娶。在三年之外何以讥？三年之内不图婚。"何休注支云："僖公以十二月薨，至此冬未满二十五月，纳何以讥？三年之内不图婚。"何休注云："僖公以十二月薨，至此冬未满二十五月，纳采、问名、纳吉，皆在三年之内，故讥。"何休以公十二月薨，至此冬十二月才二十四月，非二十五月，是未三年而图婚也。按《经》书"十二月乙巳公薨"，杜以《长历》推乙巳是十一月十二日，非书十二月，是《经》误。"文公元年四月，葬我君僖公"，《传》曰，缓也。诸侯五月而葬，若是十二月薨，即五月，不得言缓。明知是十一月薨，故注僖公丧终此年，至十二月而满二十五月，故丘明《传》曰，礼也。据此推步，杜之考校，岂公羊之所以能逮，况丘明亲受《经》于仲尼乎？且二《传》何、杜所争，唯争一月，不争一年。其二十五月除丧，由来无别。此则《春秋》三年之丧，二十五月之明验也。

《尚书》《伊训》云："成汤既没，太甲元年，惟元祀十有二月，伊尹祀于先王，奉嗣王祗见厥祖。"孔安国注云："汤以元十一月崩。"据此，则二年十一月小祥，三年十一月大祥，故《太甲》中篇云："惟三祀十有二月朔，伊尹以冕服奉嗣王归于亳。"是十一月大祥，讫十二月朔日，加王冕服吉而归亳。是孔言"汤元年十一月"之明验。《顾命》云："四月哉生魄，王不怿"，是四月十六日也。"翌日乙丑，王崩"，是十七日也。"丁卯，命作册度"，是十九日也。"越七日癸酉，伯相命士须材"，是四月二十五日也。则成王崩至康王麻冕黼裳，中间有十日，康王方始见庙。则知汤崩在十一月，淹停至殓讫，方始十二月，祗见其祖。《顾命》见庙讫，诸侯出庙门俟，《伊训》言"祗见厥祖，侯甸群后咸在"，则崩及见庙，殷、周之礼并同。此周因于殷礼，损益可知也。不得元年以前，别有一年，此《尚书》三年之丧，二十五月之明验也。

《礼记三年问》云："三年之丧，二十五月而毕，哀痛未尽，思慕未忘，然而服以是断之者，岂不送死有已，复生有节？"又《丧服四制》云："变而从宜，故大祥鼓素琴，告人以终。"又《间传》云："期而小祥，食采果。又期而大祥，有醯酱。中月而禅，食酒肉。"又《丧服小记》云："再期之丧，三年也。期之丧，二年也。九月七月之丧，三时也。五月之丧，二时也。三月之丧，一时也。"此《礼记》三年之丧，二十五月之明验也。

《仪礼·士虞礼》云："期而小祥。又期而大祥。中月而禅，是月也吉祭。"此礼周公所制则《仪礼》三年之丧，二十五月之明验也。并礼经政，或周公所制，或仲尼所述，吾子岂得以《礼记》戴圣所修，辄欲排毁？汉初高堂生传《礼》，既未周备，宣帝时少傅后苍因淹中孔壁所得五十六篇著《曲台记》以授弟子戴德戴圣,庆溥三人,合以正经及孙卿所述,并相符会,列于学官,年代已久。今无端构造异论,既无依据,深可叹息。其二十五月,先儒考校,唯郑康成注《仪礼》"中月而禫",以"中月间一月,自死至禫凡二十七月"。又解禫云:"言澹澹然平安之意也。"今皆二十七月复常,从郑议也。喻月入禫,禫既复常,则二十五月为免丧矣。二十五月、二十七月,其议本同。

窃以子之于父母丧也,有终身之痛,创巨者日久,痛深者愈迟,岂徒岁月而已乎?故练而慨然者,盖悲慕之怀未尽,而踊擗之情已歇;祥而廓然者,盖哀伤之痛已除,而孤邈之念更起。此皆情之所致,岂外饰哉。故《记》曰:"三年之丧,义同过隙,先王立其中制,以成文理。是以祥则缟带素纰,禫则无所不佩。今吾子将徇情弃礼,实为乖僻。夫弃缞麻之服,袭锦谷之及,行道之人,皆不忍也。真为节之以礼,无可奈何。故由也不能过制为姊服,鲤也不能过期哭其母。夫岂不怀,惧名教逼己也。若孔、郑、何、杜之徒,并命代挺生,范模来裔,宫墙积仞,未易可窥。但钻仰不休,当渐入胜境,讵劳终年矻矻,虚肆莠言,请所有掎摭先儒,愿且以时消息。

时人以柬之所驳,颇合于礼典。

是岁,突厥默啜表言有女请和亲,则天盛意许之,欲令淮阳郡王延秀娶之。柬之奏曰:"自古无天子求娶夷狄女以配中国王者。"表入,颇忤其旨。神功初,出为合州刺史,寻转蜀州刺史。旧例,每岁差兵募五百人往姚州镇守,路越山险,死者甚多。柬之表论其弊曰:

臣窃按姚州者,古哀牢之旧国。绝域荒外,山高水深,自生人以来,洎于后汉,不与中国交通。前汉唐蒙开夜郎滇莋,而哀定不附。至光武季年,始请内属,汉置永昌郡以统理之,乃收其盐布毡罽之税,以利中土。其国西通大秦,南通交趾,奇珍异宝,进贡岁时不阙。刘备据有巴蜀,常以甲兵不充。及备死,诸葛亮五月渡泸,收其金银盐布以益军储,使张伯岐选其劲卒搜兵以增武备。故《蜀志》称自亮南征之后,国以富饶,甲兵充足。由此言之,则前代置郡,其利颇深。今盐布之税不供,珍奇之贡不入,戈戟之用不实于戎行,宝货之资不输于大国,而空竭府库,驱率平人,受役蛮夷,肝脑涂地,臣窃为国家痛之。

昔汉以得利既多,历博南山,涉兰仓水,更置博南、哀定二县。蜀人悉怨,行者作歌曰:“历博南,越兰津,渡兰仓,为他人。”盖讥汉贪珍奇盐布之利,而为蛮夷之所驱役也。汉获其利,人且怨歌。今减耗国储,费用日广,而使陛下之赤子身膏野草,骸骨不归,老母幼子,哀号望祭于千里之外。于国家无丝发之利,在百姓受终身之酷。臣窃为国家痛之。

往者,诸葛亮破南中,使其渠率自相统领,不置汉官,亦不留兵镇守。人问其故亮言置官留兵有三不易。大意以置官夷汉杂居,猜嫌必起;留兵运粮,为患更重;忽若反叛,劳费更多。但粗设纪纲,自然安定,臣窃以亮之此策,妙得羁縻蛮夷之术。

今姚府所置之官,既无安边静寇之心,又无葛亮且纵且擒之伎,唯知诡谋狡算,恣情割剥,贪叨劫掠,积以为常。扇动酋渠,遣成朋党,折支诒笑,取媚蛮夷,拜跪趋伏,无复惭耻。提挈子弟,啸引凶愚,聚会蒲博,一掷累万。剑南逋逃,中原亡命,有二千余户,见散在彼州,专以掠夺为业。姚州本龙朔中武陵县主簿石子仁奏置之,后长史李孝让、辛文协并为群蛮所杀。前朝遣郎将赵武贵讨击,贵及蜀兵应时破败,嚼类无遗。又使将军李义总等往征,郎将刘惠基在阵战死,其州乃废。臣窃以诸葛亮称置官留兵有三不易,其言乃验。至垂拱四年,蛮郎将王善宝、昆州刺史爨乾福又请置州,奏言所有课税,自出姚府管内,更不劳扰蜀中。司及置州后,录事参军李稜为蛮所杀。延载中,司马成琛奏请于泸南置镇七所,遣蜀兵防守,自此蜀中搔扰,于今不息。

且姚府总管五十七州,巨猾游客,不可胜数。国家设官分职，本以化俗防奸，无耻无厌，狼籍至此。今不问夷夏，负罪并深，见道路劫杀，不能禁止，恐一旦掠扰，为祸转大。伏乞省罢姚州，使棣巂府，岁时朝觐，同之蕃国。泸南诸镇，亦皆悉废，于泸北置关，百姓自非奉使入蕃，不许交通往来。增巂府兵选，择清良宰牧以统理之。臣愚将为稳便。

疏奏，则天不纳。

后累拜荆州大都督府长史。长安中，召为司刑少卿，迁秋官侍郎。时夏官尚书姚崇为灵武军使，将行，则天令举外司堪为宰相者。崇对曰："张柬之沉厚有谋，能断大事，且其人年老，惟陛下急用之。"则天登时召见，寻同凤阁鸾台平章事。未几，迁凤阁侍郎，仍知政事。及诛张易之兄弟，柬之首谋其事。中宗即位，以功擢拜天官尚书、凤阁鸾台三品，封汉阳郡公，食实封五百户。未几，迁中书令，监修国史。月余，进封汉阳郡王，加授特进，令罢知政事。

其年秋，柬之表请归襄州养疾，许之，仍特授襄州刺史，又拜其子漪为著作郎，令随父之任。上亲赋诗祖道，又令群公饯送于定鼎门外，柬之至襄州，有乡亲旧交抵罪者，必深文致法，无所纵舍。其子漪恃以立功，每见诸少长，不以礼接，时议以为不能易荆楚之剽性焉。寻为武三思所构，贬授新州司马。柬之至新州，愤恚而卒，年八十余。景云元年，制曰："褒德纪功，事华典册；饰终追远，理光名教。故吏部尚书张柬之翼戴兴运，谟明帝道，经纶睿谞，风范犹存。往属回邪，构成衅咎，无辜放逐，沦没荒遐。言念勋贤，良深轸悼，宜加宠赠，式贲幽泉。可赠中书令，封汉阳郡公。"建中初，又赠司徒。

玄孙璟，开成三年，自宜城尉迁寿安尉。

袁恕己，沧州东光人也。长安中，历迁司刑少卿，兼知相王府司马事。敬晖等将诛张易之兄弟，恕己预其谋议，又从相王统率南卫兵伏，以备非常。及事定，加银青光禄大夫，行中书侍郎、同中书门下三品，封南阳郡公，食实封五百户。将作少匠杨务廉素以工巧见用，中兴初，恕己恐其更启游娱侈靡之端，言于中宗曰："务廉致位九卿,积有岁年,苦言嘉谋,无足可纪。每宫室营构,必务其侈,若不斥之,何以广昭圣德?"由是左授务廉陵州刺史。恕己俄擢拜中书令,仍加特进,封南阳郡王,罢知政事。则天崩,遗制加实封满七百户。后与敬晖等累遭贬黜,流于环州。寻为周利用所逼,饮野葛汁数升,恕己常服黄金,饮毒发,愤闷,以手掘地,取土而食,爪甲殆尽,竟不死,乃击杀之。建中初,赠太子太傅。

曾孙德文,举进士,开成三年,授秘书省校书郎。

史臣曰:昔夫差入越,勾践保于会稽,不听子胥之言,而有甬东之叹。此五王除凶返正,得计成功。当是时,彦范、敬晖握兵全势,三思、攸暨其党半歼,若从季昶之言,宁有利用之祸?盖以心怀不忍,遂失后图,黜削流移,理固然也。且芟蔓而不能拔本,建谋而尚欠防微,死即无辜,祸由自掇。失断召乱也,不亦宜哉!

赞曰:嗟彼五王,忠于有唐。知火在木,谓其无伤。祸发既克,势摧靡当。何事不敏,周身之防。

旧唐书卷九二
列传第四二

魏元忠　韦安石　子陟　斌　斌子况

从父元子抗　从祖兄子巨源　赵彦昭附

萧至忠　宗楚客　纪处讷附

　　魏元忠，宋州宋城人也。本名真宰，以避则天母号改焉。初，为太学生，志气倜傥，不以举荐为意，累年不调。时有左史盩厔人江融，撰《九州设险图》，备载古今用兵成败之事，元忠就传其术。仪凤中，吐蕃频犯塞，元忠赴洛阳上封事，言命将用兵之工拙，曰：

　　　　臣闻理天下之柄，二事焉，文与武也。然则文武之道，虽有二门，至于制胜御人，其归一揆。方今王略遐宣，皇威远振，建礼乐而陶士庶，训军旅而慑生灵。然论武者以弓马为先，而不稽之以权略；谈文者以篇章为首，而不问之以经纶。而奔竞相因，遂成浮欲。臣尝读魏、晋史，每鄙何晏、王衍终日谈空；近观齐、梁书，才士亦复不少，并何益于理乱哉？从此而言，则陆士衡著《辩亡论》，而不救河桥之败；养由基射能穿札，而不止鄢陵之奔，断可知矣。昔赵岐撰御寇之论，山涛陈用兵之本，皆坐运帷幄，暗合孙、吴。宣尼称"有德者必有言，仁者必有勇"，则何平叔、王夷甫岂得同日而言哉！

　　　　臣闻才生于代，代实须才，保代而不生才，何才而不生代。故物有不求，未有无物之岁；士有不用，未有无士之时。夫有志之士，在富贵之与贫贱，皆思立于功名，冀传芳于竹帛。故班超投笔而叹，祖逖击楫而誓，此皆有其才而申其用矣。且知己难逢，英哲罕遇，士之怀琬琰以就埃尘，抱栋梁而困沟壑者，则悠悠之流，直睹此士之贫贱，安知此士之方略哉？故汉拜韩信，举军惊笑；蜀用魏延，群臣觖望。嗟乎，富贵者易为善，贫贱者难为功，至于此也！

亦有位处立功之际，而不展其志略，身为时主所知，竟不能尽其才用，则贫贱之士焉足道哉！汉文帝时，魏尚、李广并身任边将，位为郡守。文帝不知魏尚之贤而囚之，不知李广恨之才而不能用之，常叹李广恨生不逢时，令当高祖日，万户侯岂足道哉。夫以李广才气，天下无双，匈奴畏之，号为"飞将"，尔时胡骑凭凌，足伸其用。文帝不能大任，反叹其生不逢时。近不知魏尚、李广之贤，而乃远想廉颇、李牧。故冯唐曰：虽有颇、牧而不能用，近之矣。从此言之，疏斥贾谊，复何怪哉。此则身为时主所知，竟不能尽其才用。昔羊祜献计平吴。贾充、荀勖沮其策，祜叹曰："天下不如意恒十居七八。"缘荀、贾不同，竟不大举。此则位处立功之际，而不得展其志略。而布衣韦带之人，怀一奇，抱一策，上书阙下，朝进而望夕召，何可得哉。

臣请历访内外文武职事五品已上，得不有智计如羊祜、武艺如李广，在用与不用之间，不得骋其才略。伏愿降宽大之诏，使各言其志，无令汲黯直气，卧死于淮阳；仲舒大才，位屈于诸侯相。

又曰：

臣闻帝王之道，务崇经略，经略之术，必仗英奇。自国家良将，可得言矣。李靖破突厥，侯君集灭高昌，苏定方开西域，李绩平辽东，虽奉国威灵，亦其才力所致。古语有之，"人无常俗，政有理乱；兵无强弱，将有能否"。由此观之，安边境，立功名，在于良将也。故赵充国征先零，冯子明讨南羌，皆计不空施，机不虚发，则良将立功之验也。然兵革之用，王者大事，存亡所系。若任得其才，则摧凶而扼暴；苟非其任，则败国而殄人。北齐段孝玄云："持大兵者，如擎盘水，倾在俯仰间，一致蹉跌，求止岂得哉！"从此而言，周亚夫坚壁以挫吴、楚，司马懿闭营而困葛亮，俱为上策。此皆不战而却敌，全军以制胜。是知大将临戎，以智为本。汉高之英雄大度，尚曰"吾宁斗智"；魏武之机神冠绝，犹依法孙、吴。假有项籍之气，袁绍之基，而皆泯智任情，终以破灭，何况复出其下哉！

且上智下愚，明暗异等，多算少欲，众寡殊科。故魏用柏直以拒汉，韩信轻为竖子；燕任慕容评以抗秦，王猛谓之奴才，即柏直、慕容评智勇俱亡者也。夫中材之人，素无智略，一旦居元帅之任，而意气轩昂，自谓当其锋者无不摧碎，岂知戎昭果毅、敦《诗》悦《礼》之事乎！故李信求以二十万众独举鄢郢，其后果辱秦军；樊哙愿得十万众横行匈奴，登时见折季布，皆其事也。

当今朝廷用人，类取将门子弟，亦有死事之家而蒙抽擢者。此等本非干略见知。虽竭力尽诚，亦不免于倾败，若之何使当阃外之任哉？后汉马贤讨西羌，皇甫规陈其必败；宋文帝使王玄谟收复河南，沈庆之悬知不克。谢玄以书生之姿，拒苻坚天下之众，郗超明其必胜；桓温提数万之兵，万里而袭成都，刘直长期于决取。虽时有今古，人事皆可推之，取验大体，观其锐志与识略耳。明者隋分而察，成败之形，昭然自露。京房有言，"后之视今，亦犹今之视古"。则昔贤之与今哲，意况何殊。当事机之际也，皆随时而立功。岂复取贤于往代，待才于未来也？即论知与不知，用与不用。夫建功而者，言其所济，不言所起；言其所能，不言所藉。若陈汤、吕蒙、马隆、孟观，并出自贫贱，勋济甚高，未闻其家代为将帅，董仲舒曰："为政之用，譬之琴瑟，不调甚者，必解弦而更张之，乃可鼓也。"故阴阳不和，擢士为相；蛮夷不龚，拔卒为将，即更张之义也。以四海之广，亿兆之众，其中岂无卓越奇绝之士？臣恐未之思也。夫何远之有。

又曰：

　　臣闻赏者礼之基,罚者刑之本。故礼崇谋夫竭其能,赏厚义士轻其死,刑正君子勖其心,罚重小人惩其过。然则赏罚者,军国之纲纪,政教之药石,纲纪举而众务自理,药石行而文武用命。彼吐蕃蚁结蜂聚,本非勍敌,薛仁贵、郭待封受阃外之寄,奉命专征,不能激励熊罴,乘机扫扑。败军之后,又不能转祸为福,因事立功,遂乃弃甲丧师,脱身而走。幸逢宽政,罪止削除,国家纲漏吞舟,何以过此。天皇迟念旧恩,收其后效,当今朝廷所少,岂此一二人乎?且赏不劝谓之止善,罚不惩谓之纵恶。仁贵自宣力海东,功无尺寸,坐玩金帛,渎货无厌,今不诛,纵恶更甚。臣以疏贱,干非其事,岂欲间天皇之君臣,生厚薄于仁贵,直以刑赏一亏,百年不复,区区所怀,实在于此。

　　古人云:"国无赏罚,虽尧、舜不能为化"。今罚不能行,赏亦难信,故人间议者皆言,"近日征行,虚有赏格而无其事"。良由中才之人不识大体,恐赏赐勋庸,倾竭仓库,留意锥刀,将此益国。徇目前之近利,忘经久之远图,所谓错之毫厘,失之千里者也。且黔首虽微,不可欺以得志,瞻望恩泽,必因事而生心。既有所因,须应之以实,岂得悬不信之令,设虚赏之科?比者师出无功,未必不由于此,文子曰:"同言而信,信在言前;同令而行,诚在令外。"故商君移木以表信,曹公割发以明法。岂礼也哉,有由然也。自苏定方定辽东,李绩破平壤,赏绝不行,勋仍淹滞,数年纷纭,真伪相杂,纵加沙汰,未至澄清。臣以吏不奉法,慢自京师,伪勋所由,主司之过。其则不远,近在尚书省中,不闻斩一台郎,戮一令史,使天下知闻,天皇何能照远而不照近哉!神州化首,万国共尊,文昌政本,四方是则,轨物宣风,理乱攸在。臣是以披露不已,冒死尽言。

　　且明镜所以照形,往事所以知今,臣识不稽古,请以近事言之。贞观年中,万年县尉司马玄景舞文饰智,以邀乾没,太宗审其奸诈,弃之都市。及征高丽也,总管张君刈击贼不进,斩之旗下。臣以伪勋之罪,多于玄景;仁贵等败,重于君刈。向使早诛薛仁贵、郭待封,则自余诸将,岂敢失利于后哉?韩子云:"慈父多败子,严家无格虏。"此言虽小,可以喻大。公孙弘有言:"人主病不广大,人臣病不节俭。"臣恐天皇病之于不广大,过在于慈父,斯亦日月之一蚀也。又今之将吏,率多贪暴,所务唯口马,所求唯财物,无赵奢、吴起散金养士之风,纵使行军,悉是此属。臣恐吐蕃之平,未可旦夕望也。

帝甚叹异之,授秘书省正字,令直中书省,仗内供奉。寻除监察御史。

文明年,迁殿中侍御史。其年,徐敬业据扬州作乱,左玉钤卫大将军李孝逸督军讨之,则天诏元忠监其军事。孝逸至监淮,而偏将雷仁智为敬业先锋所败,敬业又攻陷润州,迥兵以拒孝逸。孝逸惧其锋,按甲不敢进。元忠谓孝逸曰:"朝廷以公王室懿亲,故委以阃外之事,天下安危,实资一决。且海内承平日久,忽闻狂狡,莫不注心倾耳,以俟其诛。今大军留而不进,则解远近之望,万一朝廷更命他将代公,其将何辞以逃逗挠之罪?幸速进兵,以立大效,不然,则祸难至矣。"孝逸然其言,乃部勒士卒以图进发。

时敬业屯于下阿溪,敬业弟敬猷率偏师以逼淮阴。元忠请先击敬猷,诸将咸曰:"不如先攻敬业,敬业败,则敬猷不战而擒矣。若击敬猷,则敬业引兵救之,是腹背受敌也。"元忠曰:"不然,贼之劲兵精卒,尽在下阿,蚁聚而来,利在一决,万一失捷,则大事去矣。敬猷本出博徒,不习战斗,其众寡弱,人情易摇,大军临之,其势必克。既克敬猷,我军乘胜而进,彼若引救淮阴,计程则不及,又恐我之进掩江都,必邀我于中路。彼则劳倦,我则以逸待之,破之必矣。譬之逐兽,弱者先擒,岂可舍必擒之弱兽,趋难敌之强兵?恐未可也。"孝逸从之,乃引兵击敬猷,一战而破之,敬猷脱身而遁,孝逸乃进军,与敬业隔溪相拒,前军总管苏孝祥为贼所破,孝逸又惧,欲引退。初,敬业至下阿,有流星附其营,及是,有群乌飞噪于陈上,元忠曰:"验此,即贼败之兆也。风顺获乾,火攻之利。"固请决战,乃平敬业。元忠以功擢司刑正,稍迁洛阳令。

　　寻陷周兴狱，诣市将刑，则天以元忠有讨平敬业功，特免死配流贵州。时承敕者将至市，先令传呼，监刑者遽释元忠令起，元忠曰："未知敕虚实，岂可造次。"徐待宣敕，然始起谢，观者咸叹其临刑而神色不挠。圣历元年，召授侍御史，擢拜御史中丞。又为来俊臣、侯思止所陷，再被流于岭表。复还，授御史中丞。元忠前后三被流，于时人多称其无罪。则天尝谓曰："卿累负谤铄，何也？"对曰："臣犹鹿也，罗织之徒，有如猎者，苟须臣肉作羹耳。此辈杀臣，以求达，臣复何辜。"

　　圣历二年，擢拜凤阁侍郎、同凤阁鸾台平章事，检校并州长史。未几，加银青光禄大夫，迁左肃政台御史大夫，兼检校洛州长史，政号清严。长安中，相王为并州元帅，元忠为副。时奉宸令张易之尝纵其家奴凌暴百姓，元忠笞杀之，权豪莫不敬惮。时突厥与吐蕃数犯塞，元忠皆为大总管拒之。元忠在军，唯持重自守，竟无所克获，然亦未尝败失。

　　中宗在春坊时，元忠检校太子左庶子。时张易之、昌宗权宠日盛，倾朝附之，元忠尝奏则天曰："臣承先帝顾眄，受陛下厚恩，不徇忠死节，使小人得在君侧，臣之罪也。"则天不悦，易之、昌宗由是含怒。因则天不豫，乃谮元忠与司礼丞高戬潜谋曰："主上老矣，吾属当挟太子而令天下。"则天惑其言，乃下元忠诏狱，召太子、相王及诸宰相，令昌宗与元忠等殿前参对，反复不决。昌宗又引凤阁舍人张说令执证元忠。说初伪许之，及则天召说验问，说确称元忠实无此语。则天乃悟元忠被诬，然以昌宗之故，特贬授端州高要尉。

　　中宗即位，其日驿召元忠，授卫尉卿、同中书门下三品。旬日，又迁兵部尚书，知政事如故。寻进拜侍中，兼检校兵部尚书。时则天崩，中宗居谅暗，多不视事，军国大政，独委元忠者数日。未几，迁中书令，加授光禄大夫，累封齐国公，监修国史。神龙二年，元忠与武三思、祝钦明、徐彦伯、柳冲、韦承庆、崔融、岑羲、徐坚等撰《则天皇后宝录》二十卷，编次文集一百二十卷奏之。中宗称善，赐元忠物千段，仍封其子卫王府谘议参军升为任城县男。时元忠物承宠荣，当朝用事。初，元忠作相于则天朝，议者以为公清。至是再居政事，天下莫不延首倾属，冀有所弘益；元忠乃亲附权豪，抑弃寒俊，竟不能赏善罚恶，勉修时政，议者以此少之。四年秋，代唐璟为尚书右仆射，兼中书令，仍知兵部尚书事，监修国史。未几，元忠请归乡拜扫，特赐锦袍一领、银千两，并给千骑四人，充其左右，手敕曰："衣锦昼游，在乎兹日；散金敷惠，谅属斯辰。"元忠至乡里，竟自藏其银，无所赈施。及迁，帝又幸白马寺以迎劳之，其恩遇如此。

　　是时，安乐公主堂请废节愍太子，立已为皇太女，中宗以问元忠，元忠固称不可，乃止。寻迁左仆射，余并如故。元忠又嫉武三思专权用事，心常愤叹，思欲诛之。三年秋，节愍太子起兵诛三思，元忠及左羽林大将军李多祚等皆潜预其事。太子既斩三思，又率兵诣关，将请废韦后为庶人，遇元忠子太仆少卿升于永安门，胁令从己。太子兵至玄武楼下，多祚等犹豫不战，元忠又持两端，由是不克，升为乱兵所杀。中宗以元忠有平寇之功，又秦为高宗、无否所礼遇，竟不以升为累，委位如初。是时，三思之党兵部尚书宗楚客与侍中纪处讷等又执证元忠及升，云素与节愍太子同谋构逆，请夷其三族，中宗不许。元忠惧不自安，上表固请致仕，手制听解左仆射，以特进、齐国公致仕于家，仍朝朔望。楚客等又引右卫郎将姚庭筑为御史中丞，令劾奏元忠，由是贬渠州员外司马。侍中杨再思、中书令李峤皆依楚客之旨，以致元忠之罪，唯中书侍郎萧至忠正议去当从宽宥。楚客大怒，又遣给事中舟祖雍与杨再思奏言："元忠既缘犯逆，不合更授内地官。"遂左迁思州务川尉。顷之，楚客又令御史袁守一奏主言："则天昔在三阳宫不豫，内史狄仁杰奏请陛下监国，元忠密进状云不可。据此，则知元忠怀逆日久，伏请加以严诛。"中宗谓杨再思等曰："以朕思之，此是守一大错。人臣事主，必在一心，岂有主上少有不安，即请太子知事、乃是狄仁杰树私惠，未见元忠有失。守一假借前事罗织元忠，岂是道理。"楚客等遂止。元忠行至倍陵而卒，年七十余。

　　景龙四年，追赠尚书左仆射、齐国公、本州刺史，仍令所司给灵与送至乡里。睿宗即位，制令陪葬定陵。景云三年，又降制曰："故左仆射、齐国公魏元忠，代治人望，时称国良。历事三朝，俱展诚效，晚年迁谪，颇非其罪。宜特还其子著作郎晃实封一百户。"开元六年，谥曰贞。二子升、晃。

韦安石，京兆万年人，周大司空、郧国公孝宽曾孙也。祖津，大业末为民部侍郎。炀帝之幸江都，敕津与段达、元文都等于洛阳留守，仍检校民部尚书事。李密逼东都，津拒战于上东门外，兵败，为密所囚，及王世充杀文都等，津独免其难。密败，归东郡，世充僭号，深被委遇。及洛阳平，高祖与津有旧，征授谏议大夫，检校黄门侍郎。出为陵州刺史，卒。父琬，成州刺史。叔琨，户部侍郎。琨弟璲，仓部员外。

安石应明经举，累授乾祐尉，苏良嗣甚礼之。永昌元年，三迁雍州司兵，良嗣时为文昌左相，谓安石曰："大林须大用，何为徒劳于州县也。特荐于则天，擢拜膳部员外郎、永昌令、并州司马。则天手制劳之曰："闻卿在彼，庶事存心，善政表于能官，仁明彰于镇抚。如此称职，深慰朕怀。"俄拜并州刺史，又历德、郑二州刺史。安石性持重，少言笑，为政清严，所在人吏咸畏惮之。久视年，迁文昌右丞，寻拜鸾台侍郎、同凤阁鸾台平章事，兼太子左庶子。长安三年，为神都留守，兼判天官、秋官二尚书事，后与崔神庆等同为侍读，寻知纳言事。是岁，又加检校中台左丞，兼太子左庶子、凤阁鸾台三品如故。

时张易之兄弟及武三思皆恃宠用权，安石数折辱之，甚为易之等所忌。尝于内殿赐宴，易之引蜀商宋霸子等数人于前博戏，安石跪奏曰："蜀商等贱类，不合预登此筵。"因顾左右令逐出之，座者皆为失色，则天以安石辞直，深慰勉之。时凤阁侍郎陆元方在座，退而告人曰："此真宰相，非吾等所及也。"则天尝幸兴泰宫，欲就捷路，安石奏曰："千金之子，且有垂堂之诫；万乘之尊，不宜轻乘危险。此路板筑初成，无自然之固，銮驾经之，臣等敢不请罪。"则天登时为之回辇。安石俄又举易之等罪状，初有敕付安石夏官尚书唐休璟推问，未竟而事变。四年，出为扬州大都督府长史。

神龙初，征拜刑部尚书。是岁，又迁吏部尚书，复知政事。俄代张柬之为中书令，封郧国公，以尝为宫僚，赐实封三百户，又兼相王府长史。俄转户部尚书，复为侍中，监修国史。中宗与庶人尝因正月十五日夜幸其第，赐赉不可胜数。又中宗尝幸安乐公主城西池馆，公主具舟楫，请御楼船，安石谏曰："御轻舟，乘不测，臣恐非帝王之事。"乃止。

睿宗践祚，拜太子少保，改封郇国公。俄又历侍中、中书令。景云二年，加开府仪同三司。时太平公主与窦怀贞等潜有异图，将引安石予其事，公主屡使子婿唐晙邀安石至宅，安石竟拒而不往，睿宗尝密召安石，谓曰："闻朝廷倾心东宫，卿何不察也？"安石对曰："陛下何得亡国之言，此必太平之计。太子有大功于社稷，仁明孝友，天下所称，愿陛下无信谗言以致惑也。"睿宗瞿然曰："朕知之矣，卿勿言。"太平于帘中窃听之，乃构飞语，欲令鞫之，赖郭元振保护获免。俄而迁尚书左仆射，兼太子宾客，依旧同中书门下三品，虽假以崇宠，实去其权。其冬，罢知政事，拜特进，充东都留守。太常主簿李元澄，即安石之子婿，其妻病死，安石夫人薛氏疑元澄先所幸婢厌杀之。其婢久已转嫁，薛氏使人捕而捶之致死。由是为御史中丞杨茂谦所劾，出为蒲州刺史。无几，转青州刺史。

安石初在蒲州时，太常卿姜皎有所请托，安石拒之，皎大怒。开元二年，皎弟晦为御史中丞，以安石等作相时，同受中宗遗制，宗楚客、韦温削除相王辅政之辞，安石不能正其事，令侍御史洪子舆举劾之。子舆以事经赦令，固称不可。监察御史郭震希皎等意，越次奏之，于是下诏曰："青州刺史韦安石、太子宾客韦嗣立、刑部尚书赵彦昭等，往在先朝，曲蒙厚赏，因缘幸会，久在庙堂，朋党比周，闻于行路。景龙之末，长蛇纵祸，仓卒之间，人神愤怨，未闻舍生取义，直道昌言，遂削太上皇辅政之辞，用韦氏临朝之策。比常隐忍，复以崇班，将期愧畏，稍惩前恶，而尚款回邪，苟安荣宠。宜从谪官之典，以励事君之节。安石可沔州别驾,嗣立可岳州别驾,彦昭可袁州别驾,并员外置。"安石既至沔州,晦又奏云:"安石尝检校定陵造作,隐官物入已。"敕符下州征赃,安石叹曰:"此只应须我死耳!"愤激而卒,年六十四。开元十七年,赠蒲州刺史。天宝初,以子贵,追赠开府仪同三司、尚书左仆射、郇国公,谥曰文贞。二子陟、斌,并早知名。

　　陟字殷卿,代为关中著姓,人物衣冠,弈世荣盛,安石晚有子,及为并州司马,始生陟及斌,俱少聪敏,颇异常童。陟自幼风标整峻,独立不群,安石尤爱之。神龙二年,安石为中书令,陟始十岁,拜温王府东阁祭酒,加朝散大夫,累迁秘书太常丞,有文彩,善棣书,辞人、秀士已游其门矣。开元初,丁父忧,居丧过礼。自此杜门不出八年,与弟斌相劝励,探讨典坟,不舍昼夜,文华当代,俱有盛名。于时才名之士王维、崔颢、庐象等,常与陟唱和游处。广平宋公见陟叹曰:"盛德遗范,尽在是矣。"历洛阳令,转吏部郎中。张九龄一代辞宗,为中书令,引陟为中书舍人,与孙逖、梁涉对掌文诰,时人以为美谈。

　　后为礼部侍郎,陟好接后辈,尤鉴于文,虽辞人后生,靡不谙练。暴者主司取与,皆以一场之善,登其科目,不尽其才。陟先责旧,仍令举人自通所工诗笔,先试一日,知其所长,然后依常式考核,片善无遗,美声盈路。后为吏部侍郎,常病选人冒名接脚,阙员既少,取士良难,正调者被挤,伪集者冒进。陟刚肠嫉恶,风彩严正,选人疑其有瑕,案声盘诘,无不首伏。每岁皆赎行数百员阙,以待淹滞,常谓所亲曰:"使陟知铨衡一二年,则无人可选矣。"

　　陟门地豪华,早践清列,侍儿阉阍,列侍左右者十数,衣书药食,咸有典掌,而舆马僮奴,势侔于王家主第。自以才地人物,坐取三公,颇以简贵自处,善诱纳后进,其同列朝要,视之蔑如也。如道义相知,靡隔贵贱,而布衣韦带之士,恒虚席倒屣以迎之,时人以此称重。

李林甫忌之，出为襄阳太守，兼本道采访使，又改陈留采访使，复加银青光禄大夫。天宝中袭封郇国公，以亲累贬钟离太守，重贬义阳太守。寻移河东太守，充本道采访使。

十二年入考，在华清宫，右相杨国忠恶其才望，恐践台衡，乃引河东人吴象之谓曰："子能使人告陟乎？吾以子为御史。"象之曰："能。"乃告陟与御史中丞吉温结托，欲谋陷朝廷，又诱陟侄韦元志证之。陟坐贬为桂州桂岭尉，未之任，再贬昭州平乐尉。

会禄山反，陷洛阳，陟爱弟斌为贼所得，国忠欲构陟与贼通应，潜令吏卒伺其所居，欲胁之令陟忧死。其土豪人劝陟曰："昔张燕公窜逐，藏于陈氏，以免危亡。诏令倪来，谁敢申覆？未若轻舟千里，且泛溪洞，候事清徐出，岂不美也！"陟慨然应之曰："我积信于国朝，非一代也。况素所秉心，无负神理，命之合尔，其敢逃刑？燕公之谋，诚愧厚意，不能从也。"因谢遣之，乃坚卧不动。

经岁余，潼关失守，肃宗即位于灵武，起为吴郡太守，兼江南东道采访使。未至郡，肃宗使中官贾游岩手诏追之。未至凤翔，会江东永王擅起兵，令陟招谕，除御史大夫，兼江东节度使。陟以季广琛从永王下江，非其本意，惧罪出奔，未有所适，乃有表请拜广琛为丹阳太守、兼御史中丞、缘江防御使，以安反侧。因与淮南节度使高适、淮西节度使来瑱等同至安州，陟谓适、瑱曰："今中原未复，江淮动摇，人心安危，实在兹日。若不齐盟质信，以示四方，令知三帅协心，万里同力，则难以集事矣。"陟推瑱为地主，乃为载书，登坛誓众曰："淮西节度使、兼御史大夫瑱，江东节度使、御史大夫陟，淮南节度使、御史大夫适等，衔国威命，各镇方隅，纠合三垂，翦除凶慝，好恶同之，无有异志。有渝此盟渝，坠命亡族。皇天后土，祖宗神明，实鉴斯言。"陟等辞旨慷慨，血泪俱下，三军感激，莫不陨泣。其后江表树碑以纪忠烈。

无何，有诏令陟赴行在。陟以广琛虽承恩命，犹且迟回，恐后变生，祸贻于陟，欲往招慰，然后赴征，乃发使上表，恳言其急。陟驰至历阳，见广琛，且宣恩旨，劳徕行赏，陟自以私马数匹赐之，安其疑惧。即日便赴行在，谒见肃宗，肃宗深器之，拜御史大夫。拾遗杜甫上表论房琯有大臣度，真宰相器，圣朝不容，辞旨迂诞，肃宗令崔光远与陟及宪部尚书颜真卿同讯之。陟因入奏曰："杜甫所论房琯事，虽被贬黜，不失谏臣大体。"上由此疏之。时朝臣立班多不整肃，至有班头相吊哭者，乃罢陟御史大夫，颜真卿代，授吏部尚书。自后任事宠臣，皆后来初用，望风畏忌，道竟不行。因宗人伐墓柏，坐不能禁，出为绛州刺史乾元二年，入为太常卿。吕𬤇再入相，荐为礼部尚书、东京留守，判尚书省事，兼东京畿观察处置等使。逆贼史思明寇逼河洛，副元帅李光弼议守河阳，令陟率东京官属入关回避，乃领兵守陕州。有诏迁吏部尚书，留守如故，令止于永乐，不许至京，候光弼收复河洛，令陟依前居守。

陟早有台辅之望，间被李林甫、杨国忠所挤。及中愿兵起，天下事殷，陟常自谓负经纬之器，遭后生腾谤明主见疑，常郁郁不得志，乃叹曰："吾道穷于此乎，有志不伸，得非天命乎！"因遘疾，上元元年八月，卒于虢州，时年六十五，赠荆州大都督。永泰元年，诏曰："竭忠之臣，殁不废命，奉上之节，行固无私，言念饰终，抑惟恒典。故金紫光禄大夫、吏部尚书、兼御史大夫、充东京留守、兼判留司尚书省事、东京畿观察处置使、上柱国、郇国公韦陟，敦敏直方，端严峻整，弘敷典礼，表正人伦，学冠通儒，文含大雅。顷者询谟旧德，保厘成周，眷彼郊圻，资其称固。而凶胡残丑密，迩河洛，命居陕、虢，时俟翦除。才加喉舌之荣，遽婴霜露之疾。方期克享眉寿，冀其有瘳，奄此殂殁，良深震悼。升车而复，以申三褫之恩；在腼加绅，宜崇八座之宠。可赠尚书左仆射。"太常博士程皓议谥为"忠孝"。刑部尚书颜真卿以为忠则以身许国，见危致命，孝则晨昏色养，取乐庭闱，不合二行殊高，以成"忠孝"。主客员外郎归崇敬又驳之，纷议不已。右仆射郭英乂不达其体，请从太常之状而奏。陟子允。

斌，景云初安石为宰辅时，授太子通事舍人。早修整，尚文艺，容止严厉，有大臣体，与兄陟齐名。开元十七年，司徒薛王业为女平恩县主求婚，以斌才地奏配焉。迁秘书丞。天宝初，转国子司业，徐安贞、王维、崔颢，当代辞人，特为推挹。天宝中，拜中书舍人，兼集贤院学士，兄陟先为中书舍人，未几迁礼部侍郎，陟在南省，斌又掌文诰，改太常少卿。天宝五载，右相李林甫构陷刑部尚书韦坚，斌以亲累贬巴陵太守，移临安太守，加银青光禄大夫。斌授五品时，兄陟为河东太守，堂兄由为右金吾将军，缘为太子少师，四人同时列载，衣冠之盛，罕有其比。

十四载，安禄山反，陷洛阳，斌为贼所得，伪授黄门侍郎，忧愤而卒。及克复两京，肃宗乾元元年，赠秘书监。安石史叔夏别有传。从父兄子抗，从祖兄子巨源。

抗，弱冠举明经，累转吏部郎中，以清谨著称。景云初，为永昌令，不务威刑而政令肃一。都辇繁剧，前后为政，宽猛得中，无如抗者。无几，迁右台御史中丞，人吏诣阙请留，不许，因立碑于通衢，纪其遗惠。开元三年，自左庶子出为益州长史。四年，入为黄门侍郎。

八年，河曲叛胡康待宾拥徒作乱，诏抗持节慰抚。抗素无武略，不为寇所惮。在路迟留不敢进，因坠马称疾，竟不至贼所而还。俄以本官检校鸿胪卿，代王晙为御史大夫，兼按察京畿。时抗弟拯为万年令，兄弟同领本部，时以荣之，寻以荐御史非其人，出为安州都督转蒲州刺史。十一年，入为大理卿，其年代陆象先为刑部尚书，寻又分掌吏部选事。十四年卒。抗历职以清俭自守，不务产业，及终，丧事殆不能给。玄宗闻其贫，特令给灵舆，递送还乡。赠太子少传，谥曰贞。抗为京畿按察使时，举奉天尉梁升卿、新丰尉王倕、金城尉王冰、华原尉王焘为判官及支使，其后升卿等皆名位通显，时人以抗有知人之鉴。

巨源，周京兆尹总曾孙也。祖匡伯，袭祖爵郇国公，入隋改封舒国公，官至尚衣奉御。巨源则天时累迁司宾少卿，转司府卿、文昌右丞、同凤阁鸾台平章事。三年，转夏官侍郎，依前平章事。有吏才，勾覆省内文案,下符肃征,虽为下所怨苦,然亦颇收其利。证圣初,出为鄜州刺史,寻拜地官尚书、神都留守。长安二年,诏入转刑部尚书,又加太子宾客,再为神都留守。

神龙初,入拜工部尚书,封同安县子。又迁吏部尚书、同中书门下三品,进封郇县伯。时安石为中书令,以是巨源近属,罢知政事。巨源寻迁侍中、中书令,进封舒国公,附入韦后三等亲,叙为兄弟,编在属籍。是岁,巨源奉制与唐休璟、李怀远、祝钦明、苏瑰等定《垂拱格》及《格后敕》,前后计二十卷,颁下施行。时武三思先有实封数千户在贝州,进属大水,刺史宋璟议称租庸及封丁并合捐免;巨源以为谷稼虽被湮沉,其蚕桑见在,可勒输庸调,由是河朔户口颇多流散。

景龙二年,顺天翊圣皇后衣箱中裙上有五色云起,久而方歇,巨源以为非常佳瑞,请布告天下,许之。中宗又令画工图有状以示百僚,仍大赦天下,内外五品已上官母妻各加封邑。时中宗既雅信符瑞,巨源又赞成其妖妄。是岁星坠如雷,野雉皆雊,咎征若此,不闻巨源有言。盖与韦皇后继叙源流,佞媚官爵,疑其开导,以踵则天。时有骁卫将军迦叶志忠、太常少卿郑愔、兵部尚书宗楚客、右补阙赵延禧等,或相讽谕,或上表章,谬说符祥,朋党取媚,识者嗟愤。

景龙三年,拜尚书左仆射,依旧知政事。未几,又拜尚书令、同中书门下三品,仍旧监修国史。时国家将有事于南郊,而巨源希韦后之旨,协同祝钦明之议,言皇后合助郊祀,竟皇后为亚献,巨源为终献,又以大臣女为斋娘。及韦庶人之难,家人令巨源逃匿,巨源曰:“吾国之大臣,岂得闻难不赴?”乃出,至都街,为乱兵所杀,时年八十。

睿宗即位,赠特进、荆州大都督。太常博士李处直议巨源谥曰“昭”。户部员外郎李邕驳之曰:“三思引之为相,阿韦托之为亲,无功而封,无德而禄,同族则丑正安石,他人则附邪楚客,谥之曰‘昭’,良恐不当。”初,巨源与安石迭为宰相,时人以为情不相协,故邕以比称之。处直仍固请依前谥为定。邕又驳曰:

　　夫古之谥，在乎劝沮，将杜小人之业，冀长君子之风。故为善者虽存不贵任，而没有余名，此贤达所以砥节也；为恶者虽生有所幸，死怀所惩，此回邪所以易心也。呜呼！巨源尝未斯察，而乃闻义不从，与恶相济，蓄罔上之志，协群凶之谋，苟容圣朝，贪昧厚禄。自以宰臣之贵，不崇朝而贾害者，固鬼得而诛之也。彼则匹夫之微，未受命而行刑者，固人得而诛之也。幽明之愤，断焉可知，天地之心，自此而见矣。

　　顷者皇运中兴，功臣翼政。时序未几，邪逆执权，奸慝者拜爵于私门，忠正者降黜于藩郡。巨源此际，用事方殷。且于阿韦何亲，而结为昆季；于国家何力，而累忝大官。此则暗通中人，附会武氏，托城社之固，乱皇家之基。其罪一也。

　　又国之大事，在祀与戎，酌于礼经，陈于郊祭，将以对越天地，光扬祖宗，既告成功，以观海内，惟昔亚献，不闻妇人，阿韦蓄无君之诚，怀自达之意，潜图帝位，议啄皇孙，升坛拟仪，拜赐明命，将预家事，无守国章。巨源创迹于前，悖逆演成于后。时有礼部侍郎徐坚、太常博士唐绍、蒋钦绪、彭景直并言之莫从。其罪二也。

　　又上天不吊，先帝遇毒，悔祸无征，阿韦将篡。画计未果，逆心尚摇，周章夷犹仓卒迷谬。于是太平公主矫为陈谟，上官昭容绐草遗诏，故得今上辅政，阿韦参谋。将大业垂成，而休命中辍者，职由巨源蹑韦温之足，楚客附巨源之耳，枭声遽发，狼顾相惊，以阿韦临朝，以韦温当国。其罪三也。

　　又人为邦本，财实聚人，夺其财则人心自离，无其人则国本何恃。巨源屡践台辅，专行勾征，废越条章，崇尚侵刻，树怨天下，剥害生灵，兆诬流离，户口减耗。况以三思食邑，往在贝州，时属久阴，灾自多雨。租庸捐免，申令昭明，匪今独然，自古不易。三思虑其封物，巨源启此异端，以为稼穑湮沉，虽无菽粟，蚕桑织紝，可输庸调。致使河朔黎人，海隅士女，去其乡井，鬻其子孙，饥寒切身，朝夕奔命。其罪四也。

但巨源长于华宗，仕于累代，作万国之相，处具瞻之地，蔽日月之层辉，负丘山之重责，今乃妄加褒述，安能分谤者哉！

当时虽不从邕议，而论者是之。巨源与安石及则天时文昌右相待价，并是五服之亲，自余近属至大官者数十人。

赵彦昭者，甘州张掖人也。父武孟，初以驰骋佃猎为事，尝获肥鲜以遗母，母泣曰："汝不读书而佃猎如是，吾无望矣。"竟不食其膳。武孟感激勤学，遂博通经史。举进士，官至右台侍御史，撰《河西人物志》十卷。

彦昭少以文辞知名，中宗时，累迁中书侍郎、同中书门下三品，兼修国史，充修文馆学士。景龙四年，金城公主出降吐蕃赞普，中宗命彦昭为使，彦昭以既充外使，恐失其宠，殊不悦。司农卿赵履温私谓曰："公国之宰辅，而为一介之使，不亦鄙乎？"彦昭曰："计将安出？"履温因为阴托安乐公主密奏留之，中宗乃遣左骁卫大将军杨矩代彦昭而往。

睿宗时，出为凉州都督，为政清严，将士已下皆动足股栗。又为宋州刺史，入为吏部侍郎，又为刑部尚书、关内道持节巡边使、检校左御史台大夫。

彦昭素与郭元振、张说友善，及萧至忠等伏诛，元振、说等称彦昭先尝密图其事，乃以功迁刑部尚书，封耿国公，赐实封一百户。殿中侍御史郭震奏："彦昭以女巫赵五娘左道乱常，托为诸姑，潜相影援，既因提挈，乃践台阶，驱车造门，著妇人之服；携妻就谒，申犹子之情。于时南宪直臣，劾以霜宪，暂加微贬，旋登宠秩。同恶相济，一至于此。乾坤交泰，宇宙再清，不加贬削，法将安措？请付紫微黄门，准法处分。"俄而姚崇入相，甚恶彦昭之为人由是累贬江州别驾，卒。

萧至忠，秘书少监德言曾孙也。少仕为畿尉，以清谨称。尝与友人期于路隅，会风雪冻冽，诸人皆奔避就宇下，至忠曰："宁有与人期而求安失信乎？"独不去，人咸叹服。神龙初，武三思擅权，至忠附之，自吏部员外擢拜御史中丞。迁吏部侍郎，仍兼御史中丞。恃武三思势，掌选无所忌惮，请谒杜绝，威风大行。寻迁中书侍郎，兼中书令。

节愍太子诛武三思后，有三思党与宗楚客、纪处讷令待御史冉祖雍奏言："安国相王及镇国太平公主亦与太子连谋举兵，请收付制狱。"中宗召至忠令按其事，至忠泣而奏曰："陛下富有四海，贵为天子，岂不能保一弟一妹，受人罗织？宗社存亡，实在于此。臣虽愚昧，窃为陛下不取。《汉书》云：'一尺布，尚可缝，一斗粟，尚可舂，兄弟二人不相容。'愿陛下详察此言。且往者则天皇后欲令相王为太子，王累日不食，请迎陛下。固让之诚，天下传说，足明冉祖雍等所奏，咸是构虚。"帝深纳其言而止。

寻转黄门侍郎、同中书门下平章事。至忠上疏陈时政，曰：

臣闻王者列职分司，为人求理之道，必在用贤。得其人则公务克修，非其才则厥官如旷，官旷则事废，事废则人残，渐至凌迟，率由于此。顷者选曹授职，政事官人，或异才升，多非德进。皆因依贵要，互为粉饰，苟得即是，曾无远图，上下相蒙，谁肯言及？臣闻官爵者公器也，恩幸者私惠也，祗可金帛富之，粱肉食之，以存私泽也。若以公器为私用，则公议不行，而劳人解体；以小私而妨至公，则私谒门开，而正言路绝。恺人递进，君子道消，日削月朘，卒见凋弊者，为官非其人也。昔汉馆陶公主为子求郎，明帝谓曰："郎官上应列宿，出宰百里，苟非其人，则人受其殃"。赐钱十万而已。此即至公之道不亏，恩私之情无替，良史直笔，将为美谈，于今称之，不辍其口者也。当今列位已广，冗员倍多，祈求未厌，日月增数。陛下降不赀之泽近戚有无涯之请，卖官利已鬻法徇私。台寺之内，朱紫盈满，官秩益轻，恩赏弥数恺利之辈，冒进而莫识廉隅；方雅之流，知难而敛分丘陇，才者莫用，用者不才，二事相形，十有其五。故人不效力，而官匪其人，欲求其理，实亦难成。

臣窃见宰相及近侍要官子弟,多居美爵,此并势要亲戚,罕有才艺,递相嘱托,虚践官荣。《诗》云:"东人之子,职劳不赉。西人之子,粲粲衣服。私人之子,百僚是试。或以其酒,不以其浆。鞙鞙佩璲,不以其长。"此言王政不平,众官废职,私家之子,列试于荣班,非任之人,徒长其饰佩。臣愚伏愿陛下想居安思危之义,行改弦易张之道,爱惜爵赏,审量材识,官无虚授,人必为官,进大雅于枢近,退小子于闲僻,政令惟一,威恩以信,私不害公,情不挠法,则天下幸甚。臣伏见永徽故事,宰相子弟多居外职者,非直抑强宗、分大族,亦以退不肖、择贤才。伏愿陛下远稽旧典,近遵先圣,特降明敕,令宰相已下及诸司长官子弟,并改授外官,庶望分职四方,共宁百姓,表里相统,遐迩人安。

疏奏不纳。

明年,代韦巨源为侍中,仍依旧修史。寻迁中书令。时宗楚客、纪处讷潜怀奸计,自树朋党,韦巨源、杨再思、李峤皆唯诺自全,无所匡正。至忠处于其间,颇存正道,时议翕然重之。中宗亦曰:"诸宰相中,至忠最怜我。"韦庶人又为亡弟赠汝南王洵与至忠亡女为冥婚合葬,及韦氏败,至忠发墓,持其女柩归,人以此讥之。至忠又以女适庶人舅崔从裕之子,成礼日,中宗为萧氏婚主,韦庶人为崔氏婚主,时人谓之"天子嫁女,皇后娶妇。"

睿宗即位,景云初,出为晋州刺史,甚有能名。时太平公主用事,至忠潜遣间使申意,求入为京职。诛韦氏之际,至忠一子任千牛,为乱兵所杀,公主冀至忠以此怨望,可与谋事,即纳其请,召拜刑部尚书、右御史大夫,再迁吏部尚书。先天二年,复为中书令。是岁,至忠与窦怀贞、魏知古、崔湜、陆象先、柳冲、徐坚、刘子玄等撰成《姓族系录》二百有卷,有制加爵赐物各有差。

未几,左仆射窦怀贞、侍中岑羲及至忠并户部尚书李晋、太子少保薛稷、左散骑常侍贾膺福、左羽林大将军常元楷、右羽林将军李慈等与太平公主谋逆事泄,至忠遽遁入山寺,数日,捕而伏诛,籍没其家。至忠虽清俭刻已，然简约自高，未尝接待宾客，所得俸禄，亦无所赈施。及籍没，财制甚丰，由是顿绝声望矣。

弟元嘉，工部侍郎；广微，工部员外。

宗楚客者，蒲州河东人，则天从父姊之子也。兄秦客，垂拱中潜劝则天革命称帝，由是累迁内史。后与楚客及弟晋卿并以奸赃事发，配流岭外。秦客死，楚客等寻复追还。楚客累迁夏官侍郎、同凤阁鸾台平章事。神龙初，为太仆卿。武三思用事，引楚客为兵部尚书、同中书门下三品，晋卿累迁将作大匠。节愍太子既杀武三思，兵败，逃于鄠县，楚客遣使追斩之，仍令以其首祭三思及崇训丧柩。韦庶人及安乐公主尤加亲信，未几，迁中书令。楚客虽迹附韦氏，而尝别有异图，与侍中纪处讷共为朋党，故时人呼为宗、纪。

景龙中，西突厥娑葛与阿史那忠节不和，屡相侵扰，西陲不安，安西都护郭元振奏请徙忠节于内地，楚客与晋卿、处讷等各纳忠节重赂，奏请发兵以讨娑葛，不纳元振所奏。娑葛知而大怒，举兵入寇，甚为边患。于是监察御史崔琬劾奏楚客等曰：

> 臣闻四牡项领，良御不乘；二心事君，明罚无舍，谨案宗楚客、纪处讷等，性惟险诐，志越溪壑，幸以遭逢圣主，累忝殊荣，承恺悌之恩，居弼谐之地。不能刻意砥操，忧国如家，微效涓尘，以裨川岳，遂乃转作威福，敢树朋党，有无君之心，阙大臣之节。潜通狡狁，纳贿不赀；公引顽凶，受赂无限。丑问充斥，秽行昭彰。且境外之交，情状难测，今娑葛反叛，边鄙不宁，由此贼臣，取怨中国，论之者惧祸以结舌，语之者避罪以钳口。但晋卿昔居荣职，素阙忠诚，屡抵严刑，皆由黩货。今又叨忝，频沐殊恩，厚禄重权，当朝莫比。曾无悛改，仍徇赃私，此而可容，孰不可恕？臣谬参直指，义在触邪，请除巨蠹，用答天造。楚客、处讷、晋卿等骄恣跋扈，人神同疾，不加天诛，讵清王度。并请收禁，差三司推鞫。

旧制，大臣有被御史对仗劾弹者，即俯偻趋出，立于朝堂待罪。

楚客更咤魄作色而进，自言以执性忠鲠，被琬诬奏。中宗竟不能穷核其事，遽令琬与楚客等结为义故兄弟以和解之。韦氏败，楚客与晋卿等皆伏诛。

纪处讷者，秦州上邽人也。娶武三思妻之姊，由是累迁太府卿。神龙中，尝因谷贵，中宗召处讷亲问其故。武三思讽知太史事右骁卫将军迦叶志忠、太史令傅孝忠奏言，"其夜有摄提星入太微，至帝座。此则王者与大臣私相接，大臣能纳忠，故有斯应"。帝以为然，降敕褒述处讷，赐衣一副、采六十段。无几，进拜侍中，与楚客等同时伏诛。

史官曰：大帝、孝和之朝，政不由己，则天在位，已经缀旒，韦后司晨，前踪覆辙。当是时，奸邪有党，宰执求容，顺之则恶其名彰，逆之则忧其祸及，欲存身致理者，非中智常才之所能也。况元忠、安石、巨源、至忠、彦昭等行非纯一，识昧存亡，徇利贪荣，有始无卒，不得其死，宜哉！楚客、晋卿、处讷等谗谄并进，威虐贯盈，不使逃刑，可谓政正。

赞曰：为唐重臣，食唐重禄。颠危不持，富贵何足。二宗、一纪，谗邪酷毒。与前数公，死不知辱。

旧唐书卷九三
列传第四三

娄师德　王孝杰　唐休璟
张仁愿　薛讷　王晙

　　娄师德，郑州原武人也。弱冠，进士擢第，授江都尉。扬州长史卢业奇其才，尝谓之曰："吾子台辅之器，当以子孙相托，岂可以官属常礼待也？"上元初，累补监察御史。属吐蕃犯塞，募猛士以讨之，师德抗表请为猛士。高宗大悦，特假朝散大夫，从军西讨，频有战功，迁殿中侍御史，兼河源军司马，兼知营田事。天授初，累授左金吾将军，兼检校丰州都督，仍依旧知营田事。则天降书劳曰："卿素积忠勤，兼怀武略，朕所以寄之襟要，授以甲兵。自卿受委北陲，总司军任，往还灵、夏，检校屯田，收率既多，京坻遽积。不烦和籴之费，无复转输之艰，两军及北镇兵数年咸行支给。勤劳之诚，久而弥著，鉴以嘉尚，欣悦良深。"

　　长寿元年，召拜夏官侍郎、判尚书事。明年，同凤阁鸾台平章事。则天谓师德曰："王师外镇，必藉边境营田，卿须不惮劬劳，更充使检校。"又以为河源、积石、怀远等军及河、兰、鄯、廓等州检校营田大使。稍迁秋官尚书。万岁登封元年，转左肃政御史大夫，仍并依旧知政事。证圣元年，吐蕃寇洮州，令师德与夏官尚书王孝杰讨之，与吐蕃大将论钦陵、赞婆战于素罗汗山，官军败绩，师德贬授原州员外司马。

　　万岁通天二年，入为凤阁侍郎、同凤阁鸾台平章事。是岁，兼检校右肃政御史大夫，仍知左肃政台事，又与王懿宗、狄仁杰分道安抚河北诸州。神功元年，拜纳言，累封谯县子。寻诏师德充陇右诸军大使，仍检校河西营田事。圣历二年，突厥入寇，复令检校并州长史，仍充天兵军大总管。是岁九月卒，赠凉州都督，谥曰贞。

初，狄仁杰未入相时，师德尝荐之，及为宰相，不知师德荐己，数排师德，令充外使。则天尝出师德旧表示之，仁杰大惭，谓人曰："吾为娄公所含如此，方知不逮娄公远矣。"师德颇有学涉，器量宽厚，喜怒不形于色。自转综边任，前后三十余年，恭勤接下，孜孜不怠，虽参知政事，深怀畏避，竟能以功名始终，甚为已任识者所重。

王孝杰，京兆新丰人也。高宗末，为副总管，从工部尚书刘审礼西讨吐蕃，战于大非川，为贼所获。吐蕃赞普见孝杰，垂泣曰："貌类吾父。"厚加敬礼，由是免死，寻得归。则天时，累迁右鹰扬卫将军。孝杰久在吐蕃中，悉其虚实。长寿元年，为武威军总管，与左武卫大将军阿史那忠节率众以讨吐蕃，乃克复龟兹、于阗、疏勒、碎叶四镇而还。则天大悦，谓侍臣曰："昔贞观中具缏得此蕃城，其后西陲不守，并陷吐蕃。今既尽复于旧，边境自然无事。孝杰建斯功效，竭此款诚，遂能裹足徒行，身与士卒齐力。如此忠恳，深是可嘉。"乃拜孝杰为左卫大将军。明年，迁夏官尚书、同凤阁鸾台三品，封清源男。延载初，入为瀚海道行军总管，余如故，证圣初，又为朔方道总管，寻坐与吐蕃战败免官。

万岁通天年，契丹李尽忠，孙万荣反叛，复诏孝杰白衣起为清边道总管，统兵十八万以讨之。孝杰军至东峡石谷遇贼，道险，虏甚众，孝杰率精锐之士为先锋，且战且前，及出谷，布方阵以捍贼。后军总管苏宏晖畏贼众，弃甲而遁，孝杰既无后继，为贼所乘，营中溃乱，孝杰坠谷而死。兵士为贼所杀及奔践而死殆尽，时张说为节度管记，驰奏其事。则天问孝杰败亡之状，说曰："孝杰忠勇敢死，乃诚奉国，深入寇境，以少御众，但为后援不至，所以致。"于是追赠孝杰夏官尚书，封耿国公，拜其子元择为朝散大夫。遣使斩宏晖以徇，使未至幽州，而宏晖已立功赎罪，竟免诛。

开元中，无择官至左骁卫将军，以恩例赠孝杰特进。

唐休璟，京兆始平人也。曾祖规，周骠骑大将军、安邑县公。祖宗，隋大业末为朔方郡丞。时为梁师都举兵，将据城，宗抗节不从，乃为所害。

休璟少以明经擢第。永徽中，解褐吴王府典签，无异材，调授营府户曹。调露中，单于突厥背叛，诱扇奚、契丹侵掠州县，其后奚、羯胡又与桑乾突厥同反。都督周道务遣休璟将兵击破之于独护山，斩获甚众，超拜丰州司马。永淳中，突厥围丰州，都督崔智辩战殁。朝议欲罢丰州，徙百姓于灵、夏，休璟以为不可，上书曰："丰州控河遏贼，实为襟带，自秦、汉已来，列为郡县，田畴良美，尤宜耕牧，隋季丧乱，不能坚守，乃迁徙百姓就宁、庆二州，致使戎羯交侵，乃以灵、夏为边界。贞观之末，始募人以实之，西北一隅，方得宁谧。今若废弃，则河傍之地复为贼有，灵、夏等州人不安业，非国家之利也。"朝廷从其言，丰州复存。

垂拱中，迁安西副都护。会吐蕃攻破焉耆，安息道大总管、文昌右相韦待价及副使阎温古失利，休璟收其余众，以安西土。迁西州都督，上表请复取四镇。则天遣王孝杰破吐蕃，拔四镇，亦休璟之谋也。圣历中，为司卫卿，兼凉州都督、右肃政御史大夫，持节陇右诸军州大使。

久视元年秋，吐蕃大将麹莽布支率骑数万寇凉州，入自洪源谷，将围昌松县。休璟以数千人往击之，临阵登高，望见贼衣甲鲜盛，谓麾下曰："自钦陵死，赞婆降，麹莽布支新知贼兵，欲曜威武，故其国中贵臣酋豪子弟皆从之。人马虽精，不习军事，吾为诸君取之。"乃被甲先登，与贼六战六克，大破之，斩其副将二人，获首二千五百级，筑京观而还。是后休璟入朝，吐蕃亦遣使来请和，因宴屡觇休璟。则天问其故，对曰："往岁洪源战时，此将军雄猛无比，杀臣将士甚众，故欲识之。"则天大加叹异，擢拜右武威、右金吾二卫大将军。

休璟尤谙练边事,自碣石西喻四镇,绵亘万里,山川要害,皆能记之。长安中,西突厥乌质勒与诸蕃不和,举兵相持,安西道绝,表奏相继。则天令休璟与宰相商度事势,俄顷间草奏,便遣施行。后余日,安西诸州表请兵马应接,程期一如休璟所画。则天谓休璟曰:"恨用卿晚。"可因迁夏官尚书、同凤阁鸾台三品。又谓魏元忠及杨再思、李峤、姚元崇、李迥秀等曰:"休璟谙练边事,卿等十不当一也。"

寻转太子右庶子,依旧知政事。以契丹入寇,复拜夏官尚书,兼检校幽、营等州都督,兼安东都护。时中宗在春宫,将行,进启于皇太子曰:"张易之兄弟幸蒙宠遇,数侍宴禁中,纵情失礼,非人臣之道,惟加防察。"中宗即位,召拜辅国大将军、同中书门下三品,封酒泉郡公,顾谓曰:"卿曩日直言,朕今不忘。初欲召卿计事,但以遐远,兼怀北狄之忧耳。"未几,加特进,拜尚书右仆射。是岁秋大水,休璟两上表自咎,请免官甚切,辞多不载。中宗竟不允,手制答曰:"阴阳乘爽,事属在予,待罪私门,难依来表。"寻迁中书令,充京师留守,俄加检校吏部尚书。又以宫僚之旧,赐实封三百户,累封宋国公。休璟在任,无所弘益。

景龙二年,致仕于家,年力虽衰,进取弥锐。时尚宫贺娄氏颇关预国政,凭附者皆得宠荣,休璟乃为其子娶贺娄氏养女为妻,因以自达。由是起为太子少师、同中书门下三品,监修国史,仍封宋国公。休璟年逾八十,而不知止足,托求进,为时所讥。景云元年,又拜特进,充朔方道行军大总管,以备突厥,停其旧封,别赐实封一百户。二年,表请致仕,许之,禄及一品子课并令全给。休璟初得封时,以绢数千匹分散亲族,又以家财数十万大开茔域,备礼葬其五服之亲,时人称之。延和元年七月薨,年八十六,赠荆州大都督,谥曰忠。

子先慎袭爵,官至陈州刺史。次子先择,开元中为右金吾卫将军。

张仁愿，华州下邽人也。本名仁亶，以音类睿宗讳改焉。少有文武材干，累迁殿中侍御史。时有御史郭霸上表称则天是弥勒佛身，凤阁舍人张嘉福与洛州人王庆之等请立武丞嗣为皇太子，皆请仁愿连名署表，仁愿正色拒之，甚为有识所重。寻而夏官尚书王孝杰为吐刺军总管，统众以御吐蕃，诏仁往监之。仁愿与孝杰不协，因入奏事，称孝杰军败，诬罔之状。孝杰由是免为庶人，仁愿遽迁侍御史。

万岁通天二年，监察御史孙承景监清边军，战还，画战图以奏。每阵必画承景躬当矢石、先锋御贼之状，则天叹曰：“御史乃能尽诚如此！”擢拜右肃政台中丞，令仁愿叙录承景下立功人。仁愿未发都，先问承景对阵胜负之状。承景身实不行，问之皆不能对，又虚增功状。仁愿廷奏承景罔上之罪，于是左迁崇仁令，擢仁愿为肃政台中丞、检校幽州都督。会突厥默啜入寇，攻陷赵、定，拥众回至幽州，仁愿勒兵出城邀击之，流矢中手，贼亦引退。则天遣使劳问，赐以医药。累迁并州大都督府长史。

神龙二年，中宗还京，以仁愿为左屯卫大将军，兼检校洛州长史。时都城谷贵，盗窃甚众，仁愿一切皆捕获杖杀之，积尸府门，远近震慑，无敢犯者。初，高宗时贾敦颐为洛州刺史，亦有政绩，与仁愿皆为一时之最。故时人为之语曰：“洛州有前贾后张，可敌京兆三王。”其见称如此。

三年，突厥入寇，朔方军总管沙吒忠义为贼所败，诏仁愿摄御史大夫，代忠义统众。仁愿至军而贼众已退，乃蹑其后，夜掩大破之。先，朔方军北与突厥以河为界，河北岸有拂云神祠，突厥将入寇，必先诣祠祭酹求福，因牧马料兵而后渡河。时突厥默啜尽众西击突骑施娑葛，仁愿请乘虚夺取汉南之地，于河北筑三受降城，首尾相应，以绝其南寇之路。太子少师唐休璟以为两汉已来，皆北守黄河，今于寇境筑城，恐劳人费工，终为贼虏所有，建议以为不便。仁愿固请不已，中宗竟从之。仁愿表留年满镇兵以助其功。时咸阳兵二百余人逃归，仁愿尽擒之，一时斩于城下，军中股栗，役者尽力,六旬而三城俱就。以拂云祠为中城,与东、西两城相去各四百余里,皆据津济,遥相应接,北拓地三百余里,于牛头朝那山北置烽候一千八百所。自是突厥不得度山放牧,朔方无复寇掠,减镇兵数万人。

仁愿初建三城,不置瓮门及曲敌、战格之具。或问曰:"此边城御贼之所,不为守备,何也?"仁愿曰:"兵贵在攻取,不宜退守。寇若至此,即当并力出战,回顾望城,犹须斩之,何用守备,生其退恶之心也?"其后常元楷为朔方军总管,始筑瓮门以备寇,议者以此重仁愿而轻元楷焉。仁愿在朔方,奏用监察御史张敬忠何鸾、长安尉寇沘、鄠县尉王易从、始平主簿刘体微分判军事,太子文学柳彦昭为管记,义乌尉晁良贞为随机。敬忠等皆以文吏著称,多至大官,时称仁愿有知人之鉴。

景龙二年,拜左卫大将军、同中书门下三品,累封韩国公。春还朝,秋复督军备边。中宗赋诗祖饯,赏赐不可胜纪。寻加镇军大将军。睿宗即位,以老致仕,特全给禄俸,又拜兵部尚书,加光禄大夫,依旧致仕。开元二年卒,赠太子少傅,赙物二百段,命五品官一人为监护使。

子辅之,开元初为赵州刺史。

薛讷,绛州万泉人也,左武卫大将军仁贵子也。为蓝田令,有富商倪氏于御史台理其私债,中丞来俊臣受其货财,断出义仓米数千石以给之。讷曰:"义仓本备水旱,以为储蓄,安敢绝众人之命,以资一家之产?"竟报上不与。会俊臣得罪,其事乃不行。其后突厥入寇河北,则天以讷将门,使摄左武威卫将军、安东道经略。临行,于同明殿召见与语,讷因奏曰:"丑虏凭凌,以庐陵为辞。今虽有制升储,外议犹恐未定。若此命不易,则狂贼自然款伏。"则天深然其言。寻拜幽州都督,兼安东都护;转并州大都督府长史,兼检校左卫大将军。久当边镇之任,累有战功。

玄宗即位,于新丰讲武,讷为左军节度。时元帅与礼官得罪,诸部颇亦失序,唯讷及解琬之军不动。玄宗令轻骑召讷等,至军门,皆不得入。礼毕,上甚加慰劳。

时契丹及奚与突厥连和,屡为边患,讷建议请出师讨之。开元二年夏,诏与左监门将军杜宾客、定州刺史崔宣道等率众二万,出檀州道以讨契丹等。杜宾客以为时属炎暑,将士负戈甲,赍资粮,深入寇境,恐难为制胜。中书令姚元崇亦以为然。讷独曰:"夏月草茂,羔犊生息之际,不费粮储,亦可渐进。一举振国威灵,不可失也。"时议咸以为不便。玄宗方欲威服四夷,特令讷同紫微黄门三品,总兵击奚、契丹,议者乃息。六月,至滦河,遇贼,时既蒸暑,诸将失计会,尽为契丹等所覆。讷脱身走免,归罪于崔宣道及蕃将李思敬等八人,诏尽令斩之,特免杜宾客之罪。下制曰:"并州大都督府长史兼检校左卫大将军、和戎大武等诸军州节度大使、同紫微黄门三品薛讷,总戎御边,建议为首。暗于料敌,轻于接战,张我王师,衅之虏境。观其畴昔,颇常输罄,每欲资忠报主,见义忘身。特缓严刑,俾期来效,宜放其罪,所有官爵等并从除削。"

其年八月,吐蕃大将坌达延、乞力徐等众十万寇临洮军,又进寇兰州及渭州之渭源县,掠牧而地去。诏讷白衣摄左羽林将军,为陇右防御使,与太仆少卿王晙等率兵邀击之。十月,讷领众至渭源,遇贼战于武阶驿,与王晙掎角夹攻之,大破贼众,追奔至洮水,又战于长城堡,丰安军使王海宾先锋力战死之。将士乘势进击,又败之,杀获万人,擒其将六指乡弥洪,尽收其所掠羊马,并获其器械,不可胜数。时有诏将以十二月亲征吐蕃,及闻讷等克捷,玄宗大悦,乃停亲征,追赠王海宾左金吾卫大将军,赙物三百段、粟三百石,名其稚子为忠嗣,拜朝散大夫。命紫微舍人若水往,即便叙录功状,拜讷为左羽林军大将军复封平阳郡公,仍拜子畅朝散大夫。俄又充凉州镇军大总管。寻以年老,特听致仕。八年卒,年七十余,赠太常卿,谥曰昭定。讷沉勇寡言,临大敌而益壮。

讷弟楚玉,开元中,为幽州大都督府长史,以不称职见代而卒。

　　王晙,沧州景城人,徙家于洛阳。祖有方,岷州刺史。晙弱冠明经擢第,历迁殿中侍御史,加朝散大夫。时朔方军元帅魏元忠讨贼失利,归罪于副将韩思忠,奏请诛之。晙以思忠既是偏裨,制不由己,又有勇智可惜,不可独杀非辜,乃廷议争之。思忠竟得释,而晙亦由是出为渭南令。

　　景龙末,累转为桂州都督。桂州旧有屯兵,常运衡、永等州粮以馈之,晙始改筑罗郭,奏罢屯兵及转运。又堰江水,开屯田数千顷,百姓赖之。寻上疏请归乡拜墓,州人诣阙请留晙,乃下敕曰:“彼州往缘寇盗,户口凋残,委任失材,乃令至此。卿处事强济,远迩宁静,筑城务农,利益已广,隐括绥缉,复业者多。宜须政成,安此黎庶,百姓又有表请,不须来也。”晙在州又一年,州人立碑以颂其政。再转鸿胪大卿,充朔方军副大总管,兼安北大都护,丰安、定远、三城及侧近军并受晙节度。后转太仆少卿、陇右群牧使。

　　开元二年,吐蕃精甲十万寇临洮军,晙率所部二千人卷甲倍程,与临洮两军合势以拒之。贼营于大来谷口,三蕃将坌达延又率兵继至。晙乃出奇兵七百人,衣之蕃服,夜袭之。相去五里,置鼓角令前者遇寇大呼,后者击鼓以应之。贼众大惧,有伏兵,自相杀伤,死者万计。俄而摄右羽林将军薛讷率众邀击吐蕃,至武街谷,去大来谷二十里,为贼所隔。晙率兵迎讷之军,贼置兵于两军之间,连亘数十里,晙夜出壮士衔枚击之,贼又大溃,乃与讷合军,掩其余众,追奔至洮水,杀获不可胜数,尽收所掠牧马而还,以功加银青光禄大夫,封清源县男,兼原州都督,仍拜其子班为朝散大夫。寻除并州大都督府长史。

　　明年,突厥默啜为九姓所杀,其下酋长多款塞投降,置之河曲之内。俄而小杀继立,降者渐叛。晙上疏曰:

　　　突厥时属乱离,所以款塞降附,其与部落,非有仇嫌,情异北风,理固明矣。养成其兴,虽悔可追。今者,河曲之中,安置降虏,此辈生梗,实难处置。日月渐久,奸诈逾深,窥边间隙,必为患难。今有降者部落,不受军州进止,辄动兵马,屡有伤杀。

询问胜州左侧，被损五百余人。私置烽铺，潜为抗拒，公私行李，颇实危惧。北房如或南牧，降户必与连衡。臣问没蕃归人云，却逃者甚众，南北信使，委曲通传，此辈降人，翻成细作。倘收合余烬，来逼军州，房骑凭凌，胡兵应接，表里有敌，进退无援。虽复韩、彭之勇，孙、吴之策，令其制胜，其可必乎！

望至秋冬之际，令朔方军盛陈兵马，告其祸福，啖以缯帛之利，示以麋鹿之饶，说其鱼米之乡，陈其畜牧之地。并分配淮南、河南宽乡安置，仍给程粮，送至配所。虽复一时劳弊，必得久长安稳。二十年外，渐染淳风，持以充兵，皆为劲卒。若以北狄降者不可南中安置，则高丽俘虏置之沙漠之曲，西域编氓散在青、徐之右，唯利是视，务安疆场，何独降胡，不可移徙。

近者，在边将士，爰及安蕃使人，多作谀辞，不为实对。或言北房破灭，或言降户安静，志欲自言功效，非有以徇邦家。伏愿察斯利口，行兹远虑，边荒清晏，黎元幸甚。

臣料留住之议，谋者云遵故事，必言降户之辈，旧置河曲之中，昔所既得康宁，今日还应稳便。但同时异事，先典攸传，往者颉利破亡，边境宁谧，降户之辈，无复他心，所以多历岁年，此类皆无动静。今房见未破灭，降户私使往来，或畏北房之威，或怀北房之惠，又是北房戚属，夫岂不识亲疏，将比昔年，安可同日！

臣料其中颇有三策。若盛陈兵马，散令分配，内获精兵之实，外祛黠房之谋，暂劳永安，此上策也。若多屯士卒，广为备拟，亭障之地，蕃、汉相参，费甚人劳，此下策也。若置之朔塞，任之来往，通传信息，结成祸胎，此无策也。伏愿察斯三者，详其善恶，利害之状，长短可寻。纵因迁移，或致逃叛，但有移得之者，即是今日良图，留待河冰，恐即有变。臣蒙天泽，叨居重镇，逆耳利行，敢不尽言。

疏奏未报，降房果叛，敕晙帅并州兵西济河以讨之。晙乃间行倍道，以夜继昼，卷甲舍幕而趋之。夜于山中忽遇风雪甚盛，晙恐失期,仰天誓曰:"晙若事君不忠,不讨有罪,明灵所殛,固自当之,而士众何辜,令其艰苦!若诚心忠烈,天监孔明,当止雪回风,以济戎事。"言讫,风回而雪止。时叛者分为两道,其在东者,晙追及之,杀一千五百余人,生获一千四百余人,驼马牛羊甚众。晙以功迁左散骑常侍、持节朔方道行军大总管,寻迁御史大夫。

时突厥跌跌部落及仆固都督匄磨等散在受降城左右居止,且谋引突厥共为表里,陷军城而叛。晙因入奏,密请。八年秋,晙诱跌跌等党与八百余人于中受降城诛之,由是乃授晙兵部尚书,复充朔方军大总管。

九年,兰池州胡苦于赋役,诱降虏余烬,攻夏州反叛,诏陇右节度使、羽林将军郭知运与晙相知讨之。晙奏:"朔方军兵自有余力,其郭知运定请还本军。"未报,而知运兵至,与晙颇不相协。晙所招抚降者,知运纵兵击之,贼以为晙所卖,皆相率叛走。晙进封清源县公,仍兼御史大夫。俄而贼众复相结聚,晙坐左迁梓州刺史。

十年,拜太子詹事,累封中山郡公。属车驾北巡,以晙为吏部尚书,兼太原尹。十一年夏,代张说为兵部尚书,同中书门下三品,追录破胡之功,加金紫光禄大夫,仍充朔方军节度大使。其年冬,上亲郊祀,追晙赴京,以会大礼。晙以时属冰壮,恐虏骑乘隙入寇,表辞不赴,手敕慰勉,仍赐衣一副。会许州刺史王乔家奴告乔与晙潜谋构逆,敕侍中源乾曜、中书令张说鞫其状。晙既无反状,乃以违诏追不到,左迁蕲州刺史。十四年,累迁户部尚书,复为朔方军节度使。二十年卒,年七十余,赠尚书左丞相,谥曰忠烈。

往岁,魏元忠为张易之、昌宗所构,左授高要尉,晙密状申明之。宋璟时为凤阁舍人,谓晙曰:"魏公且全矣。子胥威严而理,坐恐子之狼狈也。"璟曰:"魏公忠而获罪,晙为义所激,颠沛无恨。"璟叹曰:"璟不能申魏公之枉,深负朝廷矣。"晙气貌雄壮,时人谓之有熊虎之状。然慕义激励,有古人之风,御下整肃,人吏畏而爱之。裥卒后,信安王祎于幽州讨奚告捷,奏称军士咸见晙与蕃将高昭领兵马先军讨贼,上闻而嗟异久之。户部郎中阳伯城上疏,请晙等坟特乞增修封哉，量加表异，降使飨祭，优其子孙。玄宗乃遣使就其家庙祭，仍加其子官秩。

史臣曰：娄师德应召而慷忾，勇也；荐仁杰而入用，忠也；不使仁杰知之，公也；营田瞻军，智也；恭勤接下，和也；参知政事，功名有卒，是人之难也，又何愧于将相乎！王孝杰、唐休璟、张仁愿、薛讷、王晙等皆韬武干，亟立边功。然孝杰失于再擒，休璟亏于余行。先败后胜，薛讷何渐；止雪回风，王晙难掩；仁愿操履，中否相兼。

赞曰：拯物之心，不形于色。将相之材，人何以测。臣有始终，功无爽忒。多忌梁公，自招惭德。唐、张、讷、晙，善陈能师。共服戎虏，不忧边陲。

旧唐书卷九四
列传第四四

苏味道   李峤   崔融
卢藏用   徐彦伯

　　苏味道,赵州栾城人也。少与乡人李峤俱以文辞知名,时人谓之苏李。弱冠,本州举进士。累转咸阳尉。吏部侍郎裴行俭先知其贵,甚加礼遇,及征突厥阿史那都支,引为管记。孝敬皇帝妃父裴居道再登左金吾将军,访当时才子为谢表,托于味道,援笔而成,辞理精密,盛传于代。

　　延载初,历迁凤阁舍人、检校凤阁侍郎、同凤阁鸾台平章事,寻加正授。证圣元年,坐事出为集州刺史,俄召拜天官侍郎。圣历初,迁凤阁侍郎、同凤鸾台三品。味道善敷奏,多识台阁故事,然而前后居相位数载,竟不能有所发明,但脂韦其间,苟度取容而已。尝谓人曰:“处事不欲决断明白,若有错误,必贻咎谴,但苏模棱以持两端可矣。”时人由是号为“苏模棱”。长安中,请还乡改葬其父,优制令州县供其葬事。味道因此侵毁乡人墓田,役使过度,为宪司所劾,左授坊州刺史。未几,除益州大都督府长史。神龙初,以亲附张易之、昌宗,贬授郿州刺史。俄而复为益州大都督府长史,未行而卒,年五十八,赠冀州刺史。味道与其弟太子洗马味玄甚相友爱,味玄若请托不谐,辄面加凌折,味道对之怡然,不以为忤,论者称焉。有文集行于代。

李峤，赵州赞皇人，隋内史侍郎元操从曾孙也。代为著姓，父镇恶，襄城令，峤早孤，事母以孝闻。为儿童时，梦有神人遗之双笔，自是渐有学业。弱冠举进士，累转监察御史。时岭南邕、严二州首领反叛，发兵讨击，高宗令峤往监军事。峤乃宣朝旨，特赦其罪，亲入獠洞以招谕之，叛者尽降，因罢兵而还，高宗甚嘉之。累迁给事中，时酷吏来俊臣构陷狄仁杰、李嗣真、裴宣礼等三家，奏请诛之，则天使峤与大理少卿张德裕、侍御史刘宪覆其狱，德裕等虽知其枉，惧罪，并从俊臣所奏。峤曰："岂有知其枉滥而不为申明哉！孔子曰：'见义不为，无勇也。'"乃与德裕等列其枉状，由是忤旨，出为润州司马。诏入，转凤阁舍人。则天深加接待，朝廷每有大手笔，皆特令峤为之。

时初置右御史台，巡按天下，峤上疏陈其得失曰：

陛下创置右台，分巡天下，察吏人善恶，观风俗得失，斯政途之纲纪，礼法之准绳，无以加也。然犹有未折衷者，臣请试论之。夫禁纲尚疏，法令宜简，则法易行而不繁杂，疏则所罗广而无苛碎。窃见垂拱二年诸道巡察使所奏科目，凡有四十四件，至于别准格敕令察访者，又有三十余条。而巡察使率是三月已后出都，十一月终奏事，时限迫促，簿书填委，昼夜奔逐，以赴限期。而每道所察文武官，多至二千馀人，少者一千已下，皆须品量才行，褒贬得失，欲令曲尽行能，则皆不暇。此非敢坠于职而慢于官也，实才有限而力不及耳。臣望量其功程，与其节制，使器周于用，力济于时，然后进退可以责成，得失可以精核矣。

又曰：

今之所察，位准汉之六条，推而广之，则无不包矣，无为多张科目，空费簿书。且朝廷万机，非无事之动，当在四方，是故冠盖相望，邮驿继踵。今巡使既出，其外州之事，悉当委之，则传驿大减矣。然则御史之职，故不可得闲，自非分州统理，无由济其繁务。请大小相兼，率十州置御史一人，以周年为限，使其亲至属县，或入闾里，督察奸讹，观采风欲，然后可以求其实效,课其成功。若此法果行,必大裨政他。且御史出持霜简,入奏天阙,其于励已自修,奉职存宪,比于他吏,可相百也。若其按劾奸邪,纠摘欺隐,比于他吏,可相十也。陛下试用臣言,妙择贤能,委之心膂,假温言以树之,陈赏罚以劝之,则莫不尽力而效死矣。何政事之不理,何禁令之不行,何妖孽之敢兴?

则天善之,乃下制分天下为二十道,简择堪为使者。会有沮议者,竟不行,寻知天官侍郎事,迁麟台少监。

圣历初,与姚崇偕迁同凤阁鸾台平章事,俄转鸾台侍郎,依旧平章事,兼修国史。久视元年,峤舅天官侍郎张锡入知政事,峤转成均祭酒,罢知政事及修史,舅甥相继在相位,时人荣之。峤寻检校文昌左丞、东都留守。长安三年,峤复以本官平章事,寻知纳言事。明年,迁内史,峤后固辞烦剧,复拜成均祭酒,平章事如故。

长安末,则天将建大像于白司马坂,峤上疏谏之,其略曰:"臣以法王慈敏,菩萨护持,唯拟饶益众生,非要营修土木。伏闻造像,税非户口,钱出僧尼,不得州县祗承,必是不能济办,终须科率,岂免劳扰!天下编户,贫弱者众,亦有庸力客作以济糇粮,亦有卖舍贴田以代王役。造像钱见有一十七万余贯,若将散施,广济贫穷,人与一千,济得一十七万余户,拯饥寒之弊,省劳役之勤,顺诸佛慈悲之心,沾圣君亭育之意,人神胥悦,功德无穷。"疏奏不纳。

中宗即位,峤以附会张易之兄弟,出为豫州刺史,未行,又贬为通州刺史。数月,征拜吏部侍郎,封赞皇县男。无几,迁吏部尚书,进封县公。神龙二年,代韦安石为中书令。初,峤在吏部时,志欲曲行私惠,冀得复居相位,奏置员外官数千人。至是官僚倍多,府库减耗,乃抗表引咎辞职,并陈利害十余事。中宗以峤昌言时政之失,辄请罢免,手制慰谕而不允,寻令复居旧职。三年,又加修文馆大学士,监修国史,封赵国公,景龙三年,罢中书令,以特进守兵部尚书、同中书门下三品。睿宗即位,出为怀州刺史,寻以年老致仕。初,中宗崩,峤密表请处置相王诸子,勿令在京,及玄宗践祚,宫内获其表,以示侍臣。或请诛之,中书令张说曰:"峤虽不辩逆顺,然亦为当

时之谋,吠非其主,不可追讨其罪。"上从其言,乃下制曰:"事君之
节,危而不变,为臣则忠,贰乃无舍。特进、赵国公李峤,往缘宗、韦
弑逆,朕恭行戡定,揖让之际,天命有归,峤有窥觎,不知逆顺,状陈
诡计,朕亲览焉。以其早负辞学,累居台辅,忍而莫言,特掩其恶。今
忠邪既辨,具物惟新,赏罚倘乖,下人安劝?虽经赦令,犹宜放斥,矜
其老疾,俾遂余生,宜听隋子虔州刺史畅赴任。"寻起为庐州别驾而
卒。有文集五十卷。

崔融,齐州全节人。初,但八科举擢第,累补宫门丞,兼直崇文
馆学士。中宗在春宫,制融为侍读,兼侍属文,东朝表疏,多成其手。
圣历中,则天幸嵩岳,见融所撰《启母庙碑》,深加叹美,及封禅毕,
乃命融撰朝觐碑文。自魏州司功参军擢授著作佐郎,寻转右史。圣
历二年,除著作郎,仍兼右史内供奉。四年,迁凤阁舍人。久视元年,
坐忤张昌宗意,左授婺州长史。顷之,昌宗怒解,又请召为春官郎
中,知制诰事。长安二年,再迁凤阁舍人。三年,兼修国史。

时有司表税关市,融深以为不可,上疏谏曰:

伏见有司税关市事条,不限工商,但是行人尽税者。臣谨
按《周礼》九赋,其七曰"关市之赋"。窃惟市纵繁巧,关通末游,
欲令此徒止抑,所以咸增赋税。臣谨商度今古,料量家国,窃将
为不可税。谨件事迹如左,伏惟圣旨择焉。

往古之时,淳朴未散,公田籍而不税,关防讥而不征。中代
已来,浇风骤进,桑麻疲弊,稼穑辛勤。于是各徇通财,争趋作
巧,求径捷之欲速,忘岁计之无余。遂使田莱日荒,仓廪不积,
蚕织休废,弊缊阙如,饥寒猥臻,乱离斯起。先王惩其若此,所
以变古随时,依本者恒科,占末者增税。夫关市之税者,谓市及
国门、关门者也,唯敛出入之商贾,不税来往之行人。今若不论
商人,通取诸色,事不师古,法乃任情,悠悠末代,于何瞻仰;济
济盛朝,自取嗤笑。虽欲宪章姬典,乃是违背《周官》臣知其不
可者一也。

　　臣谨《案系辞》称："庖义氏没，神农氏作，日中为市，致天下之人，聚天下之货，交易而退各得其所。"《班志》云："财者，帝王聚人守位，养成群生，奉顺天德，理国安人之本也。仕农工商。四人有业。学以居位曰仕，辟士殖谷曰农，作巧成器曰工，通财鬻货曰商。圣王量能授事，四人陈力受职。"然则四人各业久矣。今复安得动而摇之！萧何云："人情一定，不可复动。"班固又云：曹参相齐，齐国安集，大称贤相。参去，属其后相曰："以齐狱市为寄，慎勿扰也。"后相曰："理无大于此者乎？"参曰："不然。夫狱市者，所以并容也，今若扰之，奸人安所容乎？吾是以先之。"夫狱市，兼爱善恶。若穷极，奸人无所容窜：奸人无所容窜，久且为乱。秦人极刑而天下叛，孝武峻法而刑狱繁，此其效也。老子曰："我无为而人自化，我好静而人自正。"参欲以道化其本，不欲扰其末。臣知其不可者二也。

　　四海之广，九州之杂，关必据险路，市必凭要津。若乃富商大贾，豪宗恶少，轻死重义，结党连群，喑呜则弯弓，瞋眦则挺剑。小有失意，且犹如此，一旦变法，定是相惊。乘兹困穷，或致骚动，便恐南走越，北走胡，非唯流逆齐人，亦自搅乱殊俗。又如边徼之地，寇贼为邻，兴胡之旅，岁月相继，倘因科赋，致有猜疑，一从散亡，何以制禁？求利虽切，为害孔深。而有司上言，不识大体，徒欲益帑藏，助军国，殊不知军国益扰，帑藏逾空。臣知其不可者三也。

　　孟轲又云："古之为关也，将以御暴；今之为关也，将以为暴。"今行者皆税，本末同流。且如天下诸津，舟航所聚，旁通巴、汉，前指闽、越，七泽十薮，三江五湖，控引河洛，兼包淮海。弘舸巨舰，千轴万艘，交贸往还，昧旦永日。今若江津河口，置铺纳税，纳税则检覆，检覆则迟留。此津才过，彼铺复止，非唯国家税钱，更遭主司僦赂。船有大小，载有少多，量物而税，触途淹久。统论一日之中，未过十分之一，因此壅滞，必致吁嗟。一朝失利，则万商废业，万商废业；则人不聊生。其间或有轻眇任侠之徒，斩龙刺蛟之党，鄠阳暴谲之客，富平悍壮之夫，居则藏锸，出便铗剑。加之以重税，因之以威胁，一旦兽穷则搏，乌穷则攫，执事者复何以安之哉？臣知其不可者四也。

五帝之初，不可详已；三王之后，厥有著云；秦、汉相承，典章大备。至如关市之税，史籍有文。秦政以雄图武力，舍之而不用也；汉武以霸略英才，去之而勿取也。何则？关为御暴之所，市为聚人之地，税市则人散，税关则暴兴，暴兴则起异图，人散则怀不轨。夫人心莫不背善而乐祸，易动而难安。一市不安，则天下之市心摇矣；一关不安，则天下之关心动矣。况浇风久扇，变法为难，徒欲禁末游、规小利，岂知失玄默、乱大伦。魏、晋眇小，齐、隋龌龊，亦所不行斯道存也。臣知其不可者五也。

今之所以税关市者，何也？岂不以国用不足，边寇为虞，一行斯术，冀有殷瞻然也！微臣敢借前箸以筹之。伏惟陛下当圣期，御玄箓，沉璧于洛，刻石于嵩，铸宝鼎以穷奸，坐明堂而布政，神化广洽，至德潜通。东夷堲惊，应时平殄；南蛮才动，计日归降。西域五十余国，广轮一万余里，城堡清夷，亭堠静谧。比为患者，唯苦二蕃。今吐蕃请命，边事不起，即目虽尚屯兵，久后终成弛柝。独有默啜，假息孤恩，恶贯祸盈，覆亡不暇。征役日已省矣，繁费日已稀矣，然犹下明制，遵太朴，爱人力，惜人财，王侯旧封，妃主新礼，所有支料，咸令减削。此陛下以躬率先，尧、舜之用心也。且关中、河北，水旱数年，诸处逃亡，今始安辑，倘加重税，或虑相惊，况承平岁积，薄赋日久，欲荷深恩，人知自乐。卒有变法，必多生怨，生怨则惊扰，惊扰则不安，中既不安，外何能御？文王曰："帝王富其人，霸王富其地，理国若不足，乱国若有余。"古人有言："帝王藏于天下，诸侯藏于百姓，农夫藏于庾，商贾藏于箧。"惟陛下详之。必若师兴有费，国储多窘，即请倍算商客，加敛平人。如此则国保富强，人免忧惧，天下幸甚。臣知其不可者六也。

陛下留神系表，属想政源，冒兹炎炽，早朝晏坐。一日二日，机务不遗，先天后天，虚心密应。时政得失，小子何知，率陈瞽辞，伏纸惶惧。

疏奏，则天纳之，乃寝其事。

四年，除司礼少卿，仍知制诰。时张易之兄弟颇招集文学之士，融与纳言李峤、凤阁侍郎苏味道、麟台少监王绍宗等俱以文才降节事之。及易之伏诛，融左授袁州刺史。寻召拜国子司业，兼修国史。神龙二年，以预修《则天实录》成，封清河县子，赐物五百段，玺书褒美。融为文典丽，当时罕有其比，朝廷所须《洛出宝图颂》、《则天哀册文》及诸大手笔，并手敕付融。撰哀册文，用思精苦，遂发病卒，时年五十四。以侍读之恩，追赠卫州刺史，谥曰文。有集六十卷。

二子禹锡、翘，开元中，相次为中书舍人。

卢藏用字子潜，度支尚书承庆之侄孙也。父敬，有名于时，官至魏州司马。藏用少以辞学著称。初举进士选，不调，乃著《芳草赋》以见意。寻隐居终南山，学辟谷、练气之术。长安中，征拜左拾遗。时则天将营兴泰宫于万安山，藏用上疏谏曰：

臣愚虽不达时变，窃尝读书，见自古帝王之迹众矣。臣闻土阶三尺，茅茨不翦，采椽不斫者，唐尧之德也；卑宫室，菲饮食，尽力于沟洫者，大禹之行也；惜中人十家之产，而罢露中之制者，汉文之明也。并能垂名无穷，为帝皇之烈。岂不以克念徇物，博施济众，以臻於仁恕哉！今陛下崇台邃宇，离宫别馆，亦已多矣。更穷人之力以事土木，臣恐议者以陛下为不爱人、务奉己也。

且顷岁已来，虽年谷颇登，而百姓未有储蓄。陛下西幸东巡，人未休息，土木之役，岁月不空。陛下不因此时施德布化，复广造宫苑，臣恐人未易堪。今左右近臣，多以顺意为忠；朝廷具僚，皆以犯忤为患。至令陛下不知百姓失业，亦不知左右伤陛下之仁也。臣闻忠臣不避死亡之患，以纳君于仁也；明主不恶切直之言，以垂名千载。陛下诚能发明恕之制，以劳人为辞，则天下必以陛下为惜人力而苦己也。小臣固陋，不识忌讳，敢冒死上闻。乞下臣此章，与执事者议其可否，则天下幸甚。

神龙中，累转起居舍人，兼知制诰，俄迁中书舍人，藏用常以俗多拘忌，有乘至理，乃著《析滞论》以畅其事，辞曰：

客曰：天道玄微，神理幽化，圣人所以法象，众庶由其运行。故大挠造甲子，容成著律历，黄公裁变，玄女启谟，八门御时，六神直事。从之者则兵强国富，违之者则将弱朝危，有同影响，若合符契。先生亦尝闻之乎？

主人曰："何为其然也？子所谓曲学所习，曛昧所守，徒识偏方之诡说，未究亨衢之通论。盖《易》曰"先天不违"，《传》称"人神之主"。范围不过，三才所以虚中；进退非邪，百王所以无外。故曰："国之将兴听于人，将亡听于神。"又曰："祸福无门，唯人所召。人无衅焉，妖不自作。"由是言之，得丧兴亡，并关人事；吉凶悔吝，无涉天时。且皇天无亲，唯德是辅，为不善者，天降之殃。高宗修德，桑谷以变；宋君引过，法星退舍，此天道所以从人者也。古之为政者，刑狱不滥则人寿，赋敛蠲省则人富，法令有常则国静，赏罚得中则兵强，所以礼者士之所归，赏者士之所死，礼赏不倦，则士争先。苟违此途，虽卜时行刑，择日出令，必无成功矣。自叔世迁讹，俗多徼幸，竞称怪力，争诵诡言，屈政教而就孤虚，弃信赏而从推步。附会前史，变易旧经，依托空文，以为征据。覆军败将者，则隐秘无闻；偶同幸中者，则共相文饰。岂唯德之增惑，亦乃学人自是。呜呼！习俗讹谬，一至此焉！

昔者，甲子兴师，非成功之日；往亡用事，异制胜之辰。人事苟修，何往不济？至若环城自守，接阵重围，无阙地形，不乖天道。若兵强将智，粟积城坚，虽复屡转魁刚，频移太岁，坐推白虎，行计贪狼，自符鸡斗之祥，多贻蚁蚁附之困，故曰，任贤使能，则不时日而事利；明法审令，则不筮而事吉；养劳赏功，则不祷祠而得福。此所谓天时不如地利，地利不如人和。太公犯雨，逆天时也，韩信背水，乘地利也。并存人事俱成大业。削树而斩庞涓，举火而屠张郃，未必暗同岁德，冥会日游，俱运三门，并占四杀。杜邮齿剑，抑唯计沮；垓下悲歌，实阶刓印。若以并资厌胜，不事良图，则长平尽坑，固须恒济，襄城无噍，亦可常保。是知拘而多忌，终丧大功；百姓与能，必遗小数。金鸡玉鹤，方为楚国之殃；《万毕》、《枕中》，适构淮南之祸。刻符指盗，反更亡身；被发邀神，翻招夷族。嗟乎，威斗，不禳赤伏之运；筑城断岗，何救素灵之哭！火灾不验，禆灶无力以窥天；超乘阶凶，王孙取监于观德。九征九变，是曰长途；人谋鬼谋，良归有道。此并经史陈迹，贤圣通规，仁远乎哉，讵宜滞执？

　　客乃蹙然避席曰：鄙人困蒙，不阶至道，请事斯语，归于正途。而今而后，焚蓍龟，毁律历，废六合，斥五行，浩然清虑，则将奚若？答曰：此所谓过犹不及也。夫甲子所以配日月，律历所以通岁时，金木所以备法象，蓍龟所以筮吉凶。圣人以此神明德行，辅助谋猷，存之则协赞成功，执之则凝滞于物。消息之义，其在兹乎！客于是循墙匍匐，帖然无气，口怯心醉，不知所以答矣。

景龙中，为吏部侍郎。藏用性无挺特，多为权要所逼，颇隳公道。又迁黄门侍郎，兼昭文馆学士，转工部侍郎、尚书右丞。先天中，坐托附太平公主，配流岭表。开元初，起为黔州都督府长史，兼判都督事，未行而卒，年五十余。有集二十卷。

藏用工篆棣，好琴棋，当时称为多能之士。少与陈子昂、赵贞固友善，二人并早卒，藏用厚抚其子，为时所称。然初隐居之时，有贞俭之操，往来于少室、终南二山，时人称为"随驾隐士"；及登朝，趋趋诡佞，专事权贵，奢靡淫纵，以此获讥于世。

徐彦伯，兖州瑕丘人也。少以文章擅名，河北道安抚大使薛元超表荐之，对策擢第，累转蒲州司兵参军。时司户韦暠善判事，司士李亘工于翰札，而彦伯以文辞雅美，时人谓之"河中三绝"。

彦伯圣历中累除给事中。时王公卿士多以言语不慎密为酷吏周兴、来俊臣等所陷，彦伯乃著《枢机论》以诫于代，其辞曰：

《书》曰："唯口起羞，惟甲胄起戎。"又云："齐乃位，度乃口。"《易》曰："慎言语，节饮食。"又云："出其言善，千里应之；出其言不善，千里违之。"《礼》亦云："可言也，不可行也，君子不言也；可行也，可行也，不可言也，君子不行也。"呜呼！先圣知言之为大也，知言之为急也，精微以劝之，典谟以告之，礼经以防之。守名教者，何可不修其诂训而服其糟粕乎？故曰：言语者，君子之枢机，动则物应，物应则得失之见也。得之者江海比邻，失之者肝胆楚、越，然后知否泰荣辱，系于言乎！

夫言者，德之柄也，行之主也，志之端也，身之文也，既可以济身，亦可以覆身。故中庸镂其心，左阶铭其背，南容复于白圭，箕子畴于《洪范》，良有以也。是以掎摭瑕玷，参详躁竞，审无常以阶乱，将不密以致危。利生于口，森然覆邦之说；道不由衷，变彼如簧之刺，可不惧之哉！其有识暗邪正，虑微形朕，破金汤之钥，封祸乱之根，用诂谮为全计，以号诚为令德。至若梧宫问答，荆、齐所以奔命；韩、魏加肘，智伯所以危残，蔡侯绳息妫也，亟招甲兵之罚；郑曼图宗卿也，而受鼎镬之诛。史迁轻议，终下蚕室；张宏诡说，更齿龙渊。凡此过言，其流匪一，或秽犹粪土，或动成刀剑，或苟且其心，或脂膏其吻。挟邪作蛊，守之而不懈；往辄破的，去之而弥远。亦何异韩皋聚音，庞也群吠，得死为幸，何循名之立乎？虽复伯玉沮颜，追谢于元凯，蒋济贻恨，失誉于王陵，犀首没齿于季章，曹瞒酢舌于刘主，当何及哉！孔子曰："予欲无言。"又云："终身为善，一言败之，惜也。"老子亦云："多言数穷。"又云："聪明深察而近于死者，议人者也。"何圣人之深思伟虑，杜渐防萌之至乎！

夫不可言而言者曰狂，可言而不言者曰隐，钳舌拱默，曷通彼此之怀；括囊而处，孰启谟明之训？则上言者，下听也；下言者,上用也。睿哲之言,犹天地也,人覆焘而生焉;大雅之言,犹钟鼓也,人考击而乐焉。作以龟镜,姬公之言也;出为金石,曾子之言也;存其家邦,国侨之言也;立而不朽,臧孙之言也。是谓德音,诒我宗极,满于天下,贻厥后昆。殷宗甘之于酒醴,孙卿谕之琴瑟,阙里重于四时,郐都轻其千乘。岂不韪哉,岂不休哉!但懋探世猷,克念丕训,审思而应,精虑而动。谋其心以后发,择其交以后谈,不蹙趋于非党,不屏营于诡遇。非先王之至德不敢行,非先王之法言不敢道,翦其谍谍之绪,扑其炎炎之势。自然介尔景福,锡兹纯嘏,则悔吝何由而生,怨恶何由而至哉?孔子曰:"终日行,不遗己患;终日言,不遗己忧。"如此乃可以言也。戒之哉,戒之哉!

神龙元年,迁太常少卿,兼修国史,以预修《则天实录》成,封高平县子,赐物五百段。未几,出为卫州刺史,以善政闻,玺书劳勉。俄转蒲州刺史,入为工部侍郎,寻除卫尉卿,兼昭文馆学士。景龙三年,中宗亲拜南郊,彦伯作《南郊赋》以献,辞甚典美。景云初,加银青光禄大夫,迁右散骑常侍、太子宾客,仍兼昭文馆学士。先天元年,以疾乞骸骨,许之。开元二年卒。

彦伯事寡嫂甚谨,抚诸侄同于己子。自晚年属文,好为强涩之体,颇为后进所效焉。有文集二十卷,行于时。

史臣曰:才出于智,行出于性。放文章巧拙,由智之深浅也;行义诡实,由性之善恶也。然则智性禀之于气,不可使之强也。苏味道、李峤等,俱为辅相,各处穹崇。观其章疏之能,非无奥赡,验以弼谐之道,罔有贞纯。故狄仁杰有言曰:"苏、李足为文吏矣。"得非龌龊者乎!模棱之病,尤足可讥。崔融、卢藏用、徐彦伯等,文学之功,不让苏、李,止有守常之道,而无应变之机。规谏之深,崔比卢、徐,稍为优矣。

赞曰:房、杜、姚、宋,俱立大功。咸以二族,谭为美风。苏、李文学,一代之雄。有惭辅弼,称之岂同。凡人有言,未必有德。崔与卢、徐，皆攻翰墨。文虽堪尚，义无可则。备位守常，斯言罔忒。

旧唐书卷九五
列传第四五

睿宗诸子

让皇帝宪　惠庄太子挥
惠文太子范　惠宣太子业
随王隆悌

　　睿宗六子：昭成顺圣皇后窦氏生玄宗，肃明顺圣皇后刘氏生让皇帝，宫人柳氏生惠庄太子，崔孺人生惠文太子，王德妃生惠宣太子，后宫生隋王隆悌。

　　让皇帝宪，本名成器，睿宗长子也。初封永平郡王。文明元年，立为皇太子，时年六岁。及睿宗降为皇嗣，则天册授成器为皇孙，与诸弟同日出阁，开府置官属。长寿二年，改封寿春郡王，仍却入阁。长安中，累转左赞善大夫，加银青光禄大夫。中宗即位，改封蔡王，迁宗正员外卿，加赐实封四百户，通旧为七百户。成器固辞不敢当大国，依旧为寿春郡王。

　　唐隆元年，进封宋王。其月，睿宗践祚，拜左卫大将军。时将建储贰，以成器嫡长，而玄宗有讨平韦氏之功，意久不定。成器辞曰："储副者，天下之公器，时平则先嫡长，国难则归有功。若失其宜，海内失望，非社稷之福。臣今敢以死请。"累日涕泣固让，言甚切至。时诸王、公卿亦言平王有社稷大功，合居储位。睿宗嘉成器之意，乃许之。玄宗又以成器嫡长，再抗表固让，睿宗不许，乃下制曰："左卫大将军、宋王成器，朕之元子，当践付君。以隆基有社稷大功，人神金属，由是朕前恳让，言在必行。天下至公，诚不可夺。爰符立季之典，庶协从人之愿。成器可雍州牧、扬州大都督、太子太师，别加实封二千户。赐物五千段、细马二十匹、奴婢十房、甲第一区、良田三十顷。"其年十一月，拜尚书左仆射，寻迁徒，其太师、都督并如故。明年，表让司徒，拜太子宾客，兼扬州大都督如故。

时太平公主阴有异图，姚元之、宋璟等请出成器及申王成义为刺史，以绝谋者之心，由是成器以司徒兼蒲州刺史，玄宗尝制一大被长枕，将与成器等共申友悌之好，睿宗知而大悦，累加赏叹。

先天元年八月，进封司空。及玄宗讨平萧至忠、岑义等，成器又进位太尉，依旧兼扬州大都督，加实封一千户。月余，加授开府仪同三司，其太尉、扬州大都督并停。开元初，历岐州刺史，开府如故。四年，避昭成皇后尊号，改名宪，封为宁王，实封累至五千五百户。又历泽、泾等州刺史。

初，玄宗兄弟圣历初出阁，列第于东都积善坊，五人分院同居，号"五王宅"。大足元年，从幸西京，赐宅于兴庆坊，亦号"五王宅"。及先天之后，兴庆是龙潜旧邸，因以为宫。宪于胜业东南角赐宅，申王捴、岐王范于安兴坊东南赐宅，薛王业于胜业西北角赐宅，邸第相望，环于宫侧。玄宗于兴庆宫西南置楼，西面题曰花萼相辉之楼，南面题曰勤政务本之楼。玄宗时登楼，闻诸王音乐之声，咸召登楼同榻宴谑，或便幸其第，赐金分帛，厚其欢赏。诸王每日于侧门朝见，归宅之后，即奏乐纵饮，击球斗鸡，或近郊从禽，或别墅追赏，不绝于岁月矣。游践之所，中使相望，以为天子友悌，近古无比，故人无间然。

玄宗既笃于昆季，虽有谗言交构其间，而友爱如初。宪尤恭谨畏慎，未曾干议时政及与人交结，玄宗尤加信重之，尝与宪及岐王范等书曰："昔魏文帝诗云：'西山一何高，高处殊无极。上有两仙童,不饮亦不食。赐我一丸药,光耀有五色。服药四五日,身轻生羽翼。'朕每思服药而求羽翼,何骨肉兄弟天生之羽翼乎!陈思有超代之才,堪佐经纶之务,绝其朝谒,卒令忧死。魏祚未终,遭司马宣王之夺,岂神丸之效也!虞舜至圣,舍象傲之怨以亲九族,九族既睦,平章百姓。此为帝王之轨则,于今数千岁,天下归善焉,朕未尝不废寝忘食钦叹者也。顷因余暇,妙选仙经,得此神方,古老云服之必验'。今分此药,愿与兄弟等同保长龄,永无限极。”

宪,开元九年兼太常卿。十四年,停太常卿,依旧为开府仪同三司。二十一年,复拜太尉。二十八年冬,宪寝疾,上令中使送医药及珍膳,相望于路。僧崇一疗宪稍瘳,上大悦,特赐绯袍鱼袋,以赏异崇一。时申王等皆先薨,唯宪独在,上尤加恩贷。每年至宪生日,必幸其宅,移时宴乐。居常无日不赐酒酪及异馔等,尚食总监及四方有所进献,食之稍甘,即皆分以赐之。宪尝奏请年终录付史馆,每年至数百纸。

二十九年冬,京城寒甚,凝霜封树,时学者以为《春秋》“雨木冰”即此是,亦名树介,言其象介胄也。宪见而叹曰:“此俗谓树稼者也。谚曰:‘树稼,达官怕。’必有大臣当之,吾当之,吾其死矣。”十一月薨,时年六十三。上闻之,号叫失声,左右皆掩涕。翌日,下制曰:

　　能以位让,为吴大伯,存则用成其节,殁则当表其贤,非常之称,旌德斯在。故太尉、宁王宪,诞含粹灵,允膺大雅。孝悌之至,本乎中诚;仁和之深,非因外奖。率由礼度,雅尚文儒。谦以自牧,乐以为善。比两献而有光,与《二南》而合德。自出临方镇,入配台阶,逾励忠勤,益闻周慎。实谓永为藩屏,以辅邦家。曾不慭遗,奄焉殂没,友于之痛,震恸良深。惟王,朕之元昆,合升上嗣,以朕奉先朝之睿略,定宗社之阽危,推而不居,请予主畅,又承慈旨,焉敢固违。不然者,则宸极之尊,岂归于薄德。茂行若此,易名是凭,自非大号,孰副休烈,按谥法推功尚善曰“让”,德性宽柔曰“让”,敬追谥曰让皇帝,宜令所司择日备礼册命。

宪长子汝南郡王琎又上表恳辞，盛陈先意，谦退不敢当帝号，手制不许。及册敛之日，内出御衣一副，仍令右监门大将军高力士赍手书置于灵座之前，其书曰：

隆基白：一代兄弟，一朝存殁，家人之礼，是用申情，兴言感思，悲涕交集。大哥孝友，近古莫俦，尝号五王，同开邸第。远自童幼，洎乎长成，出则同游，学则同业，事均形影，无不相随。顷以国步艰危，义资克定，先帝御极，日月照临。大哥嫡长，合当储贰，以功见让，爰在薄躬。既嗣守紫宸，万机事总，听朝之暇，得展于怀。十数年间，棣华凋落，谓之手足，唯有大哥。今复沦亡，眇然无对，以兹感慕，何恨如之。然以厥初生人，孰不徂谢？所贵光昭德行，以示崇高，立德立名，斯为不朽。大哥事迹，身殁让存，故册曰让皇帝，神之昭格，当兹宠荣，况庭训传家，琎等申让，善述先志，实有遗风，成其美也。恭惟绪言，怳焉如在，寄之翰墨，悲不自胜。

又制追赠宪妃元氏为恭皇后，祔葬于桥陵之侧。及将葬，上遣中使敕琎等务令俭约，送终之物，皆令众见。所司请依诸陵旧例，圹内置千味食，监护使、左仆射裴耀卿奏曰：“尚食所料水陆等味一千余种，每色瓶盛，安于藏内，皆是非时瓜果及马牛驴犊獐鹿等肉，并诸药酒三十余色。仪注礼料，皆无所凭。臣据礼司所料，奠祭相次，事无不备，典制分明。天恩每申让帝之志，务令俭约，礼外加数，窃恐不安。又非时之物，马犊驴等并野味鱼雁鹅鸭之属，所用铢两，动皆宰杀，盛夏胎养，圣情所禁。又须造作什物，动逾千计，求征市井，实谓烦劳。千味不供，礼无所阙。伏望依礼减省，以取折衷。”制从之。及发引，时属大雨，上令庆王泽已下泥中步送十数里，制号其墓惠陵。

宪凡十子：琎、嗣庄、琳、琦、珣、瑀、玢、珽、琯、璀等十人，历官封袭。

琎封汝阳郡王，历太仆卿，与贺知章、褚庭诲为诗酒之交。天宝初,终父丧,加特进。九载卒,赠太子太师。

嗣庄封济阴郡王,早卒。

琳封嗣宁王,历秘书员外监。从玄宗幸蜀郡,至德二载卒。

瑃,封嗣申王。

珣,封同安郡王。珣修身淳谨,不自矜贵,闺门之内,常默如也。开元二十五年薨,玄宗甚悼之,辍朝三日,制曰:"犹子之恩,特深于情礼;睦亲之义,必备于哀荣。同安郡王珣禀气淳和,执心忠顺,邦国垣翰,宗枝羽仪。磐石疏封,将期永固;逝川不舍,俄叹促龄。悼往之怀,因心所切,宜增宠命,用饰幽泉。可赠太子少保。葬事官给,陪葬桥陵。"

瑀,封汉中王,历都水使者、恒王府司马、卫尉员外卿。瑀早有才望,伟仪表。初为陇西郡公。天宝十五载,从玄宗幸蜀,至汉中,因封汉中王,仍加银青光禄大夫、汉中郡太守。乾元二年,以特进试太常卿,送宁国公主至回纥,充册立使。

玢,苍梧郡开国公,历银青光禄大夫、秘书监员外置同正员。卒,赠江陵大都督。

珽,封晋昌郡开国公。琯,魏郡开国公。璀,文安郡开国公。天宝十一载,珽、琯、璀并食邑三千户。

惠庄太子㧑,睿宗第二子也。本名成美。母柳氏,掖庭宫人。㧑之初生,则天尝以示僧万迴。万迴曰:"此儿是西域大树之精,养之宜兄弟。"则天甚悦,始令列于兄弟之次。垂拱三年,封恒王。寻却入阁,改封衡阳郡王,累授尚衣奉御。神龙元年,加赐实封二百户,通前五百户,迁司农少卿,加银青光禄大夫。睿宗践祚,进封申王,迁右卫大将军。景云元年七月,迁殿中监,兼检校右卫大将军。二年,转光禄卿、右金吾卫大将军。先天元年七月,加实封一千户。八月,行司徒,兼益州大都督。开元二年,带司徒兼幽州刺史。俄避昭成太后之称,改名㧑。历邓、虢、绛三州刺史。八年,因入朝,停刺史,依旧为司徒。性弘裕,仪形环伟,善于饮啖。十二年,病薨,册赠惠

庄太子,陪葬桥陵。无子。初养让帝子珣,封同安郡王,先卒。天宝
三载,又以让帝子琦为嗣申王,授鸿胪员外卿。

惠文太子范,睿宗第四子也。本名隆范,后避玄宗连名,改单称
范。初封郑王,寻改封卫王。长寿二年,随例却入阁,徙封巴陵郡王,
累授尚食奉御。神龙元年,迁太府员外少卿,加赐实封二百户,通前
五百户。景龙年,兼陇州别驾,加银青光禄大夫。睿宗践祚,进封岐
王,又加实封五百户,拜太常卿,兼左羽林大将军。先天二年,从上
讨窦怀贞、萧至忠等,以功加赐实封满五千户,下制褒美。开元初,
拜太子少师,带本官,历绛、郑、岐三州刺史。八年,迁太子太傅。

范好学工书,雅爱文章之士,士无贵贱,皆尽礼接待,与阎朝
隐、刘庭琦、张谔、郑繇篇篇唱和,又多聚书画古迹,为时所称。时上
禁约王公,不令与外人交结。驸马都尉裴虚己坐与范游宴,兼私挟
谶纬之书,配徙岭外。万年尉刘庭琦、太祝张谔皆坐与范饮酒赋诗,
黜庭琦为雅州司户,谔为山茌丞。然上未尝间范,恩情如初,谓左右
曰:"我兄弟友爱天至,必无异意,只是趋竞之辈,强相托附耳。我终
不以纤芥之故责及兄弟也。"时王毛仲等本起微贱,皆崇贵倾于朝
廷,诸王每相见,假立引待,独范见之色庄。十四年,病薨。上哭之
甚恸,辍朝三日,为之追福,手写《老子经》,彻膳累旬,百僚上表劝
喻,然后复常。开元十四年,命工部尚书、摄太卢从愿册赠王为惠文
太子,陪葬桥陵。

一子瑾,封河东郡王,官至太仆卿。冒于酒色,竟暴卒,赠太子
少师。

天宝三载,又以惠宣太子男力略阳公珍,为嗣岐王,银青光禄
大夫,宗正员外卿。上元二年,珍与朱融善。珍仪表伟如,颇类玄宗,
融乃诱崔昌、赵非熊等并中官六军人同谋逆。融谓金吾将军邢济
曰:"今城中草草,关外近更凭凌,若何?"济曰:"我金吾,天子押衙,
死生随之,安能自脱?"融曰:"有一人,足下见之自当知,纵不出城
亦无虑。"乃引以见珍。济奏之,乃令御史中丞敬羽讯之。珍赐死。

其同谋右武卫将军窦如玢、试都水使者崔昌、右羽林军大将军刘从谏、蔚州长镇将朱融、右卫将军胡洌、直司天台通玄院高抱素、右司御率府率魏兆、内侍省内谒者监王道成等九人，特宜斩决。试太子洗马兼知司天台冬官正事赵非熊、陈王府长史陈阂、楚州司马张昂、右武卫兵曹焦自荣、前凤翔府郿县主簿李屺国于监广文进士张奂等六人，特宜决杀。驸马都尉薛履谦予逆谋，宜赐自尽。乃以济兼、桂州都督、侍御史，充桂管防御都使。左散骑常侍张镐坐与交通，贬辰州司户。

郑繇者，郑州荥阳人，北齐吏部尚书述五代孙也。工五言诗。开元初，范为岐州刺史，繇为长史，范失白鹰，繇为《失白鹰诗》当时以为绝唱。后为湖州刺史。子审亦善诗咏，乾元中任袁州刺史。

惠宣太子业，睿宗第五子也。本名隆业，后单名业。垂拱三年，封赵王，开府置官属。长寿二年，随例却入阁，改封中山郡王，累授都水使者，寻又改封彭城郡王。神龙元年，加赐实封二百户，通前五百户。景龙二年，兼陈州别驾。银青光禄大夫、太仆少卿、别驾如故。睿宗即位，进封薛王，加封满一千户，拜秘书监，兼右羽林大将军。俄转宗正卿。睿宗以业好学而授秘书监。及玄宗诛萧至忠、岑羲等，业以翊从之功，加实封通旧为五千户。开元初，历太子少保、同泾、幽、卫、虢等州刺史，八年，迁太子太保。

初，业母早终，从母贤妃亲鞠养之，至是，迎贤妃出就外宅，事之甚谨。业同母妹淮阳、凉国二公主亦早卒，业抚爱其子，逾于己子。上以业孝友，特加亲爱。业尝疾病，上亲为祈祷，及愈，车驾幸其第，置酒宴乐，更为初生之欢。玄宗赋诗曰："昔见漳滨卧，言将人事违。今逢诞庆日，犹谓学仙归。棠棣花重满，鸰原鸟再飞。"其恩意如此。

十三年，上尝不豫，业妃弟内直郎韦宾与殿中监皇甫恂私议休咎。事发，玄宗令杖杀韦宾，左迁皇甫恂为锦州刺史。妃惶惧，降服待罪，业亦不敢入谒。上遽令召之，业至阶下，逡巡谢罪。上降阶就执其手曰："吾若有心猜阻兄弟者，天地神明，所共殛罪。"乃欢宴久之。仍慰谕妃，令复其位。二十一年，业进拜司徒。二十二年正月，薨，册赠惠宣太子，陪葬桥陵。有子十一人。

瑷乐安郡王，瑒宗正卿、荥阳郡王，珣封嗣薛王，珍嗣岐王。珣为金紫光禄大夫、鸿胪卿同正员。天宝五载，坐舅刑部尚书韦坚为右相李林甫所构，贬夷陵郡别驾长任。母随珣，竟以忧死。七载，珣于夜郎安置，后移南浦郡。十四载，安禄山反，赴于西京。

隋王隆悌，睿宗第六子也。初封汝南郡王。长安初，拜尚乘直长。早薨。睿宗践极，追封隋王，赠荆州大都督。无子。

史臣曰：夫得天下而治者，其道舒而有变；让天下而退者，其道卷而常存。何者？飞龙在天，舒也；亢龙有悔，变也。让皇帝守无咎于或跃，利终吉于劳谦，其用有光，其闻莫朽。惠庄、惠文、惠宣、隋王等，或守常而获免，终保皇枝；或过望而包差，竟尘青史。略阳公信魁伟之状，起图谋之心，福善祸淫，宜哉不令。

赞曰：谦而受益，让以成贤。唐属之美，宪得其先。长不居震，刚不乘乾。让之大者胡可比焉。挥、范已降，同气连枝。性习何远，非革即睽。有善有恶，祸福不欺。

旧唐书卷九六
列传第四六

姚崇　宋璟

　　姚崇，本名元崇，陕州硖石人也。父善意，贞观中，任嶲州都督。元崇为孝敬挽郎，应下笔成章举，授濮州司仓，五迁夏官郎中。时契丹寇陷河北数州，兵机填委，元崇剖析若流，皆有条贯。则天甚奇之，超迁夏官侍郎，又寻同凤阁鸾台平章事。

　　圣历初，则天谓侍臣曰："往者周兴、来俊臣等推勘诏狱，朝臣递相牵引，咸承反逆，国家有法，朕岂有违。中间疑有枉滥，更使近臣就狱亲问，皆物手状，承引不虚，朕不以为疑，即可其奏。近日周兴、来俊臣死后，更无闻有反逆者，然则以前就戮者，不有冤滥耶？"元崇对曰："自垂拱已后，被告身死破家者，皆是枉酷自诬而死。告者特以为功，天下号为罗织，甚于汉之党锢。陛下令近臣就狱问者，近臣亦不自保，何敢辄有动摇？被问者若翻，又惧遭其毒手，将军张虔勖、李安静等皆是也。赖上天降灵，圣情发寤，诛锄凶竖，朝廷刈安。今日已后，臣以微躯及一门百口保见在内外官更无反逆者。乞陛下得告状，但收掌不须推问，若后有征验，反逆有实，臣主受知而不告之罪。"则天大悦曰："以前宰相皆顺成其事，陷朕为淫刑之主。闻卿所说，甚合朕心。"其日，遣中使送银千两以赐元崇。

　　时突厥叱利元崇构逆，则天不欲元崇与之同名，乃改为元之。俄迁凤阁侍郎，依旧知政事。

　　长安四年，元之以母老，表请解职侍养，言甚哀切，则天难违其意,拜相王府长史,罢知政事,俾获其养。其月,又令元之兼知夏官尚书事、同凤阁鸾台三品。元之上言:"臣事相王,知兵马不便。臣非惜死,恐不益相王。"则天深然其言,改为春官尚书。是时,张易之请移京城大德僧十入配定州私置寺,僧等苦诉,元之断停,易之屡以为言,元之终不纳,由是为易之所谮,改为司仆卿,知政事如,使充灵武道大总管。

神龙元年,张柬之、桓彦范等谋诛易之兄弟,适会元之自军还都,遂预谋,以功封梁县侯,赐实封二百户。则天移居上阳宫,中宗率百官就阁起居,王公已下皆欣跃称庆,元之独鸣咽流涕。彦范、柬之谓元之曰:"今日岂是啼泣时!恐公祸从此始。"元之曰:"事则天岁久,乍此辞违,情发于哀,非忍所得。昨预公诛凶逆者,是臣子之常道,岂敢言功;今辞违旧主悲泣者,亦臣子之终节,缘此获罪,实所甘心。"无几,出为亳州刺史,转常州刺史。

睿宗即位,召拜兵部尚书、同中书门下三品,寻迁中书令。时玄宗在东宫,太平公主干预朝政,宋王成器为闲厩使,岐王范、薛王业皆掌禁兵,外议以为不便。元之同侍中宋璟密奏请令公主往就东都,出成器等诸王为刺史,以息人心,睿宗以告公主,公主大怒。玄宗乃上疏以元之、璟等离间兄弟,请加罪,乃贬元之为申州刺史。再转扬州长史、淮南按察使,为政简肃,人吏立碑纪德。俄除同州刺史。先天二年,玄宗讲武在新丰驿,召元之代郭元振为兵部尚书、同中书门下三品,复迁紫微令。避开元尊号,又改名崇,时封梁国公。固辞实封,乃停其旧封,特赐新封一百户。

先是,中宗时,公主外戚皆奏请度人为僧尼,亦有出私财造寺者,富户强丁,皆经营避役,远近充满。至是,崇奏曰:"佛不在外,求之于心。佛图澄最贤,无益于全赵;罗什多艺,不救于亡秦,何充、苻融,皆遭败灭;齐襄、梁武,未免灾殃。但发心慈悲,行事利益使苍生安乐,即是佛身。何用妄度奸人,令坏正法?"上纳其言,令有司隐括僧徒,以伪滥还俗者万二千余人。

开元四年,山东蝗虫大起,崇奏曰:"《毛诗》云:'秉彼蟊贼,以付炎火。'又汉光武诏曰：'勉顺时政，劝督农桑，去彼螟蜮，以及蟊贼。'此并除蝗之义也。虫既解畏人，易为驱逐。又苗稼皆有地主，救护必不辞劳。蝗既解飞，夜必赴火，夜中设火，火边掘坑，且焚且瘗，除之可尽，承山东百姓皆烧香礼拜，设祭祈恩，眼看食苗，手不敢近。自古有讨除不得者，只是人不用命，但使齐心戮力，必是可除。"乃遣御史分道杀蝗。汴州刺史倪若水执奏曰："蝗是天灾，自宜修德。刘聪时除既不得，为害更深。"仍拒御史不肯应命，崇大怒，牒报若水曰："刘聪伪主，德不胜妖；今日圣朝，妖不胜德。古之良守，蝗虫避境，若其修德可免，彼岂无德致然！今坐看食苗，何忍不救，因以饥馑，将何自安？幸勿迟回，自招悔吝。"若水乃行焚瘗之法，获蝗一十四万石，投汴渠流下者不可胜纪。

时朝廷喧议，皆以驱蝗为不便，上闻之，复以问崇，崇曰："庸儒执文，不识通变。凡事有违经而合道者，亦有反道而适权者。昔魏时山东有蝗伤稼，缘小忍不除，致使苗稼总尽，人至相食；后秦时有蝗，禾稼及草木俱尽，牛马至相啖毛。今山东蝗虫所在流满，仍极繁息，实所稀闻。河北、河南，无多贮积，倘不收获，岂免流离，事系安危，不可胶柱。纵使除之不尽，犹胜养以成灾。陛下好生恶杀，此事请不烦出敕，乞容臣出牒处分。若除不得，臣在身官爵，并请削除。"上许之。

黄门监卢怀慎谓崇曰："蝗是天灾，岂可制以人事？外议咸以为非。又杀虫太多，有伤和气。今犹可复，请公思之。"崇曰："楚王吞蛭，厥疾用瘳；叔敖杀蛇，其福乃降。赵宣至贤也，恨用其犬；孔丘将圣也，不爱其羊。皆志在安人，思不失礼。今蝗虫极盛，驱除可得，若其纵食，所在皆空。山东百姓，岂拟饿杀！此事崇已面经奏定讫，请公勿复为言。若救人杀虫，因缘致祸，崇请独受，义不仰关。"怀慎既庶事曲从，竟亦不敢逆崇之意，蝗因此亦渐止息。

是时，上初即位，务修德政，军国庶务，多访于崇，同时宰相卢怀慎、源乾曜等，但唯诺而已。崇独当重任，明于吏道，断割不滞。然纵其子光禄少卿彝、宗正少卿异广引宾客，受纳馈遗，由时为时所讯。时有中书主书赵诲为崇所亲信，受蕃人珍遗，事发，上亲加鞠问，下狱处死。崇结奏其罪，复营救之，上由是不悦。其冬，曲赦京城，敕文特标诲名，令决杖一百，配流岭南。崇自是忧惧，频面陈避相位，荐宋璟自代。俄授开府仪同三司，罢知政事。

居月余，玄宗将幸东都，而太庙屋坏，上召宋璟、苏颋问其故，璟等奏言："陛下三年之制未毕，诚不可行幸。凡灾变之发，皆所以明教诫。陛下宜增崇大道，以答天意，且停幸东都。"上又召崇问曰："朕临发京邑，太庙无故崩坏，恐神灵诫以东行不便耶？"崇对曰："太庙殿本是苻坚时所造，隋文帝创立新都，移宇文朝故殿造此庙，国家又因隋氏旧制，岁月滋深，朽蠹而毁。山有朽壤，尚不免崩，既久来枯木，合将摧折，偶与行期相会，不是缘行乃崩。且四海为家，两京相接，陛下以关中不甚丰熟，转运又有劳费，所以为人行幸，岂是无事烦劳？东都百司已作供拟，不可失信于天下。以臣愚见，旧庙既朽烂，不堪修理，望移神主于太极殿安置，更改造新庙，以申诚敬。车驾依前径发。"上曰："卿言正合朕意。"赐绢二百匹，令所司奉七庙神主于太极殿，改新庙，车驾乃幸东都。因令崇五日一参，仍入阁供奉，甚承恩遇。后又除太子少保，以疾不拜。九年薨，年七十二，赠扬州大都督，谥曰文献。

崇先分其田园，令诸子侄各守其分，仍为遗令以诫子孙，其略曰：

　　古人云：富贵者，人之怨也。贵则神忌其满，人恶其上；富则鬼瞰其室，虏利其财。自开辟已来，书籍所载，德薄任重而能寿考无咎者，未之有也。故范蠡、疏广之辈，知止足之分，前史多之。况吾才不逮古人，而久窃荣宠，位逾高而益惧，恩弥厚而增忧。往在中书，遭疾虚惫，虽终匪懈，而诸务多阙。荐贤自代，屡有诚祈，人欲天从，竟蒙哀允。优游园沼，放浪形骸，人生一代，斯亦足矣。田巴云："百年之期，未有能至。"王逸少云："俯仰之间，已为陈迹。"诚哉此言。

　　皆见诸达官身亡以后，子孙既失覆荫，多至贫寒，斗尺之间，参商是竞。岂唯自玷，仍更辱先，无论曲直，俱受嗤毁。庄田水碾，既众有之，递相推倚，或致荒废。陆贾、石苞，皆古之贤达也，所以预为定分，将以绝其后争，吾静思之，深所叹服。

昔孔丘亚圣，母墓毁而不修；梁鸿至贤，父亡席卷而葬。昔杨震、赵咨、卢植、张奂，皆当代英达，通识今古，咸有遗言，属以薄葬。或濯衣时服，或单帛幅巾，知真魂去身，贵于速朽，子孙皆遵成命，迄今以为美谈。凡厚葬之家，例非明哲，或溺于流俗，不察幽明，咸以奢厚为忠孝，以俭薄为悭惜，至令亡者致戮尸暴骸之酷，存者陷不忠不孝之诮，可为痛哉，可为痛哉！死者无知，自同粪土，何烦厚葬，使伤素业。苦也有知，神不在柩，复何用违君父之令，破衣食之资。吾身亡后，可殓以常服，四时之衣，各一副而已。吾性甚不爱冠衣，必不得将放入棺墓，紫衣玉带，足便于身，念尔等勿复违之。且神道恶奢，冥涂尚质，若违吾处分，使吾受戮于地下，于汝心安乎？念而思之。

今之佛经，罗什所译，姚兴执本，与什对翻，姚兴造浮屠于永贵里，倾竭府库，广事庄严，而兴命不得延，国亦随灭。又齐跨山东，周据关右，周则多除佛法而修缮兵威，齐则广置僧徒而依凭佛力。及至交战，齐氏灭亡，国既不存，寺复何有？修福之报，何其蔑如！梁武帝以万乘为奴，胡太后以六宫入道，岂特身戮名辱，皆以亡国破家。近日孝和皇帝发使赎生，倾国造寺，太平公主、武三思、悖逆庶人、张夫人等皆度人造寺，竞术弥街，咸不免受戮破家，为天下所笑。经云："求长命得长命，求富贵得富贵"，"刀寻段段坏，火坑变成池"。比来缘精进得富贵长命者为谁？生前易知，尚觉无应，身后难究，谁见有征。且五帝之时，父不葬子，兄不哭弟，言其致仁寿、无夭横也。三王之代，国祚延长，人用休息，其人臣则彭祖、老聃之类，皆享遐龄当此之时，未有佛教，岂抄经铸像之力，设斋施物之功耶？《宋书》《西域传》，有名僧为《白黑论》，理证明白，足解沈疑，宜观而行之。

　　且佛者觉也，在乎方寸，假有万像之广，不出五蕴之中，但平等慈悲，行善不行恶，则佛道备矣。何必溺于小说，惑于凡僧，仍将喻品，用为实录，抄经写像，破业倾家，乃至施身亦无所吝，可谓大惑也。亦有比缘亡人造像，名为追福，方便之教，虽则多端，功德须自发心，旁助宁应获报？递相欺诳，浸成风俗，损耗生人，无益亡者。假有通才达识，亦为时俗所拘。如来普慈，意存利物，损众生之不足，厚豪僧之有余，必不然矣。且死者是常，古来不免，所造经像，何所施为？

　　夫释迦之本法，为苍生之大弊，汝等各宜警策，正法在心，勿效儿女子曹，终身不悟也。吾亡后必不得为此弊法，若未能全依正道，须顺俗情，从初七至终七，任设七僧斋。若随斋须布施，宜以吾缘身衣物充，不得辄用余财，为无益之枉事，亦不得妄出私物，徇追福之虚谈。

　　道士者，本以玄牝为宗，初无趋竞之教，而无识者慕僧家之有利，约佛教而为业。敬寻老君之说，亦无过斋之文，抑同僧例，失之弥远，汝等勿拘鄙俗，辄屈于家。汝等身没之后，亦教子孙依吾此法云。

十七年，重赠崇太子太保。

崇长子彝，开元初光禄少卿。次子异，坊州刺史。少子弈，少而修谨，开元末，为礼部侍郎、尚书右丞。天宝元年，右相牛仙客薨，彝男闳为侍御史、仙客判官，见仙客疾亟，逼为仙客表，请以弈及兵部侍郎卢奂为宰相代己。其妻因中使奏之，玄宗闻而怒之，闳决死，弈出为永阳太守，奂为临淄太守。玄孙合，登进士第，授武功尉，迁监察御史，位终给事中。

宋璟，邢州南和人，其先自广平徙焉，后魏吏部尚书弁七代孙也。父玄抚，以璟贵，赠邢州刺史。璟少耿介有大节，博学，工于文翰。弱冠举进士，累转凤阁舍人，当官正色，则天甚重之。长安中，幸臣张易之诬构御史大夫魏元忠有不顺之言，引凤阁舍人张说令证之。说将入于御前对覆,惶惑迫惧,璟谓曰:"名义至重,神道难欺,必不可党邪陷正,以求苟免,若缘犯颜流贬,芬芳多矣。或至不测,吾必叩阁救子,将与子同死,努力,万代瞻仰,在此举也。"说感其言。及入,乃保明元忠,竟得免死。

璟寻迁左御史台中丞。张易之与弟昌宗纵恣益横,倾朝附之。昌宗私引相工李弘泰观占吉凶,言涉不顺,为飞书所告。璟廷奏请穷究其状,则天曰:"易之等已自奏闻,不可加罪。"璟曰:"易之等事露自陈,情在难恕,且谋反大逆,无容首免。请勒就御史台勘当,以明国法。易之等久蒙驱使,分外承恩,臣必知言出祸从,然义激于心,虽死不恨。"则天不悦。内史杨再思恐忤旨,遽宣敕令璟出。璟曰:"天颜咫尺,亲奉德音,不烦宰臣擅宣王命。"则天意稍解,乃收易之等就台,将加鞫问。俄有特敕原之,仍令易之等诣璟辞谢,璟拒而不见曰:"公事当公言之,若私见,则法无私也。"璟尝侍宴朝堂,时易之兄弟皆为列卿,位三品,璟本阶六品,在下座。易之素畏璟,妄悦其意,虚位揖璟曰:"公第一人,何用下座?"璟曰:"才劣品卑,张卿以为第一人,何也?"当时朝列,皆以二张内宠,不名官,呼易之为五郎,昌宗为六郎。天官侍郎郑善果谓璟曰:"中丞奈何呼五郎为卿?"璟曰:"以官言之,正当为卿;若以亲故,当为张五。足下非易之有奴,何郎之有?郑善果一何懦哉!",其刚正皆此类也。自是易之等常欲因事伤之,则天察其情,竟以获免。

神龙元年,迁吏部侍郎。中宗嘉正直,仍令兼谏议大夫、内供奉,仗下后言朝廷得失。寻拜黄门侍郎。时武三思恃宠执权,尝请托于璟,璟正色谓之曰:"当今复于明辟,王宜以侯就第,何得尚干朝政?王独不见产、禄之事乎?"俄有京兆人韦月将上书论三思潜通宫掖,将为祸患之渐,三思讽有司奏月将大逆不道,中宗特令诛之。璟执奏请按其罪状,然后申明典宪,月将竟免极刑,配流岭南而死。

中宗幸西京,令璟权检校并州长史,未行,又带本官检校贝州刺史。时河北频遭水潦,百姓饥馁,三思封邑在贝州,专使征其租赋,璟又拒而不与,由是为三思所挤。又历杭、相二州刺史,在官清严，人吏莫有犯者。

中宗晏驾，拜洛州长史。睿宗践祚，迁吏部尚书、同中书门下三品。玄宗在春宫，又兼右庶子，加银青光禄大夫。先是，外戚及诸公主干预朝政，请托滋甚。崔湜、郑愔相次典选为权门所制，九流失叙，预用两年员阙注拟，不足，更置比冬选人，大为士庶所叹。至是，与侍郎李乂、卢从愿等大革前弊，取舍平允，铨综有叙。

时太平公主谋不利于玄宗，尝于光范门内乘辇伺执政以讽之，众皆失色。璟昌言曰："东宫有大功于天下，真宗庙社稷之主，安得有异议！"乃与姚崇同奏请令公主就东都。玄宗惧，抗表请加罪于璟等，乃贬璟为楚州刺史。无几，历魏、兖、冀三州刺史、河北按察使。迁幽州都督、兼御史大夫。寻拜国子祭酒，兼东都留守，岁余，转京兆尹，复拜御史大夫，坐事出为睦州刺史，转广州都督，仍为五府经略使。广州旧俗，皆以竹茅为屋，屡有火灾。璟教人烧瓦，改造店肆，自是无复延烧之患，人皆怀惠，立颂以纪其政。

开元初，征拜刑部尚书。四年，迁吏部尚书，兼黄门监。明年，官名改易，为侍中，累封广平郡公。其秋，驾幸东都，次永宁之崤谷，驰道隘狭，车骑停佣，河南尹李朝隐、知顿使王怡并失于部伍，上令黜其官爵。璟入奏曰："陛下有春秋，方事巡狩，一以垫隘，致罪二臣，窃恐将来人受艰弊。"于是遽令舍之。璟曰："陛下责之，以臣言免之，是过归于上而恩由于下。请且使待罪于朝，然后诏复其职，则时退得其度矣。"上深善之。

俄又令璟与中书侍郎苏颋为皇子制名及封邑，并公主等邑号。璟等奏曰："王子将封三十余国，周之麟趾，汉之犬牙，彼何足云，于斯为盛。窃以郯、郑王等傍有古邑字，臣等以类推择，谨件三十国名。又王子先有名者，皆上有'嗣'字，又公主邑号，亦选择三十美名，皆文不害意，言足定体。又令臣等别撰一佳名及一美邑号者。七子均养，百王至仁，今若同等别封，或缘母宠子爱，骨肉之际，人所难言，天地之中，典有常度。昔袁盎降慎夫人之席，文帝竟纳之，慎夫人亦不以为嫌，美其得久长之计。臣等故同进，更不别封，上彰覆载无偏之德。"上称叹之。

七年，开府仪同三司王皎卒，及将筑坟，皎子驸马都尉守一请同昭成皇后父窦孝谌故事，其坟高五丈一尺。璟及苏颋请一依礼式，上初从之。翌日，又令准孝谌旧例。璟等上言曰：

夫俭，德之恭；侈，恶之大。高坟乃昔贤所诚，厚葬实君子所非。古者墓而不坟，盖此道也。凡人子于哀送之际，则不以礼制为思，故周、孔设齐斩缌免之差，衣衾棺椁之度，贤者俯就，私怀不果。且苍梧之野，骊山之徒，善恶分区。图史所载。众人皆务奢靡而独能革之，斯所谓至孝要道也。中宫若以为言，则此理固可敦谕。

在外或云窦太尉坟甚高，取则不远者。纵令往日无极言，其事偶行，令出一时，故非常式。又贞观中文德皇后嫁所生女长乐公主，奏请仪注加于长公主，魏征谏云："皇帝之姑姊为长公主，皇帝之女为公主，既有'长'字，合高于公主。若加于长公主，事甚不可。"引汉明故云："群臣欲封皇子为王，帝曰：'朕子岂敢与先帝子等。'"时太宗嘉纳之，文德皇后奏降中使致谢于征。此则乾坤辅佐之间，绰有余裕。岂若韦庶人父追加王位，擅作丰陵，祸不旋踵，为天下笑。则犯颜逆耳，阿意顺旨，不可同日而言也。

况令之所载，预作纪纲，情既无穷，故为之制度，不因人以摇动，不变法以爱憎。顷谓金科玉条，盖以此也。比来蕃夷等辈及城市间人，递以奢靡相高，不将礼仪为意。今以后父之宠，开府之荣，金穴玉衣之资，不忧少物；高坟大寝之役，不畏无人。百事皆出于官，一朝亦可以就。百臣等区区不已以闻，谅欲成朝廷之政，崇国母之德，化浃寰区，声光竹素。倘中宫情不可夺，陛下不能苦违，即准一品合陪陵葬者，坟高三丈已上，四丈已下，降敕将同陪陵之例，即极是高下得宜。

上谓璟等曰："朕每事常欲正身以成纲纪，至于妻子，情岂有私？然人所难言，亦在于此。卿等乃能再三坚执，成朕美事，足使万代之后,光扬我史策。"乃遣使赍采绢四百匹分赐之。

先是,朝集使每至春将还,多有改转,率以为常,璟奏请一切勒
还,绝其侥求之路。又禁断恶钱,发使分道检括销毁之,颇招士庶所
怨,俄授璟开府仪同三司,罢知政事。明年,京兆人权梁山构逆伏
诛,制河南尹王怡驰传往长安穷其枝党。怡禁系极众,久之未能决
断,乃诏璟兼京兆留守,并按覆其狱,璟至,惟罪元谋数人,其余缘
梁山诈称婚礼因假借得罪及胁从者,尽奏原之,十二年,驾又东巡,
璟复为留守。上临发,谓璟曰:"卿国之元老,为朕股肱耳目。今将
巡洛邑,为别历时,所有嘉谟嘉猷,宜相告也。"璟因极言得失,特赐
采绢等,仍手制曰:"所进之言,书之座右,出入观省,以诫终身。"其
见重如此。俄又兼吏部尚书。

十七年,迁尚书右丞相,与张说、源乾曜同日拜官,敕太官设
馔,太常奏乐,于尚书都省大会百僚。玄宗赋诗褒述,自写与之。二
十年,以年老上表曰:

臣闻力不足者,老则更衰;心无主者,疾而尤废。臣昔闻其
语,今验诸身,况且兼之,何能为也,臣自拔迹幽介,钦属盛明,
才不逮人,艺非经国。复以久承驱策,历参试用,命偶时来,荣
因岁积。遂使再升台座,三人冢司,进阶开府,增封本郡。所更
中外,已紊彝章,逮居端揆,左叨名职。何者?丞相官师之长,
任重昔时;愚臣衰朽之余,用惭他日。位则愈盛,人则浸微,尽
知其然,何居而可?顷俛俯从政,巷黄不言,实怀覆载之德,冀
竭涓尘之效。今积羸成急,沈锢莫瘳,耳目更昏,手忠多废。顾
惟殒越,宁遂宿心?安可以苟徇大名,仍尸重禄,且留章绶,不
上阙庭,仪形此乖,礼法何没?伏惟陛下审能以授,为官而择,
察臣之恳词,矜臣之不逮,使归私第,养疾衡门,上弭官谤,下
知死所。则归全之望,获在愚臣;养老之恩,成于圣代。日暮途
远,天高听卑,瞻望轩墀,伏深感恋。谨奉表陈乞以闻。

手敕许之,仍令全给禄俸。璟乃退归东都私第,屏绝人事,以就
医药。二十二年,驾幸东都,璟于路左迎谒,上遣荣王亲劳问之,自

是频遣使送药饵。二十五年薨，年七十五，赠太尉，谥曰文贞。

子升，天福初太仆少卿。次尚，汉东太守。次浑，与右相李林甫善，引为谏议大夫、平原太守、御史中丞、东京采访使。次恕，都官郎中、剑南采访判官，依倚权势，颇为贪暴。浑在平原，重征一年庸调。作东畿采访使，又使河南尉杨朝宗影娶妻郑氏。郑氏即薛稷外孙，姊为宗妇，孀居有色，浑有妻，使朝宗聘而浑纳之，奏朝宗为赤尉。恕在剑南，有雒县令崔珪，恕之表兄，妻美，恕诱而私之，而贬圭官。又养刺客李晏。至九载，并为人所发，赃私各数万贯。林甫奏称璟子浑就东京台推，恕就本使剑南推，皆有实状，浑流岭南高要郡，恕流海康郡。尚，其载又为人讼其赃，贬临海长史。其子华、衡，居官皆坐赃，相次流贬。其后浑会赦，量移至东阳郡下，请托过求，及役使人吏，求其资课，人不堪其弊，讼之，配流浔江郡。然兄弟尽善饮谑，俳优杂戏，衡最粗险，广平之风教，无复存矣。广德后，浑除太子谕德，为物议薄之，乃留寓于江岭卒。

史臣曰：履难危则易见良臣，处平定则难彰贤相，故房、杜预创业之功，不可俦匹。而姚、宋经武、韦二后，政乱刑淫，颇涉履于中，克全声迹，抑无愧焉。

赞曰：姚、宋入用，刑政多端。为政匪易，防刑益难，谏净以猛，施张用宽。不有其道，将何以安？

旧唐书卷九七
列传第四七

刘幽求　钟绍京　郭元振
张说　**说子均　垍　陈希烈附**

刘幽求，冀州武钅给人也。圣历年，应制举，拜阆中尉，刺史不礼焉，乃弃官而归。久之，授朝邑尉。初，桓彦范、敬晖等虽诛张易之兄弟，竟不杀武三思。幽求谓桓、敬曰："三思尚存，公辈终无葬地。若不早图，恐噬脐无及。"桓、敬等不从其言，后果为三思诬构，死于岭外。

及韦庶人将行篡逆，幽求与玄宗潜谋诛之，乃与苑总监钟绍京、长上果毅麻嗣宗及太平公主之子薛崇暕等夜从入禁中讨平之。是夜所下制敕百余道，皆出于幽求。以功擢拜中书人吉人，令参知机务，赐爵中山县男，食实封二百户。翌日，又授其二子五品官，祖、父俱追赠刺史。

睿宗即位，加银青光禄大夫，行尚书右丞，仍旧知政事，进封徐国公，加实封通前五百户，赐物千段、奴婢二十人、宅一区、地十顷、马四匹，加以金银杂器。景云二年，迁户部尚书罢知政事。月余，转吏部尚书，擢拜侍中，降玺书曰："顷者，王室不造，中宗厌代，外戚专政，奸臣擅国，将倾社稷，几迁龟鼎，朕躬与王公，皆将及于祸难。卿见危思奋，在变能通，翊赞储君，协和义士，殄歼元恶，放殛凶徒。我国家之复存，系兹是赖，厥庸甚茂，朕用嘉焉。故委卿以衡轴，胙卿以茅土，然征赋未广，宠锡犹轻。昔西汉行封，更择多户；东京定赏，复增大邑。故加赐卿实封二百户，兼旧七百户。使夫高岸为谷，长河如带，子子孙孙，传国无绝。又以卿忘躯徇难，宜有恩荣，故特免卿十死罪，并书诸金铁，俾传于后。卿其保兹功业，永作国桢，可不美欤！”

先天元年，拜尚书右仆射、同中书门下三品，监修国史。幽求初自谓功在朝臣之右，而志求左仆射，兼领中书令。俄而窦怀贞为左仆射，崔湜为中书令，幽求心甚不平，形于言色。湜又托附太平公主，将谋逆乱。幽求乃与右羽林将军张暐请羽林兵诛之，乃令暐密奏玄宗曰：“宰相中有崔湜、岑羲，俱是太平公主进用，见作方计，其事不轻。殿下若不早谋，必成大患。一朝事出意外，太上皇何以得安？古人云：‘当断不断，反受其乱。’唯请急杀此贼。刘幽求已共臣作定谋计旋，原以身正此事，赴死如归。臣既职典禁兵，若奉殿下命，当即除翦。”上深以为然。暐又泄其谋于侍御史邓光宾，玄宗大惧，遽列上其状，睿宗下幽求等诏狱，令法官推鞫之。法官奏幽求等以疏间亲，罪当死。玄宗屡救获免，乃流幽求于封州，暐于峰州。

岁余，太平公主等伏诛，其自下诏曰：“刘幽求风云玄感，川岳粹灵，学综九流，文穷三变。义以临事，精能贯日；忠以成谋，用若投水。茂勋立艰难之际，嘉话盈启沃之初，存谠直以不顾，为奸邪之所忌，衅萌颇露，谮端潜发，元宰见逐，逸人孔多。既殄群凶，方宣大化，期问政于经始，载登贤于梦卜。可依旧金紫光禄大夫，守尚书左仆射，知军国事，监修国史，上柱国、徐国公，仍依旧还封七百户，并赐锦衣一袭。”开元初，改尚书左右仆射为左右丞相，乃授幽求尚书左丞相，兼黄门监。未几，除太子少保，罢知政事。姚崇素嫉忌之，乃奏言幽求郁怏于散职，兼有怨言，贬授睦州刺史，削其实封六百户。岁余，稍迁杭州刺史。三年，转桂阳郡刺史，在道愤恚而卒，年六十一，赠礼部尚书，谥曰文献，配享睿宗庙庭。建中三年，重赠司徒。

钟绍京，虔州赣人也。初为司农录事，以工书直凤阁，则天时明堂门额、九鼎之铭，及诸宫殿门榜，皆绍京所题。景龙中，为苑总监。玄宗之诛韦氏，绍京夜中帅户奴及西夫以从。及事成，其夜拜绍京银青光禄大夫、中书侍郎，参知机务。翌日，进拜中书令，加光禄大夫，封越国公，赐实封五百户，赐物二千段、马十匹。绍京既当朝用事，恣情赏罚，甚为时人所恶。俄又抗疏让官，睿宗纳薛稷之言，乃转为户部尚书，出为蜀州刺史。

玄宗即位，复召拜户部尚书，迁太子詹事。时姚崇素恶绍京之为人，因奏绍京发言怨望，左迁绵州刺史。及坐事，累贬琰川尉，尽其阶爵及实封。俄又历迁温州别驾。开元十五年，入朝，因垂泣奏曰："陛下岂不记畴昔之事耶？何忍弃臣荒外，永不见阙庭。且当时立功之人，今并亡殁，唯臣衰老独在，陛下岂不垂愍耶？"玄宗为之恻然，即日拜银青光禄大夫、右谕德。久之，转少詹事。年八十余卒。绍京雅好书画古迹，聚二王及褚遂良书至数十百卷。建中元年，重赠太子太傅。

郭元振，魏州贵乡人。举进士，授通泉尉。任侠使气，不以细务介意，前后掠卖所部千余人，以遗宾客，百姓苦之。则天闻其名，召见与语，甚奇之。时吐蕃请和，乃授元振右武卫铠曹，充使聘于吐蕃。吐蕃大将论钦陵请去四镇兵，分十姓之地，朝廷使元振因察其事宜。元振还，上疏曰：

臣闻利或生害，害亦生利。国家难消息者，唯吐蕃与默啜耳。今吐蕃请和，默啜受命，是将大利于中国也。若图之不审，则害必随之。今钦陵欲分裂十姓，去四镇兵，此诚动静之机，不可轻举措也。今若直其善意，恐边患之起，必甚于前。若以镇不可拔，兵不可抽，则宜为计以缓之，藉事以诱之，使彼和望未绝，则其恶意亦不得顿生。

且四镇之患远，甘、凉之患近，取舍之计，实宜深图。今国之外患者，十姓、四镇是；内患者，甘、凉、瓜、肃是也。关、陇之人，久事屯戍，向三十年，力用竭矣。脱甘、凉有不虞，岂堪广调发耶？夫善为国者，当先料内以敌外，不贪外以害内，然后夷夏晏安，升平可保。如钦陵云"四镇诸部接界，惧汉侵窃，故有是请"，此则吐蕃所要者。然青海、吐浑密迩兰、鄯，比为汉患，实在兹辈，斯亦国家之要者。

　　今宜报钦陵云："国家非吝四镇，本置此以扼蕃国之要，分蕃国之力，使不得并兵东侵。今委之于蕃，力强易为东扰。必实无东侵意，则还汉吐浑诸部及青海故地，即俟斤部落亦还吐蕃。"如此，则足塞钦陵之口，而事未全绝也。如钦陵小有乖，则曲在彼矣。又西边诸国，款附岁久，论其情义，岂可与吐蕃同日而言。今未知其利害，未审其情实，遥有分裂，亦恐伤彼诸国之意，非制驭之长算也。

则天从之。

　　又上言曰："臣揣吐蕃百姓倦徭戍久矣，咸愿早和。其大将论钦陵欲分四镇境，统兵专制，故不欲归款。若国家每岁发和亲使，而钦陵常不从命，则彼蕃之人怨钦陵日深，望国恩日甚，设欲广举丑徒，固亦难矣。斯亦离间之渐，必可使其上下俱怀猜阻。"则天甚然之。自是数年间，吐蕃君臣果相猜贰，因诛大将论钦陵。其弟赞婆及兄子莽布支并来降，则天仍令元振与河源军大使夫蒙令卿率骑以接之。后吐蕃将麹莽布支率兵入寇，凉州都督唐休璟勒兵破之。元振参预其谋，以功拜主客郎中。

　　大足元年，迁凉州都督、陇右诸军州大使。先是凉州封界南北不过四百余里，既逼突厥、吐蕃，二寇频岁奄至城下，百姓苦之。元振始于南境硖口置和戎城，北界碛中置白亭军，控其要路，乃拓州境一千五百里，自是寇虏不复更至城下。元振又令甘州刺史李汉通开置屯田，尽其水陆之利，旧凉州粟麦斛至数千，及汉通收率之后，数年丰稔，乃至一匹绢籴数十斛，积军粮支数十年，元振风神伟壮，而善于抚御，在凉州五年，夷夏畏慕，令行禁止，牛羊被野，路不拾遗。

　　神龙中，迁左骁卫将军，兼检校安西大都护。时西突厥首领乌

质勒部落强盛，款塞通和，元振就其牙帐计会军事。时天大雪，元振
立于帐前，与乌质勒言议，须臾，雪深风冻，元振未尝移足，乌质勒
年老，不胜寒苦，会罢而死。其子娑葛以元振故杀其父，谋勒兵攻
之。副使御史中丞解琬知其谋，劝元振夜遁，元振曰："吾以诚信待
人，何所疑惧，且深在寇庭，遁将安适？"乃安卧帐中。明日，亲入虏
帐，哭之甚哀，行吊赠之礼。娑葛乃感其义，复与元振通好，因遣使
进马五千匹及方物。制以元振为金山道行军大总管。

先是，娑葛与阿史那阙啜忠节不和，屡相侵掠，阙啜兵众寡弱，
渐不能支。元振奏请追阙啜入朝宿卫，移其部落入于瓜、沙等州安
置，制从之，阙啜行至播仙城，与经略使、右卫将军周以悌相遇，以
悌谓之曰："国家以高班厚秩待君者，以君统摄部落，下有兵众故
也。今轻身入朝，是一老胡耳，在朝之人，谁复喜见？非唯官资难得，
亦恐性命在人。今宰相有宗楚客、纪处讷，并专权用事，何不厚赂二
公，请留不行。仍发安西兵并引吐蕃以击娑葛，求阿史那献为可汗
以招十姓，使郭虔瓘往拔汗那征甲马以助军用，既得报雠，又得存
其部落。如此，与入朝受制于人，岂复同也？阙啜然其言，便勒兵攻
陷于阗坎城，获金宝及生口，遣人间道纳赂于宗、纪。元振闻其谋，
遂上疏曰：

> 往者吐蕃所争，唯论十姓四镇，国家不能舍与，所以不得
> 通和。今吐蕃不相侵扰者，不是顾国家和信不来，直国中诸豪
> 及泥婆罗门等属国自有携贰。故赞普躬往南征，身殒寇庭，国
> 中大乱，嫡庶竞立，将相争权，自相屠灭。兼以人畜疲疠，财力
> 困穷，人事天时，俱未称惬。所以屈志，且共汉和，非是本心能
> 忘情于十姓、四镇也。如国力殷足之后，则必争小事，方便绝
> 和，纵其丑徒，来相吞扰，此必然之计也。

> 今忠节乃不论国家大计，直欲为吐蕃作乡导主人，国镇危
> 机，恐从此启。顷缘默啜凭凌，所应处兼四镇兵士，岁久贫羸，
> 其势未能得为忠节经略，非是怜突骑施也。忠节不体国家中外
> 之意，而别求吐蕃，吐蕃得志，忠节则在其掌握，若为复得事

汉？往年吐蕃于国非有恩有力，犹欲争十姓、四镇；今若效力树恩之后，或请分于阗、疏勒，不知欲以何理抑之？又其中国中诸蛮及婆罗门等国见今携背，忽请汉兵助其除讨，亦不知欲以何词拒之？是以古之贤人，皆不愿夷狄妄惠，非是不欲其力，惧后求请无厌，益生中国之事。故臣愚以为用吐蕃之力，实为非便。

又请阿史那献者，岂以献等并可汗子孙，来即可以招胁十姓？但献父元庆、叔仆罗、兄俀子并斛瑟罗及怀道，岂不俱是可汗子孙？往四镇以他匐十姓不安，请册元庆为可汗，竟不能招胁得十姓，却令元庆没贼，四镇尽沦。顷年，忠节请斛瑟罗及怀道俱为可汗，亦不能招胁得十姓，却遣碎叶数年被围，兵士饥馁。又，吐蕃顷年亦册俀子及仆罗并拔布相次为可汗，亦不能招得十姓，皆自磨灭。何则？此等子孙非有惠下之才，恩义素绝，故人心不归，来者既不能招携，唯于四镇却生疮痏，则知册可汗子孙，亦未获招胁十姓之算也。今料献之恩义，又隔远于其父兄，向来既未树立得威恩，亦何由即遣人心悬附，若自举兵，力势能取，则可招胁十姓，不必要须得可汗子孙也。

又，欲令郭虔瓘入拔汗那税甲税马以充军用者，但往年虔瓘已曾与忠节擅入拔汗那税甲税马，臣在疏勒具访，不闻得一甲入军，拔汗那胡不胜侵扰，南勾吐蕃，即将俀子重扰四镇。又虔瓘往入之际，拔汗那四面无贼可勾，恣意侵吞，如独行无人之境犹引俀子为蔽。必知虔瓘等不能更如往年得恣其吞噬，内外受敌，自陷危道，徒与贼结隙，令四镇不安。臣愚揣之，亦非为计。

疏奏不省。

楚客等既受阙啜之赂，乃建议遣摄御史中丞冯嘉宾持节安抚阙啜，御史吕守素处置四镇，持玺书便报元振。除牛师奖为安西副都护，便领甘、凉已西兵募，兼征吐蕃，以讨娑葛。娑葛进马使娑腊知楚客计，驰还报娑葛。娑葛是日发兵五千骑出安西，五千骑出拨换，五千骑出焉耆，五千骑出疏勒。时元振在疏勒。于河口栅不敢动。阙啜在计舒河口候见嘉宾,娑葛兵掩至,生擒阙啜,杀嘉宾等。吕守素至僻城,亦见害。又杀牛师奖于火烧城,乃陷安西,四镇路绝。

楚客又奏请周以悌代元振统众,征元振,将陷之。使阿史那献为十姓可汗,置军焉耆以取娑葛。娑葛遗元振书曰:"与汉本来无恶,史雠于阙啜。而宗尚书取阙啜金,枉拟破奴部落,冯中丞、牛都护相次而来,奴等岂坐受死!又闻史献欲来,徒扰乱军州,恐未有宁日,乞大使商量处置。"元振奏娑葛状。楚客怒,奏言元振有异图。元振使其子鸿间道奏其状,以悌竟得罪,流于白州。复以元振代以悌,赦娑葛罪,册为十四姓可汗。元振奏称西土未宁,事资安抚,逗遛不敢归京师。

会楚客等被诛,睿宗即位,征拜太仆卿,加银青光禄大夫。景云二年,同中书门下三品,代宋璟为吏部尚书。无几,转兵部尚书,封馆陶县男。时元振父爱年老在乡,就拜济州刺史,仍听致仕。其冬,与韦安石、张说等俱罢知政事。先天元年,为朔方宁大总管,始筑定远城,以为行军计集之所,至今赖之。明年,复同中书门下三品。

及萧至忠、窦怀贞等附太平公主潜谋不顺,玄宗发羽林兵诛之,睿宗登承天门,元振躬率兵侍卫之。事定论功,进封代国公,食实封四百户,赐物一千段。又令兼御史大夫。持节为朔方道大总管,以备突厥,未行。玄宗于骊山讲武,坐军容不整,坐于纛下,将斩以徇,刘幽求、张说于马前谏曰:"元振有翊赞大功,虽有罪,当从原宥。"乃赦之,流于新州。寻又思其旧功,起为饶州司马。元振自恃功勋,怏怏不得志,道病卒。开元十年,追赠太子少保。有文集二十卷。

张说字道济,其先范阳人,代居河东,近又徙家河南之洛阳,弱冠应诏举,对策乙第,授太子校书,累转右补阙,预修《三教珠英》。久视年,则天幸三阳宫,自夏涉秋,不时还都,说上疏谏曰:

　　　　陛下屯万乘,幸离宫,暑退凉归,未降还旨。愚臣固陋,恐非良策，请为陛下陈其不可。

三阳宫去洛城一百六十里，有伊水之隔，崿坂之峻，过夏涉秋，水潦方积，道坏山险，不通转运，河广无梁，咫尺千里，扈从兵马，日费资给，连雨弥旬，即难周济。陛下太仓、武库，并在都邑，红栗利器，蕴若山丘。奈何去宗庙之上都，安山谷之僻处？是犹倒持剑戟，示人镡柄，臣窃为陛下不取。夫祸变之生，在人所忽，故曰："安乐必诫，无行所悔。"此不可止之理一也。

告成褊小，万方辐凑，填城溢郭，并插无所，排斥居人，蓬宿草次，风雨暴至，不知庇托，孤恂子老病，流转衢巷。陛下作人父母，将若之何？此不可止之理二也。

池亭奇巧，诱掖上心，削峦起观，竭流涨海，俯贯地脉，仰出云路，易山川之气，夺农桑之土，延木石，运斧斤，山谷连声，春夏不辍。劝陛下作此者，岂正人耶？《诗》云："人亦劳止，汔可小康。"此不可止之理三也。

御苑东西二十里，所出入来往，杂人甚多，外无墙垣扃禁，内有榛丛溪谷，猛兽所伏，暴慝是凭。陛下往往轻行，警跸不肃，历象密，乘险嶬，卒然有逸兽狂夫，惊犯左右，岂不殆哉！虽万全无疑，然人主之动，不宜易也。《易》曰："思患预防。"愿陛下为万姓持重。此不可止之理四也。

今国家北有胡寇觊边，南有夷獠骚徼。关西小旱，耕稼是忧；安东地平，输漕方始。臣愿陛下及时旋轸，深居上京，息人以展农，修德以来远，罢不急之役，省无用之费。澄心澹怀，惟亿万年，苍苍群生，莫不幸甚。臣自度刍议，十不一从。何者？沮盘游之娱，间林沚之玩，规远图而替近适，要后利而弃前欢，未沃明主之心，已忤贵臣之意。然臣血诚密奏则不爱死者，不愿负陛下言责之职耳。轻触天威，伏地等罪。

疏奏不省。

长安初，修《三教珠英》毕，迁右史、内供奉，兼知考功贡举事，擢拜凤阁舍人。时麟台监张易之与其弟昌宗构陷御史大夫魏元忠，称其谋反,引说令证其事。说至御前,扬言元忠实不反,此是易之诬构耳。元忠由是免诛,说坐忤旨配流钦州。在岭外岁余。中宗即位,召拜兵部员外郎,累转工部侍郎。景龙中,丁母忧去职,起复授黄门侍郎,累表固辞,言甚切至,优诏方许之。是时风教颓紊,多以起复为荣,而说固节恳辞,竟终其丧制,大为识者所称。服终,复为工部侍郎。俄拜兵部侍郎,加弘文馆学士。

睿宗即位,迁中书侍郎,兼雍州长史。景云元年秋,谯王重福于东都构逆而死,留守捕系枝党数百人考讯结构之状,经时不决,睿宋令说往按其狱,一宿捕获重福谋主张灵均,郑愔等尽得其情状,自余枉被系禁者,一切释放。睿宗劳之曰:"知卿按此狱,不枉良善,又不漏罪人,非卿忠正,岂能如此?"

玄宗在东宫,说与国子司业褚无量俱为侍读,深见亲敬。明年,同中书门下平章事,监修国史。是岁二月,睿宗谓侍臣曰:"有术者上言,五日内有急兵入宫,卿等为朕备之。"左右相顾莫能对,说进曰:"此是谗人设计,拟摇动东宫耳。陛下若使太子监国,则君臣分定,自然窥觎路绝,灾难不生。"睿宗大悦,即日下制皇太子监国。明年,又制皇太子即帝位。俄而太平公主引萧至忠、崔湜等为宰相,以说为不附己,转为尚书左丞,罢知政事,仍令往东都留司。说既知太平等阴怀异计,乃因使献佩刀于玄宗,请先事讨之,玄宗深嘉纳焉。及至忠等伏诛,征拜中书令,封燕国公,赐实封二百户。其冬,改易官名,拜紫微令。

自则天末年,季冬为泼寒胡戏,中宗尝御楼以观之。至是,因蕃夷入朝,又作此戏。说上疏谏曰:"臣闻韩宣适鲁,见周礼而叹;孔子会齐,数倡优之罪。列国如此,况天朝乎。令外蕃请和,选使朝谒,所望接以礼乐,示以兵威。虽曰戎夷,不可轻易,焉知无驹支之辩,由余之贤战?且泼寒胡未闻典故,裸体跳足,盛德何观;挥水投泥,失容斯甚。法殊鲁礼,泄比齐优,恐非干羽柔远之义,樽俎折冲之礼。"自是此戏乃绝。

俄而为姚崇所构,出为相州刺史,仍充河北道按察使。俄又坐事左转岳州刺史,仍停所食实封三百户,迁右羽林将军,兼检校幽州都督。开无七年,检校并州大都督府长史,兼天兵军大使,摄御史大夫,兼修国史,仍赍史本随军修撰。八年秋,朔方大使王晙诛河曲降虏阿布忠等千余人。时并州大同、横野等军有九姓同罗、拔曳固等部落,皆怀震惧。说率轻骑二十人,持旌节直诣其部落,宿于帐下,召酋帅以慰抚之。副使李宪以为夷虏难信,不宜轻涉不测,驰状以谏,说报书曰:"吾肉非黄羊,必不畏吃;血非野马,必不畏刺。士见危致命,是吾效死之秋也。"于是九姓感义,其心乃安。

九年四月,胡贼康待宾率众反,据长泉县,自称叶护,攻陷兰池等六州。诏王晙率兵讨之,仍令说相知经略。时叛胡与党项连结,攻银城、连谷,以据仓粮,说统马步万人出合河关掩击,大破之。追至骆驼堰,胡及党项自相杀,阻夜,胡乃西遁入铁建山,余党溃散。说招集党项,复其居业。副使中史献请因此诛党项,绝其翻动之计,说曰:"先王之道,推亡固存,如尽诛之,是逆天道也。"因奏置麟州,以安置党项余烬。其年,拜兵部尚书、同中书门下三品,仍依旧修国史。

明年,又敕说为朔方军节度大使,往巡五城,处置兵马。时有康待宾余党庆州方渠降胡康愿子自立为可汗,举兵反,谋掠监牧马,西涉河出塞。说进兵讨擒之,并获其家属于木盘山,送都斩之,其党悉平,获男女三千余人。于是移河曲六州残胡五万余口配许、汝、唐、邓、仙、豫等州,始空河南朔方千里之地。说以讨贼功,复赐实封二百户。先是,缘边镇兵常六十余万,说以时无强寇,不假师众,奏罢二十余万,勒还营农。玄宗颇以为疑,说奏曰:"臣久在疆场,具悉边事,军将但欲自卫及杂使营私。若御敌制胜,不在多拥闲冗,以妨农务。陛下若以为疑,臣请以阖门百口为保。以陛下之明,四夷畏伏,必不虑减兵而招寇也。"上乃从之。

时当番卫士,浸以贫弱,逃亡略尽。说又建策,请一切召募强壮,令其宿卫,不简色役,优为条例,逋逃者必争来应募。上从之。旬日,得精兵一十三万人,分系诸卫,更番上下,以实京师,其后𫞩骑是也。

是岁，玄宗将还京，而便幸并州，说进言曰："太原是国家王业所起，陛下行幸，振威耀武，并建碑纪德，以申永思之意。若便入京，路由河东，有汉武脽上后土之祀，此礼久阙，历代莫能行之。原陛下绍斯坠典，以为三农祈谷，此诚万姓之福也。"上从其言。及祀后土礼毕，说代张嘉贞为中书令。夏四月，玄宗亲为诏曰："动惟直道，累闻献替之诚；言则不谀，自得谋猷之体。政令必俟其增损，图书又藉其刊削，才望兼著，理合褒升。考中上。"

说又首建封禅之议。十三年，受诏与右散骑常侍徐坚、太常少卿韦绦等撰东封仪注。旧仪不便者，说多所裁正，语在《礼志》。玄宗寻召说及礼官学士等赐宴于集仙殿，谓说曰："今与卿等贤才同宴于此，宜改名为集贤殿。"因下制改丽正书院为集贤殿书院，授说集贤院学士，知院事。

及将东封，授说为右丞相兼中书令，源乾曜为左丞相兼侍中，盖勒成岱宗，以明宰相佐成王化也。说又撰《封禅坛颂》以纪圣德。初，源乾曜本意不欲封禅，而说固赞其事，由是颇不相平，及登山，说引所亲摄供奉官及主事等从升，加阶超入五品，其余官多不得上。又行从兵士，惟加勋，不得赐物，由是颇为内外所怨。先是，御史中丞宇文融献策，请括天下逃户及籍外剩田，置十道劝农使，分往检察；说嫌其扰人不便，数建议违之。及东封还，融又密奏分吏部置十铨，融与礼部尚书苏颋等分掌选事。融等每有奏请，皆为说所抑，由是铨综失叙，融乃与御史大夫崔隐甫、中丞李林甫奏弹说引术士夜解及受赃等状，敕宰臣源乾曜、刑部尚书韦抗、大理少卿明珪、御史大夫崔隐甫就尚书省鞫问，说兄左庶子光诣朝堂割耳称冤。时中书主事张观、左卫长史范尧臣并依倚说势，诈假纳赂，又私度僧王庆则往来与说占卜吉凶，为隐甫等所鞫伏罪。说经两宿，玄宗使中官高力士视之，回奏："说坐于草上，于瓦器中食，蓬首垢面，自罚忧惧之甚。玄宗悯之。力士奏曰："说曾为侍读，又于国有功。"玄宗然其奏，则是停兼中书令，观及庆则决杖而死，连坐迁贬者十余人。隐甫及融等恐说复用为己患，又密奏毁之。明年，诏说致仕，仍令在家修史。

初，说为相时，玄宗意欲讨吐蕃，说密奏许其通和，以息边境，玄宗不从。及瓜州失守，王君㚟死，说因获巂州斗羊，上表献之，以申讽谕，其表：臣闻勇士冠鸡，武士戴鹖，推情举类，获此斗羊。远生越巂，蓄性刚决，敌不避强，战不顾死，虽为微物，志不可挫。伏惟陛下选良家于六郡，求猛士于四方，鸟不遁才，兽不藏伎。如蒙效奇灵囿，角力天场，却鼓怒以作气，前踯躅以奋击。跌若奔云之交触，碎如转石之相叩，裂骨睹胜，溅血争雄，敢毅见而冲冠，鸷狠闻而击节。冀将少助明主市骏骨、揖怒蛙之意也。若使羊能言，必将曰'若斗不解，立有死者'。所赖至仁无残，量力取劝焉。臣缘损足，未堪履地，谨遣男诣金明门奉进。"玄深悟其意，赐绢及杂采一千匹。

十七年，复拜尚书左丞相、集贤院学士，寻代源乾曜为尚书左丞相。视事之日，上敕所司供帐，设音乐，内出酒食，御制诗一篇以叙其事。寻以修谒陵仪注功，加开府仪同三司。时长子均为中书舍人，次子垍尚宁亲公主，拜驸马都尉，又特授说兄庆王傅光为银青光禄大夫。当时荣宠，莫以为比。

十八年，遇疾，玄宗每日令中使问疾，并手写药方赐之。十二月薨，时年六十四。上惨恻久之，遽于光顺门举哀，因罢十九年元正朝会，诏曰：

弘济艰难，参其功者时杰；经纬礼乐，赞其道者人师。式瞻而百度允厘，既往而千载贻范。台衡轩鼎，垂黼藻于当今；徽策宠章，播芳蕤于后叶。故开府仪同三司、尚书左丞相、集贤院学士知院事、上柱国、燕国公张说，辰象降灵，云龙合契。元和体其冲粹，妙有释其至赜。挹而莫测，仰之弥高。精义探系表之微，英辞鼓天下之动。其昔侍春诵，绸缪岁华。含春容之声，叩而尽应；蕴泉源之智，启而斯沃。授命兴国，则天衢以通，济用和民，则朝政惟允。司钧总六官之纪，端揆为万邦之式。方弘风纬俗，返本于上古之初；而迈德振仁，不臻于中寿之福。于嗟不愁，既丧斯文，宣室余谈，冷然在耳；在殿遗草，宛留其迹。言念忠贤，良深震悼。是使当宁抚几，临乐彻悬，罢称觞之仪，遵往筵之礼。可赠太师，赐物五百段。

始玄宗在东宫，说已蒙礼遇，及太平用事，储位颇危，说独排其党，请太子监国，深谋密画，竟清内难，遂为开元宗臣。前后三秉大政，掌文学之任凡三十年，为文俊丽，用思精密，朝廷大手笔，皆特承中旨选述，天下词人，咸讽诵之，尤长于碑文、墓志当代无能及者，喜延纳后进，善用已长，引文儒之士，佐佑王化，当承平岁久，志在粉饰盛时。其封泰山，祠脽上，谒五陵，开集贤，修太宗之政，皆说为唱首。而又敦气义，重然诺，于君臣朋友之际，大义甚笃。时中书舍人徐坚自负文学，常以集贤院学士多非其人，所司供膳太厚，尝谓朝列曰："此辈于国家何益，如此虚费。"将建议罢之。说曰："自古帝王功成，则有奢纵之失，或兴池台，或玩声色。今圣上崇儒重道，亲自讲论，刊正图书，详延学者。今丽正书院，天子礼乐之司，永代规横，不易之道也。所费者细，所益者大。徐子之言，何其隘哉！"玄宗知之，由是薄坚。说既遭讪铄，罢知政事，专集贤文史之任，每军国大事，帝遣中使先访其可否。说尝自制其父《赠丹州刺史陟碑文》，玄宗闻之而御书其碑额赐之，曰："呜呼，积善之墓"。有文集三十卷。太常谥议曰"文贞"，左司郎中阳伯城驳议，以为不称，工部侍郎张九龄立议，请依太常为定，纷纶未决。玄宗为说自制神道碑文，御笔赐谥曰文贞。繇是方定。

均、垍俱能文，说在中书，兄弟已掌纶翰之任。居父忧服阕，均除户部侍郎，转兵部。二十六年，坐累贬饶州刺史，以太子左庶子征，复为户部侍郎。九载，迁刑部尚书。自以才名当为宰辅，常为李林甫所抑。及林甫卒，依附权臣陈希烈，期于必取。既而杨国忠用事心颇恶之，罢希烈知政事，引文部侍郎韦见素代之，仍以均为大理卿。均大失望，意常郁郁。禄山之乱，受伪命为中书令，掌贼枢衡。李岘、吕湮条流陷贼官，均当大辟；肃宗于说有旧恩，特免死，长流合浦郡。

埱，以主婿，玄宗特深恩宠，许于禁中置内宅，侍为文章，尝赐珍玩，不可胜数。时兄均亦供奉翰林院，常以所赐示均，均戏谓埱曰："此妇翁与女婿，非天子赐学士也。"天宝中，玄宗尝幸埱内宅，谓埱曰："希烈累辞机务，朕择其代者，孰可？"埱错愕未对，帝即曰："无喻吾爱婿矣。"埱降阶陈谢。杨国忠闻而恶之，及希烈罢相，举韦见素代，埱深觖望。天宝十三年正月，范阳节度使安禄山入朝，时禄山立破奚、契丹功，尤加宠异。禄山求带平章事，下中书拟议，国忠进言曰："禄山诚立军功，然眼不识字，制命若行，臣恐四夷轻国。"玄宗乃止，加左仆射而已。及禄山还镇，命中官高力士饯于浐坡，既还，帝曰："禄山慰意否？"力士曰："观其深心郁郁，必伺知宰相之命不行故也。"帝告国忠，国忠曰："此议他人不知，必张埱所告。"帝怒，尽逐张埱兄弟，出均为建安太守，埱为卢溪郡司马，埱为宜春郡司马。岁中召还，再迁为太常卿。

禄山之乱，玄宗幸蜀，宰相韦见素、杨国忠、御史大夫魏方进等从，朝臣多之不至。次咸阳，帝谓高力士曰："昨日苍黄离京，朝官不知所诣，今日谁当至者？"力士曰："张埱兄弟世受国恩，又连戚属，必当先至。房琯素有宰相望，深为禄山所器，必不此来。"帝曰："事未可料。"是日，琯至，帝大悦，因问均、埱，琯曰："臣离京时，亦过其舍，比约同行，均报云'已于城南取马'，观其趣向，来意不切。"既而均弟埱果受禄山伪命，埱与陈希烈为贼宰相，埱死于贼中。

陈希烈者，宋州人也。精玄学，书无不览。开元中，玄宗留意经义，自褚无量、元行冲卒后，得希烈与凤翔人冯朝隐，常在禁中讲《老》《易》。累迁至秘书少监，代张九令专判集贤院事。玄宗凡有撰述，必经希烈之手。李林甫知上眷待深异，又以和裕易制，乃引为宰相，同知政事，相得甚欢。而林甫居位日久，虽阴谋奸画足以自固，亦希烈佐佑唱和之力也。累迁兼兵部尚书、左相，封颍川郡开国公，宠遇侔于林甫。及林甫死，杨国忠用事，素忌嫉之，乃引韦见素同

列，罢希烈知政事，守太子太师。希烈失恩，心颇怏怏。禄山之乱与
张垍、达奚珣同掌贼之机衡。六等定罪，希烈当斩，肃宗以上皇素
遇，赐死于家。

史臣曰：刘徐公负不羁之材，逢抵戏之运，遂能奋命决策，扶力
中兴，朝为徒步之人，夕据公侯之位，苟非轻死重利，不耻不义之
富，安及此哉！郭代公、张燕公解逢掖而登将坛，驱貔虎之师，断獯
戎之臂，暨居衡轴，克致隆平，可谓武纬文经，惟申与甫而已。惜乎
均、垍务速，失节贼廷。自武德以来，称贤相者，房、杜、姚、宋四公，
皆遭无赖子弟污圮先业，非独燕国之不幸也。希烈柔而多智，长于
名理，竟死于名。所谓离娄不见其眉睫，与夫平叔、太初，同膏盲耳。

赞曰：箕、微去纣，闳、散扶昌。谋不近议，旋踵而亡。幽求不令，
道济允臧。传哉郭侯，勋德煌煌。

旧唐书卷九八
列传第四八

魏知古　卢怀慎　源乾曜
李元纮　杜暹　韩休
裴耀卿

　　魏知古，深州陆泽人也。性方直，早有才名。弱冠举进士，累授
著作郎，兼修国史。长安中，历迁凤阁舍人、卫尉少卿。时睿宗居藩，
兼检校相王府司马。神龙初，擢拜吏部侍郎，仍并依旧兼修国史，寻
进位银青光禄大夫。明年，丁母忧去职，服阕授晋州刺史。睿宗即
位，以故吏召拜黄门侍郎，兼修国史。
　　景云二年，迁右散骑常侍。睿宗女金仙、玉真二公主入道，有制
各造一观，虽属季夏盛暑，尚营作不止。知古上疏谏曰：

　　　臣闻《谷梁传》曰："古之君人者，必时视人之所勤：人勤于
力则功筑罕，人勤于财则贡赋少，人勤于食则百事废。"《书》
曰："不作无益害有益。"又曰："罔咈百姓以从己之欲。"《礼》
曰："季夏之月，树木方盛，无有斩伐，不可兴土功以妨农。"又
曰："季夏行冬令，则风寒不时。"《语》曰："修己以安百姓。"此
皆兴化立理之教，为政养人之本。今陛下为公主造观，将树功
德以祈福佑。但两观之地，皆百姓之宅，卒然迫逼，令其转移，
扶老携幼，投窜无所，发剔橼瓦，呼嗟道路。乖人事，违天时，起
无用之作，崇不急之务，群心摇摇，众口籍籍。陛下为人父母，

欲何以安之？且国有简册，君举必记，动则左史书之，言则右史书之。是以非礼勿言，非礼勿动。夫如是，则君之所举，可不慎欤！微臣备位谏诤，兼秉史笔，书而不法，后嗣何观？臣愚必以为不可。伏愿俯顺人欲，仰稽天意，降德音，下明策，速罢功役，收之桑榆。

疏奏不纳。

顷之，又进谏曰：“臣闻人以君为天，君以人为本，人安则政理，本固则邦宁。自陛下翦除凶逆，君临宝位，苍生颙颙，以为朝有新政。今风教颓替，日甚一日，府库空虚，人力凋弊，造作不息，官员日增。今诸司试及员外、检校等官，仅至二千余人，太府之布帛以殚，太仓之米粟难给。又金仙、玉真等观造作，咸非急务，臣先奏请停，竟仍未止。今岁前水后旱，五谷不熟，若至来春，必甚饥馑。陛下为人父母，欲何方以赈恤？疗饥拯溺，须及其时。又突厥为患，其来自久，本无礼仪，焉有诚信。今虽遣使，来请结婚，豺狼之心，首鼠何定。弱则卑顺，强则骄逆。属草衰月满，弓劲马肥，乘中国饥虚，在和亲际会，倘或窥犯亭障，国家何以防之？臣所论者，事甚急切，伏愿特垂详察。”睿宗嘉其切直，寻令同中书门下平章事。玄宗在春宫，又令兼左庶子。未几，迁户部尚书，余如故。明年，擢拜侍中。

先天元年冬，从上畋猎于渭川，因献诗讽曰：“尝闻夏太康，五弟训禽荒。我后来冬狩，三驱盛礼张。顺时鹰隼击，讲事武功扬。奔走未及去，翻飞岂暇翔。非熊从渭水，瑞雀想陈仓。此欲诚难纵，兹游不可常。子云陈《羽猎》，僖伯谏渔棠。得失鉴齐、楚，仁恩念禹、汤。邕熙谅在宥，亭毒匪多伤。《辛甲》今为史，《虞箴》遂孔彰。”手制褒之曰：“夫诗者，志之所以，写其心怀，实可讽谕君主。是故扬雄陈《羽猎》，马卿赋《上林》，爰自《风雅》，率由兹道。予顷向温泉，观省风俗，时因是暇景，掩渭而畋，方开一面之罗，式展三驱之礼，躬亲校猎，聊以从禽。岂意卿有箴规，辅予不逮，自非款诚夙著，其孰能继于此耶？今赐卿物五十段，用申劝奖。”

二年，累封梁国公。窦怀贞等将谋逆也，知古独密奏其事。及怀贞诛,赐实封二百户、物五百段。仍以前赏犹薄,又手敕曰:"魏知古去年十月已前,屡申启沃,每竭忠诚,奸臣有谋,预奏其兆。事君之节,良有可嘉,可更赐实封一百户。"其年冬,令往东都知吏部尚书事,深以为称职,手制曰:"卿以宰臣,往知大选,官人之委,情寄尤切。遂能端本革弊,忘私徇公,正色而行,厝心不挠。镜已澈则妍媸必鉴,衡已举则轻重罔违。朕远闻之,益用嘉叹。今赐卿衣裳一副,以示所怀。"

开元元年,官名改易,改为黄门监。二年,还京,上屡有顾问,恩意甚厚,寻改紫微令。姚崇深忌惮之,阴加谗毁,乃除工部尚书,罢知政事。三年卒,时年六十九。御史大夫宋璟闻而叹曰:"叔向古之遗直,子产古之遗爱,能兼之者,其在魏公。"赠幽州都督,谥曰忠。

知古初为黄门侍郎,表荐洹水令吕太一、蒲州司功参军齐浣、前右内率府骑曹参军柳泽;及知吏部尚书事,又擢用密县尉宋遥、左补阙袁晖、右补阙封希颜、伊阙尉陈希烈,后咸累居清要,时论以为有知人之鉴。文集七卷。

卢怀慎,滑州灵昌人。其先家于范阳,为山东著姓。祖悊,为灵昌令,因徙焉。怀慎少清谨,举进士,历监察御史、吏部员外郎。景龙中,迁右御史台中丞,上疏以陈时政得失。今略载其三篇。其一曰:

臣闻孔子曰:"为邦百年,可以胜残去杀。"又曰:"苟有用我者,期月而已;三年有成。"故《书》云"三载考绩",校其功也。昔子产相郑,更法令,布刑书,一年而人歌之曰:"取我田畴而伍之,取我衣冠而褚之,孰杀子产,吾其与之!"三年而人又歌之曰:"我有子弟,子产教之,我有田畴,子产殖之,子产而死,谁其嗣之?"终有遗爱,流芳史策。子产,贤者也,其为政尚累年而化成,况其常材乎。

臣窃见比来州牧、上佐及两几县令,下车布政,罕终四考。在任多者一二年,少者三五月,遽即迁除,不论课最。或有历时未改，便倾耳而听，企踵而望，争求冒进，不顾廉耻，亦何暇为陛下宣风布化，求瘼恤人哉！礼义未能兴行，风俗未能齐一，户口所以流散，仓库所以空虚，百姓凋弊，日更滋甚，职为此为。何则？人知吏之不久，则不从其教；吏知迁之不遥，又不尽其力，偷安爵禄，但养资望。陛下虽勤劳之怀，宵衣旰食，然侥幸路启，上下相蒙，共为苟且而已，宁尽至公乎？此国之病也。昔贾谊所谓踦蹙之病，乃小小者耳。此弊久而不革，臣恐为膏肓，虽和、缓不能疗，岂踦蹙而已哉！

汉宣帝综核名实，兴理致化。黄霸，良二千石也，就增秩赐金，以旌其能，而不迁于颍川，前代之美政也。又古之为吏者长子孙，仓氏、庾氏，即其后也。《书》云："事不师古，以克永代，匪说攸闻。"臣望请诸州都督、刺史、上佐及两畿县令等，在任未经四考已上，不许迁除。察其课效尤异者，或锡以车裘，或就加禄秩，或降使临问，并玺书慰勉。若公卿有阙，则擢以劝能。其政绩无闻及犯贪暴者，免归田里。以明圣朝赏罚之信，则万方之人，一变于道矣。致此之美，革彼之弊，易于反掌，陛下何惜而不行哉！

其二曰：

臣闻《尚书》云："唐、虞稽古，建官惟百；夏、商官倍，亦克用乂。"此省官之义也。又云："官不必备，惟其才。"又云："无旷庶官，天工人其代之。"此为官择人之义也。臣窃见京诸司员外官，所在委积，多者数余十倍，近古以来未之有也。官不必备，此则有余，人代天工，多不厘务。广有除拜，无所裨益，俸禄之费，岁巨亿万，空竭府藏而已，岂致理之基哉！方今仓库空虚，百姓凋弊，河、渭漕挽，西给京师，公私损耗，不可胜纪。况边隅未静，兵革犹兴，节用爱人，正在今日，增官广费，岂曰其时？倘灾旱成灾，租税减入，水衡无贯朽之蓄，京庾阙流衍之储；或疆场外守，兵车远出，或收藏无岁，赈救在辰，此军国之急务也，陛下将何以济之乎？《书》云："无轻人事，惟艰；无安厥位，惟危。"又云:"不见是图。"此皆慎微之深旨也。

臣窃见员外官中,或簪裾雅望,或台阁旧人,或明习宪章,或谙闲政要,皆一时之良干也。多不司案牍,空尸禄俸,滞其才而不申其用,尊其位而不尽其力。周称多士,汉曰得人,岂其然欤?必有异于此矣。臣望诸司员外官有才能器识、众共闻知,堪为州牧县宰及上佐者,并请迁擢,使宣力四方,申其智效。有老病及不堪理务者,咸从废省,使贤不肖较然殊贯。此济时之切务也,安可谓行之艰哉?

其三曰:

臣闻天吏逸德,烈于猛火;贪人败类,取兴大风。则知冒于宠赂,侮于鳏寡,为政之蠹,莫先于兹。臣窃见内外官人,有不率宪章,公犯脏污,侵牟万姓,剿割蒸人,鞫按非虚,刑宪已及者,或俄复旧资,虽负残削之名,还膺牧宰之任,或江、淮、岭、碛,微示惩贬,而徇财黩货,罕能悛革,委以共理,俟河之清。臣闻明主之于万姓也,畅以平分,而无偏施,若犯罪之吏,作牧遐方,便是屈法惠奸,恤近遗远矣。凡左降之人,鲜能省过,必怀自弃,长恶滋深。则小州远郡,蛮陬夷落,何负于圣化,独受其弊政乎!昔孟尝廉明,方临合浦;隐之清洁,乃莅番禺。郅都之镇静朔方,耿恭之辑宁疏勒。诚则遐僻,必择贤良,务以宁济为怀,岂以遐荒见隔?况边徼之地,夷夏杂处,负险恃远,易扰难安,弥藉循良,以寄绥抚。若委失其任,官非其才,凌虐黎庶,侵剥蕃部,小则坐致流亡,大则起为盗贼。由此言之,不可用凡材,而况于猾吏乎!其内外官人有犯赃贿推勘得实者,臣望请削迹簪裾,十数年间不许齿录。《书》云:"旌别淑慝,黜陟幽明。"即其义也。若不循此道,去邪有疑,善政能官,甄奖或未之偏,檐赃负贿,侥幸或即蒙升,则赏罚无章,沮劝安寄?浮竞之风转扇,廉耻之行渐聩,其源不塞,为蠹斯甚。

疏奏不纳。累迁黄门侍郎,赐爵渔阳伯。

先天二年,与侍中魏知古于东都分掌选事,寻征还同中书门下三品。开元三年，迁黄门监。怀慎与紫微令姚崇对掌枢密，怀慎自以为吏道不及崇，每事皆推让之，时人谓之"伴食宰相"。四年，兼吏部尚书。其秋，以疾笃，累表乞骸骨，许之。旬日而卒，赠荆州大都督，谥曰文成。怀慎临终遗表曰：

臣素无才识，叨沐恩荣，待罪枢密，颇积年序。报国之心，空知自竭；推贤之志，终未克申。孤负明恩，夙夜惶惧。臣染疾已久，形神欲离，凫雁之飞，未为之少，而犬马之志，终祈上闻，其鸣也哀，乞求圣察。

宋璟立性公直，执心贞固，文学足以经务，识略期于佐时，动惟直道，行不苟合，闻诸朝野之说，实为社稷之臣。李杰勤苦绝伦，贞介独立，公家之事，知无不为，干时之材，众议推许。李朝隐操履坚贞，才识通赡，守文奉法，颇怀铁石之心，事上竭诚，实尽人臣之节。卢从愿清贞谨慎，理识周密，始终若一，朝野共知，简要之才，不可多得。并明时重器，圣代良臣。比经任使，微有愆失，所坐者小，所弃者大，所累者轻，所贬者远。日月虽近，谴责伤深，望垂矜录，渐加进用。

臣窃闻黄帝所以垂衣裳而天下理者，任风、力也；帝尧所以光宅天下者，任稷、卨也。且朝廷者天下之本，贤良者风化之源，得人则庶绩其凝，失士则彝伦攸致。臣每见陛下忧劳庶政，勤求理道，慎举群司，必期称职，使鹓鹭成列，草泽无遗。故得岁稔时和，政平讼理，此陛下用贤之明效也。臣非木石，早识天心，瞑目不遥，厚恩未报。黜殡之义，敢不庶几，城郭之言，思布愚恳。

上深嘉纳之。

怀慎清俭，不营产业，器用服饰，无金玉绮文之丽。所得禄俸，皆随时分散，而家无余蓄，妻子匮乏。及车驾将幸东都，四门博士张星上言："怀慎忠清直道，终始不亏，不加宠赠，无以劝善。"乃下制赐其家物壹伯段、米粟贰伯硕。明年，上还京师，因校猎于城南，经怀慎别业，见家人方设祥斋，悯其贫匮，赐绢百匹。仍遣中书侍郎苏颐为其碑文,上自书焉。

子㲅,早修整,历任皆以清白闻。开元中,为中书舍人、御史中丞、陕州刺史。二十四年,玄宗幸京师,次陕城顿,审其能政,于厅事题赞而去,曰:"专城之重,分陕之雄,人多惠爱,性实谦冲。亦既利物,在乎匪躬。斯是国宝,不坠家风。"寻除兵部侍郎。天宝初,为晋陵太守。时南海郡利兼水陆,环宝山积,刘巨鳞、彭杲相替为太守、五府节度,皆坐赃钜万而死。乃特授㲅为南海太守,遐方之地,贪吏敛迹,人用安之。以为自开元已来四十年,广府节度清白者有四:谓宋璟、裴伷先、李朝隐及㲅。中使市舶,亦不干法。加银青光禄大夫。经三年,入为尚书右丞,卒。弟弈,亦传清白,历御史中丞而死王事,见《忠义传》。弈子杞,德宗朝位至宰辅,别有传。

源乾曜,相州临漳人。隋比部侍郎师之孙也。父直心,高宗时为司刑太常伯,坐事配流岭南而卒。乾曜举进士,景云中,累迁谏议大夫。时久废公卿百官三九射礼,乾曜上疏曰:"夫圣王之教天下也,必制礼以正人情,人情正则孝于家,忠于国。此道不替,所以理也。所以君子三年不为礼,礼必坏;三年不为乐,乐必崩。窃以古之择士,先观射礼,以明和容之义,非取一时之乐。夫射者,别正邪,观德行,中祭祀,辟寇戎。古先哲王,莫不递袭。臣窃见数年已来,射礼便废,或缘所司惜费,遂令大射有亏。臣愚以为所费者财,所全者礼。故孔子云:'尔爱其羊,我爱其礼。'今乾坤再辟,日月贞明,臣望在射之仪,春秋不废,圣人之教,今古常行,则天下幸甚。"乾曜寻出为梁州都督。

开元初,邠王府僚吏有犯法者,上令左右求堪为王府长史者,太常卿姜皎荐乾曜公清有吏干,因召见与语。乾曜神气清爽,对答皆有伦序,上甚悦之,乃拜少府少监,兼邠王府长史。寻迁户部侍郎兼御史中丞,无几,转尚书左丞。四年冬,擢拜黄门侍郎、同紫微黄门平章事。旬日,与姚元之俱罢知政事。

时行幸东都,以乾曜为京兆尹,仍京师留守。乾曜政存宽简,不严而理。尝有仗内白鹰，因纵遂失所在，上令京兆切捕之。俄于野外获之，其鹰挂于丛棘而死，官吏惧得罪，相顾失色。乾曜徐曰："事有邂逅，死亦常理，主上仁明，当不以此置罪。必其获戾，吾自当之，不须惧也。"遂入自请失旨之罪，上一切不问之，众咸伏乾曜临事不慑，而能引过在己也。在京兆三年，政令如一。

八年春，复为黄门侍郎、同中书门下三品，寻加银青光禄大夫，迁侍中。久之，上疏曰："臣窃见形要之家并求京职，俊乂之士多任外官，王道平分，不合如此。臣三男俱是京任，望出二人与外官，以叶均平之道。"上从之，于是改其子河南府参军弼为绛州司功，太祝洁为郑尉。因下制曰："源弼等父在枢近，深惟谦挹，恐代官之咸列，虑时才之未序，率先庶僚，崇是让德，既请外其职，复降资以授。《传》不云乎：'晋范宣子让，其下皆让。''晋国之人，于是大和。'道之或行，仁岂云远！"因令文武百僚父子兄弟三人并任京司者，任自通容，依资次处分，由是公卿子弟京官出外者百余人。俄又有上书者，以为"国之执政，同其休戚，若不稍加崇宠，何以责其尽心？"十年十一月，敕中书门下共食实封三百户，自乾曜及张嘉贞始也。

乾曜后扈从东封，拜尚书左丞相，仍兼侍中。乾曜在政事十年，时张嘉贞、张说相次为中书令，乾曜不敢与之争权，每事皆推让之。及李元宏、杜暹知政事，乾曜遂无所参议，但唯诺署名而已。初，乾曜因姜皎所荐，遂擢用；及皎得罪，为张嘉贞所挤，乾曜竟不救之，议者以此讥焉。十七年夏，停兼侍中事。其秋，迁太子少师，以祖名师，固辞，乃拜太子少傅，封安阳郡公。十九年，驾幸东都，乾曜以年老辞疾，不堪扈从，因留京养疾。是年冬卒，诏赠幽州大都督，上于洛城南门举哀，辍朝二日。

乾曜从孙光裕，亦有令誉，历职清谨，抚诸弟以友义闻。初为中书舍人，与杨滔、刘令植等同删定《开元新格》。历刑部户部二侍郎、尚书左丞，累迁郑州刺史，称为良吏。寻卒。

光裕子洧，亦早有美称，闺门雍睦，士友推之，历践清要。天宝中，为给事中、郑州刺史、襄州刺史、本道采访使。及安禄山反，既犯东京，乃以洧为江陵郡大都督府长史、本道采访防御使、摄御史中丞，以兵部郎中徐浩为襄州刺史、本州防御守捉使以御之。洧至镇卒。

　　李元纮，其先滑州人，世居京兆之万年。本姓丙氏。曾祖粲，隋大业中屯卫大将军。属关中贼起，炀帝令粲往京城以西二十四郡逐捕盗贼，粲抚循士众，甚得其心。及义旗入关，粲率其众归附，拜宗正卿，封应国公，赐姓李氏。高祖与之有旧，特蒙恩礼，迁为左监门大将军，以年老特令乘马于宫中检校。年八十余卒，谥曰明。祖宽，高宗时为太常卿，别封陇西郡公。父道广，则天时为汴州刺史。时属突厥及契丹寇陷河北，兼发河南诸州兵募，百姓骚扰，道广宽猛折衷，称为善政，存心慰抚，汴州独不逃散。寻入为殿中监、同凤阁鸾台平章事，累封金城县侯。卒，赠秦州都督，谥曰成。

　　元纮少谨厚。初为泾州司兵，累迁雍州司户。时太平公主与僧寺争碾硙，公主方承恩用事，百司皆希其旨意，元纮遂断还僧寺。窦怀贞为雍州长史，大惧太平势，促令元纮改断，元纮大署判后曰："南山或可改移，此判终无摇动。"竟执正不挠，怀贞不能夺之。俄转好畤令，迁润州司马，所历咸有声绩。开元初，三迁万年县令，赋役平允，不严而理。俄擢为京兆尹，寻有诏令元纮疏决三辅。诸王公权要之家，皆缘渠立硙，以害水田，元纮令吏人一切毁之，百姓大获其利。

　　又历工部、兵部、吏部三侍郎。十三年，户部侍郎杨玚、白知慎坐支度失所，皆出为刺史。上令宰臣及公卿已下精择堪为户部者，多有荐元纮者，将授以户部尚书，时执政以其资浅，未宜超授，加中大夫，拜户部侍郎。元纮因条奏人间利害及时政得失以奏之，上大悦，因赐衣一副、绢二百匹。明年，擢拜中书侍郎、同中书门下平章事。顷之，加银青光禄大夫，赐爵清水男。

　　元纮性清俭，既知政事，稍抑奔竞之路，务进者颇惮之。时初废京司职田，议者请于关辅置屯，以实仓廪。元纮建议曰："军国不同，中外异制。若人闲无役，地弃不垦，发闲人以耕弃地，省馈运以实军粮，于是乎有屯田，其为益多矣。今百官所退职田，散在诸县，不可聚也；百姓所有私田，皆力自耕垦，不可取也。若置屯田，即须公私相换，征发丁夫，征役则业废于家，免庸则赋阙于国。内地置屯，古所未有，得不补失，或恐未可。"其议遂止。

先是，左庶子吴兢旧任史官，撰《唐书》一百卷、《唐春秋》三十卷，其书未成，以丁忧罢职。至是，上疏请终其功，有诏特令就集贤院修成其书。及张说致仕，又令在家修史。元宏奏："国史者，记人君善恶，国政损益，一字褒贬，千载称之，前贤所难，事匪容易。今张说在家修史，吴兢又在集贤撰录，遂令国之大典，散在数处。且太宗别置史馆，在于禁中，所以重其职而秘其事也。望勒说等就史馆参详撰录，则典册有凭，旧章不坠矣。"从之，乃诏说及吴兢并就史馆修撰。

元纮在政事累年，不改第宅，仆马弊劣，未曾改饰，所得封物，皆散之亲族。右丞相宋璟尝嘉叹之，每谓人曰："李侍郎引宋遥之美才，黜刘晃之贪冒，贵为国相，家无储积。虽季文子之德，何以加也！"后与杜暹多所异同，情遂不叶，至有相执奏者，上不悦，由是罢知政事，出为曹州刺史，以疾去官。久之，拜户部尚书，仍听致仕。二十一年疾瘳，起为太子詹事，旬日而卒，赠太子少傅，谥曰文忠。

杜暹，濮州濮阳人也。父承志，则天初为监察御史。时怀州刺史李文暕以皇枝近属，为雠人所告，承志推出之。俄而文暕得罪，承志坐贬，授方义令。累转天官员外郎。既罗织事起，承志恐惧，遂称疾去官而归，卒于家。

自暹高祖至暹，五代同居，暹尤恭谨，事继母以孝闻。初举明经，补婺州参军，秩满将归，州吏以纸万余张以赠之，暹惟受一百，余悉还之。时州僚别者，见而叹曰："昔清吏受一大钱，复何异也！"俄授郑尉，复以清节见知。华州司马杨孚，公直士也，深赏重之。寻而孚迁大理正，暹坐公事下法司结罪，孚谓人曰："若此尉得罪，则公清之士何以劝矣?"特荐之于执政,由是擢拜大理评事。

开元四年,迁监察御史,仍往碛西覆屯。会安西副都护郭虔瓘与西突厥可汗史献、镇守使刘遐庆等不叶,更相执奏,诏暹按其事实。时暹已回至凉州,承诏复往碛西,因入突骑施,以究虔瓘等犯状。蕃人赍金以遗,暹固辞不受,左右曰:"公远使绝域,不可失蕃人情。"暹不得已受之,埋幕下,既去出境,乃移牒令收取之。蕃人大惊,度碛追之,不及而止。暹累迁给事中,丁继母忧去职。十二年,安西都护张孝嵩迁为太原尹,或荐暹往使安西,蕃人伏其清慎,深思慕之,乃夺情擢拜黄门侍郎,兼安西副大都护。暹单骑赴职。明年,于阗王尉迟眺阴结突厥及诸蕃国图为叛乱,暹密知其谋,发兵捕而斩之,并诛其党与五十余人,更立君长,于阗遂安。暹以功特加光禄大夫。暹在安西四年,绥抚将士,不惮勤苦,甚得夷夏之心。

十四年,诏暹同中书门下平章事,仍遣中使往迎之。及谒见,又赐绢二百匹、马一匹、宅一区。后与李元宏不叶,罢知政事,出为荆州大都督府长史。又历魏州刺史、太原尹。二十年,上幸北都,拜暹为户部尚书,便令扈从入京。行幸东都,诏暹为京留守。暹因抽当番卫士,缮修三宫,增峻城隍,躬自巡检,未尝休懈。上闻而嘉之,赐敕书曰:"卿素以清直,兼之勤干。自委居守,每事多能,政肃官僚,惠及黎庶。城隍宫室,随事修营,且有成功,不疲人力。甚善甚善,慰朕怀也。"俄代李林甫为礼部尚书,累封魏县侯。二十八年,病卒,年六十余,诏赠尚书右丞相。

暹在家孝友,爱抚异母弟昱甚厚,然素无学术,每当朝谈议,涉于浅近。常以公清勤俭为己任,时亦矫情为之。弱冠便自誓不受新友赠遗,以终其身。信卒,上甚悼惜之,遣中使就家视其丧事,内出绢三百匹以赐之。尚书省及故吏赙赠者,其子孝友遵其素约,皆拒而不受。太常谥曰"贞肃"。右司员外郎刘同升、都官员外郎韦廉以暹有忠孝之美,所谥不尽其行,建议驳之。太常博士裴总执曰:"杜尚书往以墨缞受职事,虽云奉国,不得为孝。请依旧为定。"孝友又诣阙陈诉上闻,而更令所司详定,竟谥曰贞孝。

韩休,京兆长安人。伯父大敏,则天初为凤阁舍人。时梁州都督李行褒为部人诬告,云有逆谋,则天令大敏就州推究。或谓大敏曰:"行褒诸李近属,太后意欲除之,忽若失旨,祸将不细,不可不为身谋也。"大敏曰:"岂有求身之安而陷人非罪!"竟奏雪之。则天俄又命御史重覆,遂构成其罪,大敏坐推反失情,与知反不告同罪,赐死于家。父大智,官至洛州司功。

休早有词学,初应制举,累授桃林丞。又举贤良,玄宗时在春宫,亲问国政,休对策与校书郎赵冬曦并为乙弟,擢授左补阙。寻判王府员外郎,历迁中书舍人,礼部侍郎,兼知制诰,出为虢州刺史。时虢州以地在两京之间,驾在京及东都,并为近州,常被支税草以纳闲厩。休奏请均配余州,中书令张说驳之曰:"若独免虢州,即当移向他郡,牧守欲为私惠,国体固不可依。"又下符不许之。休复将执奏,僚吏曰:"更奏必忤执政之意。"休曰:"为刺史不能救百姓之弊,何以为政!必以忤上得罪,所甘心也。"竟执奏获免。岁余,以母艰去职,固陈诚乞终礼,制许之。服阕,除工部侍郎,仍知制诰,迁尚书右丞。

开元二十一年,侍中裴光庭卒,上令萧嵩举朝贤以代光庭者,嵩盛称休志行,遂拜黄门侍郎、同中书门下平章事。休性方直,不务进趋,及拜,甚允当时之望。俄有万年尉李美玉得罪,上特令流之岭外,休进曰:"美玉卑位,所犯又非巨害,今朝廷有大奸,尚不能去,岂得舍大而取小也!臣窃见金吾大将军程伯献,依恃恩宠,所在贪冒,第宅舆马,僭拟过纵。臣请先出伯献而后罪美玉。"上初不许之,休固争曰:"美玉微细犹不容,伯献巨猾岂得不问!陛下若不出伯献,臣即不敢奉诏流美玉。"上以其切直,从之。初,萧嵩以休柔和易制,故荐引之。休既知政事,多折正嵩,遂与休不叶。宋璟闻之曰:"不谓韩休乃能如是,仁者之勇也。"

其年夏,加银青光禄大夫。十二月,转工部尚书,罢知政事。二十四年,迁太子少师,封宜阳子。二十七年病卒,年六十八,赠扬州大都督，谥曰文忠。宝应元年，重赠太子太师。

子洽、洪、汯、滉，皆有学尚，风韵高雅。洽，天宝初为殿中侍御史卒，洪，为司库员外郎。洽弟浑，除大理司直。御史大夫王鉷犯法，籍没其家，洽兄浩为万年主簿，捕其资财，有所容隐，为京兆尹鲜于仲通所发，配流循州。洪、汯并坐贬职。后遇赦，量移洪为华州长史。属安禄山反，西京失守，洪陷于贼，贼授官，将见委任，洪与浩及汯、滉、浑同奔山谷，以投行在。至谷口，洪、浩、浑及洪子四人并为贼所擒，并命于通衢。洪重交友，籍甚于时，见者掩涕，肃宗闻其重臣子，能以忠而死，赠太常卿。浩赠吏部郎中，浑赠太常少卿。汯，上元中为谏议大夫。滉、洄，别有传。

裴耀卿，赠户部尚书守真子也。少聪敏，数岁解属文，童子举。弱冠拜秘书正字，俄补相王府典签。时睿宗在藩，甚重之，令与掾丘悦、文学韦利器更直府中，以备顾问，府中称为学直。及睿宗升极，拜国子主簿。开元初，累迁长安令。长安旧有配户和市之法，百姓苦之。耀卿到官，一切令出储蓄之家，预给其直，遂无奸僦之弊，公私甚以为便。在职二年，宽猛得中，及去官，县人甚思咏之。十三年，为济州刺史。其年，车驾东巡，州当大路，道里绵长，而户口寡弱，耀卿躬自条理，科配得所。时大驾所历凡十余州，耀卿称为知顿之最。又历宣、冀二州刺史，皆有善政，入为户部侍郎。

二十年，礼部尚书、信安王祎受诏讨契丹，诏以耀卿为副。俄又令耀卿赍绢二十万匹分赐立功奚官，就部落以给之。耀卿谓人曰："夷虏贪残，见利忘义，今赍持财帛，深入寇境，不可不为备也。"乃令先期而往，分道互进，一进而给付并毕。时突厥及室韦果勒兵邀险，谋劫袭之，比至而耀卿已还。

其冬，迁京兆尹。明年秋，霖雨害稼，京城谷贵。上将幸东都，独如耀卿问救人之术，耀卿对曰：

臣闻前代圣王，亦时有忧害，更施惠泽，活国济人，由是苍生仰德，史册书美。伏以陛下仁圣至深，忧勤庶政，小有饥乏，降情哀矜,躬亲支计,救其危急。上玄降鉴,当更延福祚,是因有小灾而增辉圣德也。今既大驾东巡,百司扈从,太仓及三辅先所积贮,且随见在发重臣为道赈给,计可支一二年。从东都更广漕运,以实关辅。待稍充实,车驾西还,即事无不济。

臣以国家帝业,本在京师,万国朝宗,百代不易之所。但为秦中地狭,收粟不多,倘遇水旱,便即匮乏。往者贞观、永徽之际,禄廪数少,每年转运不过一二十万石,所用便足,以此车驾久得安居。今国用渐广,漕运数倍于前,支犹不给。陛下数幸东都,以就贮积,为国大计,不惮劬劳,只为忧人而行,岂是故欲不往。若能更广陕运,支粟入京,仓廪常有三二年粮,即无忧水旱。

今天下输丁约四百万人,每丁支出钱百文,五十文充营窖等用,贮纳司农及河南府、陕州以充其费。租米则各随远近,任自出脚送纳东都。从都至陕,河路艰险,既用陆脚,无由广致。若能开通河漕,变陆为水,则所支有余,动盈万计。且江南租船候水始进,吴人不便河漕,由是所在停留,日月既淹,遂生隐盗。臣望沿流相次置仓。

上深然其言。寻拜黄门侍郎、同中书门下平章事,充转运使,语在《食货志》。凡三年,运七百万石,省脚钱三十万贯。或说耀卿请进所省脚钱,以明功利。耀卿曰:“此盖公卿盈缩之利耳,不可以之求宠也。”乃奏充所司和市、和籴等钱。

明年,迁侍中。二十四年,拜尚书左丞相,罢知政事,累封赵城侯,时夷州刺史杨浚犯赃处死,诏令杖六十,配流古州。耀卿上书谏曰:

伏以圣恩天覆,仁育庶类,凡死罪之属,不欲尸诸市朝,全其性命,流窜而已。所以政致刑措,狱无冤人,旷古以来,未有斯美。臣愚以为全生免死,诚为至化,有耻且格,为训将来。苟有未安,不敢缄默。

臣以为刺史、县令,与诸吏稍别,人之父母,风化所瞻,一为本部长官,即合终身致敬。决杖者,五刑之末,只施于扶扑徒隶之间,官荫稍高,即免鞭挞。令决杖赎死,诚则已优,解体受笞,事颇为辱。法至于死,天下共之,刑至于辱,或有所耻。况本州刺史,百姓所崇,一朝对其人吏,背脊加杖,屈挫拘执,人或哀怜,忘其免死之恩,且有伤心之痛,恐非敬官长劝风俗之意。

又杂犯死罪,无杖刑,奏报三覆,然后行决。今非时不覆,决杖便发,倘狱或未尽,又暑热不耐,因杖或死,即是促期处分,不得顺时。将欲生之,却夭其命,又恐非圣明宽宥之意。臣前后频在州县,或缘犯决人,每大暑盛夏之时,决杖多死,秋冬已后,至有全者。伏望凡刺史、县令于本部决杖及夏暑生长之时,所定杖刑,并乞停减。即副陛下好生之德,于死者皆有再生之恩。

俄而特进盖嘉运破突骑施立功还,诏加河西、陇右两节度使,仍令经略吐蕃。嘉运既承恩宠,日夕酣宴,不时赴军。耀卿密上疏曰:“伏见盖嘉运立功破贼,更委两军,以勇果之才,承战胜之势,吐蕃小丑,不足歼夷。然臣近日与其同班,观其举措,精劲勇烈,诚则有余,言气矜夸,恐难成事。莫敖败于蒲骚之役,举趾稍高,《春秋》书之为惩诫。恐其有骄敌之色,臣窃忧之。入秋防边,日月稍逼,接对人吏,须识其宜。今将抚边军,未言发日,若临事始去,人吏未识,虽决在一时,恐将非制胜万全之道。况兵未训练,不知礼法,人未怀惠,士未同心,求其忘性命于一时,惮严刑于少选,纵威逼而进,因而立功,恐非师出以律,久长之义。又万人性命,决在将军,不得已而行之,凿凶门而即路。今酣宴朝夕,优渥有余,亦恐非爱人忧国之意,不可不察。若不可回换,即望速遣进途,仍乞圣恩,勖以严命。”疏奏,上乃促嘉运赴军,竟以无功而还。

天宝元年,改为尚书右仆射,寻转左仆射。一岁薨,年六十三,赠太子太傅,谥曰文献。子综,吏部郎中。综子佶。

佶，字弘正，幼能属文。弱冠举进士，补校书郎，判入高等，授蓝田尉。时有诏命比畿内诸县城奉天，时严郢为京兆，政尚峻暴，加以朝旨甚迫，尹正之命，急如风霆。本曹尉韦重规其室方娠而疾，畏郢之暴，不敢以事故免。佶因请代，役无愆程，当时义之。

德宗南狩，佶诣行在，拜拾遗，转补阙。李怀光以河中叛，朝廷欲以含垢为意，佶抗议请讨，上深器之，前席慰勉。三迁吏部员外，历驾部兵部郎中，迁谏议大夫。会黔中观察使韦士宗惨酷驭下，为夷獠所逐，俾佶代之，酋渠自化。其后为瘴毒所侵，坚请入觐，拜同州刺史。征入为中书舍人，迁尚书右丞。时兵部尚书李巽兼盐铁使，将以使局置于本行，经构已半，会佶拜命，坚执以为不可，遂令撤之。巽恃恩而强，时重佶之有守，就拜吏部侍郎。以疾除国子祭酒，寻迁工部尚书致仕。元和八年卒，年六十二，赠吏部尚书。佶清劲温敏，凡所定交，时称为第一流。与郑余庆特相友善，佶殁后，余庆行朋友之服，缙绅美之。

史臣曰：魏知古、卢怀慎、源乾曜、李元宏、杜暹、韩休、裴耀卿，悉蕴器能，咸居宰辅。或心存启沃，或志在荐贤，或出爱子为外官，或止屯田于关辅，或不受蕃人之赂，或坚劲伯献之奸，或广漕渠以充国用：此皆立事立功，有足嘉尚者也。卢、李、杜三君子，又以清白垂美简书，公孙弘之流也。乾曜职当机密，无所是非，持禄保身，焉用彼相？

赞曰：卢、魏、乾曜，弼违进贤。裴、韩、李、杜，远财劲奸。汗简书事，清风肃然。万岁之后，其名不刊。

旧唐书卷九九
列传第四九

崔日用　张嘉贞　萧嵩
张九龄　李适之　严挺之

　　崔日用,滑州灵昌人,其先自博陵徙家焉。进士举,初为芮城尉。大足元年,则天幸长安,路次陕州。宗楚客时为刺史,日用支供顿事,广求珍味,称楚客之命,偏馈从官。楚客知而大加赏叹,盛称荐之,由是擢为新丰尉。无几,拜监察御史。

　　神龙中,秘书监郑普思纳女后宫,潜谋左道,日用遽奏劾之。普思方承恩,中宗不之省,日用廷争恳至,词甚抗直,普思竟伏其罪。时宗楚客、武三思、武延秀等递为朋党,日用潜皆附之,骤迁兵部侍郎兼修文馆学士。中宗暴崩,韦庶人称制,日用恐祸及己。知玄宗将图义举,乃因沙门普润、道士王晔密诣藩邸,深自结纳,潜谋翼戴。玄宗尝谓曰:"今谋此举,直为亲,不为身。"日用曰:"此乃孝感动天,事必克捷。望速发,出其不意,若少迟延,或恐生变。"及讨平韦氏,其夜,令权知雍州长史事。以功授银青光禄大夫、黄门侍郎,参知机务,封齐国公,食实封二百户。

　　为相月余,与中书侍郎薛稷不协,于中书忿竞,由是转雍州长史,停知政事。寻出为扬州长史,历婺、汴二州刺史、兖州都督、荆州长史。因入奏事,言:"太平公主谋逆有期,陛下往在宫府,欲有讨捕,犹是子道臣道,须用谋用力。今既光临大宝,但须下一制,谁敢不从?忽奸宄得志,则祸乱不小。"上曰:"诚如此,直恐惊动太上皇,卿宜更思之。"日用曰："臣闻天子孝与庶人孝全别。庶人孝,谨身节用,承顺颜色;天子孝,安国家,定社稷。今若逆党窃发,即大业都弃,岂得成天子之孝乎!伏请先定北军,次收逆党,即不启动太上皇。"玄宗从其议。及讨萧至忠、窦怀贞之际,又令权检校雍州长史,加实封通前满四百户。寻拜吏部尚书。

日用尝采《毛诗》《大雅》二十篇及司马相如《封禅书》,因上生日表上之,以申规讽,并述告成之事。手诏答曰："夫诗者,动天地,感鬼神,厚于人,美于教矣。朕志之所尚,思与之齐,庶乎采诗之官,补朕之阙。且古者封禅,升中告成,朕以菲德,未明于至道。竦然以听,颇壮相如之词;惕然载怀,复惭夷吾之语。卿洽闻殚见,温故知新,逮此发挥,益彰忠恳。岂非讨蓬山之籍,心不忘于起予;因兰殿之祥,言固深于启沃。朕循环览讽,用慰于怀。今赐卿衣裳一副、物五十段,以示无言不酬之信也。"

寻出为常州刺史,削实封三百户,转汝州刺史。开元七年,差降口赋,特下敕曰："唐元之际,逆党构凶,崔日用当时潜论其事,及于戡翦,实预元谋,而所食之封,后以例减。功既居多,特宜准初食之封,与二百户。"十年,转并州大都督长史。寻卒,时年五十,赠吏部尚书,谥曰昭。后又赠荆州大都督,子宗之袭。

日用才辩过人,见事敏速,每朝廷有事,转祸为福,以取富贵。及先天已后,复求入相,竟亦不遂。常谓人曰："吾一生行事,皆临时制变,不必重专守始谋。每一念之,不觉芒刺在于背也。"

日用从父兄日知,亦有吏干。景云中,为洛州司马。会谯王重福入东都作乱,群臣皆避难逃匿,日知独督率人吏赴留守,与屯营合势讨贼。重福既死,以功加银青光禄大夫,累迁京兆尹。坐赃为御史李如璧所劾,左迁歙县丞,俄又历迁殿中监。日知素与张说友善,说荐之,奏请授御史大夫。上不许,遂以为左羽林卫大将军,而以河南尹崔隐甫为御史大夫,隐甫由是与说不叶。日知俄迁太常卿。自以历任年久,每朝士参集,常与尚书同列,时人号为"尚书里行"，遂为口实。开元十六年，出为潞州大都督府长史。寻以年老致仕，卒，谥曰襄。

张嘉贞，蒲州猗氏人也。弱冠应五经举，拜平乡尉，坐事免归乡里。长安中，侍御史张循宪为河东采访使，荐嘉贞材堪宪官，请以己之官秩授之。则天召见，垂帘与之言，嘉贞奏曰："以臣草莱而得入谒九重，是千载一遇也。咫尺之间，如隔云雾，竟不睹日月，恐君臣之道有所未尽。"则天遽令卷帘，与语大悦，擢拜监察御史。累迁中书舍人，历秦州都督、并州长史，为政严肃，甚为人吏所畏。

开元初，因奏事至京师，上闻其善政，数加赏慰。嘉贞因奏曰："臣少孤，兄弟相依以至今。臣弟嘉祐，今授鄯州别驾，与臣各在一方，同心离居，魂绝万里。乞移就臣侧近，臣兄弟尽力报国，死无所恨。"上嘉其友爱，特改嘉祐为忻州刺史。

时突厥九姓新来内附，散居太原以北，嘉贞奏请置军以镇之，于是始于并州置天兵军，以嘉贞为使。六年春，嘉贞又入朝。俄有告其在军奢僭及赃贿者，御史大夫王晙因而劾奏之，按验无状，上将加告者反坐之罪。嘉贞奏曰："昔者天子听政于上，瞍赋矇诵，百工谏，庶人谤，而后天子斟酌焉。今反坐此辈，是塞言者之路，则天下之事无由上达。特望免此罪，以广谤诵之道。"从之，遂令减死，自是帝以嘉贞为忠。嘉贞又尝奏曰："今志力方壮，是效命之秋，更三数年，即衰老无能为也。惟陛下早垂任使，死且不惮。"上以其明辩，尤重之。八年春，宋璟、苏颋罢知政事，擢嘉贞为中书侍郎、同中书门下平章事。数月，加银青光禄大夫，迁中书令。

嘉贞断决敏速，善于敷奏，然性强躁自用，颇为时论所讥。时中书舍人苗延嗣、吕太一、考功员外郎员嘉静、殿中侍御史崔训，皆嘉贞所引，位列清要，常在嘉贞门下共议朝政，时人为之语曰："今公四俊，苗、吕、崔、员。"

开元十年，车驾幸东都。有洛阳主簿王钧为嘉贞修宅，将以求御史，因受赃事发，上特令朝堂集众决杀之。嘉贞促所由速其刑以灭口,乃归罪于御史大夫韦抗、中丞韦虚心,皆贬黜之。其冬,秘书监姜皎犯罪,嘉贞又附会王守一奏请杖之,皎遂死于路。俄而广州都督裴仙先下狱,上召侍臣问当何罪,嘉贞又请杖之。兵部尚书张说进曰:"臣闻刑不上大夫,以其近于君也。故曰:'士可杀,不可辱。'臣今秋受诏巡边,中途闻姜皎以罪于朝堂决杖,配流而死。皎官是三品,亦有微功。若其有犯,应死即杀,应流即流,不宜决杖廷辱,以卒伍待之。且律有八议,勋贵在焉。皎事已往,不可追悔。仙先只宜据状流贬,不可轻又决罚。"上然其言。嘉贞不悦,退谓说曰:"何言事之深也?"说曰:"宰相者,时来即为,岂能长据?若贵臣尽当可杖,但恐吾等行当及之。此言非为仙先,乃为天下士君子也。"初,嘉贞为兵部员外郎,时张说为侍郎。及是,说位在嘉贞下,既无所推让,说颇不平,因以此言激怒嘉贞,由是与说不叶。上又以嘉贞弟嘉祐为金吾将军,兄弟并居将相之位,甚为时人之所畏惮。十一年,上幸太原行在所,嘉祐赃污事发,张说劝嘉贞素服待罪,不得入谒,因出为幽州刺史,说遂代为中书令。嘉贞惋恨,谓人曰:"中书令幸有二员,何相迫之甚也!"明年,复拜户部尚书,兼益州长史,判都督事。敕嘉贞就中书省与宰相会宴,嘉贞既恨张说挤己,因攘袂勃骂,源乾曜、王晙共和解之。

明年,坐与王守一交往,左转台州刺史。复代卢从愿为工部尚书、定州刺史,知北平军事,累封河东侯。将行,上自赋诗,诏百僚于上东门外饯之。至州,于恒岳庙中立颂,嘉贞自为其文,乃书于石,其碑用白石为之,素质黑文,甚为奇丽。先是,岳祠为远近祈赛,有钱数百万,嘉贞自以为颂文之功,纳其数万。十七年,嘉贞以疾请就医东都,制从之。至都,目瞑无所见,上令医人内直郎田休裕、郎将吕弘泰驰传往省疗之。其秋卒,年六十四,赠益州大都督,谥曰恭肃。

嘉贞虽久历清要,然不立田园。及在定州,所亲有劝植田业者,嘉贞曰:"吾忝历官荣,曾任国相,未死之际,岂忧饥馁?若负谴责,虽富田庄,亦无用也。比见朝士广占良田,及身没后,皆为无赖子弟作酒色之资,甚无谓也。"闻者皆叹伏。

初,嘉贞作相,荐万年县主簿韩朝宗,擢为监察御史。及嘉贞卒后十数岁,朝宗为京兆尹,因奏曰:"自陛下临御已来,所用宰相,皆进退以礼,善始令终,身虽已没,子孙咸在朝廷。唯张嘉贞晚年一子,今犹未登官序。"上亦恻然,遽令召之,赐名延赏,特拜左内率府兵曹参军。德宗朝,位至宰辅,自有传。

嘉祐,有干略,自右金吾将军贬浦阳府折冲,至二十五年,为相州刺史。相州自开元已来,刺史死贬者十数人,嘉祐访知尉迟迥周末为相州总管,身死国难,乃立其神祠以邀福。经三考,改左金吾将军。后吴兢为邺郡守,又加尉迟神冕服。自后郡守无患。

萧嵩,贞观初左仆射、宋国公瑀之曾侄孙。祖钧,中书舍人,有名于时。嵩美须髯,仪形伟丽。初,娶会稽贺晦女,与吴郡陆象先为僚婿。象先时为洛阳尉,宰相子,门望甚高;嵩尚未入仕。宣州人夏荣称有相术,谓象先曰:"陆郎十年内位极人臣,然不及萧郎一门尽贵,官位高而有寿。"时人未之许。

神龙元年,嵩调补洛州参军。寻而侍中、扶阳王桓彦范出为洛州刺史,见之推重,待以殊礼。景云元年,为醴泉尉。时陆象先已为中书侍郎,引为监察御史。及象先知政事,嵩又骤迁殿中侍御史。开元初,为中书舍人,与崔琳、王丘、齐浣同列,皆以嵩寡学术,未异之,而紫微令姚崇许其致远,眷之特深。历宋州刺史,三迁为尚书左丞、兵部侍郎。

十五年,凉州刺史、河西节度王君㚜恃众每岁攻击吐蕃。吐蕃大将悉诺逻恭禄及烛龙莽布支攻陷瓜州城,执刺史田元献及君㚜父寿,尽取城中军资及仓粮,仍毁其城而去。又攻玉门军及常乐县,县令贾师顺婴城固守,贼遂引退。无何,君㚜又为回纥诸部杀之于巩笔驿,河、陇震骇。玄宗以君㚜勇将无谋,果及于难,择堪边任者,乃以嵩为兵部尚书、河西节度使,判凉州事。嵩乃请以裴宽、郭虚己、牛仙客在其幕下,又请以建康军使、左金吾将军张守圭为瓜州刺史，修筑州城，招辑百姓，令其复业。又加嵩银青光禄大夫。时悉诺罗恭禄威名甚振，嵩乃纵反间于吐蕃，言其与中国潜通，赞普遂召而诛之。明年秋，吐蕃大下，悉末明复率从攻瓜州，守圭出兵击走之。陇右节度使、鄯州都督张志亮引兵至青海西南冯波谷，与吐蕃接战，大破之。八月，嵩又遣副将杜宾客率弩手四千人，与吐蕃战于祁连城下，自晨至暮，散而复合，贼徒大溃，临阵斩其副将一人，散走山谷，哭声四合。露布至，玄宗大悦，乃加嵩同中书门下三品，恩顾莫比。

十七年，授宇文融、裴光庭宰相，又加嵩兼中书令。自十四年燕国公张说罢中书令后，缺此位四年，而嵩居之。常带河西节度，遥领之。加集贤殿学士、知院事，兼修国史，进位金紫光禄大夫。子衡，尚新昌公主，嵩夫人贺氏入觐拜席，玄宗呼为亲家母，礼仪甚盛。寻又进封徐国公。二十一年二月，侍中裴光庭卒。光庭与嵩同位数年，情颇不协，及是，玄宗遣嵩择相，嵩以右丞韩休长者，举之。及休入相，嵩举事，休峭直，辄不相假，互于玄宗前论曲直，因让位。玄宗眷嵩厚，乃许嵩授尚书右丞相，令罢相，以休为工部尚书。寻又以嵩子华为给事中。

二十四年，拜太子太师。及幽州节度使张守圭坐赂遗中官牛仙童，贬为括州刺史，嵩尝贿仙童，李林甫发之，贬青州刺史。寻又追拜太子太师，嵩又请老。嵩性好服饵，及罢相，于林园植药，合炼自适。华时为工部侍郎，衡以主婿三品，嵩幡然就养十余年，家财丰赡，衣冠荣之。天宝八年薨，年八十余，赠开府仪同三司。

子华，天宝末转兵部侍郎。禄山之乱，从驾不及，陷贼，伪署魏州刺史。乾元元年，郭子仪与九节度之师渡河攻安庆绪于相州，华潜通表疏，俟官军至为内应。贼伺知之，禁锢华于狱。崔光远收魏州，破械出华。魏人美华之惠政，诣光远请留，朝廷正授魏州刺史。既而史思明率众南下，子仪惧华复陷，乃表崔光远代华，召至军中。及相州兵溃，华归京，仍以伪命所污，降授试秘书少监。华谨重方雅，绰有家法，人士称之。寻迁尚书右丞。乾元二年，出为河中尹、河中晋绛节度使。

上元元年十二月，制曰："弼予之选，审象是求，天步未平，庙谟尤切。必资明表，伫以佐时，画一之才，取则不远。正议大夫、前河中尹、兼御史中丞、充本府晋绛等州节度观察等使、上柱国、嗣徐国公、赐紫金鱼袋萧华，公辅成名，承家继业，词标丽则，德蕴谟明。再履宫坊，尤知至行，致君望美，阅相求能。且推伊陟之贤，更启汉臣之阁，还依日月，佐理阴阳。俾参政于紫宸，用建中于皇极。可中书侍郎、同中书门下平章事、集贤殿崇文馆大学士，监修国史。"

时中官李辅国专典禁兵，怙宠用事，求为宰相，讽宰臣裴冕等荐己，华颇拒之，辅国怒。肃宗方寝疾，辅国矫命罢华相位，守礼部尚书，仍引元载代华。肃宗崩，代宗在谅暗，元载希辅国旨，贬华为硖州员外司马，卒于贬所。

衡子复，德宗朝位亦至宰辅。

华子恒、悟。恒子俛，大和中宰辅；悟子仿，咸通中宰辅，皆自有传。

张九龄字子寿，一名博物。曾祖君政，韶州别驾，因家于始兴，今为曲江人。父弘愈，以九龄贵，赠广州刺史。九龄幼聪敏，善属文。年十三，以书干广州刺史王方庆，大嗟赏之，曰："此子此能致远。"登进士第，应举登乙第，拜校书郎。玄宗在东宫，举天下文藻之士，亲加策问，九龄对策高第，迁右拾遗。

时帝未行亲郊之礼，九龄上疏曰：

伏以天者，百神之君，而王者之所由受命也。自古继统之主，必有郊配之义，盖以敬天命以报所受。故于郊之义，则不以德泽未洽，年谷不登，凡事之故，而阙其礼。《孝经》云："昔者周公郊祀后稷以配天。"斯谓成王幼冲，周公居摄，犹用其礼，明不暂废。汉丞相匡衡亦云："帝王之事，莫重乎郊祀。"董仲舒又云："不郊而祭山川，失祭之序，逆于礼正，故《春秋》非之。"臣愚以为匡衡、仲舒，古之知礼者，皆谓郊之为祭所宜先也。伏惟陛下绍休圣绪,其命惟新,御极已来,于今五载,既光太平之业,未行大报之礼,窃考经传,义或未通。今百谷嘉生,鸟兽咸若,夷狄内附,兵革用宁。将欲铸剑为农,泥金封禅,用彰功德之美,允答神祇之心。能事毕行,光耀帝载。况郊祀常典,犹阙其仪,有若怠于事天,臣恐不可以训。伏望以迎日之至,展焚柴之礼,升紫坛,陈采席,定天位,明天道,则圣朝典则,可谓无遗矣。

九龄以才鉴见推,当时吏部试拔萃选人及应举者,咸令九龄与右拾遗赵冬曦考其等第,前后数四,每称平允。开元十年,三迁司勋员外郎。时张说为中书令,与九龄同姓,叙为昭穆,尤亲重之,常谓人曰:"后来词人称首也。"九龄既欣知己,亦依附焉。十一年,拜中书舍人。

十三年,车驾东巡,行封禅之礼。说自定侍从升中之官,多引两省录事主书及己之所亲摄官而上,遂加特进阶,超授五品。初,令九龄草诏,九龄言于说曰:"官爵者,天下之公器,德望为先,劳旧次焉。若颠倒衣裳,则讥谤起矣。今登封霈泽,千载一遇。清流高品,不沐殊恩;胥吏末班,先加章绂。但恐制出之后,四方失望。今进草之际,事犹可改,唯令公审筹之,无贻后悔也。"说曰:"事已决矣,悠悠之谈,何足虑也!"竟不从。及制出,内外甚咎于说。

时御史中丞宇文融方知田户之事,每有所奏,说多建议违之,融亦以此不平于说。九龄复劝说为备,说又不从其言。无几,说果为融所劾,罢知政事,九龄亦改太常少卿,寻出为冀州刺史。九龄以母老在乡,而河北道里辽远,上疏固请换江南一州,望得数承母音耗,优制许之,改为洪州都督。俄转桂州都督,仍充岭南道按察使。上又以其弟九章、九皋为岭南道刺史,令岁时伏腊,皆得宁观。

初,张说知集贤院事,常荐九龄堪为学士,以备顾问。说卒后,上思其言,召拜九龄为秘书少监、集贤院学士、副知院事。再迁中书侍郎。常密有陈奏,多见纳用。寻丁母丧归乡里。二十一年十二月,起复拜中书侍郎、同中书门下平章事。明年,迁中书令,兼修国史。

　　时范阳节度使张守珪以裨将安禄山讨奚、契丹败衄，执送京师，请行朝典。九龄奏劾曰："穰苴出军，必诛庄贾；孙武教战，亦斩宫嫔。守珪军令必行，禄山不宜免死。"上特舍之。九龄奏曰："禄山狼子野心，面有逆相，臣请因罪戮之，冀绝后患。"上曰："卿勿以王夷甫知石勒故事，误害忠良。"遂放归藩。

　　二十三年，加金紫光禄大夫，累封始兴县伯。李林甫自无学术，以九龄文行为上所知，心颇忌之。乃引牛仙客知政事，九龄屡言不可，帝不悦。二十四年，迁尚书右丞相，罢知政事。后宰执每荐引公卿，上必问："风度得如九龄否？"故事皆缙笏于带，而后乘马，九龄体羸，常使人持之，因设笏囊。笏囊之设，自九龄始也。

　　初，九龄为相，荐长安尉周子谅为监察御史。至是，子谅以妄陈休咎，上亲加诘问，令于朝堂决杀之。九龄坐引非其人，左迁荆州大都督府长史。俄请归拜墓，因遇疾卒，年六十八，赠荆州大都督，谥曰文献。九龄在相位时，建议复置十道采访使，又教河南数州水种稻，以广屯田，议置屯田，费功无利，竟不能就，罢之。性颇躁急，动辄忿詈，议者以此少之。

　　子拯，伊阙令。禄山之乱陷贼，不受伪命；两京克复，诏加太子右赞善。弟九皋，自尚书郎历唐、徐、宋、襄、广五州刺史。九章，历吉、明、曹三州刺史，鸿胪卿。

　　九龄为中书令时，天长节百僚上寿，多献珍异，唯九龄进《金镜录》五卷，言前古兴废之道，上赏异之。又与中书侍郎严挺之、尚书左丞袁仁敬、右庶子梁升卿、御史中丞卢怡结交友善。挺之等有才干，而交道终始不渝，甚为当时之所称。至德初，上皇在蜀，思九龄之先觉，下诏褒赠，曰："正大厦者柱石之力，昌帝业者辅相之臣。生则保其雄名，殁乃称其盛德，饰终未允于人望，加赠实存乎国章。故中书令张九龄，维岳降神，济川作相，开元之际，寅亮成功。说言定其社稷，先觉合于著策，永怀贤弼，可谓大臣。竹帛犹存，樵苏必禁，爰从八命之秩，更进三台之位。可赠司徒，仍遣使就韶州致祭。"有集二十卷。

九皋曾孙仲方，少朗秀。为儿童时，父友高郢见而奇之，曰："此子非常，必为国器，吾获高位，必振发之。"后郢为御史大夫，首请仲方为御史。历金州刺史，郡人有田产为中人所夺，仲方三疏奏闻，竟理其冤。入为度支郎中，驳李吉甫谥，吉甫之党恶之，出为遂州司马。稍迁复、曹、郑三郡守。为谏议大夫。时雩县令崔发因辱小黄门，敬宗赫怒，付台推鞫。及元日大赦，独发不得宥。仲方上疏，其略曰："鸿恩将布于天下，而不行御前；霈泽始被于昆虫，而独遗崔发。"由是发得不死，时论美之。大和九年，为京兆尹，将相从累者皆大戮，仲方密令识之。旋诏下许令收葬，得认遗骸，实仲方之力也。是时军人横恣，仲方脂韦，坐不称职，出为华州刺史，改秘书监，开成二年卒，年七十二，赠礼部尚书，谥曰成。

李适之，一名昌，恒山王承乾之孙也。父象，官至怀州别驾。适之，神龙初起家拜左卫郎将。开元中，累迁通州刺史，以强干见称。时给事中韩朝宗为按察使，特表荐之，擢拜秦州都督。俄转陕州刺史，入为河南尹。适之性简率，不务苛细，人吏便之。岁余，拜御史大夫。开元二十七年，兼幽州大都督府长史，知节度事。适之以祖得罪见废，父又遭则天所黜，葬礼有阙，上疏请归葬昭陵之阙内。于是下诏追赠承乾为恒山愍王，象为越州都督、郇国公，伯父厥及亡兄数人并有褒赠。数丧同至京师，葬礼甚盛，仍刊石于坟所。俄拜刑部尚书。适之雅好宾友，饮酒一斗不乱，夜则宴赏，昼决公务，庭无留事。

天宝元年，代牛仙客为左相，累封清和县公。与李林甫争权不叶，适之性疏，为其阴中。林甫尝谓适之曰："华山有金矿，采之可以富国，上未之知。"适之心善其言，他日从容奏之。玄宗大悦，顾问林甫，对曰："臣知之久矣。然华山陛下本命，王气所在，不可穿凿，臣故不敢上言。"帝以为爱己，薄适之言疏。陇右节度皇甫惟明、刑部尚书韦坚、户部尚书裴宽、京兆尹韩朝宗，悉与适之善，林甫皆中伤之，构成其罪，相继放逐。适之惧不自安，求为散职。五载，罢知政事，守太子少保。遽命亲故欢会，赋诗曰："避贤初罢相，乐圣且衔杯。为问门前客，今朝几个来？"竟坐与韦坚等相善，贬宜春太守。后御史罗希奭奉使杀韦坚、卢幼临、裴敦复、李邕等于贬所，州县且闻希奭到，无不惶骇。希奭过宜春郡，适之闻其来，仰药而死。

子季卿，弱冠举明经，颇工文词。应制举，登博学宏词科，再迁京兆府雩县尉。肃宗朝，累迁中书舍人，以公事坐贬通州别驾。代宗即位，大举淹抑，自通州征为京兆少尹。寻复中书舍人，拜吏部侍郎。俄兼御史大夫，奉使河南、江淮宣慰，振拔幽滞，进用忠廉，时人称之。在铨衡数年，转右散骑常侍。季卿有宇量，性识博达，善与人交，襟怀豁如。其在朝以进贤为务，士以此多之。大历二年卒，赠礼部尚书。

孙融，立性严整，善吏事。贞元十年，历官至渭州节度使卒。

严挺之，华州华阴人。叔父方嶷，景云中户部郎中。挺之少好学，举进士。神龙元年，制举擢第，授义兴尉。遇姚崇为常州刺史，见其体质昂藏，雅有吏干，深器异之。及崇再入为中书令，引挺之为右拾遗。

睿宗好乐，听之忘倦，玄宗又善音律。先天二年正月望，胡僧婆陀请夜开门燃百千灯，睿宗御延喜门观乐，凡经四日。又追作先天元年大酺，睿宗御安福门楼观百司酺宴，以夜继昼，经月余日。挺之上书谏曰：

微臣窃惟陛下应天顺人，发号施令，躬亲大礼，昭布鸿泽，孜孜庶政，业业万几。盖以天下心为心，深戒安危之理，此诚尧、舜、禹、汤之德教也。奈何亲御城门，以观大酺，累日兼夜，臣愚窃所未谕。

夫酺者，因人所利，合醵为欢，无相夺伦，不至糜弊。且臣卜其昼，史册攸存，君举必书，帝王重慎。今乃暴衣冠于上路，罗妓乐于中宵。杂郑、卫之音，纵倡优之乐。陛下还淳复古，宵衣旰食，不矜细行，恐非圣德所宜。臣以为一不可也。

谁何警夜，伐鼓通晨，以备非常，存之善教。今陛下不深惟戒慎，轻违动息，重门弛禁，巨猾多徒。倘有跃马奔军，流言骇叫，一尘听览，有累宸衷。臣以为二不可也。

且一人向隅，满堂不乐；一物失所，纳隍增虑。陛下北宫多暇，西墉暂临。青春日长，已积埃尘之弊；紫微漏永，重穷歌舞之乐。倘令有司跛倚，下人饥倦，以陛下近犹不恤，而况于远乎！圣情攸闻，岂不懔然祗畏。臣以为三不可也。

且元正首祚，大礼频光，百姓颙颙，咸谓业盛配天，功垂旷代。今陛下恩似薄于众望，醮即过于往年。王公贵人，各承微旨；州县坊曲，竞为课税。吁嗟道路，贸易家产，损万人之力，营百戏之资。适欲同其欢，而乃遗其患，复令兼夜，人何以堪？臣以为四不可也。

《书》曰："罔咈百姓，以从己之欲。"况自去夏霖霪，经今亢旱，农乏收成，市有腾贵。损其实，崇其虚，驰不急之务，扰方春之业。前代圣主明王，忽于细微而成过患多矣，陛下可效之哉？伏望昼则欢娱，暮令休息，要令兼夜，恐无益于圣朝。

上纳其言而止。时侍御史任知古恃宪威，于朝行诟詈衣冠，挺之深让之，以为不敬，乃为台司所劾，左迁万州员外参军。开元中，为考功员外郎。典举二年，大称平允，登科进者顿减二分之一。迁考功郎中，特敕又令知考功贡举事，稍迁给事中。时黄门侍郎杜暹、中书侍郎李元纮同列为相，不叶。暹与挺之善，元纮素重宋遥，引为中书舍人。及与起居舍人张烜等同考吏部等第判，遥复与挺之好尚不同，遥言于元纮。元纮诘谯挺之，挺之曰："明公位尊国相，情溺小人，乃有憎恶，甚为不取也。"词色俱厉。元纮曰："小人为谁？"挺之曰："即宋遥也。"因出为登州刺史、太原少尹。殿中监王毛仲使太原、朔方、幽州，计会兵马，事隔数年，乃牒太原索器仗。挺之以不挟敕，毛仲宠幸久，恐有变故，密奏之。寻迁濮、汴二州刺史。挺之所历皆严整,吏不敢犯,及莅大郡,人乃重足侧息。

二十年,毛仲得罪赐死,玄宗思曩日之奏,擢为刑部侍郎,深见恩遇,改太府卿。与张九龄相善,九龄入相,用挺之为尚书左丞,知吏部选,陆景融知兵部选,皆为一时精选。时侍中裴耀卿、礼部尚书李林甫与九龄同在相位,九龄以词学进,入视草翰林,又为中书令,甚承恩顾。耀卿与九龄素善,林甫巧密,知九龄方承恩遇,善事之,意未相与。林甫引萧炅为户部侍郎,尝与挺之同行庆吊,客次有《礼记》,萧炅读之曰:"蒸尝伏猎。"炅早从官,无学术,不识"伏腊"之意,误读之。挺之戏问,炅对如初。挺之白九龄曰:"省中岂有'伏猎侍郎。'"由是出为岐州刺史,林甫深恨。九龄尝欲引挺之同居相位,谓之曰:"李尚书深承圣恩,足下宜一造门款狎。"挺之素负气,薄其为人,三年,非公事竟不私造其门,以此弥为林甫所嫉。及挺之嘱蔚州刺史王元琰,林甫使人话于禁中,以此九龄罢相,挺之出为洛州刺史,二十九年,移绛郡太守。

天宝元年,玄宗尝谓林甫曰:"严挺之何在?此人亦堪进用。"林甫乃召其弟损之至门叙故,云"当授子员外郎",因谓之曰:"圣人视贤兄极深,要须作一计,入城对见,当有大用。"令损之取绛郡一状,云:"有少风气,请入京就医。"林甫将状奏云:"挺之年高,近患风,且须授闲官就医。"玄宗叹吒久之。林甫奏授同外詹事,便令东京养疾。

挺之素归心释典,事僧惠义。及至东都,郁不得志,成疾。自为墓志曰:"天宝元年,严挺之自绛郡太守抗疏陈乞,天恩允请,许养疾归闲,兼授太子詹事。前后历任二十五官,每承圣恩,尝忝奖擢,不尽驱策,驽蹇何阶,仰答鸿造?春秋七十,无所展用,为人士所悲。其年所九月,寝疾,终于洛阳某里之私第。十一月,葬于大照和尚塔次西原,礼也。尽忠事君,叨载国史,勉拙从仕,或布人谣。陵谷可以自纪,文章焉用为饰。遗文薄葬,敛以时服。"挺之与裴宽皆奉佛。开元末,惠义卒,挺之服缞麻送于龛所。宽为河南尹,僧普寂卒,宽与妻子皆服缞绖,设次哭临,妻子送丧至嵩山。故挺之志文云"葬于大照塔侧",祈其灵祐也。挺之素重交结,有许与,凡旧交先殁者,厚抚其妻子,凡嫁孤女数十人,时人重之。

子武,广德中黄门侍郎、成都尹、剑南节度使。

史臣曰:崔日用附会三思,以取高位,预讨韦氏,遂握重权。自言"吾一生行事,皆临时制变,不必专守始谋,信矣。与夫守死善道者,不可同年而语也。张嘉贞虽不立田园,奈急于势利,朋比近习,杖姜皎、仙先,非中立之士也。萧嵩位极中令,异政无闻,树破虏之勋,真致远之器。九龄文学政事,咸有所称,一时之选也。适之临下虽简,在公克勤,惜乎不得其死也!挺之才略器识,不下诸公,耻近权门,为人所恶,不登台辅,养疾宫僚。虽富贵在天,穷达有命,彼林甫者,诚可投畀豺虎也。

赞曰:开元之代,多士盈庭。日用无守,嘉贞近名。嵩、龄、适、挺,各有度程。大位俱极,半惭德馨。

旧唐书卷一〇〇

列传第五〇

尹思贞　李杰　解琬　毕构
苏珦 子晋　郑惟忠　王志愔
卢从愿　李朝隐　裴漼
从祖弟宽 王丘

　　尹思贞,京兆长安人也。弱冠明经举,补隆州参军。时晋安县有豪族蒲氏,纵横不法,前后官吏莫能制。州司令思贞推按,发其奸赃万计,竟论杀之,远近称庆,刻石以纪其事,由是知名。累转明堂令,以善政闻。三迁殿中少监,检校洛州刺史。会契丹孙万劳作乱,河朔不安,思贞善于绥抚,境内独无惊扰,则天降玺书褒美之。

　　长安中,七迁秋官侍郎,以忤张昌宗被构,出为定州刺史,转晋州刺史。寻复入为司府少卿。时卿侯知一亦厉威严,吏人为之语曰:“不畏侯卿杖,惟畏尹卿笔。”其为人所伏若此。寻加银青光禄大夫。于宅中掘得古戟十二,俄而门加棨戟,时人异焉。

　　神龙初,为大理卿,时武三思擅权,御史大夫李承嘉附会之。雍州人韦月将上变,告三思谋逆,中宗大怒,命斩之。思贞以发生之月,固执奏以为不可行刑,竟有敕决杖配流岭南。三思令所由因此非法害之,思贞又固争之。承嘉希三思旨,托以他事,不许思贞入朝廷。谓承嘉曰:“公擅作威福,不顾宪章,附托奸臣,以图不轨,将先除忠良以自恣耶?"承嘉大怒,遂劾奏思贞,出为青州刺史。境内有蚕一年四熟者,黜陟使、卫州司马路敬潜八月至州,见茧叹曰:"非善政所致,孰能至于此乎!"特表荐之。思贞前后为十三州刺史,皆以清简为政,奏课连最。

睿宗即位,征为将作大匠,累封天水郡公。时左仆射窦怀贞兴造金仙、玉真两观,调发夫匠,思贞常节减之。怀贞怒,频诘责思贞,思贞曰:"公职居端揆,任重弼谐,不能翼赞圣明,光宣大化,而乃盛兴土木,害及黎元,岂不愧也!又受小人之谮,轻辱朝臣,今日之事,不能苟免,请从此辞。"拂衣而去,阖门累日,上闻而特令视事。其年,怀贞伏诛,乃下制曰:"国之副相,位亚中台,自匪邦直,孰司天宪?将作大匠尹思贞,贤良方正,硕儒耆德,刚不护缺,清而畏知,简言易从,庄色难犯。征先王之礼要,敷衽必陈;拆佞臣之怙权,拂衣而谢。故以事闻海内,名动京师,鹰准是击,豺狼自远。必能条理前弊,发挥旧章,宜承弄印之荣,式允登车之志。可御史大夫。"俄兼申王府长史,迁户部尚书,转工部尚书。以老疾累表请致仕,许之。开元四年卒,年七十七,赠黄门监,谥曰简。

李杰,本名务光,相州滏阳人。后魏并州刺史宝之后也,其先自陇西徙焉。杰少以孝友著称,举明经,累迁天官员外郎,明敏有吏才,甚得当时之誉。神龙初,累迁卫尉少卿,为河东道巡察黜陟使,奏课为诸使之最。开元初,为河南尹。杰既勤于听理,每有诉列,虽衢路当食,无废处断,由是官无留事,人吏爱之。先是,河、汴之间有梁公堰,年久堰破,江、淮漕运不通。杰奏调发汴、郑丁夫以浚之,省功速就,公私深以为利,刊石水滨,以纪其绩。

寻代宋璟为御史大夫。时皇后妹婿尚衣奉御长孙昕与其妹婿杨仙玉因于里巷遇杰,遂殴击之,上大怒,令斩昕等。散骑常侍马怀素以为阳和之月,不可行刑,累表陈请。乃下敕曰:"夫为令者自近而及远,行罚者先亲而后疏。长孙昕、杨仙玉等凭恃姻戚,恣行凶险,轻侮常宪,损辱大臣,情特难容,故令斩决。今群官等累陈表疏,固有诚请,以阳和之节,非肃杀之时,援引古今,词义恳切。朕志从深谏,情亦惜法,宜宽异门之罚,听从枯木之毙。即宜决杀,以谢百僚。"

杰明年以护桥陵作,赐爵武威子。初,杰护作时,引侍御史王旭为判官。旭贪冒受赃,杰将绳之而不得其实,反为旭所构,出为衢州刺史。俄转扬州大都督府长史,又为御史所劾,免官归第。寻卒,赠户部尚书。

解琬,魏州元城人也。少应幽素举,拜新政尉,累转成都丞。因奏事称旨,超迁监察御史,丁忧离职。则天以琬识练边事,起复旧官,令往西域安抚夷虏,抗疏固辞。则天嘉之,下敕曰:"解琬孝性淳至,哀情恳切,固辞权夺之荣,乞就终忧之典。足可以激扬风俗,敦奖名教,宜遂雅怀,允其所请。仍令服阕后赴上。"

圣历初,迁侍御史,允使安抚乌质勒及十姓部落,咸得其便宜,蕃人大悦,以功擢拜御史中丞,兼北庭都护、持节西域安抚使。琬素与郭元振同官相善,遂为宗楚客所毁,由是左迁沧州刺史。为政务存大体,甚得人和。景龙中,迁右台御大夫,兼持节朔方行军大总管。琬前后在军二十余载,务农习战,多所利益,边境安之。

景云二年,复为朔方军大总管。琬分遣随军要籍官河阳丞张冠宗、肥乡令韦景骏、普安令于处忠等校料三城兵募,于是减十万人,奏罢之。寻授右武卫大将军,兼检校晋州刺史,赐爵济南县男。以年老乞骸骨,拜表讫,不待报而去。优诏加金紫光禄大夫,听致仕,其禄准品全给。寻降玺书劳之曰:"卿器局坚正,才识高远,公忠彰其立身,贞固足以干事。类张骞之出使,同魏绛之和戎。职缩文武,功申方面,勤于王家,是为国老。顷者,顾斯侧景,愿言勇退,深惜马援之能,未遂祁奚之请。然章疏频上,雅怀难夺。今知脱屣归闲,拂衣高谢,固可以激励颓俗,仪形庶僚。永言终始,良可嘉尚。宜善摄养,以介期颐。"

未几,吐蕃寇边,复召拜左散骑常侍,令与吐蕃分定地界,兼处置十姓降户。琬言吐蕃必潜怀叛计,请预支兵十万于秦、渭等州严加防遏。其年冬,吐蕃果入寇,竟为支兵所击走之。俄又表请致仕,不许,迁太子宾客。开元五年,出为同州刺史。明年卒,年八十余。

毕构,河南偃师人也。父憬,则天时为司卫少卿。构少举进士。神龙初,累迁中书舍人。时敬晖等奏请降削武氏诸王,构次当读表,既声韵朗畅,兼分析其文句,左右听者皆历然可晓。由是武三思恶之,出为润州刺史。累除益州大都督府长史。

景云初,召拜左御史大夫,转陕州刺史,加银青光禄大夫,封魏县男。顷之,复授益州大都督府长史,兼充剑南道按察使。所历州府,咸著声绩,在蜀中尤革旧弊,政号清严。睿宗闻而善之,玺书劳曰:

我国家创开天地,再造黎元,四夷来王,万邦会至,置州立郡,分职设官。贞观、永徽之前,皇猷惟穆;咸亨、垂拱之后,淳风渐替。征赋将急,调役颇繁,选吏举人,涉于浮滥。省阁台寺,罕有公直,苟贪禄秩,以度岁时。中外因循,纪纲弛紊,且无惩革,弊乃滋深。为官既不择人,非亲即贿;为法又不按罪,作孽宁逃?贪残放手者相仍,清白洁己者斯绝。盖由赏罚不举,生杀莫行。更以水旱时乖,边隅未谧,日损一日,征敛不休,大东小东,杼轴为怨,就更割剥,何以克堪!

昔闻当官,以留犊还珠为上;今之从职,以充车联驷为能。或交结富豪,抑弃贫弱;或矜假典正,树立腹心。邑屋之间,囊箧俱委,或地有椿干梓漆,或家有畜产资财,即被暗通,并从取夺。若有固吝,即因事以绳,粗杖大枷,动倾性命,怀冤抱痛,无所告陈。比差御史委令巡察,或有贵要所嘱,未能不避权豪;或有亲故在官,又罕绝于颜面。载驰原隰,徒烦出使之名;安问狐狸,未见埋车之节。扬清激浊,泾、渭不分;嫉恶好善,萧、兰莫别。官守既其若此,下人岂以聊生。数年已来,凋残更甚。

卿孤洁独行,有古人之风,自临蜀川,弊化顿易。览卿前后执奏，何异破柱求奸？诸使之中，在卿为最。并能尽节似卿如此，百郡何忧乎不理，万人何虑乎不安？卿当益坚，勿为后顾。朕嘉卿直道，今赐袍带并衣一副。
寻拜户部尚书，转吏部尚书，并遥领益州大都督府长史。

玄宗即位，累拜河南尹，迁户部尚书。开元四年，遇疾，上手疏医方以赐之。时议户部尚书为凶官，遂改授太子詹事，冀其有瘳。寻卒，赠黄门监，谥曰景。

构初丧继母时，有二妹在襁褓，亲加鞠养，咸得成立。及构卒，二妹号绝久之，以抚育恩，遂制三年之服。其弟栩亦甚哀毁，并为当时所称。栩官至荆州司马。

苏珦，雍州蓝田人。明经举，累授鄠县尉。雍州长史李义琰召而谓曰：“鄠县本多诉讼，近日遂绝，访问果由明公为其疏理。”因顾指听事曰：“此座即明公座也，但恨非迟暮所见耳。”

垂拱初，拜右台监察御史。时则天将诛韩、鲁等诸王，使珦按其密状，珦讯问皆无征验。或诬告珦与韩、鲁等同情，则天召见诘问，珦抗议不回。则天不悦，曰：“卿大雅之士，朕当别有驱使，此狱不假卿也。”遂令珦于河西监军。五迁右司郎中。时御史王弘托附来俊臣，构陷无罪，朝廷疾之。尝受诏于虔州采本，役使不节，丁夫多死，珦按奏其事，弘义竟以坐黜。珦寻迁给事中，累授左肃政台御史大夫。时有诏白司马坂营大像，糜费巨亿，珦以妨农，上疏切谏，则天纳焉。

神龙初，武三思擅权，韦月将告三思将有逆谋，返为三思所构，中宗令斩之。珦奏非时不可行刑，由是忤三思旨，转为右御史大夫。寻出为岐州刺史，复为右台大夫。会节愍太子败，诏珦穷其党与。时睿宗在藩，为得罪者所引，珦因辩析事状，密奏以保持之。中宗意解，因是多所原免，擢珦为户部尚书，赐爵河内郡公。寻授太子宾客、检校詹事，以年老致仕。开元三年卒，年八十一，赠衮州都督，谥曰文。子晋，亦知名。

晋数岁能属文,作《八卦论》,吏部侍郎房颖叔、秘书少监王绍宗见而叹曰:"此否来王粲也。"弱冠举进士,又应大礼举,皆居上第。先天中,累迁中书舍人,兼崇文馆学士。玄宗监国,每有制命,皆令晋贾曾为之。晋亦数进谠言,深见嘉纳。俄出为泗州刺史,以父老乞辞职归侍,许之。父卒后,历户部侍郎,袭爵河内郡公。

开元十四年,迁吏部侍郎。时开府宋璟兼尚书事,晋及齐浣递于京都知选事,既糊名考判,晋独多赏拔,甚得当时之誉。俄而侍中裴光庭知尚书事,每过官应批退者,但对众披簿,以朱笔点头而已。晋遂榜选院云:"门下点头者,更引注拟。"光庭以为侮己,甚不悦,遂出为汝州刺史。三迁魏州刺史,加银青光禄大夫,入为太子左庶子。二十二年卒,年五十九。

初,晋与洛阳人张循之、仲之兄弟友善,循之等并以学业著名。循之,则天时上书忤旨被诛。仲之,神龙中谋杀武三思,为友人宋之愍所发,下狱死。晋厚抚仲之子渐,有如己子,教之书记,为营婚宦。及晋卒,渐制犹子之服,时人甚以此称之。

郑惟忠,宋州宋城人也。仪凤中,进士举,授井陉尉,转汤阴尉。天授中,应举召见,则天临轩问诸举人:"何者为忠?"诸人对不称旨。惟忠对曰:"臣闻忠者,外扬君之美,内匡君之恶。"则天曰:"善。"授左司御率府胄曹参军,累迁水部员外郎。则天幸长安,惟忠待制引见,则天谓曰:"朕识卿,前于东都言'忠臣外扬君之美,内匡君之恶',至今不忘。"寻加朝散大夫,再迁凤阁舍人。

中宗即位,甚敬重之,擢拜黄门侍郎。时议请禁岭南首领家畜兵器,惟忠曰:"夫为政不可革以习俗,且《吴都赋》云:'家有鹤膝,户有犀渠。'如或禁之,岂无惊扰耶?"遂寝。无何,守大理卿。节愍太子与将军李多祚等举兵诛武三思,事变伏诛。其违误守门者并配流,将行,有韦氏党与密奏请尽诛之。中宗令推断,惟忠奏曰:"今大狱始决,人心未宁,若更改推,必递相惊恐,则反侧之子,无由自安。"敕令百司议,遂依旧断,所全者甚多。俄拜御史大夫,持节赈给河北道,仍黜陟牧宰。还,敷奏称旨,加银青光禄大夫,封荥阳县男。开元初,为礼部尚书,转太子宾客。十年卒,赠太子少保。

王志愔,博州聊城人也。少以进士擢第。神龙年,累除左台御史,加朝散大夫。执法刚正,百僚畏惮,时人呼为"皁雕",言其顾瞻人吏,如雕鹗之视燕雀也。寻迁大理正,尝奏言:"法令者,人之堤防,堤防不立,则人无所禁。窃见大理官僚,多不奉法,以纵罪为宽恕,以守文为苛刻。臣滥执刑典,实恐为众所谤。"遂表上所著《应正论》以见志,其词曰:

尝读《易》至"萃,利见大人,亨,聚以正也。六二,引吉无咎。"注曰:"居萃之时,体柔当位。处《坤》之中,己独处正。异操而聚,独正者危,未能变体,以远于害。故必见引,然后乃吉而无咎。"王肃曰:"六二与九五相应,俱履贞正。引由迎也,为吉所迎,何咎之有?"未尝不辍书而叹曰:居中履正,事之常体,见引无咎,道亦宜然。

有客闻而惑之,因谓仆曰:今主上文明,域中理定,君累司典宪,不务和同。处正之志虽存,见引之吉谁应?行之不已,余窃惧焉。

仆敛襟降阶揖而谢曰:补遗阙于衮职,用忠谠为己任,以蒙养正,见引获吉,应此道也,仁何远哉!昔咎繇谟虞,登朝作士,设教理物,开训成务。是以五流有宅,五宅三居,怙终贼刑,刑故无小。于是舜美其事曰:"汝明于五刑,以弼五教,期于予理,刑期于无刑,人协于中,时乃功,懋哉!"故孔子叹其政曰:"舜举咎繇,不仁者远。"此非明辟执法,大人见引之应乎?季孙行父之事君也,举窃宝之愆,黜授邑之赏,明善恶而纠慝,议僭赏以塞违。在虞舜之功,居二十之一,主司得行其道,时君不以为嫌,此非己独处正,应正而无咎。矢鱼于棠,臧伯正色;赂鼎在庙,哀伯抗词。言者得尽其忠,闻之不加其罪。故《春秋》称臧氏之正，曰："积善之家，必有余庆。"此非异操而聚，引吉之所致乎？魏绛理直，晋侯乃复其位；邾人辞顺，赵盾不伐其国。此非正体未变，为吉所迎者乎？

夫在上垂拱，臣下守制，若正应乎上，乃引吉于下。而中士闻道，若存若亡，交战于谲正之门，怀疑乎语默之境，惧独正之莫引，忘此正之必亨。吁嗟乎！行己立身，居正践义，其动也直，其正也方。维正直而是与，何往而非攸利。何以明之？《坤》六二："直方大，不习无不利。"《文言》曰："直其正也，方其义也，君子敬以直内，义以方外。敬义立而德不孤，直方大则不疑其所行也。"嵇康撰《释私论》，曹义著《至公篇》，皆以崇公激俗，抑私事主，一言可以蔽之，归于体正而已矣。《礼记》曰：刑者侀也，侀者成也，一成而不可变，故君子尽心焉。若以喜怒制刑，轻重设比，是则桥前惊马，用希旨伦人，苑中猎兔，以从欲废法。理有违而合道，物贵和而不同，不同之和，正在其中矣。

昔任延为武威太守，汉帝诫之曰："善事上官，无失名誉。"延对曰："臣闻忠臣不私，私臣不忠，上下雷同，非国家之福。善事上官，臣不敢奉诏。"任延雅奏，汉主是其言。此则归正不回，乖旨顺义，不以忤怀见忌，斯亦违而合道。《晏子春秋》：景公见梁丘据曰："据与我和。"晏子曰："此同也。和者，君甘则臣酸，君淡则臣咸。今据也，君甘亦甘，所谓同也，安得为和？"是以济盐梅以调羹，乃适平心之味；献可否而论道，方恢政体之节。俟引正而遵度，故曰物贵和而不同。刘曼山辩和同之义，有旨哉！若以不同见讥，未敢闻诲。

客曰：和同乖训，则已闻之。援法成而不变者，岂恤狱之宽宪耶？《书》曰："御众以宽。"《传》曰："宽则得众。"若以严统物，异乎宽政矣。

对曰：刑赏二柄，唯人主操之，崇厚任宽，是谓帝王之德。慎子曰："以力役法者，百姓也；以死守法者，有司也；以道变法者，君上也。"然则匪人臣所操。后魏游肇之为廷尉也，魏帝尝私敕肇有所降恕，肇执而不从曰："陛下自能恕之，岂足令臣曲笔也？"是知宽恕是君道，曲从非臣节。人或未达斯旨，不料其务，以平刑为峻，将曲法为宽，谨守宪章，号为深密。《内律》："释种亏戒，一诛五百人，如来不救其罪。"岂谓佛法为残刻耶？老子《道德经》云："天纲恢恢，疏而不漏。"岂谓道教为凝峻耶？《家语》曰："王者之诛有五，而窃盗不预焉。"即心辩言伪之流；《礼记》亦陈四杀，破律乱名之谓。岂是儒家执禁，孔子之深文哉？此三教之用法者，所以明真谛，重玄猷，存天纳，立人极也。

然则乾象震曜，天道明威。齐众惟刑，百王所以垂范；折人以法，三后于是成功。所务掌宪决平，斯廷尉之职耳。《易》曰："家人嗃嗃，无咎；妇子嘻嘻，终吝。"严于其家，可移于国。昔崔实达于理而作《政论》，仲长统曰："凡为人主，宜写《政论》一通，置诸坐侧。"其大抵云为国者以严致平，非以宽致平者也。然则称严者不必逾条越制，凝纲重罚，在于施隐括以矫枉，用平典以禁非。刑故有常，罚轻无舍，人不易犯，防之难越故也。但有慢吏浊，伪积赃深，而曰以宽理之，可以为过。何异乎命王良御悍，舍衔策且奔蹍；请俞附攻疾，停药石于肤！朕适见秋驾转逸，膏肓更深，医人仆夫，何功之有？

又谓仆曰：成法而变，唯帝王之命欤？

对曰：何为其然也？昔汉武帝甥昭平君杀人，以公主子，廷尉上请论。左右为言，武帝垂涕叹曰："法令者，先帝之所造也，用亲故诬先帝之法，吾何面目入高庙乎？又下负万人！"乃可其奏。近代隋文帝子秦王俊为并州总管，以奢纵免官。仆射杨素奏言："王，陛下爱子，请舍其过。"文帝曰："法不可违。若如公意，我是五儿之父，非兆人之文何不别制天子儿律乎？我安能亏法！"卒不许。此是帝王操法，协于礼经不变之义。况于秋官典职，司寇肃事，而可变动者乎！我皇睿哲登宸，高祖岩廊之上；宰衡明允就列，辑穆庙堂之下。乾坤交泰，日月光华，庶绩其凝，众工咸理。聚以正也，仆幸利见大人；引其吉焉，期养正于下位。中正是托，子何惧乎？

　　夫君子百行之基，出处二途而已。出则策名委质，行直道以事人，进善纳忠，仰太阶而缉政。谔谔其节，思为社稷之臣；謇謇匪躬，愿参柱石之任。处则高谢公卿，孝友扬名，是亦为政。烟霞尚志，其用永贞，行藏事业，心迹斯在。至如水中泛泛，天下悠悠，执驭为荣，扫门自媚，拜尘邀势，括囊守禄，从来长息，以为深耻。

　　客乃逡巡不对，遂无以间仆也。

中宗览而嘉之。稍迁驾部郎中。

　　景云元年，累转左御史中丞，寻迁大理少卿。二年，制依汉置刺史监郡，于天下冲要大州置都督二十人，妙选有重者为之，遂拜志愔齐州都督，事竟不行。又授齐州刺史，充河南道按察使。未几，迁汴州刺史，仍旧充河南道按察使。太极元年，又令以本官兼御史中丞、内供奉，特赐实封一百户。寻加银青光禄大夫，拜户部侍郎。出为魏州刺史，转扬州大都督府长史，俱充本道按察使。所在令行禁止，奸猾屏迹，境内肃然。久之，召拜刑部尚书。

　　开元九年，上幸东都，令充京师留守。十年，有京兆人权梁山伪称襄王男，自号光帝，与其党及左右屯营押官谋反。夜半时拥左屯营兵百余人自景风、长乐等门斩关入宫城，将杀志愔，志愔逾墙避贼。俄而屯营兵溃散，翻杀梁山等五人，传首东都，志愔遂以骇卒。

　　卢从愿，相州临漳人，后魏度支尚书昶六代孙也。自范阳徙家焉，世为山东著姓。弱冠明经举，授绛州夏县尉，又应制举，拜右拾遗。俄迁右肃政监察御史，充山南道黜陟巡抚使，奉使称旨，拜殿中侍御史。累迁中书舍人。

　　睿宗践祚，拜吏部侍郎。中宗之后，选司颇失纲纪，从愿精心条理，大称平允。其有冒名伪选及虚增功状之类，皆能摘发其事，典选六年，前后无及之者。上嘉之，特与一子太子通事舍人。从愿上疏乞回恩赠父，乃赠其父吉阳丞敬一为郑州长史。初，高宗时裴行俭、马载为吏部,最为称职,及是,从愿与李朝隐同时典选,亦有美誉。时人称曰:"吏部前有马、裴,后有卢、李。"

开元四年,上尽召新授县令,一时于殿庭策试,考入下第者,一切放归学问。从愿以注拟非才,左迁豫州刺史。为政严简,按察使奏课为天下第一,降玺书劳问,赐绢百匹。无几,入为工部侍郎,转尚书左丞。又与杨滔及吏部侍郎裴漼、礼部侍郎王丘、中书舍人刘令植删定《开元后格》,迁中书侍郎。十一年,拜工部尚书,加银青光禄大夫,仍令东都留守。十三年,从升泰山,又加金紫光禄大夫,代韦抗为刑部尚书。频年充校京外官考使,前后咸称允当。

御史中丞宇文融承恩用事,以括获田户之功,本司校考为上下,从愿抑不与之。融颇以为恨,密奏从愿广占良田,至有百余顷。其后,上尝择堪为宰相者,或荐从愿,上曰:"从愿广占田园,是不廉也。"遂止不用。从愿又因早朝,途中为人所射,中其从者,捕贼竟不获。时议从愿久在选司,为被抑者所雠。

十六年,东都留守。时坐子起居郎谕粜米入官有剩利,为宪司所纠,出为绛州刺史,再迁太子宾客。二十年,河北谷贵,敕从愿为宣抚处置使,开仓以救饥馁,使回,以年老抗表乞骸骨,乃拜吏部尚书,听致仕,给全禄。二十五年卒,年七十余,赠益州大都督,谥曰文。

李朝隐,京兆三原人也。少以明法举,拜临汾尉,累授大理丞。神龙年,功臣敬晖、桓彦范为武三思所构,讽侍御史郑愔奏请诛之,敕大理结其罪。朝隐以晖等所犯,不经推穷,未可即正刑名。时裴谈为大理卿,异笔断斩,仍籍没其家,朝隐由是忤旨。中宗令贬岭南恶处,侍中韦巨源、中书令李峤奏曰:"朝隐素称清正,断狱亦甚当事,一朝远徙岭表,恐天下疑其罪。"中宗意解,出为闻喜令。

寻迁侍御史,三迁长安令,有宦官闾兴贵诣县请托,朝隐命拽出之,睿宗闻而嘉叹,廷召朝隐,劳曰:"卿为京县令能如此,朕复何忧。"乃下制曰:"夫不吐刚而谄上、不茹柔而黩下者,君子之事也。

践雷必绳、登车无屈者，正人之务也。长安县令李朝隐，德义不回，清强自遂，亟闻嘉政，累著能名。近者品官入县，有乖仪式，遂能责之以礼，绳之以愆。但阉竖之流，多有凭恃，柔宽之代，必弄威权。历观载籍，常所叹息。朕规诚前古，勤求典宪，能副朕意，实赖斯人。昔虞延持皇后之客，梅陶鞭太子之傅，古称遗直，复见于今。思欲旌其美行，迁以重职，为时属阅户，政在养人，宜加一阶，用表刚烈。可太中大夫。特赐中上考，兼绢百匹。"七迁绛州刺史，兼知吏部选事。

开元二年，迁吏部侍郎，铨叙平允，甚为当时所称，降玺书褒美，授一子太子通事舍人。四年春，以授县令非其人，出为滑州刺史，转同州刺史。驾幸东都，路由同州，朝隐蒙旨召见赏慰，赐衣一副、绢百匹。寻迁河南尹，政甚清严，豪右屏迹。时太子舅赵常奴恃势侵害平人，朝隐曰："此而不绳，何以为政？"执而杖之。上闻，又降敕书慰勉之。

十年，迁大理卿。时武强令裴景仙犯乞取赃积五千匹，事发逃走。上大怒，令集众杀之。朝隐执奏曰："裴景仙缘是乞赃，犯不至死。又景仙曾祖故司空寂，往属缔构，首预元勋。载初年中，家陷非罪，凡有兄弟皆被诛夷，唯景仙独存，今见承嫡。据赃未当死坐，准犯犹入请条。十代宥贤，功实宜录；一门绝祀，情或可哀。愿宽暴市之刑，俾就投荒之役，则旧勋斯允。"手诏不许。朝隐又奏曰：

有断自天，处之极法。生杀之柄，人主合专；轻重有条，臣下当守。枉法者，枉理而取，十五匹便抵死刑；取者，因乞为赃，数千匹止当流坐。今若乞取得罪，便处斩刑，后有枉法当科，欲加何辟？所以为国惜法，期守律文，非敢以法随人，曲矜仙命。射兔魏苑，惊马汉桥，初震皇赫，竟从廷议，岂威不能制，而法贵有常。又景仙曾祖寂，草昧忠节，定为元勋，位至台司，恩倍常数。载初之际，枉被破家，诸子各犯非辜，唯仙今见承嫡。若寂勋都弃，仙罪特加，则叔向之贤何足称者，若敖之鬼不其馁而？舍罪念功，乞垂天听。应敕决杖及有犯配流，近发德音，普标殊泽，杖者既听减数，流者仍许给程。天下颙颙，孰不幸甚！

瞻彼四海，已被深恩，岂于一人，独峻常典？伏乞采臣之议，致仙于法。

乃下制曰："罪不在大，本乎情；罚在必行，不在重。朕垂范作训，庶动植咸若，岂严刑逼戮，使手足无措者哉？裴景仙幸藉绪余，超升令宰，轻我宪法，蠹我风猷，不慎畏知之金，讵识无贪之宝，家盈黩货，身乃逃亡。殊不知天孽可违，自愆难逭，所以不从本法，加以殊刑，冀惩贪暴之流，以塞侵渔之路。然以其祖父昔预经纶，佐命有功，缔构斯重，缅怀赏延之义，俾协政宽之典，宜舍其极法，以宥遐荒。仍决杖一百，流岭南恶处。"

朝隐俄转岐州刺史，母忧去官。起为扬州大都督府长史，抗疏固辞，制许之。朝隐性孝友，时年已衰暮，在丧尤加毁瘠。明年，制又起为扬州长史，不获已而就职，复入为大理卿，累封金城伯，代崔隐甫为御史大夫。朝隐素有公直之誉，每御史大夫缺，时议咸许之。及居其职，竟无所纠劾，唯烦于细务，时望由稍减。俄转太常卿。二十一年，兼判广州事，仍摄御史大夫，充岭南采访处置使。明年，卒于岭外，年七十，赠吏部尚书，官给灵舆，兼家口给递还乡，谥曰贞。

裴漼，绛州闻喜人也。世为著姓。父琰之，永徽中，为同州司户参军，时年少，美容仪，刺史李崇义初甚轻之。先是，州中有积年旧案数百道，崇义促琰之使断之，琰之命书吏数人，连纸进笔，斯须剖断并毕，文翰俱美，且尽与夺之理。崇义大惊，谢曰："公何忍藏锋以成鄙夫之过！"由是大知名，号为"霹雳手"。后为永年令，有惠政，人吏刊石颂之。历任仓部郎中，以老疾废于家。

漼色养劬劳，十数年不求仕进。父卒后，应大礼举，拜陈留主簿，累迁监察御史。时吏部侍郎崔湜、郑愔坐赃为御史李尚隐所劾，漼同鞫其狱。安乐公主及上官昭容阿党湜等，漼竟执正奏其罪，甚为当时所称。三迁中书舍人。

太极元年，睿宗为金仙、玉真公主造观及寺等，时属春旱，兴役不止。漼上疏谏曰：

臣谨案《礼记》春、夏令曰：无聚大众，无起大役，不可兴土功，恐妨农事。若号令乖度，役使不时，则人加疾疫之危，国有水旱之灾，此五行之必应也。今自春至夏，时雨愆期，下人忧心，莫知所出。陛下虽降哀矜之旨，两都仍有寺观之作，时旱之应，实此之由。且春令告期，东作方始，正是丁壮就功之日，而土木方兴，臣恐所妨尤多，所益尤少，耕夫蚕妾，饥寒之源。故《春秋》"庄公三十一年冬，不雨"，《五行传》以为"岁三筑台"："僖公二十一年夏，大旱"，《五行传》以"时作南门，劳人兴役"。陛下每以万方为念，睿旨殷勤，安国济人，防微虑远。伏愿下明制，发德音，顺天时，副人望，两京公私营造及诸和市木等并请且停，则苍生幸甚。农桑失时，户口流散，纵寺观营构，岂救黎元饥寒之弊哉！

疏奏不报。寻转兵部侍郎，以铨叙平允，特授一子为太子通事舍人。

开元五年，迁吏部侍郎，典选数年，多所特拔。再转黄门侍郎，代韦抗为御史大夫。灌早与张说特相友善，时说在相位，数称荐之。灌又善于敷奏，上亦嘉重焉。由是擢拜吏部尚书，寻转太子宾客。灌家世俭约，既久居清要，颇饰妓妾，后庭有绮罗之赏，由是为时论所讥。二十四年卒，年七十余，赠礼部尚书，谥曰懿。

灌从祖弟宽。宽父无晦，袁州刺史。宽通略，以文词进，骑射、弹棋、投壶特妙。景云中，为润州参军，刺史韦铣为按察使，引为判官，清干善于剖断，铣重其才，以女妻之。后应拔萃，举河南丞。再转为长安尉，时宇文融为侍御史，括天下田户，使奏差为江南东道勾当租庸地税兼覆田判官。转太常博士。礼部拟国忌之辰享庙用乐，下太常，宽深达礼节，特建新意，以为庙尊忌卑则登歌，庙卑忌尊则去钥。中书令张说谓宽明识，举而行之。再迁为刑部员外郎。有万骑将军马崇正昼杀人，时开府、霍国公王毛仲恩幸用事，将鬻其狱，宽执之不回。兵部尚书萧嵩为河西节度使，奏宽及郭虚己为判官,累年专见委任,嵩加中书令,宽历中书舍人、御史中丞、兵部侍郎。开元二十一年冬,裴耀卿以黄门侍郎知政事,扈从出关,知江、淮转运,于河阴置仓,奏宽为户部侍郎,为其副。

宽性友爱,弟兄多宦达,子侄亦有名称,于东京立第同居,八院相对,甥侄皆有休憩所,击鼓而食,当世荣之。选吏部侍郎,及玄宗还京,又改蒲州刺史。州境久旱,入境,雨乃大洽。迁河南尹,不附权贵,务于恤隐,政乃大理。改左金吾卫大将军,一年,除太原尹,赐紫金鱼袋。玄宗赋诗而饯之,曰:"德比岱云布,心如晋水清。"

天宝初,除陈留太守,兼采访使。寻而范阳节度李适之入为御史大夫,除宽范阳节度兼河北采访使替之。其年,又加御史大夫,时北平军使乌承恩恃以蕃酋与中贵通,恣求货贿,宽以法按之。檀州刺史何僧献生口数十人,宽悉命归之,故夷夏感悦。

三载,以安禄山为范阳节度,宽为户部尚书、兼御史大夫。玄宗素重宽,日加恩顾。刑部尚书裴敦复讨海贼回,颇张贼势,又广叙功以开请托之路,宽尝几微奏之。居数日,有河北将士入奏,盛言宽在范阳能政,塞上思之,玄宗嗟赏久之。李林甫惧其入相,又恶宽与李适之善,乃呼裴敦复,且以宽之语告之。敦复使气性疏,与宽素不相下,以为林甫推诚于己,因愿结之,且诉其冤。先是,宽以亲故名嘱敦复,求请军功。至是敦复气愤发其事,林甫曰:"公宜速奏,无后于人。"寻而敦复扈从幸温泉宫,宽在京城未发。遇有敦复下军将程藏曜、郎将曹鉴。鉴,郴州富人;藏曜,岭南首领之子。皆有他事,与人诣台告诉,宽受其状,捕鉴等鞠之。敦复判官太常博士王悦闻之,谓宽求其过,连夜诣汤所以告。敦复大惧,促装待罪,因令子婿以五百金赂于贵妃姊杨三娘。杨氏遽为言之,明日贬宽为睢阳太守。

宽以清简为政,故所莅人皆爱之。当时望为宰辅。及韦坚构祸。宽又以亲累贬为安陆别驾员外置。林甫使罗希奭南杀李适之,纡路至安陆过,拟怖死之。宽叩头祈请,希奭不宿而过。宽又惧死,上表请为僧,诏不许。然崇信释典,常与僧徒往来,焚香礼忏,老而弥笃。累迁东海太守、襄州采访使、银青光禄大夫,转冯翊太守,入拜礼部尚书。十四载卒,年七十五。诏赠太子少傅、赙帛一百五十段、粟一百五十石。兄弟八人,皆明经及第,入台省、典郡者五人。

宽殁之后,弟珣为河内郡太守,安禄山反,以执父丧,将投阙庭,恐累其母,乃诣河东节度诉诚而退。后在母忧,又陷史思明,授其伪官委任,使弟朗密奉表疏至上京。代宗时,为左司郎中、兼侍御史、河东道租庸判官。

王丘,光禄卿同皎从兄子也。父同晊,左庶子。丘年十一,童子举擢第,时类皆以诵经为课,丘独以属文见擢,由是知名。弱冠,又应制举,拜奉礼郎。丘神气清古,而志行修洁,尤善词赋,族人左庶子方庆及御史大夫魏元忠皆称荐之。长安中,自偃师主簿擢第,拜监察御史。

开元初,累迁考功员外郎。先是,考功举人,请托大行,取士颇滥,每年至数百人,丘一切核其实材,登科者仅满百人。议者以为自则天已后凡数十年,无如丘者,其后席豫、严挺之为其次焉,三迁紫微舍人,以知制诰之勤,加朝散大夫,再转吏部侍郎。典选累年,甚称平允,擢用山阴尉孙逖、桃林尉张镜微、湖城尉张晋明、进士王泠然,皆称一时之秀。俄换尚书左丞。

十一年,拜黄门侍郎。其年,山东旱俭,朝议选朝臣为刺史以抚贫民,制曰:“昔咎繇与禹言曰:‘在知人,在安人。’此皆念存邦本,光于帝载,乾乾夕惕,无忘一日。而长吏或不称,苍生或未宁,深思循良,以矫过弊,仍重诸侯之选,故自朝廷始之。”于是以丘为怀州刺史,又以中书侍郎崔沔等数人皆为山东诸州刺史。至任,皆无可称,唯丘在职清严,人吏甚畏慕之。俄又分知吏部选事,入为尚书左丞,丁父忧去职,服阕,拜右散骑常侍,仍知制诰。

二十一年,侍中裴光庭病卒,中书令萧嵩与丘有旧,将荐丘知政事,丘知而固辞,且盛推尚书右丞韩休,嵩因而奏之。及休作相,遂荐丘代崔琳为御史大夫。丘既讷于言词,敷奏多不称旨。俄转太子宾客,袭父爵宿预男,寻以疾拜礼部尚书,仍听致仕。

丘虽历要职,固守清俭,未尝受人馈遗,第宅舆马,称为敝陋。致仕之后,药饵殆将不给。上闻而嘉叹,下制曰:"王丘夙负良材,累升茂秩,比缘疾疹,假以优闲。闻其家道屡空,医药靡给,久此从宦,遂无余资。持操若斯,古人何远!且优贤之义,方册所先,周急之宜,沮劝攸在。其俸禄一事已上,并宜全给,式表殊常之泽,用旌贞白之吏。"天宝二年卒,赠荆州大都督。

史臣曰:有唐之兴,绵历年所,骨鲠清廉之上,怀忠拒义之臣,台省之间,驾肩接武。但时有夷险,道有汙隆,用与不用而已。睿、玄之世,若李杰、毕构、苏珦、郑惟忠、王志愔、卢从愿、裴漼、王丘并位历亚台,名德兼著。如尹思贞、李朝隐折李承嘉、窦怀贞,辱间兴贵、赵常奴,诗人所谓不畏强御者也。解琬总兵朔野,料敌如神,功遂身退,深知止足,兹亦有足多也。

赞曰:尚书亚台,京尹方伯。我朝重官,云谁称职?杰、构、珦、忠,能竭其力。愔、愿、漼、丘,聿修厥德。贞蔑大僚,隐绳贵戚。琬驰令名,燕、蜀之北。

旧唐书卷一○一
列传第五一

李乂　　薛登　　韦凑　从子虚心
虚舟　韩思复　思复孙佽　张廷圭
王求礼　辛替否

李乂，本名尚真，赵州房子人也。少与兄尚一、尚贞俱以文章见称，举进士。景龙中，累迁书舍人。时中宗遣使江南分道赎生，以所在官物充直。乂上疏曰："江南水乡，采捕为业，鱼鳖之利，黎元所资，土地使然，有自来矣。伏以圣慈含育，恩周动植，布天地之大德，及鳞介之微品。虽云雨之私，有沾于末类；而生成之惠，未洽于平人。何则？江湖之饶，生育无限；府库之用，支供易殚。费之若少，则所济何成；用之倘多，则常支有阙。在于拯物，岂若忧人。且鬻生之徒，唯利斯视，钱刀日至，纲罟年滋，施之一朝，营之百倍，未若回救赎之钱物，减困贫之徭赋，活国爱人，其福胜彼。"

乂知制诰凡数载。景云元年，迁吏部侍郎，与宋璟、卢从愿同时选，铨叙平允，甚为当时所称。寻转黄门侍郎。时睿宗令造金仙、玉真二观，乂频上疏谏，帝每优容之。开元初，特令乂与中书侍郎苏颋纂集起居注，录其嘉谟昌言可体国经远者，别编奏之。乂在门下，多所驳正。开元初，姚崇为紫微令，荐乂为紫微侍郎，外托荐贤，其实引在己下，去其纠驳之权也。俄拜刑部尚书。乂方雅有识，朝廷称其有宰相之望，会病卒。兄尚一，清源尉，早卒；尚贞，官至博州刺史。兄弟同为一集,号曰《李氏花萼集》,总二十卷。

薛登本名谦光,常州义兴人也。父士通,大业中为鹰扬郎将。江都之乱,士通与乡人闻人嗣安等同据本郡,以御寇贼。武德二年,遣使归国,高祖嘉之,降玺书劳勉,拜东武州刺史。俄而辅公祐于都构逆,遣其将西门君仪等寇常州,士通率兵拒战,大破之,君仪等仅以身免。及公祐平,累功封临汾侯。贞观初,历泉州刺史,卒。

谦光博涉文史,每与人谈论前代故事,必广引证验,有如目击。少与徐坚、刘子玄齐名友善。文明中,解褐阌中主簿。天授中,为左补阙,时选举颇滥,谦光上疏曰:

> 臣闻国以得贤为宝,臣以举士为忠。是以子皮之让国侨,鲍叔之推管仲,燕昭委兵于乐毅,苻坚托政于王猛。子产受国人之谤,夷吾贪共贾之财,昭王锡辂马以止逸,永固戮樊世以除谮。处猜嫌而益信,行间毁而无疑,此由默而识之,委而察之深也。至若宰我见愚于宣尼,逢萌被知于文叔,韩信无闻于项式,毛遂不齿于平原,此失士之故也。是以人主受不肖之士则政乖,得贤良之佐则时泰,故尧资八元而庶绩其理,周任十乱而天下和平。由是言之,则士不可不察,而官不可妄授也。何者?比来举荐,多不以才,假誉驰声,互相推奖,希润身之小计,忘臣子之大猷,非所以报国求贤,副陛下翘翘之望者也。

> 臣窃窥古之取士,实异于今。先观名行之源,考其乡邑之誉,崇礼让以励己,明节义以标信,以敦朴为先最,以雕虫为后科。故人崇劝让之风,去云轻浮之行。希仕者必修贞确不拔之操,行难进易退之规。众议以定其高下,郡将难诬于曲直。故计贡之贤愚,即州将之荣辱;秽行之彰露,亦乡人之厚颜。是以李陵降而西渐,干木隐而西河美。故名胜于利,则小人之道消;利胜于名,则贪暴之风扇。是以化俗之本,须摈轻浮。昔冀缺以礼让升朝,则晋人知礼;文翁以儒林奖俗,则蜀士多儒。燕昭好马,则骏马来庭;叶公好龙,则真龙入室。由是言之,未有上

之所好而下不从其化者也。

自七国之季，虽杂纵横，而汉代求才，犹征百行。是以礼节之士，敏德自修，闾里推高，然后为府寺所辟。魏氏取人，尤爱放达；晋、宋之后，只重门资。将为人求官之风，乖授职惟贤之义。有梁荐士，雅爱属词；陈氏简贤，特珍赋咏。故其俗以诗酒为重，不以修身为务。逮至隋室，余风尚在，开皇在李谔论之于文帝曰：“魏之三祖，更好文词，忽君人之大道，好雕虫之小艺。连篇累牍，不出月露之形；积案盈箱，唯是风云之状。代俗以此相高，朝廷以兹擢士，故文笔日烦，其政日乱。”帝纳李谔之策，由是下制禁断文笔浮词。其年，泗州刺史司马幼之以表不典实得罪。于是风俗改励，政化大行。炀帝嗣兴，又变前法，置进士等科。于是后生之徒，复相放效，因陋就寡，赴速邀时，缉缀小文，名之策学，不以指实为本，而是以浮虚为贵。

有唐纂历，虽渐革于故非；陛下君临，思察才于共理。树本崇化，惟在旌贤。今之举人，有乖事实。乡议决小人之笔，行修无长者之论。策第喧竞州府，祈恩不胜于拜伏。或明制才出，试遣搜扬，驱驰府寺之门，出入王公之第。上启陈诗，唯希咳唾之泽；摩顶至足，冀荷提携之恩。故俗号举人，皆称觅举。觅为自求之称，未是人知之辞。察其行而度其材，则人品于兹见矣。徇己之心切，则至公之理乖；贪仕之性彰，则廉洁之风薄。是知府命虽高，异叔度勤勤之让；黄门已贵，无秦嘉耿耿之辞。纵不以抑己推贤，亦不肯待于三命。岂与夫白驹皎皎，不杂风尘，束帛戋戋，荣高物表，校量其广狭也！是以耿介之士，羞自拔而致其辞；循常之人，舍其疏而其附。故选司补署，喧然于礼闱；州贡宾王，争讼于阶闼。谤议纷合，浸以成风。夫竞荣者必有竞利之心，谦逊者亦无贪贿之累。自非上智，焉能不移，在于中人，理由习谷。若重谨厚之士，则怀禄者必崇德以修名；若开趋竞之门，邀仕者皆戚施而附会。附会则百姓罹其弊，洁己则兆庶蒙其福。故风化之渐，靡不由兹。今访乡闾之谈，唯只归于里正。纵使名亏礼则，罪挂刑章，或冒籍以偷资，或邀勋而窃级，假其不义之赂，则是无犯乡闾。岂得此郭有道之铨量，茅容望重，裴逸人之赏拔，夏少名高，语其优劣也！

只如才应经邦之流，唯令试策；武能制敌之例，只验弯弧。若其文擅清奇，便充甲第，藻思微减，便即告归。以此收人，恐乖事宝。何者？乐广假笔于潘岳，灵运词高于穆之，平津文劣于长卿，子建笔丽于荀彧。若以射策为量，则潘、谢、曹、马必居孙、乐之右；若使协赞机猷，则安仁、灵运亦无裨附之益。由此言之，不可一概而取也。至如武艺，则赵云虽勇，资诸葛之指伪；周勃虽雄，乏陈平之计略。若使樊哙居萧何之任，必失指纵之机；使萧何入戏下之军，亦无免主之效。斗将长于推锋，谋将审于料事。是以文泉聚米，知隗嚣之可图；陈汤屈指，识乌孙之自解。八难之谋设，高祖追惭于郦生；九拒之计穷，公输息心于伐宋。谋将不长于弓马，良相宁资于射策。岂与夫元长自表，妄饰词锋，曹植题章，虚飞丽藻，校量其可否也！

伏愿陛下降明制，颁峻科。千里一贤，尚不为少，侥幸冒进，须立堤防。断浮虚之饰词，收实用之良策，不取无稽之说，必求忠告之言。文则试以效官，武则令其守御，始既察言观行，终亦循名责实，自然侥幸滥吹之伍，无所藏其妄庸。故晏婴云："举之以语，考之以事；寡其言而多其行，拙于文而工于事。"此取人得贤之道也。其有武艺超绝，文锋挺秀，有效伎之偏用，无经国之大才，为军锋之爪牙，作词赋之标准。自可试凌云之策，练穿札之工，承上命而赋《甘泉》，禀中军而令赴敌，既有随才之任，必无负乘之忧。臣谨案吴起临战，左右进剑，吴子曰："夫提鼓挥枹，临难决疑，此将事也。一剑之任，非将事也。"谨案诸葛亮临戎，不亲戎服，顿蜀兵于渭南，宣王持剑，卒不敢当。此岂弓矢之用也！谨案杨得意诵长卿之文，武帝曰："恨不得与此同时。"及相如至，终于文园令，不以公卿之位处之者，盖非其所任故。

谨案汉法，所举之主，终身保任。杨雄之坐田仪，责其冒荐；成子之居魏相，酬于得贤。赏罚之令行，则请谒之心绝；退让之义著，则贪竞之路消。自然朝廷无争禄之人，选司有谦挥之士。仍请宽立年限，容其采访简汰，堪用者令其试守，以观能否，参验行事，以别是非。不实免王丹之官，得人加翟璜之赏，自然见贤不隐，食禄自专。苟或进钟繇、郭嘉，刘隐荐李膺、朱穆，势不云远。有称职者受荐贤之赏，滥举者抵欺罔之罪，自然得贤行，则君子之道长矣。

寻转水部员外郎，累迁给事中、检校常州刺史。属宣州狂寇朱大目作乱，百姓奔走，谦光严备安辑，阖境肃然。转刑部侍郎，加银青光禄大夫，再迁尚书左丞。景云中，擢拜御史大夫。时僧惠范恃太平公主权势，逼夺百姓店肆，州县不能理。谦光将加弹奏，或请寝之，谦光曰："宪台理冤滞，何所回避，朝弹暮黜，亦可矣。"遂与殿中慕容珣奏弹之，反为太平公主所构，出为岐州刺史。惠范既诛，迁太子宾客，转刑部尚书，加金紫光禄大夫、昭文馆学士。开元初，为东都留守，又转太子宾客。以与太子同名，表请行字，特敕赐名登。寻以孽子悦千牛为宪司所劾，放归田里。朝廷以其家贫，又特给致仕禄。七年卒，年七十三，赠晋州刺史。撰《四时记》二十卷。

韦凑，京兆万年人。曾祖瓒，隋尚书右丞。祖叔谐，蒲州刺史。父玄，桂州都督府长史。凑，永淳二年，解褐授婺州参军，累转扬府法曹参军。州人前仁寿令孟神爽豪纵，数犯法，交通贵戚，前后官吏莫敢绳按，凑白长史张潜，请因事除之。会神爽坐事推问，凑无所假借，神爽妄称有密旨，究问引虚，遂杖杀之，远近称伏。凑，景龙中历迁将作少匠、司农少卿。尝以公事忤宗楚客，出为贝州刺史。

睿宗即位，拜鸿胪少卿，加银青光禄大夫。景龙二年，转太府少卿，又兼通事舍人。时改葬节愍太子，优诏加谥；又雪李多祚等罪，还其官爵，仍议更加赠官。凑上书曰：

臣闻王者发号施令，必法乎天道，使三纲叙，十等咸若者，善善明,恶恶著也。善善者,悬爵赏以劝之也;恶恶者,设刑罚以惩之也。其赏罚所不加者,则考行立谥以褒贬之,所以劝诫将来也。斯并至公之大猷,非私情之可徇。故箕、微获用,管、蔡为戮。谥者,臣议其君,子议其父,而曰"灵"曰"厉"者,不敢以私而乱大猷也,则其余安可失衷哉!

臣窃见节愍太子与李多祚等拥北军禁旅,上犯宸居,破扉斩关,突禁而入,兵指黄屋,骑腾紫微。孝和皇帝移御玄武门,亲降德音,谕以逆顺,而太子据鞍自若,督众不停。俄而其党悔非,转逆为顺,或回兵讨贼,或投状自拘。多祚等伏诛,太子方于逃窜。向使同恶相济,天道无征,贼徒阙倒戈之人,侍臣亏陛戟之卫,其为祸也,胡可忍言!于时臣任将作少匠,赐通事舍人内供奉。其明日,孝和皇帝引见供奉官等,雨泪谓曰:"几不与卿等相见!"其为危惧,不亦甚乎!而今圣朝雪罪礼葬,谥为节愍,以臣愚识,窃所惑焉。

夫臣子之礼,严敬斯极,故过位必趋,蹙路马刍有诛。昔汉成之为太子也,行不敢绝驰道。当周室之衰微也,秦师过周北门,左右免胄而下,王孙满犹以其不卷甲束兵,讥其无礼,知其必败。由是言之,则太子称兵宫内,跨马御前,悖礼已甚矣,况将更甚乎。而可褒谥,此臣所未谕也。以其斩武三思父子而嘉之乎?然弄兵讨逆以安君父,则可嘉也,而乃因欲自取之,是竟为逆,可褒谥乎?此又臣所未谕也。将废韦氏而嘉之乎?然韦氏逆彰义绝,虽诛之亦可也。当此时也,韦氏未有逆彰,未有义绝,于太子为母,岂有废母之理乎!且既非中宗之命而废之,是劫父废母,亦悖逆也,可褒谥乎?此又臣所未谕也。夫君或不君,臣安可不臣;父或不父,子安可不子。借如君父有桀、纣之行,臣子无废杀之理。况先帝功格宇宙,德被生灵,庙号中宗,谥曰孝和皇帝,而逆命之子,可褒谥处?此又臣所未谕也。

昔献公惑骊姬之谮,将杀其太子申生,公子重耳谓之曰:"子盍言子之志于公乎?"太子曰:"不可,君安骊姬,是我伤君之心也。"曰："然则盍行?"曰："不可,君谓我欲弑君也,天下岂有无父之国哉! 吾何行之!"使人辞于狐突曰："申生不敢爱其死。加然,吾君老矣,子少,国家多难。伯氏苟出而图吾君,申生受赐而死。"再拜稽首,乃自缢。其行如是,其谥仅可为恭。今太子之行反是,可谥为节愍乎? 此又臣所未谕也。

昔汉武帝末年,江充与太子有隙,恐帝晏驾后为太子所诛。会巫蛊事起,充。典理其事,因此为奸,遂至太子宫掘蛊,得桐木以诬太子。时武帝避暑甘泉宫,独皇后、太子在,太子不能自明,纳其少傅石德谋,遂矫节斩充,因败逃匿。非称兵诣阙,无逆谋于父,然身死于湖,不葬无谥。至昭帝时,有男子诣北阙自称卫太子,制使公卿识视,至者莫敢发言。京兆尹隽不疑后至,叱从吏收缚之。或曰："是非未可知,且安之。"不疑曰:"诸君何患于卫太子。昔蒯聩出奔,辄拒而不纳,《春秋》是之。卫太子得罪先帝,亡不即死,今来自诣,此罪人也。"遂送制狱。天子闻而嘉之曰:"公卿大臣,当用经术明于以大义者。"及后太子孙立为天子,是曰孝宣皇帝,太子方获礼葬,而谥曰戾。今节愍太子之行比之,岂可同年而语。其于陛下,又犹子也,而谥为节愍乎? 此又臣所未谕也。

昔项羽之臣丁公,常将危汉高祖,高祖谓之曰:"二贤岂相厄哉!"丁公乃止。及高祖灭项氏,遂戮丁公以徇,曰:"使项王失天下者,丁公也。"夫戮之,大义至公也,不私德之,所以诫其后之事君者。今节愍太子之为逆,复非欲保护陛下,其可褒谥乎? 此又臣之所未谕也。

陛下天纵圣哲,所任贤明,以臣至愚,宁可干议?然臣又惟尧、舜,圣君也,八凯、五臣,良佐也,犹广听刍荛之言者,盖为智者千虑,或有一失,愚者千虑,或有一得也。故曰:"狂夫之言,圣人择焉。"臣辄缘斯义,敢以陈闻,愿得与议谥者对议于御前。若臣言非也,甘受谤圣政之罪,赴鼎镬之诛。仍请申明义以示天下,使臣辈愚惑者咸蒙冰释,则无复异议矣。若所谥未当,奈何施之圣朝,垂之史册,使后代逆臣贼子因而引譬,资以为辞,是开悖乱之门,岂示将来之法!伏望改定其谥,务合礼经。其李多祚等罪,请从宥免,不谓为雪,以顺天下之心,则尽善尽美矣。

书奏,睿宗引凑谓曰:"诚如卿言。事已如此,如何改动?"凑曰:"太子实行悖逆,不可褒美,请称其行,改谥以一字。多祚等以兵犯君,非曰无罪,只可云放,不可称雪。"帝然其言。当时执政以制令已行,难于改易,唯多祚等停赠官而已。

明年春,起金仙、玉真两观,用功巨亿。凑进谏曰:"陛下去夏,以妨农停两观作,今正农月,翻欲兴功。虽知用公主钱,不出库物,但土木作起,高价雇人,三辅农人,趋目前之利,舍农受雇,弃本逐末。臣闻一夫不耕,天下有受其饥者,臣窃恐不可。"帝不应。凑又奏曰:"且阳和布气,万物生育,土木之间,昆虫无数。此时兴造,伤杀甚多,臣亦恐非仁圣本旨。"睿宗方纳其言,令在外详议。中书令崔湜、侍中岑羲谓凑曰:"公敢言此,大是难事。"凑曰:"叨食厚禄,死且不辞,况在明时,必知不死。"寻出为陕州刺史,无几,转汝州刺史。开元二年夏,敕靖陵建碑,征料夫匠。凑以自古园陵无建碑之礼,又时正旱俭,不可兴功,飞表机谏,工役乃止。寻迁岐州刺史。

四年,入为将作大匠。时有敕复孝敬庙为义宗,凑上书曰:

臣闻王者制礼,是曰规模,规模之兴,实由师古。师古之道,必也正名,名之与实,故当相副。其在宗庙,礼之大者,岂可失哉!礼,祖有功而宗有德,祖宗之庙,百代不毁。故殷太甲为太宗,太戊曰中宗,武丁曰高宗;周宗文王、武王;汉则文帝为太宗,武帝为代宗。其后代有称宗者,皆以方制海内,德泽可宗,列于昭穆,期于不毁。称宗之义,不亦大乎!伏惟孝敬皇帝位止东宫,未尝南面,圣道诚冠于储副,德教不被于寰瀛,立庙称宗,恐非合礼。况别起寝庙,不入昭穆,稽诸祀典,何义称宗?而庙号义宗,称之万代,以臣庸识,窃谓不可。陛下率循典礼,以辟大猷,有司所议,以致此失,或亏尽善,岂不惜哉!望更详议，务合于礼。

于是敕太常议，遂停义宗之号。

凑前后上书论时政得失，多见采纳。再迁河南尹，累封彭城郡公。以公事左授杭州刺史。转汾州刺史。十年，拜太原尹兼节度支度营田大使。其年卒官，年六十五。赠幽州都督，谥曰文。子见素，自有传。凑从子虚心。

虚心父维，少习儒业，博涉文史，举进士。自大理丞累至户部郎中，善于剖判，时员外郎宋之问工于诗，时人以为户部有二妙。终于左庶子。虚心举孝廉，为官严整，累至大理丞、侍御史。神龙年，推按大狱，时仆射窦怀贞、侍中刘幽求意欲宽假，虚心坚执法令，有不可夺之志。景龙中，西域羌胡背叛，时并擒获，有敕尽欲诛之。虚心论奏，但罪元首，其所全者千余人。虚心有孝行，及丁父忧，哀毁过礼，须鬓尽白，朝廷深所嗟尚。后迁御史中丞、左右丞、兵部侍郎、荆扬潞长史兼采访使，所在官吏振肃，威令甚举，中外以为标准。历户部尚书、东京留守，卒，年六十七。

季弟虚舟，亦以举孝廉，自御史累至户部、司勋、左司郎中，历荆州长史，洪、魏州刺史兼采访使，多著能政。入为刑部侍郎，终大理卿。家有礼则，父子兄弟践郎署，时称"郎官家"。

韩思复，京兆长安人也。祖伦，贞观中为左卫率，赐爵长山县男。思复少袭祖爵。初为汴州司户参军，为政宽恕，不行杖罚。在任丁忧，家贫，鬻薪终丧制。时姚崇为夏官侍郎，知政事，深嘉叹之，擢授司礼博士。

景龙中，累迁给事中。时左散骑常侍严善思坐谯王重福事下制狱，有司言："善思昔尝任汝州刺史，素与重福交游，召至京师，竟不言其谋逆，唯奏云'东都有兵气'。据状正当匿反，请从绞刑。"思复驳奏曰："议狱缓死，列圣明规；刑疑从轻，有国常典。严善思往在先朝，属韦氏擅内，恃宠官披，谋危宗社。善思此时遂能先觉，因诣相府有所发明，进论圣躬必登宸极。虽交游重福，盖谋陷韦氏。及其谒见，犹不奏闻，将此行藏，即从极法。且敕追善思，书至便发，向怀逆节，宁即奔命？一面疏纲，诚合顺生；三驱取禽，来而可宥。惟刑是恤，事合昭详。请伏刑部集群官议定奏裁，以符慎狱。"是时议者多云善思合从原宥，有司仍执前议请诛之。思复又驳曰："臣闻刑人于市，爵人于朝，必金谋攸同，始行之无惑。谨按诸司所议，严善思十才一入，抵罪惟轻。夫帝阍九重，涂远千里。故借天下之耳以听，听无不聪；借天下之目以视，视无不接。今群言上闻，采择宜审，若弃多就少，臣实惧焉。舆诵一乖，下情不达，虽欲从众，其可及乎！凡淹京司，逢时之泰，列官分职，有贤有亲。亲则列藩诸王，陛下爱子；贤则胙茅开国，陛下名臣。见无礼于君，宁肯雷同不异？今措词多出，法合从轻。"上纳其奏，竟免善思死，配流静州。思复寻转中书舍人，数上疏陈得失，多见纳用。

开元初，为谏议大夫。时山东蝗虫大起，姚崇为中书令，奏遣使分往河南、河北诸杀蝗虫而埋之。思复以为蝗虫是天灾，当修德以禳之，恐非人力所能翦灭。上疏曰："臣闻河南、河北蝗虫，顷日更益繁炽，经历之处，苗稼都损。今渐翻飞向西，游食至洛，使命来往，不敢昌言，山东数州，甚为怕惧。且天灾注行，埋瘗难尽。望陛下悔过责躬，发使宣慰，损不急之务，召至公之人，上下同心，君臣一德，持此诚实，以答休咎。前后驱蝗使等，伏望总停。《书》云'皇天无亲，惟德是辅；人心无亲，惟惠是怀。'不可不收揽人心也。"上深然之，出思复疏以付崇。崇乃请遣思复往山东检蝗虫所损之处，及还，具以实奏。崇又请令监察御史刘沼重加详覆，沼希崇旨意，遂捶挞百姓，回改旧状以奏之。由是河南数州，竟不得免。思复遂为崇所挤，出为德州刺史，转绛州刺史。入为黄门侍郎，加银青光禄大夫，代裴漼为御史大夫。思复性恬澹，好玄言，安仁体道，非纪纲之任。无几，转太子宾客。十三年卒，年七十余。

子朝宗，天宝初为京兆尹。

曾孙佽，字伯之，少有文学，性尚简澹。举进士，累辟藩方。自襄州从事征拜殿中侍御史，迁刑部员外。求为沣州刺史。岁满受代，宰相牛僧孺镇鄂渚，辟为从事，征拜刑部郎中，转京兆少尹，迁给事中。出为桂州观察使。桂管二十余郡，州掾而下至邑长三百员，由吏部而补者什一，他皆廉吏量其才而补之。伙既至桂，吏以常所为官者数百人引谒，一吏执籍而前曰："具员请补其阙。"伙戒曰："天任有政者，不夺所理；有过者，必绳以法。缺者当俟稽诸故籍，取其可者，然后补之。"会春衣使内官至，求贿于邮吏，二豪家因厚其资以求邑宰，伙悉诺之。使去，坐以挠法，各笞其背。自是豪猾敛迹，皆得清廉吏。以苏活其人。未几，诏置五管都监，计所费尽一境地征，不足饱其意，伙特用俭约处之，遂为定制，君子以为难。开成二年，卒于官，赠工部侍郎。

张廷圭，河南济源人，其先自常州徙焉。廷圭少以文学知名，性慷慨，有志尚。弱冠应制举。长安中，累迁监察御史。则天税天下僧尼出钱，欲于白司马坂营建大像。廷圭上疏谏曰：

夫佛者，以觉知为义，因心而成，不可以诸相见也。经云："若以色见我，以音声求我，是人行邪道，不能见如来。"此真如之果不外求也。陛下信心归依，发宏誓愿，壮其塔庙，广其尊容，已偏于天下久矣。盖有住于相而行布施，非最上第一希有之法。何以言之？经云："若人满三千大千世界七宝以用布施，及恒河沙等身命布施，其福甚多。若人于此经中受持及四句偈等为人演说，其福胜彼。"如佛所言，则陛下倾四海之财，殚万人之力，穷山之木以为塔，机冶之金以为像，虽劳则甚矣，费则多矣，而所获福不愈于禅一房之匹夫。

菩萨作福，不应贪著，盖有为之法不足高也。况此营建，事殷土木，或开发盘礴，峻筑基阶，或塞穴洞，通转采研，辗压虫蚁，动盈巨亿。岂佛标坐夏之义，愍蠢动而不忍害其生哉！又役鬼不可，唯人是营，通计工匠，率多贫婆，朝驱暮役，劳筋苦骨，箪食瓢饮，晨炊星饭，饥渴所致，疾疹交集。岂佛标徒行之义，愍兽而不忍残其力哉！又营筑之资，僧尼是税，虽乞丐所致，而贫阙犹多。州县征输，星火逼迫，或谋计靡所，或鬻卖以充，怨声载路，和气未洽。岂佛标随喜之义，愍愚蒙而不忍夺其产哉！且边朔未宁，军装日给，天下虚竭，海内劳弊。伏惟陛下慎之重之，思菩萨之行为利益一切众生，应如是布施，则其福德若南西北方四维上下虚空不可思量矣。何必勤于住相，凋苍生之业，崇不急之务乎！臣以时政论之，则宜先边境，蓄府库，养人力；臣以释教论之，则宜救苦厄，灭诸相，崇无为。伏愿陛下察臣之愚，行佛之意，务以理为上，不以人废言，幸甚幸甚。

则天从其言，即停所作，仍于长生殿召见，深赏慰之。景龙末，为中书舍人，再转洪州都督，仍为江南西道按察使。

开元初，入为礼部侍郎。时久旱，关中饥俭，下制求直谏昌言、弘益政理者。廷圭上疏曰：

臣闻古有多难兴王、殷忧启圣者，皆经事危则志锐，情迫则思深，故能自下登高，转祸为福者也。伏见景龙之末，中宗遇祸，先天之际，凶党构谋，社稷有危于缀旒，国朝将均于绝继。陛下神武超代，精诚动天，再扫氛沴，六合清朗。而后上顺皇旨，俯念黔黎，高运睿衡，光膺宝箓。日月所烛之地，书轨未通之乡，无不沾濡渥恩，被服淳化。十尧、九舜，未足称也。明明上帝，照临下士，宜锡介祉，以答鸿休。

然属顷岁已来，阴阳愆候，九谷失稔，万姓阻饥，关辅之间，更为尤剧。至有樵苏莫爨，粮粜靡资，不复聊生，方忧转死。偶会昌运，遭兹难否者，臣窃思之，皇天之意，将恐陛下春秋鼎盛，神圣在躬，不崇朝而建大功，自藩邸而陟元后，或简下济之道，独满雄图之志，轻虞舜而不法，思汉武以自高。是故昭见咎征，载加善诱，将欲大君日慎一日，虽休勿休，永保太和，以固邦本也。斯皇天于陛下睦顾深矣，陛下焉可不奉若休旨而寅畏哉！

　　臣愚诚愿陛下约心削志，澄思励精，考羲、农之书，敦素朴之道。登庸端士，放黜佞人，屏退后宫，减彻外厩，场无蹴鞠之玩，野绝从禽之赏。休石田之远境，罢金甲之悬军，矜恤茕嫠，蠲薄徭赋。去奇伎淫巧，损和璧惰珠，不见可欲，使心不乱。自然波清四海，尘销九域，农夫乐其业，余粮栖于亩。则和气上通于天，虽五星连珠，两曜合璧，未足多也；珍祥下降于地，虽凤皇巢阁，麒麟在郊，未足奇也。或谓天之炯戒不足畏者，则将上帝凭怒，风雨迷错，荒馑日甚，无以济下矣。或谓人之穷乏不足恤者，则将齐氓沮志，亿兆携离，愁苦势极，无以奉上矣。斯盖安危所系，祸福之源，奈何朝廷曾不是察！况今陛下受命伊始，敷政惟新，卿士百僚，华夷万族，莫不清耳以听，刮目而视，延颈企踵，冀有所闻见，颙颙如也。何可怠弃典则，坐辜其望哉！

　　再迁黄门侍郎。时监察御史蒋挺以监决刑稍轻，敕朝堂杖之，廷圭奏曰：“御史宪司，清望耳目之官，有犯当杀即杀，当可决杖。士可杀，不可辱也。”时制命已行，然议者以廷圭之言为是。俄坐泄禁中语，出为沔州刺史，以历苏、宋、魏三州刺史。入为少府监，加金紫光禄大夫，封阳男。四迁太子詹事，以老疾致仕。二十二年卒，年七十余，赠工部尚书，谥曰贞穆。廷圭素与陈州刺史李邕亲善，屡上表荐之，邕所撰碑碣之文，必请廷圭八分书之。廷圭既善楷隶，甚为时人所重。

　　王求礼，许州长社人。则天朝为左拾遗，迁监察御史。性忠謇敢言，每上封弹事，无所畏避。时契丹李尽忠反叛，其将孙万荣寇陷河北数州，河内王武懿宗拥兵讨之，畏懦不敢进。既而贼大掠而去，懿宗条奏沧、瀛百姓为贼诖误者数百家，请诛之。求礼执而劾之曰：“此诖误之人，经无良吏教习，城池又不完固，为贼驱逼，苟徇图全，岂素有背叛之心哉！懿宗拥强兵数十万，闻贼将至，走保城邑，罪当诛戮。今乃移祸于诖误之人，岂是为臣之道？请斩懿宗以谢河北百姓。”懿宗大惧，则天竟降制赦之。

契丹陷幽州，馈挽不给，左相豆卢钦望请辍京官两月俸料以助军，求礼谓钦望曰："公禄厚俸优，辍之可也。国家富有四海，足以储军国之用，何藉贫官薄俸。公此举岂宰相法邪？"钦望作色拒之，乃奏曰："秦、汉皆有税算以赡军，求礼不识大体，妄有讼辞。"求礼对曰："秦皇、汉武税天下，虚中以事边，奈何使圣朝则效？有知钦望此言是大体耶！"事遂不行。

时三月雪，凤阁侍郎苏味道等以为瑞，草表将贺，求礼止之曰："宰相调燮阴阳，而致雪降暮春，灾也，安得为瑞？如三月雪为瑞雪，则腊月雷亦瑞雷也。"举朝嗤笑，以为口实。求礼竟以刚正，名位不达而卒。

辛替否，京兆人也。景龙年为左拾遗。时中宗置公主府官属，官乐公主府所补尤多猥滥。又驸马武崇训死后，充旧宅别造一宅，侈丽过甚。时又盛兴佛寺，百姓劳弊，帑藏为之空竭。替否上疏谏曰：

臣闻古之建官，员不必备，九卿以下，皆有其位而阙其选。赏一人谋乎三事，职一人访乎群司，负宠者畏权势之在躬，知荣者避权门而不入。故称赏不僭，官不滥，士皆完行，家有廉节，朝廷有余俸，百姓有余食。下忠于上，上礼于下，委裘而无巷卒之危，垂拱而无颠沛之患。事有惕耳目，动心虑，作不师古，以行于今者，盖有之矣。伏惟陛下百倍行赏，十倍增官，金银不供其印，束帛无充于锡，何愧于无用之臣，何惭于无力之士！至公府补授，罕存推择，遂使富商豪贾，尽居缨冕之流，鬻伎行巫，咸涉膏腴之地。

臣闻古人曰："福生有基，祸生有胎。"伏惟公主陛下之爱女，选贤良以嫁之，设官职以辅之，倾府库以赐之，壮第观以居之，广池御以嬉之，可谓之至重也，可谓之至怜也。然而用不合于古义，行不根于人心，将恐变爱成憎，转福为祸。何者？竭人之力，人怨也；费人之财，人怨也；夺人之家，人怨也。爱数子而取三怨于天下，使边疆之士不尽力，朝廷之士不尽忠，人之散矣，独持所爱，何所恃乎？向者鲁王赏同诸婿，礼等朝臣，则亦有今日之福，无曩时之祸。人徒见其祸，不知祸之所来。所以祸者，宠爱过于臣子也。去年七月五日，已见其征矣。而今事无改，更尚因循，弃一宅而造一宅，忘前祸而忽后祸。臣窃谓陛下憎之矣，非爱之也。

臣闻君以人为本，本固则邦宁。邦宁则陛夫妇、母子长相保也。伏惟外谋宰臣，为久安之计以存之，不使奸臣贼子以伺之。臣闻微不可不防，远不可不虑。当今疆场危骇，仓廪空虚，揭竿守御之士赏不及，肝脑涂地之卒输不充。而方大起寺舍，广造第宅，伐木空山，不足充梁栋，运土塞足，不足充墙壁。夸古耀今，逾章越制，百僚钳口，四海伤心。夫释教者，以清净为基，慈悲为主，故当体道以济物，不欲利己以损人，故常去己以全真，不为荣身以害教。三时之月，掘山穿池，损命也；殚府虚帑，损人也；广殿长廊，荣身也。损命则不慈悲，损人则不济物，荣身则不清净，岂大圣大神之心乎！臣以为非真教，非佛意，违时行，违人欲。自像王西下，佛教东传，青螺不入于周前，白马方行于汉后。风流雨散，千帝百王，饰弥盛而国弥空，役弥重而祸弥大。覆车继轨，曾不改途，晋臣以佞佛取讥，梁主以舍身构隙。若以造寺必为其理体，养人不足以经邦，则殷、周已往皆暗乱，汉、魏已降皆圣明；殷、周已往为不长，汉、魏已降为不短。臣闻夏为天子二十余代而殷受之，殷为天子二十余代而周之，周为天子三十余代而秦受之，自汉已后历代可知也。何者？有道之长，无道之短，岂因其穷金玉、修塔庙，方得久长之祚乎！

臣闻于经曰："菩萨心住于法而行布施，如人入暗，即无所见。"又曰："一切有为法，如楚幻泡影，如露亦如电。"臣以减雕琢之费以赈贫下，是有如来之德；息穿掘之苦以全昆虫，有如来之仁；罢营构之直以给边陲，是有汤、武之功；回不急之禄以购廉清，是有唐、虞之理。陛下缓其所急，急其所缓，亲未来而疏见在，失真实而冀虚无，重俗人之所为而轻天子之功业，臣窃痛之矣。当今出财依势者尽度为沙门，避役奸讹者尽度为沙门；其所未度，唯贫穷与善人。将何以作范乎？将何以役力乎？臣怪为出家者，舍尘俗，离朋党，无私爱。今殖货营生，非舍尘俗；拔亲树知，非离朋党；畜妻养孥，非无私爱。是致人以毁道，非广道以求人。伏见今之宫观参榭，京师之与洛阳，不增修饰，犹恐奢丽。陛下尚欲填池渐，损苑囿，以赈贫人无产业者。今天下之寺盖无其数，一寺当陛下一宫，壮丽之甚矣！用度过之矣！是十分天下之财而佛有七八，陛下何有之矣！百姓何良之矣！虽以阴阳为炭，万物为铜，役不食之人，使不衣之士，犹尚不给。况资于天生地养，风雨润，而后得之乎！臣闻国无九年之储，国非其国。伏计仓廪，度府库，百僚供给，百事用度，臣恐卒岁不充，况九年之积乎！一旦风尘再扰，霜雹荐臻，沙门不可擐干戈，寺塔不足攘饥馑，臣窃痛之矣！

疏奏不纳。岁余安乐公主被诛。

睿宗即位，又为金仙、玉真以主广营二观。先是，中宗时斜封受官人一切停任，凡数百千人，又有敕放令却上。替否时为左补阙，又上疏陈时政曰：

臣尝以为古之用度不时，爵赏不当，破家亡国者，口说不如身逢，耳闻不如眼见。臣请以有唐已来理国之得失，陛下之所眼见者以言之。惟陛下审之听之，择善而从之，则万岁之业，自可致矣，何忧乎黎庶之不康，福祚之不永！

伏以太宗文武圣皇帝，陛下之祖，拨乱反正，开阶立极，得至理之体，设简要之方。省其官，清其吏，举天下职司无上一授，用天下财帛无一枉费。赏必俟功，官必得俊，所为无不成，所征无不伏。不多造寺观而福德自至，不多度僧尼而殃咎自灭。道合乎天地，德通乎神明。故天地怜之，神明祐之，使阴阳不愆，风雨合度。四人乐其业，五谷遂其成，腐粟烂帛，填街委巷。千里万里，贡赋于郊；九夷百蛮，归款于阙。自有帝皇已来，未有若斯之神圣者也,故得享国久长,多历年所,陛下何不取而则之?

中宗孝和皇帝,陛下之兄,居先人之业,忽先人之化,不取贤良之言,而恣子女之意。官爵非择,虚食禄者数千人;封建无功,妄食土者百余户。造寺不止,枉费财者数百亿;度人不休,免租庸者数十万。是使国家所出加数倍,所入减数倍。仓不停卒岁之储,库不贮一时之帛。所恶者逐,逐多忠良;所爱者赏,赏多谗慝。朋佞喋喋,交相倾动。容身不为于朝廷,保位皆由于党附。夺百姓之食,以养残凶;剥万人之衣,以涂土木。于是人怨神怒,亲忿众离,水旱不调,疾疫屡起。远近殊论,公私罄然。五六年间,再三祸变,享国不永,受终于凶妇人。寺舍不能保其身,僧尼不能护妻子,取讥万代,见笑四夷。此陛下之所眼见也,何不除而改之?

依太宗之理国,则百官以理,百姓无忧,故太山之安立可致矣;依中宗之国,则万人以怨,百事不宁,故累卵之危立可致矣。顷自忧已来,霖雨不解,谷荒于垄,麦烂于场。入秋已来,亢旱成灾,苗而不实,霜损虫暴,草叶枯黄。下人咨嗟,未知阙赈;而营寺造观,日继于时,检校试官,充台溢署。伏惟陛下爱两女,为造两观,烧瓦运木,载土填坑,道路流言,皆云计用钱百余万贯。惟陛下,圣人也,无所不知;陛下,明君也,无所不见。既知且见,知仓有几年之储,库有几年之帛?知百姓之间可存活乎?三边之上可转输乎?当今发一卒以御边陲,遣一兵以卫社稷,多无衣食,皆带饥寒。赏赐之间,迥无所出,军旅骤败,莫不由斯。而乃以百万贯钱造无用亡观,以受六合之怨乎!以违万人之心乎!伏惟陛下续阿韦之丑迹,而不改阿韦之乱政。忍弃太宗之理本,不忍弃中宗之乱阶;忍弃太宗久长之谋,不忍弃中宗短促之计。陛下又何以继祖宗、观万国?

昔陛下为皇太子,在阿韦之时,危亡是惧,常切齿于群凶。今贵为天子,富有海内,而不改群凶之事,臣恐复有切齿于陛下者也，陛下又何以非群凶而诛之？臣往见明敕，自今已后，一依贞观故事。且贞观之时，岂有今日之造寺营观，加僧尼道士，益无用之官，行不急之务，而乱政者也！臣怪为弃其言而不行其信，慕其善而不迁其恶，陛下又何以刑于四海？往者，和帝之怜悖逆，为奸人之所误，宗晋卿劝为第宅，赵履温劝灾园亭，损数百家之居，侵数百家之地。工徒斫而未息，义兵纷以交驰，卒使亭不得游，宅不得坐。信邪佞之说，成骨肉之刑，此陛下之所眼见也。今兹造观，臣必知非陛下、公主之本意，得无赵履温之徒将劝为之，冀误其骨肉，不可不明察也。

　　臣闻出家修道者，不预人事，专清其身心，以虚泊为高，以无为为妙，依两卷《老子》，视一躯天尊，无欲无营，不损不害。何必璇台玉树，宝像珍龛，使人困穷，然后为道哉！且旧观足可归依，无造无营，以取穷竭。若此行之三年，国不富，人不安，朝廷不清，陛下不乐，则臣请杀身于朝，以令天下言事者。伏惟陛下行非常之惠，权停两观，以俟丰年。以两观之财，为公主施贫穷，填府库，则公主福德无穷矣。不然，臣恐下人怨望，不减于前朝之时。前朝之时，贤愚知败，人虽有口而不敢言，言未发声，祸将及矣。韦月将受诛于丹徼，燕钦融见杀于紫庭，此人皆不惜其身而纳忠于主，身既死矣，朝亦危矣。故先朝诛之，陛下赏之，是陛下知直言之士有裨于国。臣今直言，亦先代之直，惟陛下察之。

疏奏，睿宗嘉其公直。稍迁为右台殿中侍御史。开元中，累转颍王府长史。天宝初卒，年八十余。

　　史臣曰：夫好闻其善，恶闻其过，君人者之常情也；宁谄媚以取容，不逆耳以招祸，臣人者之常情也。能反此者，不亦善乎！李、薛等六君，吐忠谠之言，补朝廷之失，有犯无隐，不愧古人，有唐之良臣也。

　　赞曰：臣之事君，有邪有正。君之使臣，从谏则圣。李、薛输忠，救人之命。韦、韩谠言，医国之病。辛、王章疏，犯颜谏听。张子法言，实裨时政。

旧唐书卷一〇二
列传第五二

马怀素　褚无量　刘子玄
徐坚　元行冲　吴兢　韦述

　　马怀素,润州丹徒人也。寓居江都,少师事李善。家贫无灯烛,昼采薪苏,夜燃读书,遂博览经史,善属文。举进士,又应制举,登文学优赡科,拜郿尉,四迁左台监察御史。

　　长安中,御史大夫御元忠为张易之所构,配徙岭表,太子仆崔贞慎、东宫率独孤祎之饯于郊外。易之怒,使人诬告贞慎等元忠与谋,则与天令怀素按鞫,遣中使促迫,讽令构成其事,怀素执正不受命。则天怒,召怀素亲加诘问,怀素奏曰:"元忠犯罪配流,贞慎等以亲故相送,诚为可责,若以为谋反,臣岂诬罔神明?昔彭越以反伏诛,栾布奏事于其尸下,汉朝不坐,况元忠罪非彭越,陛下岂加追送之罪。陛下当生杀之柄,欲加之罪,取决圣衷可矣。若付臣推鞫,臣不守陛下之法?"则天意解,贞慎等由是获免。时夏官侍郎李迥秀恃张易之之势,受纳货贿,怀素奏劾之,迥秀遂罢知政事。怀素累转礼部员外郎,与源乾曜、卢怀慎、李杰等充十道黜陟使。怀素处事平恕,当时称之。使还,迁考功员外郎。时贵戚纵恣,请托公行,怀素无所阿顺,典举平允,擢拜中书人。开元初,为户部侍郎,加银青光禄大夫,累封常山县公,三迁秘书监,兼昭文馆学士。

　　怀素虽居吏职,而笃学,手不释卷,谦恭谨慎,深为玄宗所礼,令与左散骑常侍褚无量同为侍读。每次阁门,则令乘肩舆以进。上居别馆,以路远,则命宫中乘马,或亲自送迎,以申师资之礼。是时秘书省典籍散落,条流无叙,怀素上疏曰:"南齐已前坟籍,旧编王俭《七志》。已后著述,其数盈多,《隋志》所书,亦未详悉。或古书近出,前志阙而未编;或近人相传,浮词鄙而犹记。若无编录,难辩淄、渑。望括检近书篇目,并前志所遗者,续王俭《七志》,藏之秘府。"上于是召学涉之士国子博士尹知章等,分部撰录,并刊正经史,粗创首尾。会怀素病卒,年六十,上特为之举哀,废朝一日,赠润州史,谥曰文。

褚无量,字弘度,杭州盐官人也。幼孤贫,励志好学。家近临平湖,时湖中有龙斗,倾里闬就观之,无量时年十二,读书晏然不动。及长,尤精《三礼》及《史记》,举明经,累除国子博士。景龙三年,迁国子司业,兼修馆文学士。是岁,中宗将亲祀南郊,诏礼官学士修定仪注。国子祭酒祝钦明、司业郭山恽皆希旨,请以皇后为亚献,无量独与太常博士唐绍、蒋绪固争,以为不可。无量建议曰:

　　夫郊祀者,明王之盛事,国家之大礼。行其礼者,不可以臆断,不可以情求,皆上顺天心,下符人事,钦若稽古,率由旧章,然后可以交神明,可以膺福祐。然礼文虽众,莫如《周礼》。《周礼》者,周公致太平之书,先圣极由衷之典,法天地而行教化,辩方位而叙人伦。其可以幽赞神明,其文可以经纬邦国,备物致用,其可忽乎!至如冬于圆丘,祭中最大,皇后内主,礼位甚尊。若令郊天助祭,则当具著礼典。今遍检《周官》,无此仪制。盖由祭天南郊,不以地配,唯将始祖为主,不以祖妣配天,故唯皇帝亲行其礼,皇后不合预也。

　　谨按《大宗伯》职云:"若王不与祭祀,则摄位。"《注》云:"王有故,代行其祭事。"下文云:"凡大祭礼,王后不与,则摄而荐豆笾,彻。"若皇后合助祭,承此下文,即当云"若不祭祀,则摄而荐豆笾"。今于文上更起凡,则是别生余事。夫事与上异,则别起凡。凡者,生上起下之名,不专系于本职。《周礼》一部之内,此例极多,备在文中,不可具录。又王后助祭,亲荐豆笾而不彻。案《九嫔》职云:"凡祭,赞后荐,彻豆笾。"《注》云:"后进之而不彻。"则知中彻者,为宗伯生文。若宗伯摄祭,则宗伯亲彻,不别使人。又案"外宗掌宗庙之祀,王后不与,则赞宗伯"。此之一文,与上相证。何以明之?案外宗唯掌宗庙祭祀,不掌郊天,足明此文是宗庙祭也,案五后行事,总在《内牢》职中。检其职文,唯云:"大祭后祼献则赞,瑶爵亦如之"。《郑注》云:"谓祭宗庙也。"《注》所以知者,以文云"祼献",祭天无祼,以此得知。又祭天之器,则用陶匏,亦无瑶爵,《注》以此得知是宗庙也。又内司服掌王后六服,无祭天之服;而巾车职掌王后之五辂,亦无后祭天之辂;祭天七献,无后亚献。以此诸文参之,故知后不合助祭天也。

　　唯《汉书·郊祀志》则有天地合祭,皇后预享之事,此则西汉末代,强臣擅朝,悖乱彝伦,黩神谄祭,不经之典,事涉诬神。故《易传》曰:"诬神者,殃及三代。"《太誓》曰:"正稽古立功事,可以永年,承天之大律。"斯史策之良诫,岂可不知。今南郊礼仪,事不稽古,恭守经术,不敢默然。请旁询硕儒,俯摭旧典,采曲台之故事,圆丘之正仪,使圣朝叶昭旷之涂,天下知文物之盛,岂不幸甚。

时左仆射韦巨源等阿旨,叶同钦明之议,竟不从无量所奏。

寻以母老请停官归侍。景云初,玄宗在春宫,召拜国子司业,兼皇太子侍读,尝撰《翼善记》以进之,皇太子降书嘉劳,赍绢四十匹。太极元年,皇太子国学亲释奠,令无量讲《孝经》、《礼记》,各随端立义,博而且辩,观者服叹焉。既毕,进授银青光禄大夫,兼赐以章服,并采绢百段。玄宗即位,迁郯王傅,兼国子祭酒。寻以师傅恩迁左散骑常侍,仍兼国子祭酒,封舒国公,实封二百户。未几,丁忧解职,庐于墓侧。其所植松柏,时有鹿犯之,无量泣而言曰:"山中众草不少,何忍犯吾先茔树哉!"因通夕守护。俄有群鹿驯狎,不复侵害,无量因此终身不食鹿肉。服阕,召拜左散骑常侍,复为侍读。以其年老，每随仗出入，特许缓行，又为造腰舆，令内给使舆于内殿。无量频上书陈时政得失，多见纳用。又尝手敕美，赐物二百段。

无量以内库旧书，自高宗代即藏在宫中，渐致遗逸，奏请缮写刊校，以弘经籍之道。玄宗令于东都乾元殿前施架排次，大加搜写，广采天下异本。数年间，四部充备，仍引公卿已下入殿前，令纵观焉。开元六年驾还，又敕无量于丽正殿以续前功。皇太子及郯王嗣直等五人，年近十岁，尚未就学，无量缮写《论语》、《孝经》各五本以献。上览之曰："吾知无量意无量。"遽令选明笃行之士国子博士郗恒通郭谦光、左拾遗潘元祚等，为太子及郯上王已下侍读。七年，诏太子就国子监行齿胄之礼，无量登座说经，百僚集观，礼毕，赏赐甚厚。明年，无量病卒七十五。临终遗言以丽正写书未毕为恨。上为举哀，废朝两日，赠礼部尚书，谥曰文。

初，无量与马怀素俱为侍读，顾待甚厚；及无量等卒后，秘书少监康子元、国子博士侯行果等又入侍讲，虽屡加赏赐，而礼遇不逮褚焉。

刘子玄，本名知几，楚州刺史胤之族孙也。少与兄知柔俱以词学知名，弱冠举进士，授获嘉主簿。证圣年，有制文武九品已上各言时政得失，知几上表陈四事，词甚切直。是时官爵僭滥而法纲严密，士类竞趋进而多陷刑戮，知几乃著《思慎赋》以刺时，且以见意。凤阁侍郎苏味道、李峤见而叹曰："陆机《豪士》所不及也。"

知几长安中累迁左史，兼修国史。擢拜凤阁舍人，修史如故。景龙初，再转太子中允，依旧修国史。时侍中韦巨源纪处讷、中书令杨再思、兵部尚书宗楚客、中书侍郎萧至忠并监修国史，知几以监修者多，甚为国史之弊。萧至忠又尝责知几著述无课，知几于是求罢史任，奏记于至忠曰：

　　仆自策名士伍，待罪朝列，三为史臣，再入东观，竟不能勒成国典，贻彼后来者，何哉？静言思之，其不可者五也。何者？古之国史，皆出自一家，如鲁、汉之丘明、子长，晋、齐之董狐、南史，咸能立言不朽，藏诸名山，未闻藉以众功，方云绝笔。唯后汉东观，大集群儒，而著述无主，条章靡立。由是伯度讥其不实，公理以为可焚，张、蔡二子纠之于当代、傅、范两家嗤之于后叶。今史司取士，有倍东京，人自以为荀、袁，家自称为政、骏。每欲记一事，载一言，皆阁笔相视，含毫不断。故首白可期，而汗青无日。其不可一也。

前汉郡国计书，先上太史，副上丞相；后汉公卿所撰，始集公府，乃上兰台。由是史官所修，载事为博。原自近古，此道不行，史臣编录，唯自询采。而左右二史，阙注起居；衣冠百家，罕通行状。求风俗于州郡，视听不该；讨沿革于台阁，簿籍难见。虽使尼父再出，犹且成其管窥，况限以中才，安能遂其博物。其不可二也。

昔董狐之书弑也，以示于朝；南史之书弑也，执简以往。而近代史局，皆通籍禁门，幽居九重，欲人不见。寻其义者，由杜彼颜面，防诸请谒故也。然今馆中作者，多士如林，皆愿长喙，无闻齰舌。倘有五始初成，一字加贬，言未绝口而朝野具知，笔未栖毫而缙绅咸诵。夫孙盛实录，取嫉权门；王韶直书，见仇贵族。人之情也，能无畏乎！其不可三也。

古者刊定一史，纂成一家，体统各殊，指归咸别。夫《尚书》之教也，以疏通知远为主；《春秋》之义也，以惩恶劝善为先。《史记》则退处士而进奸雄，《汉书》则抑忠臣而饰主阙。斯并曩贤得失之例，良史是非之准，作者言之详矣。顷史官注记，多取禀监修，杨令公则云"必须直词"，宗尚书则云"宜多隐恶"。十羊九牧，其事难行；一国三公，适从焉在？其不可四也。

窃以史置监修，虽无古式，寻其名号，可得而言。夫言监者，盖总领之义耳。如创纪编年，则年有断限；草传叙事，则事有丰约。或可略而不略，或应书而不书，此失刊削之例也。属词比事，劳逸宜均；挥铅奋墨，勤惰须等。某帙其篇，付之此职；某纪某传，归之此官。此铨配之理也。斯并宜明立科条，审定区域，倘人思自勉，则书可立成。今监之者既不指授，修之者又无遵奉。用使争学苟且，务相推避，坐变炎凉，徒延岁月。其不可五也。

凡此不可，其流实多，一言以蔽，三隅自反。而时谈物议，焉得笑仆编次闻者哉！比者伏见明公每汲汲于劝诱，勤勤于课责。或云坟籍事重，努力用心；或云岁序已淹，何时辍手？窃以纲维不举，而督课徒勤，虽威以次骨之刑，勖以悬金之赏，终不可得也。语曰："陈力就列，不能则止。"仆所以比者布怀知己，历抵群公，屡辞载笔之官，愿罢记言之职者，正为此耳。当今朝号得人，国称多士。蓬山之下，良直差肩；芸阁之中，英奇接武。仆既功亏刻鹄，笔未获麟，徒殚太官之膳，虚索长安之米。乞以本职，还其旧居，多谢简书，请避贤路。惟明公足下哀而许之。至忠惜其才，不许解史任。宗楚客嫉其正直，谓诸史官曰："此人作书如是，欲置我何地！"

时知几又著《史通子》二十卷，备论史策之体。太子右庶子徐坚深重其书，尝云："居史职者，宜置此书于座右。"知几自负史才，常慨时无知己，乃委国史于著作郎吴兢，别撰《刘氏家史》十五卷、《谱考》三卷。推汉氏为陆终苗裔，非尧之后。彭城丛亭里诸刘，出自宣帝子楚孝王嚣曾孙司徒居巢侯刘恺之后，不承楚元王交。皆按据明白，正前代所误，虽为流俗所讥，学者服其刻博。初，知几每云若得受封，必以居巢为名，以绍司徒旧邑；后以修《则天实录》功，果封居巢县子。又乡人以知几兄弟六人进士及第，文学知名，改其乡里为高阳乡居巢里。

景云中，累迁太子左庶子，兼崇文馆学士，仍依旧修国史，加银青光禄大夫。时玄宗在东宫，知几以名音类上名，乃改子玄。二年，皇太子将释奠于国学。有司草仪注，令从臣皆乘著衣冠。子玄进议曰：

古者自大夫已上，皆乘车而以马为騑服。魏、晋已降，迄乎隋代，朝士又驾牛车。历代经史，具有其事，不可一二言也。至如李广北征，解鞍憩息；马援南伐，据鞍顾盼。斯则鞍马之设，行于军旅；戎服所乘，贵于便习者也。按江左官至尚书郎而辄轻乘马，则为御史所弹。又颜延之罢官后，好骑马出入闾里，当代称其放诞。此则专车凭轼，可摄朝衣；单马御鞍，宜从亵服。求之近古，灼然之明验也。

自皇家抚运，沿革随时。至如陵庙巡谒，王公册命，则盛服冠履，乘彼辂车。其士庶有衣冠亲迎者，亦时以服箱充驭。在于他事，无复乘车，贵贱所行，通用鞍马而已。臣伏见比者銮舆出幸，法驾首途，左右侍臣，皆以朝服乘马。夫冠履而出，只可配车而行，今乘车既停，而冠履不易，可谓唯知其一而未知其二也。何者？褒衣博带，革履高冠，本非马上所施，自是车中之服。必也辍而升镫，跣以乘鞍，非唯不师古道，亦自取惊今俗。求诸折中，进退无可。且长裾广袖，襜如翼如，鸣佩行组，锵锵奕奕，驰骤于风尘之内，出入于旌棨之间，倘马有惊逸，人从颠坠，遂使属车之右，遗履不收，清道之傍，结骖相续，因以受嗤行路，有损威仪。

今议者皆云秘阁有《梁武帝南郊图》，多有危冠乘马者，此则近代故事，不得谓无其文。臣案此图是后人所为，非当时所撰。且观代间有古今图画者多矣，如张僧繇画《群公祖二疏》，而兵士有著芒履者；阎立本画《明君入匈奴》，而妇人有著帷帽者。夫芒屩出于水乡，非京华所有；帷帽创于隋代，非汉宫所作。议者岂可征此二画，以为故实者乎？由斯而言，则《梁南郊之图》，义同此。又传称因俗，礼贵缘情。殷辂周冕，规模不一；秦冠汉佩，用舍无常。况我国家道轶百王，功高万古，事有不便，理资变通，其乘马衣冠，窃谓宜从省废。臣怀此异议，其来自久，日不暇给，未及推扬。今属殿下亲从齿胄，将临国学，凡有衣冠乘马，皆惮此行，所以辄进狂言，用申鄙见。

皇太子手令付外宣行，仍编入令，以为常式。

开元初，迁左散骑常侍，修史如故。九年，长子贶为太乐令。犯事配流。子玄诣执政诉理，上闻而怒之，由是贬授安州都督府别驾。子玄掌知国史，首尾二十余年，多所撰述，甚为当时所称。礼部尚书郑惟忠尝问子玄曰："自古已来，文士多而故史才少，何也？"对曰："史才须有三长，世无其人，故才少也。三长：谓才也，学也，识也。夫有学而无才，亦犹有良田百顷，黄金满籝，而使愚者营生，终不能致于货殖者矣。如有才而无学，亦犹思兼匠石，巧若公输，而家无楩柟斧斤，终不果成其宫室者矣。犹须好是正直，善恶必书，使骄主贼臣，所以知惧，此则为虎傅翼，善无可加，所向无敌者矣。脱苟非其才，不可叨居史任。自复古已来，能应斯目者，罕见其人。"时人以为知言。子玄至安州，无几而卒，年六十一。自幼及长，述作不倦，朝有论著，必居其职。预修《三教珠英》、《文馆词林》、《姓族系录》，论《孝经》非郑玄注、《老子》无河上公注，修《唐书实录》，皆行于代，有集三十卷。后数年，玄宗敕河南府就家写《史通》以进，读而善之，追赠汲郡太守；寻又赠工部尚书，谥曰文。

兄知柔，少以文学政事，历荆扬曹益宋海唐等州长史刺史、户部侍郎、国子司业，鸿胪卿、尚书右丞、工部尚书、东都留守。卒，赠太子少保，谥曰文。代传儒学之业，时人以述作名其家。

子玄子，贶、𫗰、汇、秩、迅、迥，皆知名于时。

贶，博通经史，明天文、律历、音乐、医算之术，终于起居郎、修国史。撰《六经外传》三十七卷、《续说苑》十卷、《太乐令壁记》三卷、《真人肘后方》三卷、《天官旧事》一卷。

𫗰，右补阙、集贤殿学士、修国史。著《史例》三卷、《传记》三卷，《乐府古题解》一卷。

汇，给事中、尚书右丞、左散骑常侍、荆南长沙节度，有集三卷。

秩，给事中、尚书右丞、国子祭酒。撰《政典》三十五卷、《止戈记》七卷、《至德新议》十二卷、《指要》三卷。论丧纪制度加笾豆，许私铸钱，改制国学，事各在本志。

迅，右补阙，撰《六说》五卷。

迥，谏议大夫、给事中，有集五卷。

觌子浟、滋，汇子赞。滋，贞元中位至宰辅。赞，观察使，自有传。

　　徐坚，西台舍人齐聃子也。少好学，偏览经史，性宽厚长者。进士举，累授太子文学。圣历中，车驾在三阳宫，御史大夫杨再思、太子左庶子王方庆为东都留守，引坚为判官，表奏专以委之，方庆善《三礼》之学，每有疑滞，常就坚问，必能征旧说，洲释详明，方庆深善之。又赏其文章典实，常称曰："掌纶诰之选也。"再思亦曰："此凤阁舍人样，如此才识，走避不得。"坚又与给事中徐彦伯、定王府仓曹刘知几、右补阙张说同修《三教珠英》。时麟台监张昌宗及成均祭酒李峤总领其事，广引文词之士，日夕谈论，赋诗聚会，历年未能下笔。坚独与说构意撰录，以《文思博要》为本，更加《姓氏》、《亲族》二部，渐有条流。诸人依坚等规制，俄而书成，迁司封员外郎。则天又令坚删改《唐史》，会则天逊位而止。

　　神龙初，再迁给事中。时雍州人韦月将上书告武三思不臣之迹，反为三思所陷，中宗即令杀之。时方盛夏，坚上表曰："月将诬构良善，故违制命，准其情状，事合严诛。但今朱夏在辰，天道生长，即从明戮，有乖时令。谨按《月令》：'夏行秋令，则丘隰水潦，禾稼不熟。'陛下诞膺灵命，中兴圣图，将弘羲、轩之风，以光史策之美，岂可非时行戮，致伤和气哉！君举必书，将何以训？伏愿详依国典，许至秋分，则知恤刑之规，冠于千载；哀矜之惠，洽乎四海。"中宗纳坚所奏，遂令决杖，配流岭表。

　　睿宗即位，坚自刑部侍郎加银青光禄大夫，拜左散骑常侍，俄转黄门侍郎。时监察御史李知古请兵以击姚州西贰河蛮，既降附，又请筑城，重征税之。坚以蛮夷生梗，可以羁縻属之，未得同华夏之制，荣师涉远，所损不补所获，独建议以为不便。睿宗不从，令知古发剑南兵往筑城，将以列置州县。知古因是欲诛其豪杰，没子女以为奴婢。蛮众恐惧，乃杀知古，相率反叛，役徒奔溃，姚、隽路由是历年不通。

　　坚妻即侍中岑羲之妹，坚以与羲近亲，固辞机密，乃转太子詹事，谓人曰："非敢求高，盖避难也。"及羲诛，坚竟免深累。出为绛州刺史，五转复入为秘书监。开元十三年，再迁左散骑常侍。其年，玄宗改丽正书院为集贤院，以坚为学士，副张说知院事，累封东海郡公。以修东封仪注及从升太山之功，特加光禄大夫。坚多识典故，前后修撰格式、氏族及国史等，凡七入书府，时论美之。十七年卒，年七十余。上深悼惜之，遣中使就家吊，内出绢布以赠之，赠太子少保，谥曰文。坚长姑为太宗充容，次姑为高宗婕妤，并有文藻。坚父子以词学著闻，议者方之汉世班氏。

元行冲，河南人，后魏常山王素连之后也。少孤，为外祖司农卿韦机所养。博学多通，尤善音律及诂训之书。举进士，累转通事舍人，纳言狄仁杰甚重之。行冲性不阿顺，多进规诫，尝谓仁杰曰："下之事上，亦犹蓄聚以自资也。譬贵家储积，则脯腊膹胰以供滋膳，参术芝桂以防疴疾。伏想门下宾客，堪充旨味者多，愿以小人备一药物。"仁杰笑而谓人曰："此吾药笼中物，何可一日无也！"九迁至陕州刺史，兼陇右、关内两道按察使，未行，拜太常少卿。

行冲以本族出于后魏，而未有编年之史，乃撰《魏典》三十卷，事详文简，为学者所称。初魏明帝时，河西柳谷瑞石有牛继马后之象，魏收旧史以为晋元帝是牛氏之子，冒姓司马，以应石文。行冲推寻事迹，以后魏昭成帝名犍，继晋受命，考校谣谶，特著论以明之。

开元初，自太子詹事出为岐州刺史，又充关内道按察使。行冲自以书生不堪击之任，固辞按察，乃以宁州刺史崔琬代焉。俄复入为右散骑常侍、东都副留守。时嗣彭王志谏庶兄志谦被人诬告谋反，考讯自诬，系狱待报，连坐十数人，行冲察其冤滥，并奏原之。四迁大理卿。时扬州长史李杰为侍御史王旭所陷，诏下大理结罪，行冲以杰历政清贞，不宜枉为逸邪所构，又奏请从轻条出之。当时虽不见从，深为时论所美。俄又固辞刑狱之官，求为散职。七年，复转左散骑常侍。九迁国子祭酒，月余，拜太子宾客、弘文馆学士。累封常山郡公。

　　先是，秘书监马怀素集学者续王俭《今书七志》，左散骑常侍褚无量于丽正殿校写四部书，事未就而怀素，无量卒，诏行冲总代其职。于是行冲表请通撰古今书目，名为《群书四录》，命学士鄠县尉毋煚、栎阳尉韦述、曹州司法参军殷践猷、太学助教余钦等分部修检，岁余书成，奏上之。上又特令行冲撰御所注《孝经》疏义，列于学官。寻以衰老罢知丽正殿校写书事。

　　初，有左卫率府长史魏光乘奏请行用魏征所注《类礼》，上遽令行冲集学者撰《义疏》，将立学官。行冲于是引国子博士范行恭、四门助教施敬本检讨刊削，勒成五十卷，十四年八月奏上之。尚书左丞相张说驳奏曰："今之《礼记》，是前汉戴德、戴圣所编录，历代传习，已向千年，著为经教，不可刊削。至魏孙炎始改旧本，以类相比，有同抄书，先儒所非，竟不行用。贞观中，魏征因孙炎所修，更加整比，兼为之注，先朝虽厚加赏锡，其书竟亦不行。今行冲等解征所注，勒成一家，然与先儒第乖，章句隔绝，若欲行用，窃恐未可。"上然其奏，于是赐行冲等绢二百匹，留其书贮于内府，竟不得立于学官。行冲恚诸儒排己，退而著论以自释，名曰《释疑》。其词曰：

　　客问主人曰："小戴之学，行之已久；康成铨注，见列学官。传闻魏公，乃有刊易；又承制旨，造疏将颁。未悉二经，孰为优劣？"主人答曰："小戴之礼，行于汉末，马融注之，时所未睹。卢植分合二十九篇而为说解，代不传习。郑因子干，师于季长。属党锢狱起，师门道丧，良成于窜伏之中，理纷拏之典，志存探究，靡所咨谋。而犹缉述忘疲，闻义能徙，具于《郑志》，向有百科。章句之徒，曾不窥览，犹遵覆辙，颇类刻舟。王肃因之，重兹开释，或多改驳，仍按本篇。又郑学之徒，有孙炎者，虽抉玄义，乃易前编。自后条例支分，箴石间起。马伷增革，向逾百篇；叶遵删修，仅全十二。魏公病群言之错杂，绅众说之精深。经文不同，未敢刊正；注理瞑误，宁不芟荟。成毕上闻，太宗嘉赏，赍缣千匹，录赐储藩。将期颁宣，未有疏义。圣皇篡业，耽古崇儒，高曾规矩，宜所修袭，乃制昏愚，甄分旧义。其有注移往说，理变新文，务加搜穷，积稔方毕。具录呈进，敕付群儒，庶能斟详，以课疏密。岂悟章句之士，坚持昔言，特嫌知新愍，欲仍旧贯，沉疑多月，搒压不申。优劣短长，定于通识，手成口答，安敢铨量。”

客曰：“当局称迷，傍观见审，累朝铨定，故是周详，何所为疑，不为申列？”答曰：“是何言欤？谈岂容易！昔孔安国注壁中书，会巫蛊事，经籍道息。族兄臧与之书曰：‘相如常忿俗儒淫词冒义，欲拨反正而未能果。然雅达通博，不代而生；浮学守株，比肩皆是。众非难正，自古而然。诚恐此道未申，而以独智为议也。’则知变易章句，其难一矣。

“汉有孔季产者，专于古学；有孔扶者，随俗浮沉。扶谓产云：‘今朝廷皆为章句内学，而君独修古义，修古义则非章句内学，非章句内学则危身之道也。独善不容于代，必将贻患祸乎！’则知变易章句，其难二矣。

“刘歆以通书属文，待诏官署，见《左氏传》而大好之，后蒙亲近，欲建斯业。哀帝欣纳，令其讨论，各迁延推辞，不肯置对。刘歆移书责让，其言甚切，诸博士等皆忿恨之。名儒龚胜，进为光禄，见歆此议，乃乞骸骨；司空师丹，因大发怒，奏歆改乱前志，非毁先朝所立。帝曰：‘此广道术，何为毁耶？’由是犯忤大臣，惧诛，求出为河南太守，宗室不典三河，又徙五原太守。以君宾之著名好学，仲公之深博守道，犹迫同门朋党之议，卒令子骏负谤于时。则知变易章句，其难三矣。

“子雍规玄数十百件，守郑学者，时有中郎马昭，上书以为肃缪。诏王学之辈，占答以闻。又遣博士张融案经论诘，融登召集，分别推处，理之是非，具《圣证论》。王肃酬对，疲于岁时。则知变易章句，其难四矣。

“卜商疑圣，纳诮于曾舆；木赐近贤，贻嗤于武叔。自此之后，唯推郑公。王粲称伊、洛已东，淮、汉之北，一人而已，莫不宗焉。咸云先儒多阙，郑氏道备，粲窃嗟怪，因求其学。得《尚书注》,退而思之,以尽其意,意皆尽矣。所疑之者,犹未喻焉。凡有两卷,列于其集。又王肃改郑六十八条,张融核之,将定臧否。融称玄注泉深广博,两汉四百余年,未有伟于玄者。然二郊之祭,殊天之祀,此玄误也。其如皇天祖所自出之帝,亦玄虑之之失也。及服虔释《传》,未免差违,后代言之,思弘圣意,非谓扬己之善,掩人之名也。何者?君子用心,愿闻其过,故仲尼曰'过也人皆见之,更也人皆仰之'是也。而专门之徒,恕己及物,或攻先师之误,如闻父母之名,将谓亡者之德言而见压于重壤也。故王劭《史论》曰:'魏、晋浮华,古道夷替,洎王肃、杜预,更开门户。历载三百,士大夫耻为章句。唯草野生以专经自许,不能究览异义,择从其善。徒欲父康成,兄子慎,宁道孔圣误,讳闻郑、服非。然于郑、服甚愦愦,郑、服之外皆仇也。'侧知变易章名,其难五也。

　　"伏以安国《尚书》、刘歆《左传》,悉遭摈于曩叶,咸见重于来今。故知二人之鉴,高于汉廷远矣。孔季产云:'物极则变。比及百年外,当有明直君子,恨不与吾代者。'于戏!道之行废,必有其时者欤!仆非专经,罕习章句,高名不著,易受轻诬。顷者修撰,殆淹年月,赖诸贤辈能左右之,免致愆尤,仍叨赏赉,内省昏朽,其荣已多。何遽持一己之区区,抗群情之嗜啫,舍勿矜之美,成自我之私,触近名之诫,兴犯众之祸?一举四失,中材不为,是用韬声,甘此沉默也。"

行冲俄又累表请致仕,制许之。十七年卒,年七十七,曾礼部尚书,谥曰献。

　　吴兢,汴州浚仪人也。励志勤学,博通经史。宋州人魏元忠、亳州人朱敬则深器重之,及居相辅,荐兢有史才,堪居近侍,因令直史馆,修国史。累月,拜右拾遗内供奉。神龙中,迁右补阙,与韦承庆、崔融、刘子玄撰《则天实录》成,转起居郎。俄迁水部郎中,丁忧还乡里。开元三年服阕,抗疏言曰:"臣修史已成数十卷,自停职还家,匪

忘纸札,乞终余功。"乃拜谏议大夫,依前修史。俄兼修文馆学士,历
卫尉少卿、左庶子。居职殆三十年,叙事简要,人用称之。末年伤于
太简。《国史》未成,十七年,出为荆州司马,制许以史稿自随。中书
令萧嵩监修国史,奏取兢所撰《国史》,得六十五卷。累迁台、洪、饶、
蕲四州刺史,加银青光禄大夫,迁相州长史,封襄垣县子。天宝初改
官名。为邺郡太守,入为恒王傅。

　　兢尝以梁、陈、齐、周、隋五代史繁杂,乃别撰《梁》、《齐》、《周
史》各十卷、《陈史》五卷、《隋史》二十卷,又伤疏略。兢虽衰耗,犹希
史职,而行步伛偻,李林甫以其年老不用。天宝八年,卒于家,时年
八十余。兢卒后,其子进兢所撰《唐史》八十余卷,事多纰缪,不逮于
壮年。兢家聚书颇多,尝目录其卷第,号《吴氏西斋书目》。

　　韦述,司农卿弘机曾孙也。父景骏,房州刺史。述少聪敏,笃志
文学。家有书二千卷,述为儿童时,纪览皆偏,人验异之。景龙中,
景骏为肥乡令,述从父至任。洺州刺史元行冲,景骏之姑子,为时大
儒,常载书数车自随。述入其书斋,忘寝与食。行冲异之,引与之谈,
贯穿经史,事如指掌,探赜奥旨,如遇师资。又试以缀文,操牍便就。
行冲大悦,引之同榻曰:"此吾外家之宝也。"举进士,西入关,时述
甚少,仪形眇小。考功员外郎宋之问曰:"韦学士童年有何事业?"述
对曰:"性好著书。述有所撰《唐春秋》三十卷,恨未终篇。至如词策,
仰待明试。"之问曰:"本求异才,果得迁、固。"是岁登科。

　　开元五年,为栎阳尉。秘书监马怀素受诏编次图书,乃奏用左
散骑常侍元行冲、庶子齐浣、秘书少监王珣、卫尉少锸吴兢并述等
二十六人,同于秘阁详录四部书。怀素寻卒,行冲代掌其事,五年而
成,其总目二百卷。述好谱学,秘阁中见常侍柳冲先撰《姓族系录》
二百卷,述于分课之外手自抄录,暮则怀归。如是周岁,写录皆毕,
百氏源流,转益详悉。乃于《柳录》之中,别撰成《开元谱》二十卷。其
笃志忘倦,皆此类也。

　　转右补阙,中书令张说专集贤院事,引述为直学士,迁起居舍

人。说重词学之士,述与张九龄、许景先、袁晖、赵冬曦、孙逖、王翰常游其门。赵冬曦兄冬日,弟和璧、居贞、安贞、颐贞等六人,述弟迪、迴、迴、迟、巡亦六人,并词学登科。说曰:"赵、韦昆季,今之杞梓也。"八年,兼知史官事,转屯田员外郎、职方吏部二郎中,学士、知史官事如故。及张九龄为中书令,即集贤之同职,裴耀卿为侍中,即述之舅,皆相推重,语必移晷。二十七年,转国子司业,停知史事。俄而复兼史职,充集贤学士。天宝初,历左右庶子,加银青光禄大夫。九载,兼充礼仪使。其载迁尚书工部侍郎,封方城县侯。

述在书府四十年,居史职二十年,嗜学著书,手不释卷。国史自令狐德棻至于吴兢,虽累有修撰,竟未成一家之言。至述始定类例,补遗续阙,勒成《国史》一百一十三卷,并《史例》一卷,事简而记详,雅有良史之才,兰陵萧颖士以为谯周、陈寿之流。述早以儒述进,当代宗仰,而纯厚长者,澹于势利,道之同者,无间贵贱,皆礼接之。家聚书二万卷,皆自校定铅椠,虽御府不逮也。兼古今朝臣图,历代知名人画,魏、晋已来草隶真迹数百卷,古碑、古器、药方、格式、钱谱、玺谱之类,当代名公尺题,无不毕备。及禄山之乱,两京陷贼,玄宗幸蜀,述抱《国史》藏于南山,经籍资产,焚剽殆尽。述亦陷于贼庭,授伪官。至德二年,收两京,三司议罪,流于渝州,为刺史薛舒困辱,不食而卒。其甥萧直为太尉李光弼判官,广德二年,直因入奏言事称旨,乃上疏理于苍黄之际,能存《国史》,致圣朝大典,得无遗逸,以功补过,合沾恩宥。乃赠右散骑常侍。

议者云自唐已来,氏族之盛,无逾于韦氏。其孝友词学,承庆、嗣立为最;明于音律,则万石为最;达于礼仪,则叔夏为最;史才博识,以述为最。所撰《唐职仪》三十卷、《高宗实录》三十卷、《御史台记》十卷、《两京新记》五卷,凡著书二百余卷;皆行于代。

迵,学业亦亚于述,尤精《三礼》,与述对为学士,迪同为礼官,时人荣之。累迁考功员外郎、国子司业,以风疾卒。

萧颖士者,聪隽过人,富词学,有名于时,贾曾、席豫、张垍及述

皆引为谈客。开元二十三年登进士第,考功员外郎孙逖之于朝。褊躁无威仪,与时不偶,前后五授官,旋即驳落。乾元初,终于扬府功曹。

述在秘阁时,与鄠县尉毋煚、曹州司法殷践猷并友善,二人相次卒。践猷,申州刺史仲容从子,明《班史》,通于族姓。子寅,有至性,早孤,事母以孝闻。应宏词举,为永宁尉。

史臣曰:前代文学之士,气一天,然以道义偶乖,遭遇斯难。马怀素、褚无量好古嗜学,博识多闻,遇好文之君,隆师资之礼,儒者之荣,可谓际会矣。刘、徐等五公,学际天人,才兼文史,俾西垣、东观,一代粲然,盖诸公之用心也。然而子玄郁结于当年,行冲彷徨于极笔,官不过俗吏,宠不逮常才,非过使然,盖此道非趋时之具也,其穷也宜哉!

赞曰:学者如市,博通甚难;文士措翰,典丽惟艰。马、褚、兢、述,徐、元、子玄,文学之书,胡宁比焉!

旧唐书卷一○三
列传第五三

郭虔瓘　郭知运　王君㚟
张守珪　牛仙客　王忠嗣

　　郭虔瓘,齐州历城人也。开元初,累迁骁卫将军,兼北庭都护已。二年春,突厥默啜遣其子移江可汗及同俄特勤率精骑围逼北庭,虔瓘率众固守。同俄特勤单骑亲逼城下,虔瓘使勇士伏于路左,突起斩之。贼众既至,失同俄,相率于城下乞降,请尽军中衣资器仗以赎同俄。及闻其死,三军恸哭,便引退。默啜女婿火拔颉利发石阿失毕时与同俄特勤同领兵,以同俄之死,惧不敢归,遂将其妻归降。虔瓘以破贼之功,拜冠军大将军,行右骁卫大将军。又下制曰:

　　朕闻赏有功、报有德者,政之急也。若功不赏,德不报,则人何谓哉。云麾将军、检校右骁卫将军、兼北庭都、瀚海军经略使、金山道副大总管、招慰营田等使、上柱国、太原县开国子郭虔瓘,宣威将军、守右骁卫翊府中郎将、检校伊州刺史兼伊吾军使、借紫金鱼袋、上柱国郭知运等,早负名节,见称义勇。顷者柳中、金满,偏师御敌,萧条穷漠之外,奔迫孤城之下。强寇益侵,援兵不至,既守而战,自秋涉冬,秣马长嘶,成人远望。谋以十胜,成其九拒。遂能摧日逐之遗种,斩天骄之爱息。岂耿恭、班超,独高前史;将廉颇、李牧,与朕同时。眷言茂勋,是所嘉叹。信可以畴其井,昭示遐迩,俾劳臣劝而懦夫立焉。虔瓘可进封太原郡开国公,知运可封介休县开国公。

虔瓘俄转安西副大都护、摄御史大夫、四镇经略安抚使,进封潞国公,赐实封一百户。虔瓘乃奏请募关中兵一万人往安西讨击,皆给公乘,兼供熟食,敕许之。将作大匠韦凑上疏曰:

臣闻兵者凶器,不获已而用之。今西域诸蕃,莫不顺轨。纵鼠窃狗盗,有戍卒镇兵,足宣式遏之威,非降赫斯之怒。此师之出,未见其名。臣又闻安不忘危,理必资备。自近及远,强干弱枝,是以汉实关中,徙诸豪族。今关辅户口,积久逋逃,承前先虚,见犹未实。属北虏犯塞,西戎骇边,凡在丁壮,征行略尽。岂宜更募骁畣,远资荒服。又一万行人,诣六千余里,咸给递驮,并供熟食,道次州县,将何以供?奏、陇之西,人户渐少,凉州已去,沙碛悠然。遣彼居人,如何得济? 又万人赏赐,费用极多;万里资粮,破损尤广。纵令必克,其获几何? 偿稽天诛,无乃甚损! 请令计议所用所得,校其多少,即知利害。况用者必赏,获者未量,何要此行,顿空畿甸。且上古之时,大同之化,不独子子,不独亲亲,何隔华戎,务均安靖。洎皇道谢古,帝德惭皇,犹尚绥怀,不崇征伐,有占风觇雨之客,无越海逾山之师。其后汉武膺图,志恢土宇,西通绝域,北击匈奴。虽广获珍奇,多斩首级,而中国疲氂,殆至危亡。是以俗号升平、君称盛德者,咸指唐尧之代,不归汉武之年。其要功不成者,复焉足比议? 惟陛下图之。

虔瓘竟无克获之功。寻迁右威卫大将军,以疾卒。

其后,又以张嵩为安西都护以代虔瓘。嵩身长七尺,伟姿仪。初进士举,常以边任自许。及在安西,务农重战,安西府库,遂为充实。十年,转太原尹,卒官。俄又以黄门侍郎杜暹代嵩为安西都护。

郭知运字逢时,瓜州常乐人。壮勇善射,颇有胆略。初为秦州三府果毅,以战功累除左骁卫中郎将、瀚海军经略使,又转检校伊州刺史,兼伊吾军使。开元二年春,副郭虔瓘破害厥于北庭,以功封介休县公,加云麾将军、擢拜右武卫将军。其秋,吐蕃入寇陇右,掠监牧马而去，诏知运率众击之。知运与薛讷、王晙等掎角击败之，拜知运鄯州都督、陇右诸军节度大使，四年冬，突厥降户阿悉烂、跌跌思泰等率众反叛，单于副都护张知运为贼所执，诏薛讷领兵讨之。叛贼至绥州界，诏知运领朔方兵募横击之，大破贼众于黑山呼延谷，贼舍甲仗并弃张知运走。六年，知运又率兵入讨吐蕃，贼徒无备，遂掩至九曲，获锁甲及马鳌牛等数万计。知运献捷，遂分赐京文武五品已上清官及朝集使，拜知运为兼鸿胪卿、摄御史中丞，加封太原郡公。八年，六州胡康待宾等反，诏知运与王晙讨平之，拜左武卫大将军，授一子官，赐金银器百事、杂采千段。九年，卒于军，赠凉州都督，锡米粟五百斛、绢帛五百段，仍令中书令张说为其碑文。知运自居西陲，其屡蕃夷所惮，其后王君㚟亦号勇将，时人称王、郭焉。子英杰、英义。

英杰官至左卫将军。开元二十一年，幽州长史薛楚玉遣英杰及裨将克吴勤、乌知义、罗守忠等率精骑万人及降奚之众以讨契丹，屯兵于榆关之外；契丹首领可突干引突厥之众拒战于都山之下。官军不利，知义、守忠率麾下便道遁归。英杰与克勤逢贼力战，皆没于阵。其下精税六千余人仍与贼苦战，贼以英杰之首示之，竟不降，尽为贼所杀。英义，剑南西川节度使，自有传。

王君㚟，瓜州常乐人也。初，为郭知运别奏，骁勇善骑射，以战功累除右卫副率。及知运卒，遂代知运为河西、陇右节度使，迁右羽林军将军，判凉州都督事。开元十六年冬，吐蕃大将悉诺逻率众入冠大斗谷，又移攻甘州，焚烧市里而去。君㚟以其兵疲，整士马以掩其后。会大雪，贼徒冻死者甚众，贼遂积石军西路而还。君㚟令副使马元庆、裨将车蒙追之，不及。君㚟先令人潜入贼境，于归路烧草。悉诺逻还至大非川，将息甲牧马，而野草皆尽，马死过半。君㚟袭其后，入于青海之西，时海水冰合，君㚟与秦州都督张景顺等率将士并乘冰而渡。会悉诺逻已度大非山，辎重及疲兵尚在青海之侧，君㚟纵兵尽俘获之，及羊马万数。君㚟以功迁右羽林军大将军，摄御史中丞，依旧判凉州都督，封晋昌伯。拜其父寿为少府监，仍听致仕。上又尝于广达楼引君㚟及妻夏氏设宴，赐以金帛。夏氏亦有战功，故特赏之，封为武威郡夫人。其冬，吐蕃寇陷瓜州，执史田仁献及君㚟父寿，杀掠人户，并取军资及仓粮。又进攻玉门军及常乐县。仍纵僧徒使凉州，谓君㚟曰："将军常欲以忠勇报国，今日何不一战？"君㚟闻父被执，登陴西向而哭，竟不敢出兵。

初，凉州界有回纥、契苾、思结、浑四部落，代为酋长，君㚟微时往来凉府，为回纥等所轻。及君㚟为河西节度使，回纥等怏怏，耻在其麾下。君㚟以法绳之，回纥等积怨，密使人诣东都自陈枉状。君㚟遽发驿奏"回纥部落难制，潜有叛谋"。上使中使往按问之，回纥等竟不得理。由是瀚海大都督回纥承宗长流瀼州，浑大德长流吉州，贺兰都督契苾承明长流藤州，卢山都督思结归国长流琼州。右散骑常侍李令问、特进契苾嵩以与回纥等结婚，贬令问为抚州别驾，嵩为连州别驾。于是承宗之党瀚海州司马护输纠合党与，谋杀君㚟，以复其怨。会吐蕃使间道往突厥，君㚟率精骑往肃州掩之，还至甘州南巩屯驿，护输伏兵突起，夺君㚟旌节，先杀其左右宋贞，剖其心，云是其始谋也。君㚟从数十人与贼力战，自朝至晡，左右尽死。遂杀君㚟，驮其尸以奔吐蕃。追及之，护输遂弃君㚟尸而走。上甚痛惜之，制赠特进、荆州大都督，给灵舆递归京师，葬于京城之东，官供丧事。仍令张说为其碑文，上自书石以宠异之。

吐蕃之寇瓜州也，分遣副将莽布支攻常乐县，县令贾师顺婴城固守。及瓜州城陷，大将悉诺逻又尽引其众乘势以攻之，数日不陷。贼中有分得汉口为妻者，其妻弟在常乐城中，悉诺逻使初就城下诈为私见，谓师顺曰："瓜州已破，吐蕃尽众来此，岂有拒守之理？小人妻弟在城，情有所念，明府何不早降，以全城中之众。"师顺答曰："汉法，降贼者九族为戮，吾受国官爵，只可以死拒寇，岂得背恩降贼！"悉诺逻知师顺不降，又攻城八日，复令前使谓师顺曰："明府既不肯降，吾众欲还，城中岂无财物以相赠耶？"师顺请脱士卒衣裳以为赂。悉诺逻知城中无财帛，夜烧死人，收营而去，引众毁瓜州城。

师顺遽开门收器械，更修守备。吐蕃果使精骑回袭，而巡城知有备，始去。

贾师顺者，岐州人也。以守城之功，累迁鄯州都督、陇右节度使。入为左领军将军，病卒。

张守珪，陕州河北人也。初以战功授平乐府别将，从郭虔瓘于北庭镇，遣守珪率众救援，在路逢贼甚众，守珪身先士卒，与之苦战，斩首千余级，生擒贼率颉斤一人。开元初，突厥又寇北庭，虔瓘令珪间道入京奏事，守珪因上书陈利害，请引兵自蒲昌、轮台翼而击之。及贼败，守珪以功特加游击将军，再转幽州良社府果毅。守珪仪形环壮，善骑射，性慷慨，有节义。时卢齐卿为幽州刺史，深礼遇之，常共榻而坐，谓曰："足下数年外必节度幽、凉，为国之良将，方以子孙相托，岂得以僚属常礼相期耶！"守珪后累转左金吾员外将军，为建康军使。

十五年，吐蕃寇陷瓜州，王君㚟死，河西恟惧。以守珪为瓜州刺史、墨离军使，领余众修筑州城。板堞才立，贼又暴至城下，城中人相顾失色，虽相率登陴，略无守御之意。守珪曰："彼众我寡，又创痍之后，不可以矢石相持，须以权道制之也。"乃于城上置酒作乐，以会将士。贼疑城中有备，竟不敢攻城而退。守珪纵兵败之。于是修复廨宇，收合流亡，皆复旧业。守珪以战功加银青光禄大夫，仍以瓜州为都督府，以守珪为都督。瓜州地多沙碛，不宜稼穑，每年少雨，以雪水溉田。至是渠堰尽为贼所毁，既地少林木，难为修葺。守珪设祭祈祷，经宿而山水暴至，大漂材木，塞涧而流，直至城下。守珪使取充堰，于是水道复旧，州人刻石以纪其事。明年，迁鄯州都督，仍充陇右节度。

二十一年，转幽州长史、兼御史中丞、营州都督、河北节度副大使，俄又加河北采访处置使。先是，契丹及奚连年为边患，契丹衙官可突干骁勇有谋略，颇为夷人所伏。赵含章、薛楚玉等前后为幽州长史，竟不能拒。及守珪至官，频出击之，每战皆捷。契丹首领屈剌与可突干恐惧,遣使诈降。守珪察知其伪,遣管记右卫骑王悔诣其部落就谋之。悔至屈剌帐,贼徒初无降意,乃秘移其营帐渐向西北,密遣使引突厥,将杀悔以叛。会契丹别帅李过折与可突干争权不叶,悔潜诱之,夜斩屈剌及可突干,尽诛其党,率余烬以降。守珪因出师次于紫蒙川,大阅军实,宴赏将士,传屈剌、可突干等首于东都,枭于天津桥之南。诏封李过折为北平王,使统其众,寻为可突干余党所杀。二十三年春,守珪诣东都献捷,会籍田礼毕酺宴,便为守珪饮至之礼,上赋诗以褒美之。延拜守珪为辅国将军、右羽林大将军、兼御史大夫,余官并如故。仍赐杂采一千匹及金银器物等,与二子官,仍诏于幽州立碑以纪功赏。

　　二十六年,守珪裨将赵堪、白真陀罗等假以守珪之命,逼平卢军使乌知义令率骑邀叛奚余烬于潢水之北,将践其禾稼。知义初犹固辞,真陀罗又诈称诏命以迫之,知义不得已而行。及逢贼,初胜后败,守珪隐其败状而妄奏克获之功。事颇泄,上令谒者牛仙童往按之。守珪厚赂仙童,遂附会其事,但归罪于白真陀罗,逼令自缢而死。二十七年,仙童事露伏法,守珪以旧功减罪,左迁括州刺史,到官无几,疽发背而卒。

　　弟守琦,左骁卫将军;守瑜,金吾将军。守珪子献诚、守瑜子献恭、守琦子献甫,三人皆为兴元节度使,各自有传。

　　牛仙客,泾州鹑觚人也。初为县小吏,县令傅文静甚重之。文静后为陇右营田使,引仙客参预其事,遂以军功累转洮州司马。开元初,王君㚟为河西节度使,以仙客为判官,甚委信之。时又有判官宋贞,与仙客俱为腹心之任。及君㚟死,宋贞亦为回纥所杀,仙客以不从获免。俄而萧嵩代君㚟为河西节度,又以军政委于仙客。仙客清勤不倦,接待上下,必以诚信。及嵩入知政事,数称荐之。稍迁太仆少卿,判凉州别驾事,仍知节度留后事。竟代嵩为河西节度使,判凉州事。历太仆卿、殿中监,军使如故。

　　开元二十四年秋,代信安王为朔方行军大总管,右散骑常侍崔希逸代仙客知西节度事。初，仙客在河西节度时，省用所积巨万，希逸以其事奏闻，上令刑部员外郎张利贞驰传往覆视之，仙客所积仓库盈满，器械精劲，皆如希逸之状。上大悦，以仙客为尚书。中书令张九龄执奏以为不可，乃加实封二百户。其年十一月，九龄等罢知政事，遂以仙客为工部尚书、同中书门下三品，仍知门下事。时有监察御史周子谅窃言于御史大夫李适之曰："牛仙客不才，滥登相位，大夫国之懿亲，岂得坐观其事？"适之遽奏子谅之言，上大怒，廷诘之，子谅辞穷，于朝堂决配流瀼州，行至蓝田而死。

　　仙客既居相位，独善其身，唯诺而已。所有锡赉，皆缄封不启。百司有所谘决，仙客曰"但依令式可也"，不敢措手裁决。明年，特封豳国公，赠其父意为礼部尚书，祖会为泾州刺史。俄又进拜侍中，兼兵部尚书。天宝年，改易官名，拜左相，尚书如故。其年七月卒，年六十八。内出绢一千匹、布五百端，遣中使送至宅以赙之，赠尚书左丞，谥曰贞简。

　　初，仙客朔方军使，以姚崇孙闳为判官。及知政事，闳累迁侍御史，自云能通鬼道，预知休咎。仙客颇信惑之。及疾甚，闳请为仙客祈祷，在其门下，遂逼仙客令作遗表荐闳叔尚书右丞弈及兵部侍郎卢奂堪代己，闳为起草。仙客时既危殆，署字不成，其妻因中使来吊，以其表上。玄宗觉而怒之，左迁弈为永阳太守，卢奂为临淄太守，赐闳死。

　　王忠嗣，太原祁人也，家于华州之郑县。父海宾，太子右卫率、丰安军使、太谷男，以骁勇闻陇上。开元二年七月，吐蕃入寇，朝廷起薛讷摄左羽林将军，为陇右防御使，率杜宾客、郭知运、王晙、安思顺以御之，以海宾为先锋。及贼于渭州西界武阶驿，苦战胜之，杀获甚众。诸将嫉其功，按兵不救，海宾以众寡不敌，殁于阵。大军乘其势击之，斩首一万七千级，获马七万五千匹、羊牛十四万。玄宗闻而怜之，诏赠左金吾大将军。

　　忠嗣初名训，年九岁，以父死王事，起复拜朝散大夫、尚辇奉御,赐名忠嗣,养于禁中累年。肃宗在忠邸,与之游处。及长,雄毅寡言,严重有武略。玄宗以其兵家子,与之论兵,应对纵横,皆出意表。玄宗谓之曰:"尔后必为良将。"十八年,又赠其父安西大都护。

其后,遂从河西节度、兵部尚书萧嵩,河东副元帅、信安王祎,并引为兵马使。二十一年再转左领军卫郎将、河西讨击副使、左威卫将军、赐紫金鱼袋、清源男,兼检校代州都督。尝短皇甫惟明义弟王昱,憾焉,遂为所陷,贬东阳府左果毅,属河西节度使杜希望谋拔新城,或言忠嗣之材足以辑事,必欲取胜,非其人不可。希望即奏闻,诏追忠嗣赴河西。既下新城,忠嗣之功居多,因授左威卫郎将,专知行军兵马。是秋,吐蕃大下,报新城之役,晨压官军,众寡不敌,师人皆惧焉。忠嗣乃以所部策马而前,左右驰突,当者无不辟易,出而复合,杀数百人,贼众遂乱。三军翼而击之,吐蕃大败。以功最,诏拜左金吾卫将军同正员,寻又兼左羽林军上将军、河东节度副使,兼大同军使。二十八年,以本官兼代州都督,摄御史大夫,兼充河东节度,又加云麾将军。二十九年,代韦光乘为朔方节度使,仍加权知河东节度事。其月,以田仁琬充河东节度使,忠嗣依旧朔方节度。

天宝元年,兼灵州都督。是岁北伐,与奚怒皆战于桑乾河,三败之,大虏其众,耀武漠北,高会而旋。时突厥叶护新有内难,忠嗣盛兵碛口以威振之。乌苏米施可汗惧而请降,竟迁延不至。忠嗣乃纵反间于拔悉密与葛逻禄、回纥三部落,攻米施可汗走之。忠嗣因出兵伐之,取其右厢而归,其西叶护及毗伽可敦、男西杀葛腊哆率其部落千余帐入朝,因加左武卫大将军。明年,又再破怒皆及突厥之众。自是塞外晏然,虏不敢入。天宝三载,突厥九姓拔悉密叶护等竟攻杀乌苏米施可汗,传首京师。四载,加摄御史大夫,充河节度采访使。五月,进封清源县公。

忠嗣少以勇敢自负,及居节将,以持重安边为务。尝谓人云:"国家升平之时,为将者在抚其众而已。吾不欲疲中国之力,以徼功名耳。"但训练士马,缺则补之。有漆弓百五十斤,尝贮之袋中,示无所用。军中皆日夜思战，因多纵间谍以伺房之隙，时以奇兵袭之，故士乐为用，师出必胜。每军出，即各召本将伏其兵器，令给士卒，虽一弓一箭，必书其名姓于上以记之，军罢却纳。若遗失，即验其名以罪之。故人人自劝，甲仗充牣矣。

四载，又兼河东节度采访使。自朔方至云中，缘边数千里，当要害地开拓旧城或自创制，斥地各数百里。自张仁亶之后四十余年，忠嗣继之，北塞之人，复罢战矣。五年正月，河、陇以皇甫惟明败衅之后，因忠嗣以持节充西平郡太守，判武威郡事，充河西、陇右节度使。期又权知朔方、河东节度使事。忠嗣佩四将印，控制万里，劲兵重镇，皆归掌握，自国初已来，未之有也。寻迁鸿胪卿，余如故，又加金紫光禄大夫，仍授一子五品官。后频战青海、积石，皆大克捷。寻又伐吐谷浑于墨离，房其全国而归。初，忠嗣在河东、朔方日久，备暗边事，得士卒心。及至河、陇，颇不习其物情，又以功名富贵自处，望减于往日矣。其载四月，固让朔方、河东节度，许之。

玄宗方事石堡城，诏问以攻取之略，忠嗣奏云："石堡险固，吐蕃举国而之。若顿兵坚城之下，必死者数万，然后事可图也。臣恐所得不如所失，请休兵秣马，观衅而取之，计之上者。"玄宗因不快。李林甫尤忌忠嗣，日求其过。六载，会董延光献策请下石堡城，诏忠嗣分兵庆接卫，忠嗣俛俯而从，延光不悦，河西兵马使李光弼危之，遽而入告，将及于庭，忠嗣曰："李将军有何事乎？"光弼进而言曰："请议军。"忠嗣曰："何也""对曰："向者大夫以士卒为心，有拒董延光之色，虽曰受诏，实夺其谋。何者？大夫以数万众付之，而不悬重赏，则何以贾三军之勇乎？大夫财帛盈库，何惜数万段之赏以杜其谗口乎！彼如不捷，归罪于大夫矣。"忠曰："李将军，忠嗣计已决矣。平生始望，岂及贵乎？今争一城，得之未制于敌，不得之未害于国，忠嗣岂以数万人之命易一官哉？假如明主见责，岂失一金吾羽林将军，归朝宿卫乎！其次，岂失一黔中上佐乎？此所甘心也。虽然，公实爱我。"光弼谢曰："向者恐累大夫，敢以衷告。大夫能行古人之事，非光弼所及也。"遂趋而出。及延光过期不克，诉忠嗣缓师，故师出无功。李林甫又令济阳别驾魏林告忠嗣，称往任朔州刺史，忠嗣为河东节度，云"早与忠王同养宫中，我欲尊奉太子。"玄宗大怒，因征入朝，令三司推讯之，几陷极刑。会歌舒翰代忠嗣为陇右节度，特承恩顾，因奏忠嗣之枉，词甚恳切，请以己官爵赎罪。玄宗怒稍解。十一月，贬汉阳太守。七载，量移汉东郡太守。明年，暴卒，年四十五。子震，天宝中秘书丞。

其后歌舒翰大举兵伐石堡城，拔之，死者大半，竟如忠嗣之言，当代称为名将。行是，忠嗣之在朔方也，每至互市时，即高估马价以诱之，诸蕃闻之，竞来求市，来辄买之。故蕃马益少，而汉军益壮。及至河、陇，又奏请徙朔方、河东戎马九千匹以实之，其军又壮。迄地天宝末，战马蕃息。宝应元年，追赠兵部尚书。

史臣曰：郭虔瓘、郭知运、王君㚟、张守珪、牛仙客、王忠嗣，立功边域，为世虎臣，班超、傅介子之流也。然虔瓘以万人征西，请给公乘、熟食，谓谋之不臧矣。君㚟以父执登陴？兵竟不出，此则不知门外之事，义断恩也。守珪以至诚感神，取材成堰，与夫耿恭拜井，有何异焉？仙客爱自方隅，骤登廊庙，显招物议，独善其身，盖才有不周，昧于陈力就列。忠嗣因青蝇之点，几危其身，谗人之言，诚可畏也！

赞曰：陇山之西，幽陵之北，爰有戎夷，世为残贼。二郭、二王，守珪、仙客，御寇之功，存乎方策。

旧唐书卷一〇四
列传第五四

高仙芝　封常清　哥舒翰

高仙芝，本高丽人也。父舍鸡，初从河西军，累劳至四镇十将、诸卫将军。仙芝美姿容，善骑射，勇决骁果。少随父至安西，以父有功授游击将军。年二十余即拜将军，与父同班秩。事节度使田仁琬、盖嘉运，未甚任用，后夫蒙灵詧累拔擢之。开元末，为安西副都护、四镇都知兵马使。

小勃律国王为吐蕃所招，妻以公主，西北二十余国皆为吐蕃所制，贡献不通。节度使田仁琬、盖嘉运并灵詧累之，不捷，玄宗特敕仙芝以马步万人为行营节度使往讨之。时步军皆有私马，自安西行十五日至拨换城，又十余日至握瑟德，又十余日至疏勒，又二十余日至葱岭守捉，又行二十余日至播密川，又二十余日至特勒满川，即五识匿国也。仙芝乃分为三军：使疏勒守捉使赵崇玼统三千骑趣吐蕃连云堡，自北谷入；使拨换守促贾崇瓘自赤佛堂路入；仙芝与中使边令诚自护密国入，约七月十三日辰时会于吐蕃连云堡。堡中有兵千人，又城南十五里因山为栅，有兵八九千人。城下有婆勒川，水涨不可渡。仙芝以三牲祭河，命诸将选兵马，人赍三日乾粮，早集河次。水既难渡，将士皆以为狂。既至，人不湿旗，马不湿鞯，已济而成列矣。仙芝喜谓令诚曰："向吾半渡贼来，吾属败矣，今既济成列，是天以此贼赐我也。"遂登山挑击，从辰至巳，大破之。至夜奔逐，杀五千人，生擒千人，余并走散。得马千余匹，军资器械不可胜数。

玄宗使术士韩履冰往视日，惧不欲行，边令诚亦惧。仙芝留令诚等以羸病尫弱三千余人守其城，仙芝遂进。三日，至坦驹岭，直下峭峻四十余里，仙芝料之曰："阿弩越胡若速迎，即是好心。"又恐兵士不下，乃先令二十骑作阿弩越胡服上岭来迎。既至坦驹岭，兵士果不肯下，云："大使将我欲何处去？"言未毕，其先使二十人来迎，云："阿弩越城胡并好心奉迎，娑夷河藤桥已斫讫。"仙芝阳喜以号令，兵士尽下。娑夷河，即古之弱水也，不胜草芥毛发。下岭三日，越胡果来迎。明日，至阿弩越城，当日令将军席元庆、贺娄余润先修桥路。仙芝明日进军，又令元庆以一千骑先谓小勃律王曰："不取汝城，亦不斫汝桥，但借汝路过，向大勃律去。"城中有首领五六人，皆赤心为吐蕃。仙芝先约元庆云："军到，首领百姓必走入山谷，招呼取以敕命赐采物等，首领至，齐缚之以待我。"元庆即至，一如仙芝之所教，缚诸首领。王及公主走入石窟，取不可得。仙芝至，斩其为吐蕃者五六人。急令元庆斫藤桥，去勃律犹六十里，及暮，才斫了，吐蕃兵马大至，已无及矣。藤桥阔一箭道，修之一年方成。勃律先为吐蕃所诈借路，遂成此桥。至是，仙芝徐自招谕勃律及公主出降，并平其国。

天宝六载八月，仙芝虏勃律王及公主趣赤佛堂路班师。九月，复至婆勒川连云堡，与边令诚等相见。其月末，还播密川，令刘单草告捷书，遣中使判官王延芳告捷。仙芝军还至河西，夫蒙灵詧都不使人迎劳，骂仙芝曰："啖狗肠高丽奴！啖狗屎高丽奴！于阗使谁与汝奏得？"仙芝曰："中丞。""焉耆镇守使谁边得？"曰："中丞。""安西副都护使谁边得？"曰："安西都知兵马使谁边得？"曰："中丞。"灵詧曰："此既皆我所奏，安得不待我处分悬奏捷书！据高丽奴此罪，合当斩，但缘新立大功，不欲处置。"又谓刘单曰："闻尔能作捷书。"单恐惧请罪。令诚具奏其状曰："仙芝立奇功，今将忧死。"其年六月，制授仙芝鸿胪卿、摄御史中丞，代夫蒙灵詧为四镇节度使，征灵詧入朝。灵詧大惧，仙芝每日见之，趋走如故，灵詧益不自安。将军程千里时为副都护,大将军毕思琛为灵督押衙,行官王滔、康怀顺、陈奉忠等,尝构谮仙芝于灵督。仙芝既领节度事,谓程千里曰:"公面似男儿,心如妇人,何也?"又谓思琛曰:"此胡敢来!我城东一千石种子庄被汝将去,忆之乎?"对曰:"此是中丞知思琛辛苦见乞。"仙芝曰:"吾此时惧汝作威福,岂是怜汝与之!我欲不言,恐汝怀忧,言了无事矣。"又呼王滔等至,捽下将笞,良久皆释之,由是军情不惧。

八载,入朝,加特进,兼左金吾卫大将军同正员,仍与一子五品官。九载,将兵讨石国,平之,获其国王以归。仙芝性贪,获石国大块瑟瑟十余石、真金五六骆驼、名马宝玉称是。初,舍鸡以仙芝为懦缓,恐其不能自存,至是立功。家财钜万,颇能散施,人有所求,言无不应。其载,入朝,拜开府仪同三司,寻除武威太守、河西节度使,代安思顺。思顺讽群胡割耳剺面请留,监察御史裴周南奏之,制复,以仙芝为右羽林大将军。十四载,进封密云郡公。

十一月,安禄山据范阳叛。是日,以京兆牧、荣王琬为讨贼元帅,仙芝为副。命仙芝领飞骑、𫞩骑及朔方、河西、陇右应赴京兵马,并召募关辅五万人,继封常清出潼关进讨,仍以仙芝兼御史大夫。十二月,师发,玄宗御望春亭慰劳遣之,仍令监门将军边令诚监其军,屯于陕州。是月十一日,封常清兵败于汜水。十三日,禄山陷东京,常清以余众奔陕州,谓仙芝曰:"累日血战,贼锋不可当。且潼关无兵,若狂寇奔突,则京师危矣。宜弃此守,急保潼关。"常清、仙芝乃率见兵取原仓钱绢,分给将士,余皆焚之。俄而贼骑继至,诸军惶骇,弃甲而走,无复队伍。仙芝至关,缮修守具,又令索承光守善和戍。贼骑至关,已有备矣,不能攻而去,仙芝之力也。

封常清,蒲州猗氏人也。外祖犯罪流安西效力,守胡城南门,颇读书,每坐常清于城门楼上,教其读书,多所历览。外祖死,常清孤贫,年三十余,属夫蒙灵督为四镇节度使,将军高仙芝为都知兵马使,颇有材能,每出军,奏傔从三十余人,衣服鲜明。常清慨然发愤,投牒请预一傔。常清细目颣,脚短而跛,仙芝见其貌寝,不纳。明日又投牒，仙芝谓曰："吾奏傔已足，何烦复来？"常清怒，倨谓仙芝曰："常清慕公高义，愿事鞭辔，所以无媒而前，何见拒之深乎？公若方圆取人，则士大夫所望；若以貌取人，恐失之子羽矣！"仙芝犹未纳。常清自尔候仙芝出入，晨夕不离其门，凡数十日，仙芝不得已，补为傔。

开元末，会达奚部落背叛，自黑山北向，西趣碎叶，玄宗敕灵督邀击之。灵督使仙芝以二千骑自副城向北至绫岭下，遇贼击之。达奚行远，人马皆疲，斩杀略尽。常清于幕中潜作捷书，具言次舍井泉，遇贼形势，克获谋略，事颇精审。仙芝所欲言，无不周悉，仙芝大骇异之。仙芝军回，灵督赏劳，仙芝去奴袜带刀见。判官刘眺、独孤峻等逆问之曰："前者捷书，谁之所作？副大使幕下可得有如此人？"仙芝曰："即仙芝傔人封常清也。"眺等揖仙芝，命常清进坐，与语如旧相识，众人方异之。以破达奚功，授叠州地下戍主，便以为判官。累以军功授镇将、果毅、折冲。

天宝六年，从仙芝破小勃律。十二月，仙芝代夫蒙灵督为安西节度使，便奏常清为庆王府录事参军，充度判官，赐紫金鱼袋。寻加朝散大夫，专知四镇仓库、屯田、甲仗、支度、营田事。仙芝每出征讨，常令常清知留后事。常清有才学，果决。知留后时，仙芝乳母子郑德诠已为郎将，德诠母在宅，芝视之如兄弟，家事皆令知之，威望动三军。常清出回，诸将皆引前，德诠见常清出其门，素易之，自后走马突常清而去。常清至使院，命左右密引至，厅连节度使宅院，凡经数重门，德诠既过，命随后闭之。德诠至，常清离席谓之曰："常清起自细微，预中丞兵马使傔，中丞再不纳，郎将岂不知乎？今中丞过听，以常清为留后使，郎将何得无礼，对中使相凌！"因叱之曰："郎将须暂死以肃军容。"因令勒回，杖六十，面仆地，曳出。仙芝妻及乳母于门外号哭救之，不得，因以其状上仙芝。仙芝览之，惊曰："已死矣！"及见常清，遂无一言，常清亦不之谢。诸大将有罪者，击杀二人，于是军中股慄。

十载，仙芝改河西节度使，奏常清为判官。王正见为安西节度，奏常清为四镇支度营田副使、行军司马。十一载,正见死,乃以常清为安西副大都护,摄御史中丞,持节充安西四镇节度、经略、支度、营田副大使,知节度事。十三载入朝,摄御史大夫,仍与一子五品官,赐第一区,亡父母皆封爵。俄而北庭都护程千里入为右金吾大将军,仍令常清权知北庭都护,持节充伊西节度使。常清性勤俭,每出征或乘驿,私马不过一两匹,赏罚严明。

十四载,入朝,十一月,谒玄宗于华清宫。时禄山已叛,玄宗言凶胡负恩之状,何方诛讨?常清奏曰:"禄山领凶徒十万,径犯中原,太平斯久,人不知战。然事有逆顺,势有奇变,臣请走马赴东京,开府库,募骁勇,挑马棰流河,计日取逆胡之首悬于阙下。玄宗方忧,壮其言。翌以常清为范阳节度,俾募兵东讨。其日,常清乘驿赴东京召募,旬日得兵六万,皆佣保市井之流。乃斫断河阳桥,于东京为固守之备。十二月,禄山渡河,陷陈留,入罂子谷,凶威转炽,先锋至葵园。常清使骁骑与拓羯逆战,杀贼数十百人。贼大军继至,常清退入上东门,又战不利,贼鼓噪于四城门入,杀掠人吏。常清又战于都亭驿,不胜。退守宣仁门,又败。乃从提象门入,倒树以碍之。至谷水,西奔至陕郡,遇高仙芝,具以贼势告之,恐贼难与争,仙芝遂退守潼关。

玄宗闻常清败,削其官爵,令白衣于仙芝军效。仙芝令常清监巡左右厢诸军,常清衣皂衣以从事。监军边令诚每事干之,仙芝多不从。令诚入奏事,具言仙芝、常清逗挠奔败之状。玄宗怒,遣令诚赍敕至军并诛之。

令诚至潼关,引常清于驿南西街,宣敕示之。常清曰:"常清所以不死者,不忍污国家旌麾,受戮贼手,讨逆无效,死乃甘心。"初,常清兵败入关。欲驰赴阙庭,至渭南,敕令却赴潼关,自草表待罪。是日临刑,托令诚上之。其表曰:

　　中使骆奉仙至,奉宣口敕,恕臣万死之罪,收臣一朝之效,令臣却赴陕州,随高仙芝行营。负斧缧囚,忽焉解缚,败军之将,更许增修。臣常清诚欢诚喜,顿首顿首。臣自城陷已来,前后三度遣使奉表，具述赤心，竟不蒙引对。臣之此来，非求苟活，实欲陈社稷之计，破虎狼之谋。冀拜首阙庭，吐心陛下，论逆胡之兵势，陈讨捍之别谋。将酬万死之恩，以报一生之宠。岂料长安日远，谒见无由；函谷关遥，陈情不暇！臣读《春秋》，见狼瞫称未获死所，臣今获矣。

昨者与羯胡接战，自今月七日交兵，至于十三日不已。臣所将之兵，皆是乌合之徒，素未训习。率周南市人之众，当渔阳突骑之师，尚犹杀敌塞路，血流满野。臣欲挺身刃下，死节军前，恐长逆胡之威，以挫王师之势。是以驰御就日，将命归天。一期陛下斩臣于都市之下，以诫诸军将；二期陛下问臣以逆贼之势，将诫诸军；三期陛下知臣非惜死之徒，许臣竭露。臣今将死抗表，陛下或以臣失律之后，诳妄为辞；陛下或以臣欲尽所忠，肝胆见察。臣死之后，望陛下不轻此贼，无忘臣言，则冀社稷复安，逆胡败覆，臣之所愿毕矣。仰天饮鸩，向日封章，即为尸谏之臣，死作圣朝之鬼。若使殁而有知，必结草军前，回风阵上，引王师之旗鼓，平寇贼之戈铤。生死酬恩，不任感激，臣常清无任永辞圣代悲恋之至。

常清既刑，陈尸于蓬蒢上。仙芝归至厅，令诚索陌刀手百余人随而从之，曰："大夫亦有恩命。"仙芝遽下，遂至常清所刑处。仙芝曰："我退，罪也，死不辞；然以我为减截兵粮及赐物等，是诬我也。"谓令诚曰："上是天，下是地，兵士皆在，足下岂不知乎？"其召募兵排列在外，素爱仙芝，仙芝呼谓之曰："我于京中召儿郎辈，虽得少许物，装束亦未能足，方与君辈破贼，然后取高官重赏。不谓贼势凭陵，引军至此，亦欲固守潼关故也。我若实有此，君辈即言实；我若实无之，君辈当言枉。"兵齐呼"枉"，其声殷地。仙芝又目常清之户，谓之曰："封二，子从微至著，我则引拔子为我判官，俄又代我为节度使，今日又与子同死于此，岂命也夫！"遂斩之。

哥舒翰，突骑施首领哥舒部落之裔也。藩人多以部落称姓，因以为氏。祖沮，左清道率。父道元，安西副都护，世居安西。翰家富于财，倜傥任侠，好然诺，纵蒲酒。年四十，遭父丧，三年客居京师，为长安尉不礼，慨然发愤折节，仗剑之河西。初事节度使王倕，倕攻新城，使翰经略，三军无不震慑。后节度使王忠嗣补为衙将。翰好读《左氏春秋传》及《汉书》，疏财重气，士多归之。忠嗣以为大斗军副使，尝使翰讨吐蕃于新城，有同列为副者，见翰礼倨，不为用，翰怒，挝杀之，军中股栗。迁左卫郎将。后吐蕃寇边，翰拒之于苦拔海，其众三行，从山差池而下，翰持半段枪当其锋击之，三行皆败，无不摧靡，由是知名。

天宝六载，擢授右武卫员外将军，充陇右节度副使、都知关西兵马使、河源军使。先是吐蕃每至麦熟时，即率部众至积石军获取之，共呼为"吐蕃麦庄"，前后无敢拒之者。至是，翰使王难得、杨景晖等潜引兵至积石军，设伏以侍之。吐蕃以五千骑至，翰于城中率骁勇驰击，杀之略尽，余或挺走，伏兵邀击，匹马不还。翰有家奴曰左车，年十五六，亦有膂力。翰善使枪，追贼及之，以枪搭其肩而喝之，贼惊顾，翰从而刺其喉，皆剔高估五尺而堕，无不死者。左车辄下马斩首，率以为常。

其冬，玄宗在华清宫，王忠嗣被劾。敕召翰至，与语悦之，遂以为鸿胪卿，兼西平郡太守，摄御史中丞，代忠嗣为陇右节度支度田副大使，知节度事。仍极言救忠嗣，上起入禁中，翰叩头随之而前，言词慷慨，声泪俱下，帝感而宽之，贬忠嗣为汉阳太守，朝廷义而壮之。

明年，筑神威军于青海上，吐蕃至，攻破之；又筑城于青海中龙驹岛，有白龙见，遂名应龙城，吐蕃屏迹不敢近青海。吐蕃保石堡城，路远而险，久不拔。八载，以朔方、河东群牧十万众委翰总统攻石堡城。翰使麾下将高秀岩、张守瑜进攻，不旬日而拔之，上录其功，拜特进、鸿胪员外御，与一子王品官，赐物千匹、庄宅各一所，加摄御史大夫。十一载，加开府仪同三司。

翰素与禄山、思顺不协，上每和解之为兄弟。其冬，禄山、思顺、翰并来朝，上使内侍高力士及中贵人于京城东驸马崔惠童池亭宴会。翰母尉迟氏，于阗之族也。禄山以思顺恶翰，尝衔之，至是忽谓翰曰："我父是胡，母是突厥；公父是突厥，母是胡。与公族类同，何不相亲乎？"翰应之曰："古人云，野狐向窟嗥，不祥，以其忘本也。敢不尽心焉！"禄山以为讥其胡也，大怒，骂翰曰："突厥敢如此耶！"翰欲应之，高力士目翰，翰遂止。

十二载，进封凉国公，食实封三百户，加河西节度使，寻封西平郡王。时杨国忠有隙于禄山，频奏其反状，故厚赏翰以亲结之。十三载，拜太子太保，更加实封三百户，又兼御史大夫。

翰好饮酒，颇恣声色。至土门军，入浴室，遘风疾，绝倒良久乃苏。因入京，废疾于家。

及安禄山反，上以封常清、高仙芝丧败，召翰入，拜为皇太子先锋兵马元帅，以田良丘为御史中丞，充行军司马，以王思礼、钳耳大福、李承光、苏法鼎、管崇嗣及蕃将火拔归仁、李武定、浑萼、契苾宁等普裨将，河陇、朔方兵及蕃与高仙芝旧卒共二十万，拒贼于潼关。上御勤政楼劳遣之，百僚出饯于郊。十五载翰尚书左仆射，同中书门下平章事。

翰至潼关，或劝翰曰："禄山阻兵，以诛杨国忠为名，公若留兵三万关，悉精锐回诛国忠，此汉挫七国之计也，公以为何如？"翰心许之，未发。有客泄其谋于国忠，国忠大惧，乃奏曰："兵法'安不忘危'，今潼关兵众虽盛，而无后殿，万一不利，京师得无恐乎！请选监牧小儿三千人训练于苑中。"诏从之，遂遣剑南军将李福、刘光庭分统焉。又奏召募一万人，屯于灞上，令其腹心杜乾运将之。翰虑为所图，乃上表请乾运兵隶于潼关，遂召乾运赴潼关计事，因斩之。自是，翰心不自安。又素有风疾，至是顿甚，军中之务，不复躬亲，委政于行军司马田良丘。良丘复不敢专断，教令不一，颇无部伍。其将王思礼、李承光又争长不叶，人无斗志。

先是，翰数奏禄山虽窃河朔，而不得人心，请持重以弊之，彼自离心，因而翦灭之，可不伤兵擒兹寇矣。贼将崔乾祐于陕郡潜锋蓄锐，而觇者奏云"贼殊无备"，上然之，命悉众速讨之。翰奏曰："贼既始为凶逆，禄山久习用兵，必不肯无备，是阴计也。且贼兵远来，利在速战。今王师自战其地，利在坚守，不利轻出；若轻出关，是入其算。乞更观事势。"杨国忠恐其谋己，屡奏使出兵。上久处太平，不练军事，既为国忠眩惑，中使相继督责。翰不得已，引师出关。

六月四日，次于灵宝县之西原。八日，与贼交战，官军南迫险峭，北临黄河；崔乾祐以数千人先据险要。翰及良丘等浮船中流以观进退，谓乾祐兵少，轻之，遂促将士令进，争路拥塞，无复队伍。午后，东风急，乾祐以草车数十乘纵火焚之，烟焰亘天。将士掩面，开目不得，因为凶徒所乘，王师自相排挤，坠于河。其后者见前军陷败，悉溃，填委于河，死者数万人，号叫之声振天地，缚器械，以枪为楫，投北岸，十不存一二。军既败，翰与数百骑驰而西归，为火拔归仁执降于贼。禄山谓之曰："汝常轻我，今日如何？"翰惧，俯伏称："肉眼不识陛下，遂至于此。陛下为拨乱主，今天下未平，李光弼在土门，来瑱在河南，鲁炅在南阳，但留臣，臣以尺书招之，不日平矣。"禄山大喜，遂伪署翰司空。作书招光弼等，诸将报书皆让翰不死节。禄山知事不谐，遂闭翰于苑中，潜杀之。

翰之守潼关也，主天下兵权，肆志报怨，诬奏户部尚书安思顺与禄山潜通，伪令人为禄山遗思顺书，于关门擒之以献。其年三月，思顺及弟太仆卿元贞并坐诛，徙其家属于岭外，天下冤之。

史臣曰：大盗作梗，禄山乱常，词虽欲诛国忠，志则谋危社稷。于时承平日久，金革道消，封常清、高仙芝相次率不教之兵，募市人之众，以抗凶寇，失律丧师。哥舒翰废疾于家，起专兵柄，二十万众拒贼关门，军中之务不亲，委任又非其所。及遇羯贼，旋致败亡，天子以之播迁，自身以之拘执，此皆命帅而不得其人也。《礼》曰："大夫死众。"又曰："谋人之军师败则死之。"翰受署贼庭，苟延视息，忠义之道，即可知也，岂不愧于颜杲卿乎！抑又闻之，古之将者，推毂而谓之曰："阃外之事，将军裁之。"观杨国忠之奏事，边令诚之护戎，又掣肘于军政者也，未可偏责三帅，不尤伊人。后之君子，得不深鉴！

　　赞曰：羯贼犯顺，戎车启行。委任失所，封、高败亡。虔刘圻甸，僭窃衣裳。丑哉舒翰，不能死王。